中华国学文库

荀子集解

〔清〕王先谦 撰

沈啸寰 王星贤 整理

中华书局

图书在版编目(CIP)数据

荀子集解/(清)王先谦撰;沈啸寰,王星贤整理.—北京:中华书局,2012.3(2024.1重印)
(中华国学文库)
ISBN 978-7-101-08181-7

Ⅰ.荀… Ⅱ.①王…②沈…③王… Ⅲ.①儒家②荀子-注释 Ⅳ.B222.62

中国版本图书馆 CIP 数据核字(2011)第 179851 号

书 名	荀子集解
撰 者	〔清〕王先谦
整 理 者	沈啸寰 王星贤
丛 书 名	中华国学文库
原版责编	梁运华
新版责编	石 玉
责任印制	管 斌
出版发行	中华书局
	(北京市丰台区太平桥西里 38 号 100073)
	http://www.zhbc.com.cn
	E-mail:zhbc@zhbc.com.cn
印 刷	河北新华第一印刷有限责任公司
版 次	2012 年 3 月第 1 版
	2024 年 1 月第 8 次印刷
规 格	开本/880×1230 毫米 1/32
	印张 18¾ 插页 2 字数 480 千字
印 数	22501-24000 册
国际书号	ISBN 978-7-101-08181-7
定 价	76.00 元

中华国学文库出版缘起

《中华国学文库》的出版缘起,要从九十年前说起。

1920年,中华书局在创办人陆费伯鸿先生的主持下,开始编纂《四部备要》。这套汇集三百三十六种典籍的大型丛书,精选经史子集的"最要之书",校订成"通行善本",以精雅的仿宋体铅字排印。一经推出,即以其选目实用、文字准确、品相精美、价格低廉的鲜明特点,最大限度地满足了国人研治学问、阅读典籍的需要,广受欢迎。丛书中的许多品种,至今仍为常用之书。

新中国成立之后,党和国家倡导系统整理中国传统文献典籍。六十馀年来,在新的学术理念和新的整理方法的指导下,数千种古籍得到了系统整理,并涌现出许多精校精注整理本,已成为超越前代的新善本,为学界所必备。

同时,随着中华民族以前所未有的自信快速发展,全社会对中国固有的学术文化——国学,也表现出前所未有的关注和重视。让中华文化的优秀成果得到继承和创新,并在世界范围内进行传播和弘扬,普惠全人类,已经成为中华民族的历史使命。当此之时,符合当代国民阅读需要的权威的国学经典读本的出现,实为当务之急。于是,《中华国学文库》应运而生。

《中华国学文库》是我们追慕前贤、服务当代的产物,因此,它自当具备以下三个基本特点：

一、《文库》所选均为中国学术文化的"最要之书"。举凡哲学、历史、文学、宗教、科学、艺术等各类基本典籍，只要是公认的国学经典，皆在此列。

二、《文库》所选均为代表当代最新学术水平的"最善之本"，即经过精校精注的最有品质的整理本。其中既有传统旧注本的点校整理本，如朱熹《四书章句集注》，也有获得学界定评的新校新注本，如余嘉锡《世说新语笺疏》。总之，不以新旧为别，惟以善本是求。

三、《文库》所选均以新式标点、简体横排刊印。中国古籍向以繁体竖排为标准样式。时至当代，繁体竖排的标准古籍整理方式仍通行于学术界，但绝大多数国人早已习惯于现代通行的简体横排的图书样式。《文库》作为服务当代公众的国学读本，标准简体字横排本自当是恰当的选择。

《中华国学文库》将逐年分辑出版，每辑十种，一次推出；期以十年，以毕其功。在此，我们诚挚希望得到学术界、出版界同仁的襄助和广大读者的支持。

中华书局自 1912 年成立，至今已近百岁。我们将《中华国学文库》当作向中华书局百年诞辰敬献的一份贺礼，更是向致力于中华民族和平崛起、实现复兴大业的全国人民敬献的一份厚礼。我们自当努力，让《中华国学文库》当得起这份重任，这份荣誉。

中华书局编辑部

2010 年 12 月

目　录

点校说明

　　荀子名况，又称荀卿或孙卿，战国后期赵人，是我国先秦时期杰出的唯物主义思想家和哲学家。他的生卒年月无考，活动年月约为公元前二九八年至二三八年。在这期间，他先后到过齐、秦、赵、楚诸国。齐襄王时，荀子曾在齐国稷下讲学，三为祭酒（学宫之长）。在秦国，曾游说秦昭王及秦相应侯范睢；至赵国，曾与临武君议兵于赵孝成王前，但秦、赵二国俱不能用。及游楚国，楚相春申君黄歇任之为兰陵（今山东省枣庄市）令。春申君死，荀子遂废，因家于兰陵，著书数万言而卒，葬于兰陵。事迹略见史记孟子荀卿列传。他的著述，后人名为荀子。其中有些文字，则是他的弟子所辑录，如大略篇，以及宥坐篇的一部分。

　　荀子善为易、诗、礼、春秋。李斯、韩非、浮丘伯等皆曾受业为弟子，毛诗东门之杨正义亦说："毛公亲事荀卿。"故周、秦之际，荀子名重一时。司马迁作史记，对于先秦诸子，独以孟子、荀卿并称并传，而田骈、慎到、驺衍、公孙龙、尸佼、墨翟之属，则仅分别附列于孟、荀之后。荀子书中的某些篇章，颇多被戴德、戴圣录入大戴礼记与小戴礼记；韩婴说诗，也有不少散见于荀子书中。荀子论著的流传之广，其为儒者所推崇，于此可见一斑。

荀书"以性为恶，以礼为伪，非谏诤，傲灾祥，尚强伯之道。论学术则以子思、孟轲为饰邪说，文奸言，与墨翟、惠施同诋"（宋晁公武语）。荀子批判了在他以前的诸子的学说，特别反对孟子。孟子倡言性善，专法先王，崇尚王道，重义轻利；荀子则倡言性恶，兼法后王，王道与霸道并重，义利兼顾。孔、孟之道，自汉以后，被统治阶级奉为儒家正宗。荀子虽亦信崇孔子，但与孟子的学说却扞格不入。这种思想言论，自然要受到统治者的排斥。所以汉代曾将孟子列于学官，设博士传授，而荀子则否。正由于此，故孟子一书，早在东汉时就有赵岐的章句，其他先秦诸子书，如吕览有东汉高诱注，庄子则在晋代就有向秀、司马彪先后作注，如此等等，而荀子书则湮没无闻者垂一千年，直至唐时才有杨倞的注本传世。

荀子书，汉书艺文志称为孙卿子，著录有三十三篇，刘向叙录则题为"荀卿新书三十二篇"。隋书经籍志及旧唐书经籍志均沿用汉志的旧称，仍称为孙卿子。新唐书艺文志则又称为荀卿子，另著录"杨倞注荀子二十卷"，始改用今名。

杨倞，唐弘农（今河南省灵宝县南）人。父汝士，与元稹、白居易同时，官至东川节度使，终刑部尚书。杨倞本人，旧唐书、新唐书均无传，新唐书艺文志于"杨倞注荀子二十卷"下，仅题曰："汝士子，大理评事。"元刻杨注本荀子，则又题为"唐登仕郎，守大理评事"（见本书考证）。其生平事迹已不可详考。其注荀子，据本书卷首杨倞的荀子序所署，系在唐宪宗元和十三年十二月，当公元八一八年。宋洪迈容斋随笔续笔所谈亦同。现存的杨注本荀子，已由杨氏将刘向叙录所著录的三十二篇分为二十卷,篇目的先后次第也已经过重新编排,但篇数不变,篇名也与叙录所列相同。这说明,杨注本荀子的面目,还不失汉时之旧。

但杨注瑕瑜互见,尚不无可议之处,而且杨注本荀子流传下来,辗转传写刊刻,讹误亦复不少。而宋、明儒者,对荀书又颇多诟病,非十二子及性恶两篇尤受指摘,故杨倞之后,注荀者后继无人。降及清中叶以后,荀书才又为儒者所重,注荀者亦辈出:谢墉、汪中、郝懿行、卢文弨、王念孙、俞樾诸人,都曾对杨注本荀子作过校勘和诠释,并对杨注的一部分提出不同意见。稍后,光绪年间,王先谦又采集各家之说,编著了这本荀子集解。

王先谦(一八四二——一九一七),字益吾,湖南长沙人,同治进士,官至内阁学士。工古文词,治经重考证。曾继阮元之后,辑刊续皇清经解,清代汉学家经师经说多赖之以传。所著除本书外,另有汉书补注、后汉书集解、庄子集解、十朝东华录、虚受堂诗文集等等。他在本书中,以荀子正文为单行大字,以杨注及各家之说为双行小字,双行小字中另有夹注,则以更小一号字作双行小注。每一处杨注之下,均加一圆圈(○),然后列举众说,于每一家之说前加"××曰"以醒眉目。最后发挥自己的见解,作出论断,前冠"先谦案"三字,故脉络极为清楚。这是清儒中最精详、完善的一个注本。

王先谦的这本荀子集解,早在三十年代,就由原世界书局辑入诸子集成(后由中华书局重印),仅正文有断句,不便阅览。今特将荀子集解重加点校,以应读者需要。

王先谦是清末民初人,他的荀子集解成书较晚,只有光绪十七年辛卯（公元一八九一年）所刻的一种本子，别无他本可资选择。尽管另有诸子集成本及商务印书馆的万有文库本，但所据都是光绪辛卯刻本，实际上是同一个本子。现在，我们以光绪辛卯的木刻本作底本，而以诸子集成本与万有文库本跟底本对校。因为这三个本子既然只是一本，所以凡遇底本上有明显的误字，即依另两本径改，不出校记；底本不误而另两本有误的，也不出校记。集解中的引文如有疑问，我们都查对了原书，如底本有讹错，即据原书改正，作出校记；如遇异文不能断定孰是孰非的，我们也作成校记，说明某字某书作某。

文字的编排方面，采取了如下几种处理：一、荀子各篇正文，王氏已依卢文弨校本分段，我们悉仍其旧。二、杨倞的每一处注文之后，原来悉加圆圈，我们也保留原样。三、王氏所采各家之说，我们于每一家之说之间，均以空格分开，但不用圆圈，以别于杨注。四、荀子的正文，仍用单行大字；杨注及各家之说，改双行小字为单行；双行小字中的双行小字夹注，亦改为单行排列，而于前后加（ ）号，以示区别。

在点校过程中，关于荀子正文的标点，参考了上海人民出版社出版的章诗同所注荀子简注，及中华书局出版的北京大学所注荀子新注；关于集解部分的标点，参考了商务印书馆的断句本（即万有文库本）。但先秦诸子的著作，向称难读，加之集解所采诸家校释众说纷繁，我们限于水平，错误和疏漏之处自所难免，希望读者多加指正。

点校者 一九八四年十月

序

昔唐韩愈氏以荀子书为"大醇小疵"，逮宋，攻者益众，推其由，以言性恶故。余谓性恶之说，非荀子本意也。其言曰："直木不待檃栝而直者，其性直也；枸木必待檃栝、烝、矫然后直者，以其性不直也。今人性恶，必待圣王之治、礼义之化，然后皆出于治、合于善也。"夫使荀子而不知人性有善恶，则不知木性有枸直矣。然而其言如此，岂真不知性邪？余因以悲荀子遭世大乱，民胥泯棼，感激而出此也。荀子论学论治，皆以礼为宗，反复推详，务明其指趣，为千古修道立教所莫能外。其曰"伦类不通，不足谓善学"，又曰"一物失称，乱之端也"，探圣门一贯之精，洞古今成败之故，论议不越几席，而思虑浃于无垠；身未尝一日加民，而行事可信其放推而皆准。而刻核之徒，诋諆横生，摈之不得与于斯道。余又以悲荀子术不用于当时，而名灭裂于后世流俗人之口为重屈也！国朝儒学昌明，钦定四库全书提要首列荀子儒家，斥好恶之词，通训诂之谊，定论昭然，学者始知崇尚。顾其书仅有杨倞注，未为尽善。近世通行嘉善谢氏校本，去取亦时有疏舛。宿儒大师，多所匡益。家居少事，辄旁采诸家之说，为荀子集解一书，管窥所及，间亦附载。不敢谓于荀书精意有所发明，而于析杨、谢之疑辞,酌宋、元之定本,庶几不无一得。刻成,谨弁言简端,并揭荀子箸书之微旨,与后来读者共证明之云。光绪十七年岁次辛卯夏五月,长沙王先谦谨序。

例　略

　　嘉善谢氏校本，首谢序，见考证。次杨序及新目录，今照刊。次荀子雠校所据旧本，并参订名氏，影钞大字宋本，元刻纂图互注本，（此乃当时坊间所梓，脱误差舛，不一而足，然正以未经校改之故，其本真翻未尽失，书中颇多采用。）明虞氏、王氏合校刻本，明世德堂本，明锺人杰本，（有评点，注删节。）江阴赵曦明敬夫、金坛段玉裁若膺、海宁吴骞槎客、吴县朱奂文游、江都汪中容夫、余姚卢文弨绍弓、嘉善谢墉金圃辑校。（辑诸家之说，并附所见，上皆增一圆围，以别于杨氏之注。其引用各书，不具列。）末钱大昕跋，见考证。校勘补遗一卷。案此书卢、谢同校，故郝兰皋称谢，王怀祖称卢。但谢序云："援引校雠，悉出抱经，参互考证，遂得蒇事。"是此书元出于卢，参考刊行乃由谢氏，则称卢校本者为是。卢所据大字宋本，为北宋吕夏卿熙宁中所刊，然未见吕刻本，仅取朱文游所藏影钞本相校，故间有为影钞讹字所误者，修身、王霸两篇注可证也。兹刻仍以卢校为主，依谢刻于杨注外增一圆围，全录校注，加"卢文弨曰"四字别之。据谢序、钱跋，校注亦有出谢手者，然无可区别。其补遗一卷，散入注中。卢校不主一本，兹亦仿其例，择善而从。虞、王合校本，明虞九章、王震亨校，为卢据旧本之一。其引见书中者，止王霸篇"大有天下，小有一国"注文。兹覆检元书，尚有可采，为增入数条。此外正文及注岐异滋繁，当由传写致讹，或系以意删节，多与卢氏所云俗间本相合，既非所取证，不复称引。宋台州本，宋唐仲友与政刊于台州，即依吕本重刻，遵义黎庶昌莼斋于日本得影摹本，重刊为古逸丛书之一。首杨序及新目录，末刘向上言及王、吕重校衔名，与今本同。熙宁元年国子监札子官衔，淳熙八年唐序，经籍访古志二跋，重刊杨跋。俱见考证。此即困学纪闻所称"今监本乃唐与政台州所刊熙宁旧本，亦未为善"者也。然在今日为希见之本，兹取以相校，得若干条，列入注文。其与吕本相同，如一卷"取蓝"、"干越"之比，并不复出，以省繁文。至其显然讹误，虽与吕岐出，亦无所取。

栖霞郝氏懿行荀子补注上下卷，末附与王侍郎论孙卿、与李比部论杨倞二书，并见考证。兹全采入注。

高邮王氏念孙杂志八校荀子八卷，系据卢本加案语，用宋钱佃江西漕司本、龚士卤荀子句解本、明世德堂本参校。嗣得元和顾千里涧龚手录吕、钱二本异同，复为补遗一卷，叙而行之，附荀子佚文及顾氏考订各条于末。叙、佚文并见考证。其中如刘台拱端临、汪中容夫、陈奂硕甫诸家之说，蒐讨綦详，而卢校、郝注之精者亦附录焉。兹取王氏各条散入注文，刘、汪、陈、顾诸说仍各冠姓氏于首。

德清俞氏樾诸子平议十二之十五荀子平议四卷，全采入注。近儒之说，亦附著之。

考证上

除史志外，非关荀子书义及板本考订者不录。

〔汉书艺文志儒家〕孙卿子三十三篇。名况，赵人，为齐稷下祭酒，有列传。师古曰："本曰荀卿，避宣帝讳，故曰孙。"

〔又赋家〕孙卿赋十篇。

〔隋书经籍志子部儒家〕孙卿子十二卷。楚兰陵令荀况撰。〔又集部别集〕楚兰陵令荀况集一卷。残缺，梁二卷。

〔旧唐书经籍志丙部子录儒家类〕孙卿子十二卷。荀况撰。〔又丁部集录别集类〕赵荀况集二卷。

〔唐书艺文志丙部子录儒家类〕荀卿子十二卷。荀况。〔又〕杨倞注荀子二十卷。汝士子，大理评事。〔又丁部集录别集类〕赵荀况集二卷。

〔宋史艺文志子类儒家类〕荀卿子二十卷。战国赵人荀况书。〔又〕杨保"倞"误。注荀子二十卷。

〔台州本国子监札子官衔〕国子监准熙宁元年九月八日中书札子节文，校定荀、扬书所状。先准中书札子，奉圣旨校定荀子、扬子。内扬子一部，先次校毕，已于治平二年十二月丙申纳讫。今来再校到荀子一部，计二十卷，装写已了，续次申纳者申闻事。右奉圣旨：荀子送国子监开版，依扬子并音义例，印造进呈，及宣赐札付国子监。准此。校勘官将仕郎、前守惠州归善县主簿、充直讲臣卢侗，校勘官登仕郎、试秘书省校书郎、前守许州司理参军、充直讲臣王汝翼,校勘官将仕郎、试秘书省校书郎、前知婺州永康县事、充直讲臣颜复,校勘官将仕郎、试秘书省校书郎、前知温州乐清县事、充直讲臣焦千之,校勘官登仕郎、试秘书省校书郎、前守相州汤阴县令、充直讲臣梁师孟,校勘官登仕郎、守秘书省著作佐郎、充直讲臣董唐臣,校勘官朝奉郎、守尚书都官员外郎、充直讲、上骑都尉、赐绯、鱼袋臣黎錞,朝奉郎、光禄寺丞、监书库、武骑尉臣韩端彦,朝奉郎、光禄寺丞、管句国子监丞公事、飞骑尉臣程伯孙,管句雕造朝请郎、守秘书丞、充主簿、骑都尉、赐绯、鱼袋臣毕之翰,朝散大夫、尚书刑部郎中、充天章阁待制、同知谏院、兼同判国子监、轻车都尉、赐紫、金鱼袋臣吕海,朝散大夫、行尚书兵部员外郎、知制诰、权判尚书礼部贡院、兼知谏院兼判国子监、上骑都尉、赐紫、金鱼袋臣钱公辅,朝散大夫、给事中、参知政事、上轻车都尉、北海郡开国公、食邑二千三百户、食实封肆伯户、赐紫、金鱼袋臣唐介,朝散大夫、右谏议大夫、参知政事、上护军、天水郡开国侯、食邑一千户、赐紫、金鱼袋臣赵抃,推忠协谋同德守正亮节佐理功臣、开府仪同三司、行尚书左仆射、兼门下侍郎、同中书门下平章事、集贤殿大学士、上柱国衮国公、食邑一万一百户、食实封叁阡肆伯户臣曾公亮。

〔又唐仲友序〕荀子二十卷三十二篇,唐杨倞注。初,汉刘向校雠中孙卿书凡三百二十一篇,除复重,定著三十二篇,为孙卿新书十二卷。至倞,分易卷第,更名荀子。皇朝熙宁初,儒官校上,诏国子监刊印颁行之。中兴蒐补遗逸,监书浸具,独荀子犹阙,学者不见旧书,传习闽本,文字舛异。仲友于三馆睹旧文,大惧湮没,访得善本,假守余隙,乃以公帑锓木,悉视熙宁之故。诗曰:"虽无老成人,尚有典刑。"卿不可作,其书独非典刑乎?向博极群书,序卿事大氏本司马迁,于迁书有三不合:春申君死,当齐王建二十八年,距宣王八十七年。向言卿以宣王时来游学,春申君死而卿废。设以宣王末年游齐,年已百三十七矣。迁书记孟子以惠王三十五年至梁,当齐宣王七年。惠王以叟称孟子，计亦五十余。后二十三年，子之乱燕，孟子在齐。若卿来以宣王时，不得如向言后孟子百余岁。田忌荐孙膑为军师，败魏桂陵，当齐威王二十六年，距赵孝成王七十八年。临武君与卿议兵于王前，向以为孙膑，惊以败魏马陵疑年，马陵去桂陵又十三年矣。崇文总目言卿楚人，楚礼为客卿，与迁书、向序驳，益难信。据迁传，参卿书，其大略可睹。卿名况，赵人，以齐襄王时游稷下，距孟子至齐五十年矣。于列大夫，三为祭酒。去之楚，春申君以为兰陵令。以谗去之赵，与临武君议兵。入秦，见应侯、昭王。以聘反乎楚，复为兰陵令；既废，家兰陵以终。自战国争富强，儒道绌，孟子学孔子，言王可反掌致，卒不见用。卿后孟子，亦尊孔氏。子思作中庸，孟子述之，道性善。至卿，以为人性恶，故非子思、孟轲。扬雄以为同门异户。孟子与告子言性，卒绌告子。惜卿不见孟子，不免异说。方说士猥时好，卿独守儒议，兵以仁义，富以儒术，强以道德之威，旨意与孟子同。见应侯，病秦无儒。昭王谓儒无益人之国，极明儒效。秦并天下以力，意儒果无用，至于坑焚，灭不旋踵；汉奋布衣，终假儒以定，卿言不用而后验。自董仲舒、韩愈皆美卿书，言王道虽不及孟子，抑其流亚，废于衰世，亦命矣夫！学者病卿，以李斯、韩非。卿老师，学者已众，二子适见世，昼寝餔啜，非师之过。使卿登孔门，去异意，书当与七篇比，此君子所为太息！大宋淳熙八年岁在辛丑十有一月甲申，朝请郎、权发遣台州军州事唐仲友后序。

〔晁公武郡斋读书志子类儒家类〕杨倞注荀子二十卷。右赵荀况撰，汉刘向校定，除其重复，著三十二篇，为十二卷，题曰新书，称卿赵人，名况。当齐宣王、威王之时，聚天下贤士稷下，是时荀卿为秀才，年十五，始来游学。至齐襄王时，荀卿最为老师。后适楚，楚相春申君以为兰陵令，已而归赵。按威王死，其子嗣立，是为宣王。楚考烈王初，黄歇始相。年表自齐宣王元年至楚考烈王元年，凡八十一年，则荀卿去楚时近百岁矣。杨倞唐人，始为之注，且更新书为荀子，易其篇第，析为二十卷。其书以性为恶,以礼为伪,非谏争,傲灾祥,尚强伯之道。论学术则以子思、孟轲为饰邪说、文奸言,与墨翟、惠施同诋焉。论人物则以平原、信陵为辅拂,与伊尹、比干同称焉。其指往往不能醇粹,故后儒多疵之云。

〔陈振孙直斋书录解题儒家类〕荀子二十卷。楚兰陵令赵国荀况撰。汉志作孙卿子,云齐稷下祭酒。其曰孙者,避宣帝讳也。至杨倞,始改为荀卿。〔又〕荀子注二十卷。唐大理评事杨倞注。案刘向序,校中书三百二十二篇,以校除复重二百九十篇,定著三十二篇。隋志为十二卷。至倞,始分为二十卷而注释之。淳熙中,钱佃耕道用元丰监本参校,刊之江西漕司,其同异著之篇末,凡二百二十六条,视他本最为完善。

〔王应麟汉艺文志考证〕孙卿子三十三篇。当云三十二篇。刘向校雠书录序云:"所校雠中孙卿书凡三百三十三篇,以相校除复重二百九十篇,定著三十二篇,皆已定杀青简,书可缮写。"劝学至赋篇。杨倞分易卷第,更名荀子。韩文公曰:"荀卿之书,语圣人必曰孔子、子弓。子弓之事业不传,惟太史公书弟子传有馯臂子弓,子弓受易于商瞿。"论语释文引王弼注:"朱张字子弓,荀卿以比孔子。"后山陈氏曰:"子弓者,仲弓也。"唐氏曰:"向博极群书,序卿事大抵本司马迁,于迁书有三不合:春申君死,当齐王建二十八年,距宣王八十七年。向言卿以宣王时来游学,春申君死而卿废。设以宣王末年游齐,年已百三十七矣。迁书记孟子以惠王三十五年至梁,当齐宣王七年。惠王以叟称孟子,计亦五十余。后二十三年,子之乱燕,孟子在齐。若卿来以宣王时,不得如向言后孟子百余岁。田忌荐孙膑为军师,败魏桂陵,当齐威王二十六年,距赵孝成王七十八年。临武君与卿议兵于王前,向以为孙膑,倞以败魏马陵疑年,马陵去桂陵又十三年矣。"

〔又困学纪闻十〕荀卿非十二子,韩诗外传四引之,止云十子,而无子思、孟子。愚谓荀卿非子思、孟子,盖其门人如韩非、李斯之流托其师说以毁圣贤，当以**韩**诗为正。〔又〕**楚**词渔父："吾闻之，新沐者必弹冠，新浴者必振衣，安能以身之察察，受物之汶汶者乎！"**荀子**不苟篇。曰："新浴者振其衣，新沐者弹其冠，人之情也。其谁能以己之僬，僬受人之掝掝者哉！"**荀卿**适**楚**，在**屈原**后，岂用**楚**词语欤？抑二子皆述古语也？〔又〕劝学篇"青出之蓝"作"青取之于蓝"，"圣心循焉"作"备焉"，"玉在山而木润"作"草木润"，"君子如向矣"作"知向矣"；赋篇"请占之五泰"作"五帝"。监本未必是，建本未必非。余不胜纪。原注："今监本乃**唐与政**台州所刊**熙宁**旧本，亦未为善，当俟详考。""五泰"注云："五帝也。"监本改为"五帝"而删注文。

〔**国朝四库全书总目子部儒家类**〕**荀子**二十卷。内府藏本。周**荀况**撰。**况赵**人，尝仕**楚**为**兰陵**令，亦曰**荀卿**，**汉**人或称曰**孙卿**，则以**宣帝**讳**询**，避嫌名也。**汉**志儒家载**荀卿**三十三篇，**王应麟**考证谓当作三十二篇。**刘向**校书序录称**孙卿**书凡三百二十三篇，以相校除重复二百九十篇，定著三十三篇，为十二卷，题曰新书。**唐杨倞**分易旧第，编为二十卷，复为之注，更名**荀子**，即今本也。考**刘向**序录，**卿**以**齐宣王**时来游**稷下**，后仕**楚**，**春申君**死而**卿**废。然**史记**六国年表载**春申君**之死上距**宣王**之末凡八十七年，**史记**称**卿**年五十始游**齐**，则**春申君**死之年**卿**年当一百三十七岁，于理不近。**晁公武**读书志谓**史记**所云"年五十"为"年十五"之讹，意其或然。**宋濂荀子**书后又以为**襄王**时游**稷下**，亦未详所本。总之，**战国**时人尔，其生卒年月已不可确考矣。**况**之著书，主于明**周**、**孔**之教，崇礼而劝学。其中最为口实者，莫过于非十二子及性恶两篇。**王应麟**困学纪闻据**韩**诗外传所引，**卿**但非十子，而无**子思**、**孟子**，以今本为其徒**李斯**等所增，不知**子思**、**孟子**后来论定为圣贤耳。其在当时，固亦**卿**之曹偶，是犹**朱**、**陆**之相非，不足讶也。至其以性为恶，以善为伪，诚未免于理未融。然**卿**恐人恃性善之说，任自然而废学，因言性不可恃，当勉力于先王之教。故其言曰："凡性者，天之所就也，不可学，不可事；礼义者，圣人之所生也，人之所学而能、所事而成者也。不可学、不可事而在人者谓之性,可学而能、可事而成之在人者谓之伪。是性、伪之分也。"其辨白"伪"字甚明。杨倞注亦曰:"伪,为也。凡非天性而人作为之者,皆谓之伪。故伪字人旁加为,亦会意字也。"其说亦合卿本意。后人昧于训诂,误以为"真伪"之伪,遂哗然掊击,谓卿蔑视礼义,如老、庄之所言。是非惟未睹其全书,即性恶一篇,自篇首二句以外,亦未竟读矣。平心而论,卿之学源出孔门,在诸子之中最为近正,是其所长;主持太甚,词义或至于过当,是其所短。韩愈"大醇小疵"之说,要为定论,余皆好恶之词也。杨倞所注,亦颇详洽。唐书艺文志以倞为杨汝士子,而宰相世系表则载杨汝士三子:一名知温,一名知远,一名知至,无名倞者。表、志同出欧阳修手,不知何以互异。意者倞或改名,如温庭筠之一名歧坱?

〔四库全书简明目录子部儒家类〕荀子二十卷。周荀况撰,唐杨倞注。况亦孔氏之支流,其书大旨在劝学,而其学主于修礼,徒以恐人恃质而废学,故激为性恶之说,受后儒之诟厉。要其宗法圣人,诵说王道,终以韩愈"大醇小疵"之评为定论也。倞注多明古义,亦异于无稽之言。

〔天禄琳琅书目一宋版子部〕纂图互注荀子。一函八册。周荀况撰,三十二篇,唐杨倞注,分二十卷,前载杨序,序后有欹器、大路、龙旗九斿三图。宋陈振孙书录解题曰:"汉志作孙卿子者,避宣帝讳也。至杨倞,始复改为荀,分二十卷而注释之。淳熙中,钱佃耕道用元丰监本参校,刊之江西漕司,其同异著之篇末,凡二百二十六条,视他本最为完善"云云。据此,则宋时刊刻荀子,已非一本。是书标为纂图互注,书中于倞注外,又加重言、重意、互注诸例,与经部宋本毛诗、周礼、春秋经传集解三书正同,图样字体版式亦复相等,盖当时帖括之书不独有经也。

〔又元版子部〕纂图分门类题注荀子。一函十册。周荀况撰,三十二篇,唐杨倞注,分二十卷。前载杨序,并新增丽泽编集荀子事实品题一卷,不著纂人姓氏。又宋陈傅良辑荀子门类题目一卷。此当时帖括之书也。其门类题目一卷,于标题次行刊"永嘉先生陈傅良编"。所分门类,始曰天地,终曰五常,共四十门。末又附拾遗并事要总类二条,皆择书中之可作题目者分类摘句,以取便于观览。卷后别行刊"麻沙刘通判宅刻梓于仰高堂"十二字。卷一之后亦于别行刊"关中刘旦校正"。所谓刘通判者,当即是人。第书首标题为纂图分门类题注荀子,书前仍当有图,盖已失之矣。至所载荀子事实品题一卷,观其识语,称"旧本荀、扬图说不过具文,今得丽泽堂编次品题,凡卿、云事实颠末历历可考"云云,则是荀、扬合刊之书,非此本中所应有,乃书贾割取荀子事实以冠于书首耳。且书中自卷九之卷十三,及卷十五,共六卷,标题只称荀子,卷十六、卷二十两卷,标题又称监本音注荀子,书名既不画一,板式亦复悬殊,系以三刻凑成一书。其标称荀子者,枒印甚精,纸墨俱佳,实为宋椠,余则元时所刊,远不相及。然宋本流传者久少,今尚存吉光片羽于元刻之中,虽出凑合,亦可宝也。

〔钱曾读书敏求记〕荀子二十卷。杨倞注荀子凡三十二篇,为二十卷,并刘向篇目。淳熙八年六月,吴郡钱佃得元丰国子监本,并二浙、西蜀诸本参校,刊于江西计台。其跋云:"耳目所及,此特为精好。予又藏吕夏卿重校本,从宋本摹写者,字大悦目,与此可称双璧矣。"

〔张金吾爱日精庐藏书志二十一子部儒家类〕荀子二十卷。影写宋吕夏卿大字本。唐登仕郎、守大理评事杨倞注。后有"将仕郎、守秘书省著作佐郎、充御史台主簿臣王子韶同校"、"朝奉郎、尚书兵部员外郎知制诰、上骑都尉、赐紫金鱼袋臣吕夏卿重校"两行。案吕夏卿本宋椠尚存。惟是本从宋椠初印本影写,见存之宋椠则纸质破损,字迹模糊,且为庸妄子据俗本描补,殊失庐山真面,故宋椠转不若影宋本之可贵也。金吾闻之黄荛圃先生云:"杨倞序。元和十三年。顾氏手跋曰:'荀子向唯明世德堂本最行于世,乃其本即从元纂图互注本出,故重意之删而未尽者犹存两条于杨注中,一,修身篇"丘山崇成"句下。一,王制篇

"何独后我也"句下。又何怪乎本之不精也。<u>余姚卢抱经</u>学士汇诸本，参以己意，校定重梓，首列影钞<u>宋</u>大字本，即今此本，从<u>朱文游</u>家见之也。考<u>困学纪闻</u>所引，如"青取之于蓝"、"请占之五帝"诸条。殆<u>监</u>本是已，采用颇多，咸足正<u>世德堂</u>之误。然如<u>君道篇</u>"狂生者不胥时而乐"，正与<u>尔雅释诂</u>"暴乐"、<u>桑柔毛传</u>及<u>郑笺</u>"爆烁"所用字同，则"乐"不得如<u>世德堂</u>本之改为"落"明甚，而<u>卢</u>学士略不及此本之有"乐"字。然则此书不几亡此字乎？他亦每有漏略抵牾，皆当据依以正之。今归<u>艻岩周</u>君收藏，<u>荛圃</u>借得，命校一过，兼访知<u>宋椠</u>印本在东城藏书家，持来拟售，略一寓目。"乐"，<u>宋椠</u>本与钞同。他日傥竟为<u>荛圃</u>所有，当仍假此本一一覆审之云。嘉庆元年八月，书于<u>黄氏之士礼居</u>，<u>涧薲顾广圻</u>。'"

〔<u>孙星衍孙氏祠堂书目内编二诸子三</u>〕荀子二十卷。<u>唐杨倞</u>注。一，<u>纂图互注宋巾箱本</u>。一，<u>宋巾箱别本</u>。一，<u>明世德堂刊本</u>。一，<u>明重刊小字本</u>。一，<u>卢文弨</u>校刊本。一，<u>严杰依惠</u>校本。

〔<u>谢墉荀子笺释序</u>〕荀子生<u>孟子</u>之后，最为战国老师。<u>太史公</u>作传，论次诸子，独以<u>孟子</u>、<u>荀卿</u>相提并论，余若<u>谈天</u>、<u>雕龙</u>、<u>炙毂</u>及<u>慎子</u>、<u>公孙子</u>、<u>尸子</u>、<u>墨子</u>之属，仅附见于<u>孟</u>、<u>荀</u>之下。盖自<u>周</u>末历<u>秦</u>、<u>汉</u>以来，<u>孟</u>、<u>荀</u>并称久矣。<u>小戴</u>所传三年问全出<u>礼论篇</u>，乐记、乡饮酒义所引俱出<u>乐论篇</u>，聘义子贡问贵玉贱珉亦与<u>法行篇</u>〔一〕大同。<u>大戴</u>所传礼三本篇亦出<u>礼论篇</u>，<u>劝学篇</u>即荀子首篇，而以<u>宥坐篇</u>末见大水一则附之，哀公问五义出<u>哀公篇</u>之首。则知荀子所著，载在<u>二戴</u>记者尚多，而本书或反缺佚。愚窃尝读其全书，而知荀子之学之醇正、文之博达，自四子而下，洵足冠冕群儒，非一切名、法诸家所可同类共观也。观于<u>议兵篇</u>对<u>李斯</u>之问，其言仁义与<u>孔</u>、<u>孟</u>同符，而责<u>李斯</u>以不探其本而索其末，切中暴<u>秦</u>之弊。乃<u>苏氏</u>讥之，至以为"其父杀人，其子必且行劫"。然则<u>陈相</u>之从<u>许行</u>，亦<u>陈良</u>之咎欤？此所谓"欲加之罪"也。荀

〔一〕 "法行篇"，原本误为"德行篇"，据本书<u>法行篇</u>改。

子在战国时，不为游说之习，鄙苏、张之纵横，故国策仅载谏春申事，大旨劝其择贤而立长，若早见及于李园棘门之祸，而为"厉人怜王"之词，则先几之哲固异于朱英策士之所为。故不见用于春申，而以兰陵令终，则其人品之高，岂在孟子下？顾以嫉浊世之政，而有性恶一篇，且诘孟子性善之说而反之，于是宋儒乃交口攻之矣。尝即言性者论之：孟子言性善，盖勉人以为善而为此言；荀子言性恶，盖疾人之为恶而为此言。要之，绳以孔子相近之说，则皆为偏至之论：谓性恶，则无上智也；谓性善，则无下愚也。韩子亦疑于其义，而为三品之说，上品、下品盖即不移之旨，而中品则视习为转移，固胜于二子之言性者矣。然孟子偏于善，则据其上游；荀子偏于恶，则趋乎下风，由愤时疾俗之过甚，不觉其言之也偏。然尚论古人，当以孔子为权衡，过与不及，师、商均不失为大贤也。此书自来无解诂善本，唐大理评事杨倞所注已为最古，而亦颇有舛误。向知同年卢抱经学士勘核极为精博，因从借观，校士之暇，辄用披寻，不揆梼昧，间附管窥，皆正杨氏之误，抱经不我非也。其援引校雠，悉出抱经，参互考证，往复一终，遂得蒇事。以墉谫陋，诚不足发挥儒术，且不欲攘人之美，而抱经频致书属序，因举其大要，略缀数语于简端，并附著书中所未及者二条于左云。乾隆五十一年岁在丙午六月既望，嘉善谢墉东墅甫题于江阴学使官署，时年六十有八。

　　荀卿又称孙卿，自司马贞、颜师古以来，相承以为避汉宣帝讳，故改荀为孙。考汉宣名询，汉时尚不讳嫌名，且如后汉李恂与荀淑、荀爽、荀悦、荀彧俱书本字，讵反于周时人名见诸载籍者而改称之？若然，则左传自荀息至荀瑶多矣，何不改耶？且即前汉书任敖、公孙敖俱不避元帝之名骜也。盖荀音同孙，语遂移易，如荆轲在卫，卫人谓之庆卿，而之燕，燕人谓之荆卿。又如张良为韩信都，潜夫论云："信都者，司徒也。"俗音不正，曰信都，或曰申徒，或胜屠，然其本一司徒耳。然则荀之为孙，正如此比，以为避宣帝讳，当不其然。汉志孙卿子三十二篇,隋志则称十二卷。汉志又载孙卿赋十篇。今所存者,仅礼、知、云、蚕、箴,其末二篇无题。相其文势,其"小歌曰"以下,皆当为致春申君书中之语。而国策于"曷惟其同"下尚有"诗曰:'上帝甚神,无自瘵也'"。韩诗外传亦然。此尤见卓识,今本文脱去,而其谢春申君书亦不载,杨氏注亦未之及。此等似尚未精审也。

〔又钱大昕跋〕荀卿子书,世所传唯杨倞注本,明人所刊,字句踳讹,读者病之。少宗伯嘉善谢公视学江苏,得余姚卢学士抱经手校本,叹其精审,复与往复讨论,正杨注之误者若干条,付诸剞劂氏,而此书始有善本矣。盖自仲尼既殁,儒家以孟、荀为最醇,太史公叙列诸子,独以孟、荀标目,韩退之于荀氏虽有"大醇小疵"之讥,然其云"吐辞为经"、"优入圣域",则与孟氏并称,无异词也。宋儒所訾议者,惟性恶一篇。愚谓孟言性善,欲人之尽性而乐于善;荀言性恶,欲人之化性而勉于善:立言虽殊,其教人以善则一也。宋儒言性,虽主孟氏,然必分义理与气质而二之,则已兼取孟、荀二义,至其教人以变化气质为先,实暗用荀子"化性"之说。然则荀子书讵可以小疵訾之哉?古书"伪"与"为"通,荀子所云"人之性恶,其善者伪也",此"伪"字即"作为"之为,非"诈伪"之伪。故又申其义云"不可学、不可事而在人者谓之性;可学而能、可事而成之在人者谓之伪"。尧典"平秩南讹",史记作"南为",汉书王莽传作"南伪",此"伪"即"为"之证也。因读公序,辄为引伸其说,以告将来之读是书者。丙午闰七月,嘉定钱大昕跋。

〔郝懿行荀子补注与王引之伯申侍郎论孙卿书〕近读孙卿书而乐之,其学醇乎醇,其文如孟子,明白宣畅,微为繁富,益令人入而不能出。颇怪韩退之谓为"大醇小疵",蒙意未喻,愿示其详。推寻韩意,岂以孟道性善,荀道性恶;孟子尊王贱霸,荀每王、霸并衡?以是为疵,非知言也。何以明之?孟遵孔氏之训,不道桓、文之事;荀矫孟氏之论,欲救时世之急。王霸一篇,剀切谆于,沁人肌骨,假使六国能用其言,可无暴秦并吞之祸。因时无王,降而思霸。孟、荀之意,其归一耳。

至于性恶、性善，非有异趣。性虽善，不能废教；性即恶，必假人为。
"为"与"伪"古字通，其云"人之性恶，其善者伪也"，"伪"即"为"耳。
孟、荀之恉，本无不合，惟其持论，各执一偏。准以圣言，"性相近"即
兼善恶而言，"习相远"乃从学染而分。后儒不知此义，妄相毁诋。阁
下深于理解，必早见及，愿得一言，以祛所蔽。孙卿与孟时势不同，而
愿得所藉手，救弊扶衰，其道一也。本图依托春申，行其所学。迨春申
亡而兰陵归，知道不行，发愤著书，其恉归意趣，尽在成相一篇，而托之
瞽蒙之词以避患也。杨倞注大体不误，而中多未尽，往往喜加"或曰"
云云，知其持择未精，亦由不知古书假借之义，故动多窒碍。蒙意未
安，欲复稍加订正，以存本来。久疏抠谒，茅塞蓬心，聊述近所省存，用
代奉面。道光四年甲申二月。

〔又与李璋煜月汀比部论杨倞书〕来示唐书艺文志以倞为杨汝士
子，而宰相世系表则载汝士三子，无名倞者，意倞或改名。余谓志、表
互异，当由史氏未详，故阙然弗备。若依马、班史法，于表、志中书本名
及改名，如汉刘更生为刘向之例，斯无不合矣。唐书倞不立传，当由仕
宦未达，无事实可详，故志、表阙略而仅存其名，然千载下遂不知倞为
何人，要亦史笔之疏耳。汪氏容甫据古刻丛钞载唐故银青光禄大夫使
持节蔚州诸军事行蔚州刺史兼御史中丞马公墓志铭，其文则杨倞所
作，题云"朝请大夫、使持节汾州诸军事、守汾州刺史杨倞撰"，结衔较
荀子加详。汪氏又据志载会昌四年，定为武宗时人，然则此恐别一杨
倞。若艺文志注荀子之人，止题大理评事，而无"朝请大夫"以下衔
者，盖非一人可知矣。汪孟慈深以此说为不然，因言艺文志但云"汝
士子"，安知不有两汝士也？余无以应之，请质诸月汀。闰七月二十
四日。

〔王念孙读书杂志校荀子后叙〕余昔校荀子，据卢学士校本而加
案语，卢学士校本则据宋吕夏卿本而加案语。去年陈硕甫文学以手录
宋钱佃校本异同邮寄来都，余据以与卢本相校，已载入荀子杂志中矣。

今年顾涧薲文学又以手录吕、钱二本异同见示,余乃知吕本有刻本、影钞本之不同,钱本亦有二本。不但钱与吕字句多有不同,即同是吕本、同是钱本,而亦不能尽同,择善而从,诚不可以已也。时荀子杂志已付梓,不及追改,乃因顾文学所录而前此未见者为补遗一编,并以顾文学所考订及余近日所校诸条载于其中,以质于好古之士云。道光十年五月二十九日高邮王念孙叙,时年八十有七。

〔又荀子佚文〕桃李蓓粲于一时,时至而后杀;至于松柏,经隆冬而不凋,蒙霜雪而不变,可谓得其真矣。右三十四字,见文选左思招隐诗注,又分见于蜀都赋注、上林赋注、欧阳坚石临终诗注、艺文类聚果部上、木部上、太平御览木部三。有人道我善者,是吾贼也;道我恶者,是吾师也。右十八字,见文选曹植与杨德祖书注。天下无二道,圣人无两心。神人无功,圣人无名。圣人者,天下利器也。右二十六字,见太平御览人事部四十二,又分见于艺文类聚人部四、初学记人事部上。案"天下无二道"二句,见今本解蔽篇。御览此下有"神人无功"四句,类聚亦有"神人无功"二句,初学记亦有"圣人者"二句,而今本皆无之。且细绎下文文义,亦不当有此四句,则御览诸书所引当别是一篇,非解蔽篇文也。何世之无才?何才之无施?良匠提斤斧造山林,梁栋阿衡之才、栌柱楣椽之朴,森然陈于目前,大夏之器具矣。右四十二字,见太平御览器物部九,又分见于文选左思咏史诗注。

〔黎庶昌古逸丛书叙目〕影宋台州本荀子二十卷。朱子按唐仲友为一重大公案。其第四状云:"仲友以官钱开荀、扬、文中子、韩文四书,贴黄云'仲友所印四子',曾送一本与臣。臣不合收受,已行估计价值,还纳本州军资库讫。"此即四种之一卷,末有刘向叙目,题荀卿新书十二卷三十二篇,又有"王子韶同校、吕夏卿重校"衔名、熙宁元年国子监札子及校勘官十五人衔名,又有仲友后序。盖淳熙八年翻雕熙宁官本,板心所题姓名,即第六状云"蒋辉供王定等一十八人在局开雕"者是。仲友虽为朱子所劾,而此书校刻实精,钱遵王称为字大悦目,信然。

〔台州本末经籍访古志二跋〕荀子二十卷。宋椠大字本，求古楼藏。

唐杨倞注，首有荀子注序，次新目录，接序后。每卷首题荀子卷第几，登仕郎、守大理评事杨倞注。卷末有刘向校正目录上言，又有"王子韶同校、吕夏卿重校"衔名及熙宁元年国子监札子官衔十五名，又有淳熙八年唐仲友后序。每半板八行，每行数不整，注双行，界长七寸六分，幅五寸七分半，左右双边。每卷有金泽文库印，印文肥宽，异所经见，殆文库火前物，与惺窝先生题签，亦希觏之珍云。狩谷望之手跋云："右宋椠荀子，为淳熙八年唐仲友所刻，字大如钱，书法全枕欧阳，朱熹按唐仲友状云'据蒋辉供，元是明州百姓，淳熙四年六月内，因同已断配人方百二等伪造官会事发，蒙临安府府院将辉断配台州牢城，差在都酒务著役月粮，雇本州住人周立代役，每日开书籍供养。去年三月，唐仲友叫上辉，就公使库开雕扬子、荀子等印板，辉共王定等一十八人在局开雕'者。是本也，板心下方所题皆是剞劂氏之姓名，蒋辉以下都十九名，与朱熹按状所言'辉共王定以下十八人'之语合。余始读朱熹集，得详唐仲友刻荀子事，喜甚，独怪是不良人为是好事，谓不可以其罪废其人也。后读齐东野语，知其诋排之非至论。今又得四库全书总目二则，足为仲友吐气。今并录以备考。近来舶来卢文弨校本荀子，云以影宋本校。今以是本比雠之，失校之字不为不多，则彼所校犹未精欤？将所谓影宋本有落叶欤？然则是本岂不贵而重乎？且世间北宋刊本传世无几，如余所见，不过小字御注孝经、文中子、通典、圣惠方诸书，而是本翻雕熙宁官板者，则其实与北宋本无异，真希世之宝典也！余斋所载南宋本中，当以是为第一也。吾家子孙宜保护之。文政五年十一月。"按文政五年壬午，当道光二年。

〔又重刊台州本杨守敬跋〕今世中土所传荀子宋本有二，一为北宋吕夏卿熙宁本，一为南宋钱佃江西漕司本，而唐与政所刊于台州，当时为一重公案者，顾无传焉。嘉庆间，卢抱经学士据朱文游所藏影钞吕夏卿本，合元、明本校刊行世，王怀祖、顾涧薲皆有异议。然吕、钱两本至今无重刊者。余初来日本时，从书肆购得此书双钩本数卷。访之，乃知为狩谷望之旧藏台州本，此其所拟重刊未成者。厥后从岛田篁村见影摹全部，因告知星使黎公求得之，以付梓人，一仍其旧，逾年乃成。按此本后亦有吕夏卿等衔名，又别有熙宁元年中书札子曾公亮等衔名，据与政自序"悉视熙宁之故"，则知其略无校改。案王伯厚所举四条，惟"君子知向矣"此本仍作"如响"，不相应，因知伯厚所举者"向""响"之异，非"知""如"之异，此自校刊纪闻者之失。何校本仍作"如"。若卢抱经所勘，以此本照之，其遗漏不下数百字，又不第顾涧薲所举君道篇"狂生者不胥时而乐"之不作"落"也。此间别有朝鲜古刊本，亦略与此本同。余又合元纂图本、明世德堂本及王怀祖、刘端临、郝兰皋诸先生之说，更参以日本物茂卿、有读荀子四卷。冢田虎、有荀子断四卷。久保爱、有荀子增注二十卷。豬饲彦博有荀子补遗一卷。所订，别为札记，以未见卢、钱两原本，将以有待，故未附刊焉。光绪甲申三月，宜都杨守敬。

考证下

〔汪中荀卿子通论〕荀卿之学，出于孔氏，而尤有功于诸经。经典叙录毛诗："徐整云：'子夏授高行子，高行子授薛仓子，薛仓子授帛妙子，帛妙子授河间人大毛公，毛公为诗故训传于家，以授赵人小毛公。'一云：'子夏传曾申，申传魏人李克，克传鲁人孟仲子，孟仲子传根牟子，根牟子传赵人孙卿子，孙卿子传鲁人大毛公。'"由是言之，毛诗，荀卿子之传也。汉书楚元王交传："少时尝与鲁穆生、白生、申公同受诗于浮丘伯。伯者，孙卿门人也。"盐铁论云："包丘子与李斯俱事荀卿。"包丘子即浮丘伯。刘向叙云："浮丘伯受业为名儒。"汉书儒林传："申公，鲁人也，少与楚元王交俱事齐人浮丘伯，受诗。"又云："申公卒以诗、春秋授，而瑕丘江公尽能传之。"由是言之，鲁诗，荀卿子之传也。韩诗之存者，外传而已，其引荀卿子以说诗者四十有四。由是言之，韩诗，荀卿子之别子也。经典叙录云："左丘明作传以授曾申，申传卫人吴起，起传其子期，期传楚人铎椒，椒传赵人虞卿，卿传同郡荀卿，名况，况传武威"武威"，据史记张丞相传当作"阳武"。张苍，苍传洛阳贾谊。"由是言之，左氏春秋，荀卿之传也。儒林传云："瑕丘江公受縠梁春秋及诗于鲁申公，传子，至孙为博士。"由是言之，縠梁春秋，荀卿子之传也。荀卿所学，本长于礼。儒林传云："东海兰陵孟卿善为礼、春秋，授后苍、疏广。"刘向叙云："兰陵多善为学，盖以荀卿也。长老至今称之曰：'兰陵人喜字为卿，盖以法荀卿。'"又二戴礼并传自孟卿，大戴礼曾子立事篇载修身、大略二篇文，小戴乐记、三年问、乡饮酒义篇载礼论、乐论篇文。由是言之，曲台之礼，荀卿之支与余裔也。盖自七十子之徒既殁，汉诸儒未兴，中更战国、暴秦之乱，六艺之传赖以不绝者，荀卿也。周公作之，孔子述之，荀卿子传之，其揆一也。故其说"霜降逆女"，与毛同义。礼论、大略二篇，榖梁义具在。又解蔽篇说卷耳，儒效篇说风、雅、颂，大略篇说鱼丽、国风好色，并先师之逸典。又大略篇"春秋贤穆公"，"善胥命"，则为公羊春秋之学。楚元王交本学于浮丘伯，故刘向传鲁诗、榖梁春秋，刘歆治毛诗、左氏春秋，董仲舒治公羊春秋，故作书美荀卿，其学皆有所本。刘向又称荀卿善为易，其义亦见非相、大略二篇。盖荀卿于诸经无不通，而古籍阙亡，其授受不可尽知矣。史记载孟子受业于子思之门人，于荀卿则未详焉。今考其书，始于劝学，终于尧问，刘向所编尧问第三十，其下仍有君子、赋二篇。然尧问末附荀卿弟子之词，则为末篇无疑。当以杨倞改订为是。篇次实仿论语。六艺论云："论语，子夏、仲弓合撰。"风俗通云："榖梁为子夏门人。"而非相、非十二子、儒效三篇每以仲尼、子弓并称。子弓之为仲弓，犹子路之为季路，知荀卿之学实出于子夏、仲弓也。宥坐、子道、法行、哀公、尧问五篇，杂记孔子及诸弟子言行，盖据其平日之闻于师友者，亦由渊源所渐、传习有素而然也。故曰荀卿之学出于孔氏，而尤有功于诸经。韩诗外传："客有说春申君者曰：'汤以七十里，文王以百里，皆兼天下。今孙子天下之贤人也，君藉之百里之势，臣窃以为不便。于君若何？'春申君曰：'善。'于是使人谢孙子，孙子去而之赵，赵以为上卿。客又说春申君曰：'昔伊尹去夏之殷，殷王而夏亡；管仲去鲁入齐，齐强而鲁弱。由是观之，贤者之所在，其君未尝不善，其国未尝不安也。今孙子天下之贤人，何为辞而去？'春申君又云：'善。'于是使请孙子。孙子伪喜，战国策作"为书"。谢之曰：'鄙语曰："厉怜王。"此不恭之语也。虽然，不可不审也，此为劫杀死亡之主言也。夫人主年少而放，无术法以知奸，即大臣以专断图私，以禁诛于己也，故舍贤长而立幼弱，废正適而立不善。故春秋之志曰："楚王之子围聘于郑，未出竟，闻王疾，反问疾，遂以冠缨绞王而杀之,因自立。""齐崔杼之妻美,庄公通之,崔杼率其群党而攻庄公。庄公请与分国,崔杼不许;欲自刃于庙,崔杼又不许。庄公出走,逾于外墙,射中其股,遂杀而立其弟景公。"近代所见,李兑用赵,饿主父于沙丘,百日而杀之;淖齿用齐,擢湣王之筋而悬之于庙梁,宿昔而杀之。夫厉虽痈肿疕疡,上比远世,未至绞颈射股也;下比近世,未至擢筋饿死也。由是观之,厉虽怜王可也。因为赋曰:"璇玉瑶珠不知佩,杂布与锦不知异,闾娵、子都莫之媒,嫫母、力父是之喜。以盲为明,以聋为聪,以是为非,以吉为凶。呜呼上天,曷维其同!"诗曰:"上帝甚慆,无自瘵焉!""按春申君请孙子,孙子答书,或去或就,曾不一言,而泛引前世劫杀死亡之事,未知其意何属。且灵王虽无道,固楚之先君也,岂宜向其臣子斥言其罪? 不知何人凿空为此,韩婴误以说诗。刘向不察,采入国策,其叙荀子新书又载之,斯失之矣。此书自"厉怜王"以下,乃韩非子奸劫弑臣篇文,其言刻核舞知以御人,固非之本志。其赋词乃荀子佹诗之小歌,见于赋篇。由二书杂采成篇,故文义前后不属,幸本书具在,其妄不难破尔。孙卿自为兰陵令,逮春申之死,凡十八年,其间实未尝适赵,亦无以荀卿为上卿之事。本传称齐人或谗荀卿,荀卿乃适楚。诗外传、国策所载或说春申君之词,即因此以为缘饰。周、秦间记载,若是者多矣。至引事说诗,韩婴书之成例,国策载其文而不去其诗,此故奏之葛龚也。今本荀子二十卷,元时椠本题云"唐大理评事杨倞注",一本题云"唐登仕郎、守大理评事杨倞",事实无可考。新唐书艺文志以倞为杨汝士子,而宰相世系表则载汝士三子:一名知温,一名知远,一名知至,无名倞者。表、志同出一手,何以互异若此? 古刻丛钞载唐故银青光禄大夫使持节蔚州诸军事行蔚州刺史兼御史中丞马公墓志铭,其文则杨倞所作,题云"朝请大夫、使持节汾州诸军事、守汾州刺史杨倞撰",结衔校荀子加详。其书马公卒葬年月,云"以会昌四年三月十日卒,以其年七月十日葬"。据此,则杨倞为唐武宗时人。

荀卿子年表

赵	齐	秦	楚	本书列传
惠文王元年	湣王二十六年	昭王九年	顷襄王元年	
以公子胜为相，封平原君。				
二年	二十七年	十年	二年	
三年	二十八年	十一年	三年	
			怀王卒于秦，秦归其丧。	
四年	二十九年	十二年	四年	
五年	三十年	十三年	五年	
六年	三十一年	十四年	六年	
七年	三十二年	十五年	七年	
			迎妇于秦，秦、楚复平。	
八年	三十三年	十六年	八年	
九年	三十四年	十七年	九年	
十年	三十五年	十八年	十年	
十一年	三十六年	十九年	十一年	
十二年	三十七年	二十年	十二年	
十三年	三十八年	二十一年	十三年	
	灭宋。			王伯篇：齐湣用强齐，中足以举宋。
十四年	三十九年	二十二年	十四年	

			与秦昭王好会于宛,结和亲。	
十五年	四十年 燕、秦、赵、魏、韩兵破我济上,王走莒。	二十三年	十五年	仲尼篇:湣王毁于五国。 王伯篇:燕、赵起而攻之,若振槁然,身死国亡,为天下大戮。
十六年	襄王元年	二十四年	十六年 与秦昭王好会于穰。秋,复会于穰。	列传:齐襄王时,荀卿最为老师。齐尚修列大夫之缺,而荀卿三为祭酒焉。
十七年	二年	二十五年	十七年	
十八年	三年	二十六年	十八年	
十九年	四年	二十七年 秦伐我,割上庸汉北地予秦。	十九年	
二十年	五年 田单杀燕骑劫。	二十八年	二十年	议兵篇:齐之田单,世俗所谓善用兵者。燕能并齐而不能凝也,故田单夺之。
二十一年	六年	二十九年	二十一年	

			秦拔我郢,烧夷陵,王东保于陈。	议兵篇:秦师至而鄢、郢举,若振槁然。
二十二年	七年	三十年	二十二年	
二十三年	八年	三十一年	二十三年	
二十四年	九年	三十二年	二十四年	
二十五年	十年	三十三年	二十五年	
二十六年	十一年	三十四年	二十六年	
二十七年	十二年	三十五年	二十七年	
			复与秦平,入太子为质于秦。	强国篇:今楚父死焉,至是乃使仇人役也。仲尼篇:楚六千里而为仇人役。
二十八年	十三年	三十六年	二十八年	
二十九年	十四年	三十七年	二十九年	
三十年	十五年	三十八年	三十年	
三十一年	十六年	三十九年	三十一年	
三十二年	十七年	四十年	三十二年	
三十三年	十八年	四十一年	三十三年	
		拜范睢为相,封以应,号为应侯。		儒效篇载秦昭王与荀卿答问之语。强国篇载应侯与荀卿答问之语。
孝成王元年	十九年	四十二年	三十四年	

秦拔赵三城。平原君相。				议兵篇:临武君与孙卿子议兵于赵孝成王前。又秦四世有胜,又李斯问孙卿子曰"秦四世有胜",皆谓孝公至昭王。
二年	王建元年	四十三年	三十五年	
三年	二年	四十四年	三十六年	
四年	三年	四十五年	考烈王元年 春申君为相。	
五年	四年	四十六年	二年	
六年	五年	四十七年	三年	
七年	六年	四十八年	四年	
八年	七年	四十九年	五年	
九年	八年	五十年	六年	
秦围邯郸,魏信陵君夺晋鄙兵。平原君求救于楚,楚使春申君与魏救赵,却秦,存邯郸。			楚世家:六年,秦围邯郸,赵告急于楚,楚遣将军景阳救赵。七年,至新中,秦兵去。春申君传:四年,秦破赵之长平军四十余万。五年,围邯郸,邯郸告急于楚,楚使春申君将兵往救之,秦兵亦去。案六年围邯郸,传作"五年",误。	议兵篇:韩之上地方数百里,完全富足而趋赵,赵不能凝也,故秦夺之。臣道篇:平原君之于赵也,可谓辅矣。信陵君之于魏也,可谓弼矣。又争然后善、戾然后功、出死无私、致忠而公者,是之谓通忠之顺,信陵君似之矣。

25

十年 秦兵罢。	九年	五十一年	七年	
十一年	十年	五十二年	八年 以荀卿为兰陵令。	列传:齐人或谗荀卿,荀卿乃适楚,而春申君以为兰陵令。
十二年	十一年	五十三年	九年 徙于钜阳。	
十三年	十二年	五十四年	十年	
十四年	十三年	五十五年	十一年	
十五年 平原君卒。	十四年	五十六年	十二年	
		孝文王元年 庄襄王元年 秦本纪:五十六年秋,昭襄王卒,子孝文王立,十月己亥即位,三日辛丑卒,子庄襄王立。		
十六年	十五年	二年	十三年	
十七年	十六年	三年	十四年	
十八年	十七年	始皇元年	十五年 春申君徙封于吴。	
十九年	十八年	二年	十六年	

				李斯列传:斯辞荀卿西入秦,会庄襄王卒,乃求为秦相吕不韦舍人。
二十年	十九年	三年	十七年	
二十一年	二十年	四年	十八年	
悼襄王元年	二十一年	五年	十九年	
二年	二十二年	六年	二十年	
三年	二十三年	七年	二十一年	
四年	二十四年	八年	二十二年 王东徙寿春。	
五年	二十五年	九年	二十三年	
六年	二十六年	十年	二十四年	
七年	二十七年	十一年	二十五年	
			李园杀春申君。	列传:春申君死而荀卿废,因家兰陵,列著数万言,卒葬兰陵。

　　谨据本书及史记、刘向叙,考定其文曰:荀子,赵人,名况,年五十始游学来齐,则当湣王之季,故传云"田骈之属皆已死"也。又云"及襄王时而荀卿最为老师",盖复国之后,康庄旧人惟卿在也。襄王之十八年,当秦昭王四十一年,秦封范睢为应侯。儒效、强国篇有昭王、应侯答问,则自齐襄王十八年以后,荀卿去齐游秦也。其明年,赵孝成王元年,本书荀卿与临武君议兵赵孝成王前,则荀子入秦不遇复归赵也。后十一年,当齐王建十年,为楚考烈王八年,楚相黄歇以荀卿为兰陵令。本书云"齐人或谗荀卿,荀卿乃适楚,而春申君以为兰陵令",则当王建初年。荀卿复自赵来齐,故曰"三为祭酒"。是时春申君封

于淮北，兰陵乃其属邑，故以卿为令。后八年，春申君徙封于吴，而荀卿为令如故。又十二年，考烈王卒，李园杀春申君，尽灭其族。本传云："春申君死而荀卿废，因家兰陵。列著数万言而卒，因葬兰陵。"荀卿之卒，不知何年。尧问篇云："孙卿迫于乱世，鳅于严刑，上无贤主，下遇暴秦。"盐铁论毁学篇："方李斯之相秦也，始皇任之，人臣无二，然而荀卿为之不食，睹其罹不测之祸也。"据李斯传，斯之相在秦并天下之后，距春申君之死十八年，距齐湣王之死六十四年，是时荀卿盖百余岁矣。荀卿生于赵，游于齐，尝一入秦而仕于楚，卒葬于楚，故以四国为经，托始于赵惠文王、楚顷襄王之元，终于春申君之死，凡六十年。庶论世之君子得其梗概云尔。刘向叙录："卿以齐宣王时来游稷下，后仕楚，春申君死而卿废。"史记六国年表载春申君之死上距宣王之末凡八十七年。史记称"卿年五十始游齐"，则春申君死之年，卿年当一百三十七矣。晁公武郡斋读书志谓史记所云"年五十"为"年十五"之讹，然颜之推家训勉学篇"荀卿五十始来游学"，之推所见史记古本已如此，未可遽以为讹字也。且汉之张苍，唐之曹宪，皆百有余岁，何独于卿而疑之？荀子归赵，疑当孝成王九年、十年时，故臣道篇亟称平原、信陵之功，是时信陵故在赵也。以信陵君之好士，得之于毛公、薛公，而失之于荀卿，惜夫！韩非子难四篇："燕王哙贤子之而非荀卿，故身死为僇。"荀子游燕，在游齐之前，事仅见此。本书强国篇荀子说齐相国曰："今巨楚县吾前，大燕鳅吾后，劲魏钩吾右，西壤之不绝若绳，楚人则乃有襄贲、开阳以临吾左，是一国作谋，三国必起而乘我。如是，则齐必断而为四三，国若假城耳。"其言正当湣王之世。湣王再攻破燕、魏，留楚太子横，以割下东国，故荀卿为是言。其后五国伐齐，燕入临菑，楚、魏共取淮北，卒如荀卿言。荀子之为齐，与乐毅之为燕谋伐齐，所见正同，岂可谓儒者无益于人国乎？此齐相为薛公田文，故曰"相国上则得专主，下则得专国"。王伯篇云："权谋日行而国不免危削，綦之而亡，齐湣、薛公是也。"荀卿之为是言者，疾田文之不能用士也。

〔胡元仪郇卿别传〕郇卿名况，赵人也，盖周郇伯之遗苗。郇伯，公孙之后，或以孙为氏，故又称孙卿焉。昔孟子为卿于齐，郇卿亦为卿于齐。虞卿为赵上卿,时人尊之,号曰虞卿,邹卿亦为赵上卿,故人亦卿之而不名也。卿年十五,有秀才,当齐湣王之末年,游学于齐。初,齐威王之世,淳于髡、邹衍之属相次至齐。威王卒,宣王立,喜文学,游说之士来者益众,居稷下。宣王十八年,尊宠之,如孟子、邹衍、邹奭、淳于髡、田骈、接子、慎到、环渊之徒七十六人,皆命曰列大夫,言爵比大夫也。开第康庄之衢,高门大屋,不治政事而议论焉,稷下之盛闻于诸侯。十九年,宣王卒,湣王立,学士更盛,且数万人。湣王奋二世之余烈,南举楚、淮,北并巨宋,苞十二国,西摧三晋,却强秦,五国宾从,邹、鲁之君,泗上诸侯,皆入臣。晚年,矜功不休,百姓不堪。诸儒皆谏,湣王不听,各分散。慎到、接子亡去,田骈如薛。邹卿亦说齐相曰:"处胜人之埶,行胜人之道,天下莫忿,汤、武是也。处胜人之埶,不以胜人之道,厚于有天下之埶,索为匹夫,不可得也,桀、纣是也。然则得胜人之埶者,其不如胜人之道远矣。夫主相者,胜人以埶也。是为是,非为非,能为能,不能为不能,并己之私欲必以道。夫公道通义之可相兼容者,是胜人之道也。今相国上则得专主,下则得专国,相国之于胜人之埶亶有之矣。然则胡不驱此胜人之埶赴胜人之道,求仁厚明通之君子而托王焉,与之参国政,正是非?如是则国孰敢不为义矣?君臣上下贵贱长少至于庶人,莫不为义,则天下孰不欲合义矣?贤士愿相国之朝,能士愿相国之官,好利"利"当作"义"。之民莫不愿以齐为归,是一天下也。相国舍是而不为,案直为世俗之所为,则女主乱之宫,诈臣乱之朝,贪吏乱之官,众庶百姓皆以贪利争夺为俗,曷若是而可以持国乎?今巨楚县吾前,大燕鳅吾后,劲魏钩吾右,西壤之不绝若绳,楚人则乃有襄贲、开阳以临吾左,是一国作谋,则三国必起而乘我。如是,则齐必断而为四三,国若假城然耳,必为天下大笑,曷若两者孰足为也?夫桀、纣,圣王之后子孙也,有天下者之世也,埶籍之所存,天下之宗室也。土地之大,封内千里,人之众,数以亿万;俄而天下偾然举去桀、纣而犇汤、武,反然举恶桀、纣而贵汤、武。是何也?夫桀、纣何失而汤、武何得也?曰:是无他故焉,桀、纣者善为人之所恶,而汤、武者善为人之所好也。人之所恶何也?曰:污漫、争夺、贪利是也。人之所好何也?曰:礼义、辞让、忠信是也。今君人者辟称比方则欲自并乎汤、武,若其所以统之则无以异桀、纣,而求有汤、武之功名,可乎?故凡得胜者必与人也,凡得人者必与道也。道者何也?曰:礼让、忠信是也。故自四五万而往者强胜,非众之力也,隆在信矣。自数百里而往者安固,非人之力也,隆在修政矣。今已有数万之众者也,陶诞比周以争与;已有数百里之国者也,污漫、突盗以争地。然则是弃己之所安强而争己之所危弱也。损己之所不足以重己之所有余,若是其悖缪也,而求有汤、武之功名,可乎?辟之犹伏而咶天,救经而引其足也,说必不行矣,愈务而愈远。为人臣者不恤己行之不行,苟得利而已矣,是渠冲入穴而求利也,是仁人之所羞而不为也。故人莫贵乎生,莫乐乎安,所以养生安乐者莫大乎礼义。人知贵生乐安而弃礼义,辟之是犹欲寿而刭颈也,愚莫大焉。故君人者爱民而安,好士而荣,两者无一焉而亡。诗曰:‘价人维藩,大师维垣。’此之谓也。”齐相不能用其言,郇卿乃适楚。于是诸侯合谋,五国伐齐,湣王奔莒。楚使淖齿救齐,因为齐相。淖齿欲与燕分齐地,乃执湣王,杀之于鼓里。田单起即墨,卒复齐所失七十余城,迎湣王子法章于莒而立之,是为襄王。襄王复国,尚修列大夫之缺,诸儒反稷下。其时田骈之属已死,惟郇卿最为老师,于是郇卿三为祭酒焉。后齐人或谗郇卿,卿乃适楚,楚相春申君相楚之八年,以卿为兰陵令。客说春申君曰:“汤以亳,武王以鄗,皆不过百里以有天下。今郇子天下贤人也,君藉以百里之势,臣窃以为不便,于君何如?”春申君曰:“善。”于是使人谢郇卿。卿去之赵,赵以为上卿,与临武君孙膑议兵于赵孝成王之前,临武君为变诈之兵,郇卿以王兵难之,不能对也。语详郇卿子议兵篇。卒不用于赵,遂应聘于秦。初见应侯范睢,应侯问以入秦何见,郇卿曰:“其固塞险,形势便,山林川谷美,天材之利多,是形胜也。入境观其风俗,其百姓朴,其声乐不流污,其服不挑,甚畏有司而顺,古之民也。及都邑官府,其百吏肃然,莫不恭俭敦敬,忠信而不楛,古之吏也。入其国,观其士大夫,出于其门,入于公门,出于公门,入于其家,无有私事也,不比周,不朋党,偶然莫不明通而公也,古之士大夫也。观其朝廷,其间听决,百事不留,恬然如无治者,古之朝也。故四世有胜,非幸也,数也。是所见也。故曰:佚而治,约而详,不烦而功,治之至也。秦类之矣。虽然,则有其愚矣,兼是数具者而尽有之,然而县之以王者之功名,则偊偊然其不及远矣。是何也? 则其殆无儒邪! 故曰:粹而王,驳而霸,无一焉而亡。此秦之所短也。"<u>秦昭王</u>闻其重儒也,因问曰:"儒无益于人国?"<u>郇卿</u>曰:"儒者法先王,隆礼义,谨乎臣子而致贵乎上者也。人主用之则埶在本朝而宜,不用则退编百姓而悫,必为顺下矣。虽穷困冻饿,必不以邪道为贪,无置锥之地而明于持社稷之大义,呜呼而莫之能应,然而通乎财万物、养百姓之经纪。埶在人上则王公之材也,在人下则社稷之臣、国君之宝也。虽隐于穷阎漏屋,人莫不贵之,道诚存也。<u>仲尼</u>将为司寇,<u>沈犹氏</u>不敢朝饮其羊,<u>公慎氏</u>出其妻,<u>慎溃氏</u>逾境而徙,<u>鲁</u>之粥牛马者不豫贾,必蚤正以待之也。居于<u>阙里</u>,<u>阙里</u>之子弟罔不分,有亲者取多,孝弟以化之也。儒者在本朝则美政,在下位则美俗,儒之为人下如是矣。"<u>王</u>曰:"然则其为人上何如?"<u>郇卿</u>曰:"其为人上也,广大矣。志意定乎内,礼节修乎朝,法则度量出乎官,忠信爱利形乎下,行一不义、杀一无罪而得天下,不为也。此君义信乎人矣,通于四海则天下应之如欢。是何也? 则贵名白而天下治也。故近者歌讴而乐之,远者竭蹶而趋之,四海之内若一家,通达之属莫不服,夫是之谓人师。<u>诗</u>曰:'自西自东,自南自北。'此之谓也。夫其为人下也如彼,其为人上也如此,何谓其无益于人之国也?"<u>昭王</u>曰:"善"。然终不能用<u>郇卿</u>也。<u>郇卿</u>在秦,知不见用,无何,由<u>秦</u>反<u>赵</u>。后<u>春申君</u>之客又说<u>春申君</u>曰:"昔<u>伊尹</u>去<u>夏</u>入<u>殷</u>,<u>殷</u>王而<u>夏</u>亡;<u>管仲</u>去<u>鲁</u>入<u>齐</u>,<u>鲁</u>弱而<u>齐</u>强。夫贤者所在,君未尝不尊,国未尝不荣也。今<u>郇卿</u>天下贤人也,君何辞之?"<u>春申君</u>又曰:"善。"于是使人请<u>郇卿</u>于<u>赵</u>,<u>郇卿</u>遗书谢之曰:"谚云:'疠人怜王。'此不恭之语也。虽然,不可不审察也,此为劫弑死亡之主言也。夫人主年少而矜材,无法术以知奸,则大臣主断图私〔一〕,以禁诛于己也,故弑贤长而立幼弱,废正嫡而立不义。<u>春秋</u>记之曰:'<u>楚</u>王子围</u>聘于<u>郑</u>,未出境,闻王病,反问疾,遂以冠缨绞王杀之,因自立也。'<u>齐崔杼</u>之妻美,<u>庄公</u>通之,<u>崔杼</u>帅其君党而攻<u>庄公</u>。<u>庄公</u>请与

〔一〕 "图",原本作"国",据<u>韩诗外传</u>四改。

分国，崔杼不许；欲自刃于庙，崔杼不许。庄公走出，逾于外墙，射中股，遂杀之而立其弟景公。'近代所见，李兑用赵，饿主父于沙丘，百日而杀之；淖齿用齐，擢潘王之筋，县于庙梁，宿昔而死。夫疠虽痈肿疕疡，上比前世，未至绞缢射股；下比近代，未至擢筋饿死也。夫劫弑死亡之主也，心之忧劳，形之困苦，必甚于疠矣。由此观之，疠虽怜王可也。"盖李园之包藏祸心，李园女弟之阴谋，郇卿早知其必发，故以书刺之也。又为歌赋以遗春申君曰："天下不治，请陈佹诗：天地易位，四时易乡。列星殒坠，旦暮晦盲。幽晦登昭，日月下藏。公正无私，反见纵横。志爱公利，重楼疏堂。无私罪人，憼革贰兵，道德纯备，谗口将将。仁人绌约，敖暴擅强。天下幽险，恐失世英，螭龙为蝘蜓，鸱枭为凤凰。比干见刳，孔子拘匡。昭昭乎其知之明也，郁郁乎其遇时之不祥也。拂乎其欲礼义之大行也，暗乎天下之晦盲也。皓天不复，忧无疆也。千岁必反，古之常也。弟子勉学，天不忘也。圣人共手，时几将矣。与愚以疑，愿闻反辞。"其小歌曰："念彼远方，何其塞矣。仁人绌约，暴人衍矣。忠臣危殆，谗人服矣。琁玉瑶珠，不知佩也。杂布与锦，不知异也。闾陬、子奢，莫之媒也。嫫母、力父，是之嘉也。以盲为明，以聋为聪，以危为安，以吉为凶。呜呼上天，曷维其同！"春申君得书与歌赋，恨之，复固谢郇卿。卿不得已，乃行至楚，复为兰陵令。春申相楚之二十五年，楚考烈王卒，春申君果被李园所杀，而郇卿遂废兰陵令，因家兰陵二十余年。秦始皇三十四年，李斯为秦相，卿闻之，为之不食，知其必败也。后卒，年盖八十余矣，因葬于兰陵。

方郇卿至稷下也，诸子咸作书刺世，诸子之事，皆以为非先王之法也。苏秦、张仪以邪道说诸侯，以大贵显。郇卿退而笑曰："夫不以其道进者，必不以其道亡。"孟子言人之性善，郇卿后孟子百余年，以为人之性恶，作性恶一篇。疾浊世之政，亡国乱君相属，不遂大道而营乎巫祝，信机祥，鄙儒小拘庄周等又滑稽乱俗，于是推本儒术，阐道德，崇礼劝学，著数万言，凡三十二篇。又作春秋公子血脉谱。郇卿善为诗、礼、易、春秋。从根牟子受诗，以传毛亨，号毛诗；又传浮丘伯，伯传申公，号鲁诗。从馯臂子弓受易，并传其学。称子弓比于孔子。从虞卿受左氏春秋，以传张苍，苍传贾谊。穀梁俶亦为经作传，传郇卿，卿传浮丘伯，伯传申公，申公传瑕丘江公，世为博士。郇卿尤精于礼，书阙有间，受授莫详。由是汉之治易、诗、春秋者皆源出于郇卿。郇卿弟子今知名者，韩非、李斯、陈嚣、毛亨、浮丘伯、张苍而已，当时甚盛也。至汉时，兰陵人多善为学，皆卿之门人也。汉人称之曰："兰陵人喜字为卿，法郇卿也。"教泽所及，盖亦远矣。后十一世孙遂，遂生淑，淑生子八人，时号"八龙"。卿之后甚著于东汉，迄魏、晋、六朝，知名之士不绝云。

论曰：刘向言："汉兴，董仲舒亦大儒，作书美郇卿。孟子、董先生皆小五伯，以为仲尼之门，五尺童子皆羞称五伯。如人君能用郇卿，庶几于王，然世莫能用，而六国之君残灭，秦国大乱，卒以亡。观郇卿之书，其陈王道甚易行，疾世莫能用，其言凄怆，甚可痛也！呜呼！使斯人卒终于间巷而功业不得见于世，哀哉！可为贾涕。其书可比于传记，可以为法。"谅哉斯言！向，故元王交之孙，交，郇卿再传弟子也，其知之深矣，其哀痛有由矣，然而污不至阿其所好也。向校雠中秘书，定著郇卿子三十二篇，传之至今，向亦卿之功臣哉！唐儒杨倞复为之注，表彰之功，亦向之亚矣。

〔又郇卿别传考异二十二事〕林宝元和姓纂："郇，周文王十七子郇侯之后，以国为氏。诗"郇伯劳之"，毛传云："郇伯，郇侯也。"郇本侯爵，郇侯曾为二伯，诗举重者言，故毛传云然。后去'邑'为'荀'。晋有荀林父，生庚，裔孙况。况十一代孙遂，遂生淑，生俭、绲、靖、焘、汪、爽、肃、专〔一〕，时人谓之'八龙'。案水经注：涑水径猗氏故城北，又西径郇城。郇，伯国也。其地即今山西蒲州府猗氏县之境。郇国，晋武公所灭，见竹书纪年。

———————

〔一〕 "专"，原本无，据后汉书荀韩钟陈列传补。李贤注："专，本或作敷。"

故郇伯之后仕于晋献公之世，有荀息。鲁僖二十七年，荀林父御戎，林父于息属之亲疏未详。林父子庚，成三年聘鲁。庚子偃，成十六年佐上军。偃子吴，襄二十六年聘鲁。吴子寅，昭二十九年与赵鞅城汝滨，定十三年入于朝歌叛鲁，哀五年奔齐。由寅至郇卿几二百年，由哀五年至周赧王十六年，得一百九十四年也。其间几世不可详矣。"林宝所云，皆据郇氏家传，信而有征者也。但后汉书荀淑传称淑为荀卿十一世孙，则遂当是十世孙，不知今本元和姓纂误衍一字欤，抑今本后汉书"十一世"乃"十二世"之误欤？无明据以证之也。云"后去邑为荀"，此乃想当然之辞，殊非确论。何也？荀姓乃黄帝之后，国语司空季子言黄帝之子二十五宗，得姓者十二，姬、酉、祈、己、滕、箴、任、荀、僖、姞、儇、依是也。郇国之郇，诗"郇伯劳之"，竹书纪年"晋武公灭郇"，此据汉书地理志臣瓒注所引纪年之文，今本纪年皆作"荀"，不作"郇"矣。国语詈祐言"范文子受以郇、栎"，字皆作"郇"，并不作"荀"也。而左传诸荀之在晋者字皆作"荀"，不复作"郇"。此盖传写相承，久而不改，正如许国、许姓之"许"字作"邧"，凡经典之中竟无"邧"字，人遂相沿不改，是其证也，并非有故去"邑"为"荀"明矣。今别传中皆用"邧"字，以著受姓之源。　史记称荀卿，国策、刘向、汉书艺文志、应劭风俗通皆称孙卿，司马贞、颜师古皆以为避宣帝讳询，故改称孙。谢东墅云："汉不避嫌名，时人荀淑、荀爽俱用本字，左传荀息至荀瑶亦不改字，何独于荀卿反改之邪？盖荀、孙二字同音，语遂移易，如荆轲谓之荆卿，又谓之庆卿。又如张良为韩信都。信都，司徒也，俗音不正，曰信都。"案谢东墅驳郇卿之称孙卿不因避讳，足破千古之惑；以为俗音不正，若司徒、信都，则仍非也。郇卿之为郇伯之后，以国为氏，无可疑矣。且郇卿赵人，古郇国在今山西猗氏县境，其地于战国正属赵，故为赵人。又称孙者，盖郇伯、公孙之后，以孙为氏也。王符潜夫论志姓氏篇云："王孙氏、公孙氏，国自有之，孙氏者，或王孙之班，或公孙之班也。"是各国公孙之后皆有孙氏矣。由是言之，郇也、孙也，皆氏也。战国之末，宗法废绝，姓氏混一，故人有两姓并称者，实皆古之氏也。如陈完奔齐，史记称田完；陈恒见论语，史记作田常；陈仲子见孟子，郇卿书陈仲、田仲互见；田骈见郇卿书，吕览作陈骈。陈、田皆氏，故两称之。推之荆卿之称庆卿，亦是类耳。若以俗语不正，二字同音，遂致移易为言，尚未达其所以然之故也。今别传不称孙者，以别族在当时宜称孙，举近者言也。孙氏各国皆有，不明所出，后人宜称郇，以著所出，故郇卿书称孙子，仍之不改。郇卿，自称之辞也。自史公称荀卿，其后裔荀淑等皆曰荀，相沿至今，皆曰郇子，故不复称孙也。　齐宣王尊宠稷下诸子，号曰列大夫，言爵比大夫也。孟子，宣王时在齐居列大夫之中，而孟子书言孟子为卿于齐，孟子自言"我无官守，我无言责"，与史记田完世家云列大夫"不治而议论"者合。然不称列大夫而曰为卿，盖卿即列大夫之长，所谓郇卿三为祭酒是也。然则郇卿亦为卿于齐矣。史记虞卿传："虞卿说赵孝成王，再见，为赵上卿，故号虞卿。"郇卿亦为赵上卿，又从虞卿受左氏春秋，郇卿之称卿，盖法虞卿矣。刘向云："兰陵人喜字为卿，以法孙卿也。"然则在齐人、赵人称郇卿，尊之之辞也；兰陵弟子称郇卿，美之之辞也。　史记："荀卿年五十始来游学于齐。"刘向云："孙卿有秀才，年五十始来游学。"应劭风俗通穷通篇云："孙卿有秀才，年十五始来游学。"作"年十五"者是也，史记与刘向序皆传写误倒耳。郇卿来齐在何时，史公、刘向、应劭皆未明言。桓宽盐铁论论儒篇云："湣王奋二世之余烈，南举楚、淮，北并巨宋，苞十二国，西摧三晋，却强秦，五国宾从，邹、鲁之君，泗上诸侯，皆入臣。矜功不休，百姓不堪，诸儒谏不从，各分散。慎到、接子亡去，田骈如薛，而孙卿适楚。内无良臣，故诸侯伐之。"是郇卿湣王末年至齐矣。今郇卿书强国篇有说齐相一章，正谏湣王矜功，五国谋伐齐之事。盖说之不从，遂之楚，五国旋果伐齐，湣王奔莒被杀。襄王复国，稷下诸子分散者复反稷下，郇卿适楚不久即反齐。是以史记、刘向、应劭皆云襄王时尚修列大夫之缺，言湣王末列大夫已散，襄王复聚之，尚能修列大夫之缺也。刘向云："威王、宣王之时，聚天下贤士于稷下，号曰列大夫。是时孙卿有秀才，年五十始来游学。"应劭亦如此云，惟作"齐威王时"，无"宣王"，"年五十"作"十五"。"年十五"是也，无"宣王"，盖脱去耳。应劭之文，全本刘向故也，说者遂疑郇卿齐威王时至齐，非也。稷下之士，实威王初年始聚之。淳于髡传齐威王八年，楚伐齐，髡使赵请兵，是其证也。威王在位三十六年，宣王立。据田完世家，宣十八年，乃尊崇稷下之七十六人，赐列第，为上大夫，不治而议论，是以稷下之士复盛，且数万人。宣王在位十九年，十八年始尊崇稷下之士，号曰列大夫，威王时并无列大夫之号也。即史记所云"是以稷下之士复盛，且数万人"，皆终言其事，非宣王之世，在湣王之世也。刘向、应劭所云，皆溯稷下聚士之由，故统威王、宣王言之。云"是时孙卿有秀才"，非谓威王、宣王之时，指稷下之盛时，即湣王之世也。读者不察，以辞害意，故缪为之说耳。　史记春申君传："考烈王元年，以黄歇为相，封春申君。春申君相楚之八年，以荀卿为兰陵令。"然则郇卿被谗去齐入楚，在楚考烈王之八年、齐王建之十年也。客说春申君以"汤、武百里有天下，孙子贤人，借以百里之势，不便于君"。审其词意，必郇卿为兰陵令不久之事。春申信客言，即谢郇卿，卿乃去而之赵，当在考烈王八九年，赵孝成王之十二三年，议兵于赵孝成之前，即此时矣。

刘向云："孙卿应聘于诸侯，见秦昭王及秦相应侯。"今郇卿书儒效篇有秦昭王问孙子儒无益于人国一章，强国篇有应侯问孙子入秦何见一章，是其事也。据范雎传，雎为相封侯在秦昭王四十一年。五十二年因王稽坐法诛，应侯惧，蔡泽说之，遂罢相。应侯罢相之年，即楚考烈王八年。郇卿为兰陵令时，应侯既罢相矣。刘向称秦相应侯，约言之，郇卿书直称应侯，不曰秦相，得其实矣。秦昭王在位尽五十六年。郇卿入赵，当昭王五十二三年，由赵入秦，不出秦昭王五十四至五十六三年中也。即由秦反赵，亦不出此三年中。客再说春申君，春申君请郇卿于赵，国策不言在何时。考春申君传："春申君相楚二十二年，诸侯合从西伐秦，楚为从长，春申君用事。至函谷关，诸侯兵皆败走，楚考烈王以咎春申君，春申君以此益疏客。"言春申君以合从伐秦不利，归咎诸客，疏而远之，前谗郇卿之客必在所疏之中。于是春申君所听信者惟观津人朱英。春申君徙楚都寿春，一切所为，皆朱英之谋。然则说春申君反郇卿于赵之客，盖即朱英欤？由是言之，郇卿复为兰陵令，在楚考烈王二十二年之后矣。二十五年，春申被李园所杀，郇卿废兰陵令，计前后两为兰陵令，不过三四年耳。 桓宽盐铁论毁学篇云："李斯之相秦也，始皇任之，人臣无二。然而郇卿为之不食，睹其罹不测之祸也。"李斯相秦，据始皇本纪在三十四年，是年郇卿尚存，犹及见之，其卒也，必在是年之后矣。郇卿以湣王末年，年十五来齐。据田完世家，湣王三十八年，伐宋灭之。而郇卿说齐相之辞，但曰"巨楚县吾前，大燕鳍吾后，劲魏钩吾右"，不及宋国，时宋已灭明矣。说齐相不从，郇卿乃适楚，必湣王三十九年之事。盖郇卿之来齐，亦即在是年欤？虽无明证，试以是年郇卿年十五推之，当生于周赧王十六年，计至始皇三十四年，得八十七年，故别传云卒年盖八十余矣。 李斯传："斯长男由为三川守，告归咸阳，斯置酒于家，百官长皆前为寿。李斯喟然而叹曰：'嗟乎！吾闻之郇卿曰："物禁大盛。"斯乃上蔡布衣，今人臣无居臣上者，物极则衰，吾未知所税驾也。'"所谓"郇卿为之不食"，必有戒斯之词。"物禁大盛"，其戒斯之词欤？当由告归，百官长上寿之时，追念师言，不觉而叹耳。史公纪由告归在始皇三十五年之后，叙此事毕，接书三十七年事，则由告归、李斯之叹，在三十六年矣。是年，郇卿之存与卒不得而考，然可为郇卿为之不食之明证也。 刘向雠校中孙卿书凡三百二十二篇，以相校除复重二百九十篇，定著三十二篇，言中秘所藏孙卿之书共有三百二十二篇，实三十二篇，余皆重复之篇也。而汉书艺文志云"孙卿子三十三篇"，乃传刊之误，当作"三十二篇"，王伯厚汉艺文志考证已言之矣。然汉志既列孙卿子三十二篇于诸子儒家，又列孙卿赋十篇于诗赋，今郇卿书赋篇仅有赋六篇,读者莫明其故,盖即郇卿书中之赋篇、成相篇也。汉志杂赋十二家,有成相杂辞十一篇。艺文类聚八十九卷引成相篇曰:"庄子贵支离,悲木槿。"注云:"成相出淮南子。"据此,则淮南子亦有成相之篇,今已久佚,汉志亦从本书别出。然则成相杂辞十一篇者,淮南王之所作也。赋者,古诗之流,成相亦赋之流也。今案赋篇礼、知、云、蚕、箴五赋之外,有佹诗一篇,凡六篇。成相篇自"请成相,世之殃"至"不由者乱,何疑为",是第一篇。自"凡成相,辨法方"至"宗其贤良,辨孰殃",是第二篇。自"请成相,道圣王"至"道古圣贤,基必张",是第三篇。自"愿陈辞""愿陈辞"上脱"请成相"三字。至"托于成相以喻意",是第四篇。自"请成相,言治方"至"后世法之成律贯",是第五篇。合之赋六篇,实十有一篇。今汉志云"孙卿赋十篇"者,亦脱"一"字,当作"十一篇"也。隋书经籍志有楚兰陵令郇况集一卷,注云:"残阙,梁二卷。"隋志本之梁阮孝绪七录,盖七录题二卷者,正谓赋一卷、成相一卷也。修隋志者不知成相亦赋也,徒见郇卿赋篇仅六赋,不可分为二卷,疑有残阙,故注其下曰"残阙,梁二卷",亦殊疏矣。至旧唐书经籍志有郇况集二卷,新唐书艺文志亦有郇况集二卷,皆据隋志"梁二卷"之文载之而已,非别有全本也。　　王伯厚玉海引宋李淑书目云:"春秋公子血脉谱传本曰郇卿撰。秦谱下及项灭子婴之际,非郇卿作明矣。然枝分派别,如指诸掌,非殚见洽闻不能为,其间不无讹缪。"案郇卿从虞卿受左氏春秋,故作春秋公子血脉谱,盖据左氏传文及左丘明世本之姓氏篇以成书也。世本,左丘明作,见颜氏家训。书证篇云"出皇甫谧帝王世纪"。世本有姓氏篇,见左传正义引。李淑疑非郇卿作,不过因秦公子谱下及秦亡而已,不知郇卿卒于始皇三十四年之后,去秦亡、项灭子婴才数年耳,下及子婴之世,又何疑邪?据云"非殚见洽闻不能为",其书之善可知。又云"其间不无讹缪",其中必有与史记诸书不合者。如皇甫谧帝王世纪亦据左丘明世本,其中有足考订史记者,即其比也,不得因其不合遂指为讹缪矣。其书不见引于群籍,七略、七录皆不著其目,宋时犹存，竟至亡佚，惜哉！虞荔鼎录云："荀况在嵩溪作一鼎，大如五石瓮，表里皆纪兵法，大篆书，四足。"刘向云："孟子以为人性善，孙卿后孟子百余年，以为人性恶。"向必言"后孟子百余年"者，以史记言"孟子所如不合，退而与万章之徒述仲尼之意，作孟子七篇"，又言"郇卿著数万言而卒"，是孟、郇著书皆在晚年，故据孟、郇之卒年相去百余年为言也。向遍读中秘书，博览参稽，其言信而有征者也，故别传从之。郇卿卒于始皇三十四年之后，逆推孟子之卒当在周赧王初年，方合百余年之数。今世所传孟子谱、礼乐录、阙里志等书，皆出宋、明人之手，记孟子生卒，言人人殊，均无据之游辞，不足信者也。而说经者好称之，诚末学所不解矣。　陆德明经典释文叙录："毛诗，子夏授高行子，高行子授薛仓子，薛仓子授帛妙子，帛妙子授河间大毛公，毛公为诗诂训，传于家，以授赵人小毛公。一云：子夏授曾申，申传魏人李克，克传鲁人孟仲子，孟仲子授根牟子，根牟子授赵人孙卿子，孙卿子传鲁人大毛公。"陆玑毛诗草木虫鱼疏云："孔子删诗，授卜商，商为之序，以授鲁人曾申，申授魏人李克，克授鲁人孟仲子，孟仲子授根牟子，根牟子授赵人孙卿，卿授鲁国毛亨，亨作诂训传以授赵国毛苌。时人谓亨为大毛公，苌为小毛公。"此毛诗得郇卿之传也。汉书楚元王传："楚元王交尝与鲁穆生、白公〔一〕、申公俱受诗于浮丘伯。"浮丘"一作"包丘"，见盐铁论毁学篇。浮丘盖齐地名，因以为氏。"浮""包"同声字，如春秋"浮来之地"，左传"浮来"，公、穀皆作"包来"，是其例也。伯，孙卿之门人也。浮丘伯在长安，元王遣子郢客与申公卒业。文帝时，申公为诗最精，以为博士。申公始为诗，号鲁诗。"此鲁诗得郇卿之传也。刘向别录：左传正义引。"左丘明授曾申，申授吴起，起授其子期，期授楚铎椒，椒作钞撮八卷授虞卿，卿作钞撮九卷授孙卿，卿授张苍。"经典释文云："左丘明作传，以授曾申，申传卫人吴起，起传其子期，期传楚人铎椒，椒传赵人虞卿，虞卿传同郡

〔一〕　"白公"，汉书楚元王传作"白生"。

荀卿，名况，况传武威张苍，阳武人，此云"武威"，传写之误。张苍，苍传洛阳贾谊。"此左氏春秋荀卿之传也。杨士勋谷梁疏："谷梁子名俶，字元始，一名赤，鲁人，受经于子夏，为经作传，授孙卿，卿传鲁人申公，申公传瑕丘江翁。"此疏有脱文，当云"卿传浮丘伯，伯传申公，申公传瑕丘江翁"。汉书儒林传："申公少与楚元王交俱事齐人浮丘伯，卒以诗、春秋授，而瑕丘江公尽能传之。"是其证也。颜师古亦云："谷梁授经于子夏，传荀卿。"此谷梁春秋荀卿之传也。 史记仲尼弟子列传："商瞿字子木。孔子传易于瞿，瞿传楚人馯臂子弓，今本史记作"子弘"，张守节正义已正其误。然韩昌黎云"太史公书弟子传有姓名馯臂子弓"，则昌黎所见之史记未误也。张守节所据本误，致令今本皆误。子弓传江东矫子庸庇。"汉书儒林传"商瞿受易仲尼，传鲁桥庇子庸，子庸传江东馯臂子弓"，亦误，当以史记为正。今汉书子庸、子弓二名互易，幸留"江东"二字在中间不误。然子弓，史记云"楚人"，汉书云"鲁人"，未详孰是也。荀卿善为易，得子弓之传。荀卿传易于何人，不可考。 荀卿尤善于礼，今授受源流不可考。然汉书儒林传东海兰陵孟卿事萧奋，以礼授后苍，苍说礼数万言，号曰曲台记，授戴德延君、戴圣次君。德号大戴，圣号小戴。据刘向云："兰陵人善于学，盖以孙卿也。长老至今称之，曰：'兰陵人喜字为卿，盖以法孙卿也。'"孟卿，兰陵人，善为礼，又字卿，必得荀卿之传也，惜今未能知其详耳。孟卿传士礼十七篇于后苍，苍传二戴，今大、小戴所传仪礼篇次各殊。见贾公彦仪礼疏。由是言之，仪礼盖亦荀卿之传也。 荀卿之师子弓，韩昌黎以为馯臂子弓。此说不起自昌黎。张守节作史记正义，所据本作"子弘"，辩之曰："荀子作'子弓'。"杨倞注非相篇云："馯臂子弓，受易者也，传易之别外无闻，非馯臂也。"杨注力辩非馯臂子弓，则唐以前之说皆以荀子之子弓即馯臂矣，古说相传，信而有征者也。应劭云："子弓，子夏之门人。"盖子弓学无常师，学业必有异人者，故荀卿比之孔子，不得以典籍无传而疑之也。杨倞以子弓为仲弓，云子者，著其为师。元人吴莱以为子弓之为仲弓，犹季路之为子路。考其时世，荀卿不得受业于仲弓,不过因孔子称仲弓可使南面,以为必仲弓方可比孔子耳,殊乖事之实也。王弼注论语云:见经典释文。"朱张字子弓,郇卿以比孔子者。"朱张字子弓,或有所据,以为即郇卿所称子弓,诬亦甚矣。朱张在孔子之前,郇卿不能受业,即以为郇所受业,亦孔子前之圣人,何以郇卿动曰"孔子、子弓",先孔子而后子弓邪?　刘向云:"董仲舒作书美郇卿。"案汉书艺文志:"董仲舒百二十篇。"今惟存春秋繁露八十二篇,复多残阙,不见美郇卿之文,其逸久矣。汪氏述学,极诋国策记郇卿之事,其言曰:"孙子谢春申书,去就曾不一言,泛引劫弑死亡之事,未知何属。且灵王,楚之先君,岂宜斥言其罪?韩婴误以说诗,刘向不察,采入国策,失之矣。自'厉怜王'以下,乃韩非子奸劫弑臣篇文,其言刻核舞知以御人,其词赋乃郇子佹诗之小歌。由二书杂采为篇,文义不属。孙卿自为兰陵令,逮春申君死,十八年,其间未尝适赵。本传称齐人或谗郇卿,卿乃适楚。诗外传、国策所载,即因此缘饰。末所引诗,乃诗外传之文,国策亦并载之。"案汪氏此说殊武断,因不达郇卿谢书之旨,遂妄言之耳。书之旨言春申将有劫杀之祸,指李园女弟之谋与亲信李园也。故其词隐,其意微,言外有去而不就之心,何得以去就不言为疑邪?其说灵王也,直据春秋所记之事言,非斥其罪。国策载之,韩诗外传载之,刘向校孙卿书,虽未载其谢书,然云"谢春申书,以刺楚国",事必不诬也。韩非,郇卿弟子,其书援引师说,又何足怪。因韩非引之,即斥为"刻核舞知御人",今读其书,心情悱恻,讽刺深远,并无舞知御人之事,何其诬也!且以为郇卿此书乃刘向采自韩非以入国策。韩非之书虽全用其文,然未明言是郇卿谢春申书,而向遂割取以妄为之。向之博学笃实,乃至荒唐若此乎?何其自信而轻蔑古人邪?郇卿遗春申书,与歌赋本属二事,何得云文义不属邪?但国策所载歌赋不全,今赋篇末佹诗一篇皆是也。乃云"词赋乃郇子佹诗之小歌",何其知二五而不知有十也?不信刘向,不信国策,徒拘守史记,漫不加考,窒莫甚焉。妄云"孙卿自为兰陵令,逮春申君死，十八年，未尝适赵”，但据春申君传“相楚八年，以郇卿为兰陵令”
之文。计至春申君死，郇卿废，其间十八年。“十八年”不误，“未尝适
赵”则缪之缪者也。此十八年中果在兰陵，未之他国，而何时议兵于
赵孝成王之前？何时入秦与秦昭王、应侯相问畣邪？凡此皆见于郇卿
书者，岂抑可诬为刘向所为乎？至以国策、韩诗外传皆因史记“齐人
或谗郇卿”之文缘饰而成，更属驾诬之词，直以莫须有断狱矣。惟国
策篇末所引诗实韩诗外传之文，所见良是。然以为刘向采自韩诗外传
则仍非，后人据韩诗外传以窜入国策耳。今世所行国策，皆非刘向著
定之旧，夫岂不知邪？汪氏以考据自命，雄视一时，不料其亦留此武断
之说于世也。

荀子序 臣先谦案：宋台州本"序"上有"注"字。

　　昔周公稽古三五之道，损益夏、殷之典，制礼作乐，以仁义理天下，其德化刑政存乎诗。至于幽、厉失道，始变风变雅作矣。平王东迁，诸侯力政，逮五霸之后，则王道不绝如线。故仲尼定礼乐，作春秋，然后三代遗风弛而复张，而无时无位，功烈不得被于天下，但门人传述而已。陵夷至于战国，于是申、商苛虐，孙、吴变诈，以族论罪，杀人盈城，谈说者又以慎、墨、苏、张为宗，则孔氏之道几乎息矣，有志之士所为痛心疾首也！故孟轲阐其前，荀卿振其后。观其立言指事，根极理要，敷陈往古，捃挈当世，拨乱兴理，易于反掌，真名世之士、王者之师。又其书亦所以羽翼六经，增光孔氏，非徒诸子之言也。盖周公制作之，仲尼祖述之，荀、孟赞成之，所以胶固王道，至深至备，虽春秋之四夷交侵，战国之三纲弛绝，斯道竟不坠矣。倞以末宦之暇，颇窥篇籍，窃感炎黄之风未洽于圣代，谓荀、孟有功于时政，尤所耽慕。而孟子有赵氏章句，汉氏臣先谦案：宋台州本作"代"。亦尝立博士，传习不绝，故今之君子多好其书。独荀子未有注解，亦复编简烂脱，传写谬误，虽好事者时亦览之，至于文义不通，屡掩卷焉。夫理晓则惬心，文舛则忤意，未知者谓异端不览，览者以脱误不终，所以荀氏之书千载而未光焉。辄用申抒鄙思，敷寻义理，其所征据，则博求诸书。但以古今字殊，齐、楚言异，事资参考，不得不广；或取偏傍相近，声类相通，或字少增加，文重刊削，或求之古字，或征诸方言。加以孤陋寡俦，愚昧多蔽，穿凿之责，于何可逃？曾未足粗明先贤之旨，适增其芜秽耳。盖以自备省览，非敢传之将来。以文字繁多，故分旧十二卷三十二篇为二十卷，又改孙卿新书为荀卿子，其篇第亦颇有移易，使以类相从云。时岁在戊戌，大唐睿圣文武皇帝元和十三年十二月也。〇卢文弨曰："传习不绝"，俗间本作"传誓不绝"。"申抒"，宋本作"申杼"。"三十二篇"四字，元刻无，又"荀子序"作"荀卿子"，与诸书所引合。

荀子新目录

第八卷

第九卷

第十卷

第十一卷

第十二卷

第十三卷

第十四卷

第十五卷

第十六卷

第十七卷

第十八卷

荀子卷第一

劝学篇第一

君子曰：学不可以已。青，取之于蓝而青于蓝；冰，水为之而寒于水。以喻学则才过其本性也。〇卢文弨曰："青取之于蓝"，从宋本，困学纪闻所引同。元刻作"青出之蓝"，无"于"字。　王念孙曰：困学纪闻云："'青出之蓝'作'青取之于蓝'，监本未必是，建本未必非。"（自注云："今监本乃唐与政台州所刊熙宁旧本，亦未为善。"又云："请占之五泰注云：'五泰，五帝也。'监本改为'五帝'而删注文。"）是王以作"出"者为是也。元刻作"出之蓝"，即本于建本，监本作"取之于蓝"者，用大戴记改之也。荀子本文自作"出于蓝"，艺文类聚草部上、太平御览百卉部三及意林、埤雅引此并作"出于蓝"，新论崇学篇同。史记褚少孙续三王世家引传曰"青采出于蓝而质青于蓝者，教使然也"，即是此篇之文，则本作"出于蓝"明矣。（宋钱佃本从监本作"取之于蓝"，而所引蜀本亦作"出于蓝"，宋龚士卨荀子句解同。）今从王说。　先谦案：群书治要作"青取之蓝"，是唐人所见荀子本已有作"取"者。且大戴记即用荀子文，亦作"青取之于蓝"，不得谓荀子本作"出于蓝"，而作"取"者为非也。宋建、监本岐出，亦缘所承各异，故王氏应麟无以定之。谢本从卢校，今仍之。**木直中绳，𫐓以为轮，其曲中规，虽有槁暴，不复挺者，𫐓使之然也。**𫐓，屈。槁，枯。暴，干。挺，直也。晏子春秋作"不复赢矣"。〇卢文弨曰："暴"，旧本作"暴"，非。说文一作"曓"，晞也。一作"暴"，疾有所趣也。颜氏家训分之亦极明。今此字注虽训干，然因干而暴起，则下当从"本"。案考工记轮人"槁"作"蔽"，郑注云："蔽，蔽暴，阴柔后必桡减帱革暴起。"释文步角反。刘步莫反，一音蒲报反。又注"赢"，旧本讹作"赢"。案赢，缓也。今据晏子杂上篇改正，亦作"赢"。**故木受绳则直，金就砺则利，君子博学而日参省乎己，则知明而行无过矣。**参，三也。曾子曰："日三省吾身。"知，读为智。行，下孟反。〇俞樾曰："省乎"二字，后人所加也。荀子原文盖作"君子博学而日参己"。参者，验也。史记礼书曰："参是岂无坚革利兵哉?"索隐曰："参者，验也。"管子君臣篇曰"若望参表"，尹注曰："参表，谓立表所以参验曲直。"是参有参验之义。君子博学而日参验之于己，故知明而行无过也。后人不得"参"字之义，妄据论语"三省吾身"之文增"省乎"二字，陋矣。大戴记劝学篇作"君子博学如日参己焉"，"如""而"古通用，无"省乎"二字，可据以订正。　　先谦案：大戴记一本作"君子博学如日参己焉"，与俞说同。孔氏广森云："参己者，学乎两端，以己参之。"一本作"而日参省乎己焉"，与荀子文同。此后人用荀子改大戴记也。荀书自作"而日参省乎己"。参、三义同。群书治要作"而日三省乎己"，易"参"为"三"，是本文有"省乎"二字之明证，与杨注义合。俞说非。

故不登高山，不知天之高也;不临深谿，不知地之厚也;不闻先王之遗言，不知学问之大也。大，谓有益于人。**干、越、夷、貉之子，生而同声，长而异俗，教使之然也。**干、越，犹言吴、越。吕氏春秋"荆有次非，得宝剑于干、越"，高诱曰："吴邑也。"貉，东北夷。同声，谓啼声同。貉，莫革反。〇谢刻从卢校"干"作"于"，注文作"于越，犹言於越"。　卢文弨曰："于越"，宋本作"干越"。今从元刻，与大戴礼同。注"於越"，旧作"吴越"，讹。所引吕氏春秋，见知分篇。"次非"俗本作"伙飞"，唯宋本与吕氏同。吕氏"于越"作"干遂"，淮南同，注："干音寒。"国策作"干隧"。然杨氏自作"于越"，故以於越为释。　刘台拱曰：淮南原道训"干、越生葛绤"，高注："干，吴也。"杨氏此注以干、越为吴、越，盖用高义，观下文引吕氏春秋注可见，卢改非也。今原道训作"于越"，亦妄庸人所改。　王念孙曰：刘说是也。宋刻吕夏卿本、钱佃本并作"干越"。干、越、夷、貉四者皆国名，不得改"干越"为"于越"。古书言"干越"者多矣，凡改"干越"为"于越"者，皆所谓知其一说、不知又有一说者也。大戴记之"于越"，亦后人所改，辩见汉书货殖传。淮南道藏本及朱东光本皆作"干"，它本皆改为"于"。　俞樾曰：案卢刻诚非，而杨注原文谓"犹言吴、越"，亦恐不然。干与越并言，则干亦国名。管子内业篇"昔者吴、干战，未龀，不得入军门，国子摘其齿，遂入，为干国多"，则干与吴且为敌国，非即吴明矣。尹知章注管子以干为江边地，非是。辩见管子。字本作"邗"。说文邑部："邗，国也，今属临淮，从邑，干声。一曰：邗本属吴。"盖邗，古国名，后为吴邑，哀九年左传"吴城邗"是也。古书言干、越者，则当从国名之本训，不得因其后为吴邑而即训为吴也。　先谦案：王氏杂志引文选江赋注所引墨子"以利荆、楚、干、越"、吴都赋"包括干、越"、庄子刻意篇"干、越之剑"，及淮南原道训，以证汉书货殖传之"于越"当为"干越"，其义允矣。今案盐铁论殊路篇"干、越之铤不厉，匹夫贱之"，亦一证也。吴、干先为敌国，后干并于吴，管子"吴、干战"及左传"吴城邗"即其明证。干为吴灭，而吴一称干，犹郑为韩灭而韩亦称郑。（竹书纪年书"韩哀侯"作"郑哀侯"。）俞氏所驳，亦非也。今依刘、王说改从宋本。**诗曰："嗟尔君子，无恒安息。靖共尔位，好是正直。神之听之，介尔景福。"**诗，小雅小明之篇。靖，谋。介，助。景，大也。无恒安息，戒之不使怀安也。言能谋恭其位，好正直之道，则神听而助之福,引此诗以喻勤学也。**神莫大于化道,福莫长于无祸**。为学则自化道,故神莫大焉。修身则自无祸,故福莫长焉。○俞樾曰:上引诗云"神之听之,介尔景福",此文"神"字"福"字即本诗文也。今本此二句提行,属下节,非是。 先谦案:旧本以荀子它篇引诗为例,遂断上引诗为一节,以此二句提行,固属非是。但下文"物类之起"至"君子慎其所立乎"一段,言荣辱祸福之理,正与引诗及此二句相应,若断属上节,亦未安。各篇引诗亦多在篇中,不尽属一节之末,此处不当分段,今正。**吾尝终日而思矣**,○先谦案:大戴记"吾"上有"孔子曰"三字。**不如须臾之所学也;吾尝跂而望矣,不如登高之博见也**。跂,举足也。**登高而招,臂非加长也,而见者远;顺风而呼,声非加疾也,而闻者彰。假舆马者,非利足也,而致千里;假舟楫者,非能水也,而绝江河**。能,善。绝,过。○王念孙曰:"江河"本作"江海","海"与"里"为韵,下文"不积小流,无以成江海",亦与"里"为韵,今本"海"作"河",则失其韵矣。文选海赋注引此正作"绝江海",大戴记劝学篇、说苑说丛篇并同。文子上仁篇作"济江海",文虽小异,作"江海"则同。 俞樾曰:能,当读为耐。汉书食货志"能风与旱",晁错传"其性能寒",赵充国传"汉马不能冬",师古注并曰"能,读曰耐"。此文"能"字正与彼同。**君子生非异也,善假于物也**。皆以喻修身在假于学。生非异,言与众人同也。○王念孙曰:生读为性,大戴记作"性"。**南方有鸟焉,名曰蒙鸠,以羽为巢而编之以发,系之苇苕,风至苕折,卵破子死。巢非不完也,所系者然也**。蒙鸠,鹪鹩也。苕,苇之秀也,今巧妇鸟之巢至精密,多系于苇竹之上是也。"蒙"当为"萌"。方言云:"鹪鹩,自关而西谓之桑飞,或谓之萌雀。"或曰:一名蒙鸠,亦以其愚也。言人不知学问,其所置身亦犹系苇之危也。说苑:"客谓孟尝君曰:'鹪鹩巢于苇苕,箸之以发,可谓完坚矣,大风至则苕折卵破者何也? 所托者然也。'"○卢文弨曰："蒙鸠"，大戴礼作"虫鸠"，方言作"蔑雀"。虫，读如芒。"蒙""虫""蔑"一声之转，皆谓细也。蒙与蟻、蟓音义近。杨云"当为蔑"，似非。箸，张略切，俗间本多作"著"。今从宋本，与说文合。又曰：说文有"箸"无"著"，箸但训饭敧，无形著及系著义，或本有"著"字而误脱，亦未可知。然古书如周语"大夫士曰恪位箸"，即"位著"也。列子仲尼篇"形物其箸"，以箸为著明也。赵策"智伯曰'兵箸晋阳三年矣'"，以箸为傅著也。世说新语一书，皆以"箸"为"著"，以故六书正讹谓"箸"字多有假借用者，别作"著"，非。今校此书，凡宋本作"箸"者仍之，其他卷作"著"字者即不改，非必古之尽是而今之皆非，以待夫通人自择焉耳。所引说苑，见善说篇，作"著之发毛，建之女工不能为也"，末句作"其所托者使然也"，余与此同。**西方有木焉，名曰射干，茎长四寸，生于高山之上而临百仞之渊；木茎非能长也，所立者然也。** 本草药名有射干，一名乌扇。陶弘景云："花白茎长，如射人之执竿。"又引阮公诗云"射干临层城"，是生于高处也。据本草在草部中，又生南阳川谷，此云"西方有木"，未详。或曰："长四寸"即是草，云木，误也。盖生南阳，亦生西方也。射音夜。○卢文弨曰：注"乌扇"，宋本与本草同，元刻作"乌䎛"。广雅："乌蓬，射干也。"蓬、䎛同所夹反，是二字皆可通。**蓬生麻中，不扶而直。** ○王念孙曰：此下有"白沙在涅，与之俱黑"二句，而今本脱之。大戴记亦脱此二句。今本荀子无此二句，疑后人依大戴删之也。杨不释此二句，则所见本已同今本。此言善恶无常，唯人所习，故"白沙在涅"与"蓬生麻中"义正相反。且"黑"与"直"为韵，若无此二句，则既失其义而又失其韵矣。洪范正义云："荀卿书云：'蓬生麻中，不扶自直，白沙在涅，与之俱黑。'"褚少孙续三王世家云："传曰'蓬生麻中，不扶自直，白沙在泥，(今本"泥"下有"中"字，涉上文而衍。)与之皆黑'者，土地教化使之然也。"索隐曰："'蓬生麻中'以下，并见荀卿子。"案上文引传曰"青采出于蓝"云云，下文引传曰"兰根与白芷"云云，皆见荀子，则此所引传亦荀子也。然则汉、唐人所见荀子皆有此二句，不得以大戴无此二句而删之也。又案群书治要曾子制言篇云："故蓬生麻中，不扶乃直，（燕礼注："乃犹而也。"）白沙在泥，与之皆黑。"（大戴同）考荀子书多与曾子同者，此四句亦本于曾子，断无截去二句之理。**兰槐之根是为芷。其渐之滫，君子不近，庶人不服，其质非不美也，所渐者然也。**兰槐，香草，其根是为芷也。本草："白芷一名白茝。"陶弘景云："即离骚所谓兰茝也。"盖苗名兰茝，根名芷也。兰槐当是兰茝别名，故云"兰槐之根是为芷"也。渍，渍也，染也。滫，溺也。言虽香草，浸渍于溺中，则可恶也。渐，子廉反。滫，思酒反。○卢文弨曰："兰槐之根"，大戴礼作"兰氏之根，怀氏之苞"。晏子作"今夫兰本，三年而成"，说苑杂言篇同。又案：滫，久泔也，说文、广韵训皆同。又晏子杂上篇作"湛之苦酒"。苦，读如"良苦"之苦，义皆相近。杨氏乃训滫为溺，未见所出。又曰：高诱注淮南人间训云"滫，臭汁也"，意亦相近。　郝懿行曰：大略篇云"兰茝槁本，渐于蜜醴，一佩易之"，与此义近。晏子春秋杂上篇云："兰本三年而成，湛之苦酒则君子不近，庶人不佩，湛之縻醢而贾匹马矣。""縻"，说苑杂言篇作"鹿"。滫，久泔也。芷即茝也。"茝""芷"古字同声通用。此言香草之根为芷，渐以滫及酒皆不美，惟渐之鹿醢，乃能益其香而贾易匹马，故曰"其质非不美，所渐者然也"。**故君子居必择乡，游必就士，所以防邪僻而近中正也。物类之起，必有所始。荣辱之来，必象其德。肉腐出虫，鱼枯生蠹。怠慢忘身，祸灾乃作。强自取柱，柔自取束。**凡物强则以为柱而任劳，柔则见束而约急，皆其自取也。○王引之曰：杨说强自取柱之义甚迂。"柱"与"束"相对为文，则柱非谓屋柱之柱也。柱，当读为祝。哀十四年公羊传"天祝予"，十三年榖梁传"祝发文身"，何、范注并曰："祝，断也。"此言物强则自取断折，所谓太刚则折也。大戴记作"强自取折"，是其明证矣。南山经"招摇之山有草焉，其名

曰祝余","祝余"或作"柱荼",是"祝"与"柱"通也。("祝"之通作
"柱",犹"注"之通作"祝"。周官疡医"祝药"郑注曰:"祝,当为注,声
之误也。")**邪秽在身,怨之所构。**构,结也。言亦所自取。**施薪若
一,火就燥也;**布薪于地,均若一,火就燥而焚之矣。**平地若一,水
就湿也。草木畴生,禽兽群焉,**物各从其类也。畴与俦同,类也。
○刘台拱曰:"群焉",当从大戴礼作"群居"。   王念孙曰:"群居"与
"畴生"对文,今本"居"作"焉"者,涉下文四"焉"字而误。**是故质的
张而弓矢至焉,林木茂而斧斤至焉,**所谓召祸也。质,射侯。的,正
鹄也。**树成阴而众鸟息焉,醯酸而蚋聚焉。**喻有德则慕之者众。
故言有召祸也,行有招辱也,君子慎其所立乎!祸福如此,不可不
慎所立。所立,即谓学也。○卢文弨曰:"慎其",元刻作"其慎"。大
戴作"慎其所立焉"。

　　**积土成山,风雨兴焉;积水成渊,蛟龙生焉;积善成德,而神
明自得,圣心备焉。**神明自得,谓自通于神明。○谢本从卢校作"圣
心循焉"。卢文弨曰:宋本"循"作"备",与大戴同。   刘台拱曰:当作
"备",古音与"德""得"为韵。   王念孙曰:旦、钱本作"备"。此言积
善成德而通于神明,则圣心于是乎备也。"成德"与"圣心备"上下正
相应,元刻"备"作"循",则与上文不相应矣。儒效篇云:"积善而全尽
谓之圣人。"彼言"全尽",犹此言"圣心备"也,一也。"备"字,古音鼻
墨反,(见吴棫韵补。)正与"德""得"为韵,二也。大戴记及群书治要
并作"备",文选谢瞻从宋公戏马台集送孔令诗注、张子房诗注引此亦
作"备",(张华励志诗注引作"循",与二注不合,乃后人以误本荀子改
之。)三也。"备"字俗书作"俻","循"字隶书或作"循",二形相似而
误。   先谦案:孔广森大戴记补注以"积土成山"至末为一段,今从
之。言学必积小高大,一志者成也。荣辱篇云"尧、禹者,非生而具者
也,起于变故,成乎修为,待尽而后备者也",与此言积善成德、圣心乃

备义合。刘、王说是，今改从宋本。**故不积跬步，无以至千里**；半步曰跬。跬与蹞同。**不积小流，无以成江海**。○卢文弨曰："江海"，宋本与大戴同，元刻作"江河"。　先谦案：群书治要作"河海"。**骐骥一跃，不能十步；驽马十驾**，言驽马十度引车，则亦及骐骥之一跃。据下云"驽马十驾，则亦及之"，此亦当同，疑脱一句。○卢文弨曰："不能十步"，"十"当作"千"。玉篇引大戴礼"骐骥一跃，不能千步"，今大戴礼"步"作"里"，此"千"作"十"，皆是讹字。"里""海"为韵，"步""舍"为韵，古音如是。晋书虞溥传云"锲而舍之，朽木不知；锲而不舍，金石可亏"，亦是韵语。　刘台拱曰：案"不能十步"义最长，大戴礼作"千里"，于义疏矣。若玉篇作"千步"，直是讹字，卢反引以为据，非也。十驾，十日之程也。旦而受驾，至暮脱之，故以一日所行为一驾，若十度引车，则非驾义也。　王念孙曰：吕氏春秋贵卒篇曰："所为贵骥者，为其一日千里也；旬日取之，则与驽骀同。"淮南齐俗篇曰："夫骐骥千里，一日而通；驽马十舍，旬亦至之。"此皆驽马十日行千里之证。大戴记"骐骥一跃，不能千里"，"里"与"舍"不合韵，乃涉上文"无以致千里"而误，（玉篇引作"千步"，"千"字虽讹，而"步"字不讹。）辩见大戴记述闻。**功在不舍**。○卢文弨曰：此句当连上文。**锲而舍之，朽木不折；锲而不舍，金石可镂**。言立功在于不舍。舍与捨同。锲，刻也，苦结反。春秋传曰"阳虎借邑人之车，锲其轴"也。**螾无爪牙之利，筋骨之强，上食埃土，下饮黄泉，用心一也**。螾与蚓同，蚯蚓也。○卢文弨曰：正文"螾"字上，宋本有"蚯"字，无注末"蚯蚓也"三字。今从元刻。**蟹六跪而二螯，非蛇蟺之穴无可寄托者，用心躁也**。跪，足也。韩子以刖足为刖跪。螯，蟹首上如钺者。许叔重说文云"蟹六足二螯"也。○卢文弨曰：案说文："蟹有二敖八足。"大戴礼亦同。此正文及注"六"字疑皆"八"字之讹。　先谦案：蟺同鳝。**是故无冥冥之志者无昭昭之明，无惛惛之事者无赫赫**

之功。冥冥、惛惛，皆专默精诚之谓也。○先谦案：大戴记"冥冥"作"愤愤"，"惛惛"作"绵绵"。**行衢道者不至，事两君者不容。**尔雅云："四达谓之衢。"孙炎云："衢，交道四出也。"或曰：衢道，两道也。不至，不能有所至。下篇有"杨朱哭衢涂"。今秦俗犹以两为衢，古之遗言欤？○郝懿行曰：案"杨朱哭衢涂"，见王霸篇，注云："衢涂，歧路也。秦俗以两为衢。或曰：四达谓之衢。"大意与此注同，俱兼二义训释。实则杨朱见歧路而悲，即庄子云"大道以多歧亡羊"之意，不必泥尔雅"四达谓之衢"也。　王念孙曰：尔雅："四达谓之衢。"又云："二达谓之歧旁。""歧""衢"一声之转，则二达亦可谓之衢。故大戴记作"行歧涂者不至"。劝学篇下文言"两君""两视""两听"，王霸篇下文言"荣辱安危存亡之衢"，皆谓两为衢也。大略篇又云"二者治乱之衢也"，（今本脱"治"字，辩见大略。）则荀子书皆谓两为衢。　先谦案：王说是。**目不能两视而明，耳不能两听而聪。**○卢文弨曰：两"不"字下，宋本俱有"能"字，与大戴同，元刻无。　王念孙曰：吕、钱本俱有"能"字，元刻无两"能"字者，以上下句皆六字，此二句独七字，故删两"能"字，以归画一。不知古人之文不若是之拘也，若无两"能"字，则文不足意矣。　先谦案：谢本从卢校无两"能"字。今依王说，改从宋本。**螣蛇无足而飞，**尔雅云："螣，螣蛇。"郭璞云"龙类，能兴云雾而游其中"也。**梧鼠五技而穷。**"梧鼠"当为"鼫鼠"，盖本误为"鼯"字，传写又误为"梧"耳。技，才能也。言技能虽多而不能如螣蛇专一，故穷。五技，谓能飞不能上屋，能缘不能穷木，能游不能渡谷，能穴不能掩身，能走不能先人。○卢文弨曰：本草云："鼯鼠一名鼫鼠。"易释文及正义皆引之，崔豹古今注亦同。鼫与梧音近，杨说似未参此。

王念孙曰：本草言"鼯鼠一名鼫鼠"，不言"一名梧鼠"也。今以鼯鼠之鼯、鼫鼠之鼠合为一名而谓之鼫鼠，又以鼫、梧音相近而谓之梧鼠，可乎？且大戴记正作"鼫鼠五技而穷"，鼫与梧音不相近，则"梧"为误

9

字明矣。当以<u>杨</u>说为是。<u>诗</u>曰:"尸鸠在桑,其子七兮。淑人君子,其仪一兮。其仪一兮,心如结兮。"故君子结于一也。<u>诗,曹风尸鸠</u>之篇。<u>毛</u>云:"尸鸠,鸤鞠也。尸鸠之养七子,旦从上而下,暮从下而上,平均如一。善人君子,其执义亦当如尸鸠之一。执义一则用心坚固。"故曰"心如结"也。○<u>卢文弨</u>曰:注"鸤鞠",<u>元</u>刻作"秸鞠",<u>毛</u>传作"秸鞠"。

昔者**瓠巴鼓瑟而流鱼出听**,<u>瓠巴</u>,古之善鼓瑟者,不知何代人。流鱼,中流之鱼也。<u>列子</u>云:"<u>瓠巴</u>鼓琴,鸟舞鱼跃。"○<u>卢文弨</u>曰:"流鱼",<u>大戴礼</u>作"沉鱼",<u>论衡</u>作"鲟鱼",亦与"沉鱼"音近,恐"流"字误。<u>韩诗外传</u>作"潜鱼"。或说流鱼即游鱼,古"流""游"通用。 <u>先谦</u>案:"流鱼",<u>大戴礼</u>作"沉鱼",是也。鱼沉伏,因鼓瑟而出,故云"沉鱼出听"。<u>外传</u>作"潜鱼",潜亦沉也,作"流"者借字耳。<u>书</u>"沉湎",非十二子、<u>大略</u>篇作"流湎",<u>君子</u>篇"士大夫无流淫之行",<u>群书治要</u>引作"沉淫",此"沉""流"通借之证。<u>淮南子说山训</u>作"淫鱼",<u>高</u>注以为长头、口在颔下之鱼,与<u>后汉马融</u>传注"鲟鱼,口在颔下"合,故<u>论衡</u>作"鲟鱼"。此二书别为一义。<u>卢</u>引或说"流鱼即游鱼",既是游鱼,何云"出听"? 望文生义,斯为谬矣。**伯牙鼓琴而六马仰秣。**<u>伯牙</u>,古之善鼓琴者,亦不知何代人。六马,天子路车之马也。<u>汉书</u>曰:"乾六车,坤六马。"<u>白虎通</u>曰:"天子之马六者,示有事于天地四方也。"<u>张衡西京赋</u>曰:"天子驾雕轸,六骏驳。"又曰:"六玄虬之奕奕,齐腾骧而沛艾。"仰首而秣,听其声也。○<u>卢文弨</u>曰:"驾雕轸",<u>元</u>刻与今<u>文选</u>同,<u>宋</u>本"驾"作"御"。又案:下所引二句出<u>东京赋</u>。**故声无小而不闻,行无隐而不形;**形,谓有形可见。**玉在山而草木润,**○<u>王念孙</u>曰:"玉在山而草木润,渊生珠而崖不枯",<u>元</u>刻无"草"字。案<u>元</u>刻是也。"木"与"崖"对文,故上句少一字。<u>宋</u>本"木"上有"草"字者,依<u>淮南说山</u>篇加之也。<u>文选吴都赋</u>"林木为之润黩",<u>李善</u>注引此作"玉在山而木润",(困学纪闻十引建本荀子同。)江赋、文赋注并同。艺文类聚木部、太平御览木部一所引亦同,而草部不引,则本无"草"字明矣。大戴记作"玉居山而木润",续史记龟策传作"玉处于山而木润",文虽小异,而亦无"草"字。**渊生珠而崖不枯。为善不积邪,安有不闻者乎?** 崖,岸。枯,燥。○王念孙曰:"不积"之"不",涉上下文而衍,当依群书治要删,说见大戴记述闻劝学篇。　先谦案:大戴记作"为善而不积乎,岂有不至哉",卢辩注:"至,一作闻。"孔广森注云:"言为善或不积耳,积则未有不至于成者。"此文亦言为善或不积邪?积则安有不闻者乎?语意曲而有味。治要作"为善积也",径删"不"字,意味索然。王氏反从之,欲并删大戴记,何也?**学恶乎始?恶乎终?** 假设问也。**曰:其数则始乎诵经,终乎读礼;** 数,术也。经,谓诗、书;礼,谓典礼之属也。○卢文弨曰:"典礼",疑当是"曲礼"之误。**其义则始乎为士,终乎为圣人。** 义,谓学之意,言在乎修身也。○先谦案:荀书以士、君子、圣人为三等,修身、非相、儒效、哀公篇可证,故云始士终圣人。**真积力久则入,** 真,诚也。力,力行也。诚积力久则能入于学也。**学至乎没而后止也。** 生则不可怠惰。**故学数有终,若其义则不可须臾舍也。** 为之,人也;舍之,禽兽也。**故书者,政事之纪也;** 书所以纪政事。此说六经之意。**诗者,中声之所止也;** 诗,谓乐章,所以节声音,至乎中而止,不使流淫也。春秋传曰:"中声以降,五降之后,不容弹矣。"○郝懿行曰:按下文方云"乐之中和,诗、书之博",诗、乐分言,则此"中声"疑非即谓乐章。且诗三百,未必皆合中声,夫子但谓关雎不淫不伤,可知它诗未必尽然。　先谦案:下文诗、乐分言,此不言乐,以诗、乐相兼也。乐论篇云"乐则不能无形,形而不为道则不能无乱,先王恶其乱,故制雅、颂之声以道之,使其声足以乐而不流",与此言诗为中声所止可互证。郝说非也。**礼者,法之大分、类之纲纪也,** 礼所以为典法之大分、统类之纲纪。

类,谓礼法所无、触类而长者,犹律条之比附。方言云"齐谓法为类"也。〇谢本从卢校"类"上有"群"字。王念孙曰:元刻无"群"字,(宋龚本同。)元刻是也。宋本作"群类"者,盖不晓"类"字之义而以意加"群"字也,不知类者谓与法相类者也。此文云"法之大分,类之纲纪",非十二子及大略篇并云"多言而类,圣人也;少言而法,君子也",王制、大略二篇又云"有法者以法行,无法者以类举",皆以"类"与"法"对文。据杨注云"类,谓礼法所无、触类而长者,犹律条之比附",则本无"群"字明矣。 先谦案:王说是,今改从元刻。**故学至乎礼而止矣。夫是之谓道德之极。礼**之敬文也,礼有周旋揖让之敬、车服等级之文也。**乐**之中和也,中和,谓使人得中和悦也。**诗、书之博也**,博,谓广记土风鸟兽草木及政事也。**春秋之微也**,微,谓褒贬沮劝,微而显、志而晦之类也。**在天地之间者毕矣。君子之学也,入乎耳,箸乎心,布乎四体,形乎动静**,所谓古之学者为己。入乎耳,箸乎心,谓闻则志而不忘也。布乎四体,谓有威仪润身也。形乎动静,谓知所措履也。**端而言,蠕而动,一可以为法则**。端,读为喘。喘,微言也。蠕,微动也。一,皆也。或喘息微言,或蠕蠢蠕动,皆可以为法则。蠕,人允反。或曰:端而言,谓端庄而言也。〇先谦案:臣道篇云"喘而言,臑而动,而一皆可为法则",与此文同,则读端为喘是也。说文:"喘,疾息也。""蠕,动也。"**小人之学也,入乎耳,出乎口。**所谓"今之学者为人","道听涂说"也。**口耳之间则四寸耳,曷足以美七尺之躯哉!**韩侍郎云:"则,当为财,与才同。"〇卢文弨曰:宋本"四寸"下"耳"字无。 刘台拱曰:"则"字自可通,不必如韩说。**古之学者为己,今之学者为人。君子之学也,以美其身;小人之学也,以为禽犊。**禽犊,馈献之物也。〇郝懿行曰:小曰禽,大曰兽。禽犊,谓犊之小小者,人喜抚弄而爱玩之,非必己有,非可献人,直以为玩弄之物耳。小人之学,入乎耳,出乎口,无裨于身心,但为玩好而已,故以禽犊譬况之。注据致士篇"货财禽犊之请,君子不许",故云"禽犊,馈献之物",不知货财谓贿赂、禽犊谓玩好耳。 先谦案:杨注固非,郝说尤误。上言君子之学入耳箸心而布于身,故曰学所以美其身也;小人入耳出口,心无所得,故不足美其身,亦终于为禽犊而已,文义甚明。荀子言学,以礼为先,人无礼则禽犊矣。上文云"学至乎礼而止矣",是其言学之宗旨。又云"为之,人也;舍之,禽兽也",正与此文相应,"禽兽""禽犊",特小变其文耳。小人学与不学无异,不得因此文言小人之学而疑其有异解也。**故不问而告谓之傲**,傲,喧噪也。言与戏傲无异。或曰:读为嗷,口嗷嗷然也。嗷与敖通。○卢文弨曰:"口嗷嗷",旧本作"声曰嗷嗷",今改正。郝懿行曰:傲与謷同。说文云"謷,不省人言也",与此义合。 俞樾曰:论语季氏篇"言未及之而言谓之躁",释文曰:"鲁读躁为傲。"荀子此文盖本鲁论。下文曰"故未可与言而言谓之傲,可与言而不言谓之隐,不观气色而言谓之瞽",皆与论语同,惟变"躁"为"傲",可证也。"傲"即"躁"之叚字。不问而告,未可与言而言,皆失之躁,非失之傲也。鲁论之说,今不可得而详,以意度之,殆亦叚"傲"为"躁"。自古文论语出,得其本字,遂谓鲁论读躁为傲,实不然也。"躁"字义长,"傲"字义短,鲁之经师岂不知此而改"躁"为"傲"乎? 先谦案:俞说是。**问一而告二谓之囋**。"囋"即"讃"字也。谓以言强讃助之。今赞礼谓之讃,"囋"古字,"口"与"言"多通。○卢文弨曰:李善注文赋,引埤苍云:"嘈囐,声皃。囐与囋及嗺同,才曷反。"荀子上句谓其躁,此句谓其多言。下文云"如向",则不问不告,问一不告二。杨注非也。"囐",今文选注误为"嗺"。 郝懿行曰:囋者,嘈囋,谓语声繁碎也。陆玑文赋"务嘈囋而妖冶",义与此近。杨注非。**傲,非也;囋,非也;君子如向矣**。向与响同。如响应声。**学莫便乎近其人**。谓贤师也。**礼、乐法而不说**,有大法而不曲说也。**诗、书故而不切**,诗、书但论先王故事而不委曲切近于人，故曰"学诗三百，使于四方，不能专对"也。**春秋约而不速。**文义隐约，褒贬难明，不能使人速晓其意也。**方其人之习君子之说，则尊以遍矣，周于世矣。**当其人习说之时，则尊高而遍周于世事矣，六经则不能然矣。〇郝懿行曰：案方，古读如旁，亦读如傍。此"方"当读为"依傍"之"傍"，言亲近其人而习闻其说，则禀仰师承，周遍于世务矣，故曰"学莫便乎近其人"。　先谦案：郝读方为傍，则"习"上"之"字不可通。习有积贯之义，非近其人则不能常习其说。吕览任数篇"习者曰"高注："习，近习。"是习与近义亦相通。言习其说即知是近其人，不必读方为傍，转致文义支离也。**故曰学莫便乎近其人。学之经莫速乎好其人，隆礼次之。**学之大经，无速于好近贤人。若无其人，则隆礼为次之。〇王念孙曰：经读为径，即下文所谓蹊径。言入学之蹊径莫速乎好贤，而隆礼次之。修身篇云"治气养心之术，莫径由礼，（此"径"字训为疾，"莫径"即本篇所谓"莫速"也。汉书张骞传"从蜀，宜径"，如淳曰："径，疾也。"见史记大宛传集解。）莫要得师，莫神一好"，语意略与此同。学之经，即学之径，古读径如经，故与经通。（贾子立后义篇"其道莫经于此"，"莫经"即荀子之"莫径"。）杨以为学之大经，失之。　郭嵩焘曰：近其人，谓得其人而师之。好其人，则是中心悦而诚服、亲炙之深者也。隆礼，谓自以礼检束其身。　先谦案：王读经为径，引修身篇之"莫径"，谓即本篇所谓"莫速"，是学之速莫速乎好其人，于词为复。上文"学莫便乎近其人"，亦无此复语，其说非也。吕览当染、有始、知分、骄恣诸篇，高注并云："经，道也。"学之经，犹言学之道耳。成相篇云"治之经，礼与刑"，又云"听之经，明其请"，"治之经""听之经"犹言"治之道""听之道"，与此"学之经"一例，是荀书自有此文法。**上不能好其人，下不能隆礼，安特将学杂识志，顺诗、书而已耳，则末世穷年，不免为陋儒而已。**安，语助，犹言抑也，或作"安"，或作"案"，荀子多用此字。礼记三年问作"焉"。战国策:"谓赵王曰:'秦与韩为上交,秦祸案移于梁矣。秦与梁为上交,秦祸案攘于赵矣。'"吕氏春秋:"吴起谓商文曰:'今置质为臣,其主安重;释玺辞官,其主安轻。'"盖当时人通以"安"为语助,或方言耳。特,犹言直也。杂识志,谓杂志记之书,百家之说也。言既不能好其人,又不能隆礼,直学杂说,顺诗、书而已,岂免为陋儒乎? 言不知通变也。○郝懿行曰:安,犹伏也、焉也。特,直也,犹言但也。学杂识者,识,记也,所谓记丑而博也。志顺诗、书者,志与帜同,谓幖题也,如今学僮课读,用纸为号记也。顺者,顺其文也,谓陋儒但能幖志顺读诗、书,末世穷年,不知理解也。 王引之曰:此文本作"安特将学杂志,顺诗、书而已耳","志"即古"识"字也。今本并出"识志"二字者,校书者旁记"识"字而写者因误入正文耳。"学杂志,顺诗、书",皆三字为句,多一"识"字,则重复而累于词矣。杨注本作"杂志,谓杂记之书,百家之说",今作"杂识志,谓杂志记之书,百家之说",皆后人据已误之正文加之。下注云"直学杂说,顺诗、书而已",文义甚明,足正后人窜改之谬。 先谦案:学杂识志,王说是。安,犹案也;特,犹直也。此云"安特将学杂志,顺诗、书",犹解蔽篇云"案直将治怪说,玩奇辞"也。安、案,并犹则也。荀书用"安""案"字,或为语词,或作"则"字用,其用"则"字亦然。强国篇云"秦使左案左,使右案右",(使楚也。)谓使左则左,使右则右也。臣道篇云"是案曰是,非案曰非",谓是则曰是,非则曰非也。正论篇云"暴国独侈,安能诛之",("能"字衍。)谓暴国独侈则诛之也。又云"今子宋子案不然",谓子宋子则不然也。解蔽篇云"学者以圣王为师,案以圣王之制为法",谓以圣王为师,则以圣制为法也。此并以"安""案"代"则"字,余皆语词。富国篇"则案以为利也",仲尼篇云"至于成王,则安以无诛已",大略篇云"至成、康,则案无诛已",臣道篇云"凡人非贤则案不肖也",以"则案""则安"连用,"安""案"亦语词。强国篇云"是何也,则小事之至也数",又云"是何也,则其殆无儒邪",天论篇"生于今而志乎古,则是其在我者也",数"则"字语词,则亦犹安、案也。**将原先王,本仁义,则礼正其经纬蹊径也**。所成所出皆在于礼也。**若挈裘领,诎五指而顿之,顺者不可胜数也**。言礼亦为人之纲领。挈,举也。诎与屈同。顿,挈也。顺者不可胜数,言礼皆顺矣。○卢文弨曰:顿,犹顿挫,提举高下之状若顿首然,注"挈也",疑误。顺者不可胜数,言全裘之毛皆顺矣。 王念孙曰:杨训顿为挈,于古无据。且上文已有"挈"字,此不得复训为挈。卢以顿为顿挫,于义尤迂。顿者,引也,言挈裘领者诎五指而引之,则全裘之毛皆顺也。广雅曰:"扽,引也。"曹宪音顿。古无"扽"字,借"顿"为之。盐铁论诏圣篇曰:"今之治民者,若拙御马,行则顿之,止则击之。"顿之,引之也。释名曰:"挈,制也,制顿之使顺己也。"挈亦引也。盐铁论散不足篇曰:"吏捕索挈顿,不以道理。"褚少孙续史记滑稽传曰:"当道挈顿人车马。"**不道礼宪,以诗、书为之**,道,言说也。宪,标表也。○王念孙曰:道者,由也。(见礼器、中庸注。)言作事不由礼法而以诗、书为之,则不可以得之也。故修身篇曰:"由礼则治通,不由礼则勃乱提僈。"杨云"道,言说也",失之。又富国篇"不足以持国安身,明君不道也",道亦由也。杨云"明君不言",亦失之。**譬之犹以指测河也,以戈舂黍也,以锥飡壶也**,○谢本从卢校"飡"作"飱"。 卢文弨曰:飱同餐。 王念孙曰:旦、钱本作"飡",元刻作"飱"。案说文:飱,"餔"也,从夕食,思魂切。"餐,吞也,从食,奴声,或从水作飡,七安切。"玉篇、广韵"飱"作"飱",而"飱""餐"二字皆异音异义。古音餐属寒部,飱属魂部,故魏风伐檀首章之"餐"与"檀""干""涟""廛""貆"为韵,三章之"飱"与"轮""漘""沦""囷""鹑"为韵,两字判然不同。自尔雅释文始误以"餐"为"飱",而集韵遂合"餐""飱"为一字矣。今俗书"飱"字作"飱",而钱本作"飡",自是"飡"之俗字,非"飱"字也。卢从元刻作"飱",云"飱同餐",非是。 先谦案:王说是,今依旦、钱本正

荀子集解

作"飡"。以锥飡壶,言以锥代箸也。古人贮食以壶,中山策"君下壶飡臣父",韩非子"晋文公出亡,箕郑挈壶飡以从",皆其证。**不可以得之矣。故隆礼,虽未明,法士也**;○先谦案:法士,即好礼之士。修身篇云"学也者,礼法也,非礼,是无法也",又云"好法而行,士也",皆可互证。下文"散儒"杨注云:"散,谓不自检束。"是以散儒为无礼法之儒,正与法士对文。**不隆礼,虽察辩,散儒也**。散,谓不自检束,庄子以不材木为散木也。**问楛者勿告也**,楛与苦同,恶也。问楛,谓所问非礼义也。凡器物坚好者谓之功,濫恶者谓之楛。国语曰"辨其功苦",韦昭曰:"坚曰功,脆曰苦。"故西京赋曰"鬻良杂苦",史记曰"器不苦窳"。或曰:楛,读为沽。仪礼有"沽功",郑玄曰:"沽,粗也。"**告楛者勿问也,说楛者勿听也,有争气者勿与辩也。故必由其道至,然后接之,非其道则避之**。道不至则不接。**故礼恭而后可与言道之方,辞顺而后可与言道之理,色从而后可与言道之致**。致,极也。此谓道至而后接之也。**故未可与言而言谓之傲**,傲亦戏傲也。论语曰:"言未及而言谓之躁。"**可与言而不言谓之隐,不观气色而言谓之瞽。故君子不傲,不隐,不瞽,谨顺其身**。瞽者不识人之颜色。○卢文弨曰:"顺",宋本作"慎"。今从元刻,与吕东莱读诗记所引同。   郝懿行曰:傲与敖同。敖者,谓放散也。谨顺其身,身,犹人也。此谓君子言与不言,皆顺其人之可与不可,所谓"时然后言,人不厌其言"也。**诗曰:"匪交匪舒,天子所予。"此之谓也**。诗,小雅采菽之篇。"匪交",当为"彼交"。言彼与人交接,不敢舒缓,故受天子之赐予也。○卢文弨曰:匪亦有彼义。左传襄二十七年引诗桑扈"匪交匪敖",成十四年引仍作"彼交匪敖"。襄八年引小旻"如匪行迈谋",杜注:"匪,彼也。""匪舒",宋本与诗考合,元刻及读诗记所引皆作"匪纾"。此段自"昔者瓠巴鼓瑟"起至此,皆论为学之效与为学之要,末亦引诗以证之,应为一节。宋本分段颇不明,今更正。　王引之曰：此引诗"匪交匪舒"，正申明上文之"不傲、不隐、不瞽"，则作"匪"者正字，作"彼"者借字也。交，读为姣。广雅曰："姣，（音绞。）侮也。"言不侮慢、不怠缓也。说见经义述闻小雅桑扈篇。

　　百发失一，不足谓善射；千里跬步不至，不足谓善御；未能全尽。**伦类不通，仁义不一，不足谓善学。**通伦类，谓虽礼法所未该，以其等伦比类而通之。谓一以贯之，触类而长也。一仁义，谓造次不离，他术不能乱也。**学也者，固学一之也。一出焉，一入焉，涂巷之人也。**或善或否。**其善者少，不善者多，桀、纣、盗跖也。**盗跖，柳下季之弟，聚徒九千人，于太山之傍，侵诸侯，孔子说之而不入者也。○卢文弨曰：案柳下季在鲁僖公时，与孔子年数悬远，庄子所载，亦寓言耳。**全之尽之，然后学者也。**学然后全尽。**君子知夫不全不粹之不足以为美也，故诵数以贯之，**使习礼、乐、诗、书之数以贯穿之。○俞樾曰：诵数，犹诵说也。诗击鼓篇"与子成说"，毛传曰："说，数也。"说为数，故数亦为说。礼记儒行篇"遽数之不能终其物"正义曰："数，说也，"荀子王霸篇曰"不足数于大君子之前"，仲尼篇"固曷足称乎大君子之门哉"，"称"与"数"文异而义同。凡称说必一一数之，故即谓之数。"诵数以贯之"，犹云"诵说以贯之"，与下句"思索以通之"一律，"诵数""思索"皆两字平列。杨注非。隐十一年穀梁传"牲言，同时也，累数皆至也"，范注曰："累数，总言之也。"言即说也。

18　先谦案：俞说是。正名篇亦云："诵数之儒。"**思索以通之，**思求其意也。**为其人以处之，**为择贤人与之处也。○刘台拱曰：虽诵数思索而不体之于身，则无以居之，故必自为其人以居其道也。　郭嵩焘曰：为其人以处之，犹言设身处地，取古人所已行者为之程式，而得其所处之方也。　先谦案：刘、郭说是。**除其害者以持养之，使目非是无欲见也，使耳非是无欲闻也，使口非是无欲言也，使心非是无欲**

荀子集解

虑也。是，犹此也，谓学也。或曰：是，谓正道也。**及至其致好之也，目好之五色，耳好之五声，口好之五味，心利之有天下。**致，极也。谓不学，极恣其性，欲不可禁也，心利之有天下之富也。或曰：学成之后，必受荣贵，故能尽其欲也。〇刘台拱曰：言耳目口之好之与五色五声五味同，心利之与有天下同。　俞樾曰：上文皆言君子为学之道，"及至其"三字直接上文，安得云谓不学者乎？若云学成荣贵，义更粗矣。古"之"字"于"字通用。大戴礼事父母篇曰："养之内，不养于外，则是越之也。养之外，不养于内，则是疏之也。""之内""之外"即"于内""于外"也。广雅释言曰："诸，之也。"又曰："诸，于也。"则"之"与"于"义固得通矣。此文四"之"字并犹"于"也。目好于五色，耳好于五声，口好于五味，心利于有天下，言所得于学者深，他物不足以尚之也。下文曰"是故权利不能倾也，群众不能移也，天下不能荡也。生乎由是，死乎由是"，正申明此数句之谊。　先谦案：俞说是。**是故权利不能倾也，群众不能移也，天下不能荡也。**荡，动也。覆说为学，学则物不能倾移矣。**生乎由是，死乎由是，夫是之谓德操。**死生必由于学，是乃德之行操。〇郝懿行曰：德操，谓有德而能操持也。生死由乎是，所谓"国有道，不变塞"、"国无道，至死不变"者，庶几近之。故云"德操然后能定，能定然后能应"。**德操然后能定，能定然后能应，**我能定，故能应物也。**能定能应，夫是之谓成人。**内自定而外应物，乃为成就之人也。**天见其明，地见其光，君子贵其全也。**见，显也。明，谓日月；光，谓水火金玉。天显其日月之明，而地显其水火金玉之光，君子则贵其德之全也。〇刘台拱曰："光""广"古通用。　王念孙曰：刘读光为广，是也。明者，大也。小雅车舝正义曰："明亦大也。"中庸曰："高明所以覆物也。"成十六年左传："夏书曰：'怨岂在明？不见是图。'将慎其细也。今而明之，其可乎！"是"明"与"大"同义。大者，天之全体；广者，地之全体，（系辞

19

传:"广大配天地。"承上文"大生""广生"而言,谓大配天、广配地也。中庸言"博厚配地"、"高明配天",博亦广也,明亦大也。)故君子之德贵其全也。儒效篇曰"至高谓之天,至下谓之地,宇中六指谓之极,涂之人百姓积善而全尽谓之圣人",语意略与此同。杨注皆失之。 俞樾曰:按两"见"字并当作"贵",盖"贵"字漫漶,止存其下半之"贝",因误为"见"耳。光与广通。言天贵其明,地贵其广,君子贵其全。"贵"误作"见",则与"君子"句不一律,失荀子语意矣。

修身篇第二

　　见善，**修然必以自存也**；修然，整饬貌。言见善必自整饬，使存
于身也。○王念孙曰：尔雅："在、存、省，察也。"（周官司尊彝"大丧存
奠彝"，注："存，省也。"大传"五日存爱"，注："存，察也。察有仁爱
者。"大戴记曾子立事篇："存往者，在来者。"在、存，皆察也。）见善必
以自存者，察己之有善与否也。见不善必以自省者，察己之有不善与
否也。杨解"自存"，失之。**见不善，愀然必以自省也**。愀然，忧惧
貌。自省其过也。**善在身，介然必以自好也**；介然，坚固貌。易曰：
"介如石焉。"自好，自乐其善也。**不善在身，菑然必以自恶也**。菑，
读为灾。灾然，灾害在身之貌。○谢本从卢校"身"下增"也"字。
卢文弨曰：上句"也"字，宋本无。　　王念孙曰：元刻"也"字乃涉上下
文而衍。上文"见善""见不善"及"善在身"下皆无"也"字。旦、钱、
龚本并无。　　郝懿行曰：轮人注："郑司农云：'泰山平原所树立物为
菑，声如戴，博立枭棋亦为菑。'"诗皇矣毛传云："木立死曰菑。"然则
菑者植立之意。杨注非相篇是，此读菑然为灾然，非。　　先谦案：王说
是。今依宋本删上句"也"字。**故非我而当者，吾师也；是我而当
者，吾友也；谄谀我者，吾贼也**。故君子隆师而亲友，以致恶其
贼。致，犹极也，下同。**好善无厌，受谏而能诫，虽欲无进，得乎
哉！小人反是，致乱而恶人之非己也，致不肖而欲人之贤己也**，

心如虎狼、行如禽兽而又恶人之贼已也。谄谀者亲,谏争者疏,修正为笑,至忠为贼,虽欲无灭亡,得乎哉！ 至忠反以为贼。诗曰:"噏噏呰呰,亦孔之哀。谋之其臧,则具是违;谋之不臧,则具是依。"此之谓也。 诗,小雅小旻之篇。毛云:"噏噏然患其上,呰呰然不思称乎上。"郑云:"臣不事君,乱之阶也,故甚可哀。"噏,许急反。呰音紫。〇卢文弨曰:"噏噏呰呰",元刻与诗考合,宋本作"潝潝讻讻",注同。

扁善之度,以治气养生则后彭祖,以修身自名则配尧、禹。 扁,读为辨。韩诗外传曰"君子有辨善之度",言君子有辨别善之法,即谓礼也。言若用礼治气养生,寿则不及于彭祖,若以修身自为名号,则寿配尧、禹不朽矣。言礼虽不能治气养生而长于修身自名,以此辨之,则善可知也。彭祖,尧臣,名铿,封于彭城,经虞、夏至商,寿七百岁也。〇卢文弨曰:案"扁",外传作"辩",则扁当训平。尚书"平章""平秩",古作"辩章""辩秩"。此谓隆礼之人有平善之度,不当作辨别解。后彭祖则得年亦永矣,然寿身之益尚小,寿世之益更大也。郝懿行曰:"扁"当为"辩",韩诗外传一作"辩",是也。辩训平也,治也。杨读为辨而训别,非。荀书多以"辨"为"辩"。 王念孙曰:扁,读为遍。韩诗外传作"辩",亦古"遍"字也。(说见日知录。)遍善者,无所往而不善也。君子依于礼则无往而不善,故曰"遍善之度"。下文"以治气养生"六句,正所谓"遍善之度"也。杨读扁为辨而训为辨别,则与"之度"二字不贯。卢读扁善为平善,亦非下六句意。 王引之曰:"以修身自名",文义未安,当有脱误。杨云"以修身自为名号",则所见本已同今本。韩诗外传作"以治气养性(与"生"同。)则身后彭祖;以修身自强(今本脱"以"字。)则名配尧、禹",于义为长。王霸篇云:"名配尧、禹。"又云:"名配禹、舜。"宜于时通,利以处穷,礼信是也。 信,诚也。言所用修身及时通处穷,礼诚是也。孟子曰:"君子穷则独善其身，达则兼善天下。"○卢文弨曰：案韩诗外传作"宜于时则达，厄于穷则处"。　王引之曰：时亦处也。言既宜于处通，而又利以处穷也。庄子逍遥游篇"犹时女也"，司马彪曰："时女，犹处女也。"是时与处同义。大雅绵篇"曰止曰时"，犹言"爰居爰处"耳。（说见经义述闻。）韩诗外传作"宜于时则达，厄于穷则处"，未达"时"字之义而增改其文，盖失之矣。**凡用血气、志意、知虑，由礼则治通，**○王引之曰：下文以"节""疾"为韵，"雅""野"为韵，"生""成""宁"为韵，唯此二句韵不相协。"通"，疑当依外传作"达"，（此涉上"宜于时通"而误。）"达"与"僈"为合韵。凡愿、月二部之字，古声或相通。若"劳心怛怛"之"怛"，（齐甫田。）字从旦声，而与"桀"为韵；"故事可劝也"之"劝"，（礼运。）与"列""艺"为韵；（艺，古读为臬。）"不赏而民劝"，（中庸。）与"钺"为韵；"以按徂旅"之"按"，（大雅皇矣。）孟子引作"遏"，（梁惠王。）皆其例也。外传作"不由礼则悖乱"，"乱"与"达"亦合韵。**不由礼则勃乱提僈；**提，舒缓也。尔雅："媞媞，安也。"诗曰"好人提提"，皆舒缓之义。○郝懿行曰：勃与悖，僈与嫚，并同。嫚，谓相侮易也。荀书多以"僈"为"嫚"，或以为"慢"。慢，谓惰也。提者，诗小弁传："提提，群貌。"笺云："提提然乐。"然则提者群居相乐，僈者狎侮相轻，皆不由礼使然。　先谦案：下文"难进曰偍"，注云："偍与提、媞皆同，谓弛缓也。"是"提僈"二字义同，故与"勃乱"对文。言不由礼则血气强者多悖乱、弱者多弛慢也。郝说非。**食饮、衣服、居处、动静，由礼则和节，**○先谦案：和节，犹和适。**不由礼则触陷生疾；容貌、态度、进退、趋行，由礼则雅，不由礼则夷固僻违，庸众而野。**夷，倨也。论语曰："原壤夷俟。"固，陋也。庸，凡庸。众，众人。野，郊野之人。○郝懿行曰：雅对野言，则兼正也、娴也二义，野者反是。　王引之曰：杨分夷固为二义，非也。夷固犹夷倨也。夷固辟违，犹言倨傲僻违。不苟篇云"倨傲僻违以骄溢人"是也。修身篇又云："体倨固而心埶诈。"（今本"埶"讹作"执"，辩见后"执诈"一条。）是固与倨同义。（杨注"固，鄙固也"，亦非。）祭义曰："孝子之祭也，立而不诎，固也。"诎，卑诎也。固，倨也。（立而不诎，是倨傲也。郑注"诎，充诎，形容喜貌也。固，犹质陋也"，皆失之。）大戴礼曾子立事篇曰："弗知而不问焉，固也。"固亦倨也。（不肯下人，是倨傲也。曾子制言篇曰："今之弟子病下人，不能事贤，耻不知而又不问。"）**故人无礼则不生，事无礼则不成，国家无礼则不宁。诗曰："礼仪卒度，笑语卒获。"此之谓也。**诗，小雅楚茨之篇。卒，尽也。获，得也。

以善先人者谓之教，以善和人者谓之顺；先，谓首唱也。和，胡卧反，下同。**以不善先人者谓之谄，以不善和人者谓之谀。**谄之言陷也，谓以佞言陷之。谀与俞义同，故为不善和人也。○王念孙曰：杨说"谄"字之义未确。谄之言导也，导人以不善也，故曰"以不善先人者谓之谄"。而庄子渔父篇亦曰："希意道言谓之谄。"（道与导同。）不苟篇"非谄谀也"，贾子先醒篇"君好谄谀而恶至言"，韩诗外传并作"导谀"。是"谄谀"即"导谀"也。导与谄，声之转。"谄谀"之为"导谀"，"𦥑及"之为"导及"，"襌服"之为"导服"，皆声转而字异也。（说见史记越世家。）**是是、非非谓之知，**能辨是为是，非为非，谓之智也。**非是、是非谓之愚。**以非为是，以是为非，则谓之愚。**伤良曰谗，害良曰贼。是谓是、非谓非曰直。窃货曰盗，匿行曰诈，易言曰诞，趣舍无定谓之无常，**不恒之人。**保利弃义谓之至贼。**保，安。○谢本从卢校作"保利非义"。　卢文弨曰："非义"，元刻作"弃义"。　王念孙曰：卢本作"非"者，为影钞宋本所误也。刻本正作"弃"。弃与保义正相反，作"非"者，字之误耳。旦、钱本、元刻及世德堂本皆作"弃"。　先谦案：王说是，今正。**多闻曰博，少闻曰浅；多见曰闲，**闲，习也。能习其事则不迫遽也。**少见曰陋。难进曰偍，**

偄与提、媞皆同，谓弛缓也。**易忘曰漏。少而理曰治，多而乱曰**
秏。少，谓举其要，而有条理，谓之治。秏，虚竭也。凡物多而易尽曰
秏。〇郝懿行曰：漏与屚同，屚之为言犹漉也。屋下水穿，俄顷渗漉，
故易忘者似之。秏，犹暴也，（本王制注。）伤败之名。诗云汉释文引
韩诗云："秏，恶也。"然则多而杂乱，斯之谓恶矣。　　王念孙曰：杨读
秏为虚秏之秏，则与多而乱之义不合，故又为之说曰"凡物多而易尽
曰秏"，其失也凿矣。今案：秏，读为眊。眊，乱也。汉书董仲舒传曰
"天下眊乱"是也。眊与秏，古同声而通用。续史记日者传曰："官秏
乱不能治。"汉书景帝纪"不事官职秏乱者"，师古曰："秏，不明也，读
与眊同。"食货志"官职秏废"，酷吏传赞"浸以秏废"，师古并曰："秏，
乱也，音莫报反。"董仲舒传"秏矣哀哉"，师古曰："秏，虚也。言诛杀
甚众，天下空虚也，音呼到反。"或曰：秏，不明也，言刑罚暗乱，音莫报
反。"淮南原道篇"精神日秏而弥远"，精神篇"志气日秏"，高注并曰：
"秏，乱也。"少而理曰治，多而乱曰秏。秏与治正相反，则秏为眊乱之
眊明矣。吕刑"耄荒"，释文"耄"作"秏"。（贾昌朝群经音辨曰："秏，
老也。书'王秏荒'，郑康成读。"贾音本于释文，是释文"耄"字本作
"秏"也。今作"耄"者，陈锷依卫包所定今文改之耳。秏荒，亦昏乱之
义，故昭元年左传"老将知而耄及之"，杜注曰："八十曰耄。耄，乱
也。"字亦作"眊"。汉书刑法志曰："穆王眊荒。"）"秏""耄""眊"古
并同声。"耄荒"之"耄"通作"秏"，犹"眊乱"之"眊"通作"秏"矣。

　　治气养心之术：言以礼修身，是亦治气养心之术，不必如彭祖
也。〇先谦案：此与上言"扁善之度"各自为义。上言"治气养生"，故
以"后彭祖"为说，然其道不外由礼，故下文曰"礼信是也"。此自论治
气养心之术，与上不相蒙，杨乃云以礼修身，不必如彭祖，谬矣。**血气**
刚强，则柔之以调和；知虑渐深，则一之以易良；渐，进也。或曰：
渐，浸也，子廉反。诗曰："渐车帷裳。"言智虑深则近险诈，故一之以

易良也。○郝懿行曰："渐"与"潜"，古字通，韩诗外传二作"潜"，是；"良"作"谅"，亦古字通用。乐记云"易直子谅之心生"，"易谅"即"易良"也。　王念孙曰：渐，读为潜。洪范"沉潜刚克"，文五年左传及史记宋世家"潜"并作"渐"。汉书谷永传"忘湛渐之义"，汉山阳太守祝睦后碑"渐心于道"，太尉刘宽碑"演策沉渐"，"渐"并与"潜"同。杨训渐为进，又训为浸，而音子廉反，皆失之。**勇胆猛戾，则辅之以道顺**；胆，有胆气。戾，忿恶也。此性多不顺，故以道顺辅之也。○郝懿行曰："胆"字疑误。韩诗外传二作"勇毅强果"。　俞樾曰：顺，当读为训，古"顺""训"字通用。周语"能导训诸侯者"，史记鲁世家"训"作"顺"。此文"道顺"正与彼同，"道顺"即"导训"也。杨注非。**齐给便利，则节之以动止**；尔雅云："齐，疾也。"齐给便利，皆捷速也。惧其太陵遽，故节之使安徐也。○先谦案：注"给"，各本作"急"，据宋台州本改正。**狭隘褊小，则廓之以广大；卑湿、重迟、贪利，则抗之以高志**；卑，谓谦下。湿，亦谓自卑下如地之下湿然也。方言："湿，忧也。自关而西，凡志而不得，欲而不获，高而有坠，行而中止，皆谓之湿。"卑湿，谓过谦恭而无礼者。重迟，宽缓也。夫过恭则无威仪，宽缓常不及机事，贪利则苟得，故皆抗之高志也。或曰：卑湿，亦谓迟缓也。言迟缓之人如有卑湿之疾，不能运动也。○卢文弨曰："湿"，元刻作"湿"，注"忧也"作"优也"。又"卑湿，谓过谦恭"，旧本作"亦谓之过谦恭"，讹，今改正。　郝懿行曰：卑湿，犹卑下也。韩诗外传二作"卑摄贪利"。　王念孙曰：卑湿，谓志意卑下也。说文："㙷，（读若蛰。）下入也。"论衡气寿篇曰："儿生，号啼之声鸿朗高畅者寿，嘶喝湿下者夭。"是湿为下也。"㙷""湿"古字通。抗，举也。（见小雅宾之初筵传、考工记梓人注、士丧礼下篇注、文王世子注。）志意卑下，故举之以高志也。杨注皆失之。**庸众驽散，则劫之以师友**；庸众，已解上。驽，谓材下如驽马者也。散，不拘检者也。劫，夺去也。言以师友去其旧性也。**怠慢僄弃，则炤之以祸灾**；僄，轻也，谓自轻其身也，音匹妙反。方言："楚谓相轻薄为僄。"炤之以祸灾，谓以祸灾照烁之，使知惧也。炤与照同。**愚款端悫，则合之以礼乐，通之以思索**。款，诚款也。说文云："款，意有所欲也。"愚款端悫，多无润色，故合之以礼乐。此皆言修身之术在攻其所短也。〇俞樾曰：自"血气刚强则柔之以调和"以下八句，文法皆同，此独多"通之以思索"五字，与上文不一律。据韩诗外传无此五字，当为衍文。杨注不及"思索"之说，是其所见本未衍也。**凡治气养心之术，莫径由礼，莫要得师，莫神一好**。径，捷速也。神，神明也。一好，谓好善不怒恶也。〇卢文弨曰：案俗本"不怒恶"作"不好恶"，今从宋本作"怒"。元李冶古今黈所引正同。　王念孙曰：一好，谓所好不二也。儒效篇曰"并一而不二则通于神明"，成相篇曰"好而壹之神以成"，皆其证，非好善不怒恶之谓。**夫是之谓治气养心之术也**。

　　志意修则骄富贵，道义重则轻王公，内省而外物轻矣。传曰："君子役物，小人役于物。"此之谓矣。君子能役物，小人为物所役。凡言"传曰"，皆旧所传闻之言也。〇谢本从卢校，首、次句末并有"矣"字，"省"下"则"作"而"。　卢文弨曰：正文前两"矣"字，宋本无，又下一"则"字作"而"。今皆从元刻。　王念孙曰：元刻于"富贵""王公"下各加一"矣"字，以对下文，又改下文之"而"字为"则"字，以对上文，而卢本从之。案元刻非也。"内省而外物轻"，乃申明上文之词，非与上文作对句也。今皆改为对句，则失其旨矣。　先谦案：王说是，今正。**身劳而心安，为之；利少而义多，为之。事乱君而通，不如事穷君而顺焉**。穷君，小国迫胁之君也。言事大国暴乱之君，违道而通，不如事小国之君，顺行其道也。〇顾千里曰："穷""顺"二字，疑当互错，"顺君""乱君"对文也，"而通""而穷"亦对文也。荀子每以"通"与"穷"为对文，如本篇上文及不苟篇、荣辱篇、儒效篇皆有之，可以相证。杨注已互错，望文说之，非也。　俞樾曰：荀子之意，以为事乱君则不顺矣，事穷君则不通矣，然与其事乱君而通，不如事穷君而顺，正上文"身劳而心安，为之；利少而义多，为之"之意。若从顾校，则全失其旨矣。王氏采其说入杂志补，误也。　郭嵩焘曰：通则言听计从，恣其所欲为，顺则委身以从之而已。文义在"乱君""穷君"之分，乱君为暴而穷君不能为暴者也。　先谦案：仕能得君曰通。仲尼篇云："以事君则必通。"**故良农不为水旱不耕，良贾不为折阅不市**，折，损也。阅，卖也。谓损所阅卖之物价也。贾音古。○卢文弨曰：案说文云："阅，具数于门中也。"史记："积日曰阅。"此当谓计数岁月之所得有折损耳。折，常列切。**士君子不为贫穷怠乎道。**

体恭敬而心忠信，术礼义而情爱人，术，法也。○王引之曰：人，读为仁。言其体则恭敬，其心则忠信，其术则礼义，其情则爱仁也。爱仁，犹言仁爱。（广雅："惠、爱、恕、利、人，仁也。"）"恭敬""忠信""礼义""爱仁"皆两字平列，下文之"倨固""执诈""顺墨""杂污"亦两字平列。古字"仁"与"人"通，此"人"字即"仁爱"之"仁"，非"节用而爱人"之"人"。**横行天下，虽困四夷，人莫不贵。**横行，不顺理而行也。困，穷也。言所至皆贵也。○卢文弨曰："横行天下"，犹书所云"方行天下"，言周流之广。注谬甚。　王引之曰：横，读为广。（尧典"光被四表"，今文尚书作"横被"，汉成阳灵台碑、成阳令唐扶颂并作"广被"。）**劳苦之事则争先，饶乐之事则能让，端悫诚信，拘守而详**，拘守，谓守而勿失。详，谓审于事也。**横行天下，虽困四夷，人莫不任。体倨固而心执诈，术顺墨而精杂污**，倨，傲也。固，鄙固。"顺墨"当为"慎墨"。慎，谓齐宣王时处士慎到也。其术本黄、老，归刑名，先申、韩，其意相似，多明不尚贤、不使能之道，著书四十一篇。墨翟，宋人，号墨子。墨子著书三十五篇，其术多务俭啬。

"精"当为"情"。杂污,谓非礼义之言也。○卢文弨曰:墨子书本七十一篇,今在者尚有五十四篇。此云"三十五篇",反少于今所传者,疑"三十五"当是"五十五"之讹,盖有分并之故也。　王引之曰:"执诈"当为"埶诈",字之误也。议兵篇曰:"兵之所贵者埶利也,所行者变诈也。"又曰:"隆埶诈,尚功利。"又曰:"焉虑率用赏庆刑罚,埶诈险厄,其下获其功用而已矣。"埶与诈义相近。后汉书崔骃传"范蠡错埶于会稽",李贤曰:"埶,谓谋略也。"**横行天下,虽达四方,人莫不贱。劳苦之事则偷儒转脱,**偷,谓苟避于事;儒,亦谓懦弱畏事,皆懒惰之义。或曰:"偷"当为"输"。扬子云方言云:"儒输,愚也。"郭璞注谓愞撰也。又云:转脱者,谓偷儒之人苟求免于事之义。○卢文弨曰:此注多讹脱,今案文义改正。　郝懿行曰:注引或说,失之。儒者,柔也,弱也,选懦畏事之意,故下又云"偷儒惮事"。注义甚明,不必改此为"输"而援方言为训。**饶乐之事则佞兑而不曲,**兑,悦也。言佞悦于人以求饶乐之事。不曲,谓直取之也。○俞樾曰:"不"字涉下"不惮""不录"而衍。曲者,委曲也。言遇饶乐之事,必委曲以取之。杨注误。　先谦案:俞说非也。"兑"与"锐"同字,(史记天官书"兑",汉书天文志作"锐"。议兵篇云"兑则若莫邪之利锋",亦以"兑"为"锐"。)"佞兑"即"佞锐"也。佞是口才捷利之名。(左成十三年传疏。)锐亦利也。(广雅释诂。)文选五等论云"夫进取之情锐",李善注:"锐,犹疾也。"疾与捷义亦同。此言遇劳苦之事则偷脱以避之,遇饶乐之事则身口捷利以取之,不畏人言,无所委曲,故曰"不曲"。杨训不曲为直取之,是也,而言"佞悦于人以求饶乐之事",则非其义矣。不苟篇"见由则兑而倨",兑亦当读为锐。注"佞",各本误"接",据日本影宋台州本改正。**辟违而不悫,**乖僻违背,不能端悫诚信。辟,读为僻。○王念孙曰:杨分僻违为二义,非也,僻违皆邪也。周语"动匮百姓,以逞其违",晋语"若有违质,教将不入",韦注并曰:"违,邪也。"尧典"静言庸违",史记五帝纪作"共工善言其用僻"。是僻即

29

违也。上文曰"不由礼则夷固僻违,庸众而野",不苟篇曰"倨傲僻违,以骄溢人",非十二子篇曰"甚僻违而无类",昭二十年左传曰"动作辟违,从欲厌私",义并与此同。成相篇曰"邪枉辟回失道途","辟回"即"僻违"。(小雅鼓钟篇"其德不回",毛传曰:"回,邪也。"大雅大明篇"厥德不回",毛传曰:"回,违也。"尧典"静言庸违",文十八年左传作"静谮庸回",杜注曰:"回,邪也。"昭二十六年左传"君无违德",论衡变虚篇作"回德"。)**程役而不录**,程,功程。役,劳役。录,检束也。于功程及劳役之事怠惰而不检束,言不能拘守而详也。**横行天下,虽达四方,人莫不弃。**

行而供冀,非渍淖也;供,恭也。"冀"当为"翼"。凡行自当恭敬,非谓渍于泥淖也。人在泥淖中则兢兢然。或曰:李巡注尔雅"冀州"曰:"冀,近也。"恭近,谓不敢放诞也。○卢文弨曰:供,疑是张拱之义。　郝懿行曰:供与拱,冀与觊,俱音同字通,其义则冀、觊俱训望也。此言行而张拱顾望,乃是恭敬审谛,非恐渐渍于泥淖也。　先谦案:杨前说是。释名:"恭,拱也,自拱持也。"是供训为恭,而拱义即在其中。释诂:"翼,敬也。"论语乡党篇"趋进,翼如也",孔注言端好。贾子容经:"趋以微磬之容,飘然翼然,肩状若流,足如射箭。"以此文推供冀之义,正状其趋走疾速,是为礼之容,非因有泥淖渍之也。若张拱顾望,非所以为礼矣。**行而俯项,非击戾也;**击戾,谓项曲戾不能仰者也。击戾,犹言了戾也。○卢文弨曰:案方言三"轸,戾也",郭注云"相了戾也",与此正同。此书宋本、世德堂本皆作"了戾"。元刻讹作"子戾",形尚相近。至俗间本竟改作"乖戾",谬之甚矣。了戾乃屈曲之意,岂可云"乖戾"乎?　王念孙曰:淮南主术篇曰:"木击折轊,水戾破舟。"又曰:"文武备具,动静中仪,举动废置,曲得其宜,无所击戾,无不毕宜。"然则击戾者,谓有所抵触也。行而俯项,非击戾也者,谓非惧其有所抵触而俯项以避之也,与上下文同一例。杨说失之。

俞樾曰：击戾者，拂戾也。考工记弓人"和弓戭摩"，郑注曰："戭，拂也。"击与戭通。郭仲奇碑"鹰俟电戭"，"戭"即"击"字也。　先谦案：王说是。**偶视而先俯，非恐惧也。**偶视，对视也。**然夫士欲独修其身，不以得罪于比俗之人也。**

夫骥一日而千里，驽马十驾则亦及之矣。○郝懿行曰：驽马日可百里，十日则亦可及千里，迟速先后不同，其归一也。**将以穷无穷、逐无极与？其折骨绝筋，终身不可以相及也。**将有所止之，则千里虽远，亦或迟或速、或先或后，胡为乎其不可以相及也？**不识步道者，将以穷无穷逐无极与？意亦有所止之与？**步，行。**夫坚白、同异、有厚无厚之察，非不察也，**此言公孙龙、惠施之曲说异理，不可为法也。坚白，谓离坚白也。公孙坚白论曰："'坚、白、石三，可乎？'曰：'不可。''二，可乎？'曰：'可。'"谓目视石，但见白，不知其坚，则谓之白石；手触石，则知其坚，而不知其白，则谓之坚石。是坚白终不可合为一也。司马彪曰："坚白，谓坚石非石、白马非马也。同异，谓使异者同、同者异。"或曰：即庄子所谓"大同而与小同异，此之谓小同异"。言同在天地之间，故谓之大同；物各有种类所同，故谓之小同，是大同与小同异也。此略举同异，故曰："此之谓小同异。"庄子又曰："万物毕同毕异，此之谓大同异。"言万物总谓之物，莫不皆同，是万物毕同。若分而别之，则人耳目鼻口百体、草木枝叶花实，无不皆异，是物毕异也。此具举同异，故曰："此之谓大同异。"庄子又曰："无厚不可积也，其大千里。"无厚，谓厚之极，不可为厚薄也。不可积，言其委积至多，不可使复积。凡无厚不可积，因于有厚可积，故得其大千里。千里者，举大之极也。**然而君子不辩，止之也；**止而不为。○先谦案：杨注非也。止与大学"止于至善"之止同意，言君子之辩之行皆不止乎此。解蔽篇云"故学也者，固学止之也，恶乎止之，曰止诸至足"，与此"止"之义合。**倚魁之行，非不难也，然而君子**

不行，**止之也**。倚，奇也。奇，读为"奇偶"之奇。方言云："秦、晋之间，凡物体全而不具谓之倚。"魁，大也。倚、魁，皆谓偏僻狂怪之行。庄子曰"南方有倚人，曰黄缭"也。○卢文弨曰：今方言作"凡全物而体不具谓之倚"。　郝懿行曰：倚与奇，魁与傀，俱声近假借字。奇傀，言其事谲觚不常也。　先谦案：不苟篇申徒狄，行之难为者也；惠施、邓析，说之难持者也，然而君子不贵，亦即此义，文可互证。**故学曰："迟彼止而待我，我行而就之**，学曰，谓为学者传此言也。迟，待也，直吏反。○郝懿行曰：古人名迟，字须，须者，待也，故迟之训为待，音直吏切。学曰者，盖古学侣虚设此言以相警厉。必曰迟者，犹云"寡君须矣"。彼前行之人方止而待我，我当遄行而就之，学如不及之意也。　王念孙曰："学曰"疑当作"学者"。谓学者或迟或速，或先或后，皆可同至也。（见下文。）今本"者"作"曰"，写者脱其半耳。杨云"学曰，谓为学者传此言也"，此不得其解而为之词。**则亦或迟或速，或先或后，胡为乎其不可以同至也？"故颐步而不休，跛鳖千里；累土而不辍，丘山崇成**；○卢文弨曰：两"而"字，宋本有，元刻无。此下俗间本有重意一段，引老子"九层之台起于累土"四句，系后人妄窜入书内。又有所谓互注者，特少异其名耳。皆取它书语近似者注其下，并非杨氏本文，今一概削去之。**厌其源，开其渎，江河可竭**；厌，塞也，音一涉反。渎，水窦也。**一进一退，一左一右，六骥不致**。言不齐故不能致道路也。**彼人之才性之相县也，岂若跛鳖之与六骥足哉？然而跛鳖致之，六骥不致，是无他故焉，或为之，或不为尔**。○谢本从卢校作"或不为之耳"。　卢文弨曰：宋本作"或不为尔"。　王念孙曰：吕、钱本并作"或不为尔"，卢从元刻于"不为"下增"之"字，"尔"改"耳"。案下句无"之"字者，蒙上而省也。群书治要亦无"之"字。"耳""尔"古字通。当从宋本。　先谦案：王说是，今改正。

道虽迩，不行不至；事虽小，不为不成。其为人也多暇日者，其出入不远矣。多暇日，谓怠惰。出入，谓道路所至也。○郝懿行曰：为善惟日不足，多暇日者，游闲不事事也。"出入"疑当作"出人"，言不能出人前也。　王念孙曰："出入"当为"出人"，言为学而多暇日，则或作或辍，其出人必不远也。（下文云"好法而行，士也；笃志而体，君子也；齐明而不竭，圣人也"，正谓圣人之出人远也。）若云"出入不远"，则义不可通。文选登楼赋注引此已误。韩诗外传曰"道虽近，不行不至，事虽小，不为不成，日日多者，（此句有误。）出人不远矣"，义本荀子。今据以订正。　先谦案："道虽迩"下，宋台州本提行分段，谢本原刻同，浙局本误连上，今正。**好法而行，士也**；好法而能行则谓之士。士，事也，谓能治其事也。○先谦案：法即礼也。"好法"以下文义不连上，宋台州本提行，今从之，别为一段。**笃志而体，君子也**；厚其志而知大体者也。○王念孙曰：尔雅："笃，固也。"（说见经义述闻。）体，读为履。笃志而体，谓固其志以履道，非谓厚其志而知大体也。卫风氓篇"体无咎言"，韩诗"体"作"履"，坊记引诗亦作"履"。管子内业篇"戴大圜而履大方"，心术篇"履"作"体"。是"履""体"古字通。**齐明而不竭，圣人也**。齐，谓无偏无颇也。不竭，不穷也。书曰："成汤克齐圣广渊。"○王引之曰：齐者，智虑之敏也，故以"齐明"连文，杨说失之。说见毛诗述闻小雅"人之齐圣"下。**人无法，则伥伥然**；伥伥，无所适貌。言不知所措履。礼记曰："伥伥乎其何之？"**有法而无志其义，则渠渠然**；渠，读为遽。古字"渠""遽"通。渠渠，不宽泰之貌。志，识也。不识其义，谓但拘守文字而已。○陈奂曰：案渠渠犹瞿瞿。齐风传云："瞿瞿，无守之貌。"杨注失之。**依乎法而又深其类，然后温温然**。深其类，谓深知统类。温温，有润泽之貌。举类君子所难，故屡言之也。○先谦案：凡荀书法类并言者，解依劝学篇。

礼者,所以正身也;师者,所以正礼也。无礼何以正身? 无师,吾安知礼之为是也? 礼然而然,则是情安礼也;师云而云,则是知若师也。情安礼,知若师,则是圣人也。情安礼,谓若天性所安,不以学也。行不违礼,言不违师则与圣人无异,言师法之效如此也。故非礼,是无法也;非师,是无师也。无师,谓不以师为师。不是师法而好自用,譬之是犹以盲辨色、以聋辨声也,舍乱妄无为也。舍,除也。除乱妄之人,孰肯为此也? ○王念孙曰:舍乱妄无为,言所为皆乱妄耳。杨说非。故学也者,礼法也。夫师,以身为正仪而贵自安者也。效师之礼法以为正仪,如性之所安,斯为贵也。"礼"或为"体"。诗云:"不识不知,顺帝之则。"此之谓也。诗,大雅皇矣之篇。引此以喻师法暗合天道,如文王虽未知,已顺天之法则也。

端悫顺弟,则可谓善少者矣;弟与悌同。加好学逊敏焉,则有钧无上,可以为君子者矣。既好学逊敏,又有钧平之心,而无上人之意,则可以为君子矣。或曰:"有钧无上"四字衍耳。○俞樾曰:有钧无上,谓但有与之齐等、无更在其上者也,故谓之君子。杨注非。偷儒惮事,无廉耻而嗜乎饮食,则可谓恶少者矣;偷儒惮事,皆谓懦弱、怠惰、畏劳苦之人也。加惕悍而不顺,险贼而不弟焉,韩侍郎云:"惕与荡同字,作心边易,谓放荡凶悍也。"则可谓不详少者矣,虽陷刑戮可也。"详"当为"祥"。○卢文弨曰:案二字古通用。

先谦案:不详少,承上"恶少"言之,谓少年而不祥者,犹言不祥人矣,知其将陷刑戮也。老老而壮者归焉,老老,谓以老为老而尊敬之也。孟子曰:"伯夷、太公二者,天下之大老,是天下之父也。其父归之,其子焉往矣!"○卢文弨曰:"大老",宋本作"达老"。不穷穷而通者积焉,穷者则宽而容之,不迫蹙以苛政,谓惠恤鳏寡穷匮也。积,填委也。既然,则通者归亦多矣。覆巢毁卵则凤凰不至,竭泽涸鱼则蛟龙不游,义与此同。○俞樾曰:杨注非也。穷通以贤不肖言,孔晁注周书常训篇曰"穷,谓不肖之人"是也。不穷穷者,不强人以所不知不能,中庸所谓"矜不能"也。若以穷为鳏寡,则通者岂不鳏寡之谓乎?非十二子篇曰"聪明圣知,不以穷人",即可说此文"不穷穷"之义。**行乎冥冥而施乎无报,而贤不肖一焉。**行乎冥冥,谓行事不务求人之知。施乎无报,谓施不务报。如此,贤不肖同慕而归之。**人有此三行,虽有大过,天其不遂乎。**若不幸而有过,天亦祐之矣,此固不宜有大灾也。○俞樾曰:人有此三行,则君子矣,小过或有之,安有大过乎?"过"当为"祸"。汉书公孙弘传"虽阳与善,后竟报其过",史记"过"作"祸"。是过与祸通。遂,成也。言虽有大祸,天必不成之也。杨注"大灾"二字,正可以释正文之"大过",特不知"过"为"祸"之假字,故不得其解耳。

  君子之求利也略,其远害也早,○谢本从卢校作"远思"。

卢文弨曰:"远思",疑当是"远患"。 王念孙曰:吕、钱本作"远害"。

  先谦案:宋台州本亦作"害"。又"君子"下,台州本提行分段,谢本原刻同,浙局本误连上,今并正之。**其避辱也惧,其行道理也勇。**○王引之曰:惧者,怯也,故与"勇"对文。吕氏春秋知度篇"工拙、愚智、勇惧",亦以"惧"对"勇"。**君子贫穷而志广,富贵而体恭,安燕而血气不惰,劳勚而容貌不枯,**○王念孙曰:枯,读为楛。(天论篇"楛耕伤稼",韩诗外传作"枯"。乡射礼注"肃慎氏贡楛矢",释文作"枯"。)言君子虽安燕而血气不懈惰,虽劳勚而容貌不楛僈。楛僈,犹苟且也。(荣辱篇云:"其定取舍楛僈。"富国篇云:"其于礼义节奏也,芒轫僈楛。"淮南时则篇云:"工事苦慢。"苦慢与楛僈同。)强国篇云"恭俭、敦敬、忠信而不楛",非十二子篇云"君子佚而不惰,劳而不僈",(此谓君子之容也,故曰"动容貌,斯远暴慢矣"。)大略篇云"君子劳倦而不苟",或言苟,或言楛,或言慢,或言楛僈,其义一而已矣。

怒不过夺，喜不过予。予，赐也。周礼"八柄"，三曰"予以驭其幸"。君子贫穷而志广，隆仁也；仁爱之心厚，故所思者广。言务于远大济物也。富贵而体恭，杀埶也；减权埶之威，故形体恭谨。杀，所介反。安燕而血气不惰，柬理也；柬与简同。言柬择其事理所宜而不务骄逸，故虽安燕而不至怠惰。劳勤而容貌不枯，好交也。以和好交接于物，志意常泰也。○郝懿行曰：荣辱篇云"拳之而俞瘠者，交也"，注云："所交接非其道，则必有患难，虽食刍拳而更瘠也。"故此云然。以荣辱篇注互相参订，原注殆不可易。　王念孙曰："好交"二字，与容貌不枯无涉，杨说非也。"交"当为"文"，隶书"交"字或作"文"，(见汉尹宙碑。)与"文"相似而误。上言"柬理"，下言"好文"，(好，呼报反。)理与文皆谓礼也。礼论篇云："孰知夫礼义文理之所以养情也！"又云："贵本之谓文，亲用之谓理。"性恶篇云："出于辞让，合于文理。"(辞让之心，礼之端也。)赋篇礼赋云："非丝非帛，文理成章。"凡荀子书言文理者，皆谓礼也，故曰："安燕而血气不惰，柬理也；(尔雅："柬，择也。")劳勤而容貌不楛，好文也。"　先谦案：王说是。怒不过夺，喜不过予，是法胜私也。以公灭私，故赏罚得中也。书曰："无有作好，遵王之道；无有作恶，遵王之路。"此言君子之能以公义胜私欲也。书，洪范之辞也。

荀子卷第二

不苟篇第三

君子行不贵苟难，说不贵苟察，行，如字。察，聪察。名不贵苟传，唯其当之为贵。当，谓合礼义也。当，丁浪反。**故怀负石而赴河，是行之难为者也，而申徒狄能之**；申徒狄恨道不行，发愤而负石自沉于河。庄子音义曰："殷时人。"韩诗外传曰："申徒狄将自投于河，崔嘉闻而止之，不从。"〇卢文弨曰：宋本正文"负石"上有"故怀"二字。案文不当有。或"负"字本有作"故怀"二字者，校者注异同于旁，因误入正文耳。 王念孙曰：案旦、钱本并有"故怀"二字，是也。"故"字乃总冒下文之词。怀负石而赴河者，负，抱也，（见内则注、淮南说林篇注。）谓抱石于怀中而赴河也。韩诗外传曰"申徒狄抱石而沉于河"，是其证。邹阳狱中上梁王书"徐衍负石入海"，亦谓抱石也。卢未晓"负"字之义而误以为负担之负，故以"怀"字为不当有而并删"故"字。 刘台拱曰：案服虔汉书注亦曰"殷之末世介士也"；高诱说山训注亦曰"殷末人"。然外传及新序并载申徒狄事，其答崔嘉有"吴杀子胥，陈杀泄冶"语，据此言之，则非殷时人。 先谦案：谢本从卢校删"故怀"二字。今案王说是，仍从宋本增入。**然而君子不贵**

者,非礼义之中也。礼义之中,时止则止,时行则行,不必枯槁赴渊也。扬子云非屈原曰:"君子遭时则大行,不遇则龙蛇,何必沉身?"○卢文弨曰:案注"不遇"下,一本有"时"字。子云语见本传,此约取之。山渊平,天地比,比,谓齐等也。庄子曰:"天与地卑,山与泽平。"音义曰:"以平地比天,则地卑于天,若以宇宙之高,则似天地皆卑。天地皆卑,则山与泽平矣。"或曰:天无实形,地之上空虚者尽皆天也,是天地长亲比相随,无天高地下之殊也。在高山则天亦高,在深泉则天亦下,故曰天地比。地去天远近皆相似,是山泽平也。○卢文弨曰:张湛注列子云:"地之上皆天也。"意亦与此同。齐、秦袭,袭,合也。齐在东,秦在西,相去甚远。若以天地之大包之,则曾无隔异,亦可合为一国也。入乎耳,出乎口,未详所明之意。或曰:即山出口也,言山有耳口也。凡呼于一山,众山皆应,是山闻人声而应之,故曰"入乎耳,出乎口"。或曰:山能吐纳云雾,是有口也。○卢文弨曰:注末句,宋本作"是以有口",讹。钩有须,未详。自"齐、秦袭,入乎耳,出乎口,钩有须",皆浅学所未见。或曰:钩有须,即"丁子有尾"也。丁之曲者为钩,须与尾皆毛类,是同也。庄子音义云:"夫万物无定形,形无定称,在上为首,在下为尾。世人谓右行曲波为尾,今丁、子二字,虽左行曲波,亦是尾也。"○俞越曰:"钩",疑"姁"之假字。说文女部:"姁,妪也。"妪无须而谓之有须,故曰"说之难持者也"。惠氏栋校本引大玄经"妇人啑钩"为说,谓钩音拘,与须音相近,啑钩者,须出乎口也。案大玄迎"次四,裳有衣襦,男子目珠,妇人啑钩"。范望及温公集注并无"妇人须出乎口"之说。且谓钩与须音近,则啑钩即啑须也,以说此文,是为须有须矣,岂可通乎? 今读钩为姁,亦即惠氏之意,而说似较安。卵有毛,司马彪曰:"胎卵之生,必有毛羽。鸡伏鹄卵,卵不为鸡,则生类于鹄也。毛气成毛,羽气成羽,虽胎卵未生而毛羽之性已著矣,故曰卵有毛也。"是说之难持者也,而惠施、邓析能之;皆异端曲说,故曰难持。<u>惠施</u>,<u>梁</u>相,与<u>庄子</u>同时,其书五车,其道舛驳。<u>邓析</u>,<u>郑</u>大夫。<u>刘向</u>云:"<u>邓析</u>好刑名,操两可之说,设无穷之辞,数难<u>子产</u>为政,<u>子产</u>执而戮之。"案<u>左氏</u>传"<u>郑驷歂</u>杀<u>邓析</u>而用其竹刑",而云"<u>子产</u>戮之",恐误也。○<u>卢文弨</u>曰:正文"能之",俗本作"能精之"。**然而君子不贵者,非礼义之中也。盗跖吟口,名声若日月,与<u>舜</u>、<u>禹</u>俱传而不息;然而君子不贵者,非礼义之中也。**吟口,吟咏长在人口也。<u>说苑</u>作"<u>盗跖</u>凶贪"。○<u>卢文弨</u>曰:见<u>说苑说丛</u>篇。案<u>韩诗外传</u>三亦作"吟口",与此同。　<u>郝懿行</u>曰:案"吟口",<u>说苑</u>作"凶贪"。此本必作"贪凶",转写形误,遂为"吟口"。<u>杨氏</u>据误本作注,不知其不可通耳。<u>韩诗外传</u>误与此同,可知此本相传已久,<u>杨氏</u>所以深信不疑。　<u>俞樾</u>曰:"吟"盖"黔"之假字,"黔口"即"黔喙"。<u>周易说卦</u>传"为黔喙之属",<u>释文</u>引<u>郑</u>注曰:"谓虎豹之属,贪冒之类。"然则<u>盗跖</u>黔口,乃以虎豹拟之,<u>正论</u>篇所谓"禽兽行,虎狼贪"也。　先谦案:<u>后汉梁冀</u>传"口吟舌言",<u>章怀</u>注:"谓语吃不能明了。"吟口当与口吟同义。"<u>盗跖</u>吟口"三句,与<u>扬雄解嘲</u>"<u>孟轲</u>虽连蹇,(连蹇,谓口吃。)犹为万乘师"文意近似,诸说皆非。**故曰:君子行不贵苟难,说不贵苟察,名不贵苟传,**○<u>卢文弨</u>曰:"苟传",与上文同,俗间本作"苟得",非。案<u>外传</u>亦作"苟传"。**唯其当之为贵。诗曰:"物其有矣,唯其时矣。"此之谓也。**诗,<u>小雅鱼丽</u>之篇。言虽有物,亦须得其时,以喻当之为贵也。

　　君子易知而难狎,坦荡荡,故易知;不比党,故难狎。○<u>郝懿行</u>曰:<u>韩诗外传</u>二"知"作"和",于义较长,此形讹。　<u>王念孙</u>曰:案<u>外传</u>是也。和与狎义相近,惧与胁义相近,故曰"易和而难狎,易惧而难胁"。今本"和"作"知",则于义远矣。　<u>俞樾</u>曰:案<u>外传</u>作"和",字之误也。知者,接也。<u>墨子经</u>篇曰:"知,接也。"古谓相交接曰知,故<u>后汉书宋弘</u>传"贫贱之交不可忘",<u>群书治要</u>作"贫贱之知"。是知有交接之义。易知而难狎，谓易接而难狎也。诗芄兰篇首章曰"能不我知"，次章曰"能不我甲"，毛传训甲为狎，盖首章言不与我交接，次章言不与我狎习也。说详群经平议。荀子以"知""狎"对文，正本乎诗。韩婴改"知"为"和"，失之。王氏谓当从外传，非也。**易惧而难胁**，小心而志不可夺也。**畏患而不避义死，欲利而不为所非**，心以为非则舍之。**交亲而不比**，亲，谓仁恩。比，谓昵狎。**言辩而不辞**。辩足以明事，不至于骋辞。○郝懿行曰：韩诗外传二"辞"作"乱"，其义较长，此形讹。　王念孙曰："不辞"当作"不乱"，杨加"骋"字以释之，其失也迂矣。**荡荡乎，其有以殊于世也**。与俗人有异。

君子能亦好，不能亦好；小人能亦丑，不能亦丑。君子能则宽容易直以开道人，道与导同。不能则恭敬缚绌以畏事人；缚与搏同，绌与黜同。谓自搏节贬损。小人能则倨傲僻违以骄溢人，溢，满。不能则妒嫉怨诽以倾覆人。故曰：君子能则人荣学焉，不能则人乐告之；小人能则人贱学焉，不能则人羞告之。是君子小人之分也。分，异也，如字。

君子宽而不僈，僈与慢同，怠惰也。廉而不刿，廉，棱也。说文云："刿，利伤也。"但有廉隅，不至于刃伤也。○卢文弨曰：注"刃伤"，疑是"刄伤"，本或作"两伤"者讹。辩而不争，察而不激，但明察而不激切也。寡立而不胜，坚强而不暴，虽寡立而不能胜，虽坚强而不凶暴。○王念孙曰：杨说非也。"寡立"当为"直立"，字之误也。（俗书"直"字作"直"，"寡"字作"寡"，二形略相似，故"直"误为"寡"。文选颜延之和谢监灵运诗注引此已误。）胜，读若升。渐六四"终莫之胜"，虞翻曰："胜，陵也。"（小雅正月篇"靡人弗胜"，毛传曰："胜，乘也。"乘亦陵也。管子侈靡篇"得近者高而不崩，得人者卑而不可胜"，谓卑而不可陵也。此言君子虽特立独行而不以陵人，非谓人不能胜君子也。此文云"君子廉而不刿，辩而不争，直立而不胜"；荣辱篇云"辩而不说者，争也；直立而不见知者，胜也；廉而不见贵者，刿也：此小人之所务而君子之所不为也"，足与此文互相证明矣。**柔从而不流，恭敬谨慎而容**，不至于孤介也。○王念孙曰：案杨说未确。容之言裕也。言君子敬慎而不局促，绰绰有裕也。非十二子篇"修告导宽容之义"，韩诗外传作"宽裕"，是"容""裕"古字通。（古者东、侯二部共入而互转，故说文"容""裕"二字皆以谷为声。史记平准书"盗摩钱里取镕"，汉书食货志"镕"作"铅"，音浴，亦其例也。）**夫是之谓至文。**言德备。**诗曰："温温恭人，惟德之基。"此之谓矣。**诗，大雅抑之篇。温温，宽柔貌。

　　君子崇人之德，扬人之美，非谄谀也；正义直指，举人之过，非毁疵也；疵，病也。或曰：读为訾。○卢文弨曰：正文"美"字，元刻作"善"。又"举人之过"下，宋本有"恶"字，元刻无。　王引之曰：案义读为议。韩诗外传作"正言直行，指人之过"，言亦议也。韩策曰"严遂政议直指，举韩傀之过"，是其证。（赵策"臣愚不达于王之议"，史记赵世家"议"作"义"。史记邹阳传"毕议愿知"，汉书作"义"。又韩子扬榷篇"上不与义之"，东周策"秦王不听群臣父兄之义"，淮南泰族篇"刺几辩义"，义并与议同。）**言己之光美，拟于舜、禹，**○卢文弨曰：宋本各旧本俱作"禹、舜"，今从元刻。**参于天地，非夸诞也；与时屈伸，柔从若蒲苇，非慑怯也；**蒲苇所以为席，可卷者也。○郝懿行曰："屈伸"，当作"诎信"，荀书皆然，俗妄改之。此言君子屈伸，随时之宜，当其屈也，柔从若蒲苇，当其伸也，刚强猛毅，靡所不信。（"信"即"伸"字。）其屈与伸以义，知当曲直，曲直即屈伸。又引诗言君子左宜右有，然后总结之云："此言君子能以义屈信变应故也。"（"屈"亦当为"诎"。）荀子之文，往往反复申明，欲令辞必达意，不避重繁，为使人易晓也。**刚强猛毅，靡所不信，非骄暴也。**信，读为伸，下同，古字通用。**以义变应，知当曲直故也。**以义随变而应，其所知当于曲直也。〇俞樾曰:变,读为辩。周易文言曰"由辩之不早辩也",释文曰:"辩,荀作变。"礼记礼运篇"大夫死宗庙谓之变",郑注曰:"变,当为辩。"是"变"与"辩"古通。辩之言遍也。仪礼乡饮酒礼"众宾辩有脯醢",燕礼"大夫辩受酬",郑注并云:"今文辩作遍。"是其证也。"变"与"辩"通,则亦可借为"遍"。以义变应者,以义遍应也。下文引诗曰"左之左之,君子宜之;右之右之,君子有之",此言君子之能以义屈伸变应也。左宜右有,正以义遍应之谓。杨注曰"以义随变而应",增字以成其说,失其旨矣。君道篇曰"并遇变应而不穷","变"与"并"对文,可知变之为遍也。致士篇"临事接民而以义变应",义与此同。 先谦案:此文"变应"与非相、儒效、王制、君道诸篇言"应变"者不同,即儒效、富国二篇"事变得应,事变失应",君道篇"应待万变",与此义亦异。以义变应者,以义变通应事也。义本无定,随所应为通变,故曰"变应"。孔子言"无適无莫,义之与比",孟子言"言不必信,行不必果,惟义所在",正以义变应之谓。易系辞"精义入神,以致用也",入神,变也;致用,应也。下言"以义屈伸变应",增"屈伸"二字而变应之义愈显,不必如俞说改读。至君道篇之"变应",宋本作"变态",此元刻误文,又不足取以为证矣。**诗曰:"左之左之,君子宜之;右之右之,君子有之。"此言君子能以义屈信变应故也。**诗,小雅裳裳者华之篇。以能应变,故左右无不得宜也。〇卢文弨曰:"此言君子"下,一本有"之"字。

君子,小人之反也。与小人相反。〇卢文弨曰:此段旧不提行,今案当别为一节。**君子大心则天而道,小心则畏义而节;**天而道,谓合于天而顺道。〇卢文弨曰:正文"则天而道",韩诗外传四作"即敬天而道"。 王念孙曰:"天而道"三字,文义不明,当依韩诗外传作"敬天而道",与"畏义而节"对文,杨注失之。**知则明通而类,**显,谓知统类。**愚则端悫而法;**愚,谓无机智也。法,谓守法度也。**见由则**

恭而止，由，用也。止，谓不放纵也。或曰：止，礼也。言恭而有礼也。**见闭则敬而齐；**谓闭塞，道不行也。敬而齐，谓自齐整而不怨也。**喜则和而理，忧则静而理；**皆当其理。○谢本从卢校作"忧则静而违"。　卢文弨曰：外传四作"喜即和而治，忧即静而违"。此作"和而理"，避时讳，下句旧本俱作"静而理"，当由误会注文耳。今从外传改正。　刘台拱曰：案注云"皆当其理"，则杨氏所据本两句并是"理"字。卢据外传改下"理"字作"违"，易曰"乐则行之，忧则违之"，此"违"字所本。然易言出处，此言性情，义各有当。外传引荀，颇多改窜，恐不得径据彼以易此也。又仲尼篇云"福事至则和而理，祸事至则静而理"，与此文义略同。彼注云："理，谓不失其道。和而理，谓不充屈。静而理，谓不陨获也。"亦并是"理"字，则不当依外传作"违"明矣。窃疑荀子本文上句作"治"，下句作"理"。唐初避讳，凡"治"字悉改作"理"，中叶以后，又复回改作"治"，惟此两处文义相混，校书者不能定其孰为本文，故仍而不革。杨氏作注时未能审正而从为之辞耳。今上句依外传作"和而治"，下句作"静而理"，庶几得之。仲尼篇放此。　王念孙曰：宋吕、钱本并作两"理"字，刘说甚允。　先谦案：刘、王说是，今改从宋本。**通则文而明，**有文而彰明也。**穷则约而详。**隐约而详明其道也。**小人则不然，大心则慢而暴，小心则淫而倾，**以邪谄事人也。○卢文弨曰：宋本"淫"上有"流"字。今案：元刻及外传俱无。**知则攫盗而渐，**渐，进也。谓贪利不知止也。○郝懿行曰：渐与潜同。此言小人知则攫盗而潜深，不敢发也，愚则毒贼而为乱，不知惧也，语意甚明。荀书多以"渐"为"潜"，杨氏不知，例以"渐，进"为训，而不顾其安。如此注亦以渐为进，则难通矣。　王引之曰：渐，诈欺也。小人之智，则攫盗而已矣，诈欺而已矣。议兵篇曰"招近募选，隆埶诈，尚功利，是渐之也"，正论篇曰"上幽险则下渐诈矣"，（杨训渐为进，又训为浸渍，皆失之。）义并与此同。吕刑曰"民兴胥渐",言小民方兴,相为诈欺也。(传以渐为渐化,失之。说见<u>经义</u><u>述闻</u>。)庄子胠箧篇曰:"知诈渐毒。"(<u>李颐</u>以渐为渐渍,失之。)此皆古人谓诈为渐之证。说者都不寻省,望文生义,失其传久矣。 <u>先谦</u>案:<u>王</u>说是。**愚则毒贼而乱**;毒,害也。愚而而无畏忌也。**见由则兑而**

倨,兑,说也。言喜于徼幸而倨傲也。○<u>先谦</u>案:兑与锐同,谓捷利也,<u>杨</u>注非。说见<u>修身</u>篇。**见闭则怨而险**;怨上而险贼也。**喜则轻而翾**,轻,谓轻佻失据。翾,小飞也。言小人之喜轻佻如小鸟之翾然。音许缘反。或曰:与懁同。说文云:"懁,急也。"**忧则挫而慑**;通则骄而偏,偏颇也。**穷则弃而儑**。弃,自弃也。"儑"当为"湿"。方言云:"湿,忧也。"字书无"儑"字。韩诗外传作"弃而累也"。○<u>郝懿行</u>曰:玉篇:"儑,五甘切,不慧也。"<u>广韵</u>五绀切,云:"偒儑。"龙龛手鉴一云:"儑,五盍反。偒儑,不著事也。偒,他盍反,偒佷佇劣也。又音儑,不谨貌也。"然则诸义皆与此近。此言小人穷则卑弃失志,不能自振,往往如此。<u>杨</u>氏未见玉篇、广韵,故云"字书无儑字",又云"儑当为湿",并非。韩诗外传四"儑"作"累",恐亦字形之讹。"累"与"湿"皆俗字,"湿"当作"溼"。"累",当作"纍",与此字形音义远。**传曰:"君子两进,小人两废。"此之谓也。**

君子治治,非治乱也。曷谓邪?曰:礼义之谓治,非礼义之谓乱也。故君子者,治礼义者也,非治非礼义者也。然则国乱将弗治与?曰:国乱而治之者,非案乱而治之之谓也,去乱而被之以治;案,据也。据旧乱而治之也。荀子"安"、"案"多为语助,与此不同也。**人污而修之者**,人有污秽之行,将修为善。○<u>俞樾</u>曰:修,当读为涤。周官司尊彝职曰"凡酒修酌",郑注曰:"修,读如'涤濯'之涤。"是其证也。涤从条声,条从攸声,修亦从攸声,声同之字,故得通用,杨注失之。荀子书每以"修"与"污"对文,并当读为涤。**非案污而修之之谓也,去污而易之以修。故去乱而非治乱也,去**

44

污而非修污也。治之为名，犹曰君子为治而不为乱、为修而不为污也。治之名号如此。

君子絜其辩而同焉者合矣，絜，修整也，谓不烦杂。○卢文弨曰：案韩诗外传一亦有此文，彼"辩"作"身"。　先谦案：外传作"身"，是也。"絜其身""善其言"对文，若作"辩"，则与"言"复，"絜辩"二字亦不词。荀子原文自作"絜其身"，传写误"辩"。下文"故新浴"云云，正申言絜身之义。杨注"谓不烦杂"，似所见本已误为"辩"矣。**善其言而类焉者应矣**。出其言善，千里之外应之。**故马鸣而马应之**，○卢文弨曰：外传此下尚有"牛鸣而牛应之"六字。**非知也，其埶然也**。知音智。**故新浴者振其衣，新沐者弹其冠，人之情也**。言洁其身者，惧外物之污也，犹贤者必不受不善人之污者也。**其谁能以己之潐潐，受人之掝掝者哉！**潐潐，明察之貌。潐，尽。谓穷尽明于事。易曰："穷理尽性。""掝"当为"惑"。掝掝，惛也。楚词曰："安能以身之察察，受物之惛惛者乎？"潐，子诮反。○卢文弨曰：案"潐，尽也"，本说文，此脱"也"字。　郝懿行曰：韩诗外传一作"莫能以己之皭皭容人之混污"，然皭与潐，古音同，混污与掝掝，音又相转，此皆假借字耳。楚词作"察察""汶汶"，当是也。又案上云"故新浴者振其衣，新沐者弹其冠"，亦与楚词同。　先谦案："焦""爵"双声，故从焦从爵之字相通假而义皆训尽，如噍之与嚼，（礼记少仪释文："噍，本作嚼。"说文："噍，或从爵。"）醮之与釂，（说文："醮，冠娶礼祭。""釂，饮酒尽也。"释水："水醮曰厬。"释文及本书礼论"利爵之不醮也"，注皆训为尽，则借"醮"为"釂"矣。）并是。故皭皭亦为潐潐也。"掝"当为"惑"，杨说是也。字书无"掝"字，盖"惑"亦作"悈"，遂转写为"掝"耳。儒效篇云"无所儗𢖩"，杨注："𢖩与怍同。""惑"之为"掝"，犹"怍"之为"𢖩"矣。

君子养心莫善于诚，无奸诈则心常安也。○刘台拱曰：诚者，君子所以成始而成终也。以成始，则<u>大学</u>之"诚其意"是也。以成终，则<u>中庸</u>之"至诚无息"是也。此言养心莫善于诚，即诚意之事，故下文亦言"慎独"。**致诚则无它事矣**，致，极也。极其诚，则外物不能害。○<u>王念孙</u>曰：君子非仁不守，非义不行，故曰"无它事"。下文"唯仁之为守，唯义之为行"，是其明证。<u>杨</u>说非。　<u>先谦</u>案：<u>王</u>说是。群书治要引作"致诚无它，唯仁之守，唯义之行"，删数字而语意倍显，是<u>唐</u>人解此文与<u>杨</u>注义异。**唯仁之为守，唯义之为行。**致其诚，在仁义。**诚心守仁则形，形则神，神则能化矣**，诚心守于仁爱，则必形见于外，则下尊之如神，能化育之矣。化，谓迁善也。**诚心行义则理，理则明，明则能变矣。**义行则事有条理，明而易，人不敢欺，故能变改其恶也。**变化代兴，谓之天德。**既能变化，则德同于天。驯致于善谓之化，改其旧质谓之变。言始于化，终于变也，犹天道阴阳运行则为化，春生冬落则为变也。**天不言而人推高焉，地不言而人推厚焉，四时不言而百姓期焉。**期，谓知其时候。**夫此有常，以至其诚者也。**至，极也。天地四时所以有常如此者，由极其诚所致。**君子至德，嘿然而喻，未施而亲，不怒而威。**君子有至德，所以嘿然不言而人自喻其意也。**夫此顺命，以慎其独者也。**人所以顺命如此者，由慎其独所致也。慎其独，谓戒慎乎其所不睹，恐惧乎其所不闻。至诚不欺，故人亦不违之也。○<u>郝懿行</u>曰：此语甚精，<u>杨</u>氏不得其解，而以谨慎其独为训。今正之云：独者，人之所不见也。慎者，诚也；诚者，实也。心不笃实，则所谓独者不可见。劝学篇云："无冥冥之志者无昭昭之明，无惛惛之事者无赫赫之功。"此惟精专沉默，心如槁木死灰，而后髣髴遇焉。口不能言，人亦不能传，故曰独也。又曰"不独则不形"者，形非形于外也，（<u>杨</u>注误。）形即形此独也。又曰"不形则虽作于心，见于色，出于言"，三句皆由独中推出，此方是见于外之事。而其上说天地四时云"夫此有常，以至其诚者也"；说君子至德云"夫此顺命，以慎其独者也"。顺命，谓顺天地四时之命。（<u>杨</u>注尤误。）言化工默运，自然而极其诚；君子感人，嘿然而人自喻，惟此顺命以慎其独而已。推寻上下文义，慎当训诚。据<u>释诂</u>云"慎，诚也"，非慎训谨之谓。<u>中庸</u>"慎独"与此义别。<u>杨</u>注不援尔雅而据<u>中庸</u>，谬矣。"慎"字古义训诚，诗凡四见，<u>毛</u>、<u>郑</u>俱依尔雅为释。<u>大学</u>两言"慎独"，皆在诚意篇中，其义亦与诗同。惟<u>中庸</u>以"戒慎""慎独"为言，此别义，乃今义也。<u>荀</u>书多古义、古音，<u>杨</u>注未了，往往释以今义，读以今音，每致舛误，此其一也，余不悉举。　　王念孙曰：中庸之"慎独"，"慎"字亦当训为诚，非上文"戒慎"之谓。（"莫见乎隐，莫显乎微"，即大学之"十目所视，十手所指"，则慎独不当有二义。陈硕甫云："中庸言慎独，即是诚身。"）故礼器说礼之以少为贵者曰："是故君子慎其独也。"郑注云："少其牲物，致诚悫。"是慎其独即诚其独也。慎独之为诚独，郑于礼器已释讫，故中庸、大学注皆不复释。孔冲远未达此旨，故训为谨慎耳。凡经典中"慎"字，与"谨"同义者多，与"诚"同义者少。训谨训诚，原无古今之异，（慎之为谨，不烦训释，故传注无文，非诚为古义而谨为今义也。）唯"慎独"之"慎"则当训为诚，故曰"君子必慎其独"，又曰"君子必诚其意"。礼器、中庸、大学、荀子之"慎独"，其义一而已矣。**善之为道者，不诚则不独**，无至诚则不能慎其独也。**不独则不形**，不能慎其独，故其德亦不能形见于外。〇俞樾曰：上文云"致诚则无它事矣，唯仁之为守，唯义之为行"。所谓独者，即无它事之谓。唯仁、唯义，故无它事，无它事是谓独，故曰"不诚则不独，不独则不形"。言不能诚实则不能专一于内，不能专一则不能形见于外。杨氏未达"独"字之旨，故所解均未得也。**不形则虽作于心，见于色，出于言，民犹若未从也，虽从必疑**。若，如也。无至诚，故虽出令，民犹如未从者，虽强使之从，亦必疑之也。〇王念孙曰：若，犹然也。言虽出令，民犹然未从，非谓犹如未从也。古谓犹然为犹若，说见释词"若"字下。**天地为大矣，不诚则不能化万物；圣人为知矣，不诚**

则不能化万民；父子为亲矣，不诚则疏；君上为尊矣，不诚则卑。卑，谓不为在下所尊。夫诚者，君子之所守也，而政事之本也。唯所居以其类至，所居，所止也。唯其所止至诚，则以类自至。谓天地诚则能化万物，圣人诚则能化万民，父子诚则亲，君上诚则尊也。操之则得之，舍之则失之。操，持。操而得之则轻，持至诚也而得之，则易举也。诗曰："德辖如毛。"轻则独行，举至诚而不难，则慎独之事自行矣。独行而不舍则济矣。至诚在乎不已。济而材尽，长迁而不反其初则化矣。既济则材性自尽。长迁不反其初，谓中道不废也。

　君子位尊而志恭，心小而道大，所听视者近而所闻见者远。是何邪？则操术然也。谓以近知远，以今知古，所持之术如此也。〇卢文弨曰：正文"则"字，从元刻，宋本作"是"。故千人万人之情，一人之情是也；人情不相远。天地始者，今日是也；百王之道，后王是也。后王，当今之王。言后王之道与百王不殊，行尧、舜则是亦尧、舜。君子审后王之道而论于百王之前，若端拜而议。端，玄端，朝服也。端拜，犹言端拱。言君子审后王所宜施行之道，而以百王之前比之，若服玄端，拜揖而议。言其从容不劳也。时人多言后世浇醨，难以为治，故荀明之。〇郝懿行曰：端，疑"振书端书"之"端"，端者，正也。谓正容拜议，非必衣玄端也。注言"端拱"，又言"玄端"，二义似歧。　王念孙曰：古无拜而议事之礼，且"端拜"二字义不相属。"拜"当为"拜"，"拜"，今"拱"字也，（说文："収，竦手也，从屮从又。"拜，扬雄说："屮从两手。""拱，敛手也，从手，共声。"今经传皆作"拱"。）形与"拜"相似，因讹为"拜"。端拱而议，即杨注所云"从容不劳也"。杨云"端拜，犹言端拱"，近之，乃又云"拜揖而议"，则未知"拜"为"拜"之讹耳。　先谦案：王说是。推礼义之统，分是非之分，上分如字，下扶问反。分之使当其分。总天下之要，治海内之众,若使一人,故操弥约而事弥大。约,少也,得其宗主也。**五寸之矩,尽天下之方也。**矩,正方之器也。〇郝懿行曰:荀意当以勾股法开方而言,故以五寸尽之,言操弥约也。**故君子不下室堂而海内之情举积此者,则操术然也。**举,皆也。〇卢文弨曰:正文"堂"字上,宋本有"室"字,今从元刻删。 王念孙曰:"室"非衍字也。内则曰:"洒埽室堂。"书传中言"室堂"者多矣。君子不下室堂而海内之情举积此,犹老子言"不出户,知天下"也。元本无"室"字者,后人以意删之耳。群书治要引此有"室"字,钱本、世德堂本同。 先谦案:谢本从卢校。今依王说改从宋本。

有通士者,有公士者,有直士者,有悫士者,有小人者。上则能尊君,下则能爱民,物至而应,事起而辨,若是,则可谓通士矣。物有至则能应之,事有疑则能辨之。通者,不滞之谓也。〇王念孙曰:辨者,治也。谓事起而能治之,非谓事有疑而能辨之也。说文:"辩,治也。"昭元年左传"主齐盟者谁能辩焉",杜注与说文同。王霸篇"儒者为之,必将曲辩",杨注曰:"辩,治也。"字或作"辨"。议兵篇"城郭不辨",注曰:"辨,治也。"合言之,则曰"治辩"。儒效篇曰:"分不乱于上,能不穷于下,治辩之极也。"王霸篇曰:"有加治辩强固之道焉。"(有,读为又。旧本"有加"二字倒转,今据杨注乙正。杨以辩为分别,失之。)又曰:"天下莫不平均,莫不治辩。"议兵篇曰:"礼者,治辩之极也。"或作"治辨"。荣辱篇曰:"君子修正治辨。"正论篇曰:"上宣明则下治辨矣。"礼论篇曰:"君者,治辨之主也。"以上凡言"治辨"者,皆两字同义。倒言之,则曰"辨治"。小雅采菽传曰:"平平,辨治也。"荀子君道篇"君者,善班治人者也","班"亦与"辩"同,韩诗外传作"辩治"。成相篇:"辩治上下。"**不下比以暗上,不上同以疾下,**暗上,掩上之明也。疾与嫉同。〇先谦案:上同,苟合于上。成相篇云:"愚而上同,国必祸。"**分争于中,不以私害之,若是,则可谓**

公士矣。谓于事之中有分争者，不以私害之，则可谓公正之士也。**身之所长，上虽不知，不以悖君，**不怨君而违悖也。○郝懿行曰："悖"者，"倍"之假借字。倍训反，与背同。　王引之曰：悖，读若勃。（玉篇："勃，蒲突切，又蒲辈切。"广韵同。）悖，怨怼也。谓君虽不知而不怨君也。仲尼篇曰"君虽不知，无怨疾之心"是也。方言："悖，怼也。"广雅曰："勃，怼也。""悖、怨、怼，恨也。""悖""悖""勃"字异而义同。（庄十一年左传"其兴也悖焉"，一作"勃"。庄子庚桑楚篇"彻志之勃"，"勃"本又作"悖"。秦策"秦王悖然而怒"，"悖然"即"勃然"。）杨注非。**身之所短，上虽不知，不以取赏，**受禄不诬。**长短不饰，以情自竭，若是，则可谓直士矣。**不矜其长，不掩其短，但任直道而竭尽其情也。○郝懿行曰：情，实也。竭，举也。言短长皆以实偶说，不加文饰，所以为直士。　王念孙曰：郝说是也。说文："竭，负举也。""揭，高举也。"广雅："揭，举也。"礼运释文："竭，本亦作揭。"是"揭""竭"古字通。**庸言必信之，庸行必慎之，**庸，常也。谓言常信，行常慎。**畏法流俗而不敢以其所独甚，**法，效也。畏效流移之俗，又不敢以其所独善而甚过人，谓不敢独为君子也。○王念孙曰："甚"，当为"是"。言不从流俗而亦不敢用其所独是也。隶书"甚"字作"葚"，"是"字作"昰"，二形相似，故"是"讹为"甚"。荀子赋篇"嫫母、力父是之喜"，楚策"是之喜"讹作"甚喜之"。韩诗外传"诗曰'瞻彼日月，悠悠我思，道之云远，曷云能来'，急时辞也，是故称之日月也"，说苑辩物篇作"甚焉，故称日月也"。汉书司马相如传"闲雅甚都"，史记"甚"作"是"。说文"昰，是少也，从是少"，今俗作"尠"。皆其证也。杨注非。**若是，则可谓悫士矣。**端悫不贰。**言无常信，行无常贞，唯利所在，无所不倾，**利之所在，皆倾意求之。○俞樾曰：文选孙子荆诗"倾城远追送"，李善注："倾，犹尽也。"无所不倾，即无所不尽。杨注非。**若是，则可谓小人矣。**

公生明，偏生暗，端悫生通，诈伪生塞，多穷塞也。**诚信生神**，诚信至则通于神明。**中庸**曰："至诚如神。"**夸诞生惑**。矜夸妄诞则贪惑于物也。**此六生者，君子慎之，而禹、桀所以分也。**所以分贤愚也。

欲恶取舍之权：举下事也。**见其可欲也，则必前后虑其可恶也者；见其可利也，则必前后虑其可害也者；而兼权之，孰计之，**权，所以平轻重者。孰，甚也，犹成孰也。**然后定其欲恶取舍。**○顾千里曰：案"欲恶取舍之权"，疑当作"欲恶利害，（句。）取舍之权"，（句。）脱"利害"二字。"然后定其欲恶取舍"，疑当作"然后定其取舍"，衍"欲恶"二字。荣辱篇"其定取舍楛僈"，上下文皆即此义明甚。杨注已脱衍，非也。**如是，则常不失陷矣。凡人之患，偏伤之也。**偏，谓见其一隅。**见其可欲也，则不虑其可恶也者；见其可利也，则不顾其可害也者。是以动则必陷，为则必辱，是偏伤之患也。**

人之所恶者，吾亦恶之。贤人欲恶之，不必异于众人也。○卢文弨曰：正文首疑当有"人之所欲者，吾亦欲之人"字，注"贤人欲恶之"下疑脱一字。 王念孙曰：案卢以注云"贤人欲恶，不必异于众人"，故疑正文当有"人之所欲者"云云也。不知注言欲恶不异者，加一"欲"字以通其义，非正文所有也。下文皆言恶，不言欲，是其证。**夫富贵者则类傲之，**富贵之类，不论是非，皆傲之也。○先谦案：荀书用"夫"字，俱训彼，它篇并同。**夫贫贱者则求柔之，**见贫贱者，皆柔屈就之也。○俞樾曰：注不释"求"字。礼记曲礼篇曰"君子行礼，不求变俗"，郑注曰："求，犹务也。"求柔之，犹言务柔之矣。**是非仁人之情也，**○俞樾曰："仁"字衍。上文盖言遇富贵者率傲慢之，遇贫贱者务柔屈之，此非人情也，正与上文"人之所恶者，吾亦恶之"相应。上文泛言人，则此文亦不当言仁人。后人因下云"是奸人将以盗名于晻世者也”，故于上句加“仁”字，以对下“奸”字，而不知其义之非耳。

是奸人将以盗名于晻世者也，险莫大焉。奸人盗富贵贫贱之名于昏暗之世。晻与暗同。**故曰：盗名不如盗货。田仲、史𫚈不如盗也。**田仲，齐人，处於陵，不食兄禄，辞富贵，为人灌园，号曰於陵仲子。史𫚈，卫大夫，字子鱼，卖直也。○卢文弨曰：“田”与“陈”，古多通用。　郝懿行曰：陈仲之廉，史𫚈之直，虽未必合于中行，衡之末俗，固可以激浊流，扬清波。荀之此论，将无苛欤？夫名生于不足，盗生于有欲，盗不可有，名不可无。程子有言：“古之学者为己，今之学者为人；古之仕者为人，今之仕者为己。”推此而论，夫苟行以实心，钱谷兵刑，何非为己？假令心本近名，割股庐墓，岂非为人？然则荀卿此论，盖欲针砭于流俗，而非持论于衡平矣。

荣辱篇第四

憍泄者，人之殃也。泄与媟同，嫚也。殃，或为袂。○谢本从卢校作"桥泄"。　卢文弨曰："桥"，元刻作"憍"。　刘台拱曰："桥"，当从元刻作"憍"。　王念孙曰：旦、钱本亦作"憍"，"憍泄"即"骄泰"之异文。荀子他篇或作"汱"，或作"忕"，或作"泰"，皆同。古字"世""大"通用，"大室"亦为"世室"，"大子"亦为"世子"，"子大叔"亦为"世叔"。漏泄之泄，古多与"外""大""害""败"等字为韵，声与"泰"亦相近也。贾子曰"简泄不可以得士"，亦以"泄"为"汱"。　先谦案：刘、王说是，今改从旦、钱本元刻。**恭俭者，偋五兵也**。"偋"，当为"屏"，却也。说文有"偋"字，偋，嫠也，与此义不同。偋，防正反。○卢文弨曰："五兵"，元刻与俗间本俱作"五六"，今从宋本。　先谦案："偋"，当为"并"。强国篇"并己之私欲"，君道篇"并耳目之乐"，并皆读屏，是荀书例以"并"为"屏"也。此言屏却五兵，其文亦必作"并"，妄人误加"尸"为"偋"耳。五兵说见儒效篇。**虽有戈矛之刺，不如恭俭之利也**。言入人深。**故与人善言，暖于布帛；伤人之言，深于矛戟**。○王念孙曰："伤人之言"，"之"本作"以"。谓以言伤人，较之以矛戟伤人者为更深也。今本"以"作"之"，则与下句不甚贯注矣。非相篇"故赠人以言重于金石珠玉，劝人以言美于黼黻文章，听人以言（今本"以"字亦误作"之"，辩见非相篇。）乐于钟鼓琴瑟”，三“以”字与此文同一例。<u>艺文类聚</u>人部三、<u>太平御览</u>兵部八十四引此并作“伤人以言”。**故薄薄之地，不得履之，非地不安也。危足无所履者，凡在言也。**薄薄，谓旁薄广大之貌。危足，侧足也。凡，皆也。所以广大之地侧足无所容者，皆由以言害身也。○<u>卢文弨</u>曰：正文“危足无所履者”下，<u>宋</u>本有“也”字，今据<u>元</u>刻去之，与注合。**巨涂则让，小涂则殆，虽欲不谨，若云不使。**殆，近也。凡行前远而后近，故近者亦后之义。谓行于道涂，大道并行则让之，小道可单行则后之，若能用意如此，虽欲为不谨敬，若有物制而不使之者。<u>儒行</u>曰：“道涂不争险易之利。”○<u>王念孙</u>曰：<u>杨</u>说迂回而不可通。余谓殆读为待。言共行于道涂，大道可并行则让之，小道只可单行，则待其人过乃行也。作“殆”者，假借字耳。　　<u>俞樾</u>曰：让，当读为“扰攘”之“攘”。<u>说文</u>女部：“爙，烦扰也。”经典无“爙”字，多以“让”为之。<u>礼记</u>曲礼篇<u>郑</u>注曰：“攘，古让字。”故此又以“让”为之也。<u>文选</u>舞赋“扰攘就驾”，<u>李善</u>引<u>埤苍</u>曰：“攘，疾行貌。”巨涂人所共行，故扰攘而不止；小涂人所罕由，故危殆而不安。是涂无巨小，皆不可不谨，故曰“虽欲不谨，若云不使”也。　　<u>先谦</u>案：<u>俞</u>说是。

　　快快而亡者，怒也；肆其快意而亡，由于忿怒也。○<u>先谦</u>案：快快，即肆意之义。<u>大略</u>篇云“贱师而轻傅则人有快，人有快则法度坏”，<u>杨</u>注云：“人有肆意。”是快犹肆也。快快与有快同义。肆意而亡其身者，由怒害之。下文所谓“行其少顷之怒而丧终身之躯”矣。**察察而残者，忮也；**至明察而见伤残者，由于有忮害之心也。**博而穷者，訾也；**言词辩博而见穷蹙者，由于好毁訾也。**清之而俞浊者，口也；**欲求其清而俞浊者，在口说之过，谓言过其实也。或曰：絜其身则自清也，但能口说，斯俞浊也。俞，读为愈。○<u>先谦</u>案：或说是。**豢之而俞瘠者，交也；**所交接非其道，则必有患难，虽食刍豢而更瘠也。故上篇云“劳勌而容貌不枯，好交也”。○<u>先谦</u>案：以利交者，利尽则绝，故曰"豢养之而愈瘠"也。此言小人之交，故下文以小人总结之。"好交"乃"好文"之误，说见上篇。杨引以证本文，非。**辩而不说者，争也**；不说，不为人所称说。或读为悦。○王念孙曰：后说是。　俞樾曰：杨注二义皆非。淮南子俶真篇"辩者不能说也"，高诱注曰："说，释也。"斯得之矣。辩而不说，谓辩而人不解说，由其好与人争而不能委曲以晓人也。**直立而不见知者，胜也**；直立，谓己直人曲。胜，谓好胜人也。**廉而不见贵者，刿也**；刿，伤也。刻己太过，不得中道，故不见贵也。○王念孙曰：廉而刿，谓有廉隅而伤人也，如此则人不贵之矣。不苟篇注云："廉，棱也。刿，利伤也。"较此注为胜。**勇而不见惮者，贪也**；贪利则委曲求人，故虽勇而不见惮。**信而不见敬者，好剸行也**：剸与专同。专行，谓不度是非，好复言如白公者也。**此小人之所务而君子之所不为也。**

　　斗者，忘其身者也，忘其亲者也，忘其君者也。行其少顷之怒而丧终身之躯，然且为之，是忘其身也；室家立残，亲戚不免乎刑戮，然且为之，是忘其亲也；盖当时禁斗杀人之法戮及亲戚。尸子曰："非人君之用兵也，以为民伤斗，则以亲戚徇一言而不顾之也。"**君上之所恶也，刑法之所大禁也，然且为之，是忘其君也。忧忘其身**，遭忧患刑戮而不能保其身，是忧忘其身也。或曰：当为"下忘其身"，误为"夏"，又"夏"转误为"忧"字耳。○王念孙曰：案后说为长。**内忘其亲，上忘其君，是刑法之所不舍也，**○卢文弨曰：俗本"舍"作"赦"，今从宋本。**圣王之所不畜也。乳彘触虎，**○先谦案：触虎者，盖卫其子，当时有此语耳。**乳狗不远游，不忘其亲也。人也，**○卢文弨曰："人也"，各本作"小人"，今从宋本。　先谦案："人也"二字下属为句。**忧忘其身，内忘其亲，上忘其君，则是人也而曾狗彘之不若。凡斗者，必自以为是而以人为非也。己诚是也，人诚非也，则是己君子而人小人也，以君子与小人相**

贼害也。忧以忘其身，内以忘其亲，上以忘其君，岂不过甚矣哉！是人也，所谓"以狐父之戈镎牛矢"也。时人旧有此语，喻以贵而用于贱也。狐父，地名。史记"伍被曰'吴王兵败于狐父'"，徐广曰："梁、砀之间也，盖其地出名戈。"其说未闻。管子曰"蚩尤为雍狐之戟、狐父之戈"，岂近此邪？镎，刺也，之欲反。故良剑谓之属镂，亦取其利也。或读镎为斫。○郝懿行曰：镎、斫音读不同，镎虽训斫，而不读为斫也。玉篇"镎"或作"镎"，与斫音异，不知杨氏何故同之。正文又无"镎"字，此注当有脱误。镎训刺，亦未闻。**将以为智邪？则愚莫大焉。将以为利邪？则害莫大焉。将以为荣邪？则辱莫大焉。将以为安邪？则危莫大焉。人之有斗，何哉？我欲属之狂惑疾病邪，则不可，圣王又诛之。**属，托也，之欲反。**我欲属之鸟鼠禽兽邪，则不可，其形体又人，而好恶多同。**视其形体则又人也，其好恶多与贤人同，但好斗为异耳。**人之有斗，何哉？我甚丑之！**其祸如此，何为斗也？

　　有猗㺄之勇者，有贾盗之勇者，猗㺄勇于求食，贾盗勇于求财。贾音古。**有小人之勇者，有士君子之勇者：**小人勇于暴，士君子勇于义。言人有此数勇也。**争饮食，无廉耻，不知是非，不辟死伤，不畏众强，恈恈然唯利饮食之见，是猗㺄之勇也。**辟，读为避。恈恈，爱欲之貌。方言云："牟，爱也，宋、鲁之间曰牟。"○王引之曰："饮食"上本无"利"字。唯饮食之见，言猗㺄唯见有饮食也。下文"恈恈然唯利之见"，与此文同一例。今本作"利饮食之见"，"利"字即涉下文"利"字而衍。**为事利，**为事及利也。为，于伪反。**争货财，无辞让，果敢而振，猛贪而戾，恈恈然唯利之见，是贾盗之勇也。**振，动也。戾，乖背也。春秋公羊传曰"葵丘之会，桓公振而矜之"，何休云："亢阳之貌也。"○王引之曰："振"当为"很"，字之误也。"果敢而很，猛贪而戾"，二句一意相承。故广雅曰："戾，很也。"若"振"则非

荀子集解

56

其类矣。杨注非。**轻死而暴，是小人之勇也。义之所在，不倾于权，不顾其利，举国而与之不为改视，重死持义而不桡，是士君子之勇也。** 虽重爱其死而执节持义，不桡曲以苟生也。儒行曰："爱其死以有待也。"〇俞樾曰：此本作"重死而持义不桡"，故杨注曰"虽重爱其死而执节持义，不桡曲以苟生也"。是杨氏所据本"而"字在"持义"之上。

 鯈鮡者，浮阳之鱼也， 鯈鮡，鱼名。浮阳，谓此鱼好浮于水上就阳也。今字书无"鮡"字，盖当为"鲅"。说文云即"鳣鲔鲅鲅"字，盖鯈鱼一名鯈鲅。庄子与惠子游于濠梁之上，鯈鱼出游，是亦浮阳之义。或曰：浮阳，勃海县名也。鯈音稠。鲅，布末反。〇郝懿行曰："鮡"不成字，鲅非鱼名，疑当为"鳣"。俗书"體"或作"体"，然则"鯈鮡"即"鯈鳣"矣。 王念孙曰：卫风硕人篇"鳣鲔发发"，说文作"鲅鲅"，则鲅非鱼名，且鯈鱼亦无鯈鲅之名，杨说非也。窃疑"鮡"为"鮏"字之误。尔雅云"鲂鮏"。鮏即鲂之异名，则鯈、鮏为二鱼也。隶书"丕"字或作"㐀"，（见汉赵相刘衡碑。）"本"字或作"夲"，（见白石神君碑。）二形相似，故"鮏"误为"鮡"与？**胠于沙而思水，则无逮矣。** 胠与祛同。扬子云方言云："祛，去也，齐、赵之总语。"去于沙，谓失水去在沙上也。庄子有胠箧篇，亦取去之义也。〇卢文弨曰：案方言"祛"作"抾"。 王引之曰：鱼去沙上，不得谓之去于沙，杨说非也。案"胠"当为"㑊"。（字从人，谷声。谷，其虐反，与风俗之俗从谷者不同。）玉篇："㑊，渠戟切，倦也。"集韵"㑊"，方言"㑊"也。（㑊与倦同。）或作"御㑊"。汉司马相如子虚赋"微矤受诎"，郭璞曰："矤，疲极也。"上林赋"与其穷极倦矤"，郭曰："穷极倦矤，疲惫者也。"说文："御，微御受屈也。""矤""御"并与"㑊"同，穷、极、倦、矤，其义一也。广雅曰："困、疲、羸、券，（郑注考工记辀人曰："券，今倦字也。"）御、穷、憊，（与惫同。遁象传"有疾惫也"，郑注："惫，困也。"）极也。"（赵注孟子离娄篇曰:"极,困也。"吕刑曰:"人极于病。")困、疲、羸、倦、御、穷、惫、极,其义一也。然则俗者,穷困之谓。言鱼困于沙而思水,则无及也。隶书"彳"旁或从篆作"刀",(见隶辨。)与"月"相似,"谷"或作"去",(汉冀州刺史王纯碑"卻扫闭门","卻"作"却"。今俗书"卻""脚"二字亦作"却""脚"。)与"去"相似,故"俗"字讹而为"胠"。

俞樾曰:"胠",当作"阹"。文选吴都赋曰"阹以九疑",注曰:"阹,阑也。因山谷以遮兽也。"阹于沙,义亦同。此言遮阑于沙而思水,则无及矣。下云:"挂于患而欲谨,则无益矣。""阹于沙","挂于患",文义一律。　先谦案:俞说是。**挂于患而欲谨,则无益矣。**人亦犹鱼也。**自知者不怨人,知命者不怨天,怨人者穷,**徒怨愤于人,不自修者,则穷迫无所出。**怨天者无志。**有志之士,但自修身,遇与不遇,皆归于命,故不怨天。○王念孙曰:志,读为"知识"之"识"。(古"知识"字通作"志",说见经义述闻左传昭二十六年。)不知命而怨天,故曰无识。**法行篇**正作"怨天者无识",杨彼注云"无识,不知天命",是也。此注以志为志气之志,失之。**失之己,反之人,岂不迂乎哉!**迂,失也。反,责人也。○王念孙曰:失与迂义不相近,古无此训也。广雅曰:"迂,远也。"韩诗外传曰"身不善而怨他人,不亦远乎",语意正与此同。　先谦案:三句与**法行篇**同。反之人,与**君道篇**"反之民""反之政"同,意言反求也。

　　荣辱之大分,○卢文弨曰:旧本不提行,今案当分段。**安危利害之常体。先义而后利者荣,先利而后义者辱;荣者常通,辱者常穷;通者常制人,穷者常制于人:**受制于人。**是荣辱之大分也。**其中虽未必皆然,然其大分如此矣。**材悫者常安利,荡悍者常危害;**材悫,谓材性原悫也。荡悍,已解于**修身篇**。○汪中曰:"材",疑当作"朴",字之误也。"朴悫"与"荡悍","安利"与"危害","乐易"与"幽险","寿长"与"夭折",皆对文。　王念孙曰:**大戴记王言篇**

"士信、民敦、工璞、商悫、女憧、妇空空",家语作"士信、民敦而俗樸,（樸、朴、璞并通。）男悫而女贞",王肃云:"樸,悫愿貌。"**安利者常乐易,危害者常忧险**;乐易,欢乐平易也,诗所谓"恺悌"者也。○王念孙曰:险以心言,非以境言。忧险犹忧危,谓中心忧危之也,故与"乐易"对文。下文"乐易者常寿长,忧险者常夭折",亦以心言之也。周语云"君子将险哀之不暇,而何乐易之有焉",亦以"险哀"对"乐易",说见经义述闻周语。**乐易者常寿长,忧险者常夭折:是安危利害之常体也。**亦大率如此。**夫天生蒸民,有所以取之。**言天生众民,其君臣上下职业皆有取之道,非其道,所以败之也。○卢文弨曰:案注"取之道",当重一"之"字;"之也","之"字衍。**志意致修,德行致厚,智虑致明,是天子之所以取天下也。**致,极也。言如此,是乃天子之所以取天下之道也。**政令法,举措时,听断公,**举措时,谓兴力役不夺农时也。○卢文弨曰:元刻首句作"政法令",注首云"当作'政令法',或曰'政当为正'",多十一字。今从宋本。**上则能顺天子之命,下则能保百姓,是诸侯之所以取国家也。志行修,临官治,上则能顺上,下则能保其职,是士大夫之所以取田邑也。循法则、度量、刑辟、图籍,**度,尺丈。量,斗斛。刑法之书,左氏传曰:"先王议事以制,不为刑辟。"图,谓模写土地之形;籍,谓书其户口之数也。○卢文弨曰:正文"循",元刻作"修",各本同,今从宋本。　先谦案:注"刑法之书"上当有"刑辟"二字。**不知其义,谨守其数,慎不敢损益也,**若制所然。**父子相传,以持王公,**世传法则,所以保持王公,言王公赖之以为治者也。○王念孙曰:持,犹奉也。言官人百吏谨守其法则、度量、刑辟、图籍,（见上文。）父子相传,以奉王公也。广雅:"奉,持也。"是持与奉同义。杨以持为保持,未确。**是故三代虽亡,治法犹存,是官人百吏之所以取禄秩也。**○先谦案:君道篇云"官人守数",正论篇云"官人以为守",注:"官人,守职事之官也。"王霸篇注："官人,列官之人。"荀书每以"官人百吏"并言,犹周官所云"府史""胥徒"之属耳。**孝弟原悫,轴录疾力,以敦比其事业而不敢怠傲,是庶人之所以取暖衣饱食,长生久视,以免于刑戮也。** 轴与拘同。拘录,谓自检束也。疾力,谓速力而作也。敦,厚也。比,亲也。言不敢怠惰也。○卢文弨曰:淮南子主术训"人之性莫贵于仁,莫急于智,两者为本而加之以勇力、辨慧、捷疾、劬录",正与此"轴录疾力"语相似。轴录,盖劳身苦体之意。孝弟原悫以行言,轴录疾力以事言。杨训为拘录,非也。 郝懿行曰:原与愿同,原、悫皆训谨也。轴与局同,录与逯同。逯者,行谨逯逯也。轴录,犹局促,并叠韵字也。君道篇作"拘录"。 王引之曰:敦、比,皆治也。鲁颂閟宫笺云:"敦,治也。"孟子公孙丑篇"使虞敦匠事",谓治匠事也。比,读为庀。襄二十五年左传"子木使庀赋",鲁语"子将庀季氏之政焉",韦、杜注并云:"庀,治也。"周官遂师"庀其委积",故书"庀"为"比",郑司农读为庀。大司马"比军众","比"或作"庀"。是庀与比通。敦比其事业,犹云治其事业耳。强国篇"敦比于小事",义与此同,杨注以为精审躬亲,亦失之。**饰邪说,文奸言,为倚事,** 倚,已解上。倚事,怪异之事。**陶诞、突盗,** "陶"当为"梼杌"之"梼",顽嚚之貌。突,凌突不顺也。或曰:"陶"当为"逃",隐匿其情也。○郝懿行曰:陶,古读如谣,谣者,毁也。离骚云:"谣诼谓予以善淫。"陶诞即谣诞,谓好毁谤夸诞也;突盗,谓好侵突攘盗也,每二字为一义。注似失之。 王念孙曰:杨释"陶"字之义未安。余谓陶读为谣。(音滔。)"谣""诞"双声字,谣亦诞也。性恶篇曰"其言也谣,其行也悖",谓其言诞也,即上所谓"饰邪说,文奸言"也。作"陶"者,借字耳。(凡从舀从匋之字多相通。小尔雅:"绹,索也。"绹即"宵尔索绹"之"绹"。小雅菀柳篇"上帝甚蹈",一切经音义五引韩诗"蹈"作"陶"。楚辞九章"滔滔孟夏",史记屈原传作"陶陶"。说文"搯搯,掐也",一切经音义引通俗文曰"掐出曰搯",皆其证也。)强国篇曰"陶诞比周以争与,污漫突盗以争地"，"陶诞""突盗"四字，义并与此同。**怵、悍、憍、暴，怵与荡同。**
○郝懿行曰："憍"即"骄"字。经典俱借"骄"为"憍"耳。此皆奸人邪
说诐行之事。**以偷生反侧于乱世之间，是奸人之所以取危辱死
刑也。其虑之不深，其择之不谨，其定取舍楛僈，是其所以危
也。**小人所以危亡，由于计虑之失也。楛，恶也，谓不坚固也。**材性
知能，君子小人一也。好荣恶辱，好利恶害，是君子小人之所同
也，若其所以求之之道则异矣。小人也者，疾为诞而欲人之信
己也，疾为诈而欲人之亲己也，**○王念孙曰：疾，犹力也。言力为
诞、力为诈也。上文云"钩录疾力，以敦比其事业"，仲尼篇云"疾力以
申重之"，是疾与力同义。臣道篇云"事人而不顺者，不疾者也"，言事
上不力也。吕氏春秋尊师篇"疾讽诵"高注云："疾，力也。"**禽兽之行
而欲人之善己也。虑之难知也，行之难安也，持之难立也，**虑之
难知，谓人难测其奸诈。行之难安，言易颠覆也。持之难立，谓难扶持
之也。○王念孙曰：此言小人虑事不能知也。盖公生明，私生暗，小人
之思虑不足以知事，故曰"虑之难知"。下文"行之难安"、"持之难
立"，与此文同一例。杨注"难测其奸诈"，则与下二句不合。**成则必
不得其所好，必遇其所恶焉。**虽使奸诈得成，亦必有祸无福。○俞
樾曰：杨说非也。尚书皋陶谟篇"箫韶九成"，郑注曰："成，犹终也。"
古谓终为成。言终则必不得其所好，必遇其所恶焉。下文于君子曰
"成则必得其所好，必不遇其所恶焉"，并以其终竟言之。臣道篇曰
"成于尊君安国"，强国篇曰"道德之威，成乎安强；暴察之威，成乎危
弱；狂妄之威，成乎灭亡"，诸"成"字并当训终。**故君子者，信矣，而
亦欲人之信己也；忠矣，而亦欲人之亲己也；修正治辨矣，而亦
欲人之善己也。虑之易知也，行之易安也，持之易立也，成则必
得其所好，必不遇其所恶焉。是故穷则不隐，通则大明，**不隐，谓
人不能隐蔽。**身死而名弥白。**白，彰明也。**小人莫不延颈举踵而**

愿曰:"知虑材性,固有以贤人矣。"愿,犹慕也。贤人,谓贤过于人也。夫不知其与己无以异也,则君子注错之当,而小人注错之过也。注错,谓所注意错履也,亦与措置义同也。〇王念孙曰:杨后说得之。"注错"二字同义。广雅:"措、钍,置也。""措钍"即"注错"。是注错同训为置,非注意错履之谓也。下文曰:"是注错习俗之节异也。"又曰:"在注错习俗之所积耳。"(旧本"注错"上有"埶"字,涉下"得埶"而衍,今据上文删。)儒效篇曰:"注错习俗,所以化性也。"又曰:"谨注错,慎习俗。""注错"二字皆上下平列。故埶察小人之知能,足以知其有余,可以为君子之所为也。譬之越人安越,楚人安楚,君子安雅,雅,正也。正而有美德者谓之雅。诗曰:"弁彼鸒斯,归飞提提。"鸒斯,雅鸟也。〇卢文弨曰:杨引诗之意,当以提提为安舒之貌,与魏风"好人提提"之义同。郑注礼记檀弓"吉事欲其折折尔"云:"折折,安舒貌。"诗云"好人提提",盖折折与提提音义并同。鸟之飞以安舒而得雅名,故举以为况,然亦太迂曲矣。 王引之曰:雅读为夏,夏谓中国也,故与楚、越对文。儒效篇"居楚而楚,居越而越,居夏而夏"是其证。古者"夏""雅"二字互通,故左传"齐大夫子雅",韩子外储说右篇作"子夏"。杨云"正而有美德谓之雅",(下"诗曰"十五字乃后人妄加,非杨注原文。)则与上二句不对矣。是非知能材性然也,是注错习俗之节异也。习俗,谓所习风俗。节,限制之也。〇卢文弨曰:注"制"下"之"字,宋本有,元刻无。 王念孙曰:"习""俗"双声字,俗即是习,非谓"所习风俗"也。说文:"俗,习也。"(广雅同。)周官大司徒注曰:"俗,谓土地所生习也。"性恶篇曰:"上不循于乱世之君,下不俗于乱世之民。"不俗,不习也。(杨注"俗,谓从其俗",亦误。)又儒效篇"习俗移志,安久移质",(余见前"注错"下。)大略篇曰"政教习俗,相顺而后行",史记秦始皇纪"宣省习俗",汉书食货志"同巧拙而合习俗","习俗"二字皆上下平列。 先谦案:节异,犹言适异也，非谓"节，限制之"。节与适同义，说见强国篇。仁义德行，常安之术也，然而未必不危也；污僈、突盗，常危之术也，然而未必不安也。"僈"当为"漫"，漫亦污也。水冒物谓之漫。庄子云："北人无择曰：'舜以其辱行污漫我。'"漫，莫半反。庄子又曰"澶漫为乐"，崔云："淫衍也。"李云："纵逸也。"一曰：漫，欺诳之也。故君子道其常而小人道其怪。道，语也。怪，谓非常之事，取以自比也。○卢文弨曰：元刻"故"下有"曰"字，宋本无。又曰"道语"下当有"也怪"二字，文脱耳。　先谦案：宋台州本有"也怪"二字，谢本无，今增入注。凡人有所一同：饥而欲食，寒而欲暖，劳而欲息，好利而恶害，是人之所生而有也，是无待而然者也，是禹、桀之所同也。目辨白黑美恶，耳辨音声清浊，口辨酸咸甘苦，鼻辨芬芳腥臊，骨体肤理辨寒暑疾养，肤理，肌肤之文理。养与痒同。是又人之所常生而有也，是无待而然者也，是禹、桀之所同也。○先谦案："常"字，以文义求之不当有。上下文"所生而有"句并无"常"字，此"常"字缘上下文而衍。可以为尧、禹，可以为桀、跖，可以为工匠，可以为农贾，在埶注错习俗之所积耳，在所积习。○先谦案："埶"字无义。以上文言"注错习俗"证之，则"埶"字为衍文。是又人之所生而有也，是无待而然者也，是禹、桀之所同也。○王念孙曰：案此二十三字涉上文而衍。下文"为尧、禹则常安荣，为桀、纣则常危辱"云云，与上文"在注错习俗之所积"句紧相承接，若加此二十三字，则隔断上下语脉，故知为衍文。为尧、禹则常安荣，为桀、跖则常危辱；为尧、禹则常愉佚，为工匠农贾则常烦劳。然而人力为此而寡为彼，○俞樾曰："力"乃"多"字之误，与"寡"对文成义，下同。何也？曰：陋也。言人不为彼尧、禹而为此桀、跖，由于性之固陋也。尧、禹者，非生而具者也，夫起于变故，成乎修修之为，待尽而后备者也。变故，患难事故也。言尧、禹起于忧患，成于修饰，由于待尽物理，然后乃能备之。孟子曰"天将降大任于是人也，必先苦其心志，劳其筋骨，穷饿其体肤，空乏其身，行拂乱其所为，所以动心忍性，增益其所不能"也。"智生于忧患，死于安乐。"为，于伪反。○俞樾曰："修之"二字衍。"起于变故，成乎修为"，二语相对成文。下文曰"非埶修为之君子莫之能知也"，正以"修为"二字连文，可证。**人之生固小人，**○先谦案："生""性"字通用，此即性恶意。**无师无法则唯利之见耳。**人之生固小人，又以遇乱世，得乱俗，是以小重小也，以乱得乱也。君子非得埶以临之，则无由得开内焉。开小人之心而内善道也。**今是人之口腹，安知礼义？安知辞让？安知廉耻隅积？**言口腹无所知。隅，一隅，谓其分也。积，积习。○王念孙曰：今是犹言今夫也，说见释词"是"字下。　先谦案：杨释隅积之义未晰。"隅积"与"礼义""辞让""廉耻"相配为文，皆人所不可不知者。隅，道之分见者也。积，道之贯通者也。解蔽篇云："道者，体常而尽变，一隅不足以举之。曲知之人，观于道之一隅，以为足而饰之，惟孔子不蔽于成积。"此即隅积之义。天论篇云："万物为道一偏，一物为万物一偏，愚者为一物一偏，而自以为知道，无知也。"荀子因时人蔽于一偏，肆为曲说，故作解蔽以明之。此以"隅积"与"礼义""辞让""廉耻"并举，亦其义也。**亦呥呥而噍、乡乡而饱已矣。**呥呥，噍貌，如盐反。噍，嚼也，才笑反。乡乡，趋饮食貌，许亮反。○先谦案：杨读乡为向，故训为趋饮食貌。但呥呥是噍貌，则乡乡当是饱貌。若解为趋饮食貌，文义不一律，且趋饮食反在噍嚼之后，未免倒置。杨说非也。"乡"，当为"芗"之渻，"芗"亦"香"字也。重言之则曰"乡乡"，犹"美"之为"美美"，（汉铙歌上陵曲。）"苾芬"之为"苾苾芬芬"，（诗信南山。）正饱食甘美意。**人无师无法，则其心正其口腹也。**人不学，则心正如口腹之欲也。**今使人生而未尝睹刍豢稻粱也，惟菽藿糟糠之为睹，则以至足为在此也。俄而粲然有秉刍豢稻粱**

而至者,则瞵然视之曰:"此何怪也?"粲然,精絜貌。牛羊曰刍,犬豕曰豢。豢,圈也,以谷食于圈中。瞵然,惊视貌,与犿同。礼记曰"故鸟不犿",许聿反。○卢文弨曰:宋本注作"与䁝狁同,礼记曰'故鸟不狁',许聿反"。"䁝"或为"狁",与元刻微异。彼臭之而无嗛于鼻,臭,许又反。"嗛"当为"慊",厌也,苦廉反,或下忝反。○卢文弨曰:案"下忝",元刻作"胡簟"。 郝懿行曰:"臭",今作"嗅"。嗛,不足也,与"歉"同。言"嗅之而无歉于鼻",与"尝之而甘于口"句相俪。

王念孙曰:"臭之而无嗛于鼻",无,衍字也;嗛,苦簟反,快也。(庄子盗跖篇曰:"口嗛于刍豢醪醴之味。"赵策曰:"衣服之便于体,膳啖之嗛于口。"魏策曰:"齐桓公夜半不嗛,易牙乃煎熬燔炙,和调五味而进之。"高注:"嗛,快也。")"臭之而嗛于鼻,尝之而甘于口,食之而安于体",三句文同一例。若"嗛"上有"无"字,则与下文不合矣。杨读嗛为慊而训为厌,失之。汪说同。 先谦案:王说较长。尝之而甘于口,食之而安于体,则莫不弃此而取彼矣。今以夫先王之道、仁义之统,以相群居,以相持养,以相藩饰,以相安固邪?持养,保养也。藩饰,藩蔽文饰也。以夫桀、跖之道,○先谦案:乡射礼郑注:"以,犹与也。"是其为相县也,几直夫刍豢稻粱之县糟糠尔哉!言以先王之道与桀、跖相县,岂止糟糠比刍豢哉!几,读为岂,下同。然而人力为此而寡为彼,何也?曰:陋也。陋也者,天下之公患也,公共有此患也。人之大殃大害也。故曰:仁者好告示人。○王念孙曰:人者,人与仁同,说见修身篇"爱人"下。 先谦案:各本皆作"仁者",与王所见本异。告之示之,靡之儇之,铅之重之,靡,顺从也。儇,疾也,火缘反。靡之儇之,犹言缓之急之也。铅与沿同,循也。抚循之、申重之也。○王引之曰:杨说非也。靡之儇之,即贾子所云"服习积贯"也。儒效篇曰:"居楚而楚,居越而越,居夏而夏,是非天性也,积靡使然也。(杨注"靡,顺也,顺其积习,故能然",非是。)故人知谨注错，慎习俗，大积靡，则为君子矣。"性恶篇曰："身日进于仁义而不自知者，靡使然也。"方言曰："还，积也。"还与儇声近而义同。是靡之儇之皆积贯之意也。**则夫塞者俄且通也，陋者俄且俍也，愚者俄且知也。**俍与捆同，猛也。方言云："晋、魏之间谓猛为捆。"陋者俄且俍，言鄙陋之人俄且矜庄，有威仪也。诗曰："瑟兮僩兮"，郑云："僩，宽大也。"下板反。○卢文弨曰：注"捆"字，宋本作"悃"，今从元刻，与方言合。案此注说颇歧出，窃疑捆当为娴雅之义。贾谊书傅职篇云："明俍雅以道之文。"又道术篇云："容志审道谓之俍，反俍为野。"此以"俍"与"陋"相对，义亦合。又曰：注"陋者俄且俍"之上，当本有"或曰"二字。　　郝懿行曰：注前说谬，后说引诗"瑟兮僩兮"，郑云"僩，宽大也"，此说是矣。卢疑俍当为娴雅之义，引贾谊书傅职篇文，义亦相近，而非本义。今详贾子之"俍"为假借，荀子之"俍"为本义。何以明之？陋为狭隘，俍为宽大，故以"俍""陋"相俪。证以修身篇云"多闻曰博，少闻曰浅，多见曰闲，少见曰陋"，又以"闲""陋"相俪。"闲"亦"俍"之假借。闲，谓宽闲，即俍训宽大之义。杨注训为闲习，亦非。　　王念孙曰：卢说是也。修身篇"多见曰闲，少见曰陋"，"闲"与"陋"对文，是其证。"俍""闲"古字同耳。杨后说以俍为宽大，近之。（陈说略同。）**是若不行，则汤、武在上曷益？桀、纣在上曷损？**若不行告示之道，则汤、武何益于天下？桀、纣何损于百姓？所以贵汤、武，贱桀、纣，以行与不行耳。○王念孙曰："是若不行"，"是"字承上文"告之示之"四句而言。言民从告示，故汤、武在上则治，桀、纣在上则乱。若民不从告示，则汤、武在上何益？桀、纣在上亦何损乎？杨注失之。**汤、武存则天下从而治，桀、纣存则天下从而乱。如是者，岂非人之情固可与如此、可与如彼也哉！**○王念孙曰："岂"本作"几"，古"岂"字也。今作"岂"者，后人不识古字而改之耳。案上文"几直夫刍豢稻粱之县糟糠尔哉"，注云："几，读为岂，下

荀子集解

66

同。"下文"几不甚善矣哉",注云:"几亦读为岂。"后注既言"几亦读为岂",则前注不须更言"下同",所谓"下同"者,正指此"几"字而言。今改"几"为"岂",则前注所谓"下同"者竟不知何指矣。

人之情,食欲有刍豢,衣欲有文绣,行欲有舆马,又欲夫余财蓄积之富也,皆人之所贵也。**然而穷年累世不知不足,是人之情也。**"不知不足",当为"不知足",剩"不"字。或曰:不足犹不得也。**今人之生也,方知蓄鸡狗猪彘,**○卢文弨曰:正文"方知",元刻作"方多"。 郝懿行曰:说文:"豕三毛丛居谓之猪。""后蹄废谓之彘。"是猪、彘异,故此分别言之。**又蓄牛羊,然而食不敢有酒肉;余刀布,有囷窌,**刀、布,皆钱也。刀取其利,布取其广。囷,廪也。圆曰囷,方曰廪。窌,窖也,地藏曰窌。窌,匹貌反。**然而衣不敢有丝帛;约者有箧箧之藏,然而行不敢有舆马。**约,俭啬也。箧箧,藏布帛者也。言又富于余刀布也。○俞樾曰:杨注曰"约,俭啬也",既云"俭啬",则不敢有舆马固无足怪,不必更用"然而"字作转矣。杨注非也。淮南子主术篇"所守甚约",高注曰:"约,要也。"汉书礼乐志"治本约",师古曰:"约读曰要。"是"约"与"要"一声之转,古亦通用。"约者"犹云"要者"。孝经"先王有至德要道",疏引殷仲文曰:"以一管众为要。"盖物之藏于箧箧者必是贵重之物,视上文所云"余刀布,有囷窌"为尤要矣,故特以"要者"言之,非俭啬之谓也。**是何也? 非不欲也,几不长虑顾后而恐无以继之故也。**○王念孙曰:案"非不欲也"二句,文意紧相承接,中不当有"几不"二字,盖涉下文"几不甚善"而衍。(下文"几"字有音,而此无音,则为衍文明矣。)**于是又节用御欲,**御,制也。或作"禦",禦,止也。**收敛蓄藏以继之也,是于己长虑顾后,几不甚善矣哉!** 几,亦读为岂。**今夫偷生浅知之属,曾此而不知也,**偷者,苟且也。**粮食大侈,不顾其后,俄则屈安穷矣,**大读为太。屈,竭也。安,语助也。犹言屈然穷矣。安,已解上也。○卢文弨曰:正文"大",宋本作"太",无"大读为太"四字注,今从元刻。**是其所以不免于冻饿、操瓢囊为沟壑中瘠者也。**乞食羸瘦于沟壑者。言不知久远生业,故至于此也。○王念孙曰:瘠,读为"掩骼埋胔"之"胔"。露骨曰骼,有肉曰胔。(出蔡氏月令章句。)言冻饿而转死于沟壑,故曰"为沟壑中胔"。作"瘠"者,借字耳。(说见管子八观篇。)杨以瘠为羸瘦,失之。**况夫先王之道,仁义之统,诗、书、礼、乐之分乎?**为生业尚不能知,况能知其远大者?分,制也,扶问反。**彼固天下之大虑也,将为天下生民之属长虑顾后而保万世也,其汸长矣,其温厚矣,其功盛姚远矣,**"汸",古"流"字。温,犹足也。言先王之道于生人,其为温足也亦厚矣。姚与遥同。言功业之盛甚长远也。○郝懿行曰:温与蕴同。蕴者,积也。左传"蕴利生孽",经典通作"蕴",此作"温",皆假借耳。如礼器云"温之至也",温读为蕴,亦其例。杨注非。　王引之曰:杨读盛为"茂盛"之"盛",非也。盛读为成,成亦功也,(尔雅曰"功,成也",大戴礼盛德篇曰"能成德法者为有功",周官典妇功曰"秋献功",槀人曰"秋献成",是成与功同义。)姚亦远也。言其功甚远也。"成"与"盛"古同声而通用。说卦传"终万物、始万物者,莫盛乎艮",言莫成乎艮也。(莫成乎艮,即成言乎艮,说见经义述闻。)吕氏春秋悔过篇"我行数千里以袭人,未至而人已先知之矣,此其备必已盛矣",言其备已成也。(高注"盛,强也",失之。)系辞传"成象之谓乾",蜀才本"成"作"盛"。左氏春秋庄八年"师及齐师围郕",公羊"郕"作"成",隐五年、十年、文十二年并作"盛"。秦策"今王使成桥守事于韩",史记春申君传"成"作"盛"。封禅书"七日日主,祠成山",汉书郊祀志"成"作"盛"。皆其证也。王霸篇曰"论一相,陈一法,明一指,以兼覆之、兼炤之,以观其盛",言观其成也。(杨注:"盛读为成。")臣道篇曰"明主尚贤使能而飨其盛,暗主妒贤畏能而灭其功",盛读为成,成亦功也,(杨注"盛谓大业”，失之。）故说苑臣术篇作“上贤使能而享其功”。正名篇曰“必忧恐则口衔刍豢而不知其味，耳听钟鼓而不知其声，目视黼黻而不知其状，轻暖平簟而体不知其安，故向万物之美而盛忧，兼万物之利而盛害”，言美反成忧、利反成害也。**非埶修为之君子莫之能知也。**埶，甚也。甚修饰作为之君子也。○王念孙曰：礼论篇曰“非顺埶修为之君子莫之能知也”，杨彼注云：“顺，从也。埶，精也。修，治也。为，作也。”此文脱“顺”字，杨望文生义，当从礼论篇补“顺”字。**故曰：短绠不可以汲深井之泉，知不几者不可与及圣人之言。**绠，索也。几，近也。谓不近于习也。**夫诗、书、礼、乐之分，固非庸人之所知也。故曰：一之而可再也，**既知一，则务知二。**有之而可久也，**不可中道而废。**广之而可通也，**知礼乐广博，则于事可通。**虑之而可安也，**思虑礼乐则无危惧。**反铅察之而俞可好也。**铅与沿同，循也。既知礼乐之后，却循察之，俞可好而不厌。俞音愈。○先谦案：杨“反”字无注，而以“却”字代释之，非也。反者，反复也。反铅察之者，反复沿循而察之。礼论篇“则必反铅过故乡”，“反铅”二字义与此同。非十二子篇“反（今本讹“及”。）纵察之”，注云：“纵与循同。”又云：“反覆纵察。”其义当矣。**以治情则利，**利，益也。礼记曰：“圣人之所以治人七情，修十义，舍礼何以治之？”**以为名则荣，以群则和，以独则足，**知诗、书、礼、乐，群居则和同，独处则自足也。**乐意者其是邪？**乐意莫过于此。○王念孙曰：此当读“以独则足乐”为句，言独居而说礼、乐，敦诗、书，则致足乐也。以群则和，以独则足乐，乐与和义正相承，则“乐”字上属为句明矣。“意者其是邪”自为一句，意者，语词也；其是邪，指诗、书、礼、乐而言。吕氏春秋重言篇曰“日之役者，有执蹠痏而上视者，意者其是邪”，句法正与此同。 先谦案：吕览文义与此不同。此文若作“意者其是邪”，为悬拟之词，则上下文理不相贯注，虽有吕览句例，不得取以为比。且上文“以群则和，以独则足”句法一律,语意亦完足,若于"足"下加"乐"字,反为赘设,仍当从杨注断读。**夫贵为天子,富有天下,是人情之所同欲也。然则从人之欲则埶不能容、物不能赡也。**○王念孙曰:案"然则"犹言"然而"也,说见释词"则"字下。　先谦案:从,读为纵。**故先王案为之制礼义以分之,**以礼义分别上下也。**使有贵贱之等,长幼之差,知愚、能不能之分,**○谢本从卢校"知"下有"贤"字。　王念孙曰:元刻无"贤"字,是也。知读为智。智对愚,能对不能,则不得有"贤"字明矣。下文"以仁厚知能尽官职","知能"二字正与此相应,是其证。宋本有"贤"字者,盖误读知为知识之知,故于"愚"上加"贤"字,而以为"知贤愚能不能之分"也。不知"使有"二字直贯至"智愚能不能之分"而止。若读知为知识之知,则与"使有"二字不相联属矣。　先谦案:王说是,今改从元刻。**皆使人载其事而各得其宜,**载,行也,任之也。**然后使悫禄多少厚薄之称,**悫,实也。谓实其禄,使当其才。称,尺证反。○郝懿行曰:载,如"大车以载"之"载",载犹任也。悫者,谨也。谨谓谨其多少厚薄之数,使禄各称其事,不失均平。杨注"载,行","悫,实",古无此训。"载其事"二语,又见君道篇。　俞樾曰:"悫"当作"谷"。孟子滕文公篇"谷禄不平",赵注曰:"谷,所以为禄也。"此文言"谷禄",正与彼同,作"悫"者,声之误也。杨以本字读之,失其旨矣。王霸篇曰:"心好利而谷禄莫厚焉。"此"谷禄"二字见于本书者。　先谦案:俞说是。**是夫群居和一之道也。故仁人在上,则农以力尽田,贾以察尽财,百工以巧尽械器,**尽谓精于事。察谓明其盈虚。说文云:"有盛为械,无盛为器。"**士大夫以上至于公侯,莫不以仁厚知能尽官职,夫是之谓至平。**各当其分,虽贵贱不同,然谓之至平也。**故或禄天下而不自以为多,**谓为天子,以天下为禄也。**或监门、御旅、抱关、击柝而不自以为寡。**监门,主门也。御读为迓。迓旅,逆旅也。抱关,门卒也。击柝,击木所以警夜者。皆知

荀子集解

其分，故虽贱而不以为寡也。**故曰："斩而齐，枉而顺，不同而一。"夫是之谓人伦。**旧有此语，引以喻贵贱虽不同，不以齐一，然而要归于治也。斩而齐，谓强斩之使齐，若汉书之"一切"者。枉而顺，虽枉曲不直，然而归于顺也。不同而一，谓殊涂同归也。夫如此，是人之伦理也。○刘台拱曰：斩读如儳。说文："儳，儳互不齐也。"周语"冒没轻儳"，韦注云："儳，进退上下无列也。"言多儳互不齐，乃其所以为齐也。　王念孙曰：僖二十三年左传"鼓儳可也"，杜注："儳岩未整陈。"义与此同。儳而齐，即正名篇所谓"差差然而齐"。　先谦案：刘、王说是。**诗曰："受小共大共，为下国骏蒙。"此之谓也。**诗，殷颂长发之篇。共，执也。骏，大也。蒙，读为厖，厚也。今诗作"骏厖"。言汤执小玉大玉，大厚于下国。言下皆赖其德也。○先谦案："厖"作"蒙"，鲁诗也。方言："秦、晋之间，凡大貌谓之朦，或谓之厖。"明"厖""蒙"声近通用。

荀子卷第三

非相篇第五

相，视也，视其骨状以知吉凶贵贱也。妄诞者多以此惑世，时人或矜其状貌而忽于务实，故荀卿作此篇非之。汉书形法家有相人二十四卷。〇卢文弨曰："形法"，宋本作"刑法"，又"二十四卷"作"二十四篇"，虽皆可通，今从元刻，以与汉志合故也。

相人，古之人无有也，学者不道也。道，说。〇王念孙曰：元刻"相"下无"人"字，宋龚本同。案无"人"字者是。此谓古无相术，非谓古无相人也；谓学者不道相术，非谓不道相人也。下文云"长短、小大、善恶形相，古之人无有也，学者不道也"，是其证。宋本作"相人"者，涉下"相人之形状"而误。　先谦案：有相人即有相术，王说似泥。下云"古者有姑布子卿"，是古明有相术、相人矣。荀子以为无有者，世俗所称，学者不道，故虽有，直以为无有耳。因当时崇尚，儒者惑焉，故极论之。古者有姑布子卿，姑布姓，子卿名，相赵襄子者。或本无"姑"字。今之世，梁有唐举，相李兑、蔡泽者。相人之形状颜色而知其吉凶妖祥，世俗称之。古之人无有也，学者不道也。再三言者,深非之也。故相形不如论心,论心不如择术。术,道术也。形不胜心,心不胜术。术正而心顺之,则形相虽恶而心术善,无害为君子也;形相虽善而心术恶,无害为小人也。君子之谓吉,小人之谓凶。故长短、小大、善恶形相,非吉凶也。古之人无有也,学者不道也。盖帝尧长,帝舜短;文王长,周公短;仲尼长,子弓短。子弓,盖仲弓也,言子者,著其为师也。汉书儒林传馯臂字子弓,江东人,受易者也。然馯臂传易之外,更无所闻,荀卿论说,常与仲尼相配,必非馯臂也。馯音寒。○俞樾曰:杨注"子弓,盖仲弓"是也。又曰"言子者,著其为师也",则恐不然。仲弓称子弓,犹季路称子路耳。子路也,子弓也,其字也。曰季曰仲,至五十而加以伯仲也。昔者卫灵公有臣曰公孙吕,身长七尺,面长三尺,句。焉广三寸,鼻目耳具,而名动天下。面长三尺,广三寸,言其狭而长甚也。鼻目耳虽皆具而相去疏远,所以为异。名动天下,言天下皆知其贤。或曰:狭长如此,不近人情,恐文句误脱也。○卢文弨曰:案"焉"字,古多以为发声,如周礼"焉使则介之"、淮南子"天子焉始乘舟"是也。荀书或用"焉",或用"案",或用"安",字异语同,皆以为发声。楚之孙叔敖,期思之鄙人也,杜元凯云:期思,楚邑名,今弋阳期思县。鄙人,郊野之人也。突秃长左,轩较之下,而以楚霸。突,谓短发可凌突人者,故庄子说赵剑士蓬头突鬓。长左,左脚长也。轩较之下,而以楚霸,言修文德,不劳甲兵远征伐也。说文云:"轩,曲辀也。"郑注考工记云:"较,两轛上出式者。"诗曰:"倚重较兮。"○卢文弨曰:今毛诗本"倚"误作"猗"。正义明云"倚此重较之车",则本作"倚"字。宋本、足利本皆不误。叶公子高,微小短瘠,行若将不胜其衣。叶公,楚大夫沈尹戌之子,食邑于叶,名诸梁,字子高。楚僭称王,其大夫称公,白公亦是也。微,细也。叶音摄。○郝懿行曰:白公之乱,子高入国门不介胄,盖由微小短瘠、行不胜衣故耳。然白公之乱也,令尹子西、司马<u>子期</u>皆死焉;<u>白公</u>,<u>楚</u>太子<u>建</u>之子,<u>平王</u>之孙。<u>子西</u>,<u>楚平王</u>长庶子公子<u>申</u>。<u>子期</u>,亦<u>平王</u>子公子<u>结</u>。<u>叶公子高</u>入据<u>楚</u>,诛<u>白公</u>,定<u>楚</u>国,如反手尔,仁义功名善于后世。○<u>王引之</u>曰:"善"字文义不明,疑"著"字之讹。隶书"著"字或作"着",形与"善"相似。(<u>史记五帝纪</u>"帝挚立,不善",<u>索隐</u>古本作"不著"。) <u>俞樾</u>曰:"善"乃"盖"字之误。隶书"盖"字或作"盖",见<u>北海相景君铭</u>,"善"字或作"善",见<u>张迁碑</u>,两形相似而误。故事不揣长,不揳大,不权轻重,亦将志乎尔。揳与絜同,约也。谓约计其大小也。絜,户结反。<u>庄子</u>:"匠<u>石</u>见栎社树,絜之百围。"权,称也。轻重,体之轻重也。言不论形状长短、大小、肥瘠,唯在志意修饬耳。○<u>卢文弨</u>曰:案注以"志意"二字训"志"字,增一字成文耳。宋本作"亦将志乎心尔","心"字衍。

<u>先谦</u>案:<u>广雅释言</u>:"将,且也。"此承上文,言古之闻人不以相论,故事不揣絜长大轻重,亦且有志于彼数圣贤也。<u>杨</u>注非。长短、小大、美恶形相,岂论也哉!且<u>徐偃王</u>之状,目可瞻马;<u>徐</u>,国名,僭称王,其状偃仰而不能俯,故谓之<u>偃王</u>。<u>周穆王</u>使<u>楚</u>诛之。瞻马,言不能俯视细物,远望才见马。<u>尸子</u>曰"<u>徐偃王</u>有筋而无骨"也。○<u>卢文弨</u>曰:"马",<u>元</u>刻作"焉",注同。今按<u>杨</u>注,正谓不能见小物,而但见马耳。可者,仅可之词。瞻,<u>说文</u>云:"临视也。"<u>庄子</u>云:"不辨牛马。"今从宋本。仲尼之状,面如蒙供;供,方相也,其首蒙茸然,故曰蒙供。<u>子虚赋</u>曰:"蒙公先驱。"<u>韩侍郎</u>云:"四目为方相,两目为供。"供音欺。<u>慎子</u>曰:"<u>毛嫱</u>、<u>西施</u>,天下之至姣也,衣之以皮供,则见之者皆走也。"周公之状,身如断菑;<u>尔雅</u>云:"木立死曰椔。"椔与菑同。○<u>郝懿行</u>曰:<u>皇矣诗传</u>:"木立死曰菑。"菑者,植立之貌。<u>周公</u>背伛,或曰辗偻,其形曲折,不能直立,故身如断菑矣。皋陶之状,色如削瓜;如削皮之瓜,青绿色。闳夭之状,面无见肤;<u>闳夭</u>,<u>文王</u>臣,在十乱之中。言多髯鬏蔽其肤也。○<u>卢文弨</u>曰:注"鬏",一作"髻"。傅说之状,身如

植鳍；植，立也。如鱼之立也。○郝懿行曰：鳍在鱼之背，立而上见，驼背人似之。然则傅说亦背偻欤？伊尹之状，面无须麇；麇与眉同。禹跳，汤偏，尸子曰："禹之劳，十年不窥其家，手不爪，胫不生毛。偏枯之病，步不相过，人曰禹步。"郑注尚书大传："汤半体枯。"吕氏春秋曰："禹通水浚川，颜色黎黑，步不相过。"尧、舜参牟子。牟与眸同。参眸子，谓有二瞳之相参也。史记曰："舜目重瞳。"重瞳，盖尧亦然。尸子曰："舜两眸子，是谓重明，作事成法，出言成章。"当时传闻，今书传亦难尽详究所出也。从者将论志意，比类文学邪？直将差长短，辨美恶，而相欺傲邪？从者，荀卿门人。问将论志意文学邪？但以好丑相欺傲也？○卢文弨曰：从者，犹言学者，注非。古者桀、纣长巨姣美，天下之杰也；筋力越劲，百人之敌也。姣，好也。倍万人曰杰。越，过人也。劲，勇也。○王念孙曰：案如杨说，则"越劲"二字义不相属。今案：越者，轻也。言筋力轻劲也。说文云"赽，轻劲有材力"是也。"越"字本作"娍"。说文曰："娍，轻也。"（广雅同。）玉篇音于厥切。"娍"与"越"古字通。吕氏春秋本味篇注曰："越越，轻易之貌。"缁衣引大甲曰"毋越厥命以自覆"，言毋轻发厥令以自倾覆也。（郑注以越为颠蹶，非是，说见经义述闻。）说文："跋，轻足也。"义亦与"越"同。然而身死国亡，为天下大僇，后世言恶则必稽焉。僇与戮同。稽，考也。后世言恶，必考桀、纣为证也。○卢文弨曰：稽，止也。此即"天下之恶皆归焉"之意。稽，犹归也。注非是。　郝懿行曰：稽者，同也。后世凡言恶者，比之桀、纣，是与之同。杨训稽考，疏矣。正论篇句义同。　先谦案：王霸篇、正论篇文与此同，杨并训稽为考。儒效篇"是大儒之征也"，又云"是大儒之稽也"，杨注："征，验也。""稽，考也。""稽""征"对文，义当训考，即尚书"稽古"之义。荀书它篇用"稽"字，亦无二义，当从杨说。是非容貌之患也，闻见之不众，论议之卑尔。亦非以容貌害身。言美恶皆非所患，但以闻见

不广,论议不高,故致祸耳。**今世俗之乱君,乡曲之儇子,**方言云:
"儇,疾也,慧也。"与"喜而翾"义同,轻薄巧慧之子也。儇,火玄反。
○俞樾曰:按下文云"中君羞以为臣",则此不应言君,且与"妇人莫不
愿得以为夫,处女莫不愿得以为士",及"束乎有司,戮乎大市"诸语皆
不合,疑本作"世俗之乱民",传写误耳。**莫不美丽姚冶,奇衣妇饰,**
血气态度拟于女子;说文曰:"姚,美好貌。"冶,妖。奇衣,珍异之衣。
妇饰,谓如妇人之饰,言轻细也。拟于女子,言柔弱便辟也。**妇人莫**
不愿得以为夫,处女莫不愿得以为士,士者,未娶妻之称。易曰:
"老妇得其士夫。"○郝懿行曰:"女""士"对言,如诗之氓、易之大过,
皆是。古以士女为未嫁娶之称。**弃其亲家而欲奔之者,比肩并起。**
然而中君羞以为臣,中父羞以为子,中兄羞以为弟,中人羞以为
友,不必上智,皆知恶也。**俄则束乎有司而戮乎大市,**犯刑罚,为有
司所束缚也。**莫不呼天啼哭,苦伤其今而后悔其始。**苦伤今之刑
戮,悔始之所为。**是非容貌之患也,闻见之不众,论议之卑尔。**
然则从者将孰可也?问从者形相与志意孰为益乎? ○卢文弨曰:非
相篇当止于此,下文所论较大,并与相人无与,疑是荣辱篇错简于此。

先谦案:谢本"众"下有"而"字,案文不当有,今从宋台州本删。

　　人有三不祥:幼而不肯事长,贱而不肯事贵,不肖而不肯事
贤,是人之三不祥也。言必有祸灾也。**人有三必穷:为上则不能**
爱下,为下则好非其上,是人之一必穷也。乡则不若,偝则谩
之,是人之二必穷也。乡,读为向。若,如也。谩,欺毁也,莫干反。
○先谦案:若,顺也。向则不顺,背又谩之,故必穷。下文方言与人相
县,则此"若"字不得训为如,杨注非。**知行浅薄,曲直有以相县矣,**
然而仁人不能推,知士不能明,是人之三必穷也。曲直,犹能不
也。言智虑德行至浅薄,其能不与人又相县远,不能推让明白之。言
不知己之不及也。知音智。行,下孟反。县,读为悬。○王念孙曰:曲

直有(与又同。)以相县矣。(旦、钱本并如是，元刻脱"相"字。卢依元刻删"相"字，非。)杨以明为明白，非也。明者，尊也。言不能尊智士也。仁人不能推，智士不能明，明与推皆尊崇之谓也。古者多谓尊为明。礼运"故君者所明也，非明人者也"，大传"庶子不祭，明其宗也"，郑注并曰："明，犹尊也。"祭义"明命鬼神"，郑注曰："明命，犹尊名也。"晋语曰："晋公子可谓贤矣，而君蔑之，是不明贤也。"管子牧民篇曰："明鬼神，祇山川。"墨子明鬼篇曰："鬼神不可不尊明也。"皆其证矣。　先谦案：王说有"相"字，是。今从宋本补正。**人有此三数行者，**○王引之曰："三数行"，文不成义，当作"有此数行"。数行，谓上文之"三不祥"与"三必穷"也。其"三"字即涉上文而衍。**以为上则必危，为下则必灭。诗曰："雨雪瀌瀌，宴然聿消。莫肯下隧，式居屡骄。"此之谓也。**诗，小雅角弓之篇。今诗作"见晛曰消"，作"宴然"，盖声之误耳。晛，日气也。隧，读为随。屡，读为娄。娄，敛也。言雨雪瀌瀌然，见日气而自消，喻欲为善则恶自消矣。幽王曾莫肯下随于人，用此居处敛其骄慢之过也。○郝懿行曰：毛诗本出荀卿，荀所引诗多与毛合。毛诗"见晛曰消"，韩诗"曣晛聿消"。毛云："晛，日气也。"韩云："曣晛，日出也。"二说义相成。广雅释诂："曣曣，暖也。"段氏玉裁说文注云："荀卿引诗作'宴然'，即曣曣也。""宴""晏""曣"古通用。玉篇曰"曣同晛"，如段氏说。然则毛诗"见晛"之见应读为现，"现""宴"双声，"肤""晛"叠韵，亦兼双声，俱音近假借字耳。"聿""曰"二字古亦假借通用，荀引诗与韩、毛本无不合也。"下隧"，毛作"下遗"。古读"遗""隧"音同如"旞"字，或作"旝"，见于说文，可证矣。"隧"与"队"同。"队""坠"古今字也。下隧者，以言小人莫肯降下引退，如雪宴肤消灭，方用居位而数以骄人也。"屡"当作"娄"，娄者，亟也，数也。毛诗传自荀卿，今推荀义以补毛传，义或当然。郑笺"遗读曰随，娄，敛也"，与毛异，不当援以注荀，杨注失检。　先谦

案：此诗毛作"见晛"，韩作"瞵晛"，鲁作"宴然"。"宴然"，"瞵瞵"之
渻文，"宴""燕"古文通用字。广雅"瞵瞵，暖也"，正用鲁训。汉书刘
向传引诗"雨雪麃麃，见晛聿消"，颜注："见，无云也。晛，日气也。"案
见不得训为无云。据说文："𩂅，牲无云也。""晛，日见也。"依颜注，是
刘向引诗"见"正作"𩂅"，颜所见本不误，后人妄改作"见"耳。向用
鲁诗，尤可证合。玉篇、广韵皆云"晛瞵"二形，同韩之"瞵晛"，即鲁之
"瞵瞵"耳。"麃"，"瀌"渻文。"屡""娄"，古今文之异。荀子传诗浮
丘伯，伯传申公，为鲁诗之祖。荀书引诗异毛者，皆三家义，而郝氏强
为毛傅合，失之远矣。余详余所撰三家诗义疏，不复出。**人之所以**
为人者，何已也？已与以同。**问何以谓之人而贵于禽兽也。曰：以**
其有辨也。辨，别也。**饥而欲食，寒而欲暖，劳而欲息，好利而恶**
害，是人之所生而有也，是无待而然者也，不待学而知也。**是禹、**
桀之所同也。然则人之所以为人者，非特以二足而无毛也，以
其有辨也。今夫狌狌形笑，亦二足而毛也，狌狌兽似人而能言，出
交阯。形笑者，能言笑也。○郝懿行曰：狌狌人形，言笑如人，亦二足，
惟有毛为异耳。　　俞樾曰："形笑"二字，甚为不词。注云"形笑者，能
言笑也"，望文生义，未足为据。"笑"，疑当作"状"，传写者失"爿"
旁，但存"犬"字，而俗书"笑"字亦或从犬，后人以"形犬"二字难通，
因猩猩能笑，遂改作"笑"字耳。"毛"上当有"无"字。上文云"然则
人之所以为人者，非特二足无毛也"，下文云"故人之所以为人者，非
特以其二足而无毛也"，则此文亦当作"无毛"明矣。　　先谦案：狌狌
即猩猩。宋罗愿尔雅翼说猩猩云："其状皆如人，与狒狒不甚相远。
荀卿曰：'今夫猩猩形相二足无毛也。'既言二足，而又言无毛，则去人
不远矣。"据此，宋人所见荀子本"形笑"作"形相"，而"毛"作"无毛"。
李时珍本草纲目言"猩猩黄毛如猿，白耳如豕，人面人足，长发，头颜
端正"。是猩猩身非无毛，其面如人无毛耳。李又引荀子言"猩猩能

言笑,（参用注文。）二足无毛"。是李所见荀子已作"笑"字，而云"无毛"则同。此文当作"无毛"，俞说是也。自来说狌狌者，谓其能言能啼，无谓其能笑者。能笑，乃狒狒，食人之物也。疑注"形笑者"七字，后人据误本荀子加之，非杨氏元文，荀子固不当云狌狌笑也。**然而君子啜其羹，食其胾**。胾，胔也。禽兽无辨，故贱而食之。胾，侧吏反。**故人之所以为人者，非特以其二足而无毛也，以其有辨也。夫禽兽有父子而无父子之亲，有牝牡而无男女之别，故人道莫不有辨。辨莫大于分**，有上下亲疏之分也。**分莫大于礼**，分生于有礼也。**礼莫大于圣王**。圣王，制礼者。言其人存，其政举。**圣王有百，吾孰法焉？** 问圣王至多，谁可为法也。**故曰：文久而息，节族久而绝**，文，礼文。节，制度也。言礼文久则制度灭息，节奏久则废也。○卢文弨曰：注"节奏"，宋本作"宗族"。案杨以节奏训"族"字，与以制度训"节"字无涉。今从元刻。　郝懿行曰：族者，聚也，凑也。"凑"与"奏"古今字。汉律志："蔟，奏也。"是其义也。"奏""凑"，"蔟""族"，并声义同。然则"节族"即"节奏"矣，杨注是也。　王念孙曰："故"，衍字。自"曰文久而息"以下，皆与上文"圣王有百，吾孰法焉"二句自相问答，则"曰"上不当有"故"字明矣，盖涉下文三"故曰"而衍。下文曰"是以文久而灭，节族久而绝"，"灭"与"绝"为韵，则此亦当然。今本"灭"作"息"，则失其韵矣。"息"字盖涉注文"灭息"而误。**守法数之有司极礼而褫**。褫，解也。有司世世相承，守礼之法数，至于极久，亦下脱也。易曰："或锡之鞶带，终朝三褫之。"言此者，以喻久远难详，不如随时兴治。褫，直吏反。○刘台拱曰：极，疲极也。　王念孙曰：褫之言弛也。如疲于礼而废弛也。俞樾曰："极礼而褫"，文不可通，疑"礼"字衍文也。"极而褫"，三字为句。上云"文久而息，节族久而绝"，此云"极而褫"，正与"久而息""久而绝"一律。杨注曰："褫，解也。有司世世相承，守礼之法数，至于极久，亦

下脱也。"是杨氏所见本尚未衍"礼"字，故云"至于极久，亦下脱"，是
"极"下无"礼"字也。所云"守礼之法数"者，此"礼"字乃杨氏增出以
解法数之谊，非正文有"礼"字也。今作"极礼而褫"，即因注文而衍。

先谦案：俞说是也。法即礼也，法数即礼数也。守法数之有司，即荣
辱篇所谓不知其义，谨守其数之官人百吏也。"极"下自不当有"礼"
字。**故曰：欲观圣王之迹，则于其粲然者矣，后王是也。**后王，近
时之王也。粲然，明白之貌。言近世明王之法，则是圣王之迹也。夫
礼法所兴，以救当世之急，故随时设教，不必拘于旧闻，而时人以为君
必用尧、舜之道，臣必行禹、稷之术，然后可，斯惑也。孔子曰："殷因
于夏礼，所损益可知也。"故荀卿深陈以后王为法，审其所贵君子焉。
司马迁曰："法后王者，以其近己而俗相类、议卑而易行也。"〇刘台拱
曰：后王，谓文、武也。杨注非。汪中曰：史记引"法后王"，盖如赋诗
之断章耳。此注承其误，名为解荀子而实汩之。 王念孙曰："后王"
二字，本篇一见，不苟篇一见，儒效篇二见，王制篇一见，正名篇三见，
成相篇一见，皆指文、武而言，杨注皆误。 俞樾曰：刘、汪、王三君之
说，皆有意为荀子补弊扶偏，而实非其雅意也。据下文云："彼后王
者，天下之君也。舍后王而道上古，譬之是犹舍己之君而事人之君
也。"然则荀子生于周末，以文、武为后王可也，若汉人则必以汉高祖
为后王，唐人则必以唐太祖、太宗为后王，设于汉、唐之世而言三代之
制，是所谓舍己之君而事人之君矣，岂其必以文、武为后王乎？盖孟子
言"法先王"而荀子言"法后王"，亦犹孟子言"性善"而荀子言"性
恶"，各成其是，初不相谋，比而同之，斯惑矣。吕氏春秋察今篇曰：
"上胡不法先王之治？非不贤也，为其不可得而法。"又曰："世易时
移，变法宜矣。譬之若良医，病万变，药亦万变。病变而药不变，乡之
寿民，今为殇子矣。"盖当时之论，固多如此。其后李斯相秦，废先王
之法，一用秦制，后人遂以为荀卿罪，不知此固时为之也。后人不达此
义，于数千年后欲胥先王之道而复之，而卒不可复，吾恐其适为秦人笑

矣。**彼后王者，天下之君也，舍后王而道上古，譬之是犹舍己之君而事人之君也。故曰：欲观千岁则数今日，**○卢文弨曰："数"字从宋本，俗本亦作"审"。**欲知亿万则审一二，欲知上世则审周道，欲知周道则审其人所贵君子。**谓己之君也。审，谓详观其道也。○刘台拱曰：案其人，荀卿自谓也。所贵君子，其人之所宗仰，若仲尼、子弓也。**故曰：以近知远，以一知万，以微知明。此之谓也。**

夫妄人曰："古今异情，其以治乱者异道。"而众人惑焉。○谢本从卢校作"以其治乱者异道"。王念孙曰：此文本作"其所以治乱者异道"，谓古今之所以治乱者其道不同也。旦、钱本"以其"作"其以"，而脱去"所"字。卢本又误作"以其"，则义不可通。韩诗外传正作"其所以治乱异道"。先谦案：王说是。今改从旦、钱本作"其以"。**彼众人者，愚而无说、陋而无度者也。**言其愚陋而不能辨说测度。度，大各反，下同。**其所见焉，犹可欺也，而况于千世之传也！**传，传闻也。**妄人者，门庭之间，犹可诬欺也，而况于千世之上乎！**○俞樾曰："可"字衍文，涉上文"犹可欺也"而衍。"诬"乃"挟"字之误，"挟"字右旁之"夹"与"巫"相似，故误也。上言众人乃受欺者，此言妄人乃欺人者，若云"犹可诬欺"，则与众人之可欺者同矣。且"诬欺"二字连文，亦为不伦。韩诗外传作"彼诈人者，门庭之间犹挟欺，而况乎千岁之上乎"，可据以订正。**圣人何以不欺？曰：圣人者，以己度者也。**以己意度古人之意，故人不能欺，亦不欺人也。○王念孙曰："不欺"当作"不可欺"。圣人不可欺，正对上文众人可欺而言。下文"乡乎邪曲而不迷"云云，正所谓圣人不可欺也。今本脱"可"字，则失其义矣。杨注云"人不能欺，亦不欺人"，则因所见本已脱"可"字，故曲为之说，而不知与上下文不合也。外传正作"不可欺"。**故以人度人，以情度情，**以今之人情度古之人情。既云欲恶皆同，岂其治乱有异？**以类度类**，类，种类，谓若牛马也。**以说度功**，以言说度其功业也。**以道观尽**，以道观尽物之理。儒效篇曰"涂之百姓，积善而全尽，谓之圣人"也。**古今一度也**。古今不殊，尽可以此度彼，安在其古今异情乎？○王念孙曰："古今一度也"，当作"古今一也"。言自"以人度人"以下皆无古今之异，故曰"古今一也"。强国篇："治必由之，古今一也。"正论篇："有擅国，无擅天下，古今一也。"君子篇："故尊圣者王，贵贤者霸，敬贤者存，慢贤者亡，古今一也。"文意并与此同，则"一"下不当更有"度"字，盖涉上数"度"字而衍。杨注云"古今不殊，尽可以此度彼"，则所见本已有"度"字。外传无。**类不悖，虽久同理**，言种类不乖悖，虽久而理同。今之牛马，与古不殊，何至人而独异哉？**故乡乎邪曲而不迷，观乎杂物而不惑，以此度之**。以测度之道明之，故向于邪曲不正之道而不迷，杂物炫耀而不惑。乡，读为向。**五帝之外无传人**，外，谓已前也。无传人，谓其人事迹后世无传者。**非无贤人也，久故也。五帝之中无传政，非无善政也，久故也**。中，间也。五帝，少昊、颛顼、高辛、唐、虞也。**禹、汤有传政而不若周之察也，非无善政也，久故也。传者久则论略，近则论详；略则举大，详则举小**。略，谓举其大纲。详，周备也。○俞樾曰：两"论"字皆"俞"字之误。俞，读为愈。荣辱篇"清之而俞浊者口也，豢之而俞瘠者交也"，杨注曰"俞，读为愈"是也。"俞"误作"仑"，因误作"论"矣。韩诗外传正作"久则愈略，近则愈详"，可据订。**愚者闻其略而不知其详，闻其详而不知其大也**，惟圣贤乃能以略知详、以小知大也。○王念孙曰："闻其详"，本作"闻其小"，"略"与"详"对，"小"与"大"对。据杨注云"惟圣贤乃能以略知详，以小知大"，则本作"闻其小而不知其大"明矣。今本"小"作"详"，涉上句"详"字而误。外传作"闻其细，不知其大"，细，亦小也。**是以文久而灭，节族久而绝。**

凡言不合先王，不顺礼义，谓之奸言，虽辩，君子不听。公孙龙、惠施、邓析之属。**法先王，顺礼义，党学者，**党，亲比也。○郝懿行曰：注云"党，亲比"，非也。方言："党，知也。"郭注："党，朗也，解悟貌。"此则党为晓了之意。法先王，顺礼义，出言可以晓悟学者，非朋党亲比之义也。 俞樾曰：方言曰："党、晓、哲，知也。楚谓之党，或曰晓，齐、宋之间谓之哲。"郭注曰："党党，朗也，解寤貌。"然则党学者，犹言晓学者。盖法先王，顺礼义，以晓学者也。荀卿居楚久，故楚言耳。**然而不好言，不乐言，则必非诚士也。**言，讲说也。诚士，谓至诚好善之士。**故君子之于言也，志好之，行安之，乐言之。故君子必辩。**辩，谓能谈说也。○王引之曰："故君子之于言也"，"言"当为"善"。"善"字本作"譱"，脱其半而为"言"，又涉上下文"言"字而误也。"志好之，行安之，乐言之"，三"之"字皆指善而言。下文云"凡人莫不好言其所善，而君子为甚"，（此句凡两见。）是其明证矣。下文又云"故君子之行仁也无厌，志好之，行安之，乐言之，故君子必辩"。（今本"故"下衍"言"字，辩见前。）仁，即所谓善也。今本"善"作"言"，则下文三"之"字皆义不可通。**凡人莫不好言其所善，而君子为甚。**所善，谓己所好尚也。**故赠人以言，重于金石珠玉；观人以言，美于黼黻文章；**观人以言，谓使人观其言。黼黻文章，皆色之美者。白与黑谓之黼，黑与青谓之黻，青与赤谓之文，赤与白谓之章。○王念孙曰：案"观"本作"劝"。劝人以言，谓以善言劝人也，故曰"美于黼黻文章"。若观人以言，则何美之有？杨注云"谓使人观其言"，则所见本已讹作"观"，太平御览人事部三十一所引亦然。艺文类聚人部十五正引作"劝人以言"。**听人以言，乐于钟鼓琴瑟。**使人听其言。○谢本从卢校作"听人之言"。 王念孙曰：旦、钱本并作"听人以言"，元刻"以"作"之"，而卢本从之。案此与上二句文同一例。听人以言者，我言之而人听之也。我言而人听，则是我之以善及人也,故曰"乐于钟鼓琴瑟"。若听人之言,则何乐之有? 此后人不晓文义而妄改之耳。据杨注云"使人听其言",则本作"听人以言"明矣。艺文类聚、太平御览并引作"听人以言"。　先谦案:王说是,今改从宋本。**故君子之于言无厌。**无厌倦也。**鄙夫反是,好其实,不恤其文,**但好其质而不知文饰,若墨子之属也。**是以终身不免埤污佣俗。**埤、污,皆下也,谓鄙陋也。埤与庳同。猪水处谓之污,亦地之下者也。庳音婢。污,一孤反。**故易曰:"括囊,无咎无誉。"腐儒之谓也。**腐儒,如朽腐之物,无所用也。引易以喻不谈说者。

　　凡说之难,以至高遇至卑,以至治接至乱。以先王之至高至治之道,说末世至卑至乱之君,所以为难也。说音税。**未可直至也,远举则病缪,近世则病佣。**未可直至,言必在援引古今也。远举上世之事则患缪妄,下举近世之事则患佣鄙也。○俞樾曰:"世"字当作"举",下同。"远举""近举"相对为文。杨注曰"远举上世之事则患缪妄,下举近世之事则患佣鄙",盖因正文有两"举"字,故注亦云然也。不曰"近举下世",而曰"下举近世"者,避不词耳。今作"近世"者,即涉注文而误。**善者于是间也,亦必远举而不缪,近世而不佣,与时迁徙,与世偃仰,缓急嬴绌,**嬴,余也。嬴绌,犹言伸屈也。**府然若渠匽櫽栝之于己也,**府与俯同,就物之貌,或读为附。渠匽所以制水,櫽栝所以制木,君子制人亦犹此也。○王引之曰:正文、注文"渠"字,疑皆"梁"字之误。尔雅:"堤谓之梁。"郑仲师注周官敳人云:"梁,水偃也。"偃与匽通,即"堰"字也。梁与匽同义,故以"梁匽"连文。"梁""渠"形相似,遂误为"渠"耳。(史记建元以来侯表"辉渠忠侯仆多",广韵引风俗通"渠"作"梁"。汉书地理志"强梁原",水经渭水注作"荆渠原"。后汉书安帝纪"高渠谷",注引东观记作"高梁谷"。)**曲得所谓焉,然而不折伤。**言谈说委曲皆得其意之所谓,然而不折伤其道也。**故君子之度己则以绳,接人则用抴。**抴,牵引也。度己，犹正己也。君子正己则以绳墨，接人则牵引而致之，言正己而驯致人也。或曰："抴"当为"枻"，枻，楫也。言如以楫櫂进舟船也。度，大各反。枻，以世反。韩侍郎云："枻者，檠枻也，正弓弩之器也。"○卢文弨曰：旧本"抴""枻"多讹，今悉改正。韩说本考工记。 郝懿行曰：抴，余制切，与曳音义俱同。"抴"即"枻"字，"枻"，俗作也。言君子裁度己身则以准绳，接引人伦则用舟楫，谓律己严而容物宽也。楚辞九歌"桂櫂兮兰抴"，王逸注："櫂，楫也。抴，船旁板也。"段氏玉裁说文注云："按毛诗传：'楫，所以櫂舟也。'故因谓楫为櫂。"櫂者，引也。船旁板曳于水中，故因谓之抴。俗字作"櫂"作"枻"，皆非是也。

刘台拱曰：韩说是也。淮南说山训曰："檠不正而可以正弓。"此即用枻之义。（檠同檠。）王念孙曰：案考工记弓人"恒角而达，譬如终绁"，郑注曰："绁，䌷也。"秦风小戎篇"竹闭绲縢"，毛传曰："闭，绁也。"小雅角弓传曰："不善绁檠巧用，则翩然而反。"士丧礼记"弓有柲"，注曰："柲，弓檠，弛则缚之于弓里，备损伤也，以竹为之。"绁与枻同，闭与柲、䌷同，即淮南所谓"可以正弓"者也。"枻"与"绳"对文，若训为牵引，则与"绳"不对，若训为楫，则于义愈远矣。**度己以绳，故足以为天下法则矣。接人用抴，故能宽容，因求以成天下之大事矣。**成事在众。○王念孙曰："因求"二字义不可通，"求"当为"众"，字之误也。唯宽容，故能因众以成事。上文"与时迁徙，与世偃仰"，正所谓因众也。杨注云"成事在众"，言众而不言求，则"求"为"众"之误甚明。**故君子贤而能容罢，**罢，弱不任事者，音疲。**知而能容愚，博而能容浅，粹而能容杂，夫是之谓兼术。**粹，专一也。兼术，兼容之法。**诗曰："徐方既同，天子之功。"此之谓也。**诗，大雅常武之篇。言君子容物，亦犹天子之同徐方也。

谈说之术：矜庄以莅之，端诚以处之，坚强以持之，分别以喻之，譬称以明之，○王念孙曰："分别"当在下句，"譬称"当在上

85

卷三 非相篇第五

句。譬称所以晓人，故曰"譬称以喻之"；分别所以明理，故曰"分别以明之"。今本"譬称"与"分别"互易。韩诗外传及说苑善说篇引此并作"譬称以喻之，分别以明之"。**欣欢芬芗以送之，宝之珍之，贵之神之，如是则说常无不受。**言谈说之法如此，人乃信之。芬芗，言至芳絜也。神之，谓自神异其说，不敢慢也。说，并音税。称，尺证反。芗与香同。○王念孙曰：芬芗，和也。方言："芬，和也。"郭璞曰："芬香和调。"（广雅与方言同。周官鬯人注曰："鬯，酿秬为酒，芬香条畅于上下也。"大雅凫鹥篇曰"旨酒欣欣，燔炙芬芬"，皆芬香和调之意。）欣欢芬芗，皆谓和气以将之也。议兵篇曰"其民之亲我欢若父母，其好我芬若椒兰"，义与此同。**虽不说人，人莫不贵，**不说犹贵，况其说之。**夫是之谓为能贵其所贵。**不使人贱之也。○王引之曰：上"为"字涉下文"为"字而衍。韩诗外传、说苑皆作"夫是之谓能贵其所贵"，无"为"字。**传曰："唯君子为能贵其所贵。"此之谓也。**

　　君子必辩。凡人莫不好言其所善，所善，谓所好也。**而君子为甚焉。是以小人辩言险而君子辩言仁也。**仁，谓忠爱之道。**言而非仁之中也，则其言不若其默也，其辩不若其呐也；**呐与讷同。或引礼记"其言呐呐然"，非。**言而仁之中也，则好言者上矣，不好言者下也。故仁言大矣。**起于上所以道于下，正令是也；道与导同。"正"或为"政"。**起于下所以忠于上，谋救是也。**谋救，谓嘉谋匡救。此言谈说之益不可以已也如是。○王念孙曰："谋救"二字于义无取，杨注以为嘉谋匡救，于"谋"上加"嘉"字以曲通其义，其失也迂矣。余谓"谋救"当为"谏救"，字之误也。（管子立政九败解篇"谏臣死而谄臣尊"，今本"谏"误作"谋"。淮南主术篇"执正进谏"，高注："谏，或作谋。"）周官有司谏、司救。说文："救，止也。"论语八佾篇"女弗能救与"，马注与说文同。然则谏止其君之过谓之谏救，故曰"起于下所以忠于上，谏救是也"。**故君子之行仁也无厌。**无厌倦时。**志好之，行安**

之，乐言之，故言所以好言说，由此三者也。行，如字。○王念孙曰：杨
读"故言"为一句，而释之曰"所以好言说，以此三者"，非也。"故君子必
辩"为一句，"故"下本无"言"字。此言君子志好之，行安之，乐言之，是
以必辩也。上文云"故君子之于言也，志好之，行安之，乐言之，故君子
必辩"，是其证。今本作"故言君子必辩"，"言"字乃涉上文而衍。杨断
"故言"为一句以结上文，则"君子必辩"四字竟成赘语矣。**君子必辩。**
小辩不如见端，端，首。**见端不如见本分。**分上下贵贱之分。小辩，
谓辩说小事则不如见端首，见端首则不如见本分。言辩说止于知本分
而已。○王引之曰："本分"上本无"见"字，此涉上两"见端"而衍。本
分者，本其一定之分也。杨注"见端首不如见本分"，则所见本已衍"见"
字。下文"小辩而察，见端而明，本分而理"，皆承此文言之，而"本分"上
无"见"字，故知"见"为衍文。**小辩而察，见端而明，本分而理，圣人**
士君子之分具矣。此言能辩说然后圣贤之分具。**有小人之辩者，有**
士君子之辩者，有圣人之辩者：不先虑，不早谋，发之而当，成文而
类，言暗与理会，成文理而不失其类。谓不乖悖也。**居错迁徙，应变不**
穷，错，置也。居错，安居也。错，千故反。○王念孙曰：居，读为举。言
或举或错或迁徙，皆随变应之而不穷也。王制篇曰"举错应变而不穷"，
君道篇曰"与之举错迁移而观其能应变也"，礼论篇曰"将举错之，迁徙
之"，皆其证矣。"举"与"居"古字通。史记越世家曰："陶朱公约要父
子耕畜废居，候时转业。"仲尼弟子传曰："子贡好废举，与时转货资。"
"废举"即"废居"。司马相如传"族举递奏"，汉书"举"作"居"。书大传
"民能敬长怜孤，取舍好让，举事力者"，韩诗外传"举"作"居"。**是圣人**
之辩者也。先虑之，早谋之，斯须之言而足听，斯须发言，已可听也。
文而致实，博而党正，是士君子之辩者也。文，谓辩说之词也。致，
至也。党与谠同，谓直言也。凡辩则失于虚诈，博则失于流荡，故致实
党正为重也。○郝懿行曰："致""缴"，"党""谠"，并古今字。谠言即昌

言,谓善言也。此明士君子之辩,文而致密坚实,博而昌明雅正,斯辩之
善者也。 王念孙曰:致,读为质。(襄三十年左传"用两珪质于河",释
文:"质,如字,又音致。"昭十六年"与蛮子之无质也",释文:"质,之实
反,或音致。"淮南要略"约重致,剖信符","重致"即"重质"。质、致古
同声,故字亦相通,说见唐韵正。)质,信也。(见昭十六年、二十年左传
注,鲁语、晋语注。)谓信实也。"致实"与"党正"对文。(杨注:"党与谠
同,谓直言也。")杨注失之。**听其言则辞辩而无统**,无根本也。**用其
身则多诈而无功,上不足以顺明王,下不足以和齐百姓,然而口舌
之均,嚕唯则节**,盖谓骋其口舌之辩也。"嚕唯则节"四字未详,或剩少

错误耳。○卢文弨曰:正文"均",宋本作"于"。 郝懿行曰:"均",当依
宋本作"于"。嚕唯,犹唯诺也。节,谓节制之也。凡与人言,然诺不欺,
此盖游侠之流,盗名于世,故曰"奸人之雄,圣王起,所以先诛也"。 俞
樾曰:之,犹则也。僖九年左传曰:"东略之不知,西则否矣。"晋语曰:
"华则荣矣,实之不知。"之,亦则也,互文耳,说本王氏释词。"口舌之
均,嚕唯则节",相对成文。诗皇皇者华篇毛传曰:"均,调也。"言虽上不
足以顺明主,下不足以和齐百姓,然而口舌则调均,嚕唯则中节,故下文
云"足以为奇伟偃却之属"也。"嚕"字,疑"诺"字之误。凡从言之字,
亦得从口,如"咏"之为"咏","读"之为"嘖"是也。俗书"诺"字,或作
"喏",因误为"嚕"矣。 先谦案:说文:"詹,多言也。"庄子齐物论"小
言詹詹",释文引李颐注:"詹詹,小辩之貌。"俗加"言"作"谵"。众经音
义十二引埤苍云:"谵,多言也。"从言之字或从口,故"谵"又为"嚕"矣。

嚕唯则节者,或辩或唯,皆中其节也,义自分明,不烦改字。郝说尤非。
足以为奇伟偃却之属,奇伟,夸大也。偃却,犹偃仰,即偃蹇也。言奸
雄口辩,适足以自夸大偃蹇而已。**夫是之谓奸人之雄,圣王起,所以
先诛也。然后盗贼次之。**盗贼得变,此不得变也。变,谓教之使自
新也。

非十二子篇第六

〇卢文弨曰：韩诗外传止十子，无子思、孟子，此乃并非之，疑出韩非、李斯所附益。

假今之世，假如今之世也。或曰：假，借也。今之世，谓战国昏乱之世。治世则奸言无所容，故十二子借乱世以惑众也。〇王念孙曰：强国篇云"假今之世，益地不如益信之务也"，则前说为是。**饰邪说，交奸言，以枭乱天下，**枭与浇同。〇卢文弨曰："枭"，宋本作"澆"，注："澆与佻同。"案"澆"字无考，"佻"亦"浇"之讹。元刻作"鸮"，亦未是。庄子缮性篇"澆醇散朴"，释文云："澆，本亦作浇。"当从之。**乔宇嵬琐，**乔与谯同，诡诈也，又余律反。宇未详。或曰：宇，大也，放荡恢大也。嵬，谓为狂险之行者也。琐者，谓为奸细之行者也。说文云："嵬，高不平也。"今此言嵬者，其行狂险，亦犹山之高不平也。周礼大司乐云"大傀裁则去乐"，郑云："傀，犹怪也。"晏子春秋曰："不以上为本，不以民为忧，内不恤其家，外不顾其游，夸言傀行，自勤于饥寒，命之曰狂辟之民，明王之所禁也。"嵬，当与傀义同，音五每反，又牛彼反。〇郝懿行曰：乔，满溢也。宇，张大也。嵬者，崔嵬，高不平也。琐者，细碎声也。此谓饰邪说，文奸言，以欺惑人者。乔宇，所谓大言炎炎也。嵬琐，所谓小言詹詹也。此皆谓言矣，注以行说，失之。嵬琐，又见儒效、正论篇。　王念孙曰：元刻无"欺惑愚众"

四字,(宋龚本同。)元刻是也。宋本有此四字者,依韩诗外传加之也。杨注但释"乔宇嵬琐"而不释"欺惑愚众",至下文"足以欺惑愚众",始释之云"足以欺惑愚人众人",则此处本无"欺惑愚众"四字明矣。外传有此四字者,"欺惑愚众"下文凡五见,而外传皆无之,故得移置于此处。若据外传增入,则既与下文重复,又与杨注不合矣。 俞樾曰:杨读乔为谯,是矣,训宇为大,则与谯谊不伦。宇,当读为訏。说文言部:"訏,诡讹也。"然则乔宇犹言谯诡矣。 先谦案:乔宇,俞说是。嵬琐,犹委琐也,嵬、委声近,故相通借。史记司马相如传"摧娄崒崎","摧娄"即"崔嵬"异文。嵬之为娄,犹嵬之为委矣。相如传"委琐握齪",索隐引孔文祥云:"委,曲也。"委训曲,则嵬亦训曲。正论篇云"夫是之谓嵬说",嵬说,犹曲说也。下文云"吾语女学者之嵬容",又云"是学者之嵬也",谓其容如彼,即是学者之嵬,犹史记言"曲儒"也。(见赵世家。)正论篇又云:"尧、舜者,天下之英也;朱、象者,天下之嵬、一时之琐也。""英"与"嵬""琐"对文。英为俊选之尤,则嵬琐为委曲琐细之尤,言小人极不足道者也。谢本从卢校,此句上有"欺惑愚众"四字。今案:王说是,从元刻删。**使天下混然不知是非治乱之所存者有人矣。**混然,无分别之貌。存,在也。**纵情性,安恣睢,禽兽行,**恣睢,矜放之貌。言任情性所为而不知礼义,则与禽兽无异,故曰"禽兽行"。睢,许季反。○谢本从卢校作"禽兽之行"。 卢文弨曰:元刻作"香萃反"。 王念孙曰:旦、钱本皆无"之"字,是也。据杨注云"与禽兽无异,故曰禽兽行",则无"之"字明矣。性恶篇云"禽兽行,虎狼贪",司马法云"外内禽兽行",句法并与此同。 先谦案:王说是,今从旦、钱本删"之"字。**不足以合文通治;**不足合于古之文义,通于治道。**然而其持之有故,其言之成理,足以欺惑愚众,**妄称古之人亦有如此者,故曰"持之有故"。又其言论能成文理,故曰"言之成理,足以欺惑愚人众人"矣。○郝懿行曰:故者,咠于故实之故,谓其持论之有本也,成理,谓其言能成条理也,故皆足以欺惑愚众。**是它嚣、魏牟也。**它嚣,未详何代人。世本楚平王孙有田公它成,岂同族乎?韩诗外传作"范魏牟"。牟,魏公子,封于中山。汉书艺文志道家有公子牟四篇。班固曰:"先庄子,庄子称之。"今庄子有公子牟称庄子之言以折公孙龙,据即与庄子同时也。又,列子称公子牟解公孙龙之言。公孙龙,平原君之客,而张湛以为文侯子,据年代,非也。说苑曰:"公子牟东行,穰侯送之。"未知何者为定也。**忍情性,綦谿利跂,**忍,谓违矫其性也。綦谿未详,盖与跂义同也。利与离同。离跂,违俗自絜之貌,谓离于物而跂足也。庄子曰:"杨、墨乃始离跂,自以为得。"离,力智反。跂,丘氏反。〇郝懿行曰:此谓矫异于人以为高者。綦谿者过于深阶,利跂者便于走趋。谿读为鸡,跂音为企,四字双声叠韵。 先谦案:荀子多以"綦"为"极"。谿之为言,深也。老子"为天下谿",河上公注云:"人能谦下如深谿。"是谿有深义,綦谿犹言极深耳。利与离同,杨说是也。离世独立,故曰"离跂"。"跂""企"同字。广雅释诂"企,立也",曹宪注:"企,即古文企字。"**苟以分异人为高,**苟求分异,不同于人,以为高行也。**不足以合大众,明大分;**即求分异,则不足合大众;苟立小节,故不足明大分。大分,谓忠孝之大义也。**然而其持之有故,其言之成理,足以欺惑愚众,是陈仲、史鳅也。**已解上。〇卢文弨曰:解见不苟篇。彼作"田仲",田与陈通。**不知壹天下、建国家之权称,**不知齐一天下、建立国家之权称,言不知轻重。称,尺证反。**上功用、大俭约而僈差等,**功用,功力也。大,读曰太。言以功力为上而过俭约也。僈,轻也。轻僈差等,谓欲使君臣上下同劳苦也。〇王念孙曰:上与尚同。大亦尚也。谓尊尚俭约也。表记"君子不自大其事,不自尚其功",亦以"大"与"尚"并言之。性恶篇"大齐信而轻货财",隐三年公羊传"故君子大居正",并与此"大"字同义。杨读大为太,而以为过俭约,失之。僈,读为曼。广雅曰:"曼,无也。"法言寡见篇"曼是为也",五百篇"行有之也,病曼之也",皆谓无为曼。文选四子讲德论"空柯无刃,公输不能以斫,但悬曼缯,蒲苴不能以射",曼亦无也。(李善注训曼为长,失之。)曼差等,即无差等,作"僈"者,借字耳。富国篇曰"墨子将上功劳苦,与百姓均事业,齐功劳",正所谓无差等也。故下文云"曾不足以容辨异,县君臣"。杨以僈为轻慢,亦失之。**曾不足以容辨异、县君臣**;上下同等,则其中不容分别而县隔君臣也。○先谦案:富国篇云"群众未县,则君臣未立也,无君以制臣,无上以制下",即县君臣之义。**然而其持之有故,其言之成理,足以欺惑愚众,是墨翟、宋钘也。**宋钘,宋人,与孟子、尹文子、彭蒙、慎到同时。孟子作"宋轻"。轻与钘同,音口茎反。**尚法而无法,下修而好作**,尚,上也。言所著书虽以法为上而自无法,以修立为下而好作为。言自相矛盾也。○王念孙曰:"下修而好作",义不可通。"下修"当为"不循",谓不循旧法也。墨子非儒篇道儒者之言曰:"君子循而不作。"此则反乎君子之所为,故曰"不循而好作"也。"不"与"下","循"与"修",字相似而误。(隶书"循""修"二字相乱,说见管子形势篇。)杨注云"以修立为下而好作为",失之。**上则取听于上,下则取从于俗**,言苟顺上下意也。○王念孙曰:取听取从,言能使上下皆听从之耳。杨云"言苟顺上下意",失之。**终日言成文典,反纟察之,则偶然无所归宿**,纟与循同。偶然,疏远貌。宿,止也。虽言成文典,若反覆纟察,则疏远无所指归也。○谢本从卢校作"及纟察之"。　卢文弨曰:注"反覆"二字,宋本无。　王引之曰:元刻"及"作"反",是也。反,复也。谓复纟察之也。杨注云"虽言成文典,若反复纟察,则疏远无所归",则"及"为"反"之误明矣。荣辱篇"反铅察之",其字正作"反"。纟、铅古声相近,故字亦相通。礼论篇"则必反铅",三年问"铅"作"巡",祭义"终始相巡",注"巡,读如沿汉之沿",皆其例矣。　先谦案:王说是。今依<u>元</u>刻作"反"。**不可以经国定分**；取听于上，取从于俗，故法度不立也。**然而其持之有故，其言之成理，足以欺惑愚众，是慎到、田骈也。**<u>田骈</u>，<u>齐</u>人，游<u>稷下</u>，著书十五篇。其学本<u>黄</u>、<u>老</u>，大归名法。<u>慎到</u>，已解上。**不法先王，不是礼义**，不以礼义为是。**而好治怪说，玩琦辞**，玩与翫同。琦，读为奇异之奇。**甚察而不惠**，惠，顺。○<u>王念孙</u>曰："惠"当为"急"，字之误也。甚察而不急，谓其言虽甚察而不急于用，故下句云"辩而无用"也。下文"无用而辩，不急而察"，"急"字亦误作"惠"。<u>天论篇</u>云"无用之辩，不急之察"，<u>性恶篇</u>云"杂能旁魄而无用，析速粹孰而不急"，皆其明证也。<u>杨</u>训惠为顺，失之。**辩而无用，多事而寡功，不可以为治纲纪；然而其持之有故，其言之成理，足以欺惑愚众，是惠施、邓析也。略法先王而不知其统**，言其大略虽法先王，而不知体统。统，谓纪纲也。**犹然而材剧志大，闻见杂博。**犹然，舒迟貌。<u>礼记</u>曰："君子盖犹犹尔。"剧，繁多也。○<u>卢文弨</u>曰：宋本正文作"然而犹材剧志大"，无注。　<u>郝懿行</u>曰："犹然而"，当依宋本作"然而犹"，此误本也。**案往旧造说，谓之五行**，案前古之事而自造其说，谓之五行。五行，五常，仁义礼智信是也。**甚僻违而无类，幽隐而无说，闭约而无解**。约，结也。解，说也。僻违无类，谓乖僻违戾而不知善类也。幽隐无说，闭约无解，谓其言幽隐闭结而不能自解说，谓但言<u>尧</u>、<u>舜</u>之道而不知其兴作方略也。<u>荀卿</u>常言法后王，治当世，而<u>孟轲</u>、<u>子思</u>以为必行<u>尧</u>、<u>舜</u>、<u>文</u>、<u>武</u>之道，然后为治，不知随时设教，救当世之弊，故言僻违无类。<u>孟子</u>曰："<u>管仲</u>、<u>曾西</u>之所不为。"解，佳买反。○<u>王念孙</u>曰：<u>杨</u>说非也。僻、违，皆邪也。（说见<u>修身篇</u>。）类者，法也。言邪僻而无法也。<u>方言</u>："类，法也，（<u>广雅</u>同。）<u>齐</u>曰类。"<u>楚辞九章</u>"吾将以为类兮"，<u>王</u>注与<u>方言</u>同。<u>太玄毅</u>："次七，觟羊之毅，鸣不类。测曰：觟羊之毅，言不法也。"是古谓法为类。<u>儒效篇</u>"其言有类，其行有礼"，谓言有法也。（<u>杨</u>注"类，善也，谓比类于善",失之。)王制篇"饰动以礼义,听断以类",谓听断以法也。(杨注"所听断之事皆得其善类",失之。)富国篇"诛赏而不类",谓诛赏不法也。(杨注"不以其类",失之。)类之言律也,律亦法也,故乐记"律小大之称",史记乐书"律"作"类"。王制篇曰:"其有法者以法行,无法者以类举。"盖"法"与"类"对文则异、散文则通矣。**案饰其辞而祗敬之曰:此真先君子之言也。**言自敬其辞说。先君子,孔子也。**子思唱之,孟轲和之,**子思,孔子之孙,名伋,字子思;孟轲,邹人,字子舆:皆著书七篇。**世俗之沟犹瞀儒,嚾嚾然不知其所非也,**沟,读为佝。佝,愚也。犹,犹豫也,不定之貌。瞀,暗也。汉书五行志作"区瞀",与此义同。嚾嚾,喧嚣之貌,谓争辩也。佝音寇。犹音柚。〇卢文弨曰:注"佝",旧讹作"拘"。案佝愁,愚貌。楚辞九辩"直佝愁以自苦",五行志又作"傋瞀",与此书儒效篇同。许慎作"𣤶瞀",又作"娄务",皆一物也。今改正。"沟犹瞀儒",合四字为叠韵。

郝懿行曰:儒效篇云"愚陋沟瞀",注云"沟音寇",是也。"沟犹瞀儒"四字叠韵,其义则皆谓愚蒙也。汉五行志作"傋霿",(杨注引作"区瞀"。)楚辞九辩作"佝愁",说文作"𣤶瞀",广韵既作"佝愁",又作"𣤶瞀",又作"瞀瞀",并上音寇,下音茂。此等皆以声为义,不以字为义也。嚾者,呼也。玉篇、广韵音涣,义与唤同。集韵或作"讙",音欢,则其义当为讙哗矣。　先谦案:沟犹瞀儒者,沟瞀儒也。沟瞀训愚暗,中不当有"犹"字。沟犹叠韵,语助耳。儒效篇"愚陋沟瞀",无"犹"字,是其明证。杨释犹为犹豫,非也。**遂受而传之,以为仲尼、子游为兹厚于后世,**仲尼、子游为此言,垂德厚于后世也。〇郝懿行曰:兹者,益也,多也,与滋义同。　俞樾曰:杨注"仲尼、子游为此言,垂德厚于后世",则"为兹厚"三字于文未足,殆非也。厚,犹重也。战国策秦策曰"其于敝邑之王甚厚",注曰:"厚,重也。"为兹厚于后世者,兹即指子思、孟子而言。盖荀子之意,谓仲尼、子游之道不待子思、

94

孟子而重，而世俗不知，以为仲尼、子游因此而后得重于后世，故曰"是则子思、孟轲之罪也"。　郭嵩焘曰：荀子屡言仲尼、子弓，不及子游。本篇后云"子游氏之贱儒"，与子张、子夏同讥，则此"子游"必"子弓"之误。**是则子思、孟轲之罪也。若夫总方略，齐言行，壹统类，而群天下之英杰而告之以大古，教之以至顺，**总，领也。统，谓纲纪。类，谓比类。大谓之统，分别谓之类。群，会合也。大，读曰太。**奥窔之间，簟席之上，敛然圣王之文章具焉，佛然平世之俗起焉，**西南隅谓之奥，东南隅谓之窔。言不出室堂之内也。敛然，聚集之貌。佛，读为勃。勃然，兴起貌。窔，一吊反。〇王引之曰：古无以"敛然"二字连文者，"敛"当为"歙"，字之误也。歙然者，聚集之貌。言圣王之文章歙然皆聚于此也。汉书韩延寿传曰："郡中歙然，莫不传相敕厉。"匡衡传曰："学士歙然归仁。"字亦作"翕"。史记自序曰"天下翕然，大安殷富"，义并同也。杨注亦当作"歙然，聚集之貌"，今随正文而误。**六说者不能入也，十二子者不能亲也，**〇谢本从卢校"六"上有"则"字。　王念孙曰：元刻无"则"字，（宋龚本同。）是也。上文"若夫"二字，总领下文十九句，而结之曰"是圣人之不得埶者也"。此二十句皆一气贯注，若第十一句上加一"则"字，则隔断上下语脉矣。韩诗外传无"则"字。（下文"六说者立息，十二子者迁化"，"六说"上亦无"则"字。）　先谦案：王说是。今从元刻删"则"字。**无置锥之地而王公不能与之争名，在一大夫之位则一君不能独畜，一国不能独容，**言王者之佐，虽在下位，非诸侯所能畜，一国所能容。或曰：时君不知其贤，无一君一国能畜者，故仲尼所至轻去也。**成名况乎诸侯，莫不愿以为臣，**况，比也。言其所成之名，比况于人，莫与为偶，故诸侯莫不愿得以为臣。或曰：既成名之后，则王者之辅佐也，况诸侯莫不愿得以为臣乎？未知其贤，则无国能容也。或曰：况，犹益也。国语："骊姬曰：'众况厚之。'"〇卢文弨曰："成名"

句,即上文"王公不能与之争名"。注冗而未当。　郝懿行曰:"况",古作"兄",其训滋也、益也、长(读上声。)也。此言圣人之名有所埤益增长于诸侯,故莫不愿得以为臣也。儒效篇亦有此言。杨注不得其解。　王引之曰:"成名况乎"下有脱文,不可考,杨注非。儒效篇"愿"下有"得"字。彼文因此而衍,则此文当有"得"字也。(宋龚本有。)非相篇"妇人莫不愿得以为夫,处女莫不愿得以为士",文义正与此同。据杨注亦当有"得"字。　俞樾曰:杨注读"诸侯莫不愿以为臣"作一句,则"成名况乎"四字文不成义,又载或说以"况乎"属下句,则"成名"二字更不成义,皆非也。此当以"成名况乎诸侯"为句,成与盛通。周易系辞传"成象之谓乾",蜀才本"成"作"盛"。史记封禅书曰"主祠成山",汉书郊祀志"成"作"盛"。然则成名犹盛名也。况者,赐也。言以盛名为诸侯赐也。大贤所至,莫不以为荣幸,若受其赐然。汉书灌夫传"将军乃肯幸临,况魏其侯",即此"况"字之义。**是圣人之不得埶者也,仲尼、子弓是也。一天下,财万物,**财与裁同。○王念孙曰:财,如泰象传"财成天地之道"之"财",财亦成也。(说见经义述闻。)"财万物"与"长养人民,兼利天下"连文,是"财万物"即"成万物",系辞传曰"曲成万物而不遗"是也。儒效篇曰"通乎财万物、养百姓之经纪",王制篇曰"等赋政事,财万物,所以养万民也",(杨云"裁制万物",失之。)又曰"序四时,裁万物,(裁与财同。)兼利天下",富国篇曰"财万物,养万民",义并与此同。**长养人民,兼利天下,通达之属,莫不从服,**通达之属,谓舟车所至、人力所通者也。**六说者立息,十二子者迁化,**迁而从化。**则圣人之得埶者,舜、禹是也。今夫仁人也,将何务哉?上则法舜、禹之制,下则法仲尼、子弓之义,以务息十二子之说,如是则天下之害除、仁人之事毕、圣王之迹著矣。**○卢文弨曰:"著",宋本从竹作"箸",下并同。

信信，信也；疑疑，亦信也。信可信者，疑可疑者，意虽不同，皆归于信也。贵贤，仁也；贱不肖，亦仁也。言而当，知也；默而当，亦知也。故知默犹知言也。论语曰："知之为知之，不知为不知，是知也。"当，丁浪反。故多言而类，圣人也；少言而法，君子也；言虽多而不流湎，皆类于礼义，是圣人制作者也。少言而法，谓不敢自造言说，所言皆守典法也。多少无法而流湎然，虽辩，小人也。湎，沉也。流者不复返，沉者不复出也。○卢文弨曰：此数语又见大略篇。彼作"多言无法"，此"少"字似讹。 王念孙曰：而与如同。 先谦案：流湎犹沉湎，说见劝学篇。故劳力而不当民务谓之奸事，民务，四民之务。劳知而不律先王谓之奸心，律，法。辩说譬谕、齐给便利而不顺礼义谓之奸说。齐，疾也。给，急也。便利，亦谓言辞敏捷也。此三奸者，圣王之所禁也。知而险，贼而神，用智于险，又贼害不测如神也。○郝懿行曰：小人虽有才智而其心险如山川，贼害于物而其机变若鬼神，如曹孟德、司马仲达之类。杨注未了。 王念孙曰："知而险"与"贼而神"对文，则知非美称。知者，巧也，（淮南览冥篇注："智故，巧诈也。"庄子胠箧篇"知诈渐毒"，淮南原道篇"偶睒智故，曲巧伪诈"，并与此"知"字同义。）故下句即云"为诈而巧"，言既智巧而又险巇也。为诈而巧，巧于为诈。○俞樾曰：为与伪通，"为诈"即"伪诈"也。管子兵法篇"不可数则伪诈不敢向"，幼官篇作"为诈不敢乡"，正与此同。杨注非是。言无用而辩，言辩而无用也。辩不惠而察，惠，顺也。辞辩不顺，道理不聪察也。○王念孙曰：此本作"无用而辩，不急而察"。辩者智也，慧也，（广雅："辩，慧也。""慧"通作"惠"。晋语曰："巧文辩惠则贤。"逸周书宝典篇曰："辩惠千智。"商子说民篇曰："辩慧，乱之赞也。""辩"通作"辨"。大戴记文王官人篇曰："不学而性辩。"荀子性恶篇曰："性质美而心辩知。"东周策曰："两周辩知之士。"是辩与智慧同义。）非"辩论"之"辩"。下文"言辩而逆”，乃及言论耳。无用而辩，即辩而无用，非谓言无用而辩也。（今本“言”字涉下文“言辩”而衍。）不急而察，即察而不急，非谓辩不惠而察也。（今本“辩”字涉上句而衍。）上文云“甚察而不急，（今本“急”字亦误作“惠”。辩，见前“甚察而不惠”下。）辩而无用”，是其明证矣。杨说皆失之。**治之大殃也。行辟而坚**，辟，读为僻。**饰非而好**，好饰非也。〇王念孙曰：饰非而好，言其饰之工也。“好”字，当读上声，不当读去声。杨说非。**玩奸而泽**，玩与翫同。习奸而使有润泽也。**言辩而逆，古之大禁也**。逆者，乖于常理。**知而无法**，骋其异见也。知，如字。**勇而无惮**，轻死。**察辩而操僻淫**，为察察之辩，而操持僻淫之事。操，七刀反。〇王念孙曰：“察辩”二字平列。（“辩”字义见上。）言能察能辩，而所操皆僻淫之术也。劝学篇曰：“不隆礼，虽察辩，散儒也。”不苟篇曰：“君子辩而不争，察而不激。”荀子书皆以“察”“辩”对文，不可枚举。**大而用之**，以前数事为大而用之也。〇俞樾曰：杨注读“察辩而操僻淫”为句，误也，当以“察辩而操僻”五字为句。大略篇亦云“察辩而操僻”，是其证。大，读为汰，“淫汰”连文。仲尼篇曰“若是其险污淫汰也”，是其证。之者，“乏”之坏字。襄十四年左传曰“匮神乏祀”，释文曰：“本或作‘之祀’。”盖“之”“乏”形似，故易误耳。“淫汰而用乏”，与“察辩而操僻”相对成文。此文自“知而无法，勇而无惮”至“利足而迷，负石而队”，凡七句，语皆一律，而总之曰“是天下之所弃也”。杨以“大而用之”四字为句，而释之曰“以前数事为大而用之”，则上下文气隔矣。**好奸而与众**，好奸而与众人共之，谓使人同之也。**利足而迷**，苟求利足而迷惑不顾祸患也。**负石而坠**，谓申徒狄负石投河。言好名以至此也，亦利足而迷者之类也。〇郝懿行曰：利足而迷，所谓“捷径以窘步”也；负石而坠，所谓“力小而任重，高位实疾颠”也：二句皆譬况之词。　先谦案：郝说是。**是天下之所弃也**。

兼服天下之心：○先谦案：宋台州本分段，谢本它刻同。浙局本误连上，今正。**高上尊贵不以骄人，**在贵位不骄人。**聪明圣知不以穷人，**○卢文弨曰：元刻"知"作"智"。**齐给速通不争先人，**○王念孙曰："不争先人"，当依上下文作"不以先人"，今本"以"作"争"，涉下文"与人争"而误也。韩诗外传作"不以欺诬人"，说苑敬慎篇作"无以先人"，文虽不同，而"以"字则同。　　先谦案：群书治要作"争"，与本书合。**刚毅勇敢不以伤人；不知则问，不能则学，虽能必让，然后为德。**然后为圣贤之德也。**遇君则修臣下之义，遇乡则修长幼之义，**在乡党之中也。**遇长则修子弟之义，遇友则修礼节辞让之义，遇贱而少者则修告导宽容之义。无不爱也，无不敬也，无与人争也，恢然如天地之苞万物，如是则贤者贵之，不肖者亲之。如是而不服者，则可谓讹怪狡猾之人矣，**讹与妖同。**虽则子弟之中，刑及之而宜。**妖怪狡猾之人，虽在家人子弟之中，亦宜刑戮及之，况公法乎。**诗云："匪上帝不时，殷不用旧。虽无老成人，尚有典刑。曾是莫听，大命以倾。"此之谓也。**诗，大雅荡之篇。郑云："老成人，伊尹、伊陟、臣扈之属也。典刑，常事、故法也。"

古之所谓士仕者，厚敦者也，合群者也，士仕，谓士之入仕。合，谓和合群众也。○王念孙曰："士仕"当为"仕士"，与下"处士"对文。今本"仕士"二字倒转，（下文同。）杨曲为之说，非。**乐富贵者也，**乐其道也。○俞樾曰：乐富贵，岂得为乐其道？正文"乐"字，疑涉注文而误。下云"羞独富者也"，以独富为羞，必不以富贵为乐。今虽不知为何字之误，大要是不慕富贵之意，故注以乐道说之也。　　先谦案："富"字当是"可"字之误。正文言"乐可贵者也"，故注以"乐其道"释之，惟道为可贵也。下文"君子能为可贵"，注云"可贵，谓道德也"，可互证。**乐分施者也，**施，或所宜反。○先谦案：君道篇云"以礼分施，均遍而不偏"，均遍不偏，即分施之义。**远罪过者也，**远，于愿反。**务事理者也**，务使事有条理。**羞独富者也**。使家给人足也。**今之所谓士仕者，污漫者也，贼乱者也**，污漫，已解在荣辱篇。**恣睢者也**，恣睢，已解于上。**贪利者也，触抵者也**，恃权埶而忤人。〇王念孙曰：触抵，谓触罪过也。此对上文“远罪过”而言。杨云“恃权埶而忤人”，失之。**无礼义而唯权埶之嗜者也。古之所谓处士者，德盛者也，能静者也**，处士，不仕者也。易曰：“或出或处。”能静，谓安时处顺也。**修正者也，知命者也，著是者也**。明著其时是之事，不使人疑其奸诈也。〇刘台拱曰：“著是”，疑当作“著定”，与上文“盛”“静”等字为韵。言有定守，不流移也。**今之所谓处士者，无能而云能者也**，云能，自言其能也。慎子曰：“劲而害能，则乱也；云能而害无能，则乱也。”盖战国时以“言能”为“云能”，当时之语也。**无知而云知者也，利心无足而佯无欲者也**，好利不知足而诈为无欲者也。**行伪险秽而强高言谨悫者也，以不俗为俗**，以不合俗人自为其俗也。**离纵而跂訾者也**。訾，读为恣。离纵，谓离于俗而放纵；跂恣，谓跂足违俗而恣其志意，皆违俗自高之貌。或曰：“纵”当为“緀”，传写误耳。緀与緬同，步也。离緀，谓离于俗而步去；跂訾，亦谓跂足自高而訾毁于人。离，力智反。跂，丘氏反。緀，所绮反。〇郝懿行曰：纵与踪同，本作“䢅”，谓车迹也。俗作“踪”，假借作“纵”耳。离纵者，谓离其寻常踪迹而令人敬异也。举足望曰跂。訾训思也、量也。跂訾者，谓跂望有所思量而示人意远也。此皆绝俗离群、矫为名高之事，故曰“士君子所不能为”也。　王念孙曰：杨有前后二说。前说读訾为恣，以离纵为离于俗而放纵，跂訾为跂足违俗而恣其志意，皆非也。后说谓“纵”为“緀”之误，是也。庄子在宥篇“儒、墨乃始离跂攘臂乎桎梏之间”，“离跂”叠韵字。荀子云“离緀而跂訾”，“离緀”“跂訾”亦叠韵字。大抵皆自异于众之意也。杨训緀为步，而以离緀为离于俗而步去，跂訾为跂足自高而訾毁于人，亦非。凡叠韵之字，其意即存乎声，求诸其声则得，求诸其文则惑矣。

士君子之所能不能为：○谢本从卢校作"士君子之所不能为"，划属上段。　卢文弨曰：宋本"之所"下衍一"能"字，今从元刻删。或疑此句因下文首句而误衍。　王念孙曰：吕、钱本并作"士君子之所能不能为"，世德堂本同。案此文本作"士君子之所能为不能为"，乃总冒下文之词。下文"君子能为可贵，不能使人必贵己"六句，皆承此文而言。宋本脱上"为"字，元刻又脱上"能"字。卢既依元刻删"能"字，又不知此句为冒下之词，而以为承上之词，遂划出此句为上段之末句，误矣。又疑此句因下文而衍，则误之又误也。　先谦案：宋台州本此句连上。台州本即祖吕本，是分段之误不自卢始也。然王说自是，今分属下段。**君子能为可贵，不能使人必贵己；**可贵，谓道德也。**能为可信，不能使人必信己；能为可用，不能使人必用己。**可用，谓才能也。**故君子耻不修，不耻见污；**见污，为人所污秽也。**耻不信，不耻不见信；耻不能，不耻不见用。是以不诱于誉，不恐于诽，**虚誉不能诱，毁谤不能动。**率道而行，端然正己，不为物倾侧，夫是之谓诚君子。**诚，实也，谓无虚伪也。**诗云："温温恭人，维德之基。"此之谓也。**已解在不苟篇。

士君子之容：其冠进，其衣逢，其容良，进，谓冠在前也。逢，大也，谓逢掖也。良，谓乐易也。○俞樾曰：杨注以冠在前为进，不词甚矣。进，读为峻，峻，高也。言其冠高也。下云"其衣逢"，注曰："逢，大也。"于冠言高，于衣言大，义正相类。进、峻音近，故得通用。礼记祭统篇"百官进彻之"，郑注曰："进，当为馂。"然则峻之为进，犹馂之为进矣。**俨然，壮然，祺然，蕼然，恢恢然，广广然，昭昭然，荡荡然，是父兄之容也。**俨然，矜庄之貌。壮然，不可犯之貌，或当为"庄"。祺然、蕼然，未详。或曰：祺，祥也，吉也，谓安泰不忧惧之貌。"蕼"，当为"肆"，谓宽舒之貌。恢恢、广广，皆容众之貌。昭昭，明显之貌。荡荡，恢夷之貌。**其冠进，其衣逢，其容悫，**谨敬。**俭然，恀然，辅然，端然，訾然，洞然，缀缀然，瞀瞀然，是子弟之容也。**俭然，自卑谦之貌。恀然，恃尊长之貌。尔雅曰："恀，恃也。"郭云："江东呼母为恀，音纸。"辅然，相亲附之貌。端然，不倾倚之貌。訾然，未详。或曰：与孳同，柔弱之貌。洞然，恭敬之貌。礼记曰："洞洞乎其敬也。"缀缀然，不乖离之貌，谓相连缀也。瞀瞀然，不敢正视之貌。○俞樾曰：汉书叙传"婗婗公主"，师古曰："婗婗，好貌。""恀"即"婗"之假字。严威俨恪，成人之道，非所以事亲，故子弟之容必婗婗然好也。杨注失之迂曲。**吾语汝学者之嵬容：**说学者为嵬行之形状。嵬，已解于上。○卢文弨曰：元刻正文无"容"字，今从宋本增。

郝懿行曰：上"嵬琐"注"嵬与傀义同"，引大司乐郑注："傀，犹怪也。"然则嵬容者，怪异之容，故其下遂以重文叠句写貌之。　先谦案：学者之嵬容，犹言学者之嵬之容耳。"嵬容"二字不连，下文言"是学者之嵬也"，即其明证。杨注"说学者为嵬行之形状"，亦不以"嵬容"连文。郝说误。**其冠绝，其缨禁缓，其容简连；**"绝"，当为"俛"，谓太向前而低俯也。缨，冠之系也。禁缓，未详。或曰：读为紟，紟，带也。言其缨大如带而缓也。简连，傲慢不前之貌。紟，其禁反。连，读如"往蹇来连"之连。**填填然，狄狄然，莫莫然，瞡瞡然，瞿瞿然，尽尽然，盱盱然，**填填然，满足之貌。狄，读为趯，跳跃之貌。莫，读为貊，貊，静也，不吉之貌。或动而跳跃，或静而不言，皆谓举止无恒也。瞡瞡，未详。或曰：瞡与规同，规规，小见之貌。瞿瞿，瞪视之貌。尽尽，极视尽物之貌。盱盱，张目之貌。皆谓视瞻不平，或大察也。盱，许于反。○郝懿行曰：狄与逖同，远也。填填者，盈满之容。狄狄者，疏散之容也。莫者，大也。瞡疑与婴同，婴（羌棰切。）者，细也。方言："细而有容谓之婴。"然则莫莫者，矜大之容；瞡瞡者，鄙细之容；瞿瞿者，左右顾望之容；尽尽者，闭藏消沮之容；盱盱者，张目直视之容也。凡此皆以相反相俪为义。 俞樾曰:尽尽,犹津津也。庄子庚桑楚篇曰:"津津乎犹有恶也。"此作"尽尽"者,声近,故假用耳。周官大司徒职曰"其民黑而津",释文云:"津,本作泯。"然则津津之为尽尽,犹津之为泯矣。**酒食声色之中则瞒瞒然,瞑瞑然**;瞒瞒,闭目之貌。瞑瞑,视不审之貌。谓好悦之甚,佯若不视也。瞒,莫干反。瞑,母丁反。**礼节之中则疾疾然,訾訾然**;谓憎疾毁訾也。**劳苦事业之中则揜揜然,离离然,偷儒而罔,无廉耻而忍误詢:是学者之嵬也。**事业,谓作业也。揜揜,不勉强之貌。离离,不亲事之貌。陆法言云:"揜,心不力也,音吕。"偷儒,谓苟避事之劳苦也。罔,谓罔冒不畏人之言也。误詢,詈辱也。此一章,皆明视其状貌而辨善恶也。今之所解,或取声韵假借,或推传写错误,因随所见而通之也。○卢文弨曰:正文"误詢",元刻作"误訽"。案说文:"訽,胡礼切。"重文"詢",实一字也。洪兴祖楚辞补注九思篇"误訽"下引荀子作"误詢",正与宋本合;其引注"骂辱也",又与元刻同。案汉书贾谊传有"僇诟亡节"语,同此。彼僇音絜。元刻"骂辱也"下有"误音奚"三字,宋本无。 郝懿行曰:此言学者之嵬容也。瞒瞒瞑瞑,(与眠同。)谓耽于酒食声色、惛瞀迷乱之容也;疾疾訾訾,谓苦于礼节拘迫、畏惮愊𢜆之容也;揜揜离离,谓不耐烦苦劳顿、懒散疏脱之容也:皆以四字合为双声,状其丑态,为学者戒。偷儒,已见修身篇。误詢,杨注以为詈辱,是也。本或作"误訽",贾谊书所谓"僇诟亡节",亦其义也。**弟佗其冠,神襌其辞,**弟佗其冠,未详。"神襌",当为"冲淡",谓其言淡薄也。○卢文弨曰:"弟",本或作"帠",集韵音徒回反。庄子应帝王篇有"弟靡",此"弟佗"义当近之,与上所云"其冠绕"亦颇相似。俗间本俱作"第作"。 先谦案:虞、王本作"第作",与卢说合,浙局本妄改"作"为"非"。**禹行而舜趋,是子张氏之贱儒也。**但宗圣人之威仪而已矣。**正其衣冠,齐其颜色,嗛然而终日不言,是子夏氏**

之贱儒也。 嗛与慊同，快也，谓自得之貌。终日不言，谓务于沉默。史记乐毅与燕惠王书曰"先王以为嗛于志"也。○郝懿行曰：嗛，犹谦也，抑退之貌。杨注非。仲尼篇云"满则虑嗛"，注云"嗛，不足也"，与此"嗛"同。**偷儒惮事，无廉耻而耆饮食，必曰君子固不用力，是子游氏之贱儒也。** 偷儒，已解上。耆与嗜同。此皆言先儒性有所偏，愚者效而慕之，故有此敝也。○郝懿行曰：此三儒者，徒似子游、子夏、子张之貌而不似其真，正前篇所谓陋儒、腐儒者，故统谓之贱儒。言在三子之门为可贱，非贱三子也。**彼君子则不然。佚而不惰，劳而不僈，** 虽逸而不懈惰，虽劳而不弛慢。**宗原应变，曲得其宜，如是，然后圣人也。** 宗原，根本也。言根本及应变皆曲得其宜也。○先谦案：王制篇云"举措应变而不穷，夫是之谓有原"，注云："原，本也。"宗原者，以本原为宗也。应万变而不离其宗，各得其宜，是谓圣人。注以宗原为根本，又云"根本应变皆得其宜"，失之。

仲尼篇第七

仲尼之门人，五尺之竖子言羞称乎五伯。○王念孙曰："仲尼之门人"，"人"字后人所加也。（下文同。）下文两言"曷足称乎大君子之门"，皆与此"门"字相应，则无"人"字明矣。春秋繁露对胶西王篇"仲尼之门，五尺之童子言羞称五伯，为其诈以成功，苟为而已也，故不足称于大君子之门"，（汉书董仲舒传同。）风俗通义穷通篇"孙卿小五伯，以为仲尼之门羞称其功"，语皆本于荀子而亦无"人"字。文选陈情事表注、解嘲注两引荀子，皆无"人"字。**是何也？曰：然。彼诚可羞称也。齐桓，五伯之盛者也，**言盛者犹如此，况其下乎。伯，读为霸。或曰：伯，长也，为诸侯之长。春秋传曰"王命内史叔兴父策命晋侯为侯伯"也。**前事则杀兄而争国；**兄，子纠也。**内行则姑姊妹之不嫁者七人，闺门之内，般乐奢汰，**般，亦乐也。汰，侈也，音太，下同。**以齐之分奉之而不足；**分，半也，用赋税之半也。公羊传曰："师丧分焉。"**外事则诈邾，袭莒，并国三十五。**诈邾，未闻。袭莒，谓桓公与管仲谋伐莒，未发，为东郭牙先知之是也。并国三十五，谓灭谭、灭遂、灭项之类，其余所未尽闻也。**其事行也若是其险污淫汰也，**事险而行污也。行，下孟反。**彼固曷足称乎大君子之门哉！**○王念孙曰：旦、钱本"险污淫汰也"下有"如彼"二字，元刻无"如"字，以"彼"字属下读，元刻是也。下文云"彼固曷足称乎大君子之门哉”，正与此句相应，则“彼”字属下读明矣。旦、钱本“彼”上衍“如”字，则以“如彼”与“若是”对文，与杨注不合矣。（钱本及元刻“事行”作“行事”，亦与杨注不合。）先谦案：宋台州本亦有“如彼”二字，卢氏删之，谢本从卢校。今依王说，从元刻增“彼”字。**若是而不亡，乃霸，何也？曰：於乎！夫齐桓公有天下之大节焉，夫孰能亡之？**於乎，读为呜呼，叹美之声。大节，谓大节义也。**倓然见管仲之能足以托国也，是天下之大知也。**倓，安也，安然不疑也。大知，谓知人之大也。倓，地坎反。○俞樾曰：说文：“覝，暂见也。”“睒，暂视貌。”二字音义俱近，“倓”即其假字也。倓然，暂见之谓。暂见而即知其足以托国，是以谓之大知。杨注失之。**安忘其怒，出忘其雠，遂立以为仲父，是天下之大决也。**安，犹内也。出，犹外也。言内忘怂恚之怒，外忘射钩之雠。仲者，夷吾之字，父者，事之如父，故号为仲父。大决，谓断决之大也。○王念孙曰：安，语词。（荀子书通以“安”“案”二字为语词，说见释词“安”字下。）“忘其怒，忘其雠，遂立以为仲父”三句，文义甚明，则“忘其雠”上不当有“出”字，盖衍文也。杨注不得其解而为之词。**立以为仲父，而贵戚莫之敢妒也；**不敢妒其亲密。**与之高、国之位，而本朝之臣莫之敢恶也；**高子、国子，世为齐上卿，今以其位与之。本朝之臣，谓旧臣也。春秋传：“管仲曰：‘有天子之二守国、高在。’”**与之书社三百，而富人莫之敢距也。**书社，谓以社之户口书于版图。周礼：“二十五家为社。”距与拒同，敌也。言齐之富人莫有敢敌管仲者也。○卢文弨曰：案注所引周礼出说文，乃古周礼说也。“距”，古字；“拒”，俗字。论语石经残字：“其不可者距之。” 郝懿行曰：论语“夺伯氏骈邑三百，饭疏食，没齿无怨言”，朱子集注援此说之。**贵贱长少，秩秩焉莫不从桓公而贵敬之，是天下之大节也。**秩秩，顺序之貌。**诸侯有一节如是，则莫之能亡也；桓公兼此数节者而尽有之，夫又何可亡也？其霸也宜哉！非幸**

也，数也。其术数可霸，非为幸遇也。**然而仲尼之门人，五尺之竖子言羞称乎五伯，是何也？曰：然。彼非本政教也，**〇王引之曰：五伯亦有政教，不得言五伯非本政教，"本"当为"平"，字之误也。（隶书"本"字与"平"相似，故"平"误为"本"。）致士篇曰："刑政平而百姓归之。"孟子离娄篇曰："君子平其政。"昭二十年左传曰："是以政平而不干。"周南芣苢序笺曰："天下和，政教平。"五伯犹未能平其政教，故曰"非平政教也"。"平政教"三字，本篇一见，王制篇两见，王霸篇两见。其误为"本政教"者四，（杨注王霸篇曰："虽有政教，未尽修其本也。"此不得其解而为之说。）唯王制篇之一未误，今据以订正。**非致隆高也，**致，至极也。**非綦文理也，**非极有文章条理也。**非服人之心也。**非以义服之也。**乡方略，审劳佚，**乡，读为向，趋也。审劳佚，谓审知使人之劳佚也。**畜积修斗而能颠倒其敌者也。**畜积仓廪，修战斗之术，而能倾覆其敌也。〇王引之曰："修斗"二字，殊为不词，杨注加数字以解之，其失也迂矣。王霸篇作"乡方略，审劳佚，谨畜积，修战备"，疑此亦本作"谨畜积，修斗备"，而传写有脱文也。此篇及王霸篇自"乡方略"以下，皆以三字为句，以是明之。**诈心以胜矣。彼以让饰争，依乎仁而蹈利者也，**为让所以饰争，非真让也。行仁所以蹈利，非真仁也。**小人之杰也，彼固曷足称乎大君子之门哉！**前章言五霸救时，故褒美之，此章明王者之政，故言其失。孟子曰："五霸者，三王之罪人也。"**彼王者则不然。致贤而能以救不肖，致强而能以宽弱，战必能殆之而羞与之斗，**必以义服，不力服也。**委然成文以示之天下，**委然，俯就之貌。言俯就人，使成文理，以示天下。〇王引之曰：杨说迂回而不可通。窃谓委然，文貌也。委，读如"冠緌"之"緌"。儒效篇"緌緌兮其有文章也"，杨彼注云："緌，或为'葳蕤'之'蕤'。"蕤与緌同音。此云"委然成文"，即所谓"緌緌（音蕤。）有文章"也。礼记多以"緌"为"緌"，而说文"饥餧"字，经典多作

"馁",是从委从妥之字,古多相通。**而暴国安自化矣,有灾缪者然后诛之。**有灾怪缪戾者然后诛之,非颠倒其敌也。**故圣王之诛也,綦省矣。**省,少也,所景反。○先谦案:群书治要"綦"作"甚"。**文王诛四,**四,谓密也、阮也、共也、崇也。诗曰:"密人不恭,敢距大邦,侵阮徂共。"春秋传曰:"文王闻崇德乱而伐之,因垒而降。"史记亦说文王征伐,与此小异。诛者,讨伐杀戮之通名。**武王诛二,**史记云:"武王斩纣与妲己。"尸子曰:"武王亲射恶来之口,亲斫殷纣之颈,手污于血,不温而食。当此之时,犹猛兽者也。"○卢文弨曰:案"温"字有误,或是"盬"字。 俞樾曰:杨注所引,皆不足以为二。所谓"诛二"者,殆即孟子所称"诛纣伐奄"与?**周公卒业,**周公终王业,亦时有小征伐,谓三监、淮夷、商奄也。**至于成王则安以无诛矣。**言其化行刑措也。○王念孙曰:"安"下本无"以"字,此后人不知"安"为语词而误以为安定之安,故妄加"以"字耳。大略篇"至成、康则案无诛已",("案"亦语词。)"案"下无"以"字,是其明证。**故道岂不行矣哉!**以此言之,道岂不行,人自不行耳,故又以下事明〔一〕之。**文王载百里地而天下一,**所载之地不过百里而天下一,以有道也。○顾千里曰:"载"下当有"之"字。"载之""舍之"对文,二"之"字皆指道也。富国篇"以国载之",是其证。杨注"载"下已脱"之"字。**桀、纣舍之,厚于有天下之埶而不得以匹夫老。**桀、纣舍道,虽有天下厚重之埶,而不得如庶人寿终。**故善用之,则百里之国足以独立矣;不善用之,则楚六千里而为雠人役。**善用,谓善用道也。雠人,秦也。楚怀王死于秦,其子襄王又为秦所制而役使之也。**故人主不务得道而广有其埶,是其所以危也。**

　　持宠处位终身不厌之术:论人臣处位,可终身行之之术。**主尊**

〔一〕 "明",原本作"胡",形近而误,今改。

贵之，则恭敬而僔；僔与撙同，卑退也。**主信爱之，则谨慎而嗛**；嗛与歉同，不足也，言不敢自满也。春秋穀梁传曰："一谷不升谓之嗛。"○王引之曰：嗛与谦同。周易释文曰："谦，子夏作嗛。"故与"谨慎"连文。**主专任之，则拘守而详**；谨守职事，详明法度。**主安近之，则慎比而不邪**；谨慎亲比于上，而不回邪诡佞。○王引之曰："慎比"即"顺比"。（王制篇曰："天下莫不顺比从服。""顺""慎"古多通用，不烦引证。）言虽顺比于君而不谄谀也。杨分"慎比"为二义，失之。**主疏远之，则全一而不倍**；不以疏远而怀离贰之心。**主损绌之，则恐惧而不怨**。**贵而不为夸**，夸，奢侈也。**信而不处谦**，谦，读为嫌。得信于主，不处嫌疑间，使人疑其作威福也。○谢本依卢校"不"下有"忘"字。　卢文弨曰：各本无"忘"字，惟宋本有，作"不忘处谦下"解未尝不可通，但注读谦为嫌，云"不处嫌疑间"，则"忘"字衍，当去之。

王念孙曰：宋吕本如是，钱及各本俱无"忘"字。　先谦案："忘"字依注不当有，从各本删。**任重而不敢专，财利至则善而不及也，必将尽辞让之义然后受**，善而不及，而，如也，言己之善寡，如不合当此财利也。○谢本从卢校"善"上有"言"字。　王念孙曰：元刻无"言"字，是也。据杨注云"善而不及，而，如也"，则"善"上无"言"字明矣。注又云"言己之善寡，如不合当此财利也"，此"言"字乃申明正文之词，非正文所有也。宋本有"言"字，即涉注文而衍。　先谦案：王说是，今依元刻删。**福事至则和而理，祸事至则静而理**，理，谓不失其道。和而理，谓不充屈。静而理，谓不陨获也。**富则施广，贫则用节，可贵可贱也，可富可贫也，可杀而不可使为奸也**，君虽宠荣屈辱之，终不可使为奸也。**是持宠处位终身不厌之术也。虽在贫穷徒处之埶，亦取象于是矣，夫是之谓吉人**。徒处，徒行。或曰：独处也。虽贫贱，其所立志亦取法于此也。**诗曰："媚兹一人，应侯顺德。永言孝思，昭哉嗣服。"此之谓也**。诗，大雅下武之篇。一人，

谓君也。应,当。侯,维。服,事也。郑云:"媚,爱。兹,此也。可爱
乎武王,能当此顺德,谓能成其祖考之功也。""服,事也。明哉武王之
嗣,行祖考之事,谓伐纣定天下也。"引此者,明臣事君,亦犹武王之继
祖考也。

　　求善处大重,理任大事,大重,谓大位也。○俞樾曰:"理"字衍
文。"处大重,任大事"相对,皆蒙"善"字为义。杨注曰"大重,谓大位
也",不释"理"字之义,知杨氏作注时尚无"理"字也。"理"字,盖即
"重"字之误而衍者。**擅宠于万乘之国,必无后患之术**:○先谦案:
"求善处之术"二十二字为句,与下"必无后患之术也"相应,与前后
"持宠处位终身不厌之术"、"天下之行术"一律,杨失其读。**莫若好
同之**,好贤人与之同者也。**援贤博施,除怨而无妨害人**。除怨,不
念旧恶。○卢文弨曰:正文"人"字,元刻作"之"。**能耐任之,则慎
行此道也**。耐,忍也。慎,读为顺。言人有贤能者,虽不欲用,必忍而
用之,则顺己所行之道。耐,乃代反。○王念孙曰:"能耐任之","能
而不耐任",两"能"字皆衍文。"耐"即"能"字也。(礼运"故圣人耐
以天下为一家,以中国为一人者",郑注曰:"耐,古能字。传书世异,
古字时有存者,则亦有今误矣。"乐记"故人不耐无乐",郑注曰:"耐,
古书能字也。后世变之,此独存焉。"成七年穀梁传"非人之所能也",
释文:"能,亦作耐。"管子入国篇"聋、盲、喑哑、跛躄、偏枯、握递,不耐
自生者","耐"即"能"字。)耐任之则慎行此道者,言能任国家之大
事,(此承上"理任大事"而言。)则慎行此道也。今作"能耐任之"者,
后人记"能"字于"耐"字之旁,而传写者因误合之也。"而不耐任"云
云者,而读为如,言如不能任其事,则莫若推贤让能也。今作"能而不
耐任"者,传写者既"能""耐"并录,而"能"字又误在"而不"二字之上
也。杨氏不得其解,故曲为之词。**能而不耐任**,有能者不忍急用之。
且恐失宠,则莫若早同之,推贤让能而安随其后。如是,有宠则

必荣,失宠则必无罪,是事君者之宝而必无后患之术也。或曰:荀子非王道之书,其言驳杂,今此又言以术事君。曰:不然。夫荀卿生于衰世,意在济时,故或论王道,或论霸道,或论强国,在时君所择,同归于治者也。若高言尧、舜,则道必不合,何以拯斯民于涂炭乎? 故反经合义,曲成其道,若得行其志,治平之后,则亦尧、舜之道也。又荀卿门人多仕于大国,故戒以保身推贤之术,与大雅"既明且哲"岂云异哉! ○卢文弨曰:正文"也"字,元刻在"宝"字下。案推贤让能,人臣之正道也。以此为固宠之术,亦不善于持说矣。注曲为之解,非是。

故知者之举事也,满则虑嗛,嗛,不足也。当其盈满,则思其后不足之时而先防之。平则虑险,安则虑危,曲重其豫,犹恐及其祸,是以百举而不陷也。委曲重多而备豫之,犹恐其及祸。祸与祸同。孔子曰:"巧而好度必节,勇而好同必胜,知而好谦必贤。"此之谓也。巧者好作淫靡,故好法度者必得其节。勇者多陵物,故好与人同者必胜之也。○郭嵩焘曰:胜,当读为识蒸切。说文:"胜,任也。"言勇而好同,能尽人之力,则可以任天下之大事。愚者反是。处重擅权,则好专事而妬贤能,抑有功而挤有罪,志骄盈而轻旧怨,挤,推也,言重伤之也。轻旧怨,谓轻报旧怨。○王念孙曰:轻,谓轻忽也。以其处重擅权,(见上文。)故志骄盈而轻忽旧怨,以为莫如予何也。杨云"轻报旧怨",于"轻"下加"报"字,失之。以吝啬而不行施道乎上,为重招权于下以妨害人,虽欲无危,得乎哉! 施道,施惠之道。欲重其威福,故招权使归于己。是以位尊则必危,任重则必废,擅宠则必辱,可立而待也,可炊而竞也。炊与吹同。"竞",当为"僵"。言可以气吹之而僵仆。竞,音竟。○卢文弨曰:元刻作"音僵"。 郝懿行曰:洪氏颐煊以"竞"为"滰",引说文"滰浙而行"。郭庆藩曰:字书无"竞"字,竞当读为竟。说文:"乐曲尽为竟。"引申之,凡终尽之义皆谓之竟。炊而竟,犹言终食之间,谓时不久也。是何也？则堕之者众而持之者寡矣。堕，许规反。○先谦案：堕，毁也。持，扶助也。解蔽篇云"鲍叔、宁戚、隰朋能持管仲，召公、吕望能持周公"也。

天下之行术：可以行于天下之术。以事君则必通，以为仁则必圣，立隆而勿贰也。仁，谓仁人。圣，亦通也。以事君则必通达，以为仁则必有圣知之名者，在于所立敦厚而专一也。此谓可行天下之术也。○俞樾曰："仁"当作"人"。言以事君则必通达，以为人则必圣知也。杨注曰"仁，仁人"，失之矣。先谦案："以事君"二句上属为义，言行天下之术如此也。"立隆"句下属为义。隆，犹中也。立中道而无贰心，然后从而行之，是乃行术也。杨注似未晰。"仁""人"古通，俞说是。然后恭敬以先之，忠信以统之，慎谨以行之，端悫以守之，顿穷则从之疾力以申重之。以敦厚不贰为本，然后辅之以恭敬之属。顿，谓困踬也。疾力，勤力也。困厄之时，则尤加勤力而不敢怠惰。申重，犹再三也。君虽不知，无怨疾之心；功虽甚大，无伐德之色；省求，多功，爱敬不勌。如是，则常无不顺矣。省，少也。少所求，即多立功劳。省，所景反。以事君则必通，以为仁则必圣，夫是之谓天下之行术。少事长，贱事贵，不肖事贤，是天下之通义也。有人也，埶不在人上而羞为人下，是奸人之心也。志不免乎奸心，行不免乎奸道，而求有君子圣人之名，辟之是犹伏而咶天，救经而引其足也。辟，读为譬。咶与舐同。经，缢也。伏而舐天，愈益远也。救经而引其足，愈益急也。经音径。○俞樾曰："舐天"二字甚为无谊。人岂有能舐天者乎？以此为喻，近于戏矣。疑荀子原文作"眂天"，"眂"即古"视"字也。伏而视天，则不可见，故曰"说必不行"也。"眂"误为"舐"，传写者又改为"咶"耳。 先谦案：汉书云："汤梦咶天而王。"后汉和熹邓后纪："汤梦及天而咶之。""咶天"，古有是语，故荀子引以为譬，俞说非。强国篇亦有此二语。说必

112

不行矣，俞务而俞远。俞，读 为 愈。**故君子时诎则诎、时伸则伸也。**执 在 上 则 为 上，在 下 则 为 下，必 当 其 分，安 有 执 不 在 上 而 羞 为 下 之 心 哉！

荀子卷第四

儒效篇第八

效，功也。

大儒之效：**武王崩，成王幼，周公屏成王而及武王以属天下，恶天下之倍周也**。屏，蔽。及，继。属，续也。属，之欲反。〇王念孙曰：属，系也。天子者，天下之所系。言周公屏成王而及武王以系属天下，故下句云"恶天下之倍周也"。杨训属为续，续天下之语不词。**履天子之籍**，籍，谓天下之图籍也。〇谢本从卢校作"天下之籍"。　王念孙曰：宋本作"天子"，是也。（世德堂本同。）文选江淹杂体诗注引此正作"履天子之籍"。淮南氾论篇"周公履天子之籍，听天下之政"，语即本于荀子。籍者，位也。谓履天子之位也。下文言"周公反籍于成王"，是籍与位同义。强国篇曰"夫桀、纣，执籍之所存，天下之宗室也"，"执籍"即"执位"。故韩诗外传作"履天子之位，听天下之政"。杨以籍为天下之图籍，非也。图籍不可以言履。（高注淮南以籍为图籍，误与杨同。）　先谦案：王说是，今改从宋本。**听天下之断，偃然如固有之，而天下不称贪焉**；偃然，犹安然。固有之，谓如固合有此位也。**杀管叔，虚殷国，而天下不称戾焉**；虚，读为墟。

戾,暴也。墟殷国,谓杀武庚,迁殷顽民于洛邑,朝歌为墟也。**兼制天下,立七十一国,姬姓独居五十三人,而天下不称偏焉。**左氏传成鱄对魏献子曰"昔武王克商,光有天下,其兄弟之国者十有五人,姬姓之国者四十人,皆举亲也",与此数略同,言四十人,盖举成数。又曰:"昔周公吊二叔之不咸,故封建亲戚以蕃周室。管、蔡、郕、霍、鲁、卫、毛、聃、郜、雍、曹、滕、毕、原、酆、郇,文之昭也。邢、晋、应、韩,武之穆也。凡、蒋、邢、茅、胙、祭,周公之胤也。"余国名,浅学难尽详究。○郝懿行曰:此总言之。左传(昭廿八年。)晰言之,曰"其兄弟之国者十有五人,姬姓之国者四十人"。以校此数,"三"当为"五",或"三""五"字形易于混淆,故转写致误耳。**教诲开导成王,使谕于道,而能揜迹于文、武。**开导,谓开通导达。揜,袭也。**周公归周,**周公所封畿内之国,亦名周。春秋周公黑肩,盖其后也。言周公自归其国也。○先谦案:归周者,以周之天下归之成王,与"反籍于成王"文义一贯,故下文又以"归周反籍"连言,非谓自归其国。周公归政,身在王朝,即使偶至其采邑,固非事理所重,不得以归周为词也。**反籍于成王,而天下不辍事周,然而周公北面而朝之。**待其固安之后,北面为臣,明摄政非为己也。**天子也者,不可以少当也,**不可少顷当此位也。**不可以假摄为也。**周公所以少顷假摄天子之位,盖权宜以安周室也。**能则天下归之,不能则天下去之,是以周公屏成王而及武王以属天下,恶天下之离周也。成王冠,**成人,**周公归周反籍焉,明不灭主之义也。周公无天下矣,乡有天下,今无天下,非擅也;**乡,读为向,下同。擅与禅同。言非禅让与成王也。**成王乡无天下,今有天下,非夺也:变埶次序节然也。**节,期也。权变次序之期如此也。○王引之曰:"节"上有"之"字,而今本脱之,则文义不明。此言周公乡有天下而今无,成王乡无天下而今有,皆变埶次序之节如此也。据杨注云"节,期也,权变次序之期如此",则正文原有

"之"字明矣。荣辱篇曰"是非知能材性然也,是注错习俗之节异也",文义与此相似。　先谦案:王说非也。天论篇云"君子啜菽饮水,非愚也,是节然也",与此文一例。节然,犹适然,说详强国篇。杨注亦非。**故以枝代主而非越也**,枝,枝子。周公,武王之弟,故曰枝。主,成王也。**以弟诛兄而非暴也**,谓杀管叔。管叔,周公之兄也。**君臣易位而非不顺也**。时不得不然,故易位,非为不顺。**因天下之和,遂文、武之业,明枝主之义,抑亦变化矣,天下厌然犹一也**。厌然,顺从之貌,一涉反。○谢本从卢校"抑亦变化矣"作"仰易变化",注多"仰易,反易也"五字。　卢文弨曰:正文"仰易变化",宋本作"抑亦变化矣",无"仰易,反易也"五字注。今从元刻。　郝懿行曰:厌者,合也。仓颉篇云:"伏合人心曰厌。"周语"克厌天心",韦昭注:"厌,合也。"此"厌"字本义,其音一刌切。杨注"厌然,顺从之貌",义犹近之,其音一涉反则非。"厌"字古有二音二义。说文:"厌,笮也。"笮者,迫也。此厌音于辄切。一曰合也,此厌音一刌切。荀书此"厌"训合。此篇下云"猒猒兮其能长久也","猒"即"厌"之假借。杨氏训为猒足,失其义也。王霸篇云"厌焉有千岁之固",亦与此"厌"音义俱同。杨注引礼记曰"见君子而后厌然",郑注"厌,读为黡,黡,闭藏貌"。杨盖不知假借之义。郑欲借"厌"为"黡",故训闭藏,荀书之"厌"自用本义,无取闭藏,何必依郑读厌为黡邪?　王念孙曰:"抑亦变化矣",宋旦、钱本并如是,世德堂本同。承上文而言,言周公以枝代主,君臣易位,然后反籍于成王,以明枝、主之义,其事抑亦变化矣,然而天下晏然如一也。"抑亦变化矣"五字,不须注释,故杨氏无注。元刻"抑亦变化矣"作"仰易变化",而妄为之注曰:"仰易,反易也。"案诸书无谓反易为仰易者,卢从元刻,非。又曰:厌然,安貌。字本作"愿",或作"猒",又作"愔"。方言曰:"猒,安也。"说文曰:"愿,安也。"玉篇音于廉切。尔雅曰:"愿愿,安也。"秦风小戎篇"厌厌良人",毛传曰:"厌厌,安静也。"小雅湛露篇"厌厌夜饮",韩诗作"愔愔"。

昭十二年左传“祈招之愔愔”,杜注曰:“愔愔,安和貌。”皆其证也。下文曰“猒猒兮其能长久也”,王霸篇曰“厌焉有千岁之固”,正论篇曰“天下厌然,与乡无以异也”,义并与此同。乃杨注于“天下厌然犹一”则云“厌然,顺从之貌,一涉反”;(正论篇注又云“顺服之貌”。古皆无此训。)于“猒猒兮其能长久”则云“猒,足也”;于“厌焉有千岁之固”则云“厌,读为黡,黡然深藏,千岁不变改”:皆由不知厌之训为安,故望文生义而卒无一当矣。　先谦案:宋本作“抑亦变化矣”,是也。今依王说改正。厌然,王说是。**非圣人莫之能为,夫是之谓大儒之效。**

　秦昭王问孙卿子曰:“儒无益于人之国?”汉宣帝名询,刘向编录,故以荀卿为孙卿也。**孙卿子曰:“儒者法先王,隆礼义,谨乎臣子而致贵其上者也。**谨乎臣子,谓使不敢为非。致,极也。**人主用之,则埶在本朝而宜;**言儒者得权埶在本朝,则事皆合宜也。○王念孙曰:埶者,位也。言位在本朝也。礼运“在埶者去”,郑注曰:“埶,埶位也。”下文曰“埶在人上”,仲尼篇曰“埶不在人上而羞为人下”,正论篇曰“埶位至尊”,是埶与位同义。杨以埶为权埶,失之。**不用,则退编百姓而悫,必为顺下矣。**必不为勃乱也。**虽穷困冻馁,必不以邪道为贪;无置锥之地而明于持社稷之大义;呜呼而莫之能应,然而通乎财万物、养百姓之经纪。**呜呼,叹辞也。财与裁同。虽叹其莫己知,无应之者,而亦不怠惰困弃,常通于裁万物、养百姓之纲纪也。○郝懿行曰:“呜”,俗字,古止作“乌”。乌呼而莫之应,言儒虽困穷冻馁,若不以礼聘致,欲呼召之而必不能应也。此对秦昭王轻儒而言。必云“乌呼”者,李斯谏逐客书“击瓮叩缶,歌呼乌乌,真秦之声”,故以此言反之。注以叹辞为解,不成文义。　王念孙曰:“呜”当为“嘂”,字之误也。嘂与叫同。尔雅:“祈,叫也。”周官大祝注“叫”作“嘂”。小雅北山传曰:“叫,呼也。”周官衔枚氏曰“禁嚾呼叹呜于国

中者"，淮南原道篇曰"叫呼仿佛"，汉书息夫躬传曰"狂夫喢谇于东

崖"，并字异而义同。上言"喢呼"，故下言"莫之能应"，若作"呜呼"，

则与下文义不相属矣。新序杂事篇作"叫呼而莫之能应"，是其明证

也。　先谦案：杨、郝二说皆非也。呜呼而莫之能应，言儒者穷困之

时，人不听其呼召也，与"无置锥之地"句相俪，"然而"句与"而明"句

相俪，文义甚明。财，成也，说见非十二子篇。**执在人上则王公之材**

也，在人之上，谓为人君也。**在人下则社稷之臣、国君之宝也。虽**

隐于穷阎漏屋，人莫不贵之，道诚存也。穷阎，穷僻之处。阎，里

门也。漏屋，弊屋漏雨者也。〇王念孙曰：广雅曰："阎谓之衖。"（与

巷同。）穷阎，即论语所云"陋巷"，非谓里门也。新序杂事篇作"穷

间"，间亦巷也。故祭义"弟达乎州巷"，郑注曰："巷，犹间也。"（巷谓

之阎，亦谓之间，犹里门谓之阎，亦谓之间。）漏，读为"陋巷"之陋。说

文曰："陋，阸狭也。"陋屋与穷阎同意，非谓弊屋漏雨也。尔雅曰：

"陋，隐也。"大雅抑篇"尚不愧于屋漏"，郑笺曰："漏，隐也。"是陋与

漏通。群书治要引作"穷阎陋屋"，韩诗外传作"穷巷陋室"，皆其明证

矣。　先谦案：群书治要作"人莫不贵，贵道诚存也"，言人所以莫不

贵此人者，其可贵之道在也，文义为长。修身篇云"虽困四夷，人莫不

贵"，非相篇云"虽不说人，人莫不贵"，句法一律，俱无"之"字。此作

"贵之"，不重"贵"字者，下"贵"字或作"ゝ"，转写者因误为"之"字

耳。君道篇云"夫文王欲立贵道"，又云"于是乎贵道果立"，正与此

"贵道"同义。**仲尼将为司寇，**鲁司寇也。**沈犹氏不敢朝饮其羊，**

公慎氏出其妻，慎溃氏逾境而徙，皆鲁人。家语曰："沈犹氏常朝饮

其羊以诈市人，公慎氏妻淫不制，慎溃氏奢侈逾法，鲁之粥六畜者饰之

以储贾。"**鲁之粥牛马者不豫贾，必蚤正以待之也。**豫贾，定为高

价也。粥牛马者不敢高价，言仲尼必先正其身以待物，故得从化如此。

贾，读为价。〇卢文弨曰：正文"以待之"下，俗本有"者"字。　郝懿

行曰：豫与序同，古字通用。早正市价以待之，故鬻者不复论序也。

刘台拱曰：孔子将为司寇，而鲁之人蚤自修正以待之，所谓"不动而变，无为而成"也。　王念孙曰："蚤正以待之"，与下文"孝弟以先之"，皆指孔子而言。若谓鲁人蚤自修正以待，则与下文不类矣。

王引之曰：豫，犹诳也。周官司市注曰"使定物贾，防诳豫"是也。（豫与诳同义。贾疏云"恐有豫为诳欺，故云'防诳豫'"，失之。）晏子问篇曰"公市不豫，宫室不饰"，盐铁论力耕篇曰"古者商通物而不豫，工致牢而不伪"，不豫，谓不诳也。又禁耕篇曰"教之以礼则工商不相豫"，谓不相诳也。"豫""犹"一声之转。方言曰："犹，诈也。"诈，亦诳也。惑谓之犹，亦谓之豫，（老子"与兮若冬涉川，犹兮若畏四邻"，与与豫同。）诈说惑人谓之犹，亦谓之豫，此转语之相因者也。"豫"又作"储"。家语相鲁篇："孔子为政三月，则鬻牛马者不储贾。"储与奢，古声相近。说文曰："奢，张也。"尔雅曰："侜张，诳也。"亦古训之相因者也。然则市不豫贾者，市贾皆实，不相诳豫也。淮南览冥篇曰"黄帝治天下，市不豫贾"，史记循吏传曰"子产为相，市不豫贾"，（索隐云"谓临时评其贵贱，不豫定贾"，失之。）说苑反质篇曰"徒师沼治魏而市无豫贾"，义并与此同。说者皆读豫为"凡事豫则立"之豫，望文生义，失其传久矣。　俞樾曰："必"字，衍文也。下文"孝弟以化之也"，与此句相对，下无"必"字，则此亦当无"必"字矣。"蚤"字无义，疑"脩"字之误。"脩"字阙坏，止存右旁之"脩"，故误为"蚤"耳。荣辱篇曰"脩正治辨矣"，非十二子篇曰"脩正者也"，富国篇曰"必先脩正其在我者"，王霸篇曰"内不脩正其所以有"，皆以"脩正"二字连文，可以为证。新序引此作"布正"。"布"，隶书或作"布"，亦与"脩"字右旁相似。　先谦案：豫贾，王说是。必蚤正，王、俞说是。**居于阙党，阙党之子弟罔不分，有亲者取多**，居，谓孔子闲居。阙党之子弟罔不分均有无，于分均之中，有父母者取其多也。〇谢本从卢校作"罔不必分"。　卢文弨曰：宋本无"必"字，元刻有。案"必"与"毕"古通用。新序五作"罔罟分,有亲者取多",其卷一作"畋渔分,有亲者得多",与此不同。 郝懿行曰:"必"字误衍,应依新序五作"罔罟分"。说苑七云"罗门之罗,有亲者取多,无亲者取少",正与新序同为一事。

刘台拱曰:"罔不分"当作"罔罟分"。罟,兔罟也,一曰麋鹿罟也。新序卷一作"畋渔分,有亲者取多",其卷五作"罔罟分,有亲者取多",与此文大同。元刻作"罔不必分",妄增"必"字,不可从。 王念孙曰:"罔不分",宋吕、钱本并如是。"不"即"罟"字。(晏子春秋内篇曰:"结罟罔。") 先谦案:宋本是。今依诸说删"必"字。**孝弟以化之也。**由孔子以孝弟化之。**儒者在本朝则美政,在下位则美俗,**○卢文弨曰:"下位",元刻作"其位"。**儒之为人下如是矣。王曰:"然则其为人上何如?"孙卿曰:"其为人上也广大矣:志意定乎内,礼节修乎朝,法则度量正乎官,忠信爱利形乎下,**官,百官。形,见也。○王念孙曰:"官"与"朝"对文。曲礼"在官言官,在朝言朝",郑注曰"官,谓板图文书之处"是也。富国篇亦曰:"节奏齐于朝,百事齐于官。"杨云"官,百官",失之。**行一不义、杀一无罪而得天下,不为也。此君义信乎人矣,通于四海,则天下应之如谨。**以君义通于四海,故应之如谨。谨,喧也。言声齐应之也。○王念孙曰:杨说非也。"君"当为"若",字之误也。此若义,犹云此义。若,亦此也。(论语公冶长篇曰:"君子哉若人。")连言"此若"者,古人自有复语耳。"此若义"三字承上文而言。言此义信乎人,通乎四海,则天下莫不应之也。新序杂事篇作"若义信乎人矣",是其明证也。礼记曾子问篇曰"子游之徒,有庶子祭者,以此若义也",(郑读"以此"为一句,"若义也"为一句,非是。说见经义述闻。)管子山国轨篇曰"此若言何谓也",墨子尚贤篇曰"此若言之谓也",史记苏秦传曰"王何不使辩士以此若言说秦",(今本"若"讹作"苦"。燕策作"若此言"。)皆并用"此若"二字。**是何也? 则贵名白而天下治也。**贵名,谓儒名可

荀子集解

贵。白，明显。○卢文弨曰：俗本注末有"之貌"二字。顾千里曰："治"，疑当作"愿"。荣辱篇"身死而名弥白，小人莫不延颈举踵而愿"，杨注："愿，犹慕也。"王制篇"若是，名声白，（旧本误"日"，下衍"闻"，见杂志第三。）天下愿"，杨注："愿，谓人人皆愿。"致士篇"而贵名白，天下愿"，杨注："天下皆愿从之也。"此"愿"同荣辱篇之"愿"，此"天下愿"同王制篇、致士篇之"天下愿"，明甚。杨此篇无注，盖已误为"治"，其实非也。**故近者歌讴而乐之，远者竭蹶而趋之，**竭蹶，颠倒也。远者颠倒趋之，如不及然。**四海之内若一家，通达之属莫不从服，夫是之谓人师。**通达之属，谓舟车所至、人力所通之处也。师，长也。言儒者之功如此，故可以为人之师长也。○卢文弨曰：注"人之师长"，宋本无"之"字，今从元刻。　郝懿行曰：师者，众也。言合四海若一，成为大众，谓众所归往也。王制篇及议兵篇义亦同。尔雅："师，人也。"此言"人师"，其义则一。注云"师，长"，非也。　先谦案：如郝说，夫是之谓人众，不词甚矣。师长之义甚古。长，亦君也。周语"古之长民者"，韦注："长，犹君也。"广雅释诂："长，君也。"人师，犹言人君矣。王制篇、议兵篇语意大同，杨注并训"师，长"。又王制篇云"上无君师"，正论篇云"海内之民，莫不愿得以为君师"，又云"然则是诛民之父母，而师民之怨贼也"，礼论篇云"尊先祖而隆君师"，皆作君长解。若如郝说，岂可通乎？**诗曰：'自西自东，自南自北，无思不服。'此之谓也。**诗，大雅文王有声之篇。引此以明天下皆归之也。**夫其为人下也如彼，其为人上也如此，何谓其无益于人之国也？"昭王曰："善。"**

先王之道，仁之隆也，比中而行之。先王之道，谓儒学，仁人之所崇高也，以其比类中道而行之，不为诡异之说，不高不下，使贤不肖皆可及也。○谢本从卢校作"仁人隆也"。　王念孙曰：吕本作"仁之隆也"，是也。此言先王之道乃仁道之至隆者也，所以然者，以其比中而行之也。杨云"仁人之所崇高也",失之。钱本作"仁人隆也",即涉注"仁人"而误。比,顺也,从也。(说见经义述闻比象传。)言从乎中道而行之也。杨以比为比类,未确。　　先谦案:下文以礼义释中,则比中即论语"义之与比"之意。王说是也。仁之隆也义长,依旦本改正。**曷谓中?曰:礼义是也。道者,非天之道,非地之道,人之所以道也,君子之所道也。**重说先王之道非阴阳、山川、怪异之事,是人所行之道也。○谢本从卢校作"人之所道也",无"君子之所道也"句。　　卢文弨曰:宋本作"人之所以道也",下又有"君子之所道也"句,今从元刻删正。　　王念孙曰:卢说非也。人之所以道者,道,行也,谓人之所以行也。君子之所道者,道为人之所以行,而人皆莫能行之,唯君子为能行之也。二句本不同义,后人以为重复而删之,谬矣。下文"君子之所谓贤者"八句,正承此"君子"而言,则此句之非衍文甚明。旦、钱本、世德堂本皆作"人之所以道也,君子之所道也",今据以补正。　　先谦案:王说是,今改从宋本。**君子之所谓贤者,非能遍能人之所能之谓也;君子之所谓知者,非能遍知人之所知之谓也;君子之所谓辩者,非能遍辩人之所辩之谓也;君子之所谓察者,非能遍察人之所察之谓也:有所正矣。**苟得其正,不必遍能。或曰:"正",当为"止"。言止于礼义也。○王念孙曰:案后说是也。解蔽篇曰:"夫学也者,固学止之也。恶乎止之?曰:止诸至足。曷谓至足?曰:圣王也。"是其证。群书治要正作"有所止矣"。**相高下,视垅肥,序五种,君子不如农人;**相,视也。高下,原隰也。垅,薄田也。五种,黍、稷、豆、麦、麻。序,谓不失次序,各当土宜也。**通财货,相美恶,辩贵贱,君子不如贾人;**视货物之美恶,辨其贵贱也。贾与估同。**设规矩,陈绳墨,便备用,君子不如工人;**便备用,谓精巧便于备用。○先谦案:备用,犹言械用,说见王制篇。**不卹是非然不然之情,**○王引之曰:"然不然",本作"然不",即"然否"也。哀公篇"情性者,所以理然不、取舍也",是其证。"取舍"与"然不"对文,"是非"与"然不"亦对文,后人不知"不"为"否"之借字,故又加"然"字耳。性恶篇"不恤是非、然不然之情",误与此同。　先谦案:"卹""恤"通用。秦策"不卹楚交",韦注:"恤,顾也。"**以相荐撙,以相耻怍,君子不若惠施、邓析**。荐,藉也。谓相蹈藉、撙抑,皆谓相陵驾也。怍,惭也。○卢文弨曰:正文末有"也"字,今从元刻删。**若夫谪德而定次**,谪与商同,古字。商度其德而定位次,本或亦多作"谲"。谲与决同。谓断决其德,故下亦有"谲德而序位"之语。○卢文弨曰:注末四字,宋本作"定次也",讹。今从元刻。　洪颐煊曰:字书无"谪"字。君道篇"论德而定次,量能而授官",文与此同。"谪",疑即"论"字之讹。正论篇"图德而定次",图谋,亦论也。"谪"字又讹作"谲"。　王念孙曰:作"谲"者是也。作"谪"者,"谲"之讹耳。"谲""决"古字通。(暌上九王注"恢诡谲怪",释文:"谲,本亦作决。")谓决其德之大小而定位次也。下文"谲德而序位",是其明证。又君道篇"谲德而定次",今本作"论德","论"字乃后人以意改之。(正论篇"论德而定次"同。)韩诗外传作"决德",则荀子之本作"谲"甚明。或据君道篇改此篇之"谲德"为"论德",非也。又正论篇"图德而定次",旧校云"一本作决德",亦当以作"决"者为是。作"图"者,盖亦后人所改。**量能而授官,使贤不肖皆得其位,能不能皆得其官**,任使各当其才。**万物得其宜,事变得其应,慎、墨不得进其谈,惠施、邓析不敢窜其察**,窜,隐匿也。言二子之察,无所逃匿,君子皆识也。○先谦案:杨说非也。不得进其谈,不敢窜其察,文义一律,"窜"与"进",意亦相配,不得解窜为逃匿也。大略篇云"贫窭者有所窜其手矣",注:"窜,容也。"此窜亦当训为容。言二子无所容其察辨也。吕览审分篇"无所窜其奸矣","窜"字意正与此同。**言必当理,事必当务,是然后君子之所长也。凡事行,有益于理者立之**,行,下孟反。**无益**

于理者废之，夫是之谓中事。凡知说，有益于理者为之，无益于理者舍之，夫是之谓中说。事行失中谓之奸事，○王念孙曰："事行"，吕本作"行事"，钱本及各本"行事"皆作"事行"。卢从吕本。上文云："事行无益于理者废之，知说无益于理者舍之。"此云"事行失中谓之奸事，知说失中谓之奸道"，皆承上文而言，则作"事行"者是也。仲尼篇云"其事行也，若是其险污淫汏也"，（杨注："事险而行污也。行，下孟反。"案杨于仲尼篇已释"事行"二字，故此不复释。）王制篇云"立身则从佣俗，事行则遵佣故"，皆其证。 先谦案：谢本从卢校作"行事"，今从王说改正。知说失中谓之奸道。奸事奸道，治世之所弃，而乱世之所从服也。若夫充虚之相施易也，充，实也。施，读曰移。移易，谓使实者虚、虚者实也。坚白、同异之分隔也，以坚白同异之言相分别隔易。同异，已解上也。是聪耳之所不能听也，明目之所不能见也，辩士之所不能言也，虽有圣人之知，未能偻指也。偻，疾也。言虽圣人亦不可疾速指陈。偻，力主反。公羊传曰"夫人不偻"，何休曰："偻，疾也，齐人言也。"不知无害为君子，知之无损为小人。工匠不知无害为巧，君子不知无害为治。君子，卿大夫也。王公好之则乱法，百姓好之则乱事。事，谓作业。而狂惑戆陋之人，乃始率其群徒，辩其谈说，明其辟称，老身长子，不知恶也。戆，愚也。辟音譬。称，尺证反。身老子长，言终身不知恶之也。夫是之谓上愚，有偏僻之见，非昧然无知，然亦不免于愚，故曰上愚。○刘台拱曰：上愚，犹言极愚。杨注非。曾不如相鸡狗之可以为名也。有惠施、邓析之名，尚不如相鸡狗之名也。○卢文弨曰：正文"曾不如"下，宋本有"好"字，元刻无。 郝懿行曰：古人重畜，问富数焉，门材与焉，不独相牛马之有经也，后世蔑如矣。诗曰："为鬼为蜮，则不可得。有靦面目，视人罔极。作此好歌，以极反侧。"此之谓也。诗，小雅何人斯之篇。毛云："蜮，短狐也。靦，姡也。"郑云:"使汝为鬼为蜮也,则汝诚不可得见也。姡然有面目,汝乃人也,人相视无有极时,终必与汝相见也。"引此以喻狂惑之人也。

我欲贱而贵,愚而智,贫而富,可乎?曰:其唯学乎。彼学者,行之,曰士也;彼为儒学者,能行则为士也。士者,修立之称。○先谦案:杨以"彼为儒学者"释"彼学者"三字,非也。下言"行之曰士",上言"为儒学之人",于义为复矣。"彼学者"三字读断,与上"其唯学乎"正相呼应。"曰士也",犹言"谓之士也"。敦慕焉,君子也;敦厚慕之。○王引之曰:杨说非也。敦、慕,皆勉也。尔雅曰:"敦,勉也。"大戴记五帝德篇曰:"幼而彗齐,长而敦敏。"内则曰:"惇行孝弟。"("敦""惇"古字通。)是敦为勉也。说文:"慔,(莫故切。)勉也。"尔雅曰:"慔慔,勉也。"释文;"慔音墓,亦作慕。"是慕为勉也。(方言:"侔莫,强也。北燕之外郊,凡劳而相勉,若言努力者,谓之侔莫。"淮南缪称篇"犹未之莫与",高注:"莫,勉之也。"莫与慕,亦声近而义同。)此承上文而言,言能行之则为士,行而加勉则为君子。故曲礼云"敦善行而不怠谓之君子",非徒厚慕之而已也。知之,圣人也。知之,谓通于学也。于事皆通,则与圣人无异也。上为圣人,下为士君子,孰禁我哉!为学之后,则谁能禁我使不为圣人士君子也。乡也,混然涂之人也,俄而并乎尧、禹,岂不贱而贵矣哉!混然,无所知之貌。并,比也。乡音向。涂与途同。乡也,效门室之辨,混然曾不能决也,效,白。辨,别也。向者,明白门室之别异,犹不能决,言所知浅也。○王引之曰:杨以效为明白。既明白门室之别矣,何又不能决乎?乃又云"言所知浅也",此则曲为之解而终不可通。今案:效者,考也,验也。(并见广雅。)考验门室之别,曾混然不能决,言其愚也。古谓考为效,说见经义述闻梓材及曲礼。　先谦案:王说是。议兵篇"隆礼效功",杨注亦云"效,验也"。俄而原仁义,分是非,图回天下于掌上而辩白黑,岂不愚而知矣哉!原,本也。谓知仁义之

本。图,谋也。回,转也。言图谋运转天下之事如在掌上也。〇卢文
弨曰:"而辩"之"而",与如同。 俞樾曰:杨注"图谋运转"两义不
伦,恐非其旨。"图"者,"圆"之误字。广雅释诂:"圆,圆也。"圆回,
犹圆转也。淮南原道篇曰"圆者常转",是其义也。圆回天下于掌上,
言天下之大可圆转于掌上也。隶书"图"字或作"圖",或作"圖",皆
与"圆"字相似,学者多见"图",少见"圆",因误为"图"耳。**乡也,胥**
靡之人,俄而治天下之大器举在此,岂不贫而富矣哉! 胥靡,刑
徒人也。胥,相。靡,系也。谓锁相联相系,汉书所谓"银铛"者也。
举,皆也。颜师古曰:"联系使相随而服役之,犹今囚徒以锁连枷也。"
〇王引之曰:此胥靡,非谓刑徒人也。胥靡者,空无所有之谓,故荀子
以况贫。胥之言疏也。(司马彪注庄子应帝王篇曰:"胥,疏也。"宣十
四年左传"车及于蒲胥之市",吕氏春秋行论篇作"蒲疏"。史记苏秦
传"东有淮、颍、煮枣、无胥",魏策作"无疏"。)疏,空也。靡,无也。胥
靡犹言胥无。春秋齐有宾胥无,盖取此义也。汉书扬雄传客难曰"胥
靡为宰,寂寞为尸","胥靡"与"寂寞"相对为文,是胥靡为空无所有之
意。(张晏曰:"胥,相也。靡,无也。言相师以无为作宰者也。")案张
训靡为无,是也;其训胥为相,则失之。**今有人于此,屑然藏千溢之**
宝,虽行贷而食,人谓之富矣。 屑然,杂碎众多之貌。行贷,行乞
也。贷,土得反。〇郝懿行曰:屑,琐细之貌。至宝不必盈握,故以琐
细言之。"屑",今作"屑","溢"作"镒"。**彼宝也者,衣之不可衣**
也,下衣,于既反。言已为衣则不可衣著。〇卢文弨曰:案,"已""以"
通。**食之不可食也,卖之不可偻售也**,偻,疾。〇郝懿行曰:上云
"虽有圣人之知,未能偻指也",注引公羊传曰"夫人不偻",何休注:
"偻,疾也。"按"偻"皆"屡"之假借字。释诂云:"屡,疾也。""售"者,
"雠"之俗字。诗曰:"贾用不雠。"**然而人谓之富,何也? 岂不大富**
之器诚在此也? 喻学者虽未得衣食,亦犹藏千金之宝也。〇先谦

案：杨说非也。此言藏宝者不可衣食，不可偻售，然而人谓之富者，以其有大富之器也，不指学者言。下文"是杅杅亦富人"，始就学者之富言之。**是杅杅亦富人已，岂不贫而富矣哉！**杅杅，即于于也，自足之貌。庄子曰"听居居，视于于"也。○王引之曰：听居居，视于于，与富意无涉。案方言："于，大也。"文王世子"于其身以善其君"，郑注曰："于，读为迂。"迂，犹广也、大也。檀弓"易则易，于则于"，正义亦曰："于谓广大。"重言之则曰于于。上文曰"治天下之大器在此"，又曰"大富之器在此"，是言学之富如财之富也，故曰"是杅杅亦富人已"。**故君子无爵而贵，无禄而富，不言而信，不怒而威，穷处而荣，独居而乐，岂不至尊、至富、至重、至严之情举积此哉！**举，皆也。此，此儒学也。其情皆在此，故人尊贵敬之。**故曰：贵名不可以比周争也，不可以夸诞有也，不可以埶重胁也，必将诚此然后就也。**贵名，人所贵儒学之名。此，身也。**争之则失，让之则至，遵道则积，夸诞则虚。**遵道则自委积，夸诞则尤益空虚也。○王念孙曰："道"当为"遁"，字之误也。"遵遁"，即"逡巡"。文选上林赋注引广雅曰："逡巡，却退也。"管子戒篇作"逡遁"，小问篇作"遵遁"，（与荀子同。）晏子问篇作"逡遁"，又作"逡循"，庄子至乐篇作"蹲循"，汉书平当传赞作"逡遁"，万章传作"逡循"，三礼注作"逡遁"，并字异而义同。"遵遁"与"夸诞"对文。"遵遁"则积承上文"让之则至"而言，"夸诞"则虚承上文"争之则失"而言。故下文云"君子务积德于身而处之以遵遁"，（今本亦误作"遵道"。）言以退让自处也。若作"遵道"，则与"夸诞"不对，且与上文不相应矣。杨依"遵道"为解，故失之。**故君子务修其内而让之于外，务积德于身而处之以遵道，如是，则贵名起如日月，天下应之如雷霆。**众应之声如雷。○谢本从卢校"起"下有"之"字。　卢文弨曰：正文"起之"，宋本无"之"字。

王念孙曰：宋本是也。贵名起如日月，言贵名之显著也，（王霸篇：

"如是，则夫名声之部发于天地之间也，岂不如日月雷霆云乎哉！"）
"起"下不当有"之"字。元刻及世德堂本有"之"字，乃涉下句"天下
应之"而衍。昌、钱本皆无"之"字。　先谦案：王说是，今改从宋本。
**故曰：君子隐而显，微而明，辞让而胜。诗曰："鹤鸣于九皋，声
闻于天。"此之谓也。** 诗，小雅鹤鸣之篇。毛云："皋，泽也。言身隐
而名著也。"郑云："皋，泽中水溢出所为坎，自外数至九，喻声〔一〕远
也。" 鄙夫反是。**比周而誉俞少，鄙争而名俞辱，烦劳以求安利，
其身俞危。** 俞，读为愈。○王念孙曰：誉，非名誉，即"与"字也。
（"与""誉"古字通。射义"则燕则誉"，郑注："誉或为与。"尧典"伯
与"，汉书古今人表作"柏誉"。韩子有度篇"忘主外交以进其与"，管
子明法篇"与"作"誉"。）言虽比周以求党与，而党与愈少也。（强国
篇曰："比周以争与。"）下句"鄙争而名俞辱"，乃言名誉耳。元刻
"誉"作"与"，本字也；宋本作"誉"，借字也。小雅角弓传"比周而党
愈少，鄙争而名愈辱，求安而身愈危"，语皆本于荀子，党亦与也。又
臣道篇"推类接誉以待无方"，（杨注："无方，无常也。"）誉，亦读为
与，与亦类也。周语"少曲与焉"，韦注曰："与，类也。"言推类接与以
待事之无常者而应之也。杨以誉为声誉，失之。**诗曰："民之无良，
相怨一方。受爵不让，至于己斯亡。"此之谓也。** 诗，小雅角弓之
篇。引此以明不责己而怨人。**故能小而事大，辟之是犹力之少而
任重也，舍粹折无适也。** 舍，除也。粹，读为碎。除碎折之外，无所
之适。言必碎折。○先谦案：正论篇云"蹎跌碎折，不待顷矣"，与此
粹折义同，彼用本字。**身不肖而诬贤，** ○先谦案：不肖而自以为贤，
是诬也。下文云"内不自以诬"，可证"诬贤"二字之义。君道篇云"臣
不能而诬能，则是臣诈也"，与此"诬贤"意同。**是犹伛伸而好升高**

〔一〕　"声"，诗鹤鸣郑笺作"深"。

也,指其顶者愈众。伛,偻也。伸,读为身,字之误也。伛身之人而强升高,则头顶尤低屈,故指而笑之者愈众。○刘台拱曰:"伸",盖即"偻"字之讹。**故明主谲德而序位,**○先谦案:谲,决也,说见上。**所以为不乱也;忠臣诚能然后敢受职,所以为不穷也。分不乱于上,能不穷于下,治辩之极也。**不乱,谓皆当其序。不穷,谓通于其职列也。言儒为治辩之极也。○先谦案:辩,亦治也,说见不苟篇。**诗曰:"平平左右,亦是率从。"是言上下之交不相乱也。**诗,小雅采菽之篇。毛云:"平平,辩治也。"交,谓上下相交接也。○王念孙曰:交,如"上下交征利"之交。此承上文而言。分不乱于上,能不穷于下,是上下交不相乱也。"交不相乱"四字连读。富国篇云"上下俱富,交无所藏之",文义正与此同。杨云"交,谓上下相交接",则误以"上下之交"连读矣。

　　以从俗为善,以货财为宝,以养生为己至道,是民德也。养生为己至道,谓庄生之徒。民德,言不知礼义也。○卢文弨曰:此条旧不提行,今案当分段。"从俗",元刻作"容俗",今从宋本。　刘台拱曰:养生,犹言治生,故曰"民德",未及乎庄生之徒。　王念孙曰:"民"字对下"士""君子""圣人"而言。**行法至坚,不以私欲乱所闻,如是,则可谓劲士矣。行法至坚,好修正其所闻以桥饰其情性,**行法,谓行有法度。行,下孟反。桥与矫同。○卢文弨曰:案宋本"桥"从木,臣道篇亦同。正韵引荀子亦从木。元刻从手,亦可通。刘台拱曰:韩诗外传引此作"行法而志坚"。(下同。)据杨注"行有法度",明"行法"与"志坚"对举,不当作"至"。　王念孙曰:法者,正也。言其行正,其志坚,(杨云"行有法度",加"有"字以释之,则于义稍迂。)故下句云"不以私欲乱所闻"也。古谓正为法,说见汉书贾邹枚路传。　先谦案:荀书"至""志"通借。正论篇"其至意至暗也",杨注"至,当为志",是其证。臣道篇云"相与强君挢君",卢校云:"挢,宋本作桥。"群书治要作"矫",明荀书以"桥"代"矫"也。**其言多当矣而未谕也,其行多当矣而未安也,其知虑多当矣而未周密也,**未谕,谓未尽晓其义。未安,谓未得如天性安行之也。周密,谓尽善也。**上则能大其所隆,**〇先谦案:所隆,谓其所尊奉者。言能推崇其道而大之。**下则能开道不已若者,如是,则可谓笃厚君子矣。修百王之法若辨白黑,应当时之变若数一二,**如数一二之易。**行礼要节而安之若生四枝,**要,邀也。节,节文也。言安于礼节,若身之生四枝,不以造作为也。要,一遥反,下"要时"同。**要时立功之巧若诏四时,**邀时立功之巧,谓不失机权,若天告四时使成万物也。**平正和民之善,亿万之众而博若一人,如是,则可谓圣人矣。**虽博杂众多,犹理一人之少也。〇谢本从卢校"圣人"作"贤人"。卢文弨曰:"贤人"旧作"圣人",误。刘台拱云:"博若一人","博"当为"傅",议兵篇"和传而一",亦当作"和傅",皆字之误也。而一,如一也。亿万之众,亲附若一人,即所谓和傅如一也。王念孙曰:"博"与"传",皆"抟"字之误也。抟,即"专一"之专。亿万之众而专若一人,即所谓和专如一也。管子幼官篇曰:"抟一纯固,(今本"抟"误作"博"。)则独行而无敌。"吕氏春秋决胜篇曰:"积则胜散矣,抟则胜离矣。"淮南兵略篇曰:"武王之卒三千人,皆专而一。"古书多以"抟"为"专",详见管子。又曰:自"修百王之法"以下十句,非圣人不足以当之,故曰"如是则可谓圣人矣"。下文"如是则可谓圣人矣",乃涉此文而衍。(自"井井兮其有理"以下十句,杨注皆以为论大儒之德,则非论圣人明矣,此下安得又有"如是则可谓圣人矣"八字乎?)卢不知下文之衍,又以哀公篇孔子对哀公语有"如此则可谓贤人矣"一句在"君子""大圣"之间,遂改此文之"圣人"为"贤人",以别于下文之"圣人";不知本书之例皆以士、君子、圣人分为三等,与孔子对哀公者不同。上文云"行之,曰士也;敦慕焉,君子也;知之,圣人也";修身篇云

荀子集解

130

"好法而行,士也;笃志而体,君子也;齐明而不竭,圣人也";<u>解蔽篇</u>曰"向是而务,士也;类是而几,君子也;知之,圣人也":皆以士、君子、圣人分为三等,与此文同一例,不得于"君子"之上添出"贤人"名目。各本及<u>韩诗外传</u>皆作"圣人",无作"贤人"者。(上文之"笃厚君子",即贤人也,故<u>外传</u>曰"笃厚君子未及圣人也"。是笃厚君子之上即是圣人,不得又添一贤人名目。)　<u>先谦</u>案:平正,犹平政也,<u>孟子万章篇</u>:"君子平其政。"<u>王制篇</u>云"故君人者欲安则莫若平政爱民矣",<u>富国篇</u>云"平政以齐民",与此"平正和民"文义一律。"正""政"古字通。<u>王霸篇</u>云"立隆政本朝而当",<u>强国篇</u>云"隆在修政矣",二"政"字皆当作"正"。彼借"政"为"正",犹此借"正"为"政"也。"博",当为"抟",<u>王</u>说是。<u>卢</u>改"圣人"为"贤人",误,今正。**井井兮其有理也,**井井,良易之貌。理,有条理也。○<u>卢文弨</u>曰:正文"有理",各本作"有条理"。案注,则正文"条"字衍,今删。**严严兮其能敬己也,**严严,有威重之貌。能敬己,不可干以非礼也。"严",或作"俨"。○<u>卢文弨</u>曰:注"干以",各本皆误倒,今从<u>明虞</u>、<u>王</u>合订本移正。**分分兮其有终始也,**事各当其分,即无杂乱,故能有终始。分,扶问反。○<u>王念孙</u>曰:<u>杨</u>说迂曲而不可通。余谓"分分"当为"介介",字之误也。(隶书"介""分"相似,故传写多讹,说见<u>淮南缪称篇</u>。)<u>修身篇</u>"善在身,介然必以自好也",<u>杨</u>彼注云"介然,坚固貌",引<u>系辞传</u>"介如石焉"。此介介,亦坚固貌也。固守不变,始终如一,故曰"介介兮其有终始",若作"分分",则义不可通。又<u>君子篇</u>"刑罚不怒罪,爵赏不逾德,分然各以其诚通","分"亦当为"介"。介然,坚固貌。言诚心介然,上下相通也,若作"分然",则义不可通。<u>杨</u>彼注云"善恶分然",亦失之。　<u>俞樾</u>曰:分,当读为份。<u>说文人部</u>:"份,文质备也,从人,分声。"<u>论语</u>曰"文质份份","分分"即"份份"也,省偏旁耳。<u>君子篇</u>"分然各以其诚通",义亦同此。　<u>先谦</u>案:<u>王</u>、<u>俞</u>二说并通。据下文又言"绥绥兮其有文章",则<u>王</u>义为允。**猒猒兮其能长久也,**猒,足也。

乱生于不足,故知足然后能长久也。○先谦案:猒猒兮,犹安安然,说见上。**乐乐兮其执道不殆也**,殆,危也。○俞樾曰:杨氏不释乐乐之谊,盖即以本字读之。然"乐乐"字,经传尠见。王霸篇曰"栎然扶持心国",杨注曰:"栎,读为落,石貌也。"此云"乐乐兮",彼云"栎然",文异义同。老子曰:"落落如石。"乐乐,犹落落也。以其执道不殆,故以石形容之。**炤炤兮其用知之明也**,炤炤,明见之貌。炤与照同。○郝懿行曰:"炤",盖"照"之或体字也,经典罕用。释虫"荧火即炤",用"炤"字。颜氏家训风操篇云:"刘韬兄弟一生不为照字,唯依尔雅火傍作召。"今读荀书,可知"炤"字由来已久,盖起于周、秦间矣。王霸篇亦有"炤"字。**修修兮其用统类之行也**,修修,整齐之貌。统类,纲纪也。言事不乖悖也。○王念孙曰:修,读为条。春秋繁露如天之为篇曰"行而无留,若四时之条条然",是条条为行貌,故曰"条条兮其统类之行也",作"修"者,借字耳。(韩子难篇"百官修通",管子明法解篇"修"作"条"。集韵:"修,他雕切,县名,周亚夫所封,即史记绛侯世家之'条侯'。"是"条""修"古字通。)杨以修修为整齐貌,与"行"字义不相属。　王引之曰:"统类"上不当有"用"字,盖涉上句而衍。**绥绥兮其有文章也**,绥绥,安泰之貌。"绥",或为"葳蕤"之"蕤"。**熙熙兮其乐人之臧也**,熙熙,和乐之貌。**隐隐兮其恐人之不当也**,隐隐,忧戚貌。恐人之行事不当理。此已上皆论大儒之德也。**如是,则可谓圣人矣**。○先谦案:此句衍文,说见上。**此其道出乎一。曷谓一?曰:执神而固。**执持精神坚固。**曷谓神?曰:尽善挟治之谓神,万物莫足以倾之之谓固**,挟,读为浃。浃,周洽也。○王念孙曰:正文"挟治"二字,元刻及世德堂本并作"挟洽","洽"字乃涉注文"周洽"而误。卢从元刻,非也。旦、钱本"洽"并作"治"。挟与浃同。全体皆善,故曰"尽善";全体皆治,故曰"浃治"。"挟治"与"尽善"对文,若作"挟洽",则与"尽善"不对矣。　王引之曰:"万物"上当有

荀子集解

"曷谓固曰"四字。"万物莫足以倾之之谓固",与"曷谓固"上下正相呼应。"曷谓固"与上文之"曷谓一""曷谓神"皆文同一例。"曷谓神""曷谓固"承上"执神而固"言之;下文"神固之谓圣人"又承上"曷谓神""曷谓固"言之。今本脱去"曷谓固曰"四字,则与上下文不相应矣。 先谦案:谢本从卢校。王说是,改从宋本。**神固之谓圣人。**圣人也者,道之管也。天下之道管是矣,百王之道一是矣,管,枢要也。是,是儒学。**故诗、书、礼、乐之归是矣。**○刘台拱曰:"之"下当有"道"字,与上两"之道"对文。**诗言是,其志也**;是儒之志。**书言是,其事也;礼言是,其行也;乐言是,其和也;春秋言是,其微也。**微,谓儒之微旨。一字为褒贬,微其文、隐其义之类是也。**故风之所以为不逐者,取是以节之也**;风,国风。逐,流荡也。国风所以不随荒暴之君而流荡者,取圣人之儒道以节之也。诗序曰:"变风发乎情,止乎礼义。发乎情,人之性也;止乎礼义,先王之泽也。"**小雅之所以为小雅者,取是而文之也**;雅,正也。文,饰也。**大雅之所以为大雅者,取是而光之也**;○郝懿行曰:光,犹广也。"光""广"古通用。诗序所谓"政有小大,故有小雅、大雅"是也。**颂之所以为至者,取是而通之也**:至,谓盛德之极。**天下之道毕是矣。乡是者臧,倍是者亡。乡是如不臧、倍是如不亡者,自古及今,未尝有也。**是,皆谓儒也。乡,读曰向。○卢文弨曰:正文两"如"字俱读为而。

　　客有道曰:"孔子曰:'周公其盛乎! 言其德盛。**身贵而愈恭,家富而愈俭,胜敌而愈戒。'"**戒,备也。言胜敌而益戒备。荀卿之时,有客说孔子之言如此。**应之曰:"是殆非周公之行,非孔子之言也。武王崩,成王幼,周公屏成王而及武王,履天子之籍,负扆而坐,**户牖之间谓之扆也。○谢本从卢校作"履天下之籍"。卢文弨曰:宋本作"履天子之籍",今从元刻。案"坐",当作"立"。

王念孙曰：正论篇"居则设张容，负依而坐，诸侯趋走乎堂下"，汪氏中亦云："作〔一〕，当为立，古无坐见诸侯之礼。钞者浅陋，以意改之。"先谦案："天子之籍"是也，说见上。今改从宋本。**诸侯趋走堂下。当是时也，夫又谁为恭矣哉！兼制天下，立七十一国，姬姓独居五十三人焉，周之子孙苟不狂惑者，莫不为天下之显诸侯，孰谓周公俭哉！武王之诛纣也，行之日以兵忌，**武王发兵，以兵家所忌之日。**东面而迎太岁，**迎，谓逆太岁。尸子曰："武王伐纣，鱼辛谏曰：'岁在北方，不北征。'武王不从。"**至汜而泛，至怀而坏，**汜，水名。怀，地名。书曰"覃、怀底绩"，孔安国曰："覃、怀，近河地名。"谓至汜而适遇水泛涨，至怀又河水泛溢也。吕氏春秋曰："武王伐纣，天雨，日夜不休。"汜音祀。○卢文弨曰：正文"至汜"当作"至氾"。左传"鄙在郑地氾"，释文音凡，字从㔾，不从巳，其地在成皋之间。又汉高即位于氾水之阳，在定陶，汉书注音敷剑反，非周师所经也。"氾""泛"、"怀""坏"以音成义。杨氏不知"汜"当为"氾"，而即音为祀，误矣。又注"河水泛溢"下，疑当有"坏道"二字。　王念孙曰：汪氏中曰："汜当作氾，音泛，字从㔾，不从巳。"其说是也。然荀子所谓"至氾"者，究不知为今何县地。卢用汪说，而引左传"鄙在郑地氾"为证。（僖二十四年。）案杜注云"郑南氾也，在襄城县南"，则非周师所至，不得引为至氾之证矣。**至共头而山隧。**共，河内县名。共头，盖共县之山名。隧，谓山石崩摧也。隧，读为坠。共音恭。○卢文弨曰：案共头即共首，见庄子。王念孙曰：此八字亦汪氏中校语也。共首见让王篇，共头又见吕氏春秋诚廉篇。**霍叔惧曰：'出三日而五灾至，无乃不可乎？'**霍叔，武王弟也。出，行也。周居丰、镐，军出三日，未当至共，盖文王三分天下有其二，境土已近于洛矣。或曰：至氾之后三日

〔一〕"作"，据正文似当作"坐"。

也。周公曰:‘刳<u>比干</u>而囚<u>箕子</u>,<u>飞廉</u>、<u>恶来</u>知政,夫又恶有不可
焉?’<u>比干</u>,纣贤臣。<u>箕子</u>,纣诸父。箕,国名。子,爵也。<u>飞廉</u>、<u>恶来</u>,
皆纣之嬖臣。<u>飞廉</u>善走,<u>恶来</u>有力也。**遂选马而进**,选,简择也。○
<u>俞樾</u>曰:<u>荀子</u>之意,方言周公之不戒,若马必简择,则非其义矣。诗<u>猗</u>
<u>嗟</u>篇曰“舞则选兮”,毛传曰:“选,齐也。”此“选”字亦当训齐。<u>车攻</u>
篇曰“我马既同”,传曰:“同,齐也。”然则选马而进,盖戎事齐力之义,
非简择之谓。下文曰“舆固马选矣”,谊亦同此,犹言“我车既攻,我马
既同”也。若以选为简择,则“选马”可通,“马选”不可通矣。**朝食于**
戚,**暮宿于百泉**,<u>杜元凯</u>云:“<u>戚</u>,<u>卫</u>邑,在<u>顿丘卫县</u>西。”<u>百泉</u>,盖近<u>朝</u>
<u>歌</u>地名。<u>左氏传</u>曰:“<u>晋</u>人败<u>范氏</u>于<u>百泉</u>。”**厌旦于牧之野**,厌,掩也。
夜掩于旦,谓未明已前也。厌,于甲反。○<u>俞樾</u>曰:杨注未明已前谓之
厌旦,于古无征。且以文义论之,上云“朝食于<u>戚</u>,暮宿于<u>百泉</u>”,则此
文“旦”下亦当有一字。今止云“厌旦于<u>牧</u>之野”,文义殊未足也。“厌
旦”当作“旦厌”,厌,读为压。<u>强国</u>篇“如墙厌之”,注曰:“厌,读为
压。”此文“厌”字正与彼同。旦压于<u>牧</u>之野,与上文“朝食”“暮宿”文
义一律。成十六年<u>左传</u>:“<u>楚</u>晨压<u>晋</u>军而陈。”此云“旦厌”,犹彼云“晨
压”矣。**鼓之而纣卒易乡**,倒戈而攻后也。乡,读曰向。○<u>郝懿行</u>
曰:“倒戈”之语,非<u>荀</u>所偁。易乡者,盖谓<u>纣</u>卒辟易奔北耳,未必倒戈
相杀也。<u>孟子</u>不信漂杵,<u>荀子</u>不偁倒戈,其意正同。杨注援以释<u>荀</u>,恐
非。**遂乘殷人而诛纣**。乘,乘其倒戈之势。○<u>卢文弨</u>曰:正文“诛
纣”上,元刻有“进”字。 <u>郝懿行</u>曰:乘者,覆也,谓驾其上也,注非。
<u>书序</u>云“<u>周</u>人乘<u>黎</u>”,伪<u>孔</u>传“乘,胜也”,亦非。 <u>先谦</u>案:注“乘”字,
各本不重。今从<u>宋台州</u>本增一“乘”字,文义较足。**盖杀者非周人,**
因殷人也。非<u>周</u>人杀之,因<u>殷</u>倒戈之势自杀。**故无首虏之获,无**
蹈难之赏,<u>周</u>人无立功受赏者。**反而定三革,偃五兵**,定,息;偃,仆
也:皆不用之义。三革:犀也,兕也,牛也。<u>考工记</u>曰:“函人为甲,犀

甲七属,兜甲六属,合甲五属。"穀梁传曰"天子救日,置五麾,陈五兵",范宁云:"五兵,矛、戟、钺、楯、弓、矢。"国语说齐桓"定三革,偃五刃",韦昭云:"三革,甲、胄、盾也。五刃,刀、剑、矛、戟、矢也。"**合天下,立声乐,**合天下,谓合会天下诸侯,归一统也。**于是武、象起而韶、濩废矣。**武、象,周武王克殷之后乐名。武亦周颂篇名。诗序曰:"武,奏大武也。"礼记曰:"下管象,朱干玉戚,冕而舞大武。"韶、濩,殷乐名。左氏传曰"吴季札见舞韶、濩"者,盖殷时兼用舜乐,武王废之也。○卢文弨曰:濩与濩同。宋本、元刻并同。**四海之内,莫不变心易虑以化顺之,故外阖不闭,**阖,门扇也。○卢文弨曰:宋本"闭"作"闲",系俗体。**跨天下而无蕲。**跨,越也。蕲,求也。越天下而无求,言自足也。亦人皆与之,不待求也。○刘台拱曰:蕲,盖与圻同。言四海一家,无封疆之限也。淮南俶真训"四达无境,通于无圻",高注:"圻,垠字也。"**当是时也,夫又谁为戒矣哉!**太平如此,复谁备戒!

　　造父者,天下之善御者也,无舆马则无所见其能。造父,周穆王之御者。**羿者,天下之善射者也,无弓矢则无所见其巧。**羿,有穷之君,逐夏太康而遂篡位者。○先谦案:"弓",宋台州本作"弧"。**大儒者,善调一天下者也,无百里之地则无所见其功。舆固马选矣,而不能以至远一日而千里,则非造父也。弓调矢直矣,而不能以射远中微,则非羿也。**善射者既能及远,又中微细之物也。○俞樾曰:此本作"及远中微",故杨注曰"善射者既能及远,又中微细之物也","及远"二字即本正文。又王霸篇曰"故人主欲得善射,射远中微则莫若羿、蠭门矣",杨注曰:"射及远,中微细之物。"是其所据本亦作"及远中微"。注文"射"字包及远、中微二意,读者不察,谓注文作"射及远",则正文必是"射远",于是尽改为"射远中微",非荀子之旧矣。君道篇曰"人主欲得善射,射远中微者,县贵爵重赏以招致

136

之”，<u>韩诗外传</u>四引作“及远中微”，可据以订正。而<u>外传</u>五引<u>儒效篇</u>文亦作“射远中微”，疑后人依误本<u>荀子</u>改之。**用百里之地，而不能以调一天下，制强暴，则非大儒也。彼大儒者，虽隐于穷阎漏屋，无置锥之地，而王公不能与之争名；在一大夫之位，则一君不能独畜，一国不能独容，成名况乎诸侯，莫不愿得以为臣；**已解<u>非十二子篇</u>。○<u>卢文弨</u>曰：案此段“在一大夫之位”云云，当为衍文，<u>韩诗外传</u>卷五无，此径接下文，语势方吻合。　<u>王念孙</u>曰：此三十二字涉<u>非十二子篇</u>而衍。**用百里之地而千里之国莫能与之争胜，笞箠暴国，齐一天下，而莫能倾也。是大儒之征也。**倾，危也。征，验也。**其言有类，其行有礼，**类，善也。谓比类于善，不为狂妄之言。○<u>先谦</u>案：类，法也，说见<u>非十二子篇</u>。**其举事无悔，其持险应变曲当，**险，危也。其持危应变，皆曲得其宜。当，丁浪反。**与时迁徙，与世偃仰，**随时设教。**千举万变，其道一也。是大儒之稽也。**其道一，谓皆归于治也。故<u>禹</u>、<u>汤</u>、<u>文</u>、<u>武</u>事迹不同，其于为治一也。稽，考也。考，成也。**其穷也，俗儒笑之；其通也，英杰化之，嵬琐逃之，**倍千人曰英，倍万人曰杰。言英杰之士则慕而化之，狂怪之人则畏而逃去之也。**邪说畏之，众人愧之。**众人初皆非其所为，成功之后，故自愧也。“愧”，或为“贵”。**通则一天下，穷则独立贵名，**儒名。**天不能死，地不能埋，<u>桀</u>、<u>跖</u>之世不能污，非大儒莫之能立，<u>仲尼</u>、<u>子弓</u>是也。故有俗人者，有俗儒者，有雅儒者，有大儒者。**辨儒者之异也。**不学问，无正义，以富利为隆，是俗人者也。逢衣浅带，解果其冠，**逢，大也。浅带，博带也。<u>韩诗外传</u>作“逢衣博带”。言带博则约束衣服者浅，故曰“浅带”。解果，未详。或曰：解果，狭隘也。<u>左思</u><u>魏都赋</u>曰：“风俗以韰惈为媚。”韰音下界反。惈音果。媌音获，静好也。或曰：<u>说苑</u>：“<u>淳于髡</u>谓<u>齐王</u>曰：‘臣笑邻圃之祠田，以一壶酒，三鲋鱼，祝曰：蟹螺者宜禾，污邪者百车。’”蟹螺，盖高地也，今冠盖亦比之。谓强为儒服而无其实也。〇卢文弨曰："鞷",当作"韺"。所引说苑，见复恩篇，又见尊贤篇。此所引，尊贤篇之文也。"蟹螺"，彼作"蟹埒"，"邻圃"作"臣邻"，皆当从彼为是。**略法先王而足乱世术**，略，粗也。粗法先王之遗言，不知大体，故足以乱世法。韩诗外传作"略法先王而不足于乱世"。**缪学杂举，不知法后王而一制度，不知隆礼义而杀诗、书**；后王，后世之王。夫随当时之政而立制度，是一也。若妄引上古，不合于时，制度乱矣。故仲尼修春秋，尽用周法。韩诗外传作"不知法先王也"。〇郝懿行曰："杀"，盖"敦"字之误，下同。杨氏无注，知唐本犹未误。**其衣冠行伪已同于世俗矣，然而不知恶者**；衣冠，即上所云逢衣浅带之比。行伪，谓行伪而坚。行，下孟反。〇郝懿行曰：伪与为同，行动作为也，注非。　刘台拱曰：荀子书言"伪"者，义皆作"为"。此"行伪"，韩诗外传作"行为"。王念孙曰："行伪"二字，（行读如字。）本篇一见，非十二子篇一见，正论篇一见，赋篇一见。其见于正论及赋篇者，后人皆已改作"为"，唯此篇及非十二子篇未改，而此篇注遂读为"诈伪"之"伪"矣。"然而不知恶"（乌路反。）与下"然而明不能别"对文，则"恶"下不当有"者"字。**其言议谈说已无以异于墨子矣，然而明不能别**；〇卢文弨曰："别"上，宋本有"分"字，今从元刻删。**呼先王以欺愚者而求衣食焉**，呼，谓称举。**得委积足以揜其口则扬扬如也**；扬扬，得意之貌。**随其长子，事其便辟，举其上客，亿然若终身之虏而不敢有他志：是俗儒者也。**长子，谓君之世子也。便辟，谓左右小臣亲信者也。便，婢延反。辟，读为嬖。举其上客，谓襃美其上客，冀得其助也。亿，字书无所见，盖环绕囚拘之貌。庄子曰："睆然在缧绁之中矣。"〇王念孙曰：举，读为相与之与。（"与"，古通作"举"，说见经义述闻左传昭三年。）谓交其上客以求助也。杨以举为襃美，于义疏矣。又曰："亿"，盖"儗"字之误。说文："儗，安也，从人，意声。"（意，于力切。）

左传、国语通作"亿","亿"行而"億"废矣。億然，安然也。言俗儒居人国中，苟图衣食，（见上文。）安然若将终身而不敢有他志也。　俞樾曰：长子，犹钜子也。庄子天下篇释文引向秀曰："墨家号其道理成者为'钜子'，若儒家之硕儒。"长与钜义同。"钜子""长子"，盖当时有此称。随其长子，谓奉一先生以为师，从而附和之也。杨注非其义。王氏读举为与是也，解为交其上客则非是。此蒙"事"字为文，犹言事其便辟及其上客耳。**法后王，一制度，隆礼义而杀诗、书，其言行已有大法矣，然而明不能齐**虽有大体，其所见之明犹未能齐言行，使无纤介之差。**法教之所不及，闻见之所未至，则知不能类也。**有所不知则不能取比类而通之也。礼记："虽先王未之有，可以义起。"是能类者矣。○俞樾曰：杨注断"明不能齐"为句，此失其读也。齐读为济，"然而"以下十八字作一句读。言法教所及，闻见所至，则明足以之而不能济其法教所未及、闻见所未至也，所以然者，由其知不能类也。学者误谓"明不能齐""知不能类"相对成文，遂以"齐"字断句，失之矣。韩诗外传正作"明不能济法教之所不及，闻见之所未至"，无"知不能类"句。**知之曰知之，不知曰不知，内不自以诬，外不自以欺**，不自欺人。○卢文弨曰：宋本作"内不自以诬外，外不自以欺内"，但与注不合。　王念孙曰：唐风羔裘传曰："自，用也。"（大雅绵传、江汉笺及大传注并同。）言内不用之以诬己，外不用之以欺人。杨释下句云"不自欺人"，失之。**以是尊贤畏法而不敢怠傲，是雅儒者也。**有雅德之儒也。**法先王，统礼义，一制度，以浅持博，以古持今，以一持万，**以浅持博，谓见其浅则可以执持博也。"先王"当为"后王"，"以古持今"当为"以今持古"，皆传写误也。○卢文弨曰：案元刻作"以一行万"，外传同，本书王制篇亦同。　刘台拱曰：后王，谓周也。以古持今，亦谓以文、武、周公之德持今世。杨谓当为"以今持古"，非。**苟仁义之类也，虽在鸟兽之中，若别白黑，**善类在鸟兽之中犹别，况在人矣。**倚物怪变，所未尝闻也，所未尝见也，卒然起一方，则举统类而应之，无所儗㤪**，倚，奇也。韩诗外传作"奇物怪变"。卒，于忽反。儗，读为疑。㤪与怍同。奇物怪变卒然而起，人所难处者，大儒知其统类，故举以应之，无所疑滞惭怍也。**张法而度之，则晻然若合符节，是大儒者也。** 既无所疑怍，故开张其法以测度之，则晻然如合符节。言不差错也。度，大各反。晻与暗同。符节，相合之物也。周礼"门关用符节"，盖以全竹为之，剖之为两，各执其一，合之以为验也。○王引之曰："张法而度之"，韩诗外传"张"作"援"。晻然，同貌也。韩诗外传作"奄然"。尔雅"弇，同也"，郭引诗"奄有龟、蒙"。（鲁颂閟宫。）"弇""奄""晻"并通。杨云"晻暗同"，失之。**故人主用俗人则万乘之国亡**，不义而好利，故亡也。**用俗儒则万乘之国存**，仅存。**用雅儒则千乘之国安，用大儒则百里之地久**，小国多患难，用大儒然后可以长久也。**而后三年，天下为一，诸侯为臣**，长久之业既成，又三年修德化，则可以一天下，臣诸侯。盖殷汤、周文皆化行之后三年而王也。○俞樾曰：杨注断"久"字为句，则"而后三年"句不成文义。此当以"久而后三年"五字为句。言姑举其久者言之，则以三年为期，若速则或一年或二年即可以一天下而臣诸侯矣。韩诗外传作"久而三年"，无"后"字。 先谦案：俞说是。久而后三年者，犹言久至三年也，推极言之。宥坐篇云"暮三年而百姓往矣"，与此同意。**用万乘之国则举错而定，一朝而伯。** 错，读为措。伯，读为霸。言一朝而霸也。○王念孙曰：杨读伯为霸，非也。信如杨说，则是大儒用百里之地而可以王，用万乘之国而仅止于霸也，斯不然矣。今案：伯，读为白。（王制正义引元命包曰："伯之为言白也，明白于德也。"是伯与白义相通。古钟鼎文"伯仲"字多作"白"，是"伯"与"白"字亦相通。）白，显著也。言一朝而名显于天下也。（上文曰："儒者为人上，则贵名白而天下治。"致士篇曰："贵名白,天下愿,令行禁止,王者之事毕矣。"乐论篇曰:"名声于是白,光辉于是大。")王霸篇曰:"如是,则夫名声之部发于天地之间也,岂不如日月雷霆然矣哉!故曰以国济义,一日而白。汤、武是也。"一日而白,犹一朝而白耳。韩诗外传曰:"用万乘之国,则举错而定,一朝而白。诗曰:'周虽旧邦,其命维新。'可谓白矣。"此尤其明证也。

不闻不若闻之,闻之不若见之,见之不若知之,知之不若行之,学至于行之而止矣。行之,明也。行之则通明于事也。○卢文弨曰:此节旧不提行,今案当分段。明之为圣人。通明于事则为圣人。圣人也者,本仁义,当是非,齐言行,不失豪厘,无它道焉,已乎行之矣。当,丁浪反。已,止也。言圣人无他,在止于行其所学也。故闻之而不见,虽博必谬;虽博闻,必有谬误也。见之而不知,虽识必妄;见而不知,虽能记识,必昧于指意。谓若制氏然也。○卢文弨曰:案汉书礼乐志云:"汉兴,乐家有制氏,但能纪其铿锵鼓舞,而不能言其义。"此注盖本此。俗本误作"制力",今从宋本订正。知之而不行,虽敦必困。苟不能行,虽所知多厚,必至困踬也。不闻不见,则虽当,非仁也,虽偶有所当,非仁人君子之通明者也。其道百举而百陷也。言偶中之道,百举而百陷,无一可免也。故人无师无法而知则必为盗,勇则必为贼,云能则必为乱,云能,自言其能。○卢文弨曰:杨氏注非十二子篇"无能而云能"下即作此语,固当;在此处似未安。此"云能",当如易系辞传之"云为",亦不必分口之所言、身之所为。盖云有旋转运动之义。"云能"二字,必当时有此成语,盖即营干之意。若依此注,则于下文"云能则速成"更难强通。

王念孙曰:下文云"人有师有法而知则速通,勇则速威,云能则速成",则云能非自言其能之谓也。知、勇、云能皆出于天生,而非出于人为,则云能非营干之意也。今案:云者,有也。言无师无法而有能,则必为乱;有师有法而有能,则其成必速也。杨注非十二子篇引慎子曰:"云能而害,无能则乱也。"云能,有能也。法行篇:"曾子曰:'诗曰:"毂已破碎,乃大其辐。事以败矣,乃重大息。"其云益乎?'"云益,有益也。古者多谓有为云。大雅桑柔篇"民有肃心,荓云不逮",言使有不逮也;"为民不利,如云不克",言如有不克也。"云"字或作"员"。秦誓曰"虽则员然",言虽则有然也。(今本"员"作"云",乃卫包所改,今据正义及汉书韦贤传注改正。以上三条,说者多失其义,辩见释词。)故广雅曰:"员、云,有也。"文选陆机答贾长渊诗注引应劭汉书注曰:"云,有也。"晋语"其谁云不从",韦注曰:"谁有不从?"**察则必为怪**,惠施、邓析之比。**辩则必为诞。人有师有法而知则速通,勇则速威,云能则速成**,**察则速尽,辩则速论**。察则速尽,谓有聪察之性,则能速尽物理。速论,谓能速论是非也。○王念孙曰:论,决也。言辩事则速决也。后汉书陈宠传"季秋论囚",注云:"论,决也。"杨说"论"字未了。　先谦案:注"聪",各本讹"听",据宋台州本改正。**故有师法者,人之大宝也;无师法者,人之大殃也。人无师法则隆性矣,有师法则隆积矣**,隆,厚也。积,习也。厚性,谓恣其本性之欲。厚于积习,谓化为善也。○卢文弨曰:案宋本正文"隆性"作"隆情","隆积"作"隆性";注"积,习也"已下全不同,作"厚于情,谓恣其情之所欲;厚于性,谓本于善也"。俗间本亦同,当出后人所改,与荀子言性恶本旨不合,与下文及注皆矛盾,今悉据元刻改正。**而师法者,所得乎情,非所受乎性,不足以独立而治**。情,谓喜怒爱恶,外物所感者也。言师法之于人,得于外情,非天性所受,故性不足独立而治,必在因外情而化之。或曰:"情"当为"积"。所得乎积习,非受于天性,既非天性,则不可独立而治,必在化之也。○卢文弨曰:此注方释"情"字,益可见上文不作"隆情"。　王念孙曰:此及下文杨注所称或说改"情"为"积"者,皆是也。下文皆言"积",不言"情",是其证,前说皆非。又案:"不足以独立而治"上,当更有一"性"字,言性不足以独立而治，必待积习以化之也。故下文曰："性也者，吾所不能为也，然而可化也。"**性也者，吾所不能为也，然而可化也；**言天性非吾自能为也，必在化而为之也。**情也者，非吾所有也，然而可为也。**言情非吾天性所有，然可以外物诱而为之。或曰："情"，亦当为"积"。积习与天然有殊，故曰"非吾所有"，虽非所有，然而可为之也。**注错习俗，所以化性也；**注错，犹措置也。错，干故反。**并一而不二，所以成积也。**并，读为併。一谓师法，二谓异端。**习俗移志，安久移质，**习以为俗，则移其志；安之既久，则移本质。**并一而不二则通于神明、参于天地矣。故积土而为山，积水而为海，**○卢文弨曰：元刻作"积土谓之山，积水谓之海"。**且暮积谓之岁。至高谓之天，至下谓之地，宇中六指谓之极；**六指，上下四方也。尽六指之远则为六极。言积近以成远。**涂之人百姓**○先谦案：人百姓，犹言众百姓。**积善而全尽谓之圣人。彼求之而后得，为之而后成，积之而后高，尽之而后圣。故圣人也者，人之所积也。**言其德行委积。**人积耨耕而为农夫，积斫削而为工匠，积反货而为商贾，**反，读为贩。**积礼义而为君子。工匠之子莫不继事，而都国之民安习其服。**安习其土风之衣服。**居楚而楚，居越而越，居夏而夏，**夏，中夏。**是非天性也，积靡使然也。**靡，顺也。顺其积习，故能然。**故人知谨注错，慎习俗，大积靡，则为君子矣；**大积靡，谓以顺积习为也。**纵性情而不足问学，则为小人矣。为君子则常安荣矣，为小人则常危辱矣。凡人莫不欲安荣而恶危辱，故唯君子为能得其所好，小人则日徼其所恶。**徼与邀同，招也，一尧反。**诗曰："维此良人，弗求弗迪；维彼忍心，是顾是复。民之贪乱，宁为荼毒。"此之谓也。**诗，大雅桑柔之篇。迪，进也。言厉王有此善人，不求而进用之，忍害为恶之人反顾念而重复之，故天下之民贪乱，安然为荼毒之行，由王使之然也。

　　人论：论人之善恶。论，卢困反。〇王念孙曰："人论"二字，乃目下之词。论，读为伦。伦，类也，等也。谓人之等类，即下文所谓"众人""小儒""大儒"也。下文又云："人伦尽矣。"荣辱篇云："斩而齐，枉而顺，不同而一，夫是之谓人伦。"作"论"者，借字耳。（屯象传"君子以经论"，荀爽曰："伦者，理也。"大雅灵台篇"于论鼓钟"，郑笺："论之言伦也。"公食大夫礼"伦肤匕"，今文"伦"或作"论"。王制"必即天论"，"论"或为"伦"。逸周书官人篇"规小物而不知大伦"，大戴记"伦"作"论"。）杨说失之。又臣道篇"人臣之论，有态臣者，有篡臣者，有功臣者，有圣臣者"，论亦读为伦，谓人臣中有此四等也。杨云"论人臣之善恶"，亦失之。**志不免于曲私而冀人之以己为公也，行不免于污漫而冀人之以己为修也，**污，秽也。漫，欺诳也。漫，莫叛反。〇王念孙曰：漫，亦污也。方言："洝，洿也，东齐、海、岱之间或曰洝。"洿与污同，洝与漫同。吕氏春秋离俗篇"不漫于利"，高注曰："漫，污也。"杨读漫为"谩欺"之"谩"，分污漫为二义，失之。凡荀子书言"污漫"者并同。**其愚陋沟瞀而冀人之以己为知也，是众人也。**沟音寇，愚也。沟瞀，无知也。众人，谓众庶也。〇王念孙曰："其"字文义不顺，当是"甚"字之误。言甚愚而冀人以己为智也。又曰：旦本"其"作"甚"。　　先谦案：宋台州本亦作"甚"。**志忍私然后能公，行忍情性然后能修，**忍，谓矫其性。行，下孟反。**知而好问然后能才，**其智虑不及，常好问，然后能有才艺。〇先谦案：知而好问，不自以为知也。杨注非。**公修而才，可谓小儒矣。**皆矫其不及，故为小儒。**志安公，行安修，知通统类，如是则可谓大儒矣。大儒者，天子三公也。**其才堪王者之佐也。**小儒者，诸侯大夫士也。众人者，工农商贾也。礼者，人主之所以为群臣寸尺寻丈检式也，人伦尽矣。**检，束也。式，法也，度也。寸尺寻丈，所以知长短也。检束，所以制放佚。大儒可为天子三公，小儒可为诸侯大夫，礼可以揔统群臣，人主之柄也。"伦"当为"论"。或曰：伦，等也。言人道差尽于礼也。〇王念孙曰：检、式，皆法也。文选演连珠注引苍颉篇云："检，法度也。"是检与式同义。言治人以礼，如寸尺寻丈之有法度也。杨分检式为二义，失之。

君子言有坛宇，行有防表，道有一隆。累土为坛。宇，屋边也。防，堤防。表，标也。言有坛宇，谓有所尊高也。行有防表，谓有标准也。一隆，谓厚于一，不以异端乱之也。〇王念孙曰：坛，堂基也。（独断曰："坛，谓筑土起堂。"）宇，屋边也。言有坛宇，犹曰"言有界域"，即下文所谓"道不过三代，法不二后王"，非有所尊高之谓也。先谦案：道有一隆，谓有所重，如下文问政则专重安存、问学专重为士、问治法专重后王是也，非厚于一之谓。杨说失之。**言道德之求，不下于安存；**此"道德"或当为"政治"，以下有"道德之求"，故误重写耳。故下云"诸侯问政不及安存则不告也"，谓人以政治来求，则以安存国家已上之事语之也。〇先谦案：安存，以百姓言。**言志意之求，不下于上；**以修其志意来求，则语为士已上之事。**言道德之求，不二后王。**道德，教化也。人以教化来求，则言当时之切所宜施行之事。不二后王，师古而不以远古也。舍后王而言远古，是二也。**道过三代谓之荡，**道过三代已前，事已久远，则为浩荡难信也。**法二后王谓之不雅。**雅，正也。其治法不论当时之事而广说远古，则为不正也。**高之下之，小之臣之，不外是矣，**"臣"当为"巨"。虽高下小大，不出此坛宇防表也。**是君子之所以骋志意于坛宇宫庭也。**宫谓之室。庭，门屏之内也。君子虽骋志意论说，不出此坛宇宫庭之内也。是时百家异说，多妄引前古以乱当世，故荀卿屡有此言也。**故诸侯问政不及安存，则不告也；**〇先谦案：如卫灵公问陈，孔子对以军旅未学。**匹夫问学不及为士，则不教也；**〇先谦案：如樊迟问学稼学圃，孔子答以不如老农老圃。**百家之说不及后王，则不听也。**百家杂说不及后王之道，妄起异端，则君子不听之也。**夫是之谓君子言有坛宇、行有防表也。**

荀子卷第五

王制篇第九

请问为政？曰:**贤能不待次而举**,不以官之次序,若傅说起版筑为相也。**罢不能不待须而废**,须,须臾也。○卢文弨曰:"须",俗本误作"顷",宋本、元刻并作"须"。　先谦案:罢,谓弱不任事者。荀书多以"贤""罢"对举。王霸篇"无国而不有贤士,无国而不有罢士",非相篇"君子贤而能容罢",正论篇"故至贤畴四海,汤、武是也;至罢不容妻子,桀、纣是也",成相篇"基必施,辨贤罢",与此同。**元恶不待教而诛**,不教而杀谓之虐。唯元恶,不教诛之也。**中庸民不待政而化**。中庸民易与为善,故教则化之,不待政成之后也。○郝懿行曰:中庸民,言中等平常之人。贾谊过秦论所谓"材能不及中庸",义与此同。史记改作"材能不及中人",亦得其意。　王念孙曰:"元恶""中庸"对文,"中庸"下不当独有"民"字,此涉注文"中庸民"而衍。韩诗外传无"民"字。**分未定也则有昭缪**。缪,读为穆。父昭子穆。言为政当分未定之时,则为之分别,使贤者居上,不肖居下,如昭穆之分别然,不问其世族。○郝懿行曰:二语难晓,杨氏说亦不了。韩诗外传四同。　先谦案:杨说是也。此即下文所谓"以类行杂"。**虽王公**

士大夫之子孙，○先谦案：宋台州本句末有"也"字，与下文一律。此"也"字似当有。**不能属于礼义，则归之庶人。虽庶人之子孙也，积文学，正身行，能属于礼义，则归之卿相士大夫。**属，系也，之欲反。**故奸言、奸说、奸事、奸能、**○先谦案：奸事、奸说，苟自解在非十二子及儒效篇。言，亦说也。能，亦事也。**遁逃反侧之民，职而教之，须而待之，**反侧，不安之民也。职而教之，谓使各当教其本事也。须而待之，谓须暇之而待其迁善也。**勉之以庆赏，惩之以刑罚，安职则畜，不安职则弃。**畜，养也。弃，谓投四裔之比也。**五疾，上收而养之，材而事之，**五疾，瘖、聋、跛躄、断者、侏儒。各当其材使之，谓若蒙瞽修声、聋聩司火之属。**官施而衣食之，兼覆无遗。**官为之施设所职而与之衣食。○先谦案："收而养之"以下三句一律，皆上之事，即官之事也，不应此处又增入"官"字。今案：官者，任也。（义具解蔽篇。）施者，用也。（义具臣道篇。）官施而衣食之，犹言任用而衣食之。王霸篇云"论德使能而官施之"，尤其明证。杨注误。**才行反时者死无赦。夫是之谓天德，王者之政也。**天德，天覆之德。○王念孙曰："王者"上当有"是"字。是王者之政也，乃总承上文之词。下文"是王者之人也"、"是王者之制也"、"是王者之论也"，皆与此文同一例。今本脱"是"字，则语意不完。韩诗外传有"是"字。**听政之大分**：○卢文弨曰：旧本不提行，今案当分段。　先谦案：台州本提行。**以善至者待之以礼，以不善至者待之以刑。两者分别则贤不肖不杂，是非不乱。贤不肖不杂则英杰至，是非不乱则国家治。若是，名声日闻，**○王念孙曰："名声日闻"，本无"闻"字，"日"本作"白"。名声白者，白，明也，显也，名声显著于天下也。致士篇曰"贵名白，天下愿，令行禁止，王者之事毕矣"，文正与此同。"贵名白"即"名声白"也。乐论篇曰"名声于是白，光辉于是大"，尧问篇曰"名声不白，徒与不众，光辉不大"，皆其证也。"名声白，天下愿"二

句相对为文,若于上句内加一字,则句法参差矣。此因"白"字讹作
"日",后人不得其解,故于"日"下加"闻"字耳。**天下愿,令行禁止,**
王者之事毕矣。 愿,谓人人皆愿也。**凡听,**论听政也。**威严猛厉而**
不好假道人,厉,刚烈也。假道,谓以宽和假借道引人也。**则下畏恐**
而不亲,周闭而不竭,隐闭其情,不竭尽也。○郝懿行曰:竭者,举
也。谓隐匿其情,不肯举发也。注训竭尽,亦通。**若是,则大事殆乎**
弛,小事殆乎遂。 弛,废也。遂,因循也。春秋传曰:"遂,继事也。"
下既隐情不敢论说,则大事近于弛废,小事近于因循。言不肯革弊也。
○刘台拱曰:遂,如"大夫无遂事"之"遂"。威严猛厉,则小事不复关
白,故曰遂。　王念孙曰:遂,读为坠。坠与弛义相近。下畏恐而钳
口,则百事堕坏而上不得闻,故大事近乎废弛,小事近乎失坠也。下文
曰"法而不议,则法之所不至者必废;职而不通,则职之所不及者必
队",(队与坠同。)义与此相承也。正论篇曰"国虽不安,不至于废易
遂亡",遂亦读为坠,(史记仓公传"阳脉下遂",徐广曰:"一作队。"正
义曰:"遂音直类反。"遂、队并与坠同。"坠"之通作"遂",犹"坠"之
通作"隧"。儒效篇"至共头而山隧",汉石经论语残碑"未隧于地",
汉书王莽传"不隧如发",并以"隧"为"坠"。)谓不至于废弛坠失也。
(废易,即废弛。尔雅曰:"弛,易也。"君道篇曰:"境内之事,有弛易蠲
差者矣。")　俞樾曰:说文:"遂,亡也。"小事殆乎遂,谓近乎亡失也。
正论篇"国虽不安,不至于废易遂亡",以"遂亡"连文,此古义之幸存
者。杨不得其义而曲为之说。　先谦案:王、俞并引正论篇为说,彼以
"废易遂亡"四字连文,废易二义,则遂亡亦二义,不得训遂为亡。王
读遂为坠,说较长。注"肯"字,各本讹"有",据宋台州本改正。**和解**
调通,好假道人而无所凝止之,和解调通,谓宽和不拒下也。凝,定
也。凝止,谓定止其不可也。○谢本从卢校作"凝止也"。　卢文弨
曰:正文"也"字,宋本作"之"。　郝懿行曰:按此,今官人中之和事者

也。偏好假借辞色，开通道路，以诱进人，令皆欢悦，故下遂云"奸言并至，尝试之说锋起"，而无所厎止也。"凝"当作"疑"，止定之貌，见诗桑柔传及仪礼士昏等注。荀书"凝"字，古本必皆作"疑"，今改作"凝"，经典亦多改"凝"，人皆知"凝"不知"疑"矣。庄子"用志不纷，乃疑于神"，今亦改"凝"。其音则疑，鱼乙切；凝，鱼陵切，古音必陵切。说文以"凝"为俗"冰"字，唯诗"肤如凝脂"，正宜作"凝"，尔雅作"冰脂"，可证矣。　王念孙曰：宋吕、钱本作"凝止之"，世德堂本同。作"之"者是也。解蔽篇云"以可以知人之性，求可以知物之理，而无所疑止之"，文义正与此同。　先谦案：王说是，今改从宋本。**则奸言并至，尝试之说锋起，**尝试之说，谓假借他事，试为之也。庄子曰："尝试论之。"锋起，谓如锋刃齐起，言锐而难拒也。**若是，则听大事烦，是又伤之也。**听大，谓所听之事多也。伤，伤政也。○先谦案：诗閟宫笺"大东，极东"疏："大者，广远之言。"此"大"字义同。**故法法而不议，则法之所不至者必废；**议，谓讲论也。虽有法度而不能讲论，则不周洽，故法所不至者必废也。**职而不通，则职之所不及者必队。**虽举当其职，而不能通明其类，则职所不及者必队。队与坠同。**故法而议，职而通，无隐谋，无遗善，而百事无过，非君子莫能。故公平者，职之衡也；中和者，听之绳也。**听，听政也。衡，所以知轻重；绳，所以辨曲直。言君子用公平中和之道，故能百事无过。中和，谓宽猛得中也。○刘台拱曰：注先解"听"，后解"衡"。"职之衡"，当作"听之衡"，此涉上文"职"字致误。**其有法者以法行，无法者以类举，听之尽也；**类，谓比类。○先谦案："无法者"上，群书治要有"其"字。**偏党而无经，听之辟也。**无经，谓无常法也。辟，读为僻。**故有良法而乱者有之矣；有君子而乱者，自古及今，未尝闻也。传曰："治生乎君子，乱生乎小人。"此之谓也。**其人存则其政举，其人亡则其政息。○卢文弨曰：注两"则"字，宋本无。　先谦案："乱生"上，群书治要有"而"字。

分均则不偏，分均，谓贵贱敌也。分，扶问反。○王念孙曰：偏，读为遍。言分既均，则所求于民者亦均，而物不足以给之，故不遍也。下文曰"埶位齐而欲恶同，物不能澹"，（古"赡"字。）正所谓不遍也。"遍""偏"古字通，说见墨子非攻篇。**埶齐则不壹，众齐则不使。**此皆名无差等，则不可相制也。**有天有地而上下有差，明王始立而处国有制。**制，亦谓差等也。**夫两贵之不能相事，两贱之不能相使，是天数也。**天之数也。**埶位齐而欲恶同，物不能澹则必争，**澹，读为赡。既无等级，则皆不知纪极，故物不能足也。**争则必乱，乱则穷矣。**物穷竭也。**先王恶其乱也，故制礼义以分之，使有贫富贵贱之等，足以相兼临者，是养天下之本也。**使物有余而不穷竭。**书曰："维齐非齐。"此之谓也。**书，吕刑。言维齐一者乃在不齐，以谕有差等然后可以为治也。

马骇舆则君子不安舆，马骇于车中也。**庶人骇政则君子不安位。**骇政，不安上之政也。**马骇舆则莫若静之，庶人骇政则莫若惠之。**惠，恩惠也。○郝懿行曰：惠者，顺也，注训恩惠，失之。夫马骇而脉偾，静以镇之则驯矣；人骇而图反，顺以循之自安矣。故鞭棰不加于奔驷，而谤木不绝于尧年。昔蘧伯玉治卫，子贡问何以治。对曰："以不治治之。"夫不治之治，则静之惠之之说也。**选贤良，举笃敬，兴孝弟，收孤寡，补贫穷，如是，则庶人安政矣。庶人安政，然后君子安位。传曰："君者，舟也；庶人者，水也。水则载舟，水则覆舟。"此之谓也。**故君人者欲安则莫若平政爱民矣，欲荣则莫若隆礼敬士矣，欲立功名则莫若尚贤使能矣，是君人者之大节也。三节者当，则其余莫不当矣；三节者不当，则其余虽曲当，犹将无益也。**曲当，谓委曲皆当。当，丁浪反。○卢文弨曰："犹"，元刻作"由"，与"犹"同。**先谦案：群书治要作"由"。**孔子曰："大节是也，小节是也，上君也。大节是也，小节一出焉，一入焉，中君也。谓一得一失也。○卢文弨曰：宋本"小节"下有"非也"二字。大节非也，小节虽是也，吾无观其余矣。"成侯、嗣公，聚敛计数之君也，成侯、嗣公，皆卫君也。史记：卫声公卒，子成侯立。成侯卒，子平侯立。平侯卒，子嗣君立。韩子曰："卫嗣公重如耳，爱泄姬，而恐其皆因其爱重以雍己也，乃贵薄疑以敌如耳，尊魏妃以耦泄姬，曰：'以是相参也。'又使客过关市，赂之以金。后召关市，问其有客过，与汝金，汝回遣之。关市大恐，以嗣公为明察。"此皆计数之类也。○卢文弨曰：所引韩子，见内储说上篇，"魏妃"作"魏姬"，"汝回遣之"作"汝因遣之"。未及取民也；未及，谓其才未及也。取民，谓得民心。子产，取民者也，未及为政也；礼记曰："子产犹众人之母，能食之，不能教之也。"○俞樾曰：杨注以取民为得民心，于义甚晦，殆非也。老子曰"故取天下者常以无事"，河上公注曰："取，治也。"此"取"字亦当训治，取民言治民也。管仲，为政者也，未及修礼也。言未及教化也。○谢本从卢校，"为政""修礼"下俱有"者"字。　王念孙曰：元刻"未及为政""未及修礼"下皆无"者"字，宋龚本同，是也。此两"者"字皆涉上下文而衍。韩诗外传、群书治要及文选永明十一年策秀才文注引此，皆无两"者"字。上文"未及取民也"，亦无"者"字。　先谦案：王说是。今从元刻删"者"字。故修礼者王，为政者强，取民者安，聚敛者亡。故王者富民，霸者富士，士，卒伍也。仅存之国富大夫，亡国富筐箧，实府库。筐箧已富，府库已实，而百姓贫，夫是之谓上溢而下漏，如器之上溢下漏，空虚可立而待也。○王引之曰：溢，满也。漏之言漉也，字或作"盝""盠"。尔雅曰："盝，涸竭也。"方言曰："盠，涸也。""漉，极也"，郭璞曰："渗漉，极尽也。"月令曰："毋竭川泽，毋漉陂池。"淮南本经篇"竭泽而鱼"，高注曰："竭泽，漏池也。""漏池"，即所谓"漉陂池"也。漉、漏古同声，故"渗漉"或谓之"渗漏"。**本经篇又曰"禹疏三江五湖，流注东海，鸿水漏，九州干"，亦谓鸿水涸也。上溢而下漏，即是上富而下贫，杨说"溢""漏"二字皆未了。人不可以守，出不可以战，则倾覆灭亡可立而待也。故我聚之以亡，敌得之以强。聚敛者，召寇、肥敌、亡国、危身之道也，故明君不蹈也。**

　　王夺之人，霸夺之与，强夺之地。人，谓贤人。与，谓与国也。强国之术，则夺人地也。**夺之人者臣诸侯，夺之与者友诸侯，夺之地者敌诸侯。臣诸侯者王，友诸侯者霸，敌诸侯者危。用强者，**用强力胜人，非知强道者。**人之城守，人之出战，而我以力胜之也，**○俞樾曰："出"当为"士"，字之讹也。古书"士""出"二字每相混。史记五帝纪"称以出"，集解引徐广曰"出，一作士"，淮南子缪称篇"其出之诚也"，新序杂事篇"出"作"士"，并其证也。守必以城，战必以士。"人之城守，人之士战"，正相对成文，"士"讹为"出"，义不可通矣。**则伤人之民必甚矣。伤人之民甚，则人之民恶我必甚矣；人之民恶我甚，则日欲与我斗。人之城守，人之出战，而我以力胜之，则伤吾民必甚矣。伤吾民甚，则吾民之恶我必甚矣；吾民之恶我甚，则日不欲为我斗。人之民日欲与我斗，吾民日不欲为我斗，是强者之所以反弱也。地来而民去，累多而功少，**累，忧累也。**虽守者益，所以守者损，是以大者之所以反削也。**守者，谓地也。守国以地为本，故曰"守者"。所以守者，谓所以守地之人也。○俞樾曰：上"以"字衍文。"是大者之所以反削也"，与上文"是强者之所以反弱也"正相对。**诸侯莫不怀交接怨而不忘其敌，**交接，连结也。既以力胜而不义，故诸侯皆欲相连结怨国，而不忘与之为敌。本多作"坏交接"，言坏其与己交接之道也。○郝懿行曰：接者，续也。怀交，谓私相缔交；接怨，谓连续修怨。注非是。　王念孙曰："诸侯莫不怀交接"为句。"坏""怀"古字通。（礼论篇"诸侯不敢坏",史记乐书作"怀"。襄十四年左传"王室之不坏",释文:"坏,服本作怀。")杨后说以"坏交接"连读,是也;前说以"怀交接怨"连读,失之。　俞樾曰:杨注二说皆未安。王氏谓当从后说,非也。疑"怨"字当在"交接"二字之上,本作"诸侯莫不怀怨交接而不忘其敌"。怀怨交接,犹云匿怨而友其人也,故不忘其敌,传写夺"怨"字,而误补之"接"字之下耳。　先谦案:郝说是也。**伺强大之间,承强大之敝,此强大之殆时也。**殆,危也。○卢文弨曰:元刻"敝"作"弊"。宋本"敝"下有"也"字,又有"知强大之敝"五字,各本多同,系衍文,今从元刻去之。**知强大者不务强也,**知强大之术者,不务以力胜也。○王引之曰:"强大"当为"强道"。强道,谓所以致强之道,即下文所谓"以王命全其力,凝其德"也。不知此道而务以力胜,则务强而反弱,即下文所谓"非其道而虑之以王也"。故曰"知强道者不务强也"。下文云"是知强道者也",正与此句相应。又云"是知霸道者也","是知王道者也",皆与此句相应。此篇大旨,皆言王道、霸道、强道之不同,故此文云"知强道者不务强也"。两"强"字亦上下相应,则"强"下之字作"道"不作"大"明矣。今本作"强大","大"字盖涉上文三"强大"而误。杨云"知强大之术者,不务以力胜也",则所见本已误作"强大"。**虑以王命全其力,凝其德。**虑,计也。以,用也。其计虑常用王命,谓不敢擅侵暴也。凝,定也。定其德,谓不轻举也。○王念孙曰:虑,犹大氐也。言知强道者不务以力胜人,大氐以王命全其力、凝其德也。议兵篇曰:"诸侯虑敌之者削,反之者亡。"(杨注以虑为谋虑,亦非。)又曰:"焉虑率用赏庆、刑罚、埶诈而已矣。"(杨注以虑为大凡,是。)汉书贾谊传"虑亡不帝制而天子自为者",师古曰:"虑,大计也。言诸侯皆欲同帝制而为天子之事。"是其证矣。**力全则诸侯不能弱也,德凝则诸侯不能削也,天下无王霸主则常胜矣。是知强道者也。**无王霸之主则强国常胜。"主"或衍字。**彼霸者不然,**

辟田野,实仓廪,便备用,备用,足用也。左传曰:"无重器备。"○王念孙曰:杨训备用为足用,"便足用"之语不词,且与"田野""仓廪"不对。余谓"备用"二字平列。"备",说文本作"茍",字从用,从茍省。(茍音棘)。淮南修务篇注云:"备,犹用也。"故或谓之器用,或谓之器备。"便备用",犹言"便器用"耳。"便备用"三字,本篇凡三见,与"田野""仓廪"对文者二,与"功苦""完利"对文者一。其见于儒效篇者,则与"规矩""准绳"对文;见于富国篇者,亦与"田野""仓廪"对文,皆以二字平列。　先谦案:王说是矣。荀书多言"械用",罕言"器用"。"便备用",犹言"便械用"耳。议兵篇云"械用兵革攻完便利者强,械用兵革窳楛不便利者弱",械用便利,正与便备用同意。以下文"辨功苦,(功与攻同,苦与楛同。)尚完利,便备用"互证之而义益明。

案谨募选阅材伎之士,案,发声。谨,严也。募,招也。谨募,犹重募也。选阅,拣择也。材伎,武艺过人者,犹汉之材官也。○俞樾曰:"募"乃"纂"字之讹。毛诗猗嗟篇"舞则选兮",韩诗作"舞则纂兮",是纂与选声近义同,故此以连文。纂、选,皆具也。说文人部:"僎,具也。"食部:"籑,具食也。"选与僎并从巽声,纂与籑并从算声,于义得通。阅,亦具也。说文门部:"阅,具数于门中也。"小尔雅广诂:"阅,具也。"是"纂""选""阅"三字同义。古书往往有之。襄三十一年左传"缮完葺墙",缮、完、葺,一义也,楚语"蓄聚积实",蓄、聚、积,一义也,并其例也。案谨纂选阅材技之士,质言之,止是具材技之士耳。"纂"误为"募",杨注曰"募,招也",非古义矣。管子心术篇"纂选者,所以等事也",今本皆作"慕选",误与此同,说详管子。**然后渐庆赏以先之,**渐,进也。言进勉以庆赏也。○郝懿行曰:渐,子廉切,读若"渐民以仁"之"渐"。其训渍也,浸也,深染入也。杨注凡渐皆训进,故多失之。**严刑罚以纠之。**○先谦案:下文"赏庆""刑罚"对文,则此亦当作"刑罚"。各本"罚"误"赏",据宋台州本改正。**存亡继绝,**

卫弱禁暴，而无兼并之心，则诸侯亲之矣；并，读为併，下同。**修友**
敌之道以敬接诸侯，则诸侯说之矣。说，读为悦，下同。**所以亲之**
者，以不并也，并之见则诸侯疏矣；见，贤遍反。〇谢本从卢校
"疏"下有"之"字。　王念孙曰：元刻"疏"下无"之"字，是也。下文
"则诸侯离矣"，"离"下无"之"字，是其证。宋本作"诸侯疏之"，涉上
文"诸侯亲之"、"诸侯说之"而误。　先谦案：王说是。今从元刻删
"之"字。**所以说之者，以友敌也，臣之见则诸侯离矣。故明其不**
并之行，信其友敌之道，行，下孟反。信，谓使人不疑。**天下无王霸**
主，则常胜矣。是知霸道者也。无王者则霸主常胜也。〇王念孙
曰："天下无王霸主"，本作"天下无王主"。上文说强者之事云"天下
无王霸主，（句。）则常胜矣"，言天下无王霸主，则强者常胜也。此文
说霸者之事云"天下无王主，则常胜矣"，言天下无王主则霸者常胜
也。"王主"二字之间不当更有"霸"字，盖涉上文"王霸主"而衍。杨
不知"霸"字之衍，而读"天下无王"为句，"霸主则常胜矣"为句，（具
见杨注。）则句法与前不合。**闵王毁于五国，**史记齐湣王四十年，乐
毅以燕、赵、楚、魏、秦破齐，湣王出奔莒也。**桓公劫于鲁庄，**公羊传
柯之盟，齐桓公为鲁庄公之臣曹沫所劫也。**无它故焉，非其道而虑**
之以王也。不行其道而以计虑为王，所以危亡也。**彼王者不然，仁**
眇天下，义眇天下，威眇天下。眇，尽也。尽天下皆怀其仁，感其
义，畏其威也。〇郝懿行曰："眇"，古"妙"字。古书皆以"眇"为
"妙"，荀书亦然。注皆失之。周易"眇万物而为言"，今亦改为"妙"
矣。古无"妙"字。　王念孙曰：诸书无训眇为尽者。且正文但言"眇
天下"，而注言"尽天下皆怀其仁，感其义，畏其威"，加数语以释之，其
失也迂矣。余谓眇者高远之称。（汉书王褒传"眇然绝俗离世"，颜师
古曰："眇然，高远之意。"文选文赋"志眇眇而临云"，李善曰："眇眇，
高远貌。"）言仁高天下、义高天下、威高天下耳。若怀其仁，感其义，

荀子集解

畏其威,自见下文,非此三句意。　先谦案:郝、王二说并通。仁眇天下,故天下莫不亲也;义眇天下,故天下莫不贵也;威眇天下,故天下莫敢敌也。以不敌之威,辅服人之道,其道可以服人。○先谦案:服人之道,谓上文仁义。故不战而胜,不攻而得,甲兵不劳而天下服。是知王道者也。知此三具者,欲王而王,欲霸而霸,欲强而强矣。

王者之人:王者之佐。饰动以礼义,所修饰及举动,必以礼义。○王念孙曰:饰,读为饬。(古字通以"饰"为"饬"。)言动作必以礼义自饬也。杨分饰动为二义,失之。听断以类,所听断之事,皆得其善类。谓轻重得中也。○先谦案:类,法也,说见非十二子篇。明振毫末,振,举也。言细微必见。举措应变而不穷。夫是之谓有原。是王者之人也。原,本也。知为政之本。

王者之制:说王者制度也。道不过三代,法不贰后王。论王道不过夏、殷、周之事,过则久远难信。法不贰后王,言以当世之王为法,不离贰而远取之。道过三代谓之荡,法贰后王谓之不雅。并已解上。○先谦案:见儒效篇。衣服有制,宫室有度,人徒有数,人徒,谓士卒胥徒也。丧祭械用皆有等宜,械,器也。皆有等级,各当其宜。○王念孙曰:杨注失之迂。宜,读为仪,(大雅文王篇"宜鉴于殷",大学引此"宜"作"仪"。楚语"采服之仪",春官注引此"仪"作"宜"。)仪与等,义相近。周官大司徒曰"以仪辨等则民不越",典命曰"掌诸侯之五仪、诸臣之五等之位",大行人曰"以九仪辨诸侯之命,等诸臣之爵",皆是也。"衣服有制,宫室有度,人徒有数",制、度、数与等、仪,义亦相近。哀公篇曰"人有五仪:有庸人,有士,有君子,有贤人,有大圣",谓人有此五等也。杨以仪为仪法,亦失之。声则凡非雅声者举废,举,皆。色则凡非旧文者举息,谓染彩画绩之事也。械用则凡非旧器者举毁。旧,谓三代故事。夫是之谓复古。是王

者之制也。复三代故事,则是复古,不必远举也。

王者之论:论,谓论说赏罚也,卢困反。○先谦案:<u>杨</u>说非。论,亦当读为伦,伦者,等也。言为君者能行此政,则是王者之等也。下文云“此五等者,王、霸、安存、危殆、灭亡之具也”,以王者之政为一等,与此可互证。<u>儒效</u>篇“人论”,<u>臣道</u>篇“人臣之论”,<u>王氏念孙</u>皆读为伦,而于此失之。**无德不贵,无能不官,无功不赏,无罪不罚,朝无幸位,民无幸生,**幸,侥幸也。**尚贤使能而等位不遗,**不遗,言各当其材。等位,等级之位也。**析愿禁悍而刑罚不过,**析,分异也。分其愿悫之民,使与凶悍者异也。悍,凶暴也。刑罚不过,但禁之而已,不刻深也。○<u>王念孙</u>曰:“析愿”二字义不可通,当从<u>韩诗外传</u>作“折暴”,字之误也。“折暴”与“禁悍”对文。下文曰“如是而可以诛暴禁悍矣”,<u>富国</u>篇曰“不足以禁暴胜悍”,皆以“暴”“悍”对文,则此亦当作“折暴禁悍”明矣。<u>杨</u>不得其解而为之词。又下文“抃急禁悍,防淫除邪”,“抃急”二字,语意不伦,当亦是“折暴”之误。下文“暴悍以变,奸邪不作”,正承此文而言,则当作“折暴禁悍”又明矣。<u>杨</u>云“抃当为析,急当为愿”,亦失之。又曰:“析”当为“折”。折之言制也。(<u>吕刑</u>“制以刑”,<u>墨子尚同</u>篇引作“折则刑”。<u>论语颜渊</u>篇“片言可以折狱者”,<u>郑</u>注:“<u>鲁</u>读折为制。”)愿,读为傆。<u>说文</u>:“傆,(音与愿同。)黠也。”言制桀黠之民,使畏刑也。作“愿”者,借字耳。余前说改“愿”为“暴”,未确。(<u>韩诗外传</u>作“折暴”,恐是以意改,未可援以为据。下文之“诛暴禁悍”,<u>富国</u>篇之“禁暴胜悍”,文各不同,皆未可据彼以改此。)又下文“抃急禁悍,防淫除邪”,“抃”亦当为“折”,“急”即“愿”之讹。前改“急”为“暴”,亦未确。(“急”与“暴”形声皆不相似,若本是“暴”字,无缘讹而为“急”。)**百姓晓然皆知夫为善于家而取赏于朝也,为不善于幽而蒙刑于显也。夫是之谓定论。是王者之论也。**定论,不易之论。论不易,则人知沮劝也。

王者之等赋、政事，财万物，所以养万民也。等赋，赋税有等。所以为等赋，及政事裁制万物，皆为养人，非贪利也。财与裁同。○刘台拱曰："所以"字当在"财万物"上。　王念孙曰："之"下当有"法"字。"王者之法"，乃总目下文之词。下文"是王者之法也"，正与此句相应。上文"王者之人"、"王者之制"、"王者之论"，皆上下相应，此文脱"法"字，则上下不相应矣。"等赋"二字连读。（杨云："赋税有等，所以为等赋。"富国篇云："等赋府库者，货之流也。"）政，读为正。言等地赋，正民事，以成万物而养万民也。（财者，成也，说见非十二子篇。）杨读"王者之等赋"为句，"政事财万物"为句，皆失之。**田野什一，**什税一也。**关市几而不征，**几，呵察也。但呵察奸人而不征税也。礼记"几"作"讥"。**山林泽梁以时禁发而不税，**石绝水为梁，所以取鱼也。非时则禁，及时则发。礼记曰"獭祭鱼，然后虞人入泽梁；草木零落，然后入山林"也。**相地而衰政，**相，视也。衰，差也。政为之轻重。政，或读为征。衰，初危反。○卢文弨曰：齐语正作"相地而衰征"，韦昭注云："视土地之美恶及所生出，以差征赋之轻重也。"**理道之远近而致贡，**理，条理也。贡，任土所贡也。谓若"百里赋纳总，二百里纳铚"之类也。王念孙曰：小雅信南山传曰："理，分地里也。"谓贡以远近分也。上句"相地而衰政"，衰与分，义相近。杨说未确。**通流财物粟米，无有滞留，**贸迁有无化居，不使有滞积也。**使相归移也。四海之内若一家，**归，读为馈。移，转也。言通商及转输相救，无不丰足，虽四海之广，若一家也。**故近者不隐其能，远者不疾其劳，**不隐其能，谓竭其才力也。不疾苦其劳，谓奔走来王也。**无幽间隐僻之国莫不趋使而安乐之。**幽，深也。间，隔也。言无有深隔之国不为王者趋使，而安乐政教也。○先谦案：富国篇"强暴之国，莫不趋使"。荀书多用"趋使"字。或疑"使"当为"便"，非。**夫是之谓人师，是王者之法也。**师，长也。言为政如此，乃可以长人也。师者,亦使人法效之者也。

北海则有走马吠犬焉,然而中国得而畜使之;海,谓荒晦绝远之地,不必至海水也。走马吠犬,今北地之大犬也。○卢文弨曰:冀之北土,马之所生。注"走马"下当有脱文。　先谦案:谢本不提行,今案当分段。注"地"字,各本脱,据宋台州本增。南海则有羽翮、齿革、曾青、丹干焉,然而中国得而财之;翮,大鸟羽。齿,象齿。革,犀兕之革。曾青,铜之精,可缋画及化黄金者,出蜀山、越巂。丹干,丹砂也,盖一名丹干。干,读为玕,胡旦反。或曰:丹,丹砂也。"干",当为"玕"。尚书禹贡"雍州,球、琳、琅玕",孔云:"石而似玉者。"尔雅亦云:"西北方之美者,有球、琳、琅玕焉。"皆出西方,此云南方者,盖南方亦有也。○王念孙曰:杨前说以丹干为丹砂,未知是否。后说以干为琅玕,非也,琅玕不得但谓之玕。正论篇云"加之以丹矸,重之以曾青,犀象以为树,琅玕、龙兹、华觐以为实","丹矸"即"丹干"也。既言"丹矸",又言"琅玕",则"丹干"之干非琅玕明矣。东海则有紫、绤、鱼、盐焉,然而中国得而衣食之;紫,紫贝也。绤,未详,字书亦无"绤"字,当为"蛣"。郭璞江赋曰"石蛣应节而扬葩",注云:"石蛣,龟形,春则生花。"盖亦蚌蛤之属。今案:本草谓之石决明,陶云:"俗传是紫贝,定小异,附石生,大者如手,明耀五色,内亦含珠。"古以龟贝为货,故曰"衣食之"。蛣,居怯反。○卢文弨曰:注"蛣",元刻作"蚼",同。今从宋本。　王引之曰:下文云"中国得而衣食之",则紫绤为可衣之物,鱼盐为可食之物,较然甚明。紫与茈通。管子轻重丁篇:"昔莱人善染,练茈之于莱纯锱,缣绤之于莱亦纯锱也。其周,中十金。"是东海有紫之证。"绤"当为"绤",右傍"谷"字与"去"相似。("绤"之讹"绤",犹"卻"之讹"却"也,说见荣辱篇。)葛精曰絺,粗曰绤。(周南葛覃传。)禹贡:"青州,厥贡盐絺,海物惟错。"有絺则有绤矣。管子轻重丁篇"东方之萌,带山负海,渔猎之萌也,治葛缕而为食”，言以葛为绤绤也。是东海有绤之证。紫与绤皆可以为衣，故曰“中国得而衣之”。**杨**注大误。**西海则有皮革、文旄焉，然而中国得而用之。**禹贡梁州“贡熊、罴、狐狸、织皮”，孔云：“贡四兽之皮。织皮，今之罽也。”旄，旄牛尾。文旄，谓染之为文彩也。**故泽人足乎木，山人足乎鱼，农夫不斫削、不陶冶而足械用，工贾不耕田而足菽粟。故虎豹为猛矣，然君子剥而用之。故天之所覆，地之所载，莫不尽其美，致其用，**物皆尽其美，而来为人用也。**上以饰贤良，下以养百姓而安乐之。**饰，谓车服。养，谓衣食。**夫是之谓大神。**能变通裁制万物，故曰“大神”也。○**郝懿行**曰：释诂：“神者，治也。”然则大神谓大治，犹礼运云“大，当也”。**杨**注以“变通裁制万物”为言，亦即大治之意。**诗曰：“天作高山，大王荒之。彼作矣，文王康之。”此之谓也。**诗，周颂天作之篇。荒，大也。康，安也。言天作此高山，使兴云雨，大王自**豳**迁焉，则能尊大之。彼**大王**作此都，**文王**又能安之也。

以类行杂，得其统类，则不患于杂也。**以一行万，**行于一人，则万人可治也。皆谓得其枢要也。**始则终，终则始，若环之无端也，舍是而天下以衰矣。**始，谓类与一也。终，谓杂与万也。言以此道为治，终始不穷，无休息，则天下得其次序，舍此则乱也。衰，初危反。○**王念孙**曰：“始终”二字，泛指治道而言。下文曰“君臣、父子、兄弟、夫妇，始则终，终则始”，义亦同也。始非谓类与一，终亦非谓杂与万。**天地者，生之始也；礼义者，治之始也；君子者，礼义之始也。**始，犹本也。言礼义本于君子也。**为之、贯之、积重之、致好之者，君子之始也。**言礼义以君子为本，君子以习学为本。贯，习也。积重之，谓学使委积重多也。致，极也。好之，言不倦也。○**王引之**曰：“君子之始也”，“之始”二字盖涉上三“之始”而衍。此言礼义为治之始，而为之贯之、积重之、致好之者，则君子也，故君子又为礼义之始。下文

"无君子则天地不理,礼义无统",仍是此意。此承上文"君子为礼义之始"而申言之,则"君子"下不当更有"之始"二字。**杨**云"君子以积学为本",则所见本已衍此二字。**故天地生君子,君子理天地。君子者,天地之参也,万物之揔也,民之父母也。**参,谓与之相参,共成化育也。揔,领也。○**卢文弨**曰:俗本又有"要也"二字,宋本、元刻皆无。**无君子则天地不理,礼义无统,上无君师,下无父子,夫是之谓至乱。君臣、父子、兄弟、夫妇,始则终,终则始,与天地同理,与万世同久,夫是之谓大本。**始则终,终则始,谓一世始。言上下尊卑,人之大本,有君子然后可以长久也。○**卢文弨**曰:注"谓一世始"句有误,疑当作"谓治世也"。**故丧祭、朝聘、师旅一也,**此已下,明君子礼义之治,为之制丧祭、朝聘之礼,所以齐一民各当其道,不使淫放也。下"一"之义皆同。○**卢文弨**曰:注"之治",旧作"之始",讹。 **王引之**曰:"师旅"二字,后人以意加之也。此言祭祀、宾客、丧纪之事,而师旅不与焉,故**杨**注但言丧祭、朝聘而不言师旅,则本无"师旅"二字明矣。**贵贱、杀生、与夺一也,**使民一于沮劝。**君君、臣臣、父父、子子、兄兄、弟弟一也,**使人一于恩义。**农农、士士、工工、商商一也。**使人一于职业。

　　水火有气而无生,草木有生而无知,生,谓滋长。知,谓性识。**禽兽有知而无义,**○**郝懿行**曰:释诂:"知者,匹也。"诗曰:"乐子之无知。"此草木有生无知之说也。曲礼曰:"禽兽无礼,故父子聚麀。"此禽兽有知无义之说也。**杨**注"知谓性识",是已。盖因有性识然后有匹偶,故此二义兼之乃备。**人有气、有生、有知,亦且有义,故最为天下贵也。**亦且者,言其中亦有无义者也。○**卢文弨**曰:"亦且"二字,乃谓异于禽兽,注误。**力不若牛,走不若马,而牛马为用,何也?曰:人能群,彼不能群也。人何以能群?曰:分。无分则争,争则不能群也。分何以能行?曰:义。故义以分则和,**言分义相须也。义，谓裁断也。○谢本从卢校作"曰以义"。　卢文弨曰：正文"曰以义"，元刻无"以"字。　王念孙曰：元刻无"以"字，（宋龚本同。）是也。"曰义"与"曰分"对文，（系辞传"何以守位曰仁，何以聚人曰财，理财正辞，禁民为非曰义"，亦以"曰义"对"曰仁""曰财"。）则不当有"以"字。宋本有"以"字者，涉上两"以"字而衍。　先谦案：元刻是，今依王说改。**和则一，一则多力，多力则强，强则胜物，故宫室可得而居也。**物不能害，所以安居。**故序四时，裁万物，**○先谦案：裁，亦成也，说见非十二子篇。**兼利天下，无它故焉，得之分义也。**以有分义，故能治天下也。**故人生不能无群，群而无分则争，争则乱，乱则离，离则弱，弱则不能胜物，故宫室不可得而居也，不可少顷舍礼义之谓也。能以事亲谓之孝，能以事兄谓之弟，能以事上谓之顺，能以使下谓之君。**能以，皆谓能以礼义也。**君者，善群也。**善能使人为群也。**群道当则万物皆得其宜，六畜皆得其长，群生皆得其命。**安其性命。**故养长时则六畜育，杀生时则草木殖，**杀生，斩伐。**政令时则百姓一，贤良服。圣王之制也。**时，谓有常。服，谓为之任使。**草木荣华滋硕之时则斧斤不入山林，不夭其生，不绝其长也；鼋鼍、鱼鳖、鳅鳣孕别之时，**别，谓生育，与母分别也。国语里革谏鲁宣公曰"鱼方别孕"，韦昭曰："自别于雄而怀子也。"**罜罳毒药不入泽，不夭其生，不绝其长也；**毒药，毒鱼之药，周礼雍氏"禁泽之沉者"也。**春耕、夏耘、秋收、冬藏四者不失时，故五谷不绝而百姓有余食也；污池、渊沼、川泽谨其时禁，**污，停水之处。谨，严也。**故鱼鳖优多而百姓有余用也；**用，谓食足之外可用贸易。**斩伐养长不失其时，故山林不童而百姓有余材也。**山无草木曰童。**圣王之用也，**用，财用也。**上察于天，下错于地，**顺天时以养地财也。错，千故反。**塞备天地之间，加施万物之上，**言圣王之用，使天地万物皆得其所。○王引之曰：

163

"塞備"二字，义不相属，"備"当为"滿"，字之误也。（"備"字，俗书作"俻"，"滿"字，俗书作"満"，二形相似，故传写多讹。管子霸言篇"文武具備"，今本"備"讹作"滿"。）塞滿天地之间，即承上"上察于天，下错于地"而言。**微而明，短而长，狭而广**，言用礼义，故所守者近，所及者远也。**神明博大以至约。**言用礼义治化，虽神明博大，原其本，至简约也。○先谦案：详文义，"以"当为"而"，与上三"而"字相配，反复言之。**故曰：一与一是为人者谓之圣人。**一与一，动皆一也。是，此也。以此为人者则谓之圣人也。○先谦案：与，读为举。（见下王注。）上言"以一行万"，是上之一也。丧祭、朝聘、师旅诸事，皆所以一民，是下之一也。以上之一举下之一，故曰"一举一"。富国篇云"故曰上一则下一矣"，义可互证。杨注未晰。

序官：谓王者序官之法也。○先谦案：乐论篇云"其在序官也，曰修宪命，审诛赏，禁淫声，以时顺修，使夷俗邪音不敢乱雅，太师之事也"，则序官是篇名。上文"王者之人"、"王者之制"等语，及各篇分段，首句类此者，疑皆篇名，应与下文离析，经传写杂乱，不可考矣。**宰爵知宾客、祭祀、飨食、牺牲之牢数，**宰，膳宰。爵，主掌也。飨食，飨宴也。周礼膳夫之属有庖人、兽人，皆掌牺牲。一曰：爵，官爵也。言膳宰之官爵掌牺牲之事者也。○俞樾曰：杨注二说皆未安。以爵为主掌，则既言主掌，不必更言知矣。以爵为官爵，则下文"司徒"、"司马"何独不言爵乎？今以下文例之，曰"司徒知百宗、城郭、立器之数，司马知师旅、甲兵、乘白之数"，上二字皆官名，则"宰爵"二字亦官名也。周官天官序官郑注曰："宰，主也。"然则宰爵者，主爵也。汉书百官公卿表："主爵中尉，秦官，掌列侯。"秦官之有主爵，殆本于古之宰爵乎？其所掌为列侯，故宾客、祭祀、飨食、牺牲之牢数无不与知。考主爵中尉所属有掌畜令丞，正合古制矣。学者徒以周官之膳宰说此文，遂失其解。**司徒知百宗、城郭、立器之数，**百宗，百族也。城郭，谓其小大也。立器,所立之器用也。周礼:"大司徒之职,掌建邦土地之图,与其人民之数。"立器,言五方器械异制,皆知其数,不使作奇伎奇器也。○先谦案:注"奇器",各本"奇"作"之",据宋台州本改正。

司马知师旅、甲兵、乘白之数。周礼:二千五百人为师,五百人为旅。"四井为邑,四邑为丘,四丘为甸",亦谓之乘。以其治田,则谓之甸;出长毂一乘,则谓之乘。每乘又有甲士三人,步卒七十二人。白,谓甸徒,犹今之白丁也。或曰:"白"当为"百",百人也。○郝懿行曰:"乘白"似不成文,"白"盖"甸"字,形近之讹。周礼"四丘为甸",注云:"甸之言乘。"诗曰"维禹甸之",甸即乘也,故此言乘甸矣。　刘台拱曰:管子乘马篇"白徒三十人,奉车两",又七法篇"以教卒练士,系驱众白徒",尹注云:"白徒,谓不练之卒,无武艺。"吕氏春秋决胜篇"厮舆白徒",高注云:"白衣之徒。"　王引之曰:白丁、白徒,皆不得但谓之白。窃谓白与伯同。逸周书武顺篇"五五二十五曰元卒,(此以二十五人为卒,与周官百人为卒不同。)四卒成卫曰伯",是百人为伯也。(淮南氾论篇曰:"队伯之卒。"兵略篇:"正行五,连什伯。"史记秦始皇纪曰:"蹑足行伍之间,而俑起什伯之中。")昭二十一年左传"不死伍乘,军之大刑也",彼言"伍乘",犹此言"乘伯"也。隐元年传"缮甲兵,具卒乘",彼言"甲兵""卒乘",犹此言"甲兵、乘伯"也。作"白"者,借字耳。(史记伍子胥传"伯嚭",吴越春秋作"白喜"。古钟鼎文多以"白"为"伯")。乘,乃"车乘"之"乘",非"四丘为甸"之"甸"。或谓"白"为"甸"之讹,尤非。(乘可言数,甸不可言数,"乘甸之数"则尤不成语。)**修宪命,**修宪法之命,所以表示人也。谓若以乐德教国子中和、祇庸、孝友之类也。**审诗商,**"诗商",当为"诛赏",字体及声之误。故乐论篇曰"其在序官也,修宪命,审诛赏",谓诛赏其所属之功过者。或曰:诗,谓四方之歌谣;商,谓商声哀思之音,如宁戚之悲歌也。○卢文弨曰:注中"谓诛赏"三字各本皆脱,今案文义补。

王引之曰:商,读为章。"章""商"古字通。(柴誓"我商赉女",商,徐邈音章。吕氏春秋勿躬篇"臣不如弦章",韩子外储说左篇作"弦商"。)太师掌教六诗,故曰"审诗章"。贾子辅佐篇曰"观民风俗,审诗商,命禁邪音,息淫声",语意略与此同,则"诗商"非"诛赏"之误明矣。且诛赏非太师之职,而商、赏声相近,乐论篇之"诛"字,恐转是后人所改。杨谓"诛赏其所属之功过者",曲为之说耳。(陈说同。又云:"诗章,雅也。淫声,夷俗邪音也,审之禁之,使不乱也。")**禁淫声**,周礼大司乐"禁其淫声、慢声",郑云:"淫声,郑、卫之音也。"**以时顺修**,谓不失其时而顺之修之。**使夷俗邪音不敢乱雅,大师之事也**。夷俗,谓蛮夷之乐。雅,正声也。大师,乐官之长。大,读曰太。**修堤梁**,堤,所以防水。梁,桥也。**通沟浍**,沟、浍,皆所以通水。周礼"十夫之田有沟,沟上有畛,千夫有浍,浍上有道"。郑云"沟广深各四尺,浍广二寻、深二仞"也。**行水潦**,行,巡行也,下孟反。**安水臧**,使水归其壑。安,谓不使漏溢。臧,才浪反。**以时决塞**,旱则决之,水则塞之,不使失时也。**岁虽凶败水旱,使民有所耘艾,司空之事也**。艾,读为刈。**相高下,视肥硗,序五种**,高下,原隰也。五种,黍、稷、豆、麻、麦。观其地所宜而种之。硗,若交反。**省农功**,省,观也。观其勤惰而劝之。**谨蓄藏**,谨,严。**以时顺修,使农夫朴力而寡能,治田之事也**。使农夫敦朴于力穑,禁其它能也。治田,田畯也。〇郝懿行曰:朴与朴异。朴,木素也。朴力寡能,谓力作朴素,技能寡少,故专治于田事。**修火宪**,不使非时焚山泽。月令二月:"无焚山林。"郑注周礼"宪,表也。主表其刑禁"也。**养山林薮泽草木鱼鳖百索**,百索,上所索百物也。〇郝懿行曰:索者,求也。百物供民,求索皆是。注以索为上索,非是。　王引之曰:"百索"二字义不可通,"索"当为"素",字之误也。"百素"即"百蔬"。富国篇曰:"荤菜百蔬。"鲁语曰:"能殖百谷、百蔬。"作"素"者,借字耳。月令曰:"取蔬食。"管子禁藏篇曰:"果蓏素食。"是"蔬""素"古字通。杨望文生义而非其本旨。**以时禁发**,禁,谓为之厉禁。发,谓许民采取。**使国家足用而财物不屈,虞师之事也**。屈,竭也。虞师,周礼山虞、泽虞也。**顺州里,使之和顺**。**定廛宅**,廛,谓市内百姓之居。宅,谓邑内居也。定其分界,不使相侵夺也。○郝懿行曰:廛、宅,皆谓邑里之居。在市曰舍,在田曰庐。此以廛宅并言,则廛在市,宅在邑。**养六畜**,劝人养之也。**间树艺**,树艺,种树及桑柘也。间之,使疏密得宜也。○郝懿行曰:间,更代也。树艺者,五谷也。间代,谓田分上中下三等,岁一易之,三岁而遍,更代休息,美恶同之。详见周礼地官及汉食货志。 王念孙曰:间与闲同。尔雅:"闲,习也。"谓习树艺之事也。 先谦案:王说是。**劝教化,趋孝弟**,劝之使从教化,趋之使敦孝弟。趋,读为促。**以时顺修,使百姓顺命,安乐处乡,乡师之事也**。乡师,公卿也。周礼:"乡老,二乡公一人;乡大夫,每乡卿一人。"**论百工**,论其巧拙。月令曰"物勒工名,以考其诚,功有不当,必行其罪"也。**审时事**,考工记曰"天有时,地有气,材有美,工有巧,合此四者,然后可以为良",月令曰"监工日号,毋悖于时",皆审其时之事也。**辨功苦**,功,谓器之精好者。苦,谓滥恶者。韦昭曰:"功,坚。苦,脆也。"**尚完利**,完,坚也。利,谓便于用,若车之利转之类也。**便备用,使雕琢文采不敢专造于家,工师之事也**。专造,私造也。**相阴阳**,相,视也。阴阳,谓数也。**占祲兆**,占,占候也。祲,阴阳相侵之气,赤黑之祲,是其类也。兆,谓龟兆也。或曰:兆,萌兆。谓望其云物,知岁之吉凶也。**钻龟陈卦**,钻龟,谓以火爇荆菙灼之也。陈卦,谓揲蓍布卦也。**主攘择五卜**,攘择,攘除不祥,择取吉事也。五卜,洪范所谓"曰雨、曰霁、曰蒙、曰驿、曰克"。言兆之形也。**知其吉凶妖祥,伛巫、跛击之事也**。击,读为觋,男巫也。古者以废疾之人主卜筮巫祝之事,故曰"伛巫、跛觋"。觋,胡狄反。**修采清**,修其采清之事。采,谓采去其秽;清,谓使之清洁,皆谓除道路秽恶也。周礼"蜡氏掌除骴,凡国之大祭祀,令州里除不蠲"也。〇俞樾曰:"採"乃"埰"字之误。方言曰"冢,秦、晋之间谓之埰"是也。清者,说文广部:"厕,清也。"急就篇:"屏厕清溷,粪土壤。"字亦作"圊"。玉篇□部:"圊,圂圊也。"盖墟墓之间,清溷之处,皆秽恶所积聚,故必以时修治之也。杨注非。**易道路**,修而平之。**谨盗贼**,谨,严禁也。周礼野庐氏职曰:"有相翔者诛之。"**平室律**,平,均布也。室,逆旅之室。平其室之法,皆不使容奸人,若今五家为保也。〇郝懿行曰:"室律"二字,不成文理,疑"律"当为"肆"字之讹。室谓庐舍,如市楼、候馆之属是也。肆谓廛肆,如粟帛牛马各有行列是也。故下遂云"以时顺修,使宾旅安而货财通,治市之事也"。事见周礼地官。**以时顺修,使宾旅安而货财通**,〇王引之曰:宾客之事,非治市者所掌,且与通货财无涉,"宾"当为"賨",字之误也。说文:"賨,行贾也,从贝,商省声。"今通用"商"字。考工记"通四方之珍异以资之,谓之商旅",郑注曰:"商旅,贩卖之客也。"月令曰:"易关市,来商旅,纳货贿。"故曰"使賨旅安而货财通,治市之事也"。王霸篇"商旅安,货财通",是其明证矣。(今本"货财通"误作"货通财"。)今经传以"商"代"賨","商"行而"賨"遂废。此"賨"字若不误为"宾",则后人亦必改为"商"矣。**治市之事也**。此皆周礼野庐氏之职。今云"治市",盖七国时设官不同,治市之官兼掌道路,不必全依周礼制,据当时职事言之也。**抏急禁悍**,"抏"当为"析","急"当为"愿",已解上也。〇先谦案:"抏"当为"折",说见上。**防淫除邪**,戮之以五刑,使暴悍以变,奸邪不作,司寇之事也。**本政教**,正法则,兼听而时稽之,稽,计也,考也。周礼太宰"岁终则令百官府各正其治,受其会,而诏王废置,三岁则大计"也。**度其功劳,论其庆赏,以时慎修,使百吏免尽而众庶不偷,冢宰之事也**。〇卢文弨曰:自"度其功劳"下至末,各本皆无注,文脱耳。"免尽"之"免",与勉同。汉书薛宣传"宣因移书劳免之",谷永传"闵免遁乐",

荀子集解

皆以"免"为"勉"。 王念孙曰："免尽"，当为"尽免"。免与勉同。尽勉，皆勉也。"勉"与"偷"对文。君道篇曰："赏免罚偷。"（今本"免"讹作"克"，辩见君道。）**论礼乐，正身行，广教化，美风俗，兼覆而调一之，辟公之事也。全道德，致隆高，綦文理，一天下，振毫末，**○先谦案：言虽毫末之微，必振而起之。正论篇云："一物失称，乱之端也。"此荀子论治之要。**使天下莫不顺比从服，天王之事也。故政事乱则冢宰之罪也；国家失俗则辟公之过也；天下不一，诸侯俗反，则天王非其人也。**

  具具而王，具具而霸，具具而存，具具而亡。○先谦案：与上文"知此三具者"相应。具具者，王霸存亡之具毕具也。王霸篇云"然后养五綦之具具也"，句义与此同。**用万乘之国者，威强之所以立也，名声之所以美也，敌人之所以屈也，国之所以安危臧否也，制与在此，亡乎人。**○王念孙曰：与读为举。（说见经义述闻礼运。）举，皆也。亡，不在也。（说见经义述闻穀梁传僖三十一年。）言其制皆在此而不在乎人也。下文"制与在我亡乎人"同。**王、霸、安存、危殆、灭亡，制与在我，亡乎人。夫威强未足以殆邻敌也，名声未足以县天下也，**○先谦案：县天下，言能县衡天下，为四海持平也。说详强国篇。**则是国未能独立也，岂渠得免夫累乎！**○卢文弨曰：案渠与遽同。**天下胁于暴国，而党为吾所不欲于是者，日与桀同事同行，无害为尧，**○先谦案：方言："党，知也，楚谓之党。"吾所不欲，即谓胁于暴国也。于是时而后知为吾所不欲，与桀同事而无害为尧，为时晚矣。功名安危所系，当在国家闲暇之日也。举尧、桀者，圣君暴君之极也。议兵篇"以桀诈尧"，天论篇"不为尧存，不为桀亡"，正论篇"有埶辱无害为尧，有埶荣无害为桀"，并尧、桀对举。**是非功名之所就也，非存亡安危之所堕也。**○俞樾曰："堕"字义不可通，当作"随"，字之误也。随，从也。言非存亡安危之所从也。**功**

名之所就,存亡安危之所堕,必将于愉殷赤心之所。○郝懿行曰:殷者,盛也。言全盛之日,孟子所谓"国家闲暇,及是时明政刑"之日也。下"殷之日"同。　先谦案:释诂:"愉,乐也。"愉殷者,当殷盛之时而愉乐。素问风论注:"赤者,心色也。"赤心者,本心不杂贰。礼记檀弓疏所谓"处所",下同。**诚以其国为王者之所,亦王;以其国为危殆灭亡之所,亦危殆灭亡。殷之日,案以中立无有所偏而为纵横之事,偃然案兵无动,**○郝懿行曰:此云"案以",下云"安以","安""案"字亦同。荀书多用"安""案"为语助辞,如它书"焉"字"于"字之例。唯"案兵"之"案"与按同。按者,抑也,止也。"纵横"当作"从衡",古书皆然,荀书亦必作"从衡",俗妄改之。　先谦案:"殷之日",与王霸篇"济之日"句法一律。**以观夫暴国之相卒也。**○俞樾曰:"卒",当作"捽"。国语晋语"戎夏交捽",韦注曰:"捽,交对也。"彼云"交捽",此云"相捽",义正同。**案平政教,审节奏,砥砺百姓,为是之日,而兵刬天下劲矣;**○先谦案:此句与下"名声刬天下之美矣"相配为文,"劲"上当有"之"字,刬,读与专同。**案然修仁义,伉隆高,正法则,选贤良,养百姓,**○俞樾曰:"然",衍字。"案"乃语词。上文云"案平政教,审节奏,砥砺百姓",与此文一律,可证。**为是之日,而名声刬天下之美矣。权者重之,**○先谦案:下"兵劲""名声美",皆承上言之。此云"权者重之",上无所承,疑有夺文。**兵者劲之,名声者美之。夫尧、舜者,一天下也,不能加毫末于是矣。**○先谦案:夫,犹彼也。言如此,则彼尧、舜所以一天下,无以加之。**权谋倾覆之人退,则贤良知圣之士案自进矣;刑政平,百姓和,国俗节,则兵劲城固,敌国案自诎矣;务本事,积财物,而勿忘栖迟薛越也,**○卢文弨曰:"薛越",即"屑越",后同。**是使群臣百姓皆以制度行,则财物积,国家案自富矣。三者体此而天下服,暴国之君案自不能用其兵矣。何则?彼无与至也。彼其**

所与至者，必其民也，其民之亲我也欢若父母，好我芳若芝兰；反顾其上则若灼黥，若仇雠。彼人之情性也虽桀、跖，岂有肯为其所恶贼其所好者哉！彼以夺矣。○郭嵩焘曰：承上文“王夺之人”言，彼所有之人已为我夺也。故古之人有以一国取天下者，非往行之也，修政其所莫不愿，如是而可以诛暴禁悍矣。故周公南征而北国怨，曰：“何独不来也？”东征而西国怨，曰：“何独后我也？”孰能有与是斗者与？○谢本从卢校作“就能”。王引之曰：“就”字义不可通，当是“孰”字之误。“孰”“就”字相似。又补校云：旦本“就”正作“孰”。先谦案：王说是，今从旦本。安以其国为是者王。殷之日，安以静兵息民，慈爱百姓，辟田野，实仓廪，便备用，安谨募选阅材伎之士；然后渐赏庆以先之，严刑罚以防之，择士之知事者使相率贯也，是以厌然畜积修饰而物用之足也。○先谦案：厌然，犹安然，说见儒效篇。“之”字衍。兵革器械者，彼将日日暴露毁折之中原，○卢文弨曰：“日日”，元刻作“日月”，下并同。我今将修饰之，拊循之，掩盖之于府库；货财粟米者，彼将日日栖迟薛越之中野，我今将畜积并聚之于仓廪；材技股肱、健勇爪牙之士，彼将日日挫顿竭之于仇敌，我今将来致之、并阅之、砥砺之于朝廷。如是，则彼日积敝，我日积完；彼日积贫，我日积富；彼日积劳，我日积佚。君臣上下之间者，彼将厉厉焉日日相离疾也，我今将顿顿焉日日相亲爱也，○先谦案：庄子人间世释文：“厉，疾也。”重言之曰厉厉。顿，读曰敦。诗“顿丘”，尔雅释丘作“敦丘”，是其证。礼乐记“敦乐而无忧”，注：“敦，厚也。”重言之曰敦敦。顿顿，犹敦敦，相亲厚之意也。以是待其敝。安以其国为是者霸。立身则从佣俗，事行则遵佣故，进退贵贱则举佣士，○卢文弨曰：句。郝懿行曰：佣与庸同。庸者，常也。诗云“昊天不佣”，韩诗作“庸”，是“庸”“佣”通。下云“则庸宽惠”，此

"庸"训用。**之所以接下之人百姓者则庸宽惠，**○先谦案：荀书多以"之"为"其"。富国篇"以夺之财，以夺之食，以难其事"，二"之"字与"其"连文，亦训为其。王霸篇"之所与为之者之人"，以下二"之"字同。**如是者则安存。**○卢文弨曰：仅免于危亡而已。**立身则轻楛，事行则蠲疑，进退贵贱则举佞侻，**○郝懿行曰：楛与苦同，谓脆恶也。蠲者，明也。谓喜明察而好狐疑也。侻与脱同，亦与悦同。谓喜近小人也。修身篇有"佞兑"字，则侻与兑同，当训为悦。谓谝佞容悦也。　先谦案："侻"盖"兑"字，后人加"人"旁耳。说见修身篇。**之所以接下之人百姓者则好取侵夺，**○王念孙曰：吕本作"好取侵夺"，钱本无"取"字。卢从吕本。案"取"与"侵夺"意复，且不词，作"好侵夺"者是也。上文云"之所以接下之人百姓者则庸宽惠"，句法正与此同。　先谦案：富国篇云"虽好取侵夺，犹将寡获也"，可见荀书自有此语。钱本无"取"字者，亦疑为不词而删之耳。古书不当辄改。谢本从卢校有"取"字，今仍之。**如是者危殆。立身则悁暴，事行则倾覆，进退贵贱则举幽险诈故，**○卢文弨曰：宋本有一"人"字，衍。元刻无。　先谦案：故，亦诈也，说见王霸篇。**之所以接下之人百姓者，则好用其死力矣，而慢其功劳，好用其籍敛矣，而忘其本务，如是者灭亡。此五等者，不可不善择也，王、霸、安存、危殆、灭亡之具也。善择者制人，不善择者人制之；善择之者王，不善择之者亡。夫王者之与亡者，制人之与人制之也，是其为相县也亦远矣。**○卢文弨曰：篇末自"具具而王"至此，文义浅杂，当是残脱之余，故不注耳。

荀子卷第六

富国篇第十

万物同宇而异体，同生宇内，形体有异。无宜而有用虽于人无常定之宜，皆有可用人之理，必在理得其道，使之不争，然后可以富国也。○先谦案：虞、王本注"用"下无"人"字，是，各本衍。为人，数也。○王念孙曰："无宜而有用为人"为一句，"数也"为一句。为，读曰于。（"为""于"二字，古同声而通用，说见释词"为"字下。）言万物于人虽无一定之宜，而皆有用于人，数也。"数也"云者，犹言道固然也。（吕氏春秋壅塞篇"寡不胜众，数也"，高注："数，道数也。"）"数也"与下文"生也"对文。杨以"为人数也"四字连读，而下属为义，故失之。人伦并处，同求而异道，同欲而异知，伦，类也。并处，群居也。其在人之法数，则以类群居也。同求异道，谓或求为善，或求为恶。此人之性也。生也。○王念孙曰：生，读为性，故杨注云："此人之性也。""生也"二字，本在杨注"伦，类也"之上，今本误在杨注下，与下文相连。皆有可也，知愚同；所可异也，知愚分。可者，遂其意之谓也。埶同而知异，行私而无祸，纵欲而不穷，则民心奋而不可说也。祸，患也。穷，极也。奋，谓起而争竞也。说，读为悦。若，纵其性情而无分,则民心奋起争竞而不可悦服也。**如是,则知者未得治也,知者未得治则功名未成也**,功名之立,由于任智。**功名未成则群众未县也**,有功名者居上,无功名者居下,然后群众县隔。若未有功名,则群众齐等也。**群众未县则君臣未立也**。既无县隔,则未有君臣之位也。**无君以制臣,无上以制下,天下害生纵欲**。无上下相制,则天下之害生于各纵其欲也。○先谦案:承上"纵欲不穷"申言之。**欲恶同物,欲多而物寡,寡则必争矣**。同物,谓饮食男女,人之大欲存焉;死亡贫苦,人之大恶存焉:是贤愚同有此情也。无君上之制,各恣其欲,则物不能赡,故必争之也。**故百技所成,所以养一人也**。技,工也。一人,君上也。言百工所成之众物以养一人,是物多而所奉者寡,故能治也。○汪中曰:此言一人之身而百工之所为备耳,注非。**而能不能兼技**,虽能者亦不兼其技功,使有分也。谓梓匠轮舆各安其业则治,杂之则乱也。**人不能兼官**,皆使专一于分,不二事也。谓若夔典乐、稷播种之类也。**离居不相待则穷,群而无分则争**。不相待,遗弃也。穷,谓为物所困也。此言不群则不可,群而无分亦不可也。**穷者患也,争者祸也,救患除祸,则莫若明分使群矣**。此已上皆明有分则能群,然后可以富国也。**强胁弱也,知惧愚也,民下违上,少陵长,不以德为政**,德,谓教化,使知分义也。**如是,则老弱有失养之忧,而壮者有分争之祸矣**。老弱不能自存,故忧失养;壮者以力相胜,故有分争也。**事业所恶也,功利所好也,职业无分**,事业,谓劳役之事,人之所恶。职业,谓官职及四人之业。必使各供其职,各从所务,若无分,则莫不恶劳而好逸也。**如是,则人有树事之患,而有争功之祸矣**。树,立也。若无分,则人人患于树立己事而争人之功,以此为祸也。**男女之合,夫妇之分**,合,配也。分,谓人各有偶也。**婚姻娉内送逆无礼**,妇之父为婚,婿之父为姻。言婚姻者,明皆以二人之命也。聘,问名也。内,读曰纳,纳币也。送,致女。逆,亲迎也。○卢文弨曰:娉,说文:"问也,匹正切。"广韵云:"娶也。"后人入诗,作平声,"娉婷"讹甚。注作"聘",今字。**如是,则人有失合之忧,而有争色之祸矣。**失合,谓丧其配偶也。**故知者为之分也。**知,如字。知者,谓知治道者。又读为智,皆通。

　　足国之道,明富国之术也。**节用裕民而善臧其余。**裕,谓优饶也。善臧其余,谓虽有余,不耗损而善藏之。○卢文弨曰:"臧",古"藏"字。正文从古,注以今文解之,杨氏往往如此。　　先谦案:群书治要句末有"也"字。**节用以礼,裕民以政。**以礼,谓用不过度。以政,谓取之有道也。**彼裕民,故多余。**人得优饶,务于力作,故多余也。**裕民则民富,民富则田肥以易,**易,谓耕垦平易。**田肥以易则出实百倍。**所出谷实多也。**上以法取焉,而下以礼节用之,**法取,谓什一也。以礼节用,谓不妄耗费也。**余若丘山,不时焚烧,无所臧之,**以言多之极也。**夫君子奚患乎无余?**以墨子忧不足。○先谦案:群书治要句末有"也"字。**故知节用裕民,则必有仁义圣良之名,而且有富厚丘山之积矣。**名实皆美。**此无它故焉,生于节用裕民也。不知节用裕民则民贫,民贫则田瘠以秽,**贫则力不足,耕耨失时也。**田瘠以秽则出实不半,**不得其半。**上虽好取侵夺,犹将寡获也,而或以无礼节用之,**○谢本从卢校"节"作"而"。

　　卢文弨曰:元刻作"无礼节用之"。　　王念孙曰:元刻是也。上文云"上以法取焉,而下以礼节用之",(杨注:"以礼节用,谓不妄耗费也。")与此三句正相反,是其证。群书治要正作"以无礼节用之"。(旦、钱本、世德堂本同。)　　先谦案:王说是。今从元刻。**则必有贪利纠诉之名,而且有空虚穷乏之实矣。**纠,察也。诉,发人罪也。诉音矫。○王念孙曰:纠,收也。诉,读为挢,(音矫。)取也。言贪利

175

而收取之也。僖二十四年左传注云:"纠,收也。"方言云:"挢捎,选也。自关而西,秦、晋之间,凡取物之上谓之挢捎。"淮南要略览"取挢掇",高注云:"挢,取也。"即上文之"好取侵夺"也。杨注于贪利外别生支节矣。**此无它故焉,不知节用裕民也。康诰曰:"弘覆乎天,若德裕乃身。"此之谓也。**弘覆如天,又顺于德,是乃所以宽裕汝身。言百姓与足,君孰不足也。○卢文弨曰:宋本正文并引"不废在王庭"句,注无解,今依元刻去之。注"百姓与足"二句,又见第二十卷注中,不必定依今论语改此文。**礼者,贵贱有等,长幼有差,贫富轻重皆有称者也。**称,尺证反。○卢文弨曰:旧本不提行,今案当分段。 先谦案:上言"裕民以政",下结云"夫是之谓以政裕民",应为一段,旧本是,卢说非也。今正。**故天子袾裷衣冕,**"袾",古"朱"字。裷与衮同。画龙于衣,谓之衮。朱衮,以朱为质也。衣冕,犹服冕也。**诸侯玄裷衣冕,**谓上公也。周礼"公之服,自衮冕而下,如王之服"也。**大夫裨冕,**衣裨衣而服冕,谓祭服也。天子六服,大裘为上,其余为裨。裨之言卑也。以事尊卑服之,诸侯以下亦服焉,鷩冕、绨冕皆是也。**士皮弁服。**皮弁,谓以白鹿皮为冠,象上古也。素积为裳,用十五升布为之。积,犹辟也。辟襞其腰中,故谓之素积也。**德必称位,位必称禄,禄必称用。由士以上则必以礼乐节之,众庶百姓则必以法数制之。**君子用德,小人用刑。**量地而立国,**谓若王制天子之县内九十三国也。**计利而畜民,**谓若周制计一乡地利所出,畜万二千五百家。**度人力而授事,**谓若一夫受田百亩。**使民必胜事,事必出利,利足以生民,皆使衣食百用出入相掩,**百用,杂用,养生送死之类。出,出财也。入,入利也。掩,覆盖也。出入相掩,谓量入为出,使覆盖不乏绝也。○王念孙曰:尔雅曰:"弇,同也。"方言曰:"掩,同也。"周颂执竞传曰:"奄,同也。""弇""奄""掩""掩"并通。出入相同,谓不使出数多于入数也。杨训掩为覆盖,失之。**必时臧**

余,谓之称数。足用有余,则以时臧之,此之谓有称之术数也。故自天子通于庶人,事无大小多少,由是推之。故曰:朝无幸位,民无幸生。此之谓也。上下所为之事,皆以称数推之,故无徼幸之徒。无德而禄,谓之幸位;惰游而食,谓之幸生也。轻田野之税,平关市之征,平,犹除也。谓几而不征也。省商贾之数,省,减也。谓使农夫众也。罕兴力役,无夺农时,如是,则国富矣。夫是之谓以政裕民。此以政优饶民之术也。〇先谦案:群书治要句末有"也"字。

人之生,不能无群,群而无分则争,争则乱,乱则穷矣。穷,困。故无分者,人之大害也;有分者,天下之本利也;"本"当为"大"。而人君者,所以管分之枢要也。枢,户枢也。故美之者,是美天下之本也;美,谓美其有分。〇卢文弨曰:"美之""安之""贵之",三"之"字皆谓人君。安之者,是安天下之本也;贵之者,是贵天下之本也。古者先王分割而等异之也,以分割制之,以等差异之。故使或美或恶,或厚或薄,或佚或乐,或劬或劳,美,谓褒宠;恶,谓刑戮。厚薄,贵贱也。在位则佚乐,百姓则劬劳也。〇王念孙曰:下二句本作"或佚乐,或劬劳"。"美"与"恶"对,"厚"与"薄"对,"佚乐"与"劬劳"对。今本"乐"上"劳"上又有两"或"字,即涉上文而衍。据杨注云"在位则佚乐,百姓则劬劳",则正文本作"或佚乐,或劬劳"明矣。群书治要同。非特以为淫泰夸丽之声,将以明仁之文、通仁之顺也。仁,谓仁人也。言为此上事不唯使人瞻望,自为夸大之声,将以明仁人乃得此文饰,言至贵也;通仁人乃得此顺从,言不违其志也。〇俞樾曰:"声"字衍文。荀子原文盖作"非特以为淫泰夸丽也",因"也"字误作"之",后人妄加"声"字耳。下文云"非特所以为淫泰也",句法与此同,是其证。 先谦案:此言先王将欲施仁于天下,必先有分割等异,乃可以明其文而通其顺;若无分割等异,则无文不顺,即仁无所施矣。杨注非。故为之雕琢、刻镂、黼黻、文章,玉谓之雕,亦谓之琢。木谓之刻,金谓之镂。白与黑谓之黼,黑与青谓之黻,青与赤谓之文,赤与白谓之章。**使足以辨贵贱而已,不求其观;**不求使人观望也,古乱反。○卢文弨曰:不求其观,言非以此为观美也。**为之钟鼓、管磬、琴瑟、竽笙,使足以辨吉凶,合欢定和而已,不求其余;**和,谓和气。余,谓过度而作郑、卫者也。**为之宫室台榭,使足以避燥湿,养德辨轻重而已,不求其外。**德,谓君上之德。轻重,尊卑也。外,谓峻宇雕墙之类也。**诗**曰:**"雕琢其章,金玉其相。亹亹我王,纲纪四方。"此之谓也。**诗,大雅棫朴之篇。相,质也。亹亹,劝勉之貌。言雕琢为文章,又以金玉为质,勉力为善,所以纲纪四方也。与诗义小异也。**若夫重色而衣之,重味而食之,重财物而制之,合天下而君之,**重,多也。直用反。**非特以为淫泰也,固以为王天下,**○先谦案:"王天下","王"字无义。此自属人君言,不得更言"王天下","王"当为"一",字之误也。儒效、王制、王霸、君道、强国诸篇,屡言"一天下",非十二子篇云"一天下,财万物,长养人民,兼利天下",语意正与此同,亦作"一天下",尤其明证。**治万变,材万物,**材与裁同。○先谦案:非十二子、儒效、王制、富国诸篇并作"财万物","材",疑当为"财"。群书治要作"裁",王制篇一作"裁"。**养万民,兼制天下者,**○先谦案:非十二子篇作"兼利天下",以文义推之,"兼利"是也。"利""制"形近而讹。王霸篇云"国者,天下之制利用也",杨注:"制,衍字耳。""制""利"因相似误衍,即其证。**为莫若仁人之善也夫! 故其知虑足以治之,其仁厚足以安之,其德音足以化之,得之则治,失之则乱。百姓诚赖其知也,故相率而为之劳苦以务佚之,以养其知也;**知,读为智。○先谦案:群书治要两"知"字并作"智"。**诚美其厚也,故为之出死断亡以覆救之,以养其厚也;**厚,恩厚也。出死,谓出身致死。断,犹判也。言判其死亡也。覆,盖蔽也。断,丁乱反。○卢文弨曰:正文末一"也"字,各本俱

荀子集解

缺，今依上下例增。　先谦案：宋台州本不缺"也"字，群书治要同。

诚美其德也，故为之雕琢、刻镂、黼黻、文章以藩饰之，以养其德也。有德者宜备藩卫文饰也。**故仁人在上，百姓贵之如帝，**天帝也。**亲之如父母，为之出死断亡而愉者，**愉，欢。〇王念孙曰：愉，读为偷。"愉"上当有"不"字。出死断亡而不愉者，民皆死其君事而不偷生也。杨所见本已脱"不"字，故误以愉为"欢愉"之愉。下文"为之出死断亡而愉"，"愉"上亦脱"不"字。王霸篇曰"为之出死断亡而不愉"，群书治要引作"不偷"，足正此篇之误。杨不知"愉"为古"偷"字，反以"不"为衍文，谬矣。说文"偷薄"字本作"愉"，从心，俞声。尔雅"佻，偷也"，小雅鹿鸣传作"佻，愉也"。周官大司徒"则民不愉"，桓七年公羊传注"则民不愉"，坊记注"不愉于死亡"，释文并音偷。汉繁阳令杨君碑"不愉禄求趋"，亦与"偷"同。（唐风山有枢篇"他人是愉"，郑笺："愉，读为偷。"大戴礼文王官人篇"欲色呕然以愉"，逸周书"偷"作"愉"。）经传中"愉"字或作"偷"者，皆后人所改也。此篇之"出死断亡而不愉"，若非脱去"不"字，则后人亦必改为"偷"矣。**无它故焉，其所是焉诚美，其所得焉诚大，其所利焉诚多。**是，谓可其意也。言百姓所得者多，故亲爱之也。〇先谦案：群书治要有"也"字。**诗曰："我任我辇，我车我牛，我行既集，盖云归哉！"此之谓也。**诗，小雅黍苗之篇。引此以明百姓不惮勤劳以奉上也。郑云："集，犹成也。盖，犹皆也。转饷之役，有负任者，有挽辇者，有将车者，有牵傍牛者。事既成，召伯则皆告之云可以归矣。"〇卢文弨曰：注末，宋本作"云可归哉"。**故曰：君子以德，小人以力。**君子以德抚下，故百姓以力事上也。**力者，德之役也。**力为德所使役。**百姓之力，待之而后功；**百姓虽有力，待君上所使然后有功也。〇王念孙曰：如杨说，则"功"上须加"有"字，而其义始明。今案：力者，功也。（论语曰："管仲之力也。"）待之而后功，功者，成也，言百姓之功待君而后成也。下文曰"百姓之群,待之而后和;百姓之财,待之而后聚;百姓之势,待之而后安;百姓之寿,待之而后长","和""聚""安""长"与"功"相对为文,是功为成也。尔雅曰:"功,成也。"大戴礼盛德篇曰:"能成德法者为有功。"周官稾人"乃入功于司弓矢及缮人",郑注曰:"功,成也。"管子五辅篇曰"大夫任官辩事,官长任事守职,士修身功材",言修身成材也。庄子天道篇曰"帝王无为而天下功",言无为而天下成也。　先谦案:王说辨矣。然此"功"字不训成。王训功为成,则百姓之力训为百姓之功,上文"小人以力,力者,德之役也",二"力"字又岂能训为功乎? 今案:待之而后功者,待之而后有功也。有功为功,荀书自有此语。王霸篇"事至佚而功",强国篇"不烦而功",君道篇、君子篇"不动而功",臣道篇"庆然后功",下文"使而功",及"爱而后用之,不如爱而不用者之功也",义并与此同。**百姓之群,待之而后和;百姓之财,待之而后聚;百姓之埶,待之而后安;百姓之寿,待之而后长。**皆明待君上之德化,然后无争夺相杀也。**父子不得不亲,兄弟不得不顺,男女不得不欢,少者以长,老者以养。故曰:"天地生之,圣人成之。"此之谓也。**古者有此语,引以明之也。**今之世而不然:**○先谦案:而,犹则也,见释词。**厚刀布之敛以夺之财,重田野之税以夺之食,苛关市之征以难其事。**苛,暴也。征,亦税也。苛关市之征,出入卖买皆有税也。使货不得通流,故曰"难其事"。**不然而已矣,**不唯如此而已。**有挤揳伺诈,权谋倾覆,以相颠倒,以靡敝之,**有,读为又。挤,撼其事。揳,举其过。伺,候其罪。诈,伪其辞。颠倒,反覆也。靡,尽也。敝,败也。或曰:靡,读为糜。糜,散也。敝,尽也。○卢文弨曰:案礼记少仪"国家靡敝",释文:"亡皮切。"正义亦有"靡,散"一训。**百姓晓然皆知其污漫暴乱而将大危亡也。**污、漫,皆秽行也。漫,莫半反。**是以臣或弑其君,下或杀其上,粥其城,倍其节,而不死其事者,无它故**

焉，人主自取之。粥其城，谓以城降人，以为己利。节，忠节也。此皆由上无恩德，故下亦倾覆之。○先谦案：群书治要句末有"也"字。诗曰："无言不雠，无德不报。"此之谓也。诗，大雅抑之篇。

　　兼足天下之道在明分。○先谦案：此"明分"，与上"明分使群"同义。掩地表亩，掩地，谓耕田，使土相掩。表，明也。谓明其经界，使有畔也。○王引之曰："掩地"二字义不可通。"掩"，疑"撩"之讹。说文："撩，理也。"（广雅同。）一切经音义十四："撩，力条反。"通俗文云："理乱谓之撩理。"今多作"料量"之"料"字也。（以上一切经音义）。撩地表亩，谓理其地、表其亩也。"撩"字俗书作"撩"，与"掩"相似而误。杨云"掩地，谓耕田，使土相掩"，迂回而难通矣。刺屮殖谷，刺，绝也。"屮"，古"草"字。多粪肥田，是农夫众庶之事也。守时力民，守时，敬授人时。力民，使之疾力。进事长功，进其事业，长其功利。和齐百姓，使人不偷，是将率之事也。将率，犹主领也，若今宰守。○俞樾曰：此言足天下之道。前后皆言农事，而此云"是将率之事"，杨注曲为之说，未为得也。盖古之为将率者，其平时即州长、党正之官。周官州长职"若国作民而师田行役之事，则帅而致之，掌其戒令与其赏罚"，郑注曰："掌其戒令赏罚，则是于军因为师帅。"贾疏曰："云'因为师帅'者，若众属军吏，别有军吏掌之，何得还自掌？故知因为师帅也。但在乡为州长，已管其民，在军还领己民为师帅，即是因内政寄军令也。"又党正职注曰："亦于军因为旅帅。"族师职注曰："亦以军因为卒长。"以是推之，闾胥即为两司马，比长即为伍长，夏官序官疏曰"闾胥以下虽不言，因为义可知"是也。此云"将率"，即指州长、党正之属，从其在军之名而称之曰"将率"，正见内政、军令之可通。杨注未达斯旨。高者不旱，下者不水，寒暑和节而五谷以时孰，是天下之事也。是天下丰穰之事，非由人力也。○王念孙曰："天下之事"当作"天之事"。不旱不水，寒暑和节，此皆出于天而非人之所能为，故曰"是天之事"，正对下文"是圣君贤相之事"而言。今本"天下"之"下"，乃涉上文"下者"而衍。杨曲为之说，非。**若夫兼而覆之，兼而爱之，兼而制之，岁虽凶败水旱，使百姓无冻馁之患，则是圣君贤相之事也。**○卢文弨曰：此下宋本提行，今案当连为一条。**墨子之言，昭昭然为天下忧不足。**○王念孙曰：昭昭，小也。（中庸"今夫天，斯昭昭之多"，郑注："昭昭，犹耿耿，小明也。"淮南缪称篇："昭昭乎小哉。"）言墨子之所见者小也。故下文曰："夫不足，非天下之公患也，特墨子之私忧过计也。"**夫不足，非天下之公患也，**非公共之患也。**特墨子之私忧过计也。今是土之生五谷也，人善治之则亩数盆，一岁而再获之，**盖当时以盆为量。考工记曰："盆实二鬴。"墨子曰："子墨子弟子仕于卫而反，子曰：'何故反？'曰：'与我言而不当。'曰：'待汝以千盆，授我五百盆，故去之。'"获，读为穫。**然后瓜桃枣李一本数以盆鼓，**一本，一株也。鼓，量也。礼记曰："献米者操量鼓。"数以盆鼓，谓数度以盆量之也。言"然后"者，谓除五谷之外更有此果实。○卢文弨曰：注"以盆"下亦当有"鼓"字，各本皆脱。**然后荤菜百疏以泽量，**荤，辛菜也。疏与蔬同。以泽量，言满泽也，犹谷量牛马。然后，义与上同。○郝懿行曰：荤菜，亦蔬耳，必别言之者，士相见礼"夜侍坐，问夜膳荤，请退可也"，郑注："荤，辛物，葱薤之属，食之以止卧。"玉藻"膳于君，有荤桃茢"，注云："荤，姜及辛菜也。"然则荤菜先于百蔬，固有说矣。**然后六畜禽兽一而剸车，**剸与专同。言一兽满一车。**鼋鼍、鱼鳖、鳅鳣以时别，一而成群，**别，谓生育，与母分别也。以时别，谓不夭其生，使得成遂也。一而成群，言每一类皆得成群。**然后飞鸟凫雁若烟海，**远望如烟之覆海，皆言多。**然后昆虫万物生其间，**昆虫，蚔、蟥、蜩、范之属也。除大物之外，其间又有昆虫万物。郑云："昆，明也。得阳而出、得阴而藏之虫也。"○卢文弨曰：注"蟥"字误，疑本是"蠜"字。**可以相食**

养者不可胜数也。夫天地之生万物也，固有余足以食人矣；麻葛、茧丝、鸟兽之羽毛齿革也，固有余足以衣人矣。○先谦案：宋台州本有"衣，去声"三字，各本无。夫有余不足，非天下之公患也，特**墨子**之私忧过计也。○先谦案：此二句与上文同，荀反复申重以明墨之非。以文义求之，"不足"上不当有"有余"二字，此缘上文两"有余"而误衍。天下之公患，乱伤之也。胡不尝试相与求乱之者谁也？我以**墨子**之"非乐"也则使天下乱，**墨子**之"节用"也则使天下贫，非将堕之也，说不免焉。非将堕毁墨子，论说不免如此。○先谦案：不免者，言其实如此也。**正论篇**云"然则以**汤**、**武**为弑，则天下未尝有说也，直堕之耳"，正与此文反对。**墨子**大有天下，小有一国，天子、诸侯。将蹙然衣粗食恶，忧戚而非乐，墨子言乐无益于人，故作**非乐篇**。无乐则人情忧戚，故曰"忧戚而非乐"也。若是则瘠，瘠则不足欲，不足欲则赏不行。瘠，奉养薄也。奉养既薄，则不能足其欲，欲既不足，则赏何能行乎？言皆由不顾赏也。夫赏以富厚，故人劝勉，有功劳者而与之粗衣恶食，是赏道废也。**庄子**说墨子曰"其生也勤，其死也薄，其道也大觳"，**郭**云："觳，无润也，义与瘠同。觳，苦角反。"**墨子**大有天下，小有一国，将少人徒，省官职，省，所景反。上功劳苦，与百姓均事业，齐功劳，谓君臣并耕而食，饔飧而治。若是则不威，不威则罚不行。上下县隔，故得以法临驭；若君臣齐等，则威不立矣。○卢文弨曰：旧本正文俱作"则赏罚不行"，"赏"字衍，今删。赏不行，则贤者不可得而进也；罚不行，则不肖者不可得而退也。赏罚所以进贤而退不肖。贤者不可得而进也，不肖者不可得而退也，则能不能不可得而官也。不可置于列位而废置也。○先谦案：上言贤不肖，则此"能不能"就一人所短长言之。**解蔽篇**云"材官万物"，注："官，谓不失其任。"又云"则万物官矣"，注："谓各当其任，无差错也。"此"官"字义亦同，注似未晰。若是则万物失宜,事变失应,上失天时,下失地利,中失人和,赏罚不行,贤愚一贯,故有斯敝也。天下敖然,若烧若焦。敖,读为熬。若烧若焦,言万物寡少,如被焚烧然。墨子虽为之衣褐带索,嚽菽饮水,恶能足之乎?嚽与啜同。恶音乌。既以伐其本,竭其原,而焦天下矣。○先谦案:此句文义自在"若烧若焦"下,倒装文法。故先王圣人为之不然。知夫为人主上者不美不饰之不足以一民也,不富不厚之不足以管下也,管,犹包也。不威不强之不足以禁暴胜悍也。故必将撞大钟、击鸣鼓、吹笙竽、弹琴瑟以塞其耳,必将锼琢、刻镂、黼黻、文章以塞其目,锼与雕同。必将刍豢稻粱、五味芬芳以塞其口,塞,犹充也。然后众人徒、备官职、渐庆赏、渐,进。严刑罚以戒其心。使天下生民之属皆知己之所愿欲之举在是于也,故其赏行;举,皆也。是于,犹言于是。言生民所愿欲皆在于是也。说苑亦作"是于也"。○卢文弨曰:正文"是于",旧本俱作"于是",反将注语互易,误甚。今改正,下同。皆知己之所畏恐之举在是于也,故其罚威。其罚可畏。赏行罚威,则贤者可得而进也,不肖者可得而退也,能不能可得而官也。若是,则万物得宜,事变得应,上得天时,下得地利,中得人和,则财货浑浑如泉源,浑浑,水流貌。如泉源,言不绝也。浑,户本反。汸汸如河海,汸读为滂,水多貌也。暴暴如丘山,暴暴,卒起之貌。言物多委积,高大如丘山也。不时焚烧,无所臧之,夫天下何患乎不足也?故儒术诚行,则天下大而富,使而功,大,读为泰,优泰也。使,谓为上之使也。可使则有功也。○谢本从卢校作"使有功"。　刘台拱曰:"使有功"当作"佚而功",形近而讹也。　王念孙曰:宋吕、钱、龚本并作"使而功",元刻作"使有功"。卢从元刻,非,刘说是也。王霸篇"守至约而详,事至佚而功"是其证。强国篇亦云:"佚而治,约而详。"下文"劳苦顿萃而愈无功",正与"佚而功"相反。元刻作"使有功"者,涉注

"有功"而误。　　先谦案：刘、王谓"有"当为"而"，是也；改"使"为"佚"，非也。"大而富"承上"万物得宜"言，"使而功"承上"赏行罚威"言，文义甚明，不烦改字。正论篇"易使则功，难使则不功"，尤为此"使而功"明证。下文"劳苦顿萃而愈无功"，"劳苦顿萃"言墨道如此，非"佚"字对文也。今从宋本改正。**撞钟击鼓而和。诗曰："钟鼓喤喤，管磬玱玱，降福穰穰。降福简简，威仪反反。既醉既饱，福禄来反。"此之谓也**。诗，周颂执竞之篇。毛云："喤喤、玱玱，皆声和貌。穰穰，众也。简简，大也。"郑云："反反，顺习之貌。反，复也。"○卢文弨曰："管磬玱玱"，元刻作"磬筦将将"。案说文作"管磬謷謷"。今从宋本。又注"反，复也"，宋本与毛传合，元刻作"反，复之也"，非。又此处宋本与下分段，今不从。**故墨术诚行则天下尚俭而弥贫，非斗而日争**，墨子有非攻篇，非攻即非斗也。既上失天时，下失地利，则物出必寡，虽尚俭而民弥贫，物不能赡，虽以斗为非而日日争竞也。**劳苦顿萃而愈无功，愀然忧戚非乐而日不和**。说文云："顿，下首也。"萃与顇同。上下不能相制，虽劳苦顿顇，犹将无益也。郑注礼记云："愀然，变动貌也。"○王念孙曰：顿，如"困顿"之顿。管子版法篇"顿卒怠倦以辱之"，尹注曰："顿卒，犹困苦。"王褒洞箫赋"狀、距譒博，偭以顿顇"，顿卒、顿萃，并与顿顇同。**诗曰："天方荐瘥，丧乱弘多。民言无嘉，憯莫惩嗟。"此之谓也**。诗，小雅节南山之篇。荐，重也。瘥，病也。憯，曾也。惩，止也。嗟，奈何。"荐"或为"荐"。

垂事养民，垂，下也。以上所操持之事，下就于民而养之。谓施小惠也。○卢文弨曰：宋本连上条，今案当分段。　　俞樾曰：垂，犹委也。说文女部："婑，诿也。"垂之为委，犹婑之为诿也。尔雅释言："诿、诿，累也。"孙炎曰："楚人曰诿，秦人曰诿。"是"诿""诿"叠韵，二字义同。垂之与委，犹诿之与诿也。垂事养民者，委事养民也，言委置其事以养民也。下文曰"进事长功,轻非誉而恬失民",正与此"垂事养民"相反。又曰"垂事养誉不可,(句。)以遂功而忘民亦不可",垂事者,即所谓"垂事养民"也。遂功者,即所谓"进事长功,轻非誉而恬失民"也。然则垂事之义可见矣。杨注非。**拊循之,呃呕之**,拊与抚同。拊循,慰悦之也。呃呕,婴儿语声也。呃,于佳反。呕与讴同。○郝懿行曰:循与揗同。拊揗者,谓抚摩矜怜之也。呃呕者,玉篇、广韵并云"小儿语"也。上于佳切,下乌侯切,二字双声。盖为小儿语声,慈爱之也。史记韩信传说项王"言语呕呕",其意正同,"呕呕"即"呃呕"也。**冬日则为之饘粥,夏日则与之瓜麮**,麮,煮麦饭也,丘举反。○郝懿行曰:说文:"麮,麦甘鬻也。"急就篇:"甘麮殊美奏诸君。"是则夏日进麮,古人珍之。今登、莱人煮大麦粥,云"食之止渴,又祛暑"。必大麦者,小麦性热,大麦味甘,又性凉也。**以偷取少顷之誉焉,是偷道也,可以少顷得奸民之誉,然而非长久之道也。事必不就,功必不立,是奸治者也**。奸人为治,偷取其誉。**僬然要时务民**,僬然,尽人力貌。说文云:"僬,终也。"要时,趋时也。务,勉强也。谓以劳役强民也。僬,子劳反。要,一饶反。○郝懿行曰:僬与酋音近义同,其训皆为终也。此言劳役不恤民力,经始即欲要终,趋时亟也。

先谦案:二说皆非也。文选魏都赋"僬响起",李注:"嘈与僬古字通。"据此,"僬然"即"嘈然"也。广雅释诂:"嘈,声也。"文选鲁灵光殿赋注引埤苍云:"嘈嘈,众声也。"僬然,犹嘈嘈,纷杂之意。**进事长功**,益上之功利也。**轻非誉而恬失民**,恬,安也。言不顾下之毁誉,而安然忘于失民也。**事进矣而百姓疾之**,事虽长进而百姓怨。**是又不可偷偏者也**。言亦不可苟且偏为此劳民之事也。○先谦案:"不可"二字衍文。上言"是奸治者也",此言"是又偷偏者也",二语相应,"偷偏"上不得有"不可"字明矣。此缘下文两"不可"字而误重。据杨注所见本,已衍"不可"二字。**徙坏堕落,必反无功**。虽苟求功利,旋即毁坏堕落,必反无成功也。○谢本从卢校作"徒坏"。
卢文弨曰:"徒坏",元刻作"徙坏"。　先谦案:元刻是。"徙坏堕落"
相配为文,作"徒"者,"徙"之讹耳。今从元刻。**故垂事养誉不可,**
以遂功而忘民亦不可,皆奸道也。以,用。○先谦案:言二者皆不
可也。**故古人为之不然,使民夏不宛暍,**使民,谓役使民也。宛,读
为蕰,暑气也。诗曰:"蕰隆虫虫。"暍,伤暑也。或曰:"宛",当为
"奥"。篆文"宛"字与"奥"字略相似,遂误耳。奥,于六反,热也。**冬**
不冻寒,急不伤力,缓不后时,皆谓量民之力,不使有所伤害。**事成**
功立,上下俱富,○郝懿行曰:富与福同,古字通用。诗云"何神不
富",富即福也。此文不为富言,故知为"福"。上云"夏不宛暍,冬不
冻寒,急不伤力,缓不后时",此正上下俱受其福之意。**而百姓皆爱**
其上,人归之如流水,亲之欢如父母,为之出死断亡而愉者,无
它故焉,忠信调和均辨之至也。均,平均。辨,明察也。○郝懿行
曰:辨与遍同,古字通用。荀书辨多同辩,辩宜训治。杨氏不明假借之
义,每以辨别为训,往往失之。此"辨"又为"遍"之假借,当训周遍,而
云"明察",其失甚矣。王霸篇"治辨"之辨,又与辨同。　王念孙曰:
辨,读为平。"平""辨"古字通,若尧典"平章"之为"辨章"、"平秩"之
为"辨秩"是也。(说见段氏古文尚书撰异。)忠与信,调与和,均与辨,
皆同义。杨以辨为明察,则与均异义矣。　先谦案:王说是。**故君国**
长民者欲趋时遂功,则和调累解,速乎急疾;忠信均辨,说乎赏
庆矣,必先修正其在我者,然后徐责其在人者,威乎刑罚。自"故
君国长民"已下,其义未详,亦恐脱误。或曰:累解,婴累解释也。言
君国长人,欲趋时遂功者,若和调而使婴累解释,则民速乎急疾。言效
上之急,不后时也。若忠信均辨,则民悦乎庆赏;若先责己而后责人,
则民畏乎刑罚。累音类。解,佳买反。说,读为悦。○王念孙曰:"速
乎急疾"、"威乎刑罚"下,皆当有"矣"字,与"说乎赏庆矣"对文。

俞樾曰:"累解"与"和调",皆二字平列,训为婴累解释,非其义矣。儒效篇曰"解果其冠",杨注引说苑"蟹螺者宜禾"为证。窃谓"累解"与"蟹螺"一也。彼从虫而此否者,书有繁简耳。"蟹螺"到为"累解",犹"和调"亦可云"调和"也。说苑以"蟹螺""污邪"对文,则蟹螺之义殆犹平正矣。**三德者诚乎上,则下应之如景向,**三德,谓调和累解、忠信均辨、正己而后责人也。诚乎上,谓上诚意行之也。向,读为响。或曰:三德,即忠信、调和、均辨也。**虽欲无明达,得乎哉! 书曰:"乃大明服,惟民其力懋和,而有疾。"此之谓也。**书,康诰。懋,勉也。言君大明以服下,则民勉力为和调而疾速,以明效上之急也。○卢文弨曰:元刻作"惟民其敕懋和,若有疾",与今书同。案注则宋本为是,今从之。**故不教而诛,则刑繁而邪不胜;教而不诛,则奸民不惩;诛而不赏,则勤属之民不劝;**属也者,谓著于事业也。属,之欲反。"属"或为"厉"。○王念孙曰:作"厉"者是也。厉,勉也。群书治要作"勤励","励"即"厉"之俗书,则本作"厉"明矣。"厉"与"属"字相似而误。(韩子有度篇"厉官威民",诡使篇"上之所以立廉耻者,所以厉下也",今本"厉"字并误作"属"。)杨曲为之说,非。**诛赏而不类,则下疑俗俭而百姓不一。**不类,不以其类。谓赏不当功,罚不当罪。"俭",当为"险"。险,谓徼幸免罪、苟且求赏也。○先谦案:类,法也,说见非十二子篇。群书治要"俭"作"险",与杨注合;"一"作"壹",与下同。**故先王明礼义以壹之,致忠信以爱之,尚贤使能以次之,**○先谦案:晋语韦注:"次,行列也。"次之,谓使之就列。**爵服庆赏以申重之,**申,亦重也。再令曰申。**时其事、轻其任以调齐之,**时其事,谓使人趋时,不夺之也。轻其任,谓量力而使也。**潢然兼覆之,养长之,如保赤子。**潢与滉同。潢然,水大至之貌也。○先谦案:说文:"潢,水池。"诗"武夫洸洸",盐铁论繇役篇引作"武夫潢潢",是"潢"即"洸"借字。说文:"洸,水涌光也。"水大则涌而有光,故以为比。**若是,故奸邪不作,盗贼不起,而化善者劝勉矣。**化善,化而为善者也。**是何邪?** 则其道易,平易可行。**其塞固,其政令一,**其所充塞民心者固。**其防表明。** 堤防标表,明白易识。**故曰:上一则下一矣,上二则下二矣,**○先谦案:群书治要"一""二"作"壹""贰"。**辟之若屮木,枝叶必类本。此之谓也。** 辟,读为譬。"屮",古"草"字。

不利而利之,不如利而后利之之利也;不爱而用之,不如爱而后用之之功也。利而后利之,不如利而不利者之利也;爱而后用之,不如爱而不用者之功也。利而不利也、爱而不用也者,取天下矣。利而后利之、爱而后用之者,保社稷也。不利而利之、不爱而用之者,危国家也。○王念孙曰:"取天下矣"、"保社稷也"、"危国家也",本作"取天下者也"、"保社稷者也"、"危国家者也"。今本或作"矣",或作"也",文义参差不协,当依文选五等诸侯论注所引改正。

观国之治乱臧否,至于疆易而端已见矣。 易与场同。端,首也。见,贤遍反。**其候徼支缭,** 候,斥候。徼,巡也。支缭,支分缭绕。言委曲巡警也。**其竟关之政尽察,** 竟与境同。尽察,极察,言无不察也。**是乱国已。** 乱国多盗贼奸人,故用苛察之政也。○郭嵩焘曰:候徼支缭,多疑而烦苦,竟关之政察,析利而苛细,知此之为乱,可与言治矣。 先谦案:郭说是,杨注浅陋。**入其境,其田畴秽,都邑露,是贪主已。** 露,谓无城郭墙垣。王贪财,民贫力不足,故露也。○卢文弨曰:"露",元刻作"路",古通用。今从宋本。 王念孙曰:杨未解"露"字之义。露者,败也。谓都邑败坏也。方言曰:"露,败也。"庄子渔父篇曰"田荒室露",齐策曰"百姓罢而城郭露",并与此"都邑露"同义。"露"字,或作"路",又作"潞",说见管子"振罢露"下。**观其朝廷则其贵者不贤,观其官职则其治者不能,观其便嬖则其**

信者不悫，是暗主已。便嬖，左右小臣宠幸者也。信者不悫，所亲信者不愿悫也。主暗，故奸人多容也。**凡主相臣下百吏之俗，其于货财取与计数也，须孰尽察，**俗，谓风俗。取，谓赋敛。与，谓赐与。计数，计算也。须，待也。孰，精孰也。尽察，极察也。其于计数货财，必待精孰极察然后行。言不简易，急于贪利者也。○俞樾曰："俗"，当为"属"，声近而讹也。下文又曰"凡主相臣下百吏之属"，可证"俗"字之讹。杨氏不据以订正，而曰"俗谓风俗"，失之。"须"字无义，乃"顺"字之误。礼论篇曰"非顺孰修为之君子莫之能知也"，亦以"顺孰"连文，是其证。"顺"与"须"形近而误。杨注非。**其礼义节奏也，芒轫僈楛，是辱国已。**礼义节奏，谓行礼义之节文。芒，昧也，或读为荒，言不习孰也。轫，柔也，亦怠惰之义。僈与慢同。楛，不坚固也。辱国，言必见陵辱也。**其耕者乐田，其战士安难，其百吏好法，其朝廷隆礼，其卿相调议，是治国已。**安难，不逃难也。**观其朝廷则其贵者贤，观其官职则其治者能，观其便嬖则其信者悫，是明主已。凡主相臣下百吏之属，其于货财取与计数也，宽饶简易，**不汲汲于货财也。**其于礼义节奏也，陵谨尽察，是荣国已。**陵，侵陵，言深于礼义也。谨，严也，言不敢慢易也。○卢文弨曰：案尔雅释言"凌，栗也"，郭云："凌懔战栗。"释文云："案郭意当作陵。"然则陵、谨义相近。　郝懿行曰：陵懔双声。懔懔，敬惧之貌，与谨义近。文选甘泉赋注引服虔曰："凌兢，恐惧貌也。"然则"凌兢""陵谨"亦双声字，义皆可通。释言"凌，栗也"，释文引埤苍云："悷，栗也。"然"悷"盖"凌"之或体字，"凌""陵"又皆假借字耳。经典此类，古无正文，大抵义存乎声，读者要必明为假借，斯不惑矣。杨注望文生训，以陵为侵陵，则谬矣。　先谦案：王氏念孙云："陵，严密也。"说见致士篇。"节奏"下注解为礼之节文，是也。乐论篇云"比物以饰节，合奏以成文"，郝氏懿行云："节以分析言之，奏以合聚言之。"乐记：

190

荀子集解

"节奏合以成文。"礼义节奏亦同此义。**贤齐则其亲者先贵,能齐则其故者先官**,虽举在至公,而必先亲故,所谓"故旧不遗则民不偷"。**其臣下百吏,污者皆化而修,悍者皆化而愿,躁者皆化而悫,是明主之功已。**躁,暴急之人也。○王引之曰:躁,读为趮。趮,谓狡猾也。方言曰:"趮,狯也。秦、晋之间曰狯,楚谓之趮。""趮"与"躁"古字通。商子垦令篇曰"奸伪躁心私交疑农之民",韩子有度篇曰"聪智不得用其诈,险躁不得关其佞",说疑篇曰"躁诈之人,不敢北面立谈",又曰"躁佻反覆谓之智",皆其证也。污与修相反,悍与愿相反,躁与悫相反,是躁为狡猾之义,非暴急之义也。**观国之强弱贫富有征**:征,验。言其验先见也。**上不隆礼则兵弱,上不爱民则兵弱,已诺不信则兵弱,庆赏不渐则兵弱**,渐,进。**将率不能则兵弱**。率与帅同。**上好功则国贫**,民不得安业也。○谢本从卢校作"上好攻取功"。卢文弨曰:元刻无"攻取"二字。王念孙曰:案钱佃校本亦云:"'上好攻取功',诸本作'上好功'。"案诸本是也。上文以"不隆礼"、"不爱民"对文,以"已诺不信"、"庆赏不渐"、"将率不能"对文,此以"好功"、"好利"对文,则不当有"攻取"二字。宋本"攻"即"功"字之误,又衍一"取"字。先谦案:王说是,今从诸本改正。**上好利则国贫**,赋敛重也。**士大夫众则国贫**,所谓"三百赤芾"。○卢文弨曰:元刻作"赤茀",古通用。**工商众则国贫**,农桑者少。**无制数度量则国贫**。不为限量,则物耗费。**下贫则上贫,下富则上富。**百姓与足,君孰不足?**故田野县鄙者,财之本也;垣窌仓廪者,财之末也**;垣,筑墙四周,以藏谷也。窌,窖也,掘地藏谷也。谷藏曰仓,米藏曰廪。窌,匹教反。**百姓时和、事业得叙者,货之源也;等赋府库者,货之流也**。时和,得天之和气,谓岁丰也。事业得叙,耕稼得其次序,上不夺农时也。等赋,以差等制赋。

货、财，皆钱谷通名。别而言之，则粟米布帛曰财，钱布龟贝曰货也。**故明主必谨养其和，节其流，开其源，而时斟酌焉，**节，谓薄敛。开，谓劝课时。斟酌，谓赋敛赈恤，丰荒有制也。**潢然使天下必有余而上不忧不足。**○先谦案：此文"上""下"对举，下"上下俱富"亦以"上下"对文，则"下"字上不应有"天"字。"天"当为"夫"，字之误也。荀书夫俱训彼，此篇迭见。夫下者，彼下也。自上文"故明主"贯下言之，故云"彼下"。后人习见"天下"，以"夫下"为误而改之，而于文义未详审也。**如是则上下俱富，交无所藏之，是知国计之极也。**交无所藏，言上下不相隐。○郝懿行曰：此"富"字用本义。"藏"当作"臧"，古"藏"字也。先谦案：上文两言"无所臧之"，杨注"以言多之极也"，得荀子文意。此文兼言"上不忧不足"，故云"交无所臧之"，意与上同。注云"上下不相隐"，非也。**故禹十年水，汤七年旱，而天下无菜色者，十年之后，年谷复孰而陈积有余。**无食菜之色也。○郝懿行曰：有余，谓有九年之蓄。禹治水八年于外，至十年而后平。

顾千里曰："后"下疑脱"七年之后"四字，承上"故禹十年水，汤七年旱"言之。杨无注，宋本与今本同，盖皆误。**是无它故焉，知本末源流之谓也。故田野荒而仓廪实，百姓虚而府库满，夫是之谓国蹶。**蹶，倾倒也。**伐其本，竭其源，而并之其末，**○顾千里曰："末"下疑脱"（缺。）之其流"四字，承上"知本末源流之谓也"言之。杨无注，宋本与今本同，盖皆误。**然而主相不知恶也，则其倾覆灭亡可立而待也。以国持之而不足以容其身，夫是之谓至贪，是愚主之极也。**以一国扶持之，至坚固也，而无所容其身者，贪也。○王念孙曰：持，载也，中庸曰"辟如地之无不持载"是也。杨说"持"字未确，说"载"字尤非，见下。　先谦案："夫是之谓至贪"，与上句意不贯，且如上文所云，其为至贪甚明，无烦赘文。“贪”，疑为“贫”。此言观国之贫富有征，伐本竭源，覆亡立见，故虽仓廪实，府库满，而谓之至贫也。“贫”“贪”形近而误。**将以求富而丧其国，将以求利而危其身。古有万国，今有十数焉。是无它故焉，其所以失之一也。**皆以贪失之也。**君人者亦可以觉矣。**以此自觉悟也。**百里之国足以独立矣。**此言无道则虽大必至灭亡，有道则虽小足以独立也。

　　凡攻人者，非以为名，则案以为利也，不然，则忿之也。凡攻伐者，不求讨乱征暴之名，则求货财土地之利，不然则以忿怒，不出此三事也。为，于伪反。○卢文弨曰：旧本不提行，今案当分段。**仁人之用国，将修志意，正身行，**用，为也。行，下孟反。**伉隆高，**伉，举也。举崇高远大之事。○王念孙曰：案杨说“伉”字之义非是。伉者，极也。广雅曰：“亢，极也。”乾文言曰：“亢龙有悔，与时偕极。”（子夏传曰：“亢，极也。”王肃曰：“穷高曰亢。”穷，亦极也。）宣三年左传“可以亢宠”，杜注曰：“亢，极也。”汉书五行志曰：“兵革抗极。”“亢”“抗”“伉”字异而义同。（桓九年榖梁传“伉诸侯之礼”，十八年传“以夫人之伉”，释文并云：“伉，本又作亢。”论语“陈亢”，说文作“陈伉”。史记货殖传“国君无不分庭与之抗礼”，汉书“抗”作“亢”。）“伉隆高，致忠信，期文理”，伉、致、期，皆极也。伉隆高，犹言致隆高。仲尼篇曰“非致隆高也，非綦文理也”，（王霸篇同。）王制篇曰“致隆高，綦文理”，皆其证矣。**致忠信，期文理。**“期”，当为“綦”。极文理，谓其有条贯也。**布衣紃屦之士诚是，则虽在穷阎漏屋，而王公不能与之争名；**紃，绦也，谓编麻为之，粗绳之屦也。或读为穿。王公不能与之争名，言名过王公也。**以国载之，则天下莫之能隐匿也。**载，犹任也。以国委任贤士，则天下莫能隐匿。言其国声光大也。**若是，则为名者不攻也。**伐有道，只成恶名，故不攻。**将辟田野，实仓廪，便备用，**○先谦案：备用，犹械用，说见王制篇。**上下一心，三军同**

力,与之远举极战则不可。远举,县军于远也。极战,苦战也。彼暴国欲与我如此,则不可也。**境内之聚也,保固视可**,其境内屯聚,则保其险固,视其可进。谓观衅而动也。○王念孙曰:杨读"保固视可"为一句,非也。此当读"境内之聚也保固"为句,保,安也,言境内之聚既安且固也。"视可午其军","可"字因上文"不可"而衍。视午其军,取其将,若拨麷者。午,触也。言境内之聚安固,则视触人之军,取人之将,若拨麷也。 俞樾曰:王氏谓"可"字衍文,"视"字当属下读,然强国篇亦有"视可司间"之文,旧说恐未可改。 先谦案:见可而进,文义自明,俞说是也。**午其军,取其将,若拨麷。**午,读为迕,遇也。周礼笾人职云"朝事之笾,其实麷、蕡",郑云:"麷,熬麦。今河间以北〔一〕煮种麦卖之,名曰麷。"据郑之说,麷,麦之牙蘖也,至脆弱,故以喻之。若拨麷,如以手拨麷也。麷音丰。○卢文弨曰:此本郑康成周礼笾人注,彼"种"字作"穜"。此注宋本、元刻俱作"种"。"种""穜"二字,古今互易。此"种麦",依古义正"穜麦"耳。 郝懿行曰:午者,逆也。彼来而此逆之取其将若拨麷者。熬麦曰麷,见笾人注。熬,干煎也,今谓之焰。盖麦干煎则质轻脆,故拨去之甚易,苟义当然。笾人注又云:"今河间以北煮穜(直龙反。)麦卖之,名曰逢。"逢,当音蓬。今江南人蒸糯米,曝干焰之,呼"米蓬",与郑义合,知逢古音如蓬也。蓬,谓蓬蓬然张起。此后郑义与先郑异。杨注既引先郑,于义已足,而并蔓引后郑,又改其曰"逢"者为"麷",且云"据郑之说,麷,麦之牙蘖也",二郑皆无此义。杨氏不知而妄测之,皆郢书燕说耳。 俞樾曰:古义每存乎声,麷既音丰,即可读为丰。尚书顾命篇"敷坐丰席",枚氏传曰:"丰,莞。"正义曰:"释草云:'莞,苻蓠。'郭璞曰:'今之西方人呼蒲为莞,用之为席也。'王肃亦云:'丰席,莞。'"然则丰者,蒲也。蒲之为物至脆弱,故以

〔一〕 "北",原本误作"此",据十三经注疏改。

手拨之至易也。字本宜作“丰”，从“麦”旁作“麷”，乃古文假借字。杨泥本字为说，故失之。**彼得之不足以药伤补败。**药，犹医也。彼纵有所得，不足以药其所伤，补其所败。言所获不如所亡也。○俞樾曰：药，当读为瘵。说文疒部：“瘵，治也。或作疗。”古书每以“药”为之。大雅板篇“不可救药”，韩诗外传作“不可救疗”，毛用假字，韩用正字耳。“药伤”，即“疗伤”也。杨注曰“药，犹医也”，虽得其义，未得其字。**彼爱其爪牙，畏其雠敌，若是，则为利者不攻也。**爱己之爪牙，畏与我为雠敌。为，于伪反。**将修小大强弱之义以持慎之，**慎，读曰顺。修小事大、弱事强之义，守持此道以顺大国也。○郝懿行曰：慎，即谨也。谓谨持此义。注每读慎为顺，今亦不能悉正，读者以类求之可也。**礼节将甚文，珪璧将甚硕，货赂将甚厚，**文，谓敬事之威仪也。珪璧，所用聘好之物。硕，大也。**所以说之者，必将雅文辩慧之君子也。**所使行人往说之者，则用文雅礼让之士。说音税。○郝懿行曰：雅者，正也。后人雅俗相俪则谓娴雅，史记“司马相如雍容娴雅”是也。荀书“雅”字多对鄙野而言。此云“雅文”，即“文雅”耳。**彼苟有人意焉，夫谁能忿之？若是，则忿之者不攻也。**○王引之曰：“忿之”，当作“为忿”。（为，于伪反。）上文云“则为名者不攻也”、“则为利者不攻也”，下文云“为名者否，为利者否，为忿者否”，皆其证。今本“为忿”作“忿之”者，涉上文“谁能忿之”而误。（既言“谁能忿之”，则不得又言“忿之”；既言“忿之”，则不得又言“不攻”。）**为名者否，为利者否，为忿者否，**否，不攻也。为，于伪反。**则国安于盘石，寿于旗、翼。**盘石，盘薄大石也。旗，读为箕。箕、翼，二十八宿名。言寿比于星也。庄子曰“傅说得之，乘东维，骑箕、尾而比于列宿”，亦其类也。或曰：礼记“百年曰期颐”，郑云：“期，要也。颐，养也。”卢文弨曰：“盘石”即“磐石”。旗、翼，以其行度之多。天官书亦有旗星。**人皆乱，我独治；人皆危，我独安；人皆失丧之，**

我按起而治之。或曰：按，然后也。故仁人之用国，非特将持其有而已也，又将兼人。不唯持其所有而已。诗曰："淑人君子，其仪不忒。其仪不忒，正是四国。"此之谓也。曹风尸鸠之篇。

持国之难易：论守国难易之法也。○卢文弨曰：旧本不提行，今案当分段。事强暴之国难，使强暴之国事我易。事之以货宝，则货宝单而交不结；约信盟誓，则约定而畔无日；约已定，随即畔之。无日，言不过一日。文子作"约定而反无日也"。割国之锱铢以赂之，则割定而欲无餍。十黍之重为铢，八两为锱。此谓以地赂强国，割地必不多与，故以锱铢言之。餍，一占反。韩诗外传作"割国之疆垂以赂之也"。○卢文弨曰：案今本说文云："铢，权十分黍之重也。"以禾部云"十二粟为一分，十二分为一铢"订之，则当为"权十二分黍之重也"。杨云"十黍之重为铢"，盖用许说而转写脱误；"八两为锱"，又用礼记儒行郑注，与说文"六铢"异。 王引之曰："八两为锱"，用郑氏儒行注也。案二十四铢为两，八两为锱，锱与铢轻重相远，不得并称。古人言锱者，其数或多或少。淮南诠言篇"割国之锱锤以事人"，高注曰"六两曰锱，倍锱曰锤"，与郑注"八两曰锱"相近。此数之多者也。说山篇"有千金之璧，而无锱锤之磏"，诸注曰："六铢曰锱，八铢曰锤。"（此与诠言篇注异，而与说文同，盖许慎注也。）说文亦曰："锱，六铢也。""锤，八铢也。"一切经音义二十引风俗通曰"铢六则锤，二锤则锱"，又以十二铢为锱。此数之少者也。此文及儒行皆以"锱铢"并称，轻重必不相远，则当以"六铢曰锱"为正训。郑、杨皆以八两为锱，失之。事之弥烦，其侵人愈甚，○王念孙曰：韩诗外传"烦"作"顺"，于义为长。必至于资单国举然后已。单，尽也。国举，谓尽举其国与人也。○先谦案：注"单尽也"三字，当在上文"则货宝单而交不结"下。虽左尧而右舜，未

荀子集解

196

有能以此道得免焉者也。辟之是犹使处女婴宝珠，佩宝玉，婴，系于颈也。宝，谓珠玉中可宝者。**负戴黄金而遇中山之盗也，虽为之逢蒙视，诎要桡腘，君卢屋妾，由将不足以免也。**逢蒙，古之善射者。诎与屈同。要，读为腰。桡，曲也。腘，曲脚。中，古获反。"卢"当为"庐"。由与犹同。言处女如善射者之视物，谓微眇不敢正视也。既微视，又屈腰桡腘，言俯伏畏惧之甚也。君庐屋妾，谓处女自称是君庐屋之妾，犹言箕帚妾，卑下之辞也。虽畏惧卑辞如此，犹不免劫夺也。○卢文弨曰：逢蒙视，言不敢正视也，不必引善射人。淮南子有"笼蒙目视"语。"君庐"句，疑有讹字。　洪颐煊曰："逢"，疑作"蓬"，下当脱"发"字。　郝懿行曰："逢蒙"，叠韵字也。此等语言，古来或无正字，往往但取其声。　王念孙曰：逢蒙视，微视也。淮南本作"笼蒙目"，目即视也，今本衍"视"字，辨见修务篇。又贾子劝学篇有"风虫视"。（今本讹作"虫虫视"。）风、逢声相近，虫、蒙声相近。淮南谓之笼蒙，皆微视之貌。　刘台拱曰："君庐屋妾"，"君"疑作"若"。言诎要桡腘若庐屋之妾也。汉书鲍宣、萧望之传皆有"苍头庐儿"，注谓"官府之给贱役者所居为庐，因呼为庐儿"。　先谦案：逢蒙视，王说是。诎要桡腘，杨说是。君庐屋妾，刘说是。**故非有一人之道也，**谓不能齐一其人，同力以拒大国也。**直将巧繁拜请而畏事之，**但巧为繁多拜请以畏事之也。○王引之曰：杨说非也。繁，读为敏。（说文"繁"字本作"緐"，从系，每声，而"敏"字亦从每声。敏与繁声相近，故字亦相通。楚辞天问"繁鸟萃棘"，广雅作"鶩鸟"，曹宪音敏，是其例也。）巧敏，谓便佞也。臣道篇云"巧敏佞说，善取宠乎上"是也。上文云"逢蒙视，诎要桡腘，若庐屋妾"，即此所谓"巧敏拜请而畏事之也"。韩诗外传作"特以巧敏拜请畏事之"，是其明证矣。**则不足以持国安身，故明君不道**

也。耻辱如此,虽得免祸,亦不足以为持国安身之术,故明君不言也。〇王念孙曰:旦本"以"下有"为"字,乃涉注文而衍。卢本亦沿其误。钱本无"为"字,是也。道,由也。言此事人之术,不足以持国安身,故明君不由也。杨注失之。　先谦案:谢本从卢校。今依王说,改从钱本。**必将修礼以齐朝,正法以齐官,平政以齐民,然后节奏齐于朝,**齐,整也。节奏,礼之节文也。谓上下皆有礼也。**百事齐于官,**百事皆有法度。**众庶齐于下。**上政均平,故民齐一。**如是,则近者竞亲,远方致愿,**致,极也。极愿来附也。〇王念孙曰:外传作"远者愿至",亦于义为长。**上下一心,三军同力,名声足以暴炙之,**名声如日暴火炙炎赫也。**威强足以捶笞之,**拱挦指挥,〇先谦案:宋台州本作"麾"。**而强暴之国莫不趋使,譬之是犹乌获与焦侥搏也。**乌获,秦之力人,举千钧者。焦侥,短人,长三尺者。搏,斗也。**故曰:事强暴之国难,使强暴之国事我易。此之谓也。**

荀子卷第七

王霸篇第十一

国者，天下之制利用也；天下用之利者，无过于国。"制"，衍字耳。人主者，天下之利埶也。埶之最利者也。得道以持之，则大安也，大荣也，积美之源也。不得道以持之，则大危也，大累也，〇先谦案：两"也"字，群书治要并作"矣"。有之不如无之，有国不如无国。及其綦也，索为匹夫不可得也，綦，谓穷极之时。〇卢文弨曰：正文"及其綦也"上，元刻有"有也"二字，宋本无。齐湣、宋献是也。湣与闵同。齐湣王为淖齿所杀。宋献，宋君偃也，为齐湣王所灭。吕氏春秋云"宋康王"，此云"献"。国灭之后，其臣子各私为谥，故与此不同。故人主，天下之利埶也，然而不能自安也，安之者必将道也。必将以道守之。〇先谦案：广雅释诂："将，行也。"言安天下必行道也。杨注增文以释之，义转迂曲。故用国者，义立而王，信立而霸，权谋立而亡。三者，明主之所谨择也，所宜谨慎择之。仁人之所务白也。白，明白也。挈国以呼礼义而无以害之，挈，提举也。言挈提一国之人，皆使呼召礼义。言所务皆礼义也。无以害之,谓不以它事害礼义也。○卢文弨曰:正文"挈国"上,元刻有"故"字。**行一不义、杀一无罪而得天下,仁者不为也,矺然扶持心、国,且若是其固也。**矺,读为落,石貌也。其所持心持国,不行不义,不杀无罪,落然如石之固也。○卢文弨曰:正文"矺",元刻从木,注作"栎然,落石貌"。今从宋本。案老子德经:"不欲碌碌如玉,落落如石。"此注改"矺"从"落",而训为石貌,其义正合。若如元刻作"落石貌",其于扶持之义相去甚远。观注又云"落然如石之固",则非以落石训矺明矣。 郝懿行曰:"矺",本作"栎",此盖借为"砾"字。砾者,小石也。杨注"栎读为落,石貌也",盖谓小石坚确之貌,故云"落然如石之固",此说得之。老子云"不欲碌碌如玉,落落如石",落落,亦砾砾耳。**之所与为之者之人,则举义士也**;举,皆也。所与为政之人,则皆用义士。谓若伊、吕之比者也。○卢文弨曰:正文首"之"字,宋本无,元刻有,次下同。**之所以为布陈于国家刑法者,则举义法也**;谓若周穆王训夏赎刑之类也。**主之所极然帅群臣而首乡之者,则举义志也。**志,意也。主所极信率群臣归向之者,则皆义之志。谓不怀不义之意也。一曰:志,记也。旧典之有义者,谓若六经也。○郝懿行曰:极与亟、亟并同。亟、亟皆敏疾之意,经典多通。赋篇云"出入甚极"、"反覆甚极",皆以"极"为"亟"也。此极然,犹云亟亟然耳。 王引之曰:"之所"上本无"主"字,此后人不晓文义而妄加之也。(后人以下有"群臣"二字,故加"主"字。)之,犹其也。(见下及释词。)言其所极然帅群臣而首向之者,则皆义志也。上文"之所与""之所以","之"上皆无"主"字。王制篇三言"之所以接下之人百姓者","之"上亦无"主"字。议兵篇作"其所以接下之人百姓者",是之与其同义。据杨注"主所极信"云云,则所见本已有"主"字。**如是,则下仰上以义矣,是綦定也。**"綦",当为"基"。基,本也。言以义为本。仰,鱼亮反。○刘台拱曰:此綦亦训极,义如"皇极"之极,不必破为基。又下文"国一綦明",杨注:"綦亦当为基。"案綦亦训极。极,犹言标准。　　王念孙曰:前极谓义,后极谓信也,俱见上文。**綦定而国定,国定而天下定。仲尼无置锥之地,诚义乎志意,加义乎身行,**仲尼诚能义乎志意,又加之以义乎身行。言志意及立身立行皆以义。行,下孟反。**著之言语,**以义著于言语。谓所论说皆明义也。**济之日,不隐乎天下,名垂乎后世。**以义得济之日,成功之后也。言仲尼行义既成之后,不隐乎天下。谓极昭明天下,莫能隐匿之。○先谦案:注"以义",谢本作"以善",据宋台州本正。**今亦以天下之显诸侯诚义乎志意,加义乎法则度量,著之以政事,**案申重之以贵贱杀生,**使袭然终始犹一也,**申,亦重也。既为政皆以义,又申重以赏罚,使相掩袭无间隙,终始如一也。○王念孙曰:袭然,合一之貌。*周语*及*淮南天文篇*注并云:"袭,合也。"故曰"袭然终始犹一"。杨以袭为相掩袭,未确。**如是,则夫名声之部发于天地之间也,岂不如日月雷霆然矣哉!**"部",当为"剖"。谓开发也。仲尼匹夫,但箸空言,犹得不隐乎天下,今若以显诸侯行义,必如日月雷霆也。　　先谦案:"部"是"菩"之渻字。*易*"丰其菩",虞注:"菩,蔽也。"*易略例*:"大暗谓之菩。"先菩而后发,其光愈大,其声愈远,故曰"部发"。**故曰:以国齐义,一日而白,汤、武是也。**"齐",当为"济"。以一国皆取济于义,一朝而名声明白,汤、武是也。**汤以亳,武王以鄗,皆百里之地也,**亳,汤国都。鄗与镐同,*武王所都京也。诗*曰:"考卜维王,宅是镐京。维龟正之,武王成之。"**天下为一,诸侯为臣,通达之属莫不从服,无它故焉,以济义矣。**是所谓义立而王也。非有它故,但取济于义也。**德虽未至也,义虽未济也,**霸者亦有德义,但未能至极尽济也。**然而天下之理略奏矣,**天下之谓条理者,略有节奏也。○郝懿行曰:奏训进也。此"奏"疑与凑同。凑,会聚也。杨注失之。　　王念孙曰:奏,读为凑。*广雅*:"凑,聚也。"谓天下之理略聚于此也。

"凑""奏"古字通。(周官合方氏及尔雅释兽释文并云:"奏,本或作凑。"商子算地篇"名利之所奏",亦与凑同。)**刑赏已、诺,信乎天下矣**,诺,许也。已,不许也。礼记曰:"与其有诺责,宁有已怨。"信乎天下,谓若齐桓不背柯盟之比也。**臣下晓然皆知其可要也。**要,约也。皆知其可与要约不欺也。要,一尧反。**政令已陈,虽睹利败,不欺其民**;谓若伐原,命三日之粮,不降而退之比也。**约结已定,虽睹利败,不欺其与。**与,相亲与之国。谓若齐桓许赦鲁、卫,不遂灭之为己利之比也。**如是,则兵劲城固,敌国畏之,国一綦明,与国信之**,"綦"亦当为"基"也。〇郭嵩焘曰:"綦",当为"期"之借字。所期约明白无欺。**虽在僻陋之国,威动天下,五伯是也。**伯,读曰霸,又如字。为诸侯之长曰伯。春秋左氏传曰"策命晋侯为伯"也。**非本政教也**,虽有政教,未尽修其本也。**非致隆高也**,致,极也。不如尧、舜、禹、汤之极崇高也。**非綦文理也**,言其驳杂,未极条贯。**非服人之心也**,未得天下归心如文王。此皆言虽未能备行王道,以略信之,故犹能致霸也。**乡方略**,所向唯在方略,不在用仁义也。**审劳佚**,审以佚待劳之术也。**谨畜积**,谨,严。畜积,不妄耗费。**修战备,齮然上下相信,而天下莫之敢当**。齮,齿相迎也。齮然,上下相向之貌。齮,士角反。**故齐桓、晋文、楚庄、吴阖闾、越句践,是皆僻陋之国也,威动天下,强殆中国**,其强能危中国。**无它故焉**,略信也。**是所谓信立而霸也。**虽未能济义,略取信而行之,故能致霸也。**挈国以呼功利**,此论权谋者也。提挈一国之人,以呼召功利。言所务唯功利也。功役使利,贪求之也。**不务张其义,齐其信,唯利之求**,张,开。〇先谦案:群书治要"齐"作"济"。**内则不惮诈其民而求小利焉**,谓若梁伯好土功,诈其民曰"寇将至"之比。**外则不惮诈其与而求大利焉**,谓若楚灵王以义讨陈、蔡,因遂灭之之比也。**内不修正其**

荀子集解

202

所以有，**然常欲人之有**，有，土地货财也。○王念孙曰：下文言"唌唌然常欲人之有"，则此文"然"上亦当有"唌唌"二字，而今本脱之。

顾千里曰："内"字，疑不当有，涉上"内则不惮诈其民"而衍也。下文"不好修（旧本误"循"，见杂志第四。）正其所以有"，无"内"字，是其证矣。又案："不"下疑亦同下文，当有"好"字，盖上衍下脱。**如是，则臣下百姓莫不以诈心待其上矣。上诈其下，下诈其上，则是上下析也**，离析。**如是，则敌国轻之**，不得人心，故轻之也。**与国疑之，权谋日行而国不免危削，綦之而亡**，其极者则灭亡。**齐闵、薛公是也**。薛公，孟尝君田文，齐闵王之相也。齐闵王为五国所伐，皆薛公使然，故同言之也。**故用强齐，非以修礼义也，非以本政教也，非以一天下也，绵绵常以结引驰外为务**。绵绵，不绝貌。引，读为靷。靷，引轴之物。结引，谓系于轴，所以引车也。齐闵、薛公不修德政，但使说客引轴驰骛于它国，以权诈为务也。**故强，南足以破楚**，史记齐闵王三十三年，与秦败楚于重丘南，割楚之淮北也。**西足以诎秦**，史记："闵王二十六年，与韩、魏共攻秦，至函谷军焉。"**北足以败燕**，○卢文弨曰：此句杨氏无注，脱耳。案史记六国表及田敬仲完世家皆不载，唯燕世家载之，当在齐闵王十年。**中足以举宋**。闵王三十八年，伐宋。宋王死于温。举，谓举其国而灭之也。**及以燕、赵起而攻之，若振槁然**，闵王四十年，燕、秦、楚、三晋败我于济西。振，击也。槁，枯叶也。言当权谋强盛之时，虽破敌灭国，及乐毅以诸国攻之，若击枯叶之易也。**而身死国亡，为天下大戮**，为天下大戮辱也。春秋传曰："古者明王伐不敬，取其鲸鲵而封之，以为大戮也。"**后世言恶则必稽焉**。后世稽考闵王，为龟镜也。**是无它故焉，唯其不由礼义而由权谋也。三者，明主之所以谨择也，而仁人之所以务白也**。○卢文弨曰：各本无两"以"字及"而"字，唯宋本有之，下文亦同。案篇首已有此二语，宋本亦无两"以"字及"而"字，至此及

下文乃并有之，以致其申重丁宁之意，似宋本为长。**善择者制人，不**
善择者人制之。善择者用霸王，不善择者用权谋也。**国者，天下之**
大器也，重任也，不可不善为择所而后错之，错险则危；所，处也。
错，读为措。○谢本从卢校作"错之险"。　王念孙曰：钱本作"错险
则危"，无"之"字，元刻、世德堂本同。卢从旦本。案"错险则危"与
"涂藏则塞"对文，则无"之"字者是也。旦本有"之"字者，涉上句"错
之"而衍。　先谦案：王说是，今从钱本删"之"字。虞、王本亦无。**不**
可不善为择道然后道之，涂藏则塞，不可不善为择道路而导达之。
藏与秽同。塞，谓行不通也。○王念孙曰：道之，行之也，故下文云
"涂藏则塞"。下文"何法之道"及"道王者之法"云云，并与此"道"字
同义。杨皆训为导达，失之。**危塞则亡。**所以为之善择。○卢文弨
曰："之"字，元刻作"王"。案此注有脱误，似当云"所以不可不善为
择"。**彼国错者，非封焉之谓也，**非受之茆土然后为安。一曰：修封
疆、立城郭之谓也。○郭嵩焘曰：周礼"沟封""畿封"，郑注皆训为界。
言非徒画分疆界，君其国而子其民，遂可以立国也。**何法之道，谁子**
之与也？设问之辞。既非封焉之谓，问以何法导达之，求谁人付与
之。谁子，犹谁人也。慎子曰："弃道术，舍度量，以求一人之识识天
下，谁子之识能足焉也？"**故道王者之法与王者之人为之，则亦王；**
道霸者之法与霸者之人为之，则亦霸；道亡国之法与亡国之人
为之，则亦亡。答辞也。道，皆与导同。○王引之曰："故"，当为
"曰"。上文"何法之道"云云是问词，此文"曰道王者之法"云云是答
辞。下文两设问答之辞，皆有"曰"字，则此亦当然。今本"曰"作
"故"，则义不可通。此涉下文诸"故"字而误。　先谦案："则亦王"
"则亦霸""则亦亡"下，群书治要并有"矣"字。**三者，明主之所以谨**
择也，而仁人之所以务白也。荀子多重叙前语者，丁宁之也。**故国**
者，重任也，不以积持之则不立。不以积久之法持之则倾覆也。**故**

国者,世所以新者也,是惮惮,非变也,惮与坦同。言国者,但继世
之主自新耳,此积久之法,坦坦然无变也。随巢子曰:"有阴而远者,
有惮明而功者。杜伯射宣王于亩田,是惮明而功者。"据古,惮与坦
通。○卢文弨曰:案"亩田",墨子作"圃田"。注引随巢子"惮明",以
为即"坦明"之证,则本作"惮"字无疑。而俗间本两"惮明"字俱作
"坦明",非也。今并改正。 郝懿行曰:惮与坦虽可通,此"惮"疑
"幝"字之形讹。毛诗"檀车幝幝",传云"幝幝,敝貌",与此义合。敝
正对新而言。此言国与世俱新,虽或幝幝敝坏,而非变也,但改玉改
行,则仍复新耳。是以日也、人也,皆不能无变更,而国有厌焉完固至
于千岁者。苟义当然。"王",古"玉"字也。厌焉,合一之貌。 先谦
案:郝说是。**改王改行也。**自是改一王则改其所行之事,非法变也。
或曰:国语襄王谓晋文公曰:"先民有言曰:'改玉改行。'"玉,佩玉。
行,步也。○卢文弨曰:或说是。古"玉"字本作"王",与"王"字形近
易讹。 王念孙曰:群书治要正作"改玉改行"。**故一朝之日也,一**
日之人也,然而厌焉有千岁之固,何也? 设问之辞。一朝之日,谓
今日之事,明朝不同,言易变也。一日之人,谓今日之生,未保明日,言
寿促也。厌,读为黡。礼记曰"见君子而后厌然揜其不善",郑注云:
"闭藏貌。"言事之易变、人之寿促如此,何故有黡然深藏、千岁不变改
之法乎?○王念孙曰:"故"字亦涉上下文而衍。"一朝之日"云云是
问词,则不当有"故"字明矣。群书治要无"故"字。 先谦案:厌焉,
犹安然也,说见儒效篇。群书治要"固"作"国",是也。一朝之日,一
日之人,而安然有千岁之国,语意紧对。**曰:援夫千岁之信法以持**
之也,安与夫千岁之信士为之也。 谓使百世不易可信之士为政。
人无百岁之寿,而有千岁之信士,何也? 又问之。**曰:以夫千岁**
之法自持者,是乃千岁之信士矣。 以礼义自持者,则是千岁之士,
不以寿千岁也,能自持则能持国也。**故与积礼义之君子为之则王,**

与端诚信全之士为之则霸，与权谋倾覆之人为之则亡。三者，明主之所以谨择也，而仁人之所以务白也。善择之者制人，不善择之者人制之。彼持国者必不可以独也，君不可独治也。然则强固荣辱在于取相矣。身能相能，如是者王；谓若汤、伊尹、文王、太公也。身不能，知恐惧而求能者，如是者强；若燕昭、乐毅也。身不能，不知恐惧而求能者，安唯便僻左右亲比己者之用，如是者危削，谓若楚襄王左州侯、右夏侯之比也。綦之而亡。宋献之比。国者，巨用之则大，小用之则小，巨者，大之极也。綦大而王，綦小而亡，小巨分流者存。小巨各半，如水之分流也。巨用之者，先义而后利，安不恤亲疏，不恤贵贱，唯诚能之求，夫是之谓巨用之。小用之者，先利而后义，安不恤是非，不治曲直，唯便僻亲比己者之用，夫是之谓小用之。巨用之者若彼，小用之者若此，小巨分流者亦一若彼、一若此也。或诚能之求，或亲比己者之用。○先谦案：虞、王本作"亦一若彼也，亦一若此也"。故曰："粹而王，驳而霸，无一焉而亡。"此之谓也。粹，全也。若舜举皋陶，不仁者远，即巨用之，綦大而王者也。驳，杂也。若齐桓外任管仲，内任竖貂，则小巨分流者。无一焉而亡，无一贤人，若厉王专任皇甫、尹氏，即綦小而亡者也。

国无礼则不正。礼之所以正国也，譬之犹衡之于轻重也，犹绳墨之于曲直也，犹规矩之于方圆也，礼能正国，譬衡所以辨轻重，绳墨所以辨曲直，规矩所以定方圆也。既错之而人莫之能诬也。错，置也。礼记曰"衡诚悬，不可欺以轻重；绳墨诚陈，不可欺以曲直；规矩诚设，不可欺以方圆"也。○谢本从卢校作"正错之"。卢文弨曰："正错之"，"正"，各本作"故"，今从宋本。　王念孙曰："正错之"，吕、钱本皆作"既错之"，是也。衡既县则不可诬以轻重，绳墨既陈则不可诬以曲直，规矩既设则不可诬以方圆，故曰"既错之而人莫之能诬也"。卢谓宋本作"正"者，为影钞本所误。（影钞本作"正"者，涉上文两"正"字而误。）　先谦案：王说是，今改从旦、钱本作"既"。诗云："如霜雪之将将，如日月之光明，逸诗。○郝懿行曰：将将，大也。四句皆逸诗，其义今不可知。玩荀子之意，方说礼所以正国，而即引诗，又申之云"此之谓也"，然则此盖言礼广大体备，如霜雪之无不周遍，如日月之无不照临，为礼则礼存而国存，不为礼则礼亡而国亦亡。荀引诗之意盖如此。杨注断上二句为逸诗，则语意不融贯。

先谦案：成相篇"谗口将将"，王氏念孙引周颂执竞传："将将，集也。"此义当同。谓如霜雪交集也。为之则存，不为则亡。"此之谓也。为，为礼也。○卢文弨曰：正文"不为"下，各本有"之"字。宋本无，但诗考所引有"之"字，是宋本亦各异也。案无"之"字者胜。下二句，杨注不以为逸诗，诗考连引之为是。国危则无乐君，国安则无忧民。○顾千里曰："民"，疑当作"君"。此文忧与乐皆言君，不言民也。杨无注，宋本与今本同，盖皆误。　先谦案：顾说是。言人君国危始忧，安时惟逐乐，深叹之。乱则国危，治则国安。

今君人者急逐乐而缓治国，岂不过甚矣哉！譬之是由好声色而恬无耳目也，岂不哀哉！恬，安也。安然无耳目，虽好声色，将何用哉？○卢文弨曰：正文"由"字，从宋本，与犹同。　俞樾曰："恬"当作"姡"，字之误也。尔雅释言："靦，姡也。"释文引李巡、孙炎注并曰："人面姡然也。"是姡然为人面之貌，故诗何人斯篇"有靦面目"，毛传曰："靦，姡也。"郑笺曰："姡然有面目。"是其义也。姡无耳目，犹言姡然无耳目。学者多见"恬"，少见"姡"，因误"姡"为"恬"，杨注即训为安然，失之矣。夫人之情，目欲綦色，耳欲綦声，口欲綦味，鼻欲綦臭，心欲綦佚。臭，气也。凡气香亦谓之臭。礼记曰："佩容臭。"綦，极也。"綦"，或为"甚"，传写误耳。佚，安乐也。○先谦案：虞、王本注"甚"作"其"。此五綦者，人情之所必不免也。养五綦者有

卷七　王霸篇第十一
207

具，具，谓广大、富厚、治辨、强固之道也。**无其具则五綦者不可得**
而致也。万乘之国，可谓广大、富厚矣，加有治辨、强固之道焉，
有，读为又。辨，分别事。○郝懿行曰："辨"，古"辦"字。辦，谓备具
也。下云"莫不分均，莫不治辨"，其义亦同。古书皆以"辨"为"辦"。
杨云"辨，分别事"、"有，读为又"，并非荀义。　　先谦案：辨，亦治也，
说见不苟篇。**若是，则恬愉无患难矣，**○卢文弨曰：宋本"恬"作
"怡"。**然后养五綦之具具也。故百乐者生于治国者也，忧患者**
生于乱国者也，急逐乐而缓治国者，○先谦案：群书治要"缓"作
"忘"，无"者"字。**非知乐者也。故明君者必将先治其国，然后百**
乐得其中；得于治国之中。乐，并音洛。**暗君必将急逐乐而缓治**
国，○王念孙曰：吕本作"急逐乐"，钱本及元刻、世德堂本"急"并作
"荒"。卢从吕本。案逸周书谥法篇曰"好乐怠政曰荒"，管子戒篇曰
"从乐而不反谓之荒"，故曰"荒逐乐"。宋监本作"急逐乐"者，据上
文改之也。吕本多从监本，钱本及元刻则兼从建本。其作"荒逐乐"，
盖亦从建本也。群书治要正引作"荒作乐"。　　先谦案："暗君"下，群
书治要有"者"字。以上文"明君者"例之，此亦当有。**故忧患不可胜**
校也，校，计。**必至于身死国亡然后止也，岂不哀哉！将以为乐，**
乃得忧焉；将以为安，乃得危焉；将以为福，乃得死亡焉：岂不哀
哉！於乎！君人者亦可以察若言矣。於乎，读为呜呼。若言，如
此之言，谓已上之说。**故治国有道，人主有职。**在知其道、守其职
也。**若夫贯日而治详，一日而曲列之，**贯日，积日也。积日而使条
理详备，一日而委曲列之，无差错也。○刘台拱曰："一日"当作"一
目"。立一条目而委曲具列之，若簿书之类。　　王念孙曰："一日"与
"贯日"相对为文，则"日"非"目"之讹也。君道篇作"一日而曲辨
之"，(今本"日"讹作"内"。)"辨"与"别"古字通，(周官小宰"听称责
以傅别"，故书"别"作"辨"，郑大夫读为别。朝士"有判书"，故书

荀子
集解

208

“判”为“辨”，郑司农读为别。诸子“辨其等”，燕义“辨”作“别”。大行人“辨诸侯之命”，小行人“每国辨异之”，大戴礼朝事篇“辨”并作“别”。乐记“别宜居鬼而从地”，史记乐书“别”作“辨”。又“男女无辨”、“磬以立辨”，乐书“辨”并作“别”。又“乐统同，礼辨异”，荀子乐论篇“辨”作“别”。）则“列”为“别”之讹也。王逸注离骚云：“贯，累也。”言以累日之治而辨之于一日也。　先谦案：注“一日”下，各本“而”作“如”，据宋台州本改正。**是所使夫百吏官人为也，不足以是伤游玩安燕之乐。**烦碎之事既使百吏官人为之，则不足以此害人君游燕之乐也。**若夫论一相以兼率之，使臣下百吏莫不宿道乡方而务，**论，谓讨论选择之也。率，领也。宿道，止于道也。向方，不迷乱也。臣下皆以宿道向方为务，不敢奸诈也。**是夫人主之职也。**论相乃是人主之职，不在躬亲小事也。**若是，则一天下，名配尧、禹。**○王引之曰：“一天下”上有“功”字，而今本脱之，则与下句不对。下文“功壹天下，名配舜、禹”，是其证。**之主者，守至约而详，事至佚而功，**事，任。○谢本从卢校作“人主者”。　王念孙曰：钱本“人”作“之”，元刻、世德堂本同。卢从旦本。案钱本是也。之主者，是主也。是主者，指上文“功一天下，名配尧、禹”之主而言，非泛论人主也。旦本作“人主者”，涉下文“人主者”而误。　先谦案：王说是，今从钱本改作“之”。**垂衣裳，不下簟席之上，而海内之人莫不愿得以为帝王。夫是之谓至约，乐莫大焉。人主者，以官人为能者也；匹夫者，以自能为能者也。人主得使人为之，匹夫则无所移之。**百亩一守，事业穷，无所移之也。百亩，一夫之守。事业，耕稼也。耕稼穷于此，无所移于人。若人主必躬治小事，则与匹夫何异。**今以一人兼听天下，日有余而治不足者，使人为之也。**今以一人兼听天下之大，自称日有余，言兼听之日有余也。而治不足，谓所治之事少而不足，言不足治也。使人为之，故得如此。**尸子曰：“尧**

209

南抚交阯，北怀幽都，东西至日之所出入，有余日而不足于治者，恕也。"韩子曰："夫为人主而身察百官，则日不足、力不给也。故先王舍己能而因法数，审赏罚，故治不足而日有余，上之任势使然也。"曰，而实反。**大有天下，小有一国**，天子、诸侯。〇卢文弨曰：虞、王合校本作"天下，谓天子；一国，谓诸侯也"。**必自为之然后可，则劳苦秏悴莫甚焉**，秏，谓精神竭秏。悴，憔悴也。**如是，则虽臧获不肯与天子易埶业**。臧获，奴婢也。方言曰："荆、淮、海、岱之间，骂奴曰臧，骂婢曰获。燕、齐亡奴谓之臧，亡婢谓之获。"或曰：取货谓之臧，擒得谓之获，皆谓有罪为奴婢者。故周礼："其奴婢，男子入于罪隶，女子入于舂藁。"埶业，权执事业也。〇卢文弨曰：案方言"燕、齐"作"燕之北郊"。又周礼"其奴"，无"婢"字。　王念孙曰：势者，位也。（说见儒效篇"势在本朝"下。）所居曰势，所执曰业。杨以势为权势，失之。（臧获无权势，不得言与天子易权势。）**以是县天下，一四海，何故必自为之？** 以是一人之寡，县天下之重，一四海之大，何故必自为之？言力不任之也。〇先谦案：杨解"县天下"，非也，说见王制、强国篇。**为之者，役夫之道也，墨子之说也**。墨子之说，必自劳苦矣。**论德使能而官施之者，圣王之道也，儒之所谨守也**。官施，谓建百官，施布职事。〇先谦案：施，用也。官施之者，官之用之也。臣道篇"爪牙之士施"，与此义同。杨训施为布，而增"职事"二字以成其义，非也。官，义具富国、解蔽二篇，杨以官为建百官，亦误。**传曰："农分田而耕，贾分货而贩，百工分事而劝**，〇郝懿行曰：自此至"礼法之大分也"共十二句，本篇下文亦同，唯无"传曰"二字，或系省文，或此不皆传语，未可知也。**士大夫分职而听**，听其政治。**建国诸侯之君分土而守，三公总方而议**，总，领也。议其所总之政。自陕以东，周公主之，自陕以西，召公主之，一相处于内，是总方而议之也。**则天子共己而已。"**共，读为恭，或读为拱。垂拱而已也。〇先谦案：群书治要"而已"作"止矣"。以下文"则天子共己而止矣"证之,此亦当作"共己而止矣"。注"而已也"正释"而止矣"之义。正文"已"字,后人所改,<u>治要</u>又删一"而"字,<u>宋台州</u>本作"而矣",明夺"止"字。<u>虞</u>、<u>王</u>本作"而已矣",无注"或读"以下九字,盖以意删改。**出若入若,天下莫不平均,莫不治辨**,若,如此也。出若入若,谓内外皆如此也。谓如论德、使能、官施之事。或曰:若,顺也。**是百王之所同也,而礼法之大分也**。礼法大分,在任人各使当其职分也。**百里之地,可以取天下,是不虚,其难者在人主之知之也**。所患人主不知小国可以取天下之道也。**取天下者,非负其土地而从之之谓也**,非谓它国负荷其土地,来而从我之谓也。**道足以壹人而已矣**。其道足以齐壹人,故天下归之也。**彼其人苟壹,则其土地且奚去我而适它?**彼国之人,苟一于我,则其土地奚往哉?○<u>郝懿行</u>曰:此言有人斯有土也。"壹"当为"一",谓齐一也。此文上作"壹人",下作"一人",参差错出,由写书者误分之。**故百里之地,其等位爵服足以容天下之贤士矣**,此论百里国取天下之道。贤士,有道德者也。**其官职事业足以容天下之能士矣**,能士者,才艺也。**循其旧法,择其善者而明用之,足以顺服好利之人矣**。择旧法之善者而明用之。谓择务本厚生之法而用之,则民衣食足而好利之人顺服也。**贤士一焉,能士官焉,好利之人服焉,三者具而天下尽,无有是其外矣**。具,谓俱为用也。**故百里之地足以竭埶矣**,竭,尽也。有等位、爵服、官职、事业,是天下之人埶尽于此矣。○<u>先谦</u>案:<u>虞</u>、<u>王</u>本注无"人"字,是。**致忠信,著仁义,足以竭人矣**,致,极也。著,明也。言极忠信,明仁义,足以尽天下之人。谓皆来归也。**两者合而天下取,诸侯后同者先危**。两者合,谓能尽埶尽人也。**<u>诗</u>曰:"自西自东,自南自北,无思不服。"一人之谓也**。其道足以齐一人,故四方皆归之。

<u>羿</u>、**蠭门者,善服射者也**;<u>蠭</u>门,即<u>蠭蒙</u>,学射于<u>羿</u>。<u>羿</u>、<u>蠭蒙</u>善

射,故射者服之。蠭音逢。○卢文弨曰:案史龟策传亦作"蠭门",音"逢迎"之逢,亦读为"鼍鼓逢逢"之逢。门与蒙,一声之转耳。汉书艺文志有逢门射法二篇,在兵家。诸书多作"逢"字,唯孟子、扬子、宋以后作"逢",音薄江反。　郝懿行曰:"蠭门",它书或作"逢蒙",蒙、门音转,实一人耳。此及史龟策传作"蠭门",汉艺文志作"逢门","逢"即"蠭"字之省。古读蠭、蓬同音,故逢蒙之逢亦读如蓬。广韵"蓬纽有蜂",云"又音峰",一字二音,是其证矣。服者,屈服也。服之本义,事也,用也,屈服是其引伸之义。**王良、造父者,善服驭者也;**王良,赵简子之御,韩子曰"字伯乐";造父,周穆王之御:皆善御者也。驭与御同也。**聪明君子者,善服人者也。人服而埶从之,人不服而埶去之,故王者已于服人矣。**王者之功尽此也。**故人主欲得善射,射远中微则莫若羿、蠭门矣;**射及远,中细微之物。**欲得善驭,及速致远,则莫若王良、造父矣;欲得调壹天下,制秦、楚,则莫若聪明君子矣。**荀卿在齐,楚、秦天下强国,故制之者也。○卢文弨曰:"者",疑是"首"字。盖以秦、楚天下强国,故首欲制之。如孟子"挞秦、楚"、"朝秦、楚",亦每以秦、楚为言。　王念孙曰:吕、钱本"欲"下皆有"得"字,是也。上文两言"欲得",则此亦当然。元刻以下脱"得"字。　先谦案:谢本从卢校作"欲调壹天下",无"得"字。今依王说,从吕、钱本增。**其用知甚简,**用智虑至少也。**其为事不劳而功名致大,甚易处而荼可乐也,故明君以为宝,而愚者以为难。**明君以任贤为宝,愚者以任贤为难也。**夫贵为天子,富有天下,名为圣王,兼制人,人莫得而制也,是人情之所同欲也,而王者兼而有是者也。重色而衣之,重味而食之,重财物而制之,**重,多也,直用反。○卢文弨曰:案正文"物"字,元刻无。**合天下而君之,饮食甚厚,声乐甚大,台谢甚高,**谢与榭同。○卢文弨曰:案说文无"榭"字。公羊宣十六年:"成周宣谢灾。"书秦誓释文云:"台榭,本又作谢。" 郝懿行曰："谢""榭"，古今字也。春秋宣十六年"成周宣谢"，左、公羊俱作"谢"，穀梁作"榭"，释文云："本或作谢。"今经传皆改"谢"为"榭"矣，唯释文及此书犹存"谢"字。**园囿甚广，臣使诸侯，一天下，是又人情之所同欲也，而天子之礼制如是者也。**礼之与制，如此其盛。言尽人情之所欲也。**制度以陈，政令以挟，**挟，读为浃，洽也。**官人失要则死，公侯失礼则幽，**要，政令之要约也。礼记曰："各扬其职，百官废职，服大刑。"幽，囚也。春秋传曰"晋侯执卫侯，归之于京师，寘诸深室"也。**四方之国有侈离之德则必灭，**侈，奢侈；离，乖离，皆谓不遵法度。○王念孙曰：杨分侈、离为二义，非也。侈，亦离也。尔雅曰："诐，离也。"说文曰："诐，离别也。"作"侈"者，借字耳。陈说同。又云：穀梁僖四年传"于是侈然外齐侯也"，邵氏晋涵云："侈然，离散之貌。"侈、诐、哆同。**名声若日月，功绩如天地，天下之人应之如景向，**○卢文弨曰："景"，俗作"影"。"向"，宋本作"响"，古通用。**是又人情之所同欲也，而王者兼而有是者也。故人之情，口好味而臭味莫美焉，耳好声而声乐莫大焉，目好色而文章致繁妇女莫众焉，形体好佚而安重间静莫愉焉，**间，隙也，或读为闲。愉，乐也。**心好利而谷禄莫厚焉，合天下之所同愿兼而有之，睪牢天下而制之若制子孙，**睪牢，未详。"睪"，或作"毕"。言尽牢笼天下也。新序作"宰牢"。战国策："燕太子丹谓荆轲曰：'秦有贪功之心，非尽天下之地，牢海内之王，其意不厌。'"或曰：睪，读如"以薅荼蓼"之薅，牢与汉书"丘娖辇釜"之辇义同，皆料理斡运之意也。○卢文弨曰：案后汉书马融传"皋牢陵山"，章怀注云"皋牢，犹牢笼也"，引此作"皋牢"。"皋"俗作"皐"，亦转为"睪"。 郝懿行曰：案干禄字书："睪，俗皋字。"盖"皋"俗作"皐"，讹转为"睪"，又复加头作"睾"，以别于"睪"。此正如汉成皋印文作"白"下"人"，"人"下"羊"，又作"皿"下"羊"，展转增讹，即此类也。"皋韬"为覆冒

213

之意,故"皋牢"亦为牢笼,皆双声叠韵字也。<u>马融</u>传云"皋牢陵山",<u>章怀</u>注引此即作"皋"字,是已。然考"睪"字,由来已久。<u>曹大家</u>言"睪子佐禹",<u>颜氏家训</u>"皋分泽片",盖此俗字起于<u>六朝</u>以前,正<u>朱育</u>所偁"近鄙别字"者也。皋与宰,音义异,而古书亦通用,故此"睪牢",<u>杨</u>注引<u>新序</u>(今本无。)作"宰牢"。又<u>列子</u>"望其圹宰如",此书<u>大略</u>篇作"皋如",皆其证矣。 <u>王念孙</u>曰:此字,<u>困学纪闻</u>已辩之。**人苟不狂惑戆陋者,其谁能睹是而不乐也哉!欲是之主并肩而存,能建是之士不世绝,**○<u>先谦</u>案:不世绝者,不绝于世也。<u>君道</u>篇"彼或蓄积而得之者,不世绝",与此句法同。**千岁而不合,何也?曰:人主不公,人臣不忠也。人主则外贤而偏举,人臣则争职而妒贤,是其所以不合之故也。**外贤,疏贤也。偏举,偏党而举所爱也。**人主胡不广焉无恤亲疏,无偏贵贱,唯诚能之求?**广焉,开泰貌。或曰:读为旷。诚能,实能也。○<u>王念孙</u>曰:"偏",当为"伦",字之误也。伦与论同。(<u>大雅灵台</u>笺曰:"论之言伦也。"是论与伦义相通。<u>王制</u>"必即天论","论"或为"伦"。是论与伦字亦相通。)言不恤亲疏,不论贵贱也。<u>臣道</u>、<u>性恶</u>二篇,并云"不恤是非,不论曲直"是其证。**若是,则人臣轻职业让贤而安随其后,**○<u>王念孙</u>曰:"轻职"下,本无"业"字。轻职让贤,与上文"争职妒贤"正相反,多一"业"字,则累于词矣。轻职,谓重贤而轻职也。可言轻职,不可言轻职业,"业"字盖涉下文"王业"而衍。 <u>先谦</u>案:<u>群书治要</u>"后"下有"矣"字。**如是,则舜、禹还至,王业还起。**还,复。○<u>王念孙</u>曰:还至,即至也。还起,即起也。<u>汉书董仲舒</u>传"还至而立有效"是也。<u>杨</u>训还为复,失之。**功壹天下,名配舜、禹,物由有可乐如是其美焉者乎?**○<u>卢文弨</u>曰:元刻无"焉"字。**呜呼!君人者亦可以察若言矣。**可以察如此之言也。**杨朱哭衢涂,曰:"此夫过举蹞步而觉跌千里者夫!"哀哭之。**<u>杨朱</u>,战国时人,后于<u>墨子</u>,与<u>墨子</u>弟子<u>禽滑厘</u>

辨论。其说在爱己，不拔一毛以利天下，与<u>墨子</u>相反。衢涂，岐路也。<u>秦</u>俗以两为衢。或曰：四达谓之衢。觉，知也。半步曰顷。跌，差也。言此岐路第过举半步，则知差而哭，况跌千里者乎！故甚哀而哭之。<u>易</u>曰"差以毫厘，谬以千里"也。○<u>郝懿行</u>曰：下一"夫"字，疑当作"末"，形缺而讹。末者，无也。言无有觉知而哀哭之者。　<u>刘台拱</u>曰：觉跌千里，言至千里而后觉其差，注似非。　<u>顾千里</u>曰：觉，疑当读为较，音校。<u>孟子音义离娄下、告子上、尽心下</u>"觉音校"，凡三见。<u>卢学士钟山札记</u>云云，在本书"觉有校义"一条。<u>文选西京赋</u>注引<u>邓析子</u>"贤愚之相觉，若九地之下与重天之颠"，亦觉义之一证。则言此衢涂过举第半步，而其较之乃差千里明甚。<u>杨</u>读觉如字，以觉知为义，非也。又下文觉，亦读为较，不觉，言不较荣、安、存三者与辱、危、亡三者之衢也。<u>杨</u>注以不知为义，亦非。　<u>俞樾</u>曰："觉"，当为"觉"。<u>玉篇</u>引<u>声类</u>曰："觉，误也。"<u>广雅释诂</u>同。觉训误，正与<u>杨</u>注跌训差，其义相近。言此岐路第过举顷步，而其觉跌乃至千里，故可悲也。自"觉"误为"觉"，而义不可明矣。　先谦案：衢涂过举顷步，即觉其跌至千里，喻人一念得失，可知毕生，不必果至千里而后觉其差也。下文"觉"字，与此相应，不当改字。下"夫"字上属为句。诸说皆未当。**此亦荣辱安危存亡之衢已，此其为可哀甚于衢涂。**此谓求诚能之士也。不求则灭亡，故可哀甚于衢涂也。**呜呼哀哉！君人者千岁而不觉也。**叹君人者千岁而不知求诚能之士。

　　无国而不有治法，无国而不有乱法；无国而不有贤士，无国而不有罢士；<u>国语</u>曰"罢士无伍，罢女无家"，<u>韦昭</u>曰："病也。"无行曰罢。<u>周礼</u>"以嘉石平罢民"，谓平之使善者也。**无国而不有愿民，无国而不有悍民；无国而不有美俗，无国而不有恶俗。两者并行而国在，上偏而国安，在下偏而国危，**上偏，偏行上事也。谓治法多,乱法少;贤士多,罢士少;愿民多,悍民少之类。下偏反是。○王念孙曰:寻绎文义,"并行"下不当有"而国"二字,盖涉下文两"而国"而衍。又云:国在,谓国存也,"在"字不属下读。"下偏"与"上偏"相对,"下偏"上不当有"在"字。据杨注云"上偏,偏行上事也,谓治法多,乱法少,贤士多,罢士少之类,下偏反是",则所见本作"下偏而国危"明甚。后人误以"在上"二字连读,又于"下偏"上增"在"字,而不知与正文注文皆不合也。余前谓"两者并行"下衍"而国"二字,失之。**上一而王,下一而亡。**一,谓令行也。○先谦案:"上一""下一",与上"上偏""下偏"相对为文。下云"四者齐,是谓上一",苟又自释之矣。杨以一为令行,误。**故其法治,其佐贤,其民愿,其俗美,**○谢本从卢校作"其治法"。 王念孙曰:吕、钱本"其治法"作"其法治"。案上文"治法"与"乱法"对,"贤士"与"罢士"对,"愿民"与"悍民"对,"美俗"与"恶俗"对,此云"其法治,其佐贤,其民愿,其俗美",皆承上文而言,则作"其法治"者是也。 先谦案:王说是,今改从吕、钱本。**而四者齐,夫是之谓上一。如是则不战而胜,不攻而得,甲兵不劳而天下服。**○卢文弨曰:"甲兵",宋本作"用兵",今从元刻。

先谦案:宋台州本作"甲兵"。**故汤以亳,武王以鄗,**鄗与镐同。**皆百里之地也,天下为一,诸侯为臣,通达之属莫不从服,无它故焉,四者齐也。**齐,谓无所阙也。**桀、纣即序于有天下之埶,索为匹夫而不可得也,**即序于有天下之埶,谓就王者之次序为天子也。○王念孙曰:"序"字义不可通,"序"当为"厚",字之误也。(隶书"厚""序"相似,传写易误,说见墨子非攻篇。)言桀、纣有天下之势虽厚,曾不得以匹夫终其身也。仲尼篇曰"桀、纣厚于有天下之势,而不得以匹夫老",强国篇曰"厚于有天下之势,索为匹夫,不可得也,桀、纣是也",皆其证。杨望文生义而曲为之说。**是无它故焉,四者并亡也。故百王之法不同若是,所归者一也。**

上莫不致爱其下而制之以礼，上之于下，如保赤子。政令制度，所以接下之人百姓，有不理者如豪末，则虽孤独鳏寡必不加焉。不以豪末不理加于孤独鳏寡也。四者人所轻贱，故圣王尤爱之。孝经曰："不敢侮于鳏寡，而况于士民乎！"故下之亲上欢如父母，可杀而不可使不顺。君臣上下，贵贱长幼，至于庶人，莫不以是为隆正。是，谓亲上也。皆以亲上为隆正也。○先谦案：隆正，犹中正，说见致士篇。然后皆内自省以谨于分，爱敬其上，故不敢逾越也。是百王之所以同也，而礼法之枢要也。是百王之同用爱民之道而得民也。○卢文弨曰：正文"以同"疑当作"同以"，观注以"同用"为言，可见。 王念孙曰：卢说非也。"是百王之所以同"，"以"，衍文也。上下文皆云"是百王之所同，而礼法之大分也"，礼论篇云"是百王之所同，古今之所一也"，皆言"所同"，不言"所以同"，则"以"为衍文明矣。据杨注言"同用爱民之道"，则所见本似已衍"以"字。然后农分田而耕，贾分货而贩，百工分事而劝，士大夫分职而听，建国诸侯之君分土而守，三公总方而议，则天子共己而止矣。○先谦案：以上文证之，当为"共己"。各本作"其己"，形近致误，今从宋台州本改正。出若入若，天下莫不平均，莫不治辨，是百王之所同而礼法之大分也。亦谓致爱其下，故皆劝勉。余并已解上也。若夫贯日而治平，权物而称用，贯日，积日也。使条理平，正权制物，使称于用。称，尺证反。○郝懿行曰：荀书多言"贯日"，贯者，穿也。日以为事，如联络贯穿此日也。 俞樾曰：上文云"若夫贯日而治详"，君道篇云"并耳目之乐，而亲自贯日而治详"，两文相同。此文"平"字，疑亦当作"详"，盖假"羊"为"详"，又误"羊"为"平"耳。杨注非。使衣服有制，宫室有度，人徒有数，丧祭械用皆有等宜，以是用挟于万物，人徒，谓胥徒，给徭役者也。械用，器用也。皆有等宜，言等差皆得其宜也。挟，读为浃。○王念孙曰：案

"用挟"二字文义不明,"用"当为"周",字之误也。"周挟"即"周浹"。君道篇曰:"先王审礼,以方皇周浹于天下。"礼论篇曰"方皇周挟,曲得其次序",杨彼注曰:"挟,读为浹,帀也。言于是礼之中,徘徊周帀,委曲皆得其次序而不乱。"此注亦曰"挟,读为浹",则杨本正作"周挟"明矣。**尺寸寻丈莫得不循乎制度数量然后行,**○卢文弨曰:各本作"制数度量",今从宋本。 王念孙曰:作"制数度量"者是也。富国篇曰"无制数度量则国贫",是其证。宋本"数度"二字互误耳。礼记王制"度量数制",郑注曰:"度,丈尺也。量,斗斛也。数,百十也。制,布帛幅广狭也。""数制"即"制数"。**则是官人使吏之事也,不足数于大君子之前。**官人,列官之人。使吏,所使役之吏。数,阅数也。大君子,谓人君也。○先谦案:大君子,君子之尤著者,犹圣人崇称之曰"大圣人"也,不指人君言。仲尼篇两云"彼固曷足称乎大君子之门哉",大君子即指仲尼,尤其明证。称、数义同。杨注误。**故君人者立隆政本朝而当,**隆政,所隆之政也。当,丁浪反。○郝懿行曰:"隆政",下作"隆正",是也。此"隆政"为假借。杨注失检。强国篇以"隆正""修政"并言,益知此注之非,盖由望文生训,恒坐此失。**所使要百事者诚仁人也,**主百事之要约纲纪者。谓相也。**则身佚而国治,功大而名美,上可以王,下可以霸;立隆正本朝而不当,所使要百事者非仁人也,则身劳而国乱,功废而名辱,社稷必危:是人君者之枢机也。**枢机在得贤相。"人君"当为"君人"也。○谢本依卢校"也"上有"者"字。 王念孙曰:下"者"字涉上"者"字而衍。吕、钱本"也"上皆无"者"字。 先谦案:王说是,今依吕、钱本删。**故能当一人而天下取,失当一人而社稷危,不能当一人而能当千人百人者,说无之有也。**论说之中无此事。能当,谓能用人之当也。当,皆丁浪反。**既能当一人,则身有何劳而为,**而、为,皆助语也。**垂衣裳而天下定。故汤用伊尹,文王用吕尚,武王用召**

公,成王用周公旦。卑者五伯,卑,言功業卑于王者。伯,读为霸。齐桓公闺门之内,县乐奢泰游抏之修,县,簨簴也。泰与汏同,抏与玩同。言齐桓唯此是修也。于天下不见谓修,天下不谓之修饰也。然九合诸侯,一匡天下,为五伯长,是亦无它故焉,知一政于管仲也,是君人者之要守也。要守在任贤也。知者易为之兴力而功名綦大,智者,知任贤之君也。舍是而孰足为也?舍是任贤之事,何足为之?言其余皆不足为也。故古之人有大功名者,必道是者也;道,行也。必行此任贤之事。丧其国、危其身者,必反是者也。故孔子曰:“知者之知,固以多矣,有以守少,能无察乎!上知音智,下如字。有,读为又,下同。守少,谓任贤、恭己而已也。愚者之知,固以少矣,有以守多,能无狂乎!”此之谓也。守多,谓自任,主百事者也。事烦则狂乱也。

治国者,分已定,则主相、臣下、百吏各谨其所闻,不务听其所不闻;谨,谓守行,无越思。各谨其所见,不务视其所不见。所闻所见诚以齐矣,齐,谓各当其事,不侵越也。则虽幽闲隐辟,百姓莫敢不敬分安制以化其上,是治国之征也。闲,读为闲。辟,读为僻。安制,谓安于国之制度,不敢逾分。征,验也。治国之征验在分定。○谢本从卢校,作“以礼化其上”。 王念孙曰:元刻无“礼”字,是也。主相、臣下、百吏各谨其所见闻,(见上文。)而民自化之,故曰“莫敢不敬分安制以化其上”,“化”上不当有“礼”字。俗书“禮”字或作“礼”,形与“化”相似,“化”误为“礼”,后人因改为“禮”。(淮南道应篇孔子亦可谓知化矣,今本“化”误为“礼”。)宋本作“礼化”者,一本作“礼”,一本作“化”,而写者因误合之也。群书治要正作“以化其上”,无“礼”字。 先谦案:王说是。今从元刻删“礼”字。主道治近不治远,人主之道如此。治明不治幽,治一不治二。主能治近则远者理,主能治明则幽者化,主能当一则百事正。夫兼听天下，日有余而治不足者如此也，是治之极也。既能治近，又务治远；既能治明，又务见幽；既能当一，又务正百：当，丁浪反。是过者也。过，犹不及也，○王念孙曰：元刻作“过，犹不及也”，语意较足。群书治要与元刻同。　先谦案：谢本从卢校作“犹不及也”。今依王说，从元刻增“过”字。辟之是犹立直木而求其景之枉也。不能治近，又务治远；不能察明，又务见幽；不能当一，又务正百：是悖者也，悖，惑。辟之是犹立枉木而求其景之直也。故明主好要而暗主好详。任一相而委之，是好要；不委人而自治百事，是好详也。主好要则百事详，主好详则百事荒。力不及，故荒也。君者，论一相，陈一法，明一指，以兼覆之，兼炤之，以观其盛者也。论，选择也。指，指归也。一法、一指，皆谓纪纲也。盛，读为成。观其成功也。相者，论列百官之长，要百事之听，列，置于列位也。听，治也。要，取百事之治，考其得失也。要，一尧反。以饰朝廷臣下百吏之分，修饰使各当分。度其功劳，论其庆赏，岁终奉其成功以效于君。当则可，不当则废，效，致也。周礼大宰“岁终，则令百官府各正其治，受其会，听其政事而诏王废置”也。故君人劳于索之，而休于使之。索，求也。休，息也。

　　用国者，○卢文弨曰：“用”，各本“周”，宋本、元刻并作“用”。得百姓之力者富，得百姓之死者强，得百姓之誉者荣。三得者具而天下归之，三得者亡而天下去之；天下归之之谓王，天下去之之谓亡。汤、武者，循其道，○先谦案：虞、王本“循”作“修”。行其义，兴天下同利，除天下同害，天下归之。故厚德音以先之，明礼义以道之，致忠信以爱之，赏贤使能以次之，“赏”，当为“尚”。爵服赏庆以申重之，时其事、轻其任以调齐之，潢然兼覆之，养长之，如保赤子。潢与滉同，大水貌也。○先谦案：潢然，解在

富国篇。**生民则致宽,** 生民,生活民,谓衣食也。**使民则綦理,** 辩政**令制度,所以接天下之人百姓,有非理者如豪末,则虽孤独鳏寡必不加焉。** ○王念孙曰:案"天下之人百姓","天"字后人所加也。下者,对上而言。上文云"上之于下,如保赤子,政令制度,所以接下之人百姓,有不理者如豪末,则虽孤独鳏寡必不加焉",文正与此同。又王制篇云"之所以接下之人百姓者,则庸宽惠",又云"之所以接下之人百姓者,则好取侵夺";又云"之所以接下之人百姓者,则好用其死力矣,而慢其功劳,好用其籍敛矣,而忘其本务",议兵篇云"其所以接下之人百姓者,无礼义忠信",强国篇云"今上不贵义,不敬义,如是则下之人百姓皆有弃义之志而有趋奸之心矣":(人百姓,犹言众百姓。王霸篇曰"朝廷群臣之俗若是,则夫众庶百姓亦从而成俗,不隆礼义而好贪利矣",语意略与此同。彼言"众庶百姓",犹此言"人百姓"也。又见下。)皆其证也。又案:"下之人百姓者",人,众也,谓下之众百姓也。儒效篇云"涂之人百姓,积善而全尽,谓之圣人",亦谓涂之众百姓也。师彖传曰:"师,众也。"尔雅曰"师,人也",郭注曰:"谓人众。"是人与众同义。春秋隐四年"卫人立晋",公羊传曰:"其称人何?众立之之辞也。"穀梁传曰:"卫人者,众辞也。"柴誓曰"人无哗",郑注曰:"人,谓军之士众。"史记邹阳传"人无不按剑相眄者",汉书"人"作"众",皆其证也。**是故百姓贵之如帝,亲之如父母,为之出死断亡而不愉者,无它故焉,** "不愉","不"字剩耳。○郝懿行曰:按富国篇作"出死断亡而愉",此作"不愉",故杨云"不字剩"。但考古书,"水"旁"心"旁,易为淆讹。故地理志"慎阳"乃"滇阳"也。准是而言,"不愉"或"不渝"之形讹,亦未可定。渝者,变也,其义自通。 先谦案:杨、郝二说,并非也。愉,读为偷,说具富国篇。群书治要作"偷"。**道德诚明,利泽诚厚也。乱世不然:污漫、突盗以先之,** 突,陵触。盗,窃也。**权谋倾覆以示之,** 俳优、侏儒、妇女之请

谒以悖之，俳优，倡优。侏儒，短人可戏弄者。悖，乱也。**使愚诏知，使不肖临贤，生民则致贫隘，使民则綦劳苦。**○先谦案：群书治要"綦"作"甚"。**是故百姓贱之如佢，恶之如鬼，**字书无"佢"字，盖当为"尪"，病人也。礼记曰："吾欲暴尪而奚若？"新序作"贱之如尪豕"。○郝懿行曰：按"佢"当作"尪"，与"鬼"相韵。注引新序（今本无。）作"贱之如尪豕"，"豕"字衍耳。杨云"佢"当为"尪"，似不如依新序作"尪"为长。"尪"形近"佢"，"尪"形略亦相近。**日欲司间而相与投藉之，去逐之。**司间，伺其间隙。投，擿也。藉，践也。一作"投错之"。**卒有寇难之事，又望百姓之为己死，不可得也，说无以取之焉。**论说之中，无以此事为得也。卒，千忽反。**孔子曰："审吾所以适人，适人之所以来我也。"此之谓也。**适人，往与人也。审慎其与人之道，为其复来报我也。○王念孙曰：下"适"字涉上"适"字而衍。据杨注云"审慎其与人之道，为其复来报我也"，则无下"适"字明矣。群书治要无下"适"字。

伤国者何也？曰：以小人尚民而威，尚，上也。使小人在上位而作威也。**以非所取于民而巧，**若邱甲田赋之类也。○俞樾曰：按非所，犹非时也。文十三年公羊传"往党卫侯会公于沓"，何休解诂曰："党，所也。所，犹时也。"以非时取于民而巧，言以非时取民而巧为之名也。**是伤国之大灾也。大国之主也，而好见小利，是伤国；其于声色、台谢、园囿也，愈厌而好新，是伤国；**厌，足也，一占反。**不好循正其所以有，唉唉常欲人之有，是伤国。**唉唉，并吞之貌。○卢文弨曰：案"循正"，本卷前作"修正"，似"修"字是。　郝懿行曰：案唉者，嗺唉也。唉唉，欲食之貌。上云"不修正其所以有，然常欲人之有"，此作"循正"，"循""修"古字通也。　王引之曰：唉唉，犹欲欲也。说文："欥，欲得也，读若贪。""欥"与"唉"声近而字通，故曰"唉唉然常欲人之有"。杨云"唉唉，并吞之貌"，则误读为"唉食"

之啖矣。　先谦案：<u>王氏杂志</u>云："今本修误作循，据上文改。政与正同。啖啖然，今本脱然字，据上文补。"据此，<u>王</u>所见本"正"作"政"，<u>苟</u>书"正""政"通用也。（本作"政"。）"啖啖"下应有"然"字，<u>王</u>说是。啖啖为欲食貌，义自可通，不必如<u>王</u>说读啖为欲。**三邪者在匈中，而又好以权谋倾覆之人断事其外，**事，任也。谓断决任事于外也。**若是，则权轻名辱，社稷必危，是伤国者也。大国之主也，不隆本行，不敬旧法，而好诈故，**故，事变也。○<u>王念孙</u>曰：故，亦诈也。<u>晋语</u>"多为之故以变其志"，<u>韦</u>注曰："谓多作计术以变易其志。"<u>吕氏春秋论人篇</u>"释智谋，去巧故"，<u>高</u>注曰："巧故，伪诈也。"<u>淮南主术篇</u>"上多故则下多诈"，<u>高</u>注曰："故，巧也。"是故与诈同义。<u>王制篇</u>曰"进退贵贱则举幽险诈故"，<u>大戴记文王官人篇</u>曰"以故取利"，<u>管子心术篇</u>曰"恬愉无为，去知与故"，<u>淮南原道篇</u>曰"偶曤智故，曲巧伪诈"，故皆谓诈也。故曰："不隆本行，不敬旧法，而好诈故。"<u>杨</u>分诈故为二义，失之。**若是，则夫朝廷群臣亦从而成俗于不隆礼义而好倾覆也。**以不隆礼义为成俗。○<u>谢</u>本从<u>卢</u>校，无"于"字。　<u>王念孙</u>曰：<u>吕</u>、<u>钱</u>本"成俗"下皆有"于"字。案<u>吕</u>、<u>钱</u>本是也。"亦从而成俗于不隆礼义而好倾覆也"十五字为一句，下文云"则夫众庶百姓亦从而成俗于不隆礼义而好贪利矣"，句法正与此同。元刻以下脱"于"字，则失其句矣。　先谦案：<u>王</u>说是，今依<u>吕</u>、<u>钱</u>本增。**朝廷群臣之俗若是，则夫众庶百姓亦从而成俗于不隆礼义而好贪利矣。君臣上下之俗莫不若是，则地虽广，权必轻；人虽众，兵必弱；刑罚虽繁，令不下通。夫是之谓危国，是伤国者也。儒者为之不然，必将曲辨：**辨，理也。委曲使归于理也。○<u>郝懿行</u>曰：按"辨"，古"辩"字。　<u>先谦</u>案：<u>虞</u>、<u>王</u>本作"辩"，下同。**朝廷必将隆礼义而审贵贱，若是，则士大夫莫不敬节死制者矣。**节，忠义。制，职分。○<u>卢文弨</u>曰："敬节"，元刻作"贵节"。　<u>王引之</u>曰："敬"，当作"敄"，"敄"与"务"，古字通。(说文:"孜,强也。"尔雅:"务,强也。""孜"与"敬"字相似而误。)务节,谓以节操为务也。曲礼曰:"士死制。"务节与死制同义,下文云"士大夫务节死制"是其证。今本作"敬节",则于义疏矣。元刻作"贵节"者,以意改之耳。**百官则将齐其制度,重其官秩,若是,则百吏莫不畏法而遵绳矣。**秩,禄也。其制驭百官,必将齐一其制度,使有守也;厚重其秩禄,使不贪也。**关市几而不征,质律禁止而不偏,**质律,质剂也,可以为法,故言质律也。禁止而不偏,谓禁止奸人,不偏听也。周礼小宰"听卖买以质剂",郑司农云:"质剂,平市价,今之月平是也。"郑康成云:"两书一札,同而别之,长曰质,短曰剂,皆今之券书也。"左氏传曰:"赵盾为政,董逋逃,由质要。"或曰:质,正也。**如是,则商贾莫不敦悫而无诈矣。百工将时斩伐,佻其期日而利其巧任,如是,则百工莫不忠信而不楛矣。**时斩伐。即周礼"仲冬斩阳木,仲夏斩阴木"是也。佻与佻同,缓也,谓不迫促也。巧任,巧者之任。不迫促则百工自利矣。楛,谓器恶不牢固也。晏子春秋曰:"景公之时,晏子请发粟,公不许,当为路寝之台,令吏重其绩,远其涂,佻其日而不趋。三年台成,而民振欲,上悦乎君游,民足乎食。"彼"佻"亦与此同也。○卢文弨曰:案所引晏子,见杂上篇,作"故上悦乎游,民足乎食",微不同。又云:注当云"佻与佻同"。案尔雅云:"佻,肆也。"古书"佻"字皆训宽肆,不当作"佻"。 俞樾曰:"巧任"与"期日"对文,杨注非其义也。庄子秋水篇曰"任士之所劳",释文引李注曰:"任,能也。"然则巧任犹巧能也。言佻缓其期日,而其巧能者则丰厚其气禀〔一〕以利之,百工乃忠信而不楛矣。**县鄙将轻田野之税,省刀布之敛,罕举力役,无夺农时,如是,则农夫莫不朴力而寡能矣。**但质

〔一〕 "气禀",似当作"饩廪"。

朴而力作，不务它能也。**士大夫务节死制，然而兵劲。**"然而"，当为"然后"。〇王念孙曰：案<u>杨</u>以下文作"然后"，故云"当为然后"，不知此"然而"与他处言"然而"者不同。然，如是也。（说见<u>释词</u>。）言如是而兵劲也。<u>文王世子</u>曰"然而众知父子之道矣"，义与此"然而"同。**百吏畏法循绳，然后国常不乱。商贾敦悫无诈则商旅安，货通财，而国求给矣。**所求之物皆给足也。〇王念孙曰："商旅安，货通财"，当作"商旅安，货财通"。"货财通"与"商旅安"对文，今本作"货通财"，则义不可通。<u>王制篇</u>"使<u>宾</u>旅安而货财通"，是其证。（今本"<u>宾</u>"误作"宾"，辩见<u>王制篇</u>。）**百工忠信而不楛，则器用巧便而财不匮矣。农夫朴力而寡能，则上不失天时，下不失地利，中得人和，而百事不废。是之谓政令行，风俗美，以守则固，以征则强，居则有名，动则有功。此儒之所谓曲辨也。**

荀子卷第八 ○卢文弨曰：此卷各本皆无注。

君道篇第十二

有乱君，无乱国；有治人，无治法。○先谦案：无治法者，法无定也，故贵有治人。致士篇云"有良法而乱者有之，有君子而乱者，自古及今，未尝闻也"，意与此同。羿之法非亡也，而羿不世中；禹之法犹存，而夏不世王。故法不能独立，类不能自行，○先谦案：类，例也。荀书多法类并举，说详大略篇。得其人则存，失其人则亡。法者，治之端也；君子者，法之原也。故有君子则法虽省，足以遍矣；无君子则法虽具，失先后之施，不能应事之变，足以乱矣。不知法之义而正法之数者，虽博，临事必乱。故明主急得其人，而暗主急得其埶。○先谦案：埶，位也，说见儒效篇。急得其人，则身佚而国治，功大而名美，上可以王，下可以霸；不急得其人而急得其埶，则身劳而国乱，功废而名辱，社稷必危。故君人者劳于索之，而休于使之。书曰："惟文王敬忌，一人以择。"此之谓也。

合符节、别契券者，所以为信也；上好权谋，则臣下百吏诞诈之人乘是而后欺。**探筹、投钩者，所以为公也；**〇郝懿行曰：探筹，刬竹为书，令人探取，盖如今之掣签。投钩，未知其审。古有藏驱，今有拈阄，疑皆非是。慎子曰："投钩以分财，投策以分马。"**上好曲私，则臣下百吏乘是而后偏。衡石、称县者，所以为平也；上好倾覆，则臣下百吏乘是而后险。斗、斛、敦、㮥者，所以为啧也；**〇卢文弨曰："斗"，元刻作"胜"。案三辅黄图："御宿园出粟〔一〕，十五枚一胜，大梨如五胜。"胜与升通用。"敦㮥"，即"准㮥"。啧，情也。易系辞传"见天下之赜"，京房作"啧"，太玄磥"初一，测：黄纯于潜，化在磥也"，皆训情。此当作情实解。　郝懿行曰："斗斛"，或作"胜斛"。胜与升虽同音假借，然作"斗斛"为长。㮥，即柧也，所以平斗斛者。敦亦其类，但形状今未闻。**上好贪利，则臣下百吏乘是而后丰取刻与，以无度取于民。**〇谢本从卢校"而后"下有"鄙"字。　卢文弨曰：宋本、世德堂本皆无"鄙"字，今从元刻。　王念孙曰：案元刻有"鄙"字者，后人以意加之也。后人以上文云"乘是而后欺"、"乘是而后偏"、"乘是而后险"，疑此处"乘是而后"下脱一字，又以上句言"贪利"，故加入"鄙"字耳。今案：上文"欺"与"信"相反，"偏"与"公"相反，"险"与"平"相反，此下"丰取刻与，以无度取于民"，"无度"与"啧"亦相反。啧者，齐也。（说文："婧，齐也。"婧与啧通。又说文："齰，齿相值也。"释名曰："帻，齰也，下齐眉齰然也。"又曰："栅，齰也，以木作之，上平齰然也。"又曰："册，齰也，敕使整齰，不犯法也。"并声近而义同。）无度则不齐，故与"啧"相反。若云"乘是而后鄙"，则"鄙"与"啧"义非相反，与上三条不合。且加一"鄙"字，则下文"丰取刻与"云云竟成赘语矣。卢据元刻加"鄙"字，又训啧为情，皆失之。吕、钱本皆无"鄙"字。　先谦案：王说是。今从宋本删"鄙"

〔一〕"粟"，似当作"栗"。

字。故械数者,治之流也,非治之原也;君子者,治之原也。官人守数,君子养原,原清则流清,原浊则流浊。故上好礼义,尚贤使能,无贪利之心,则下亦将綦辞让、致忠信而谨于臣子矣。如是则虽在小民,不待合符节、别契券而信,不待探筹、投钩而公,不待衡石、称县而平,不待斗、斛、敦、槩而啧。故赏不用而民劝,罚不用而民服,有司不劳而事治,政令不烦而俗美,百姓莫敢不顺上之法,象上之志,而劝上之事,而安乐之矣。○卢文弨曰:"而劝上之事",元刻作"勤上之事"。故藉敛忘费,事业忘劳,寇难忘死,城郭不待饰而固,兵刃不待陵而劲,○先谦案:陵,谓厉兵刃也。敌国不待服而诎,四海之民不待令而一。夫是之谓至平。诗曰:"王犹允塞,○谢本从卢校"犹"作"猷"。王念孙曰:吕、钱本"猷"作"犹"。又见议兵篇。先谦案:吕、钱本是。今改正。说详议兵。徐方既来。"此之谓也。

请问为人君?曰:以礼分施,均遍而不偏。请问为人臣?曰:以礼待君,忠顺而不懈。○郝懿行曰:"待"字误。韩诗外传四作"事",是也。盖"事"讹为"侍",又讹为"待"耳。"懈",宜依韩诗外传作"解",古书皆然,转写者依今书作"懈"耳。请问为人父?曰:宽惠而有礼。请问为人子?曰:敬爱而致文。○郝懿行曰:"文",韩诗外传四作"恭",于义较长。请问为人兄?曰:慈爱而见友。请问为人弟?曰:敬诎而不苟。○卢文弨曰:元刻作"不悖"。请问为人夫?曰:致功而不流,致临而有辨。○郝懿行曰:"辨",韩诗外传四作"别"。谓夫妇有别也。"致功而不流"句未详,疑有讹字。请问为人妻?曰:夫有礼,则柔从听侍;夫无礼,则恐惧而自竦也。此道也,偏立而乱,俱立而治,其足以稽矣。请问兼能之奈何?曰:审之礼也。古者先王审礼以方皇周浃于天下,○郝懿行曰：方，读为旁，古字通用。旁、薄、唐、皇，皆大也。周、浃，皆遍也。荀书"浃"多作"挟"。　先谦案：此"浃"字，后人所改也。依荀书皆作"挟"。**动无不当也。故君子恭而不难，敬而不巩，**○卢文弨曰：恭而不难，所谓"恭而安"也。说文："巩，以韦束也。"此亦谓敬而不过于拘束也。　王引之曰：难，读诗"不戁不竦"之"戁"。巩，读方言"蛩𢤲，战栗也"之"蛩"。说见经义述闻大戴记曾子立事篇。卢说皆失之。**贫穷而不约，富贵而不骄，并遇变态而不穷，审之礼也。**○谢本从卢校"态"作"应"。　卢文弨曰："变应"，宋本作"变态"。郝懿行曰："变应"，韩诗外传四作"应变"。　王念孙曰：案元刻以下文有"应变故"，故改"变态"为"变应"，而不知其谬也。并遇变态而不穷者，并，犹普也，遍也，（说见周易述闻"并受其福"下。）言遍遇万事之变态而应之不穷也。下文云"其应变故也，齐给便捷而不惑"，"变故"，即此所谓"变态"也。改"变态"为"变应"，则反与下文不合矣。　先谦案：王说是。今依宋本改。**故君子之于礼，敬而安之；其于事也，径而不失；其于人也，寡怨宽裕而无阿；其所为身也，谨修饰而不危；**○卢文弨曰："修饰"，元刻作"修勑"。案饰与饬、勑，古皆通用。勑音赉，然汉已来亦即作"勑"字用。　王念孙曰：案危读为诡。言君子修饬其身而不诡于义也。（淮南主术篇注："诡，违也。"）"诡""危"古字通，说见经义述闻缁衣。**其应变故也，齐给便捷而不惑；其于天地万物也，不务说其所以然而致善用其材；其于百官之事、技艺之人也，不与之争能而致善用其功；其待上也，忠顺而不懈；**○卢文弨曰："待"，俗间本作"侍"。　先谦案：依上郝说，"待上"亦当为"事上"。**其使下也，均遍而不偏；其交游也，缘义而有类；**○卢文弨曰：元刻作"缘类而有义"。　郝懿行曰：韩诗外传四作"缘类而有义"，较长。**其居乡里也，容而不乱。是故穷则必有名，达则必有功，仁厚兼覆天下而不闵，明达用天地、**

理万变而不疑，○卢文弨曰：元刻作"理万物变而不凝"。　王念孙曰：用天地而不疑，义不可通，"用"当为"周"，字之误也。言其智足以周天地、理万变而不疑。血气和平，志意广大，行义塞于天地之间，仁知之极也。夫是之谓圣人。审之礼也。

请问为国？曰：闻修身，未尝闻为国也。君者，仪也，仪正而景正；君者，槃也，槃圆而水圆；君者，盂也，盂方而水方。○卢文弨曰：案帝范注引"君者仪也"下有"民者景也"句，又"君者槃也"下有"民者水也"句，无"君者盂也"二句。　王念孙曰：案广韵"君"字注所引，与帝范注同。既言"仪正而景正"，则当有"民者景也"句；既言"槃圆而水圆"，则当有"民者水也"句；（旦、钱本并有"民者水也"句。）既以槃喻君，则不必更以盂喻。二书所引有"民者景也"、"民者水也"，而无"君者盂也"二句，于义为长。（艺文类聚杂器物部、太平御览器物部二并引作"君者盘也，民者水也，盘圆则水圆，盘方则水方"。）君射则臣决。楚庄王好细腰，故朝有饿人。故曰：闻修身，未尝闻为国也。

君者，民之原也，原清则流清，原浊则流浊。故有社稷者而不能爱民，不能利民，而求民之亲爱己，不可得也。民不亲不爱，而求其为己用，为己死，不可得也。○谢本从卢校"不亲不爱"上有"之"字。　王念孙曰：元刻无"之"字。案无"之"字者是也。下文"民不为己用，不为己死，而求兵之劲，城之固，不可得也"，"民"下无"之"字，是其证。韩诗外传无"之"字。　先谦案：文义不当有"之"字。今依元刻删。民不为己用，不为己死，而求兵之劲，城之固，不可得也。兵不劲，城不固，而求敌之不至，不可得也。敌至而求无危削，不灭亡，不可得也。○王念孙曰：元刻"灭"上无"不"字，是也。宋本有上"不"字者，涉上下诸"不"字而衍。无亦不也。（说见释词。）无危削灭亡，即不危削灭亡也。外传作"不危削灭亡”是其证。　　先谦案：群书治要有“不”字。**危削灭亡之情举积此矣，而求安乐，是狂生者也。**○卢文弨曰：元刻作“是闻难狂生者也”。　　王念孙曰：钱佃校本亦云：“‘是狂生者也’，诸本作‘是闻难狂生者也’。”案此文本作“危削灭亡之情举积此矣，而求安乐是闻，不亦难乎？是狂生者也”，今本脱“闻不亦难乎是”六字。（此因两“是”字相乱而脱去六字。）元刻亦仅存“闻难”二字。外传作“夫危削灭亡之情皆积于此，而求安乐是闻，不亦难乎，是枉生者也”，“枉”盖“狂”之误。（臣道篇亦云“迷乱狂生”。）　　俞樾曰：“狂”，即“狌”之假字。说文土部：“狌，草木妄生也。从之在土上，读若皇。”“狂”，说文作“狂”，本从狌声，故义得通。狂生，盖以草木为比，故下云“不胥时而落”，落，亦以草木言也。臣道篇“迷乱狂生”，义同。杨彼注曰“迷乱其君，使生狂也”，未得其义。韩诗外传作“枉生”，“枉”亦“狌”之假字。**狂生者不胥时而落。**○卢文弨曰：胥，须也。　　先谦案：谢本从卢校“乐”作“落”。宋台州本作“乐”，是也。释诂：“毗、刘、暴，乐也。”大雅桑柔“捋采其刘”，传：“刘，爆烁而希也。”笺：“及已捋采之时，则叶爆烁而疏。”“乐”“烁”同字。荀书作“乐”，与雅训合。宋椠旦本影钞本作“乐”，世德堂本改“落”，由不知古义耳。卢失校，今正。余详考证。**故人主欲强固安乐，则莫若反之民；欲附下一民，则莫若反之政；欲修政美国，则莫若求其人。**○王念孙曰：案外传作“修政美俗”，是也。上文曰“政令不烦而俗美”，儒效篇曰“在本朝则美政，在下位则美俗”，王霸篇曰“政令行，风俗美”，皆以“政”与“俗”并言之，盖二者恒相因也。今本“美俗”作“美国”，则泛而不切矣。　　先谦案：群书治要作“美国”。**彼或蓄积而得之者不世绝，彼其人者，生乎今之世而志乎古之道。以天下之王公莫好之也，然而于是独好之；以天下之民莫欲之也，然而于是独为之；好之者贫，为之者穷，然而于是独犹将为之也，**○王念孙曰：案三“于是"，皆义不可通，当依外传作"是子"。"是子"二字，对上文"王公"与"民"而言。下文曰"非于是子莫足以举之，故举是子而用之"，是其证。今本作"于是"者，"是子"讹为"是于"，后人因改为"于是"耳。"莫欲之"，亦当依外传作"莫为之"。"莫好之"与"独好之"相应，"莫为之"亦与"独为之"相应。今本作"欲之"，则既与"为之"不相应，又与"好之"相复矣。"于是独犹将为之"，当作"是子犹将为之"，言虽好之者贫，为之者穷，而是子犹将为之也。"犹"上不当有"独"字，盖涉上文两"独"字而衍，外传无。**不为少顷辍焉。晓然独明于先王之所以得之，所以失之，知国之安危臧否若别白黑。是其人者也，**〇王念孙曰：案衍"者"字。此句或为结上之词，或为起下之词，皆不当有"者"字。外传作"则是其人也"，无"者"字。**大用之则天下为一，诸侯为臣，小用之则威行邻敌，纵不能用，使无去其疆域，则国终身无故。故君人者爱民而安，好士而荣，两者无一焉而亡。诗曰："介人维藩，大师维垣。"此之谓也。**〇卢文弨曰："介人"，诗考与元刻同，宋本作"价"。

　　道者何也？曰：君道也。〇王念孙曰：案此篇以君道为题，而又释之曰"道者何也？曰君道也"，则赘矣。韩诗外传作"道者何也？曰君之所道也"，于义为长。君之所道，谓君之所行也。儒效篇曰"道者，人之所道也"，与此文同一例。今本盖脱"之所"二字。**君者何也？曰：能群也。能群也者何也？曰：善生养人者也，善班治人者也，**〇先谦案：班，读曰辨。仪礼士虞注："古文班或为辨。"辨、治同义，说详不苟篇。**善显设人者也，**〇俞樾曰：设者，大也。考工记桃氏曰"中其茎，设其后"，郑注曰："从中以却稍大之也。"贾疏曰："后郑意训设为大。故易系辞曰'益长裕而不设'，郑注曰：'设，大也。'"是设有大谊。显设，犹云显大。　　先谦案：设，用也。显设人，犹言显用人。臣道篇云"正义之臣设"，言正义之臣用也。议兵篇云："请问王者之兵，设何道何行而可？”言用何道何行而可也。说文：“设，施陈也。”广雅释诂：“设，施也。”是设与施同义。施训用，故设亦通训为用矣。（施，义详臣道篇。）**善藩饰人者也。善生养人者人亲之，善班治人者人安之，善显设人者人乐之，善藩饰人者人荣之。四统者俱而天下归之，夫是之谓能群。不能生养人者人不亲也，不能班治人者人不安也，不能显设人者人不乐也，不能藩饰人者人不荣也。四统者亡而天下去之，**○先谦案：统，犹言总要也。**夫是之谓匹夫。故曰：道存则国存，道亡则国亡。省工贾，众农夫，禁盗贼，除奸邪，是所以生养之也。天子三公，诸侯一相，大夫擅官，**○先谦案：说文：“擅，专也。”言得专其官事。**士保职，莫不法度而公，是所以班治之也。论德而定次，**○先谦案：“论”，当为“谕”，说见儒效篇。**量能而授官，皆使其人载其事而各得其所宜。**○王念孙曰：人载其事而各得其所宜，谓人人皆载其事而得其宜也。“使”下不当有“其”字，盖涉下两“其”字而衍。荣辱篇曰“皆使人载其事而各得其宜”，正论篇曰“皆使民载其事而各得其宜”，“使”下皆无“其”字。**上贤使之为三公，次贤使之为诸侯，下贤使之为士大夫，是所以显设之也。修冠弁、衣裳、黼黻、文章、雕琢、刻镂皆有等差，是所以藩饰之也。故由天子至于庶人也，莫不骋其能，得其志，安乐其事，是所同也。衣暖而食充，居安而游乐，事时制明而用足，是又所同也。若夫重色而成文章，重味而成珍备，**○俞樾曰：“珍备”二字无义。此本作“重味而备珍怪”。正论篇“食饮则重太牢而备珍怪”，是其证也。因涉上句“重色而成文章”误衍“成”字，遂倒“备珍”为“珍备”，而臆删“怪”字矣。韩诗外传作“重色而成文，累味而备珍”，上句无“章”字，下句无“怪”字，然“成文”“备珍”正本荀子，可据以订正。**是所衍也。**○卢文弨曰：“衍”，俗间本作“术”。先谦案：赋篇“暴人衍矣”，杨注：“衍，饶也。”此言重色重味皆所饶为之,有余之意也。故云"财衍以明辨异"。下文"衍及百姓"同。**圣王财衍以明辨异**,○卢文弨曰:"财衍",元刻作"则术"。**上以饰贤良而明贵贱,下以饰长幼而明亲疏,上在王公之朝,下在百姓之家,天下晓然皆知其非以为异也,将以明分达治而保万世也。故天子诸侯无靡费之用,士大夫无流淫之行,百吏官人无怠慢之事,众庶百姓无奸怪之俗,无盗贼之罪,其能以称义遍矣。故曰:"治则衍及百姓,乱则不足及王公。"**此之谓也。

至道大形,○先谦案:言至道至于大形之时。**隆礼至法则国有常,尚贤使能则民知方**,○先谦案:知方,皆知所向。**纂论公察则民不疑**,○先谦案:尔雅释诂:"纂,继也。"纂论,谓使人相继论议之,与"公察"对文,皆所以使民不疑也。成相篇云:"公察善思,论不乱。"**赏克罚偷则民不怠**,○王念孙曰:"克",当为"免",字之误也。免与勉同。言勉者赏之、偷者罚之也。王制篇曰"百吏免尽而众庶不偷"是其证也。又乐论篇"弟子免学",汉书薛宣传"宣因移书劳免之",(今本"免"作"勉",乃后人所改。宋毛晃增修礼部韵略引此尚作"免"。)谷永传"闵免遁乐",并以"免"为"勉"。韩诗外传正作"赏勉罚偷"。**兼听齐明则天下归之。然后明分职,序事业,材技官能**,○先谦案:材以验技,官以程能。上文云"量能而授官",王制篇云"无能不官",正论篇云"能不称官",即官能之义。**莫不治理,则公道达而私门塞矣,公义明而私事息矣。如是,则德厚者进而佞说者止,贪利者退而廉节者起。书曰:"先时者杀无赦,不逮时者杀无赦。"人习其事而固**,○先谦案:固者,不移易之谓。易系辞下传注:"固,不倾移也。"礼论篇云:"礼之中焉,能勿易,谓之能固。"**人之百事如耳目鼻口之不可以相借官也,故职分而民不探,次定而序不乱**,○王念孙曰:"不探"二字义不可通。外传作"不慢",是也。

下文曰"臣下百吏至于庶人，莫不修己而后敢安正，（与政同。）诚能而后敢受职"，正所谓"职分而民不慢"也。隶书"曼"字或作"曧"，与"罙"字略相似，故"慢"误为"探"。**兼听齐明而百事不留。如是，则臣下百吏至于庶人莫不修己而后敢安正，诚能而后敢受职，百姓易俗，小人变心，奸怪之属莫不反悫。夫是之谓政教之极。故天子不视而见，不听而聪，不虑而知，不动而功，块然独坐而天下从之如一体，如四肢之从心。**○卢文弨曰："四肢"，宋本作"四支"。**夫是之谓大形。诗曰："温温恭人，维德之基。"此之谓也。**

为人主者，莫不欲强而恶弱，欲安而恶危，欲荣而恶辱，是禹、桀之所同也。要此三欲，辟此三恶，果何道而便？曰：在慎取相，道莫径是矣。○先谦案：径犹疾也、便也。修身篇云"莫径由礼义"，与此同。**故知而不仁不可，仁而不知不可，既知且仁，是人主之宝也，而王霸之佐也。不急得，不知；得而不用，不仁。无其人而幸有其功，愚莫大焉。今人主有六患：**○俞樾曰：下文"使贤者为之，则与不肖者规之；使知者虑之，则与愚者论之；使修士行之，则与污邪之人疑之"，止可云"三患"，不可云"六患"，"六"疑"大"字之误。学者误以下文一句为一患，故臆改为"六"，不知合二句方成一患。若止是使贤者为之，知者虑之，修士行之，非患也。**使贤者为之，则与不肖者规之；使知者虑之，则与愚者论之；使修士行之，则与污邪之人疑之。**○先谦案：群书治要"污"作"奸"，下同。**虽欲成功，得乎哉！譬之是犹立直木而恐其景之枉也，惑莫大焉。语曰："好女之色，恶者之孽也。**○王念孙曰：孽，犹害也。下文云"众人之痤"、"污邪之贼"，义并与此同。议兵篇曰"百姓莫不敢恶，莫不毒孽"，言莫不毒害也。缁衣引大甲曰"自作孽"，言自作害也。小雅十月篇"下民之孽"，笺曰："孽，妖孽，谓相为灾害也。"昭十年左传"蕰利生孽",杜注曰:"孽,妖害也。"**公正之士,众人之痤也。**○先谦案:玉篇:"痤,疖也。"**循乎道之人,污邪之贼也。"**○卢文弨曰:元刻"循"作"修"。 王念孙曰:"循道之人",与"好女之色"、"公正之士"对文,则"循"下不当有"乎"字。群书治要无。 俞樾曰:"循"乃"修"字之误。元刻是也。"懿道"与"污邪"相反。上文曰"使修士行之,则与污邪之人疑之",亦以"修"与"污邪"对,是其证。**今使污邪之人论其怨贼而求其无偏,得乎哉! 譬之是犹立枉木而求其景之直也,乱莫大焉。故古之人为之不然。其取人有道,其用人有法。取人之道,参之以礼;用人之法,禁之以等。**○先谦案:强国篇云"夫义者,所以限禁人之为恶与奸者也","限禁"连文,是禁与限同义。禁之以等,犹言限之以阶级耳。**行义动静,度之以礼;知虑取舍,稽之以成;日月积久,校之以功。故卑不得以临尊,轻不得以县重,愚不得以谋知,是以万举不过也。故校之以礼,而观其能安敬也;与之举错迁移,而观其能应变也;与之安燕,而观其能无流慆也;**○卢文弨曰:"流慆",疑即"流淫"。元刻作"陷",无"流"字。**接之以声色、权利、忿怒、患险,而观其能无离守也。彼诚有之者与诚无之者,若白黑然,可诎邪哉!**○先谦案:广雅释诂:"诎,屈也。"吕览壅塞篇注:"诎,枉也。"言白黑分明,焉可枉屈乎哉!**故伯乐不可欺以马,而君子不可欺以人,此明王之道也。人主欲得善射,射远中微者,县贵爵重赏以招致之,内不可以阿子弟,外不可以隐远人,能中是者取之,是岂不必得之之道也哉!**○王念孙曰:案不犹非也,说见释词。**虽圣人不能易也。欲得善驭速致远者,一日而千里,**○卢文弨曰:"善驭"下,俗间本有"及"字。 王念孙曰:"欲得善驭速致远者",(宋吕、钱本并如是。)元刻、世德堂本"速"上有"及"字。卢从宋本,云"俗间本有及字"。案有"及"字者是也。"及速"与"致远"对文。行速则难及,道

远则难致，故唯善驭者乃能及速致远，非谓其致远之速也，则不得以
"速致远"连读。"善驭及速致远"与"善射射远中微"对文，若无"及"
字，则与上文不对，一证也。王霸篇云"欲得善射，射远中微则莫若
羿、蠭门矣；欲得善驭，及速致远则莫若王良、造父矣"，与此文同一
例，二证也。淮南主术篇云"夫载重而马羸，虽造父不能以致远；车轻
而马良，虽中工可使追速"，"追速""致远"，即"及速""致远"，三证
也。群书治要有"及"字，四证也。　俞樾曰：王谓有"及"字者是，不
知此与彼文不同。彼无"一日而千里"五字，故有"及速"二字。此云
"一日而千里"，则及速不待言矣。荀子原文，不独无"及"字，并无
"速"字。儒效篇曰"舆固马选矣，而不能以致远一日而千里，则非造
父也"，亦言"一日千里"，而无"及速"之文，可证也。俗本据王霸篇误
加"及速"二字。吕、钱本无"及"字，而有"速"字，则删之未尽者耳。
**县贵爵重赏以招致之，内不可以阿子弟，外不可以隐远人，能致
是者取之，是岂不必得之之道也哉！虽圣人不能易也。欲治国
驭民，调壹上下，将内以固城，外以拒难，治则制人，人不能制
也，乱则危辱灭亡可立而待也。然而求卿相辅佐，则独不若是
其公也，案唯便嬖亲比己者之用也，岂不过甚矣哉！故有社稷
者莫不欲强，俄则弱矣；莫不欲安，俄则危矣；莫不欲存，俄则亡
矣。古有万国，今有数十焉，**○王念孙曰：案富国篇"数十"作"十
数"，是也。当荀子著书时，国之存者已无数十矣。**是无它故，莫不
失之是也。**○先谦案：是，谓用人不公。**故明主有私人以金石珠
玉，无私人以官职事业，是何也？曰：本不利于所私也。**○先谦
案："本"字无义，"大"之误也。富国篇云"有分者，天下之本利也"，
杨注"本，当为大"，与此正同。**彼不能而主使之，则是主暗也；臣
不能而诬能，**○先谦案：诬能，自以为能。大略篇云："不能而居之，
诬也。"**则是臣诈也。主暗于上，臣诈于下，灭亡无日，俱害之道**

也。夫文王非无贵戚也，非无子弟也，非无便嬖也，倜然乃举太公于州人而用之，○郝懿行曰：按倜，超远也。韩诗外传四"倜"作"超"，"州"作"舟"。此作"州"者，或形讹，或假借字耳。　俞樾曰：按"州人"，当从韩诗外传作"舟人"。太公身为渔父而钓于渭滨，故言"舟人"也。"舟""州"古字通。岂私之也哉！以为亲邪？则周姬姓也。而彼姜姓也，以为故邪？则未尝相识也。以为好丽邪？则夫人行年七十有二，齫然而齿堕矣。○卢文弨曰"齫"当作"鰛"，与"齳"同。韩诗外传作"齳"。　郝懿行曰：按"齫"，当依韩诗外传四作"齳"。说文："齳，无齿也。"盖篆文"齳"与"齫"形近而讹耳。然而用之者，夫文王欲立贵道，欲白贵名，以惠天下，而不可以独也，非于是子莫足以举之，故举是子而用之。○卢文弨曰：两"是子"，宋本俱作"子是"。于是乎贵道果立，贵名果明，○顾千里曰："明"，疑当作"白"。荀子屡言"贵名白"。上文"欲白贵名"，下文亦作"白"，不作"明"，又屡言"白"，皆其证也。（儒效篇"一朝而白"，杨注"白"误"伯"。）此篇杨注亡。宋本与今本同，盖皆误。韩诗外传四有此句，正作"贵名果白"，亦其一证。兼制天下，立七十一国，姬姓独居五十三人，周之子孙苟不狂惑者，莫不为天下之显诸侯，如是者，能爱人也。故举天下之大道，立天下之大功，然后隐其所怜所爱，○先谦案：吕览圜道篇高注："隐，私也。"其下犹足以为天下之显诸侯。故曰："唯明主为能爱其所爱，暗主则必危其所爱。"此之谓也。

墙之外，目不见也；里之前，耳不闻也；而人主之守司，远者天下，近者境内，不可不略知也。天下之变，境内之事，有弛易齫差者矣，○先谦案：易系辞"易者使倾"，注："易，慢易也。"弛易，犹言弛慢。齿不正曰齫。齫差，参差不齐。而人主无由知之，则是拘胁蔽塞之端也。耳目之明，如是其狭也；人主之守司，如是其广也；其中不可以不知也，如是其危也。○王念孙曰：吕、钱本“其”下有“中”字。案吕、钱本是也。其中，谓广与狭之中也。耳目之所及甚狭，其所不及者甚广，其中之事或弛易龃龉差，而人主不知，则必有拘胁蔽塞之患，故曰“其中不可以不知，若是其危也”，元刻始脱“中”字。

先谦案：谢本从卢校脱“中”字，今依王说，从宋本增。**然则人主将何以知之？曰：便嬖左右者，人主之所以窥远收众之门户牖嚮也，不可不早具也。**○卢文弨曰：嚮与向同。**故人主必将有便嬖左右足信者然后可，其知惠足使规物、**○卢文弨曰：“惠”，宋本作“慧”，古通用。　先谦案：便嬖，犹近习也。苟书用“便嬖”，不作邪佞解。**其端诚足使定物然后可，夫是之谓国具。人主不能不有游观安燕之时，则不得不有疾病物故之变焉。如是国者，事物之至也如泉原，一物不应，乱之端也。故曰：人主不可以独也。卿相辅佐，人主之基、杖也，**○俞樾曰：“基杖”二字义不可通，“基”当为“綦”。仪礼士丧礼“组綦系于踵”，郑注曰：“綦，屦系也，所以拘止屦也。”汉书扬雄传：“屦檷枪以为綦。”外戚传：“思君兮屦綦。”綦也、杖也，皆人所以行者，故以为喻。**不可不早具也。故人主必将有卿相辅佐足任者然后可，其德音足以填抚百姓、**○卢文弨曰：“填”即“镇”字。元刻作“镇”。**其知虑足以应待万变然后可，夫是之谓国具。四邻诸侯之相与，不可以不相接也，然而不必相亲也。**○先谦案：不皆和好之国。**故人主必将有足使喻志决疑于远方者然后可。其辩说足以解烦，其知虑足以决疑，其齐断足以距难，不还秩，不反君，**○王念孙曰：“秩”，当为“私”，字之误也。还，读为营。言不营私、不叛君也。“营”与“还”，古同声而通用。管子山至数篇曰“大夫自还而不尽忠”，谓自营其私也。秦策曰“公孙鞅尽公不还私”，谓不营私也。（成相篇“比周还主党与施”，还主，谓营惑其主也。字或作“环”，臣道篇“朋党比周，以环主图私为务”是也。又齐风还篇

"子之还兮",汉书地理志"还"作"营",亦以声同而借用。)"还"字或作"环"。韩子五蠹篇曰"古者苍颉之作书也,自环者谓之私",("私"本作"厶",见下。)说文"厶"字解引作"自营为厶"。管子君臣篇曰"兼上下以环其私",韩子人主篇曰"当途之臣,得势擅事以环其私",皆谓营其私也。**然而应薄扞患足以持社稷**,○俞樾曰:薄之言迫也。僖二十三年左传"薄而观之",文十二年传"薄之河",杜注并曰:"薄,迫也。"然则应薄犹应迫也。言有偪迫者,足以应之也。臣道篇曰"应卒遇变",卒与薄义相近。**然后可,夫是之谓国具。故人主无便嬖左右足信者谓之暗,无卿相辅佐足任者谓之独,所使于四邻诸侯者非其人谓之孤,孤独而晻谓之危。国虽若存,古之人曰亡矣。诗曰:"济济多士,文王以宁。"此之谓也。**

材人:○卢文弨曰:谓王者因人之材而器使之之道也。**愿悫拘录**,○卢文弨曰:荣辱篇作"钩录",注谓"钩与拘同",盖据此文。然吏材非仅取愿悫检束而已,必将取其勤劳趋事者,则作"劬录"义长。**计数纤啬而无敢遗丧,是官人使吏之材也。修饬端正**,○卢文弨曰:元刻"修饬"作"修饰"。**尊法敬分而无倾侧之心,守职循业**,○卢文弨曰:元刻"循"作"修"。**不敢损益,可传世也,而不可使侵夺,是士大夫官师之材也。知隆礼义之为尊君也,知好士之为美名也,知爱民之为安国也,知有常法之为一俗也,知尚贤使能之为长功也,知务本禁末之为多材也,知无与下争小利之为便于事也,知明制度、权物称用之为不泥也**,○先谦案:不泥者,明制度、权物称用有似乎拘泥。**是卿相辅佐之材也,未及君道也。能论官此三材者而无失其次,是谓人主之道也。若是,则身佚而国治,功大而名美,上可以王,下可以霸,是人主之要守也。人主不能论此三材者,不知道此道**,○先谦案:道此道,由此道也。**安值将卑埶出劳,并耳目之乐**,○先谦案:值与直同,并与屏同。强国篇"并己之私欲",杨注"并,读曰屏,屏,弃也",与此同。而亲自贯日而治详,一内而曲辨之,○先谦案:王霸篇作"一日而曲辨之"。"内"盖"日"之误。虑与臣下争小察而綦偏能,自古及今,未有如此而不乱者也。是所谓"视乎不可见,听乎不可闻,为乎不可成",此之谓也。○卢文弨曰:"不知道此"下三十二字,元刻无。

荀子卷第九

臣道篇第十三

人臣之论：论人臣之善恶。○先谦案："论"者，"伦"之借字，说见**儒效篇**，下同。**有态臣者，有篡臣者，有功臣者，有圣臣者。**解并在下。**内不足使一民，外不足使距难，百姓不亲，诸侯不信，然而巧敏佞说，**音悦，或作"说"。**善取宠乎上，是态臣者也。**以佞媚为容态。**上不忠乎君，下善取誉乎民，不恤公道通义，朋党比周，以环主图私为务，是篡臣者也。**环主，环绕其主，不使贤臣得用。图，谋也。篡臣者，篡夺君政也。○王念孙曰：杨说甚迂。环，读为营。营，惑也。谓营惑其主也。（**吕氏春秋尊师篇**注曰："营，惑也。"**大戴礼文王官人篇**曰"烦乱以事而志不营"，又曰"临之以货色而不可营"，**荀子宥坐篇**曰"言谈足以饰邪营众"，皆是也。营训为惑，故或谓之营惑，**汉书淮南王安传**"营惑百姓"是也。）营与环，古同声而通用。（**春秋文十四年**"有星孛入于北斗"，**穀梁传**曰："其曰入北斗，斗有环域也。""环域"即"营域"，犹"营绕"之为"环绕"，"营卫"之为"环卫"。余见前"不还秩"下。）字或作"还"。**成相篇**云"比周还主党与施"是也。（**杨**注"还，绕也"，误与此注同。还与营，古亦通用，说见前"不还秩"下。）**内足使以一民，外足使以距难，民亲之，士信之，上忠乎君，下爱百姓而不倦，是功臣者也。**民亲士信，然后立功也。〇卢文弨曰：两"以"字，元刻无，宋本有。**上则能尊君，下则能爱民，政令教化，刑下如影，**刑，制也。言施政令教化以制其下，如影之随形，动而辄随，不使违越也。〇卢文弨曰："刑"，元刻作"形"，注同。今从宋本。　郝懿行曰：刑与型同，模笵之属，作器之法也。此言政令教化为民所法。刑犹形也，民犹影也，如影随形，不暂停也。"影"当作"景"，转写从俗。　王念孙曰：古无训刑为制者。刑如"刑于寡妻"之刑。刑，法也。言下之法上，如影之从形。　先谦案：宋台州本"影"作"景"。**应卒遇变，齐给如响，**齐，疾也。给，供给也。应事而至，谓之给。夫卒变，人所迟疑，今圣臣应之疾速，如响之应声。卒，苍忽反。**推类接誉，以待无方，曲成制象，是圣臣者也。**此明应卒遇变之意。无方，无常也。推其比类，接其声誉，言见其本而知其末也。待之无常，谓不滞于一隅也。委曲皆成制度法象，言物至而应，无非由法，不苟而行之也。圣者，无所不通之谓也。〇俞樾曰：杨注未得接誉之义。接其声誉，岂遂足应无方乎？誉，当读为豫。昭二年左传"宣子誉之"，孟子梁惠王篇引作"豫"。梁惠王篇"一游一豫"，昭二年注引作"誉"。是古字"誉"与"豫"通也。大略篇曰"先事虑事谓之接，先患虑患谓之豫"，即此文"接誉"之义。　先谦案：杨、俞说皆非。"誉"，即"与"字，说见儒效篇。**故用圣臣者王，用功臣者强，用篡臣者危，用态臣者亡。态臣用则必死，篡臣用则必危，**此言态臣甚于篡臣者，盖当时多用佞媚变诈之人，深欲戒之，故极言之也。**功臣用则必荣，圣臣用则必尊。故齐之苏秦，**苏秦初相赵，后仕燕，终死于齐，故曰"齐之苏秦"。**楚之州侯，**楚襄王佞臣也。战国策庄辛谏襄王曰："君王左州侯，右夏侯，辇从鄢陵君与寿陵君，载方府之金，与之驰骋乎云梦之中，不知穰侯方受令乎秦王，填黾塞之内而投己乎圉塞之外。"韩子曰:"州侯相荆贵,而荆王疑之,因问左右,对曰'无有',如出一口也。"**秦之张仪,可谓态臣者也。**皆变态佞媚之臣。"仪"或作"禄"。**韩之张去疾,**盖张良之祖。汉书:"良,其先韩人。大父开地,相韩昭侯、宣惠王、襄哀王。父平,相釐王、悼惠王。五世事韩。"战国策韩有张翠纳赂于宣太后。○卢文弨曰:"韩昭侯"至"五世事",俗本皆脱去。宋本、元刻并有之,唯少"襄哀王"三字。今并考良传补正。**赵之奉阳,**后语:"苏秦说赵肃侯,肃侯之弟奉阳君为相,不说苏秦,苏秦乃去之。"又战国策苏秦说赵王曰:"天下之卿相人臣,乃至布衣之士,莫不高大王之行义,皆愿奉教陈忠于前之日久矣。虽然,奉阳君妒,大王不得任事,是以外宾客游谈之士无敢尽忠于前。"卢藏用云:"奉阳君名成。"又案后语:奉阳君卒,苏秦乃从燕而来,说肃侯合从之事。而公子成,武灵王时犹不肯胡服。即公子成非奉阳君也。**齐之孟尝,可谓篡臣也。**史记曰:"齐闵王既灭宋,益骄,欲尽灭孟尝。孟尝君恐,乃如魏。魏昭王以为相,西合于秦、赵,与燕共伐破齐。后齐襄王立,孟尝中立于〔一〕诸侯,无所属。襄王新立,畏孟尝而与连和。"是篡臣也。○卢文弨曰:"欲尽灭孟尝",史记作"欲去孟尝君"。**齐之管仲,晋之咎犯,**咎与舅同。晋文公之舅狐偃,犯,其字也。**楚之孙叔敖,可谓功臣矣。殷之伊尹,周之太公,可谓圣臣矣。是人臣之论也,**吉凶贤不肖之极也,国之吉凶,人君贤不肖,极于论臣。**必谨志之而慎自为择取焉,足以稽矣。**志,记也。言必谨记此四臣之安危而慎自择取,则足以稽考用臣也。**从命而利君谓之顺,从命而不利君谓之谄;逆命而利君谓之忠,逆命而不利君谓之篡;不恤君之荣辱,不恤国之臧否,偷合苟容,以持禄养交而已耳,谓之国贼。**养交,谓养其与君交接之人,不忤犯使怒也。或曰:养其外交,若苏秦、

荀子集解

张仪、孟尝君，所至为相也。○王念孙曰：后说是。持禄养交，见后议兵篇"持养"下。君有过谋过事，将危国家、殒社稷之惧也，大臣父兄有能进言于君，用则可，不用则去，谓之谏；○卢文弨曰："父兄"，宋本作"父子兄弟"，今从元刻。有能进言于君，用则可，不用则死，谓之争；有能比知同力，比，合也。知，读为智。率群臣百吏而相与强君挢君，强，其亮切。挢与矫同，屈也。○卢文弨曰："挢"，宋本作"桥"，卷内同。　先谦案：群书治要作"矫"。君虽不安，不能不听，遂以解国之大患，除国之大害，成于尊君安国，谓之辅；事见平原君传。有能抗君之命，窃君之重，反君之事，以安国之危，除君之辱，功伐足以成国之大利，谓之拂。抗，拒也。战功曰伐。左传："郤至骤称其伐。"拂，读为弼。弼，所以辅正弓弩者也。或读为咈，违君之意也。谓若信陵君违魏王之命，窃其兵符，杀晋鄙，反军不救赵之事，遂破秦而存赵。夫辅车相依，今赵存则魏安，故曰"安国之危，除君之辱"也。○卢文弨曰：注"或读为咈"，旧本"咈"作"佛"，讹。案说文："咈，违也。"今改正。故谏、争、辅、拂之人，社稷之臣也，国君之宝也，明君所尊厚也，○先谦案：群书治要作"明君之所尊所厚也"。宋台州本同治要。而暗主惑君以为己贼也。○卢文弨曰："主惑"二字疑衍。故明君之所赏，暗君之所罚也；暗君之所赏，明君之所杀也。伊尹、箕子，可谓谏矣；伊尹谏太甲，箕子谏纣。比干、子胥，可谓争矣；平原君之于赵，可谓辅矣；信陵君之于魏，可谓拂矣。○卢文弨曰："于赵""于魏"下，俗本并有"也"字，宋本、元刻皆无。传曰："从道不从君。"此之谓也。故正义之臣设，则朝廷不颇；设，谓置于列位。颇，邪也。○先谦案：设，犹用也，说见君道篇。谏、争、辅、拂之人信，则君过不远；信，谓见信于君。或曰：信，读为伸，谓道行也。○先谦案：以上下文例之，或说较长。爪牙之士施，则仇雠不作；爪牙之士，勇力之臣也。施，谓展其材也。○俞樾曰：庄子秋水篇"是谓谢施"，释文引司马注曰："施，用也。"淮南子原道篇"施之无穷"，高诱注亦曰："施，用也。"爪牙之士施，犹曰"爪牙之士用"。杨训施为展，而以展其材足成之，迂矣。**边境之臣处，则疆垂不丧。**垂与陲同。○先谦案：群书治要作"界垂"。**故明主好同而暗主好独，**独，谓自任其智。**明主尚贤使能而飨其盛，**盛谓大业。言飨其臣之功业也。○先谦案：盛，成也，说具荣辱篇。杨注非。**暗主妒贤畏能而灭其功。**灭，掩没也。**罚其忠，赏其贼，夫是之谓至暗，**桀、纣所以灭也。

　　事圣君者，有听从，无谏争；圣君无失。**事中君者，有谏争，无谄谀；**中君，可上可下，若齐桓公者也，谄谀则遂成暗君也。**事暴君者，有补削，无挢拂。**补，谓弥缝其阙。削，谓除去其恶。言不敢显谏，暗匡救之也。挢，谓屈其性也。拂，违也。挢拂则身见害，使君有杀贤之名，故不为也。拂音佛。○卢文弨曰：拂，读为弼，前注是也。此音佛，误。　　王引之曰：杨分补与削为二义，非也。"听从""谏争""谄谀""补削""挢拂"，皆两字同义。补削，谓弥缝其阙也。削者，缝也。韩子难篇曰"管仲善制割，宾胥无善削缝，隰朋善纯缘，衣成，君举而服之"，"制割""削缝""纯缘"亦两字同义。（旧注以削为翦削，误与杨注同。）吕氏春秋行论篇曰："庄王方削袂。"燕策曰："身自削甲札，妻自组甲绊。"盖古者谓缝为削，而后世小学书皆无此训，失其传久矣。**迫胁于乱时，穷居于暴国，而无所避之，则崇其美，扬其善，违其恶，**○王念孙曰：违，读为讳。讳其恶，与隐其败同意。曲礼注曰："讳，辟也。"（辟与避同。）缁衣注曰："违，辟也。"讳、违皆从韦声，而皆训为避，故字亦相通。（墨子非命篇"福不可请而祸不可讳"，讳与违同。）**隐其败，言其所长，不称其所短，以为成俗。**谓危行言逊以避害也。以为成俗，言如此而不变，若旧俗然也。**诗曰："国有大命，不可以告人，妨其躬身。"**○郝懿行曰：有命不以告人，明哲所以保身。上云"以为成俗",言彼习非胜是,不可变移,默足以容,庶不有害于躬也。"躬、身"一耳,为足句,兼取韵。**此之谓也**。逸诗。

恭敬而逊,听从而敏,不敢有以私决择也,敏,谓承命而速行,不敢更私自决断选择也。○卢文弨曰:"不敢有"下,元刻无"以"字,下句同。**不敢有以私取与也,以顺上为志,是事圣君之义也**。但稟命而已。**忠信而不谀,谏争而不谄,挢然刚折,端志而无倾侧之心**,挢,强貌。礼记曰:"和而不流,强哉挢。"刚折,刚直面折也。端志,不邪曲也。**是案曰是,非案曰非,是事中君之义也**。**调而不流,柔而不屈,宽容而不乱**,虽调和而不至流湎,虽柔从而不屈曲,虽宽容而不与为乱也。**晓然以至道而无不调和也**,晓然,明喻之貌。至道,无为不争之道。以至道则暴君不能加怒,无不调和,言皆不违拂也。○俞樾曰:"然"字衍文,当作"晓以至道而无不调和也"。言事暴君者当以至道晓之也。杨注不词。**而能化易,时关内之,是事暴君之义也**。"关",当为"开",传写误耳。内与纳同。言既以冲和事之,则能化易其暴戾之性,时以善道开纳之也。或曰:以道关通于君之心中也。○郝懿行曰:关,闭也。内,入也。化易者,谓开导其善心。关内者,谓掩闭其邪志。　王念孙曰:或说近之。凡通言于上曰关。周官条狼氏"誓大夫曰'敢不关,鞭五百'",先郑司农曰:"不关,谓不关于君也。"史记梁孝王世家曰:"大臣及袁盎等有所关说于景帝。"佞幸传曰"公卿皆因关说",索隐曰:"关,通也。谓公卿因之而通其词说。"汉书注曰:"关说者,言由之而纳说。"是关与纳义近。书大传"虽禽兽之声,犹悉关于律",郑注曰:"关,犹入也。"入,亦纳也。(下文曰:"因其喜也而入其道。")故曰"时关内之",不当改"关"为"开"。**若驭朴马**,朴马,未调习之马,不可遽牵制,必纵缓之。事暴君之难,故重明之也。**若养赤子**,赤子,婴儿也,未有所知,必在顺适其性,不惊惧也。**若食餧人**,使饥渴于至道,如餧人之欲食。或曰:餧人,并与之食则必死。今以善道节量与之，不使狂惑也。庄子曰："人惑则死。"○郝懿行曰：朴马，未调也；赤子，难晓也；倭人，毋速饱也：三者正明化易关内之事。盖必顺从其意，与之推移，因而逆遏其邪，施之楗闭，庶令回心易向，日迁善而不自知也。下四句，仍申明此恉。其妙全在于因忧惧喜怒，其因之之事也；改过、辨故、入道、除怨，其因之之权也。**故因其惧也，而改其过**；惧则思德，故因使其改过。**因其忧也，而辨其故**；辨其致忧之端则迁善也。○王念孙曰：杨说"辨"字"故"字之义皆误。辨，读为变。变其故，谓去故而就新也。忧惧者，改过迁善之机，故曰"因其惧也而改其过，因其忧也而变其故"。变，亦改也。"辨"或作"辩"。广雅曰："辩，变也。"坤文言"由辩之不早辩也"，"辩"，荀本作"变"。庄子逍遥游篇"乘天地之正而御阴阳之辩"，辩与变同。**因其喜也，而入其道**；欣喜之时，多所听纳，故因以道入之。**因其怒也，而除其怨**：怨恶之人，因君怒除去之也。**曲得所谓焉。**虽忧惧喜怒之殊，委曲皆得所谓。所谓，即化易君性也。**书曰："从命而不拂，微谏而不倦，为上则明，为下则逊。"此之谓也。**书，伊训也。○卢文弨曰：案此逸书也。　郝懿行曰：此逸书，杨以为伊训异文，非是。

　　事人而不顺者，不疾者也；不顺上意也。疾，速也。不疾，言怠慢也。**疾而不顺者，不敬者也；敬而不顺者，不忠者也；忠而不顺者，无功者也；有功而不顺者，无德者也。故无德之为道也，伤疾、堕功、灭苦，故君子不为也。**伤疾、堕功、灭苦，未详，或恐错误耳。"为"，或为"违"。○卢文弨曰："故无德"，元刻作"故德"。　郝懿行曰：疾者，速也。苦者，劳也。言事人之道，苟无德以将之，则虽有敏疾之美，自伤败之；虽有功业，自堕坏之；虽有勤苦，自灭没之。所以然者，才不胜德，功不补过，有而不能自保其有也。古来功勤忠敏之士，或构凶衅，不能善处功名之际者，无德故耳。伤疾、堕功，义具上文。敬、忠皆得谓之劳苦,故以灭苦包之。杨氏未加省照,疑其错误,非也。　王念孙曰:"苦",当为"善",字之误也。(隶书"苦"字作"苦",与"善"相似。)疾与功,已见上文。善,即上文之忠敬也。伤疾、堕功、灭善,皆承上文言之。　先谦案:郝、王二说并通。

有大忠者,有次忠者,有下忠者,有国贼者:以德复君而化之,大忠也。复,报也。以德行之事报白于君,使自化于善。周礼"宰夫掌诸臣之复、万民之逆"也。○俞樾曰:韩诗外传"复"作"覆",当从之。以德覆君,谓其德甚大,君德在其覆冒之中,故足以化之。下文曰"若周公之于成王也,可谓大忠矣",是大忠之名非周公不足当也。杨氏不知复与覆通,而训复为报,谓"以德行之事报白于君",然则如次忠之以德调君而补之者,岂不以德行报白乎?且但报白而已,又何足以化之乎?　先谦案:群书治要正作"覆"。以德调君而补之,次忠也;谓匡救其恶也。○郝懿行曰:"补之",韩诗外传作"辅之",亦于义为长。杨注非。以是谏非而怒之,下忠也;使君有害贤之名,故为下忠也。不恤君之荣辱,不恤国之臧否,偷合苟容,以之持禄养交而已耳,国贼也。若周公之于成王也,可谓大忠矣;若管仲之于桓公,可谓次忠矣;若子胥之于夫差,可谓下忠矣;若曹触龙之于纣者,可谓国贼矣。说苑曰:"桀贵为天子,富有天下,其左师触龙者,谄谀不正。"此云"纣",未知孰是。○先谦案:议兵篇"微子开封于宋,曹触龙断于军",皆殷纣时事,则说苑误也。

仁者必敬人。凡人非贤则案不肖也。人贤而不敬,则是禽兽也;禽兽不知敬贤。○卢文弨曰:正文"不敬",旧作"不能",误,今改正。或疑是"不能"下脱"敬"字。人不肖而不敬,则是狎虎也。狎,轻侮也。言必见害。禽兽则乱,狎虎则危,灾及其身矣。诗曰:"不敢暴虎,不敢冯河。人知其一,莫知其它。战战兢兢,如临深渊,如履薄冰。"此之谓也。诗,小雅小旻之篇。暴虎,徒搏。

冯河,徒涉。人知其一,莫知其它,言人皆知暴虎冯河立至于害,而不知小人为害有甚于此也。○王引之曰:荀子引诗,至"莫知其它"而止,"战战兢兢"三句,则后人取诗词增入也。此承上文"人不肖而不敬,则是犴虎"而言,言人但知暴虎冯河之害,而不知不敬小人之害与此同,故曰"'不敢暴虎,不敢冯河,人知其一,莫知其它',此之谓也"。"此之谓也"四字,正承"人知其一,莫知其它"而言,若加入"战战兢兢"三句,则与"此之谓也"义不相属矣。据杨注但释"不敢暴虎"四句,而不释"战战兢兢"三句,则所见本无此三句甚明,一证也。又小闵传曰:"它,不敬小人之危殆也。"笺曰:"人皆知暴虎冯河立至之害,而无知当畏慎小人能危亡也。"传、笺皆本于荀子,二证也。吕氏春秋安死篇:"诗曰:'不敢暴虎,不敢冯河,人知其一,莫知其它。'此言不知邻类也。"所引诗词,至"莫知其它"而止。高注曰:"人皆知小人之为非,不知不敬小人之危殆,故曰'不知邻类也'。"淮南本经篇:"诗云:'不敢暴虎,不敢冯河,人知其一,莫知其它。'此之谓也。"文与荀子正同。高注曰:"人皆知暴虎冯河立至害也,故曰'知其一';而不知当畏慎小人危亡也,故曰'莫知其它'。此不免于惑,故曰'此之谓也'。"吕览、淮南高注皆本于荀子,三证也。**故仁者必敬人。敬人有道:贤者则贵而敬之,不肖者则畏而敬之;贤者则亲而敬之,不肖者则疏而敬之。其敬一也,其情二也。若夫忠信端悫而不害伤,则无接而不然,是仁人之质也。**其敬虽异,至于忠信端悫不伤害,则凡所接物皆然。言嘉善而矜不能,不以人之不肖逆诈待之,而欲伤害之也。质,体也。**忠信以为质,端悫以为统,**统,纲纪也。言以端悫自处而待物者也。○先谦案:注"以",各本作"已",据宋台州本改正。**礼义以为文,**用为文饰。**伦类以为理,**伦,人伦。类,物之种类。言推近以知远,以此为条理也。**喘而言,臑而动,而一可以为法则。**臑,与劝学篇顿同。喘,微言也。臑,微动也。一,皆也。言一动一息之间皆可以为法则也。蠕，人允反。○先谦案："蝡"，集韵或作"蠕"。史记匈奴传索隐引三苍云："蠕蠕，动貌，音软。"今正文及注作"蝡"，是"蠕"之误字。说文："蝡，臂羊矢。"据注引劝学篇及音义，知杨所见本尚作"蠕"，不作"蝡"也。诗曰："不僭不贼，鲜不为则。"此之谓也。诗，大雅抑之篇。言不僭差贼害，则少为人法则矣。

恭敬，礼也；调和，乐也；调和，不争竞也。谨慎，利也；斗怒，害也。故君子安礼乐利，谨慎而无斗怒，○王念孙曰："乐利"，当为"乐乐"，"乐乐"与"安礼"对文。"安礼乐乐"，承上"礼""乐"而言；"谨慎而无斗怒"，承上"谨慎""斗怒"而言。今本作"乐利"者，涉上"利也"而误。　俞樾曰："乐利"当为"和乐"，"和乐"与"安礼"相对成文。"安礼和乐"承上"礼""乐"而言，"谨慎而无斗怒"承上"谨慎""斗怒"而言。因"和"字讹作"利"，又涉上文"谨慎，利也"，疑"利"字属"谨慎"言，遂移置"乐"字之下，使"安礼乐，利谨慎"两句相对，而文义俱违矣。　先谦案：二说并通。是以百举不过也。小人反是。

通忠之顺，忠有所雍塞，故通之，然而终归于顺也。权险之平，权危险之事，使至于平也。或曰：权，变也。既不可扶持，则变其危险，使治平也。祸乱之从声，君虽祸乱，应声而从之也。三者，非明主莫之能知也。暗君不知，所以杀害忠贤而身死国亡也。争然后善，戾然后功，出死无私，致忠而公，夫是之谓通忠之顺，信陵君似之矣。谏争君，然后能善，违戾君，然后立功，出身死战，不为私事，而归于至忠至公。信陵君谏魏王，请救赵，不从，遂矫君命破秦，而魏国以安，故似之。夺然后义，杀然后仁，上下易位然后贞，夺者，不义之名。杀者，不仁之称。上下易位，则非贞也，而汤、武恶桀、纣之乱天下而夺之，是义也；不忍苍生之涂炭而杀之，是仁也；虽上下易位，而使贤愚当分，归于正道，是贞也。功参天地，泽被生民，夫是之谓权险之平，**汤**、**武是也。过而通情**，〇先谦案：君本过也，而曲通其情，以为顺善。**和而无经**，经，常也。但和顺上意而无常守。**不恤是非，不论曲直，偷合苟容，迷乱狂生**，迷乱其君，使生狂也。〇先谦案："狂"是"㞷"之借字，说见**君道**篇。**夫是之谓祸乱之从声，飞廉、恶来是也。传曰："斩而齐，枉而顺，不同而壹。"**此言反经合道，如信陵、汤、武者也。所以斩之，取其齐也；所以枉曲之，取其顺也；所以不同，取其一也。初虽似乖戾，然终归于理者也。**诗曰："受小球大球，为下国缀旒。"此之谓也。**诗，商颂长发之篇。球，玉也。郑玄云："缀，犹结也。旒，旌旗之垂者。言汤既为天所命，则受小玉，谓尺二寸圭也；受大玉，谓玭也，长三尺。执圭搢玭，以与诸侯会同，结定其心，如旌旗之旒缫著焉。"引此以明**汤**、**武**取天下，权险之平，为救下国者也。

致士篇第十四

明致贤士之义。

衡听、显幽、重明、退奸、进良之术：衡，平也。谓不偏听也。显幽，谓使幽人明显，不雍蔽也。重明，谓既明，又使明也。书曰："德明惟明。"能显幽则重明矣，能退奸则良进矣。○俞樾曰：按杨注"衡，平也"，下文"衡至"，注曰"衡读为横"，前后两字异训，失之。"衡听"之"衡"，亦当读为横，盖彼以衡至，故亦以衡听也。古"横""衡"同字。诗衡门篇释文曰："衡，古文横字。"是其证也。汉书王莽传"昔帝尧横被四表"，魏志文帝纪引献帝传曰"广被四表"。是横、广音近义通。流言之属，一时而并至，故曰"横至"，犹曰"大至"矣。　先谦案：重明，犹书尧典之"明明"。此言用人之术。**朋党比周之誉，君子不听；残贼加累之谮，君子不用**；残贼，谓贼害人。加累，以罪恶加累诬人也。**隐忌雍蔽之人，君子不近**；隐，亦蔽也。忌，谓妒贤。雍，读曰拥。○王念孙曰：杨误分隐忌为二义。且下文言"雍蔽"，则隐忌非雍蔽也。隐忌即意忌，谓妒贤也。史记平津侯传云："弘为人意忌，外宽内深。"酷吏传云："张汤文深意忌。"唯其意忌，是以雍蔽。秦誓曰"人之有技，冒疾以恶之"，所谓意忌也。又曰"人之彦圣而违之，俾不达"，所谓雍蔽也。意、隐声相近，"意忌"之为"隐忌"，若左氏春秋经之"季孙意如"，公羊作"隐如"矣。（史记孝文纪"故楚相苏意"，汉纪作"苏隐"。凡之部之字，或与谆部相转，上、去声亦然。乐记"天地诉合”，郑注：“诉，读为熹。”射义“耄期称道不乱者”，大雅行苇传作“耄勤”。左传“曹公子欣时”，公羊作“喜时”。荀子性恶篇“骅骝、骐、骥”，即“骐、骥”，皆其例也。）**货财禽犊之请，君子不许。**行赂请谒者也。**凡流言、流说、流事、流谋、流誉、流愬，不官而衡至者，君子慎之。**流者，无根源之谓。愬，谮也。不官，谓无主首也。衡，读为横。横至，横逆而至也。**闻听而明誉之，**君子闻听流言流说，则明白称誉。谓显露其事，不为隐蔽。如此，则奸人不敢献其谋也。**定其当而当，然后士其刑赏而还与之，**“士”，当为“事”，行也。言定其当否，既当之后，乃行其刑赏，反与之也。谓其言当于善，则事之以赏；当于恶，则事之以刑。当，丁浪反。○<u>郝懿行</u>曰：士者，事也。古“士”“仕”“事”俱通用。此“士”，谓事其事也。　<u>王引之</u>曰：“士”字义不可通，“士”当为“出”，字之误也。（隶书“出”字或省作“士”，故诸书中“出”字或误作“士”，说见<u>大略篇</u>“教出”下。）<u>高注淮南说林篇</u>曰：“当（丁浪反。）犹实也。”言定其善恶之实而当然后出其刑赏而还与之也。<u>杨</u>读士为事，又训事为行，展转以求其通，凿矣。　先谦案：<u>王</u>说是。**如是则奸言、奸说、奸事、奸谋、奸誉、奸愬莫之试也，忠言、忠说、忠事、忠谋、忠誉、忠愬莫不明通，方起以尚尽矣。**明通，谓明白通达其意。方起，并起。尚与上同。上尽，谓尽忠于上也。○<u>俞樾</u>曰：尽忠于上而曰上尽，甚为不词。尽，当读为进。列子天瑞篇“终进乎不知也”，<u>张湛</u>注曰：“进，当为尽。”是其证也。汉书高帝纪“主进”，<u>颜师古</u>注曰：“进，字本作赆，又作赆，音皆同耳。古字假借，故转而为进。”然则以“尽”为“进”，犹以“进”为“赆”矣。尔雅释诂：“荩，进也。”荩从尽声，则尽亦进也。尚尽，犹言上进。忠言、忠说、忠事、忠谋、忠誉、忠愬皆愿进于上，故曰“莫不明通方起以上进矣”。<u>杨氏</u>知尚之为上，而不知尽之为进，于古人假借之义未尽得也。**夫是之谓衡听、显幽、重明、退奸、进良之术。**○<u>卢文弨</u>曰：下似当别为一条。

先谦案：卢说是，今从之。

川渊深而鱼鳖归之，山林茂而禽兽归之，刑政平而百姓归之，礼义备而君子归之。故礼及身而行修，义及国而政明，能以礼挟而贵名白，天下愿，令行禁止，王者之事毕矣。挟，读为浃。能以礼浃洽者，则贵名明白，天下皆愿从之也。○卢文弨曰："贵名白"，王制篇作"名声日闻"。此恐有讹。　王念孙曰：儒效篇曰"贵名白而天下治"，君道篇曰"文王欲立贵道，欲白贵名"，则"贵名白"三字不讹。韩诗外传作"贵名自扬"，义亦同也。王制篇作"名声日闻"，乃后人所改，辩见王制。　顾千里曰："礼"下，疑当有"义"字，承上"礼义备而君子归之，故礼及身而行修，义及国而政明"言之。杨注已无"义"字，非也。韩诗外传五有此句，作"能以礼扶身"，疑"扶身"二字亦"义挟"二字之误。诗曰："惠此中国，以绥四方。"此之谓也。诗，大雅民劳之篇。中国，京师也。四方，诸夏也。引此以明自近及远也。川渊者，龙鱼之居也；山林者，鸟兽之居也；国家者，士民之居也。川渊枯则龙鱼去之，山林险则鸟兽去之，○郝懿行曰："险"当为"俭"，"俭"与"险"古通用。俭，如山之童、林木之濯濯皆是。　王念孙曰："险"乃"俭"借字。（否象传"君子以俭德辟难"，虞注："俭，或作险。"大戴记文王官人篇"多稽而俭貌"，逸周书"俭"作"险"。襄二十九年左传"险而易行"，杜注："险，当为俭。"）山林俭则鸟兽无所依而去之，犹川渊枯而龙鱼去之也。此与上文"山林茂"正相反。国家失政则士民去之。无土则人不安居，无人则土不守，无道法则人不至，无君子则道不举。故土之与人也、道之与法也者，国家之本作也，本作，犹本务也。○王念孙曰：杨未解"作"字之义。"国家之本作"，"道法之总要"，相对为文。作者，始也，始，亦本也；总，亦要也。上文云"无土则人不安居，无人则土不守，无道法则人不至"，故此四者为国家之本始也。鲁颂駉篇传曰："作，始也。"

255

（广雅同。）皋陶谟“烝民乃粒，万邦作乂”，“作”与“乃”相对为文，言烝民乃粒，万邦始乂也。禹贡“莱夷作牧”，言莱夷水退始放牧也。“沱、潜既道，云梦土作乂”，“作”与“既”相对为文，言沱、潜之水既道，云梦之土始乂也。（并见经义述闻。）君子也者，道法之总要也，不可少顷旷也。得之则治，失之则乱；得之则安，失之则危；得之则存，失之则亡。故有良法而乱者有之矣，有君子而乱者，自古及今，未尝闻也。传曰：“治生乎君子，乱生乎小人。”此之谓也。○卢文弨曰：前王制篇亦有此数语，或是脱简于彼。

得众动天。得众则可以动天。言人之所欲，天必从之。美意延年。美意，乐意也。无忧患则延年也。诚信如神。诚信则如神明，言物不能欺也。夸诞逐魂。逐魂，逐去其精魂，犹丧精也。矜夸妄诞，作伪心劳，故丧其精魂。此四者皆言善恶之应也。○郝懿行曰：按四句一韵，文如箴铭，而与上下颇不相蒙，疑或它篇之误脱。魂者，神也。夸，奢。诞，谩。所谓逐物意移、心动神疲者也。　先谦案：郝说是，今别为一条。

人主之患，不在乎不言用贤，而在乎诚必用贤。○卢文弨曰：此句有误，当作“而在乎不诚用贤”。　王念孙曰：案当作“而在乎不诚必用贤”，言用贤之不诚不必也。管子九守篇曰“用赏者贵诚，用刑者贵必”，吕氏春秋论威篇曰“又况乎万乘之国而有所诚必乎”，贾子道术篇曰“伏义诚必谓之节”，淮南兵略篇曰“将不诚必则卒不勇敢”，枚乘七发曰“诚必不悔，决绝以诺”，皆以“诚必”连文，则“必”字不可删。　先谦案：群书治要作“不在乎不言，而在乎不诚”。治要引书，多节删而不增字，其引此文，“诚”上有“不”字，此脱“不”字之明证。夫言用贤者口也，却贤者行也，无善行则贤不至也。口行相反而欲贤者之至、不肖者之退也，不亦难乎！夫耀蝉者务在明其火、振其树而已，○郝懿行曰：“耀”，俗“爝”字。爝者，照也。爝蝉者,火必明而后蝉投焉,蝉以阳明为趋也。照蟹者,火必暗而后蟹赴焉,蟹以阴暗为居也。二者,君子小人之分途也,故明主求贤如燿蝉,暗主搜慝如照蟹。**火不明,虽振其树,无益也。**南方人照蝉,取而食之。礼记有"蜩、范"是也。**今人主有能明其德,则天下归之,若蝉之归明火也。**

临事接民而以义,变应宽裕而多容,恭敬以先之,政之始也;多容,广纳也。**然后中和察断以辅之,政之隆也**;政之崇高,在辅以中和察断。断,丁乱反。○王念孙曰:政之隆,谓政之中也。孝经曰:"夫孝,始于事亲,中于事君,终于立身。"彼以"中"对"始""终",此以"隆"对"始""终",是"隆"即"中"也。杨以隆为崇高,失之。又正论篇"凡议必将立隆正然后可也,无隆正则是非不分而辩讼不决",隆正,谓中正也。(王霸篇曰:"君臣上下,贵贱长幼,至于庶人,莫不以是为隆正。")下文"天下之大隆",亦谓大中也。杨以隆为崇高,亦失之。**然后进退诛赏之,政之终也。故一年与之始,三年与之终。**夫不教而杀谓之虐,故为政之始,宽裕多容,三年政成,然后进退诛赏也。**用其终为始,则政令不行而上下怨疾,乱所以自作也。**先赏罚后德化则乱。**书曰:"义刑义杀,勿庸以即,女惟曰'未有顺事'。"言先教也。**书,康诰。言虽义刑义杀,亦勿用即行之,当先教后刑也。虽先后不失,尚谦曰"我未有顺事,故使民犯法"、"躬自厚而薄责于人"也。

程者,物之准也;程者,度量之总名也。**礼者,节之准也。**节,谓君臣之差等也。**程以立数,礼以定伦**,言有程则可以立一二之数,有礼则可以定君臣父子之伦也。**德以叙位,能以授官。**度其德以序上下之位,考其能以授所任之官,若夔典乐、伯夷典礼之比也。**凡节奏欲陵,而生民欲宽**,节奏,谓礼节奏。陵,峻也。侵陵,亦严峻之义。生民,谓以德教生养民也。言人君自守礼之节奏,则欲严峻不弛慢；养民则欲宽容，不迫切之也。○王念孙曰：杨说"陵"字之义及下"节奏陵而文"，注皆非是。节奏欲陵而生民欲宽者，陵谓严密也，故与宽相反。富国篇曰"其于货财取与计数也，宽饶简易；其于礼义节奏也，陵谨尽察"，陵谨与宽饶亦相反。节奏陵谨，即此所云"节奏欲陵"也。（杨训陵为侵陵，误与此注同。）**节奏陵而文，生民宽而安。**节奏虽峻，亦有文饰，不至于刻急。○郝懿行曰：陵者，丘陵，喻高峻也。节奏以礼言，欲其高峻，防逾越也。生民以田畜言，欲其宽饶，不狭隘也。节奏陵而文，敦礼让也。生民宽而安，乐太平也。王念孙曰：而，犹则也。（孟子公孙丑篇"可以仕则仕，可以止则止，可以久则久，可以速则速"，万章篇作"可以速而速，可以久而久，可以处而处，可以仕而仕"。）言节奏陵则文，生民宽则安也。节奏密则成文章，乐记曰"节奏合以成文"是也。"陵"字或作"凌"，管子中匡篇曰："有司宽而不凌。"**上文下安，功名之极也，不可以加矣。**

君者，国之隆也；父者，家之隆也。隆犹尊也。**隆一而治，二而乱，自古及今，未有二隆争重而能长久者。**

师术有四，而博习不与焉：术，法也。言有四德则可以为人师，师法不在博习也。与音豫。**尊严而惮，可以为师；耆艾而信，可以为师；**五十曰艾，六十曰耆。**诵说而不陵不犯，可以为师；**诵，谓诵经；说，谓解说。谓守其诵说，不自陵突触犯。言行其所学。○先谦案：不陵不犯，谓谨守师说者。下"知微而论"，如"丧欲速贫，死欲速朽"，有若以为非夫子之言是也。**知微而论，可以为师。**知精微之理而能讲论。论，卢困反。○郝懿行曰："论"与"伦"，古字通。言知极精微而皆中伦理也。注非。**故师术有四，而博习不与焉。水深而回，**回，流旋也。水深不湍峻，则多旋流也。**树落则粪本，**谓木叶落，粪其根也。○谢本从卢校，作"水深则回，树落粪本"。卢文弨曰：宋本作"水深而回，树落则粪本"，今从元刻。郝懿行曰：回，旋

荀子集解

258

流也。粪，壅根也。二句喻弟子于师，不忘水源木本之意。　俞樾曰："树落"下当有"则"字。此以上二句喻下一句，若无"则"字，句法不一律矣。卢从元刻，其实宋本是也。古书每以"而""则"互用。孟子告子篇"人有鸡犬放则知求之，有放心而不知求"，墨子明鬼篇"非父则母，非兄而姒"，史记栾布传"与楚则汉破，与汉而楚破"，皆其证也。宋本上句用"而"字，下二句用"则"字，必荀子之原文。　先谦案：俞说是，今从宋本。**弟子通利则思师。**思其厚于己也。**诗曰："无言不雠，无德不报。"此之谓也。**此言为善则物必报之也。

　　赏不欲僭，刑不欲滥，赏僭则利及小人，刑滥则害及君子。若不幸而过，宁僭无滥；与其害善，不若利淫。○卢文弨曰：此数语全本左传。考荀卿以左氏春秋授张苍，苍授贾谊，荀子固传左氏者之祖师也。

荀子卷第十

议兵篇第十五

　　临武君与孙卿子议兵于赵孝成王前。临武君，盖楚将，未知姓名。战国策曰："天下合从，赵使魏加见楚春申君曰：'君有将乎？'春申君曰：'有矣。仆欲将临武君。'魏加曰：'臣少之时好射，臣愿以射譬，可乎？'春申君曰：'可。'魏加曰：'异日者，更羸与魏王处京台之下，更羸曰："臣能为王引弓虚发而下鸟。"有间，鸣雁从东方来，更羸以虚发而下之。王曰："射之精，乃至于此乎？"更羸曰："此孽也。"王曰："先生何以知之？"对曰："其飞徐者，其故创痛也。其鸣悲者，久失群也。故创未息而惊心未去，闻弦音烈而高飞，故陨也。今临武君尝为秦孽，不可以为距秦之将。"'"赵孝成王，晋大夫赵夙之后，简子十世孙。或曰：刘向叙云："孙卿至赵，与孙膑议兵赵孝成王前。"临武君即孙膑也。今案史记年表，齐宣王二年，孙膑为军师，则败魏于马陵至赵孝成王元年，已七十余年，年代相远，疑临武君非此孙膑也。○卢文弨曰：案杨氏改书名作荀卿子，而此篇正文仍作孙卿子，依汉以来相传之旧也，本篇内"微子开封于宋"注甚明。注"更羸"，楚策作"更羸"。又"其故创痛也"，策无"其"字，此注脱"故"字，今增。又"故创未息"

作"故创痛未息"。今从策删"痛"字。**王曰:"请问兵要。"临武君**
对曰:"上得天时,若顺太岁、反孤虚之类也。○先谦案:"反",各本
讹"及",据宋台州本改正。**下得地利,**若右背山陵、前左水泽之比
也。**观敌之变动,后之发,先之至,此用兵之要术也。"孙卿子**
曰:"不然。臣所闻古之道,凡用兵攻战之本在乎壹民。弓矢不
调,则羿不能以中微;六马不和,则造父不能以致远;士民不亲
附,则汤、武不能以必胜也。故善附民者,是乃善用兵者也。故
兵要在乎善附民而已。"○王念孙曰:元刻无"善"字。(宋龚本同。)
案无"善"字者是也。下文临武君曰"岂必待附民哉",正对此句而言,
则无"善"字明矣。宋本有"善"字者,涉上文"善附民者"而衍。群书
治要亦无"善"字。**临武君曰:"不然。兵之所贵者埶利也,**乘埶争
利。**所行者变诈也。**奇计。○卢文弨曰:"所行",新序三作"所
上"。**善用兵者,感忽悠暗,莫知其所从出,**感忽、悠暗,皆谓倏忽
之间也。感忽,恍忽也。悠暗,远视不分辨之貌。莫知所从出,谓若九
天之上,九地之下,使敌人不测。鲁连子曰"弃感忽之耻,立累世之
功"也。○卢文弨曰:案齐策载鲁连与燕将书云:"除感忿之耻而立累
世之功。"彼上文云"去忿恚之心而成终身之名",则下句不当又云"感
忿",此引作"感忽",是也。新序又作"奄忽",义亦同。注"立"字旧
脱,今补。　郝懿行曰:案感,读如撼。"撼""撼",古今字也。感忽,
摇疾之意。悠暗,神秘之意。兵贵神速,如处女脱兔之喻也。**孙、吴**
用之,无敌于天下,岂必待附民哉!"孙,谓吴王阖闾将孙武。吴,
谓魏武侯将吴起也。**孙卿子曰:"不然。臣之所道,仁人之兵、王**
者之志也。帝王之志意如此也。**君之所贵,权谋埶利也;所行,攻**
夺变诈也:诸侯之事也。仁人之兵,不可诈也。彼可诈者,怠慢
者也,路亶者也,路,暴露也。亶,读为袒。露袒,谓上下不相覆盖。
新序作"落单"。○郝懿行曰:"路亶",新序作"落单",盖离落单薄之

意。杨注非。 王念孙曰:路单,犹羸惫也。上不恤民则民皆羸惫,故下句云"君臣上下之间滑然有离德也"。孟子滕文公篇"是率天下而路也",赵注云:"是率导天下之人以羸路也。"(今本"羸路"作"羸困之路",乃后人所改,辩见管子五辅篇。)管子五辅篇云:"匡贫窭,振罢露,资乏绝。"韩子亡征篇云:"好罢露百姓。"吕氏春秋不屈篇云:"士民罢潞。"路、露、潞并通,是路为羸惫也。尔雅云:"瘅,病也。"大雅板篇"下民卒瘅",毛传云:"瘅,病也。"病亦谓羸惫也。缁衣引诗"下民卒瘅",释文"瘅"作"亶"。瘅、瘅、亶并通。秦策"士民潞病于内",高注云:"潞,羸也。"潞病与路亶亦同义。新序杂事篇作"落单"。晏子外篇云:"路世之政,单事之教。"或言"路亶",或言"路单",或言"落单",其义一而已矣。杨说皆失之。**君臣上下之间滑然有离德者也**。滑,乱也,音骨。言彼可欺诈者皆如此之国。○王引之曰:"滑",当为"涣"。序卦曰:"涣者,离也。"杂卦曰:"涣,离也。"下文"事大敌坚则涣然离耳",是涣为离貌,故曰"涣然有离德"。俗书"涣"字作"涣","滑"字作"滑",二形略相似,故"涣"讹为"滑"。新序杂事篇正作"涣然有离德"。韩诗外传作"突然有离德","突"乃"夬"之讹。"涣""夬"古字通。(文选琴赋注引苍颉篇云:"夬,散也。")**故以桀诈桀,犹巧拙有幸焉,以桀诈尧,譬之若以卵投石,以指挠沸**,挠,搅也。以指挠沸,言必烂也。新序作"以指绕沸"。**若赴水火,入焉焦没耳**。○王念孙曰:案焉,犹则也,说见释词。**故仁人上下**,说仁人上下相爱之意。**百将一心,三军同力,臣之于君也,下之于上也,若子之事父,弟之事兄,若手臂之扞头目而覆胸腹也,诈而袭之,与先惊而后击之,一也**。先击头目,使知之而后击之,岂手臂有不救也?○先谦案:言此两者俱无所用,注义似隔。**且仁人之用十里之国,则将有百里之听**;听,犹耳目也。言远人自为其耳目。或曰:谓间谍者。**用百里之国,则将有千里之听;用千里之国,则**

将有四海之听。**必将聪明警戒，和传而一。**耳目明而警戒，相传
以和，无有二心也。一云："传"，或为"博"。博，众也。而一，如一也。
言和众如一也。○先谦案："传"为"抟"字之误，说见儒效篇。**故仁**
人之兵聚则成卒，散则成列，卒，卒伍。列，行列。言动皆有备也。
延则若莫邪之长刃，婴之者断；兑则若莫邪之利锋，当之者溃；
兑，犹聚也，与队同，谓聚之使短。溃，坏散也。新序作"锐则若莫邪
之利锋也"。○卢文弨曰："延"，新序作"铤"。韩诗外传三作"延
居"，又"兑"作"锐居"。案延读"延袤"之延，东西曰延。"婴"，今
"撄"字。谓横布则其锋长，撄之者皆断也。兑，读为锐。谓直捣则其
锋利遇之者溃也。外传两"居"字与下文"圜居"一例，可知注未是矣。

郝懿行曰：延者，长也。兑与锐同，荀书皆然，古字通也。"延"，新
序作"铤"，误字，或假借耳。延训长，故云"若莫邪之长刃"；兑训利，
故言"若莫邪之利锋"。杨注非。韩诗外传作"延居""锐居"，与下
"圜居"为俪，其义甚明。　俞樾曰：杨训兑为聚，不如卢说之长；惟依
外传"延居""锐居"为说，则非也。"延则若莫邪之长刃"，"兑则若莫
邪之利锋"，与上文"聚则成卒，散则成列"句法一律，不得有"居"字。
下文云"圜居而方止"，此自以"圜居""方止"相对成义。外传因"圜
居"之文，改作"方居"以对之，遂于此文"延"下"锐"下各衍"居"字。
卢据以说荀子，误矣。延之言长也，故若长刃；锐之言利也，故若利锋。
以文义论，亦不当有"居"字。**圜居而方止，则若盘石然，触之者角**
摧，圜居方止，谓不动时也，则如大石之不可移动也。○卢文弨曰：
"方止"，各本作"方正"，今从新序。案外传作"方居"。　郝懿行曰：
韩诗外传作"圜居则若丘山之不可移也，方居则若盘石之不可拔也"，
语尤明晰。此"方止"即"方居"，变文以俪句耳。　先谦案：郝说方
止，非也，说详上。**案角鹿埵、陇种、东笼而退耳。**其义未详，盖皆
摧败披靡之貌。或曰：鹿埵，垂下之貌，如禾实垂下然。埵，丁果反。

陇种，遗失貌，如陇之种物然。或曰：即"龙钟"也。东笼，与冻泷同，沾湿貌，如衣服之沾湿然。新序作"陇种而退"，无"鹿埵"字。○卢文弨曰："垂下之貌"，旧脱"垂"字，今补。案说文，禾实垂下谓之稴，丁果切。杨意埵读为稴，故音义皆与之同也。又，"即龙钟也"，旧脱"龙"字，"龙钟"乃当时常语，今补。又案，方言："泷涿，谓之沾渍。"广韵："冻泷，沾渍也。"故杨云"冻泷，沾湿貌"。旧误作"冻陇"，今改正。"沾"亦"霑"之误字也。 刘台拱曰："鹿埵"上"角"字，涉上而误衍。案，语词。 郝懿行曰：鹿埵、陇种、东笼，盖皆摧败披靡之貌。顾氏炎武（见日知录廿七。）引旧唐书窦轨传"我陇种车骑，未足给公"，北史李穆传"笼冻军士，尔曹主何在，尔独住此"，盖周、隋时人尚有此语。此等皆古方俗之言，不必强解。杨氏既云"未详"，又引或说鹿埵、龙钟、冻泷，似皆失之。新序止有"陇种"，无"鹿埵"。**且夫暴国之君，将谁与至哉？彼其所与至者，必其民也。而其民之亲我欢若父母，其好我芬若椒兰；彼反顾其上则若灼黥，**如畏灼黥。**若仇雠。人之情，虽桀、跖，岂又肯为其所恶贼其所好者哉！** ○卢文弨曰："岂又"，新序作"岂有"。**是犹使人之子孙自贼其父母也，彼必将来告之，夫又何可诈也？** 不可得诈袭也。**故仁人用，国日明，**日益明察。○俞樾曰：杨注非也。明之言盛也。淮南子说林篇曰"长而愈明"，高注曰："明，犹盛也。"礼记明堂位正义曰："明，堂盛貌。"然则明之训盛，盖古谊也。国日明，犹言国日盛矣。**诸侯先顺者安，后顺者危，虑敌之者削，反之者亡。**谋虑与之为敌者，土地必见侵削。反，谓不服从也。○先谦案：虑，大氐也，说见王制篇。**诗曰：'武王载发，有虔秉钺，如火烈烈，则莫我敢遏。'此之谓也。"**诗，殷颂。武王，汤也。发，读为旆。虔，敬。遏，止也。汤建旆兴师，本由仁义，虽用武持钺，而犹以敬为先，故得如火之盛，无能止之也。○郝懿行曰：发，扬起也，犹书之言"我武惟扬"也。毛诗作"载旆"，传

荀子集解

264

云:"旆,旗也。"毛诗本出荀卿,不应有异,说文引诗又作"载坺",然则"坺""发"盖皆"旆"之同音假借字耳。韩诗外传引亦作"旆"。**孝成王、临武君曰:"善! 请问王者之兵设何道何行而可?"**设,谓制置。道,谓论说教令也。行,动用也。○王念孙曰:道,术也。杨以道为论说教令,失之。　先谦案:设,犹用也,说见君道篇。**孙卿子曰:"凡在大王,将率末事也。臣请遂道王者诸侯强弱存亡之效、安危之执:**率与帅同,所类反。道,说也。效,验也。孝成王见荀卿论兵谓王者以兵为急,故遂问用兵之术。荀卿欲陈王道,因不答其问,故言凡在大王之所务,将帅乃其末事耳,所急教化也,遂广说汤、武、五霸及战国诸侯之事。○先谦案:以下文"凡在于军,将率末事也"证之,是谓凡在大王之将率者,皆末事也。杨注误。**君贤者其国治,君不能者其国乱;隆礼贵义者其国治,简礼贱义者其国乱。治者强,乱者弱,是强弱之本也。上足印,则下可用也;上不印,则下不可用也。**"印",古"仰"字。不仰,不足仰也。下托上曰仰,宜向反。能教且化,长养之,是足仰。○谢本作"上不足印"。　卢文弨曰:以注观之,正文当本是"上不印",衍"足"字。　先谦案:卢说是。此后人妄加,今依注文删"足"字,以复唐人注本之旧。**下可用则强,下不可用则弱,是强弱之常也。隆礼效功,上也;重禄贵节,次也;上功贱节,下也:是强弱之凡也。**效,验也。功,战功也。效功,谓不使赏僭也。重禄,重难其禄,不使素餐也。节,忠义也。君能隆礼验功则强,上战功、轻忠义则弱,大凡如此也。**好士者强,不好士者弱;**士,贤士也。**爱民者强,不爱民者弱;政令信者强,政令不信者弱;**信,谓使下可信。**民齐者强,民不齐者弱;**齐,谓同力。○谢本从卢校作"不齐者弱"。　王念孙曰:案元刻"不齐"上亦有"民"字,是也。(宋龚本同。)上文之"政令",下文之"赏""刑""械用兵革",皆于上下句两见,则"民"字亦当两见。　先谦案:王说是,今依元刻增

265

"民"字。**赏重者强,赏轻者弱**;重难其赏,使必赏有功则强,轻易其赏则弱也。**刑威者强,刑侮者弱**;刑当罪,使民可畏则强,不当罪则人侮慢,故弱也。**械用兵革攻完便利者强**,"攻",当为"功"。功,精好加功者也。器械牢固,便利于用则强也。○<u>卢文弨</u>曰:攻与工、功,古多通用。攻,治也。即依本字不改亦可。**械用兵革窳楛不便利者弱**;窳,器病也,音庾。楛,濫恶,谓不坚固也。**重用兵者强,轻用兵者弱**;重难用兵者强。**权出一者强,权出二者弱**:政多门则弱也。**是强弱之常也。齐人隆技击**,技,材力也。齐人以勇力击斩敌者,号为技击。<u>孟康</u>曰:"兵家之技巧。技巧者,习手足,便器械,积机关,以立攻守之胜。"**其技也,得一首者则赐赎锱金,无本赏矣**。八两曰锱。本赏,谓有功同受赏也。其技击之术,斩得一首则官赐锱金赎之。斩首,虽战败亦赏;不斩首,虽胜亦不赏:是无本赏也。○<u>郭嵩焘</u>曰:此与<u>秦</u>首虏之法同,以得首为功赏,不问其战事之胜败,故曰"无本赏"。汉世军法,抵罪得赎免,当亦起于<u>战国</u>之季。言苟得首者,有罪当赎,仅纳锱金。以得首为重,取决一夫之勇也。**是事小敌毳则偷可用也**,可偷窃用之也。毳,读为脆。<u>史记聂政</u>谓<u>严仲子</u>曰"屠可以旦夕得甘脆以养亲"也。○先谦案:<u>晋语</u>"其下偷以幸",<u>韦</u>注:"偷,苟且也。"偷可用,谓苟且用之犹为可也。<u>杨</u>注非。**事大敌坚则焕涣离耳**。<u>易序</u>〔一〕卦曰:"涣者,离也。"**若飞鸟然,倾侧反覆无日**,若飞鸟,言无冯依也。无日,言倾侧反覆之速,不得一日也。○<u>卢文弨</u>曰:注"言无冯依也",<u>宋</u>本作"言无冯依而易也",今从元刻。**是亡国之兵也,兵莫弱是矣,是其去赁市、佣而战之几矣**。此与赁市中佣作之人而使之战相去几何也。○<u>卢文弨</u>曰:正文"其去",<u>宋</u>本作"其出",今从元刻。**魏氏之武卒,以度取之**,武卒,选择武勇之卒,

---

〔一〕"序",原本误为"说",今改。

号为武卒。度取之，谓取其长短材力中度者。○汪中曰：度，程也，下文所云是也。注非。**衣三属之甲**，如淳曰："上身一，髀裈一，胫缴一，凡三属也。"衣，于气反。属，之欲反。○卢文弨曰：案考工记释文："属，之树反。"**操十二石之弩，负服矢五十个，置戈其上**，置戈于身之上，谓荷戈也。○卢文弨曰：元刻作"负矢"，无"服"字，与汉书同。　王念孙曰：此本作"服矢五十个"。"服矢"即"负矢"。负与服，古同声而通用，（考工记车人"牝服"，先郑司农云："服，读为负。"）故汉书作"负"。今本作"负服矢"者，校书者依汉书旁记"负"字，而写者误合之也。元刻无"服"字，则又后人依汉书删之也。　俞樾曰："服"字实不可无。"服"者，"箙"之假字。说文竹部："箙，弩矢箙也。"经传通以"服"为之。诗采薇篇"象弭鱼服"，国语齐语"服无矢"，皆是也。负服矢五十个者，盛矢五十个于服而负之也。若但云"负矢"，则矢无服不可负；若云"负矢服"，则疑五十个以服计矣，故曰"负服矢五十个"，古人之辞所以简而明也。汉书夺"服"字，元刻从之，非是。置戈其上，承"负服矢五十个"而言，所谓"其上"者，矢服之上也。盖负矢服于背而荷戈于肩，戈之上半适在矢服之上，故曰"置戈其上"也。杨注不解"服"字之义，故于此句亦失其解，而曰"置戈于身之上"，不可通矣。　先谦案：俞说是。**冠軸带剑**，軸与胄同。汉书作"胄带剑"，颜师古曰："著兜鍪而又带剑也。"**赢三日之粮，日中而趋百里**，赢，负担也。日中，一日之中也。○俞樾曰：日中者，自旦至于日中。盖半日而趋百里也。杨注谓"一日之中"，则但云"日趋百里"足矣。**中试则复其户，利其田宅**，复其户，不徭役也。利其田宅，不征众也。颜师古曰："利，谓给其便利之处。"中，丁仲反。复，方目反。○卢文弨曰：注"不征众"，"众"字误，疑作"税"。　先谦案：试之而中程，则用为武卒，优之如此，上所谓"以度取之"。**是数年而衰而未可夺也，改造则不易周也**。此中试者筋力数年而衰，亦未可遽夺其优,复使皆怨也。改造,更选择也,则又如前。**是故地虽大,其税必寡,是危国之兵也。**优复既多则税寡,资用贫乏故国危。**秦人,其生民也陿阨,其使民也酷烈,**生民,所生之民。陿阨,谓秦地险固也。酷烈,严刑罚也。地险固则寇不能害,严刑罚则人皆致死也。○卢文弨曰:"陿阨",俗本作"狭隘",今从宋本。 郝懿行曰:陿阨,犹狭隘也,谓民生计穷蹙。王霸篇云"生民则致贫隘",语意正同。注以"陿阨,谓秦地险固",非也。下云"隐之以阨",亦非地险。 王念孙曰:杨注沿刑法志注而误。**劫之以埶,**谓以威埶劫迫之,使出战。**隐之以阨,**谓隐蔽以险阨,使敌不能害。郑氏曰:"秦地多阨,藏隐其民于阨中也。"○郭嵩焘曰:秦远交近攻,侵伐无虚日,未尝以险阨自隐也。劫之以埶,承上"酷烈"言;隐之以阨,承上"狭隘"言。其民本无生计,又甚迫蹙之,使亟骛于战以邀赏也。下文"阨而用之"正申此义。**忸之以庆赏,**忸与狃同,串习也。战胜则与之赏庆,使习以为常。忸,女九反。**鰌之以刑罚,**鰌,藉也。不胜则以刑罚陵藉之。庄子:风谓蛇曰"鰌我亦胜我",音秋。或作"蹃",七六反。○卢文弨曰:鰌,亦音蹴,见强国篇注。元刻"七六"作"七由",非,今从宋本。**使天下之民所以要利于上者,非斗无由也。**○顾千里曰:"天"字疑不当有。此以"下之民"与"要利于上"相对为文,谓秦民,非谓天下之民明甚。宋本与今本同,盖皆误。**阨而用之,得而后功之,**守险阨而用之,既得胜,乃赏其功,所以人自为战而立功者众也。○先谦案:阨而用之,强国篇所云如"墙厌""雷击"。下文"除阨其下,获其功用"义与此同。杨谓"守险阨",非也。**功赏相长也,五甲首而隶五家,**有功而赏之使相长,获得五甲首,则役隶乡里之五家也。**是最为众强长久,多地以正。故四世有胜,非幸也,数也。**为之有根本,不邀一时之利,故能众强长久也。不复其户,利其田宅,故多地也。以正,言比齐、魏之苟且为正。言秦亦非天幸,有术数然也。四世,孝公、

惠王、武王、昭王也。**故齐之技击不可以遇魏氏之武卒,魏氏之武**
卒不可以遇秦之锐士,秦之锐士不可以当桓、文之节制,桓、文
之节制不可以敌汤、武之仁义,有遇之者,若以焦熬投石焉。以
魏遇秦,犹以焦熬之物投石也。熬,五刀反。○卢文弨曰:"有遇之
者"二句,似专言天下无有能敌仁义者。注惟云"以魏遇秦",殆以当
时无汤、武,并无桓、文故也,然无妨据理为说。或云:末二句当并从齐
说下。 王念孙曰:或说是。 俞樾曰:杨注"犹以焦熬之物投石
也",然以投石为喻,不必言焦熬之物,注义未安。上文云"以桀诈尧,
譬之若以卵投石,以指挠沸",此文"以焦熬投石",疑有夺误,当云"以
指焦熬,以卵投石"。焦,读为撨。广雅释诂曰:"撨,拭也。"说文火
部:"熬,干煎也。"然则以指撨熬,其义犹以指挠沸也。 先谦案:下
文明言"招近募选,隆执诈,尚功利之兵,胜不胜无常,代翕代张"云
云,则此"有遇之者"二句专谓汤、武之仁义无敌。杨注误。**兼是数**
国者,皆干赏蹈利之兵也,佣徒鬻卖之道也,未有贵上、安制、綦
节之理也;干,求也。言秦、魏虽足以相胜,皆求赏蹈利之兵,与佣徒
之人鬻卖其力作无异,未有爱贵其上,为之致死,安于制度,自不逾越,
极于忠义,心不为非之理者也。**诸侯有能微妙之以节,则作而兼殆**
之耳。微妙,精尽也。节,仁义也。作,起也。殆,危也。诸侯有能精
尽仁义,则能起而兼危此数国。谓擒灭之。○卢文弨曰:旧本注作
"则能起而无危也,兼此数国",误。今据正文删正。**故招近募选,隆**
执诈,尚功利,是渐之也;"近"当为"延",传写误耳。招延,谓引致
之也。募选,谓以财召之,而选择可者。此论齐之技击也。隆执诈,谓
以威执变诈为尚,此论秦也。尚功利,谓有功则利其田宅,论魏也。
渐,进也。言渐进而近于法,未为理也。或曰:渐,浸渍也。谓其赏罚
才可渐染于外,中心未悦服。渐,子廉切。○俞樾曰:杨云"近当为
延",是也。"招延"二字同义,则"募选"二字亦必同义,"募"乃"纂"

字之误。纂、选,皆具也,说详王制篇。杨注"募选,谓以财召之,而选择可者",非是。　先谦案:渐,诈欺也,说详不苟篇。**礼义教化,是齐之也。**服其心,是齐壹人之术也。**故以诈遇诈,犹有巧拙焉;**犹齐之技击不可以当魏之武卒也。**以诈遇齐,辟之犹以锥刀堕太山也,**辟音譬。堕,毁也。锥,许唯反。**非天下之愚人莫敢试。故王者之兵不试。**一举而定,不必试也。**汤、武之诛桀、纣也,拱挹指麾而强暴之国莫不趋使,**诛其元恶,其余犷悍者皆化而来臣役也。○王念孙曰:"拱挹指麾",卢依富国篇改"挹"为"揖"。案挹与揖通,不烦改字。(宥坐篇"挹而损之",淮南道应篇"挹"作"揖"。晏子谏篇"晏子下车挹之","挹"即"揖"。)诸本皆作"挹"。旦本"挹"作"揖",卢因改为"揖",误。　先谦案:谢本从卢校作"拱揖",今依王说改正。**诛桀、纣若诛独夫。故泰誓曰'独夫纣',此之谓也。故兵大齐则制天下,小齐则治邻敌。**以礼义教化大齐之,谓汤、武也。小,谓未能大备,若五霸者也。治邻敌,言邻敌受其治化耳。○卢文弨曰:宋本"故兵大齐"提行起。今案:连上文是,或中间有注,脱去耳。

王念孙曰:治读为殆。殆,危也。谓危邻敌也。王制篇曰:"威强未足以殆邻敌。"王霸篇曰:"威动天下,强殆中国。"强国篇曰:"威动海内,强殆中国。""殆""治"古字通。(强国篇"强殆中国",杨注:"殆或为治。"史记范睢传"夫以秦卒之勇,车骑之众,以治诸侯,譬若驰韩卢而搏蹇兔也","治诸侯"即"殆诸侯"。)杨谓"受其治化",则非用兵之事矣。**若夫招近募选、隆势诈、尚功利之兵,则胜不胜无常,代翕代张,代存代亡,相为雌雄耳矣。**翕,敛也。代翕代张,代存代亡,若言代强代弱也。○先谦案:宋台州本注"若"作"犹"。**夫是之谓盗兵,君子不由也。**由,用也。以诈力相胜,是盗贼之兵也。**故齐之田单,楚之庄蹻,秦之卫鞅,燕之缪虮,是皆世俗之所谓善用兵者也;**田单,齐襄王臣安平君也。史记:庄蹻者,楚庄王苗裔。楚威王使为将,将兵循江而上,略蜀、黔中以西。跻至滇池,方三百里,地肥饶数千里,以兵威定属楚。欲归报,会秦击夺楚巴、黔中郡,道塞不通,因还,以其众王〔一〕滇,变服,从其俗焉。卫鞅,秦孝公臣,封为商君者也。缪蚳,未闻也。**是其巧拙强弱则未有以相君也,若其道一也**,虽术不同,皆出于变诈,故曰"其道一也"。○卢文弨曰:"相君",元刻作"相若",注首有"相若,相似也"五字。今从宋本。　先谦案:相君,犹言相长也。广雅释诂:"长,君也。"长训君,则君亦训长。元刻及注五字皆妄人增改。**未及和齐也**,数子之术,未能及于和齐人心也。**掎契司诈,权谋倾覆,未免盗兵也。**契读为挈。挈,持也。掎挈,犹言掎摭也。司读为伺。诈,欺诳也。皆谓因其危弱,即掩袭之也。**齐桓、晋文、楚庄、吴阖闾、越句践,是皆和齐之兵也,可谓入其域矣**,入礼义教化之域。孟康曰:"入王兵之域也。"**然而未有本统也**,本统,谓前行素修,若汤、武也。**故可以霸而不可以王。是强弱之效也。**汤、武王而桓、文霸,齐、魏则代存代亡,是其效也。**孝成王、临武君曰:"善!请问为将。"孙卿子曰:"知莫大乎弃疑**,不用疑谋,是智之大。○先谦案:言用人不疑。**行莫大乎无过,事莫大乎无悔。**○先谦案:当理而行,故无过。虑必先事,故无悔。**事至无悔而止矣,成不可必也。**不可必,不得必。谓成功忘其警备。庄子曰:"圣人以必不必,故多功;众人以不必必,故无功也。"○卢文弨曰:"成不可必也"五字,乃起下之词。注"不得必"三字,宋本、元刻皆无,俗间本有之。下引庄子语,旧本多讹,今悉从元刻改正。　先谦案:言成功不能期必于一出,故下云"有功如幸",文义甚明。杨、卢说非。**故制号政令欲严以威;庆赏刑罚欲必以信;处舍收藏欲周以固;**处舍,营垒也。收藏,财物也。周密牢固,则敌不能陵夺矣。**徙举进退**

〔一〕 "王",原本作"至",据史记西南夷列传改。

欲安以重，欲疾以速；静则安重而不为轻举，动则疾速而不失机权。**窥敌观变欲潜以深，欲伍以参；**谓使间谍观敌，欲潜隐深入之也。伍参，犹错杂也。使间谍或参之，或伍之，于敌之间，而尽知其事。慎子曰："省同异之言，以知朋党之分；偶参伍之验，以责陈言之实。"又曰"参之以比物，伍之以合参"也。**遇敌决战必道吾所明，无道吾所疑：**道，言也，行也。○王念孙曰：道，当训为行。**夫是之谓六术。**自"制号政令"已下有六也。**无欲将而恶废，**○先谦案：无以所欲而将之，无以所恶而废之，唯视其能否，无私好恶。荀书多以"欲""恶"代"好""恶"。**无急胜而忘败，无威内而轻外，无见其利而不顾其害，**强使人出战而轻敌。**凡虑事欲孰而用财欲泰，**孰，谓精审。泰，谓不吝赏也。**夫是之谓五权。**五者，为将之机权也。**所以不受命于主有三：可杀而不可使处不完，可杀而不可使击不胜，可杀而不可使欺百姓，夫是之谓三至。**至，谓一守而不变。**凡受命于主而行三军，三军既定，百官得序，群物皆正，**百官，军之百吏。得序，各当其任。**则主不能喜，敌不能怒，**不苟徇上意，故主不能喜。不为变诈，故敌不能怒也。**夫是之谓至臣。**为臣之至当也。**虑必先事而申之以敬，**谋虑必在事先，重之以敬，常戒惧而有备也。**慎终如始，终始如一，夫是之谓大吉。**言必无覆败之祸也。**凡百事之成也必在敬之，其败也必在慢之。故敬胜怠则吉，怠胜敬则灭；计胜欲则从，欲胜计则凶。战如守，**不务越逐也。书曰："不愆于五步六步，乃止齐焉。"**行如战，**有功如幸。不务骄矜。**敬谋无圹，**无圹，言不敢须臾不敬也。圹与旷同。**敬事无圹，敬吏无圹，敬众无圹，敬敌无圹：夫是之谓五无圹。慎行此六术、五权、三至而处之以恭敬无圹，夫是之谓天下之将，则通于神明矣。"**天下莫及之将。临武君曰："善！请问王者之军制。"孙卿子曰："将死鼓，死,谓不弃之而奔亡也。左传曰:"师之耳目,在吾旗鼓。"**御死辔,百吏死职,士大夫死行列。闻鼓声而进,闻金声而退,顺命为上,有功次之。**军之所重,在顺命,故有功次之。**令不进而进,犹令不退而退也,其罪惟均。**令,教令也。言使之不进而进,犹令不退而退,其罪同也。**不杀老弱,不猎禾稼,**猎与躐同,践也。**服者不禽,格者不舍,犇命者不获。**服,谓不战而退者,不追禽之。格,谓相距捍者。奔命,谓奔走来归其命者,不获之为囚俘也。犇与奔同。**凡诛,非诛其百姓也,诛其乱百姓者也。百姓有扞其贼,则是亦贼也。**扞其贼,谓为贼之扞蔽也。**以故顺刃者生,苏刃者死,犇命者贡。**顺刃,谓不战,偝之而走者。苏,读为傃。傃,向也,谓相向格斗者。贡,谓取归命者献于上将也。

　　微子开封于宋,纣之庶兄,名启,归周后封于宋。此云开者,盖汉景帝讳,刘向改之也。**曹触龙断于军,**说苑曰:"桀贵为天子,富有四海,其臣有左师触龙者,谄谀不正。"此云纣臣,当是说苑误。又战国策赵有左师触龙,说太后,请长安君质秦。岂复与古人同官名乎?○卢文弨曰:史记赵世家"左师触龙,言愿见太后","言"字当属下读。赵策误作"触詟",当以此注为正。**殷之服民,所以养生之者也,无异周人。**○先谦案:"服民",当作"民服",此误倒耳。当封而封,当杀而杀,皆所以养生其民,故殷民服之。**故近者歌讴而乐之,远者竭蹶而趋之,**竭蹶,颠仆,犹言匍匐也。新序作"竭走而趋之"。**无幽间辟陋之国莫不趋使而安乐之,四海之内若一家,通达之属莫不从服,夫是之谓人师。**师,长。**诗曰:'自西自东,自南自北,无思不服。'此之谓也。**诗,大雅文王有声之篇。**王者有诛而无战,城守不攻,兵格不击。**德义未加,所以敌人不服,故不攻击也,且恐伤我之士卒也。**上下相喜则庆之。**敌人上下相爱悦,则庆贺之,岂况侵伐乎？**不屠城，**屠谓毁其城，杀其民，若屠者然也。**不潜军，**○先谦案：潜，袭敌之不备。**不留众，**不久留暴露于外也。**师不越时。**古者行役不逾时也。**故乱者乐其政，不安其上，欲其至也。"**东征西怨之比。**临武君曰："善！"**

　　陈嚣问孙卿子曰："先生议兵，常以仁义为本。陈嚣，荀卿弟子。言先生之议，常言兵以仁义为本也。**仁者爱人，义者循理，然则又何以兵为？**爱人则惧其杀伤，循理则不欲争夺，焉肯抗兵相加乎？**凡所为有兵者，为争夺也。"**非谓爱人循理。**孙卿子曰："非女所知也。彼仁者爱人，爱人，故恶人之害之也；义者循理，循理，故恶人之乱之也。彼兵者，所以禁暴除害也，非争夺也。故仁人之兵，所存者神，所过者化，**所存止之处，畏之如神；所过往之国，无不从化。**若时雨之降，莫不说喜。是以尧伐驩兜，**伐，亦诛也。书曰"放驩兜于崇山"也。**舜伐有苗，**命禹伐之。书曰："帝曰：'咨禹，惟时有苗弗率，汝徂征之。'"**禹伐共工，**书曰："流共工于幽州。"皆尧之事，此云"禹伐共工"，未详也。**汤伐有夏，文王伐崇，武王伐纣，此四帝两王，**夏、殷或称王，或称帝。曲礼曰："措之庙，立之主，曰帝。"盖亦论夏、殷也。至周自贬损，全称王，故以文、武为两王也。**皆以仁义之兵行于天下也。故近者亲其善，远方慕其德，**○王念孙曰："慕其德"，"德"本作"义"，后人改"义"为"德"，以与"服""极"为韵，而不知与下文"德"字相复也。文选为袁绍檄豫州文注、石阙铭注、太平御览兵部五十三引此并作"义"。**兵不血刃，远迩来服，德盛于此，施及四极。诗曰：'淑人君子，其仪不忒。'此之谓也。"**诗，曹风尸鸠之篇。○陈奂曰：案玩上文语意，其下尚有"其仪不忒，正是四国"二句，今脱之也。"仪"即"义"也，故尸鸠篇仪皆读为义。　　王念孙曰：此正承上文"远方慕义"而言，所引诗，盖本作"其义不忒"，今本"义"作"仪"者，后人据诗改之耳。

李斯问孙卿子曰：李斯，孙卿弟子，后为秦相。"秦四世有胜，兵强海内，威行诸侯，非以仁义为之也，以便从事而已。"便其所从之事而已。谓若劫之以埶、隐之以阸、怬之以庆赏、鳍之以刑罚之比。孙卿子曰："非女所知也。女所谓便者，不便之便也；汝以不便人为便也。吾所谓仁义者，大便之便也。吾以大便人为便也。彼仁义者，所以修政者也，政修则民亲其上，乐其君，而轻为之死。故曰：'凡在于军，将率，末事也。'荀卿前对赵孝成王有此言语，弟子所知，故引以答之也。○谢本从卢校"军"作"君"。　卢文弨曰：旧本作"凡在于军"，今案：当是"君"字。　先谦案："凡在"下作一句读，不改"军"为"君"，说自可通，卢不当臆改。秦四世有胜，谒谒然常恐天下之一合而轧己也，汉书"谒"作"鰓"，苏林曰："读如'慎而无礼礼则葸'之'葸'。鰓，惧貌也。"先礼反。张晏曰："轧，践轹也。"此所谓末世之兵，未有本统也。本统，前行素修。故汤之放桀也，非其逐之鸣条之时也，武王之诛纣也，非以甲子之朝而后胜之也，皆前行素修也，此所谓仁义之兵也。前行素修，谓前已行之，素已修之。行，读如字。今女不求之于本而索之于末，此世之所以乱也。"本，谓仁义；末，谓变诈。世所以乱，亦由不求于本而索于末，如李斯之说也。

礼者，治辨之极也，强国之本也，威行之道也，功名之总也。辨，别也。总，要也。强国，谓强其国也。○先谦案："强国"，史记作"强固"，正义云："固，坚固也。"言国以礼义，四方钦仰，无有攻伐，故为强而且坚固之本也。以礼义导天下，天下服而归之，故为威行之道也。以礼义率天下，天下咸遵之，故为功名之总。总，合也，聚也。王公由之，所以得天下也；○卢文弨曰：元刻"得"作"一"，史记礼书、韩诗外传四皆同。不由，所以陨社稷也。○先谦案：史记"陨"作"捐"。故坚甲利兵不足以为胜，高城深池不足以为固，严令繁

刑不足以为威，由其道则行，不由其道则废。由，用也。道，即礼
也。用礼即行，不用礼，虽坚甲严刑，皆不足恃也。**楚人鲛革犀兕以
为甲，鞈如金石**，鞈，坚貌。以鲛鱼皮及犀兕为甲，坚如金石之不可
入。史记作"坚如金石"。鞈，古洽反。管子曰："制重罪入以兵甲，犀
胁二戟；轻罪入兰盾，鞈革二戟。"犀兕坚如金石之状也。○王念孙
曰：杨本作"鞈如金石"，与史记不同。然鞈训坚貌，诸书未有明文。
说文"鞈，防扞也"，（今本"扞"讹作"汙"，据玉篇、广韵改。）尹注管子
小匡篇曰"鞈革，重革，当心著之，可以御矢"，皆不训为坚貌。史记而
外，韩诗外传亦作"坚如金石"。文选三月三日曲水诗序注引荀子正
作"坚"，太平御览兵部八十七同。钞本北堂书钞武功部九引作"牢如
金石"，（陈禹谟本改为"坚"。）此是避隋文帝讳，故改"坚"为"牢"。
然则虞所见本正作"坚"，与杨本异也。　俞樾曰：史记礼书作"坚如
金石"，故杨注训鞈为坚貌，即引史记为证。然鞈之训坚貌，诸书皆无
明文，殆非也。说文"鞈"有二：其一见革部，为正篆；其一见鼓部，为
"鞳"，篆之古文。鞳，鼓声也。故文选上林赋"铿鎗闛鞳"李善注曰：
"铿鎗，钟声也。闛鞳，鼓声也。"此文"鞈如金石"，当以声言，不当以
貌言，谓扣之而其声鞈然如金石也。必以鼓声相况者，鼓是革所为。
上云"鲛革犀兕以为甲"，则亦革所为也，正见其属辞之密。史记作
"坚"，自与荀子异，不得并为一谈也。**宛钜铁钝，惨如蜂虿**，宛，地
名，属南阳。徐广曰："大刚曰钜。"钝与镕同，矛也。方言云："自关而
西谓之矛，吴、扬之间谓之镕。"言宛地出此刚铁为矛，惨如蜂虿。言
其中人之惨毒也。镕音箭。○卢文弨曰：案今方言云"矛，吴、扬、江、
淮、南楚、五湖之间谓之镕"，无"自关而西谓之矛"七字。　先谦案：
史记作"宛之钜铁，施钻如蜂虿"，索隐云："钻，谓矛刃及矢镞也。"史
"钝"为"施"，"惨"为"钻"，故索隐以"施"属下读，望文解之。例以上
下文"鞈如金石"、"卒如飘风"，则荀子本书文义较长。**轻利僄遫，卒**

如飘风，言楚人之趫捷也。僄，亦轻也，匹妙反。或当为"嫖姚"之"嫖"，嫖，骁勇也。趫与速同。**然而兵殆于垂沙，唐蔑死**，殆，谓危亡也。垂沙，地名，未详所在。汉地理志沛郡有垂乡，岂垂沙乎？史记楚怀王二十八年，"秦与齐、韩、魏共攻楚，杀楚将唐昧，取我重丘而去"。昧与蔑同。○卢文弨曰："垂沙"，史记作"垂涉"。　王念孙曰：案"垂"字古读若陀，（说见唐韵正。）垂沙，盖地名之叠韵者。韩诗外传及淮南兵略篇并作"兵殆于垂沙"，楚策云"垂沙之事，死者以千数"，则作"垂沙"者是。**庄𫏋起，楚分而为三四。**司马贞史记索隐曰："庄𫏋，楚将。言其起为乱后，楚遂分为四。"韩子曰："楚王欲伐越。庄子曰：'臣患目能见百步而不见其睫。王之兵败于齐、晋，庄𫏋为盗境内，吏不能禁，而欲伐越，此智之如目也。'"𫏋初为盗，后为楚将。○先谦案：史记引"三四"作"四参"。参与三同。索隐误以"参"字下属。**是岂无坚甲利兵也哉？其所以统之者非其道故也。汝、颍以为险，江、汉以为池，限之以邓林，缘之以方城，**邓林，北界邓地之山林。缘，绕也。方城，楚北界山名也。**然而秦师至而鄢、郢举，若振槁然。**举，谓举而取之。鄢、郢，楚都。振，击也。槁，枯叶也。谓白起伐楚，一战举鄢、郢也。**是岂无固塞隘阻也哉？其所以统之者非其道故也。纣剖比干，囚箕子，为炮烙刑，**列女传曰："炮烙，为膏铜柱，加之炭上，令有罪者行焉，辄堕火中，纣与妲己大笑。"烙，古责反。○卢文弨曰："炮烙之刑"，古书亦作"炮格之刑"。格，读如"庋格"之"格"，古"阁""格"一也。史记索隐："邹诞生音阁。"此注云"烙，古责反"，可证杨时本尚作"格"也。　王念孙曰：此段氏若膺说也，说见钟山札记。（昔尝闻卢校荀子多用段说，故卢本前列参订名氏有金坛段若膺，而书中所引段说则唯有礼论篇"持虎"一条。余未见段氏校本，无从采录，故但据所见之书略举一二焉。）**杀戮无时，臣下懔然莫必其命，**懔然，悚栗之貌。莫自谓必全其命也。

然而周师至而令不行乎下，不能用其民。是岂令不严、刑不繁也哉？其所以统之者非其道故也。古之兵，戈矛弓矢而已矣，然而敌国不待试而诎；试，用也。诎，服也。**城郭不辨**，辨，治也，或音办。〇郝懿行曰：古无“辦”字，荀书多以“辨”为“辦”。此注音义两得之。**沟池不抇**，“抇”，古“掘”字。史记作“城郭不集，沟池不掘”。文子曰：“无伐树木，无钳坟墓。”钳亦音掘。或曰：“抇”当作“扣”，篆文“扣”字与“抇”字相近，遂误耳。〇卢文弨曰：案甘声之“抇”，不当为古“掘”字。注前一说非，后一说“当作扣”是也。正论篇：“大古薄葬，故不扣乱，今厚葬饰棺，故扣也。”又列子说符篇“俄而抇其谷”，吕览节丧篇“葬浅则狐狸扣之”，皆作“扣”字，知此“抇”字误。**固塞不树，机变不张**，固塞，谓使边境险固，若今之边城也。树，立也。塞，先代反。机变，谓器械变动攻敌也。〇先谦案：说文：“固，四塞也。”周礼掌固注：“固，国所依阻者也。”国曰固，野曰险。此篇“固塞”与“机变”对文，上与“隘阻”对文，强国篇“固塞险，形埶便”，“固塞”与“形埶”对文，皆二字平列，与富国篇云“其塞固”者不同。杨注未了“机变”二字平列，注云“器械变动”，亦未安。**然而国晏然不畏外而明内者，无它故焉**，“内”当为“固”。史记作“晏然不畏外而固”也。〇王念孙曰：此当依史记作“不畏外而固”。今本“而”下有“明”字者，涉下文“明道”而衍。**明道而分钧之**，〇卢文弨曰：史记、外传俱作“均分之”。 王念孙曰：均与钧通。亦当依史记、外传乙转。**时使而诚爱之，下之和上也如影向**，和，胡卧反。**有不由令者然后诛之以刑**。〇王念孙曰：“诛之以刑”，本作“俟之以刑”，此后人不解“俟”字之义而妄改之也。韩诗外传、史记皆作“俟之以刑”，正义训俟为待。王制篇曰“以不善至者待之以刑”，足与此互相证明矣。宥坐篇亦曰：“躬行不从，然后俟之以刑。”（今本“躬行”作“邪民”，辩见宥坐。）**故刑一人而天下服，罪人不邮其上，知罪之在己**

也。是故刑罚省而威流，邮，怨也。流，行也。言通流也。○先谦案：史记"邮"作"尤"，"威流"作"威行如流"。无它故焉，由其道故也。古者帝尧之治天下也，盖杀一人、刑二人而天下治。杀一人，谓殛鲧于羽山。刑二人，谓流共工于幽州，放驩兜于崇山。○郝懿行曰：刑、杀皆未闻，杨注谬。鲧死于殛所，非尧杀之。"殛"，古书本作"极"，极，非杀也。上云"尧伐驩兜，舜伐有苗，禹伐共工"，此等皆不必强解。传曰："威厉而不试，刑错而不用。"此之谓也。厉谓抗举，使人畏之。○王念孙曰：诸书无训厉为抗举者。余谓厉，猛也。（定十二年左传注："厉，猛也。"王制篇曰："威严猛厉。"）错，置也。置，设也。言威虽猛而不试，刑虽设而不用也。宥坐篇"威厉而不试，刑错而不用"，义同。（杨彼注云"厉，抗也，但抗其威而不用也；错，置也，如置物于地不动也"，亦非。错训"设置"之置，与史记周本纪"刑错四十余年"之"错"不同。）

凡人之动也，为赏庆为之则见害伤焉止矣。故赏庆、刑罚、埶诈不足以尽人之力，致人之死。为人主上者也，其所以接下之百姓者无礼义忠信，焉虑率用赏庆、刑罚、埶诈除阸其下，获其功用而已矣。焉虑，无虑，犹言大凡也。除，谓驱逐；阸，谓迫蹙。若秦劫之以埶、隐之以阸、狃之以庆赏之类。"阸"或为"险"也。○王念孙曰：此当作"其所以接下之人百姓者（人百姓，众百姓也。今本无"人"字，乃后人不晓古义而妄删之，说见前"天下之人百姓"下。）无礼义忠信，（句。）焉虑率用赏庆、刑罚、埶诈除阸其下，获其功用而已矣"。焉，语词也。（说见释词。）虑，大凡也。（说见前"虑以王命全其德"下。）"除阸"二字，义不相属。杨以除为驱逐，非也。"除"当为"险"，俗书之误也。（俗书"险"字作"陯"，形与"除"相似。）险与阸同义，冯衍显志赋"悲时俗之险阸"是也。或作"险隘"，楚辞离骚"路幽昧以险隘"是也。杨注"阸或为险"，当作"除或为险"，今作"阸"者，

279

因正文及注内三"阮"字而误。除与险俗书相近，阮与险形声皆相远，以是明之。**大寇则至，使之持危城则必畔，遇敌处战则必北**，北，败走也。北者，乖背之名，故以败走为北也。○卢文弨曰："大寇则至"，元刻"则"字在"至"字下，属下句。　王念孙曰：大寇则至，则者，若也，与下三"则"字异义。又礼论篇"今夫大鸟兽则失亡其群匹"云云，则，亦若也。古或谓若为则，说见释词"则"字下。**劳苦烦辱则必犇**，犇与奔同。**霍焉离耳，下反制其上**。霍焉，犹涣焉也。离散之后则上下易位，若秦、项然。○先谦案：焉，犹然也。上文云："滑然有离德。"又云："涣焉离耳。""涣""霍""滑"三字一声之转。**故赏庆、刑罚、埶诈之为道者，佣徒鬻卖之道也，不足以合大众、美国家，故古之人羞而不道也。故厚德音以先之，明礼义以道之，致忠信以爱之，尚贤使能以次之，爵服庆赏以申之，时其事、轻其任**事，作业。任，力役。**以调齐之，长养之，如保赤子。政令以定，风俗以一，有离俗不顺其上，则百姓莫不敦恶，莫不毒孽，若祓不祥**，敦，厚也。毒，害也。孽，谓袄孽。祓，除之也。○卢文弨曰：方言："谆憎，所疾也。宋、鲁凡相恶谓之谆憎。"此"敦"当与谆同。　王念孙曰：杨说敦恶，礼论篇同，又云"或曰敦读为顿，顿，困踬也"，皆非也。说文："憝，怨也。"广雅："憝，恶也。"康诰"罔不憝"传曰："人无不恶之者。"孟子万章篇引书作"憝"。法言重黎篇"楚憞群策而自屈其力"，李注："憞，恶也。"谆、憞、敦并与憝同。本篇"敦恶"与"毒孽"对文，礼论篇之"敦恶"与"喜乐""哀痛"对文，则敦不得训为厚，亦不得读为"困顿"之"顿"也。卢引方言"谆憎，所疾也，（谆，郭音之润反。）宋、鲁凡相恶谓之谆憎"，谆与敦，亦声之转。**然后刑于是起矣。是大刑之所加也，辱孰大焉？将以为利邪？则大刑加焉，身苟不狂惑戆陋，谁睹是而不改也哉！然后百姓晓然皆知修上之法，**○王念孙曰："修"当为"循"，字之误也。（隶书"循""修"二字，传写往往讹溷，说见<u>管子形势篇</u>。)循，顺也。谓顺上之法也。(<u>说文</u>：
"循，顺行也。"郑注<u>尚书中侯</u>曰："循，顺。")<u>君道篇</u>曰"百姓莫敢不顺
上之法，象上之志而劝上之事，而安乐之矣"，文略与此同，顺与循古
同声而通用也。(<u>大射仪</u>"顺左右隈"，今文"顺"为"循"。<u>庄子天下</u>
<u>篇</u>"己之大顺"，"顺"或作"循"。<u>书大传</u>"三正若循连环"，<u>白虎通义</u>
引此"循"作"顺"。)像上之志而安乐之。于是有能化善、修身、正
行、积礼义、尊道德，于是像之中，更有能自修德者也。百姓莫不贵
敬，莫不亲誉，然后赏于是起矣。是高爵丰禄之所加也，荣孰大
焉？将以为害邪？则高爵丰禄以持养之，持此以养之也。○<u>王念
孙</u>曰："持养"二字平列，持亦养也，非"持此以养之"之谓。<u>臣道篇</u>云
"偷合苟容，以持禄养交而已耳"，<u>管子明法篇</u>云"小臣持禄养交"，<u>晏
子春秋问篇</u>云"仕者持禄，游者养交"，皆以"持禄""养交"对文。<u>荀
子正论</u>又以"持老""养衰"对文。故<u>吕氏春秋异用篇</u>"仁人之得饴，
以养疾持老也"，<u>高</u>注曰："持，亦养也。"(今本"持"误作"侍"。)又<u>劝
学篇</u>云"除其害者以持养之"；<u>荣辱篇</u>云"以相群居，以相持养"；<u>墨子
天志篇</u>云"内有以食饥息劳，持养其万民"；<u>非命篇</u>云"上以事天鬼，下
以持养百姓"；(今本"持"误作"侍"。)<u>吕氏春秋长见篇</u>云"<u>申侯伯</u>善
持养吾意"：亦皆以"持""养"对文。生民之属，孰不愿也？雕雕焉
县贵爵重赏于其前，雕雕，章明之貌。○<u>卢文弨</u>曰：雕雕，犹昭昭也。
县明刑大辱于其后，虽欲无化，能乎哉！故民归之如流水，所存
者神，所为者化存，至也。言所至之处，畏之如神，凡所施为，民皆从
化也。而顺，○<u>卢文弨</u>曰：此上有脱文。下云"为之化而愿"、"为之
化而公"，知此句亦当是"为之化而顺"。其上脱六字或若干字，不可
知矣。 <u>王念孙</u>曰：<u>汪氏中</u>云："'而顺'上疑脱九字。此句与下三句
一类，句末当是'为之化而顺'。因上有化字，遂相承脱去耳。"(见<u>丙
申校本</u>。)<u>卢</u>用<u>汪</u>说而小变其文。 <u>俞樾</u>曰：此句与下二句本一律，多

一"顺"字则不词矣。"而顺"当作"顺而",顺而,犹从而也。顺而暴悍勇力之属为之化而愿,旁辟曲私之属为之化而公,矜纠收缭之属为之化而调,皆承上文"所存者神,所为者化"而言。性恶篇曰"顺是,故争夺生而辞让亡焉","顺是,故残贼生而忠信亡焉","顺是,故淫乱生而礼义文理亡焉",诸"顺"字并与此同,犹言"顺是而暴悍勇力之属皆为之化焉"。因"顺而"讹为"而顺",文义遂不可通,或乃疑其有阙文矣。 先谦案:"化而"二字衍。此文本作"所存者神,所为者顺",文义甚明。后人因孟子"所存者神,所过者化"二语,妄于"者"下加"化"字,传写者缘下文三"化而"句例,复于"化"下加"而"字,本文遂不可通矣。**暴悍勇力之属为之化而愿**,顺,从也。谓好从暴悍勇力之人皆化而愿悫也。**旁辟曲私之属为之化而公**,旁,偏颇也。辟,读为僻。○先谦案:旁辟,犹便辟。"旁""便"双声字。**矜纠收缭之属为之化而调**,矜,谓夸汰。纠,谓好发摘人过者也。收,谓掠美者也。缭,谓缭绕,言委曲也。四者皆鄙陋之人,今被化则调和也。○郝懿行曰:收者,拘也。缭者,绕也。此谓矜严、纠察、拘牵、缴绕之属皆化而调和也。注说收缭,非是。 王念孙曰:案广雅:"矜,急也。"一切经音义卷二十三引广雅曰:"纠,急也。"齐语注曰:"纠,收也。"(纠、收并从丩声,而义亦相同。说文:"纠,绳三合也。"今人犹谓纠绳为收绳。)楚辞九章注曰:"纠,戾也。"缭,谓缭戾也。乡饮酒礼注曰:"缭,犹纱也。"孟子告子篇注曰:"纱,戾也。"矜纠收缭,皆急戾之意,故与调和相反。(暴悍勇力,与愿相反。旁辟曲私,与公相反。矜纠收缭,与调相反。)杨说皆失之。**夫是之谓大化至一**。大化者,皆化也。至一,极一也。**诗曰:"王犹允塞,徐方既来。"此之谓也**。○谢本从卢校作"王猷允塞,徐方其来"。 卢文弨曰:诗,大雅常武之篇,当本有注,脱之耳。宋本作"王犹允塞,徐方既来",与今诗同。今从元刻。君道篇亦作"猷"字。 王念孙曰:案"谋犹"字,诗皆作"犹"。说文有"犹"无"猷"。作"猷"者,隶变耳。俗以"犹"为"犹若"字,"猷"为"谋猷"字,非也。君道篇作"猷"者,亦隶变耳。(宋钱本作"犹"。)"徐方既来",吕、钱本并如是,与今诗同。且君道篇正作"徐方既来",不作"其来"也。元刻不可从。此处杨氏无注者,注已见于君道篇也。(今本君道篇注文全脱。)卢云"注脱",亦非。　先谦案:王说是。今改从宋本。

　　凡兼人者有三术:有以德兼人者,有以力兼人者,有以富兼人者。彼贵我名声,美我德行,欲为我民,故辟门除涂以迎吾入,辟与阖同,开也。除涂,治其道涂也。**因其民,袭其处,而百姓皆安,**因其民之爱悦,袭取其处。皆安,言不惊扰也。○先谦案:袭,亦因也。杨云"袭取其处",非。**立法施令莫不顺比。**比,亲附也。施令则民亲比之。**是故得地而权弥重,兼人而兵俞强,是以德兼人者也。**俞,读为愈,下同。**非贵我名声也,非美我德行也,彼畏我威,劫我埶,**为我埶所劫也。**故民虽有离心,不敢有畔虑,若是,则戎甲俞众,奉养必费,**奉养戎甲,必烦费也。**是故得地而权弥轻,兼人而兵俞弱,是以力兼人者也。非贵我名声也,非美我德行也,用贫求富,用饥求饱,虚腹张口来归我食,若是,则必发夫掌窌之粟以食之,**地藏曰窌。掌窌,主仓廪之官。窌,匹孝反。○王引之曰:"掌",当为"禀"。"禀",古"廪"字也。荣辱篇"有囷窌",杨彼注云:"圜曰囷,方曰廪。"彼言"囷窌",犹此言"禀窌"。禀、窌皆所以藏粟,故云"发禀窌之粟以食之"。若云"发掌窌之粟",则义不可通。隶书"掌",或作"掌",与"禀"略相似,故诸书"禀"字或讹为"掌",说见管子轻重甲篇"一掌"下。**委之财货以富之,立良有司以接之,**立温良之有司以慰接之,惧其畔去也。**已朞三年,然后民可信也,**已,过也。过一朞之后,至于三年,然后新归之民可信,本非慕化故也。○王引之曰:朞者,周也。谓已周三年也。杨注非。　　俞樾曰:杨注迂曲。荀子书多用"綦"字作穷极之义,此"菁"字盖亦"綦"字之误。已綦三年,犹云"已极三年"也。宥坐篇"綦三年而百姓往矣",可证此文之讹。正论篇"期臭味",注曰"期,当为綦",得之矣。

先谦案:俞说是。**是故得地而权弥轻,兼人而国俞贫,是以富兼人者也。故曰:以德兼人者王,以力兼人者弱,以富兼人者贫。古今一也。**

兼并易能也,唯坚凝之难焉。凝,定也。坚固定有地为难。〇卢文弨曰:旧本不提行,今案当分段。**齐能并宋而不能凝也,故魏夺之;燕能并齐而不能凝也,故田单夺之;韩之上地,方数百里,完全富足而趋赵,赵不能凝也,故秦夺之**。上地,上党之地。完全,言城邑也。富足,言府库也。趋,归也,七朱反。史记:秦攻上党,韩不能救,其守冯亭以上党降赵。赵使马服子将兵距秦,秦使白起大破马服于长平,坑四十余万而夺其地,杀戮荡尽。〇卢文弨曰:注"荡",疑作"殆"。**故能并之而不能凝,则必夺;不能并之又不能凝其有,则必亡。能凝之,则必能并之矣。得之则凝,兼并无强**。得其地则能定之,则无有强而不可兼并者也。**古者汤以薄,武王以滈**,薄与亳同,滈与镐同。**皆百里之地也,天下为一,诸侯为臣,无它故焉,能凝之也。故凝士以礼,凝民以政,礼修而士服,政平而民安。士服民安,夫是之谓大凝,以守则固,以征则强,令行禁止,王者之事毕矣。**

荀子卷第十一

强国篇第十六

刑范正，刑与形同。范，法也。刑范，铸剑规模之器也。○郝懿行曰：刑与型同，范与笵同，皆铸作器物之法也。杨注非。金锡美，工冶巧，火齐得，火齐得，谓生孰齐和得宜。考工记云："金有六齐。"齐，才细反。剖刑而莫邪已。剖，开也。莫邪，古之良剑。然而不剥脱，不砥厉，则不可以断绳；剥脱，谓刮去其生涩。砥厉，谓磨淬也。剥脱之，砥厉之，则劙盘盂、刎牛马忽然耳。劙，割也，音戾。劙盘盂，刎牛马，盖古用试剑者也。战国策赵奢谓田单曰："吴干将之剑，肉试则断牛马，金试则截盘盂。"盘、盂，皆铜器。犹刺钟无声及斩牛马者也。忽然，言易也。○卢文弨曰："劙"，宋本作"釃"，元刻作"釃"，皆讹，今改正。彼国者，亦强国之剖刑已。如强国之初开刑也。然而不教诲，不调一，则入不可以守，出不可以战；教诲之，调一之，则兵劲城固，敌国不敢婴也。彼国者亦有砥厉，礼义节奏是也。节奏，有法度也。○先谦案：节奏，包法度在内，不能训节奏为有法度，说见富国篇。故人之命在天，国之命在礼。人君者隆礼尊贤而王，重法爱民而霸，好利多诈而危，权谋、倾覆、幽险而亡。幽深倾险，使下难知,则亡也。○卢文弨曰:正文及注"亡"字上,元刻并有"尽"字,宋本无。

威有三:有道德之威者,有暴察之威者,有狂妄之威者。暴察,谓暴急严察也。此三威者,不可不孰察也。礼乐则修,分义则明,分,谓上下有分。义,谓各得其宜。举错则时,爱利则形,形,见也。爱利人之心见于外也。○郝懿行曰:"形",韩诗外传六作"刑"。刑者,法也。爱人利人皆有法,不为私恩小惠。注云"形,见",非是。如是,百姓贵之如帝,高之如天,帝,天神也。亲之如父母,畏之如神明,故赏不用而民劝,罚不用而威行。夫是之谓道德之威。礼乐则不修,分义则不明,举错则不时,爱利则不形;然而其禁暴也察,其诛不服也审,其刑罚重而信,其诛杀猛而必,申、商之比。黯然而雷击之,如墙厌之。黯然,卒至之貌。说文云:"黯,黑色。"犹暗然。黯,乌感反。厌,读为压。○郝懿行曰:黯与奄同。奄然,猝乍之貌。而与如,古通用。奄然如雷击之,如墙压之,皆言暴察之威所劫。韩诗外传六"黯"作"暗","而"作"如"。 刘台拱曰:韩诗外传作"如雷击之"。此"而"字义亦作"如"。 王念孙曰:古书多以"而""如"互用,而其义则皆为如。小雅都人士篇"彼都人士,垂带而厉。彼君子女,卷发如虿";大戴记卫将军文子篇"满而不满,实如虚,见善如不及";孟子离娄篇"文王视民如伤,望道而未之见",皆其证。如是,百姓劫则致畏,见劫胁之时则畏也。○卢文弨曰:正文"致"字,据宋本补。韩诗外传六亦同。嬴则敖上,稍嬴缓之则敖谩。嬴音盈。○卢文弨曰:俗本"上"字在下句首,今从宋本移正。外传亦同。 郝懿行曰:嬴,犹盈也。此言百姓被威劫胁则气怯而致畏,放纵宽舒则气盈而敖上。嬴与赢同。赢,有余也。有余即弛缓,故注训嬴为缓。执拘则最,得间则散,最,聚也。间,隙也。公羊传曰"会,犹最也",何休曰:"最,聚也。"○郝懿行曰:"最",依字书应作"冣",音才句切,即古"聚"之假借字也。俗作"最",非。韩诗外传六作"聚",是矣。 王引之曰:说文:"冣,积也。"徐锴云:"古以聚物之聚为冣。""冣"与"最"字相似,世人多见"最",少见"冣",故书传中"冣"字皆讹作"最"。韩诗外传作"执拘则聚",即"冣"字也。隐元年公羊传及何注皆本作"冣",今讹作"最",(杨所见本已然。)辩见经义述闻。**敌中则夺**,敌人得中道则夺其国。一曰:中,击也,丁仲反。○俞樾曰:此以民情言,不以敌国言,杨注非是。敌,当读为适,古字通用。论语里仁篇"无適也",释文曰"郑本作敌";礼记玉藻篇"敌者不在",释文曰"敌本作適":并其证也。上文言"劫则致畏,嬴则敖上,执拘则冣,得间则散",并就其一偏者而言之。此云"敌中",谓適乎其中也。既不用道德之威而用暴察之威,適乎其中,则反失其所以为暴察矣,故曰"適中则夺"。下文曰"非劫之以形埶,非振之以诛杀,则无以有其下",正承此文而言,足见杨注之非。**非劫之以形埶,非振之以诛杀,则无以有其下。**振,动。**夫是之谓暴察之威。无爱人之心,无利人之事,而日为乱人之道,百姓讙敖则从而执缚之,刑灼之,不和人心。**讙,喧哗也。敖,喧噪也。亦读为嗷,谓叫呼之声嗷嗷然也,五刀反。**如是,下比周贲溃以离上矣,**贲读为愤,愤然也。民逃其上曰溃。○郝懿行曰:"贲"与"奔",古字通。贲溃,谓奔走溃散而去也。"贲",韩诗外传六作"愤",此作"贲",二义俱通,似不必依彼读愤也。**倾覆灭亡可立而待也。夫是之谓狂妄之威。此三威者,不可不孰察也。道德之威成乎安强,暴察之威成乎危弱,狂妄之威成乎灭亡也。**

公孙子曰:"子发将西伐蔡,克蔡,获蔡侯,公孙子,齐相也,未知其名。后语:孟尝君客有公孙成,岂后为齐相乎?或曰:公孙名忌。子发,楚令尹,未知其姓。战国策庄辛谏楚襄王曰:"蔡圣侯南游乎高陂,北陵乎巫山,左枕幼妾,右拥嬖女,驰骋乎高、蔡之间而不以国家为事,不知夫子发方受命于宣王,系以朱丝而见之。"史记蔡侯齐为楚惠王所灭,庄辛云"宣王",与史记不同。○卢文弨曰:案楚策"左枕"作"左抱"。蔡无圣侯,吴师道谓当作"灵侯"。或者古通称钦?鲍彪云:"昭十一年,楚子诱蔡侯般,杀之于申。经传不书子发,盖使子发召之。楚子,灵王。若宣王,蔡灭八十年矣。淮南道应训'子发伐蔡,逾之,宣王郊迎',人间训又言'获罪威王'者,皆失考也。"今案:鲍、吴之说,以为楚灵王。然诱之与伐,其事不同,阙疑可也。 王念孙曰:蔡在楚北,非在楚西,不得言"西伐蔡"。将,子匠反。"西",当为"而"。言子发将兵而伐蔡也。**归致命曰:'蔡侯奉其社稷而归之楚**,归致命于君,言蔡侯自奉其社稷归楚,非己之功也。**舍属二三子而治其地。'**舍,子发名。属,请也,之欲反。二三子,楚之诸臣也。理其地,谓安辑其民也。子发不欲独擅其功,故请诸臣理其地也。○王念孙曰:古无训属为请者。属,会也。(见孟子梁惠王篇注,左传哀十三年注,齐语、晋语、楚语注。)言会诸臣以治之。 先谦案:正文,宋台州本、谢本作"治",浙局本依注改"理",非。注自避唐讳。**既,楚发其赏**,既,谓论功之后。发,行也。**子发辞曰:'发诫布令而敌退,是主威也;徙举相攻而敌退,是将威也;合战用力而敌退,是众威也。**诫,教也。凡发诫布令而敌退,则是畏其主;徙举相攻而敌退,则是畏其将;合战用力而敌退,则是畏其众也。**臣舍不宜以众威受赏。'**是时合战用力而灭蔡,故曰"众威"。此已上,公孙子美子发之辞也;已下,荀卿之辞也。**讥之曰:"子发之致命也恭,其辞赏也固。**固,陋也。其致命难,其辞赏则固陋,非坦明之道也。**夫尚贤使能,赏有功,罚有罪,非独一人为之也**,自古皆然。**彼先王之道也,一人之本也,善善恶恶之应也**,彼,彼赏罚也。言彼赏罚者,乃先王之道,齐一人之本,善善恶恶之报应也。**治必由之,古今一也。**为治必用赏罚。**古者明王之举大事、立大功也,大事已博,大功**

已立，则君享其成，群臣享其功，_{享，献也。谓受其献也。}士大夫益爵，官人益秩，庶人益禄。_{爵，谓若秦庶长、不更之属。官人，群吏也。庶人，士卒也。秩、禄，皆谓廪食也。}是以为善者劝，为不善者沮，上下一心，三军同力，是以百事成而功名大也。今子发独不然，反先王之道，乱楚国之法，堕兴功之臣，耻受赏之属，_{人皆受赏，子发独辞，是使兴功之臣堕废其志，受赏之属惭耻于心。}无僇乎族党而抑卑其后世，_{夫先祖有宠锡，则子孙扬其功；族党遭刑戮，则后世蒙其耻。今子发自谓无功，则子孙无以称扬，虽无刑戮之耻，而后世亦抑损卑下，无以光荣也。○卢文弨曰：正文"卑其"，宋本作"卑乎"。}案独以为私廉，岂不过甚矣哉！故曰：子发之致命也恭，其辞赏也固。"荀卿子说齐相曰：_{○卢文弨曰：此七字，元刻无，从宋本补。　顾千里曰：宋钱佃本卷末云："监本有七字。"宋吕夏卿本有。疑杨注所见与监本不同，或不止少七字，亦王伯厚所说"监本未必是"之类也。}"处胜人之埶，行胜人之道，天下莫忿，汤、武是也；处胜人之埶，不以胜人之道，_{以，用。}厚于有天下之埶，索为匹夫不可得也，桀、纣是也。然则得胜人之埶者，其不如胜人之道远矣。夫主相者，胜人以埶也，是为是，非为非，能为能，不能为不能，并己之私欲，必以道夫公道通义之可以相兼容者，是胜人之道也。_{并，读曰屏，弃也。屏弃私欲，遵达公义也。}今相国上则得专主，下则得专国，相国之于胜人之埶，亶有之矣。_{亶，读为擅，本亦或作"擅"。或曰：亶，诚也。○王念孙曰：或说是也。本或作"擅"者，借字耳。}然则胡不驱此胜人之埶赴胜人之道，_{驱，谓驾驭之也。或作"讴歌此胜人之埶"，误也。}求仁厚明通之君子而托王焉，_{求贤而托之以王，使辅佐也。}与之参国政，正是非？如是，则国孰敢不为义矣？_{国内皆化之也。}君臣上下，贵贱长少，至于庶人，莫不为义，则天下孰不欲合义矣？_{天下皆来归义也。}贤士愿相国之朝,能士愿相国之官,好利之民莫不愿以齐为归,是一天下也。相国舍是而不为,案直为是世俗之所以为,不为胜人之道,但为胜人之埶。○先谦案:"以"字疑衍。则女主乱之宫,诈臣乱之朝,贪吏乱之官,众庶百姓皆以贪利争夺为俗,曷若是而可以持国乎?今巨楚县吾前,楚在齐南,故曰前。县,联系之也。大燕鳍吾后,燕在齐北,故曰后。鳍,蹴也,藉也。如蹴踏于后。庄子风谓蛇曰:"鳍我必胜我。"本亦作"蹲吾后"也。劲魏钩吾右,西壤之不绝若绳,魏在齐西,故曰右。钩,谓如钩取物也。西壤,齐西界之地。若绳,言细也。楚人则乃有襄贲、开阳以临吾左。襄贲、开阳,楚二邑,在齐之东者也。汉书地理志二县皆属东海郡。贲音肥。○俞樾曰:"乃",疑"又"字之误。上已云"巨楚县吾前",故此云"楚人则又有襄贲、开阳以临吾左"。是一国作谋则三国必起而乘我。一国谋齐,则三国乘其敝。○俞樾曰:"三国"乃"二国"之误。上文止有楚、燕、魏三国,若依此文,则是四国矣,故知其误也。　先谦案:言一国作谋,则三国共起乘我,"三"非"二"之误。如是,则齐必断而为四,三国分齐,则断为四。谓楚取其二,魏、燕各取其一也。三国若假城然耳,言齐如三国之寄城耳,不久当归之也。○俞樾曰:楚虽当齐之二面,要是一国,不当分为二,杨注非也。"四"字疑衍文,当云"齐必断而为三"。其下句则云"国若假城耳",言齐之国若假人之城,不久当归之也。古"四"字作"三",与"三"字混。疑"三"讹为"三",后人校正作"三",传写者遂并存"四三"两字。杨氏不能是正,以"四"字属上读,"三"字属下读,而两句俱不可通矣。　先谦案:议兵篇云"兵殆于垂沙,唐蔑死,庄跷起,楚分而为三四",史记礼书引作"四参",参、三同也。(劝学篇云"君子博学而日参省乎己",群书治要作"三省",是"参""三"同字之证。)据此,荀子本书必有作"四三"者。"三四""四三",总谓国之分裂,不为定数。此文亦言"齐必断而为四三",与议兵篇

"楚分而为四三"同意，"国若假城然耳"自为一句。杨注失其读，俞氏又欲减字以成其义，皆非也。**必为天下大笑。曷若？** 天下必笑其无谋灭亡，问以为何如也。○王念孙曰："曷若"二字，与上下文义不相属，此涉上文"曷若是"而衍。"两者"二字，指上文"胜人之道"与"胜人之埶"而言，则不当有"曷若"二字明矣。杨云"问以为何如也"，此望文生义而曲为之说。**两者孰足为也？** 两者，胜人之道与胜人之埶。一则天下归，一则天下笑，问何者可为也。**夫桀、纣，圣王之后子孙也，有天下者之世也，** 世，谓继也。**执籍之所存，天下之宗室也，** 执，谓国籍之所在也。○王念孙曰：案杨注本作"执位、图籍之所在也"，（礼运"在执者去"，郑注："执，执位也。"是执与位同义。儒效篇"履天子之籍"，杨彼注曰"籍，谓天下之图籍也"，故此注亦曰"执位、图籍之所在"。今本"位"作"谓"，"图"作"国"，则义不可通。又案：杨以籍为图籍，非也。籍，亦位也。儒效篇曰"周公履天子之籍"，又曰"反籍于成王"，是籍与位同义，非谓图籍也。正论篇曰"圣王之子也，有天下之后也，执籍之所在也，天下之宗室也"，文义并与此同。卢云"执籍，谓执力凭籍也"，亦非。（见正论篇。） 先谦案：王室为天下所宗，故云"宗室"。**土地之大，封内千里，人之众数以亿万，** 其数亿万。**俄而天下偶然举去桀、纣而犇汤、武，** 偶然，高举之貌。举，皆也。犇与奔同。**反然举恶桀、纣而贵汤、武，** 反音翻。翻然，改变貌。恶，乌路反。**是何也？夫桀、纣何失而汤、武何得也？** 假设问答。**曰：是无它故焉，桀、纣者，善为人所恶也；而汤、武者，善为人所好也。人之所恶何也？曰：污漫、争夺、贪利是也。** 污漫，谓秽污不修洁也。或曰：漫，谓欺诳也。污，乌路反。漫，莫但反。**人之所好者何也？曰：礼义、辞让、忠信是也。今君人者，辟称比方则欲自并乎汤、武，** 辟，读为譬。称，尺证反。**若其所以统之，则无以异于桀、纣，而求有汤、武之功名可乎？** 统，制治也。**故凡**

得胜者必与人也，凡得人者必与道也。道也者何也？曰：礼让忠信是也。故自四五万而往者强胜，非众之力也，隆在信矣；而往，犹已上也。言有兵四五万已上者，若能崇信，则足以自致强胜，不必更待舆国之众也。若不崇信，虽有舆国之众，犹无益，故曰"非众之力也"。自数百里而往者安固，非大之力也，隆在修政矣。有数百里之地，修政则安固，不必更在广也。荀卿尝言汤、武以百里之地王天下，今言此者，若言常人之理，非论圣人也。〇王念孙曰：政，非"政事"之政，"修政"即"修正"也。（古书通以"政"为"正"。）言必自修自正，然后国家可得而安也。富国篇曰"必先修正其在我者"，王霸篇曰"内不修正其所以有"，皆其证。信，即上所谓"忠信"，对下"陶诞比周"而言；修正，即上所谓"礼义"，对下"污漫突盗"而言。荀子书多言"修正"，作"政"者，借字耳，非修政事之谓也。杨说"修政"二字未了。　先谦案：王说是。儒效篇"平正和民之善"，"平正"即"平政"，王霸篇"立隆政本朝而当"，"隆政"即"隆正"，与此一例。今已有数万之众者也，陶诞、比周以争与；"陶"当为"梼杌"之"梼"。或曰：当为"逃"，谓逃匿其情。与，谓党与之国也。〇先谦案：陶诞，义具荣辱篇。已有数百里之国者也，污漫、突盗以争地。突，谓相凌犯也。然则是弃己之所安强，而争己之所以危弱也，损己之所不足，以重己之所有余，损，减也。重，多也。不足，谓信与政。有余，谓众与地也。若是其悖缪也，而求有汤、武之功名可乎？辟之是犹伏而咶天，救经而引其足也，咶与舐同。经，缢也。救缢而引其足，缢愈急也。〇先谦案：二语与仲尼篇同。说必不行矣，愈务而愈远。为人臣者不恤己行之不行，上行下孟反，下行如字。苟得利而已矣，是渠冲入穴而求利也，渠，大也。渠冲，攻城之大车也。诗曰："临冲闲闲。"韩子曰："奏百。狸首射侯，不当强弩趋发；平城距冲，不若埋内伏橐。"或作"距冲"，盖言可以距石矣。〇卢文弨曰：案所引韩子，见八说篇，云："登降周旋，不逮日中奏百；狸首射侯，不当强弩趋发；平城距冲，不若埋穴伏橐。"所云"日中奏百"，即荀卿议兵篇所谓"魏之武卒，日中而趋百里"是也。"奏百"自属上文，不当连引。内、穴，古多通用，橐、橐互异，疑此"橐"字是与韵协，若不用韵，则疑是"橐"字，与鞴同，吹火韦囊也。管子揆度篇有此字。**是仁人之所羞而不为也。** 屈大就小，务于苟得，故羞而不为也。**故人莫贵乎生，莫乐乎安，所以养生安乐者莫大乎礼义。**〇王念孙曰：案"安乐"当为"乐安"。"养生乐安"与"贵生乐安"并承上"莫贵乎生，莫乐乎安"而言。今本"乐安"二字倒转，则与上下文不合。**人知贵生乐安而弃礼义，辟之是犹欲寿而刎颈也，**"刎"，当为"刿"。〇王念孙曰：案说文"刎"或作"殁"。吕氏春秋高义篇"石渚殁头乎王庭"，"殁头"即"刎头"也。刎、刿皆从勿声，故刎又读为刿。史记循吏传"石奢（即石渚。）自刎而死"，索隐："刎，音亡粉反。"（宋毛晃增修礼部韵略及班马字类皆如是。今本则改"刎"为"刿"，而删去其音矣。）是"刎"字兼有殁、刿二读，无烦改"刎"为"刿"也。**愚莫大焉。故君人者爱民而安，好士而荣，两者无一焉而亡。诗曰：'价人维藩，大师维垣。'此之谓也。"** 诗，大雅版之篇，义已解上。〇卢文弨曰：案今诗作"板"，尔雅释训作"版"，二字古通用也。章怀注后汉书董卓传论、李善注刘孝标辨命论，引诗皆作"上帝版版"。　先谦案：虞、王本作"价人"。

　　力术止，义术行。曷谓也？曰：秦之谓也。 力术，强兵之术。义术，仁义之术。止，谓不能进取霸王也。言用力术则止，用义术则行，发此论以谓秦也。新序："李斯问孙卿曰：'当今之时，为秦奈何？'孙卿曰：'力术止，义术行，秦之谓也。'"〇卢文弨曰：此所引新序，今本脱。　郝懿行曰：强力之术，虽进终止；杖义之术，无往不行。依注引新序，此答李斯之问，为秦发也。**威强乎汤、武，广大乎舜、禹，然**

而忧患不可胜校也，校，计。谡谡然谡，思里反。常恐天下之一合
而轧己也，此所谓力术止也。曷谓乎威强乎**汤**、**武**？○先谦案：
以下文例之，此处当有"曰"字，而今脱之。**汤**、**武也者，乃能使说己
者用耳。**说音悦。○<u>俞樾</u>曰：下"使"字当训从。<u>尔雅释诂</u>："使，从
也。"**今楚父死焉，国举焉，负三王之庙而辟于陈**、**蔡之间，**此<u>楚顷
襄王</u>之时也。父谓<u>怀王</u>，为<u>秦</u>所虏而死也。至二十一年，<u>秦</u>将<u>白起</u>遂
拔我<u>鄢</u>、<u>郢</u>，烧先王墓于<u>夷陵</u>。<u>襄王</u>兵散，遂不复战，东北保<u>陈</u>城庙主
也。辟，如字，谓自屏远也。或曰：读为避。**视可**、**司间，案欲剡其胫
而以蹈秦之腹，**视可，谓观其可伐也。剡，亦斩也。○<u>卢文弨</u>曰：元
刻"伐也"下有"司音伺。间，隙也"六字，<u>宋</u>本无。　<u>王念孙</u>曰：斩胫
以蹈<u>秦</u>之腹，义不可通。<u>玉藻</u>："弁行，剡剡起屦。"（<u>正义</u>："弁，急
也。"）是剡剡为起屦之貌。然则剡其胫以蹈<u>秦</u>之腹，亦谓起其胫以蹈
<u>秦</u>之腹也。<u>汉书贾谊传</u>"剡手以冲雠人之匈"，义与此同。（<u>颜</u>注"剡，
利也"，亦非。）**然而秦使左案左，使右案右，是乃使雠人役也，**<u>秦</u>
能使雠人为之徒役。谓<u>楚襄王</u>七年迎妇于<u>秦</u>城，十五年与<u>秦</u>伐<u>燕</u>，二
十七年复与<u>秦</u>平而入太子质之类也。○先谦案：言<u>秦</u>之役<u>楚</u>，使左则
左，使右则右。此文二"案"字以代"则"字。**此所谓威强乎汤**、**武
也。曷谓广大乎舜**、**禹也？曰：古者百王之一天下、臣诸侯也，
未有过封内千里者也。**封畿之内。**今秦南乃有沙羡与俱，是乃
江南也，**<u>汉书地理志</u>沙羡县属<u>江夏郡</u>。此地俱属<u>秦</u>，是有<u>江南</u>也。○
<u>卢文弨</u>曰：羡音夷。　先谦案：沙羡城在今<u>武昌府江夏县</u>西南。**北与
胡**、**貉为邻，西有巴**、**戎，**巴在西南，戎在西，皆隶属<u>秦</u>。**东在楚者乃
界于齐，**谓东侵土地，所得者乃与<u>齐</u>为界也。**在韩者逾常山乃有临
虑，**<u>汉书地理志</u>临虑，县名，属<u>河内</u>，今属<u>相州</u>也。○<u>卢文弨</u>曰：虑音
庐。　先谦案：地理志作"隆虑"，避后<u>汉殇帝</u>讳改<u>林虑</u>，故城即今<u>彰
德府林县</u>治。<u>林虑</u>以山氏县，即<u>临虑</u>矣。**在魏者乃据围津，即去大**

荀子集解

294

梁百有二十里耳，"圉"，当为"围"。汉书"曹参下修武，度围津"，颜师古曰："在东郡。"岂古名围津，转写为"圉"？或作"韦津"，今有韦城，岂是邪？史记无忌〔一〕谓魏安釐王曰："秦固有怀、茅、邢丘，城垝津以临河内，河内共、汲必危。"垝、围声相近，疑同垝，居委反。**其在赵者剡然有苓而据松柏之塞**，剡然，侵削之貌。苓，地名，未详所在。或曰：苓与灵同。汉书地理志常山郡有灵寿县，今属真定。或曰："苓"当为"卷"。案卷县属河南，非赵地也。松柏之塞，盖赵树松柏，与秦为界，今秦据有之。**负西海而固常山**，负，背也。常山，本赵山，秦今有之。言秦背西海，东向以常山为固也。**是地遍天下也。威动海内，强殆中国**，秦之强能危殆中国。"殆"，或为"治"。○先谦案："治"是"殆"之误字，说见议兵篇。**然而忧患不可胜校也，諰諰然常恐天下之一合而轧己也**，○卢文弨曰：宋本无"然"字，元刻有，与前同。**此所谓广大乎舜、禹也。**○卢文弨曰：此句或疑当在"强殆中国"句下。　王念孙曰：案此汪氏中说也。汪直移此句于上文"强殆中国"下，是也。　俞樾曰：案上文"威强乎汤、武，广大乎舜、禹"相对为文，是于汤、武言"威强"，舜、禹言"广大"。若"威动海内，强殆中国"下接"此所谓广大乎舜、禹也"，则文义错杂矣。汪说非也。"此所谓"句当移在"是地遍天下也"句下。试以上文例之：上文曰"是乃使雠人役也，此所谓威强乎汤、武也"，此文曰"是地遍天下也，此所谓广大乎舜、禹也"，文法正相准。"威动海内，强殆中国"二句，又承"威强乎汤、武"句以起下文。言"威强"不言"广大"者，举一以包其一耳。**然则奈何？曰：节威反文**，节减威强，复用文理。**案用夫端诚信全之君子治天下焉**，全，谓德全。**因与之参国政，正是非，治曲直，听咸阳**，使听咸阳之政。**顺者错之，不顺者而后诛之**，错，置也。

〔一〕　"无"，原本作"朱"，据史记魏世家改。

谓舍而不伐。**若是,则兵不复出于塞外而令行于天下矣;若是,则虽为之筑明堂于塞外而朝诸侯,殆可矣。**明堂,天子布政之宫。"于塞外"三字衍也。以前有"兵不复出于塞外",故误重写此三字耳。殆,庶几也。秦若使贤人为政,虽筑明堂,朝诸侯,庶几可矣。或曰:塞外,境外也。明堂,坛也。谓巡狩至方岳之下,会诸侯,为宫方三百步,四门,坛十有二寻,深四尺,加方明于其上。<u>左氏传</u>"为王宫于<u>践土</u>",亦其类也。或曰:筑明堂于塞外,谓使他国为<u>秦</u>筑帝宫也。<u>战国策韩王</u>谓<u>张仪</u>曰"请比<u>秦</u>郡县,筑帝宫,祠春秋,称东蕃"是也。〇<u>王念孙</u>曰:<u>杨</u>前说是也,后说皆非。**假今之世,益地不如益信之务也。**

　　应侯问孙卿子曰:"入秦何见?"应侯,<u>秦</u>相<u>范雎</u>,封于<u>应</u>也。<u>杜元凯</u>云"<u>应</u>国在<u>襄阳城父县</u>西南"也。〇<u>卢文弨</u>曰:案<u>杜</u>注无"南"字。**孙卿子曰:"其固塞险,形埶便,山林川谷美,**谓多良材及溉灌之利也。**天材之利多,**所出物产多也。**是形胜也。**形,地形,便而物产多,所以为胜。故曰如高屋之上而建瓴水也。**入境,观其风俗,其百姓朴,其声乐不流污,**流,邪淫也。污,浊也。不流污,言清雅也。**其服不挑,**挑,偷也。不为奇异之服。诗序曰"长民者衣服不贰,从容有常,以齐其民,则民德归壹"也。〇<u>卢文弨</u>曰:案<u>周语</u>"郤至佻天",说文引作"挑天",是挑与佻同。**甚畏有司而顺,古之民也。及都邑官府,**及,至也。至县邑之解署。**其百吏肃然莫不恭俭、敦敬、忠信而不楛,古之吏也。**楛音苦,滥恶也。或曰:读为"王事靡盬"之"盬"。盬,不坚固也。**入其国,观其士大夫,出于其门,入于公门,出于公门,归于其家,无有私事也,不比周,不朋党,倜然莫不明通而公也,古之士大夫也。**倜然,高远貌。**观其朝廷,其间听决百事不留、恬然如无治者,古之朝也。**其间,朝退也,古觅反。恬然,安闲貌。如无治者,如都无听治处也。**故四世有胜,非幸也,数也。**是所见也。**故曰:佚而治,约而详,不烦而功,治之至**

也。**秦类之矣**。虽佚而治，虽约而详，虽不烦而有功，古之至治有如此者，今秦似之。**虽然，则有其**，**惧。○卢文弨曰：正文元刻作"则甚有其也"。兼是数具者而尽有之，然而县之以王者之功名，则偶偶然其不及远矣**。县音悬，谓联系。○先谦案：杨训县为联系，非也。县，犹衡也。谓衡之以王者之功名则不及也。荀书或言"县衡"，或单言"县"，单言"衡"，其义并同。王霸篇云"礼之所以正国也，譬犹衡之于轻重也"，君道篇云"轻不得以县重"，是县犹衡也。君道篇又云"衡石称县者，所以为平也"；礼论篇云"衡诚县矣，则不可欺以轻重"；正名篇云"衡不正则重县于仰而人以为轻，轻县于俛而人以为重"；解蔽篇云"圣人兼陈万物而中县衡焉，是以众异不得相蔽"：皆"县""衡"连言。王制篇云"名声未足以县天下也"；王霸篇云"以是县天下，一四海"；正论篇云"圣人备道全美，是县天下之权称也"；又云"圣王没，有埶籍者罢，不足以县天下"。所谓"县天下"者，王者在上，能为天下持平如县衡然。荀书明言"县天下之权称"，是县天下即谓县衡天下。杨训县为系，亦非也。汉书邹阳传"臣闻秦倚曲台之宫，县衡天下"，正用荀书"县天下"义。**是何也？则其殆无儒邪！故曰：粹而王**，粹，谓全用儒道。**驳而霸，无一焉而亡。此亦秦之所短也。"**

　　积微，月不胜日，时不胜月，岁不胜时。积微细之事，月不如日。言常须日日留心于庶事，不可怠忽也。**凡人好敖慢小事，大事至然后兴之务之，如是则常不胜夫敦比于小事者矣**。敦比，精审躬亲之谓。○郝懿行曰：敦，读如堆。敦比者，敦迫比近，丛集于前也。注似未了。　先谦案：敦比，治也，义具荣辱篇。**是何也？则小事之至也数，其县日也博，其为积也大**；数音朔。博，谓所县系时日多也。大，谓积小以成大，若蚁蛭然也。**大事之至也希，其县日也浅，其为积也小**。时日既浅，则所积亦少也。**故善日者王，善时者霸**，

补漏者危,大荒者亡。善谓爱惜,不怠弃也。补漏,谓不能积功累业,至于敝漏然后补之。大荒,谓都荒废不治也。**故王者敬日、**敬,谓不敢慢也。故曰"吉人为善,惟日不足"。**霸者敬时,**动作皆不失时。或曰:时变则惧治之不立也。**仅存之国危而后戚之,**戚,忧。**亡国至亡而后知亡,至死而后知死,**亡国之祸败不可胜悔也。所悔之事不可胜举,言多甚也。**霸者之善著焉,可以时托也,**霸者其善明著,以其所托不失时也。〇俞樾曰:"托"乃"记"字之讹。言霸者之善所以明著者,以其可以时记也。下文云"王者之功名不可胜日志也",正王者敬日、霸者敬时之意。记、志义同,"记"讹作"托",则"时托"与"日志"不伦矣。**王者之功名不可胜日志也。**日记识其政事,故能功名不可胜数。〇王念孙曰:玩杨注,则正文"不可胜"下当有"数"字。 俞樾曰:"日志也"上亦当有"可以"二字,与"可以时记也"一例。**财物货宝以大为重,政教功名反是,能积微者速成。诗曰:"德辎如毛,民鲜克举之。"此之谓也。**诗,大雅烝民之篇。辎,轻也。引之以明积微至著之功。**凡奸人之所以起者,以上之不贵义、不敬义也。**上行下效。**夫义者,所以限禁人之为恶与奸者也。**今上不贵义,不敬义,如是,则下之人百姓皆有弃义之志,而有趋奸之心矣,此奸人之所以起也。**且上者,下之师也,夫下之和上,**譬之犹响之应声、影之像形也。**故为人上者不可不顺也。**不可不顺义。或曰:当为"慎"。**夫义者,内节于人而外节于万物者也,**节,即谓限禁也。〇俞樾曰:节,犹适也。吕氏春秋重己篇"故圣人必先适欲",高注曰:"适,犹节也。"然则节亦犹适矣。管子禁藏篇"故圣人之制事也,能节宫室、适车舆以实藏",是节与适同义。下文曰"上安于主而下调于民者也",训节为适,则与"调""安"相近。杨注非是。**上安于主而下调于民者也。**得其节则上安而下调也。**内外上下节者,义之情也。**义之情皆在得其节。**然则凡为天下之**

荀子集解

要，义为本而信次之。古者禹、汤本义务信而天下治，桀、纣弃义倍信而天下乱，故为人上者必将慎礼义、务忠信然后可。此君人者之大本也。“慎”，或为“顺”。

堂上不粪，则郊草不瞻旷芸；旷，空也。空，谓无草也。芸，谓有草可芸锄也。堂上犹未粪除，则不暇瞻视郊野之草有无也。言近者未理，不暇及远。鲁连子谓田巴曰：“堂上不粪者郊草不芸也。”○郝懿行曰：“粪”者，“坌”之假借，隶变作“拚”。少仪曰：“埽席前曰拚。”经典俱通作“粪”。　王念孙曰：此言事当先其所急，后其所缓，故堂上不粪除，则不暇芸野草也。“芸”上不当有“瞻旷”二字，不知何处脱文阑入此句中也。据杨注引鲁连子“堂上不粪者郊草不芸也”，无“瞻旷”二字，即其证。杨注又曰“堂上犹未粪除，则不暇瞻视郊野之草有无也”，此则不得其解而曲为之说。白刃扞乎胸，则目不见流矢；扞，蔽也。扞蔽于胸，谓见斩刺也。惧白刃之甚，不暇忧流矢也。○王念孙曰：案扞蔽非斩刺之义，杨说非也。扞之言干也。干，犯也。谓白刃犯胸，则不暇顾流矢也。史记游侠传“扞当世之文罔”，谓犯法也。汉书董仲舒传“抵冒殊扞”，文颖曰：“扞，突也。”突，亦犯也。拔戟加乎首，则十指不辞断。言不惜十指而救首也。“拔”，或作“校”，或作“枝”。○郝懿行曰：拔，读如少仪“毋拔来”之拔，郑注：“拔，疾也。”释文：“拔，王本作校。”然则此注“拔或作校”亦可；注又云“或作枝”，则非。古无枝戟之名。非不以此为务也，疾养缓急之有相先者也。疾，痛也。养与痒同。言非不以郊草、流矢、十指为务，痛痒缓急有所先救者也。言此者，明人君当先务礼义，然后及它事也。

天论篇第十七

天行有常，天自有常行之道也。〇俞樾曰：尔雅释宫："行，道也。"天行有常，即天道有常，杨注"天自有常行之道"，则"道"字反为增出矣。**不为尧存，不为桀亡。应之以治则吉，应之以乱则凶。**吉凶由人，非天爱尧而恶桀也。**强本而节用，则天不能贫**；本，谓农桑。**养备而动时，则天不能病**；养备，谓使人衣食足。动时，谓劝人勤力，不失时，亦不使劳苦也。养生既备，动作以时，则疾疹不作也。**修道而不贰，则天不能祸。**贰，即倍也。〇王念孙曰：案"修"当为"循"，字之误也。（隶书"循""修"相似，说见管子形势篇。）循，顺也。"贰"当为"贷"，亦字之误也。（凡经传中"贷"字多误作"贰"，说见管子势篇。）贷与忒同。（管子正篇"如四时之不贷"，史记宋世家"二术贷"，并以"贷"为"忒"。字本作"忒"，又作"貣"，说见管子势篇。又作"愿"、作"匿"，说见后"匿则大惑"下。）忒，差也。言所行皆顺乎道而不差，则天不能祸也。下文曰"倍道而妄行，则天不能使之吉"，正与此相反。今本"循"作"修"，"贷"作"贰"，则非其旨矣。杨不知"贰"为"贷"之误，又见下文言"倍道妄行"，遂释之曰"贰即倍也"，此望下文生义，而非本句之旨。群书治要作"循道而不忒"，足正杨本之误。又礼论篇"万物变而不乱，贰之则丧也"，"贰"亦当为"贷"。贷，差也。言礼能治万变而不乱，若于礼有所差忒，则必失之也。大戴记礼三本篇作"贷之则丧",是其证。(贷见上注。)杨云"贰谓不一",亦失之。又解蔽篇"心枝则无知,倾则不精,贰则疑惑","贰"亦当为"贰",言差忒则生疑惑也。贰则疑惑,犹天论篇言"匮则大惑"也。(匮与慝、忒通,说见"匮则大惑"下。)彼以"中""从"为韵,"畸""为"为韵,"匮""惑"为韵,此以"枝""知"为韵,"倾""精"为韵,"贰""惑"为韵。忒、贰、慝、匮并通,故"贰""匮"并与"惑"为韵,"贰"则非韵矣。(贰从弋声,于古音属之部;贰从弍声,于古音属脂部。)**故水旱不能使之饥渴,寒暑不能使之疾,祅怪不能使之凶。**畜积有素,故水旱不能使之饥渴。既无饥寒之患,则疫疠所不能加之也。○刘台拱曰:"渴"字衍,"饥"当作"饑"。此承上文而言:强本节用,故水旱不能使之饑;养备动时,故寒暑不能使之疾;修道不贰,故祅怪不能使之凶。 王念孙曰:案群书治要无"渴"字。下文"水旱未至而饥",亦无"渴"字。注内"渴"字,亦后人据已衍之正文加之。**本荒而用侈,则天不能使之富;养略而动罕,则天不能使之全;**略,减少也。罕,希也。养略,谓使人衣食不足也。动希,言怠惰也。衣食减少而又怠惰,则天不能全也。○俞樾曰:上云"养备而动时,则天不能病","备"与"略"义正相对,"时"与"罕"则不伦矣。"罕",疑"屰"字之误,"屰",即今"逆"字。说文干部:"屰,不顺也。"辵部:"逆,迎也。"是"逆"为"送逆"字,其"顺逆"字本作"屰"也。"养略而动屰",正与"养备而动时"相对成义。**倍道而妄行,则天不能使之吉。故水旱未至而饥,寒暑未薄而疾,**薄,迫也,音博。**祅怪未至而凶。**○王念孙曰:"未至"二字,与上文复。群书治要"至"作"生",是也。下文"祅是生于乱"即其证。"生""至"字相似,又涉上文"未至"而误。**受时与治世同,而殃祸与治世异,不可以怨天,其道然也。**非天降灾,人自使然。**故明于天人之分,则可谓至人矣。**知在人不在天,斯为至人。**不为而成,不求而得,夫是之谓天职。**不为而成,不求

301

而得,四时行焉,百物生焉,天之职任如此,岂爱憎于<u>尧</u>、<u>桀</u>之间乎? **如是者,虽深,其人不加虑焉;虽大,不加能焉;虽精,不加察焉:夫是之谓不与天争职。** 其人,至人也。言天道虽深远,至人曾不措意测度焉,以其无益于理。若措其在人者,慕其在天者,是争职也。<u>庄子</u>曰"六合之外,圣人存而不论"也。**天有其时,地有其财,人有其治,夫是之谓能参。** 人能治天时地财而用之,则是参于天地。**舍其所以参而愿其所参,则惑矣。** 舍人事而欲知天意,斯惑矣。**列星随旋,日月递炤,四时代御,阴阳大化,风雨博施,** 列星,有列位者,二十八宿也。随旋,相随回旋也。炤与照同。阴阳大化,谓寒暑变化万物也。博施,谓广博施行,无不被也。**万物各得其和以生,各得其养以成,不见其事而见其功,夫是之谓神。** 和,谓和气。养,谓风雨。不见和养之事,但见成功,斯所以为神,若有真宰然也。**皆知其所以成,莫知其无形,夫是之谓天。** 言天道之难知。或曰:当为"夫是之谓天功",脱"功"字耳。〇<u>王念孙</u>曰:或说是也。人功有形而天功无形,故曰"莫知其无形,夫是之谓天功"。"天功"二字,下文凡三见。**唯圣人为不求知天。** 既天道难测,故圣人但修人事,不务役虑于知天也。**天职既立,天功既成,形具而神生,好恶、喜怒、哀乐臧焉,夫是之谓天情。** 言人之身亦天职、天功所成立也。形,谓百骸九窍。神,谓精魂。天情,所受于天之情也。**耳目鼻口形能,各有接而不相能也,夫是之谓天官。** 耳辨声,目辨色,鼻辨臭,口辨味,形辨寒热疾痒。其所能皆可以接物而不能互相为用。官,犹任也。言天之所付任有如此也。〇<u>王念孙</u>曰:杨以"耳目鼻口形"连读,而以"能"字属下读,于义未安。余谓"形能"当连读,能读为态。<u>楚辞招魂</u>注曰:"态,姿也。"形态,即形也。言耳目鼻口形态各与物接而不能互相为用也。古字"能"与"耐"通,(说详<u>唐韵正</u>。)故亦与"态"通。<u>楚辞九章</u>"固庸态也",<u>论衡累害篇</u>"态"作"能"。<u>汉书司马相如传</u>"君子之态",史记作"能"。(徐广本如是,今本作"态",非。)易林"无妄之贵,女工多能,乱我政事","能"即"态"字也。(多态谓淫巧。)故以"形能"连文。正名篇以"耳目口鼻"与"形体"并列,彼言"形体",犹此言"形态"。**心居中虚以治五官,夫是之谓天君。**心居于中空虚之地,以制耳目鼻口形之五官,是天使为形体之君也。**财非其类,以养其类,夫是之谓天养。**财与裁同。饮食衣服与人异类,裁而用之,可使养口腹形体,故曰"裁非其类,以养其类",是天使奉养之道如此也。**顺其类者谓之福,逆其类者谓之祸,夫是之谓天政。**顺其类,谓能裁者也。逆其类,谓不能裁者也。天政,言如赏罚之政令。自"天职既立"已上,并论天所置立之事;已下,论逆天、顺天之事在人所为也。**暗其天君,**昏乱其心。**乱其天官,**声色臭味过度。**弃其天养,**不能务本节用。**逆其天政,**不能养其类也。**背其天情,**好恶、喜怒、哀乐无节。**以丧天功,**丧其生成之天功,使不蕃滋也。**夫是之谓大凶。**此皆言不修政违天之祸。**圣人清其天君,正其天官,备其天养,顺其天政,养其天情,以全其天功。如是,则知其所为,知其所不为矣,**知务导达,不攻异端。**则天地官而万物役矣。**言圣人自修政则可以任天地、役万物也。**其行曲治,其养曲适,其生不伤,夫是之谓知天。**其所自修行之政,曲尽其治;其所养人之术,曲尽其适;其生长万物,无所伤害:是谓知天也。言明于人事则知天物,其要则曲尽也。**故大巧在所不为,大智在所不虑。**此明不务知天,是乃知天也。亦犹大巧在所不为,如天地之成万物也,若偏有所为,则其巧小矣;大智在所不虑,如圣人无为而治也,若偏有所虑,则其智窄矣。**所志于天者,已其见象之可以期者矣;**志,记识也。圣人虽不务知天,犹有记识以助治道。所以记识于天者,其见垂象之文,可以知其节候者是也。谓若尧"命羲和,钦若昊天,历象日月星辰,敬授人时"者也。○俞樾曰:礼记缁衣篇曰"为上可望而知也,为下可述而志也",郑注:"志,犹知也。"所志于天者,即所知于天者。下文"志于地"、"志于四时"、"志于阴阳",并同。此即承上文"知其所为,知其所不为"而言。杨训志为记识,非。**所志于地者,已其见宜之可以息者矣**;所以记识于地者,其见土宜可以蕃息嘉谷者是也。**所志于四时者,已其见数之可以事者矣**;数,谓春作夏长,秋敛冬臧,必然之数。事,谓顺时理其事也。所记识于四时者,取顺时之数而令生长收臧者也。**所志于阴阳者,已其见知之可以治者矣**。知,谓知其生杀也。所以记识阴阳者,为知其生杀,效之为赏罚以治之也。"知"或为"和"。○王念孙曰:作"和"者是也。上文云"阴阳大化","万物各得其和以生",是其证。阴阳见其和而圣人法之以为治,故曰"所志于阴阳者,以其见和之可以治者矣"。"和"与"知"字相似而误。杨前注谓"知其生杀,而效之为赏罚以治之",此曲说也。**官人守天而自为守道也**。官人,任人。欲任人守天,在于自守道也。皆明不务知天之义也。

　　治乱天邪?曰:日月、星辰、瑞历,是禹、桀之所同也,或曰:当时星辰书之名也。○郝懿行曰:尧典"历象日月星辰",此"瑞历"即"历象"也。象谓璇、玑、玉衡,神其器,故言瑞。**禹以治,桀以乱,治乱非天也。时邪?曰:繁启蕃长于春夏**,繁,多也。蕃,茂也。**畜积收臧于秋冬,是又禹、桀之所同也,禹以治,桀以乱,治乱非时也。地邪?曰:得地则生,失地则死,是又禹、桀之所同也,禹以治,桀以乱,治乱非地也**。皆言在人,不在天地与时也。**诗曰:"天作高山,大王荒之,彼作矣,文王康之。"此之谓也**。诗,周颂天作之篇。引此以明吉凶由人,如大王之能尊大岐山也。

　　天不为人之恶寒也辍冬,地不为人之恶辽远也辍广,君子不为小人匈匈也辍行。匈匈,喧哗之声,与讻同,音凶,又许用反。行,下孟反。○卢文弨曰:三"辍"字上,俗间本皆有"而"字,宋本无。

先谦案："小人"下，群书治要有"之"字。以上文例之，有"之"字是也。文选答客难用此文，亦有"之"字。**天有常道矣，地有常数矣，君子有常体矣。君子道其常而小人计其功。**道，言也。君子常造次必守其道，小人则计一时之功利，因物而迁之也。**诗曰："何恤人之言兮！"此之谓也。**逸诗也。以言苟守道不违，何畏人之言也。○俞樾曰："何恤"上本有"礼义之不愆"五字，而今夺之。文选答客难篇："传曰：'天不为人之恶寒而辍其冬，地不为人之恶险而辍其广，君子不为小人之匈匈而易其行。天有常度，地有常形，君子有常行。君子道其常，小人计其功。诗云："礼义之不愆，何恤人之言！"'"李善注曰："皆孙卿子文。"是其证也。正名篇引此诗曰"礼义之不愆兮，何恤人之言兮"，亦其证也。

楚王后车千乘，非知也；君子啜菽饮水，非愚也：是节然也。节，谓所遇之时命也。○刘台拱曰：正名篇："节遇谓之命。" 俞樾曰：节，犹适也，说详强国篇。是节然也，犹曰"是其适然者也"。刘引正名篇"节遇谓之命"释之，"节遇"之"节"亦当训适，适与之遇，所谓命也。杨注并非。又大略篇"汤旱而祷曰'政不节与'"，节亦适也，谓不调适。**若夫心意修，**○王念孙曰："心意"当为"志意"，字之误也。荀子书皆言"志意修"，无言"心意修"者。修身篇曰"志意修则骄富贵"，富国篇曰"修志意，正身行"，皆其证。又荣辱篇曰"志意致修，德行致厚，智虑致明"，正论篇曰"志意修，德行厚，知虑明"，皆与此文同一例，尤其明证。**德行厚，知虑明，生于今而志乎古，则是其在我者也。故君子敬其在己者，**○俞樾曰："敬"，当为"苟"。说文苟部："苟，自急敕也。"经典通作"亟"。尔雅释诂"亟，疾也"，释文曰"字又作苟"是也。君子苟其在己者，犹云"君子急其在己者"，正与"小人错其在己者"相对成义。学者罕见"苟"字，因误为"敬"耳。**而不慕其在天者；**在天，谓富贵也。**小人错其在己者，而慕其在天者。**错，

305

置。**君子敬其在己者而不慕其在天者，是以日进也**；求己而不苟，故日进。**小人错其在己者而慕其在天者，是以日退也。**望徼幸而不求己，故日退也。**故君子之所以日进与小人之所以日退，一也。**皆有慕有不慕。**君子小人之所以相县者在此耳。**

星队、木鸣，国人皆恐。○俞樾曰：木不能鸣，或因风而鸣，人亦不恐，而此云然者，盖古有"社鸣"之说。文选运命论"里社鸣而圣人出"，李善注引春秋潜潭巴曰："里社明，此里有圣人出。其响，百姓归，天辟亡。""明"与"鸣"，古字通。所谓"社鸣"者，社必树其土所宜木，故古文"社"从木作"袿"，社鸣，实即其木鸣也。古人盖甚畏之，故荀子以"星队、木鸣"并言也。**曰：是何也？曰：无何也，**假设问答。无何也，言不足忧也。**是天地之变、阴阳之化、物之罕至者也，**星队，天地之变。木鸣，阴阳之化。罕，希也。**怪之可也，而畏之非也。**以其罕至，谓之怪异则可，因遂畏惧则非。**夫日月之有蚀，风雨之不时，怪星之党见，**党见，频见也，言如朋党之多。见，贤遍反。○郝懿行曰：党，宜训朗，出方言注，不谓朋党也。韩诗外传二"党"作"昼"，于义为长。杨注望文生训耳。　王念孙曰：杨说甚迂，且训党为频，于古无据。惠氏定宇九经古义曰："党见，犹所见也。"训党为所，虽据公羊注，然"怪星之所见"殊为不词。余谓"党"，古"傥"字，傥者或然之词。"怪星之党见"，与"日月之有蚀，风雨之不时"对文，谓怪星之或见也。庄子缮性篇"物之傥来寄也"，释文："傥，崔本作党。"史记淮阴侯传"恐其党不就"，汉书伍被传"党可以徼幸"，党并与傥同。韩诗外传作"怪星之昼见"，"昼"字恐是后人所改。群书治要引此正作"怪星之傥见"。**是无世而不常有之。**○先谦案：群书治要"常"作"尝"，是也。**上明而政平，则是虽并世起，无伤也**；并世起，谓一世之中并起也。**上暗而政险，则是虽无一至者，无益也。夫星之队，木之鸣，是天地之变、阴阳之化、物之罕至者也，怪之**

荀子集解

306

可也,而畏之非也。**物之已至者,人祆则可畏也。**物之既至可畏,谓在人之祆也。**楛耕伤稼,耘耨失薉,政险失民,**楛耕,谓粗恶不精也。失薉,谓耘耨失时,使秽也。政险,威虐也。薉与秽同。〇卢文弨曰:"耘耨失薉",韩诗外传二作"枯耘伤岁",枯与楛同,疑是也。此处句法不一律,注强为之说,颇难通。 郝懿行曰:"耘耨失薉",韩诗外传二作"枯耘伤岁",与上句相俪,是也。此盖转写之讹,不成文义。 王念孙曰:卢说是也。"楛耘失岁",上对"楛耕伤稼",下对"政险失民"。今本作"耘耨失薉",则文不成义。"岁"之为"薉",乃涉下文"田薉稼恶"而误,而杨所见本已然,故强为之说而不可通。**田薉稼恶,籴贵民饥,道路有死人,夫是之谓人祆。政令不明,举错不时,本事不理,夫是之谓人祆。**举,谓起兵动众。错,谓怀安失于事机也。本事,农桑之事也。**礼义不修,内外无别,男女淫乱,则父子相疑,上下乖离,**〇王念孙曰:案"内外无别"二句为一类,"父子相疑"二句为一类,"父子"上不当有"则"字。群书治要无"则"字,韩诗外传亦无。**寇难并至,夫是之谓人祆。**〇先谦案:群书治要三"谓人祆"下并有"也"字,下"无安国"下有"矣"字,"弃而不治"下有"也"字。**祆是生于乱,三者错,无安国。**三者,三人祆也。错,置也。置此三祆于中,国则无有安也。〇王念孙曰:错,交错也。(说文作"遪",云:"遪,遭也。")言此三祆交错于国中,则国必危也。杨读错为"措置"之"措",失之。**其说甚尔,其菑甚惨。**尔,近也。三人祆之说,比星队、木鸣为浅近,然其灾害人则甚惨毒也。**勉力不时,则牛马相生,六畜作祆,**勉力,力役也,不时则人多怨旷,其气所感,故生非其类也。〇卢文弨曰:宋本此段在"礼义不修"之上,注首有"此三句,直承'其菑甚惨'之下"十一字,然后接以"勉力,力役也"云云。

王念孙曰:案吕本所载正文,此三句本在上文"礼义不修"之上。勉力不时则牛马相生,六畜作祆,此是祆由人兴,故曰"祆是生于乱"。

自<u>钱</u>本始依<u>杨</u>注移置于下文"可怪也,而不可畏也"之上,(<u>杨</u>注"勉力不时"三句云:"此三句直承'其菑甚惨'之下。"注"可怪也"二句云:"此二句承'六畜作袄'之下。")且删去<u>杨</u>注,而各本及<u>卢</u>本从之,谬矣。今录<u>吕</u>本原文于左:"星队、木鸣,国人皆恐。曰:是何也?曰:无何也。是天地之变、阴阳之化、物之罕至者也,怪之可也,而畏之非也。夫日月之有蚀,风雨之不时,怪星之党见,是无世而不常有之。上明而政平,则是虽并世起,无伤也;上暗而政险,则是虽无一至者,无益也。夫星之队、木之鸣,是天地之变、阴阳之化、物之罕至者也,怪之可也,而畏之非也。物之已至者,人袄则可畏也。楛耕伤稼,耘耨失薉,政险失民,田薉稼恶,籴贵民饥,道路有死人,夫是之谓人袄。政令不明,举

荀子集解

错不时,本事不理,夫是之谓人袄。(案此句当在下文"六畜作袄"之下,乃总上之词。今倒在"勉力不时"之上,则文义不顺。"政令不明,举错不时,本事不理,勉力不时"四句相连,"牛马相生"二句乃总承此四句而言,非专承"勉力不时"而言。)勉力不时,则牛马相生,六畜作袄;礼义不修,内外无别,男女淫乱,则父子相疑,上下乖离,寇难并至,夫是之谓人袄。袄是生于乱,三者错,无安邦。其说甚尔,其菑甚惨,可怪也,而不可畏也。"("不可畏也",当作"亦可畏也"。盖星队、木鸣乃天地之变,阴阳之化,非人事之所招,故曰"怪之可也,而畏之非也"。若牛马相生,六畜作袄,则政乱之所致,所谓人袄也。其说甚迩,其菑甚惨,可怪也,而亦可畏矣。上文云"物之已至者,人袄则可畏也",正与此句相应;若作"不可畏",则与上文相反矣。<u>杨</u>不知"不"为"亦"之误,故欲颠倒其文耳。<u>外传</u>曰:"星队、木鸣,国人皆恐,何也?曰:是天地之变、阴阳之化、物之罕至者也,怪之可也,畏之非也。夫日月之薄蚀,怪星之昼见,风雨之不时,是无世而不尝有也。上明政平,是虽并至,无伤也;上暗政险,是虽无一至,无益也。夫万物之有灾,人妖最可畏也。曰:何谓人妖?曰:枯耕伤稼,枯耘伤岁,政险失民,田秽稼恶,籴贵民饥,道有死人,寇贼并起,上下乖离,邻人相暴,对

门相盗，礼义不循，牛马相生，六畜作妖，臣下杀上，父子相疑，是谓人妖，是生于乱。"案此文与荀子略同。"牛马相生，六畜作妖"在"是谓人妖"之上，是"牛马相生"二句乃人妖也。然则荀子原文本作"政令不明，举错不时，本事不理，勉力不时，则牛马相生，六畜作妖，夫是之谓人妖"明矣。）**可怪也，而不可畏也。**○卢文弨曰：宋本有注云"此二句承'六畜作祆'之下，盖录之时错乱迷误，失其次也"，共二十二字。元刻已如其说移正，故尽删去。**传曰："万物之怪，书不说。**书，谓六经也。可以劝戒则明之，不务广说万物之怪也。**无用之辩，不急之察，弃而不治。"若夫君臣之义，父子之亲，夫妇之别，则日切瑳而不舍也。**○郝懿行曰：切瑳，言务学也。韩诗外传二云"夫子之门内，切瑳以孝"，与此义合。"瑳"，古作"瑳"，今作"磋"。

　　雩而雨，何也？曰：无何也，犹不雩而雨也。雩，求雨之祷也。或者问：岁旱，雩则得雨，此何祥也？对以与不雩而雨同，明非求而得也。周礼司巫"国大旱，则率巫而舞雩"也。**日月食而救之，天旱而雩，卜筮然后决大事，非以为得求也，以文之也。**得求，得所求也。言为此以示急于灾害，顺人之意，以文饰政事而已。**故君子以为文，而百姓以为神。以为文则吉，以为神则凶也。**顺人之情，以为文饰，则无害；淫祀求福，则凶也。

　　在天者莫明于日月，在地者莫明于水火，在物者莫明于珠玉，在人者莫明于礼义。故日月不高，则光晖不赫；水火不积，则晖润不博；珠玉不睹乎外，则王公不以为宝；○王念孙曰："不睹乎外"四字，文义不明，"睹"当为"睹"。说文："睹，旦明也，从日，者声。"玉篇："丁古切。"睹之言著也。上言"日月不高则光辉不赫，水火不积则辉润不博"，则此言"珠玉睹乎外"，亦谓其光采之著乎外，故上文云"在物者莫明于珠玉"也。世人多见"睹"，少见"睹"，故"睹"误为"睹"。夏小正传"盖阳气且睹也"，今本"且睹"作"旦睹"，误与此同。礼义不加于国家,则功名不白。故人之命在天,国之命在礼。君人者隆礼尊贤而王,重法爱民而霸,好利多诈而危,权谋、倾覆、幽险而尽亡矣。幽险,谓隐匿其情而凶虐难测也。权谋、多诈、幽险三者,尽亡之道也。○先谦案:"尽"字无义,衍文也。强国篇四语与此同,无"尽"字。大天而思之,孰与物畜而制之?尊大天而思慕之,欲其丰富,孰与使物畜积而我裁制之也。○王念孙曰:"物畜而制之","制"当为"裁"。"思""裁"为韵,"颂""用"为韵,"待""使"为韵,"多""化"为韵。"思""裁"二字,于古音并属之部,"制"字于古音属祭部,不得与"思"为韵也。又案:杨注云"使物畜积而我裁制之",此释正文"物畜而裁之"也。正文作"裁之",而注言"裁制之"者,加一"制"字以申明其义耳。今正文作"制之",即因注内"制之"而误。从天而颂之,孰与制天命而用之?颂者,美盛德也。从天而美其盛德,岂如制裁天之所命而我用之?谓若曲者为轮,直者为桷,任材而用也。望时而待之,孰与应时而使之?望时而待,谓若农夫之望岁也,孰与应春生夏长之候,使不失时也?因物而多之,孰与骋能而化之?因物之自多,不如骋其智能而化之使多也。若后稷之播种然也。思物而物之,孰与理物而勿失之也?思得万物以为己物,孰与理物皆得其宜,不使有所失丧?愿于物之所以生,孰与有物之所以成?故错人而思天,则失万物之情。物之生虽在天,成之则在人也。此皆言理平丰富,在人所为,不在天也。若废人而妄思天,虽劳心苦思,犹无益也。

　　百王之无变,足以为道贯。无变,不易也。百王不易者,谓礼也。言礼可以为道之条贯也。一废一起,应之以贯,虽质文废起时有不同,然其要归以礼为条贯。论语:"孔子曰:'殷因于夏礼,所损益可知也;周因于殷礼,所损益可知也;其或继周者,虽百代可知也。"理贯不乱。知礼则其条贯不乱也。不知贯,不知应变,不知以礼为条贯,则不能应变。言必差错而乱也。〇郝懿行曰:逸诗云"九变复贯,知言之选",盖苟此语所本。上云"百王之无变,足以为道贯",道即礼也。**贯之大体未尝亡也。乱生其差,治尽其详。**差,谬也。所以乱者,生于条贯差谬;所以治者,在于精详也。**故道之所善,中则可从,畸则不可为,匿则大惑。**畸者,不偶之名,谓偏也。道之所善,得中则从,偏侧则不可为。匿,谓隐匿其情。礼者,明示人者也,若隐匿,则大惑。畸音羁。〇王念孙曰:隐匿与大惑,义不相属,杨曲为之说,非也。匿与慝同。(逸周书大戒篇"克禁淫谋,众匿乃雍",管子七法篇"百匿伤上威",并以"匿"为"慝"。又管子明法篇"比周以相为匿",明法解"匿"作"慝"。汉书五行志"朔而月见东方,谓之仄慝",书大传"慝"作"匿"。)慝,差也。(洪范"民用僭忒",汉书王嘉传引此"忒"作"慝",而释之曰:"民用僭差不壹。"董仲舒雨雹对曰:"无有差慝。")言大惑生于差慝也。上文曰"乱生其差",正谓此也。道贵乎中,畸则偏,差则惑矣,故曰"中则可从,畸则不可为,慝则大惑"。又,乐论篇曰"乱世之征,其声乐险,其文章匿而采",匿,亦读为慝,慝,邪也,言文章邪慝而多采饰也。(鄘风柏舟传曰:"慝,邪也。"汉书严安传"乐失而淫,礼失而采",如淳曰:"采,饰也。")**水行者表深,表不明则陷;**表,标准也。陷,溺也。〇俞樾曰:"水行",当作"行水"。"行水者表深",与下文"治民者表道"一律。孟子离娄篇"如智者,若禹之行水也",此"行水"二字之证。**治民者表道,表不明则乱。礼者,表也。非礼,昏世也。昏世,大乱也。**昏世,谓使世昏暗也。**故道无不明,外内异表,隐显有常,民陷乃去。**道,礼也。外,谓朝聘;内,谓冠昏。所表识章示各异也。隐显,即内外也。有常,言有常法也。如此,民陷溺之患乃去也。〇郝懿行曰:外、内,皆谓礼也。礼有内心,有外心。竹箭有筠,礼之外心也;松柏有心,礼之内心也。注非。

万物为道一偏，一物为万物一偏，愚者为一物一偏，愚者不能尽一物也。而自以为知道，无知也。以偏为知道，岂有知哉？**慎子有见于后，无见于先**；慎到本黄、老之术，明不尚贤、不使能之道。故庄子论慎到曰："块不失道。"以其无争先之意，故曰"见后而不见先"也。汉书艺文志慎子著书四十二篇，班固曰"先申、韩，申、韩称之"也。**老子有见于诎，无见于信**；老子，周之守藏史，姓李，字伯阳，号称老聃，孔子之师也。著五千言，其意多以屈为伸，以柔胜刚，故曰"见诎而不见信"也。信读为伸。**墨子有见于齐，无见于畸**；畸，谓不齐也。墨子著书，有上同、兼爱，是见齐而不见畸也。**宋子有见于少，无见于多**。宋子名钘，宋人也，与孟子同时。下篇云："宋子以人之情为欲寡，而皆以己之情为欲多，为过也。"据此说，则是少而不见多也。钘音形，又胡泠反。汉书艺文志有宋子十八篇，班固曰："荀卿道宋子，其言黄、老意。"〇卢文弨曰：注引下篇，元刻作"宋子以人之情欲寡，而皆以己之情欲多，是过也"，与下篇合。但引书不必定全依本文，杨氏以"情欲"二字相连，虑人不明，故以两"为"字间之，不可谓衍文。今并下一"为"字，皆从宋本。**有后而无先，则群众无门**；夫群众在上之开导，皆处后而不处先，群众无门户也。**有诎而无信，则贵贱不分**；贵者伸而贱者诎，则分别矣。若皆贵柔弱卑下，则无贵贱之别矣。**有齐而无畸，则政令不施**；夫施政令，所以治不齐者。若上同，则政令何施也？**有少而无多，则群众不化**。夫欲多则可以劝诱为善。若皆欲少，则何能化之？**书曰："无有作好，遵王之道；无有作恶，遵王之路。"此之谓也**。书，洪范。以喻偏好则非遵王道也。

荀子卷第十二

正论篇第十八

世俗之为说者曰："主道利周。"是不然。此一篇皆论世俗之乖谬，荀卿以正论辨之。周，密也，谓隐匿其情，不使下知也。世俗以为主道利在如此也。〇先谦案：杨注"此一篇"至"辨之"十七字应在"正论篇第十八"下，传钞者误入正文。主者，民之唱也；上者，下之仪也。谓下法上之表仪也。〇先谦案：周语"仪之于民"，韦注："仪，准也。"文选东京赋"仪姬伯之渭阳"，薛注："仪，则也。"言上是下之准则。彼将听唱而应，视仪而动。唱默则民无应也，仪隐则下无动也。不应不动，则上下无以相有也。上不导其下，则下无以效上，是不相须也。〇先谦案："有"当为"胥"，字之误也。据注云"是不相须也"，则正文非"相有"明甚。诗桑扈疏："胥、须，古今字。"孟子万章篇赵注："胥，须也。"是"胥""须"字义并同，故正文云"无以相胥"，注即以"是不相须也"释之。"胥"与"有"形近致误。若是，则与无上同也，不祥莫大焉。故上者，下之本也，上宣明则下治辨矣，宣，露。辨，别也。下知所从，则明别于事也。〇郝懿行曰：辨与辨同，非"辨别"之辨。上端诚则下愿悫矣，上公正则下易直矣。上公正，则下不敢险曲也。**治辨则易一，愿悫则易使，易直则易知。易一则强，易使则功，易知则明，是治之所由生也。上周密则下疑玄矣，**玄，谓幽深难知。或读为眩，惑也，下同。○郝懿行曰：玄与眩同，注后说是。**上幽险则下渐诈矣，**幽，隐也。险，难测也。渐，进也，如字。又曰：渐，浸也，谓浸成其诈也，子廉反。○郝懿行曰：渐读为潜。"潜"与"渐"，古音同字通。潜者，深也。潜诈者，谓幽深而险诈也。

先谦案：渐亦诈也，说见<u>不苟篇</u>。**上偏曲则下比周矣。疑玄则难一，**疑或不知所从，故难一也。**渐诈则难使，比周则难知。**人人怀私亲比，则上不可知其情。礼记曰"下难知则君长劳"也。**难一则不强，难使则不功，难知则不明，是乱之所由作也。故主道利明不利幽，利宣不利周。故主道明则下安，主道幽则下危。**下知所从则安，不知所从则自危也。**故下安则贵上，下危则贱上。**贵，犹爱也。贱，犹恶也。**故上易知则下亲上矣，上难知则下畏上矣。**下亲上则上安，下畏上则上危。畏则谋上。**故主道莫恶乎难知，莫危乎使下畏己。**传曰："恶之者众则危。"书曰："克明明德。"书<u>多方</u>曰："成汤至于帝<u>乙</u>，罔不明德慎罚。"**诗曰："明明在下。"**诗，<u>大雅·大明</u>之篇。言<u>文王</u>之德明明在下，故赫赫然著见于天也。**故先王明之，岂特玄之耳哉！**特，犹直也。

世俗之为说者曰："<u>桀</u>、<u>纣</u>有天下，<u>汤</u>、<u>武</u>篡而夺之。"是不然。以<u>桀</u>、<u>纣</u>为常有天下之籍则然，以常主天下之图籍则然。○<u>卢文弨</u>曰：案"常"当为"尝"，"籍"当为"凭藉"之"藉"。下文云"执籍"，为执力凭藉也。有之而不能用，故曰不能亲有。**亲有天下之籍则不然，**躬亲能有天下则不然，以其不能治之也。○先谦案：两"天下之籍"并当作"天子之籍"，说见<u>儒效篇</u>。常有，谓世相及。亲有，身为天子也。上<u>卢</u>说非。"则不然"当作"则然"，说见下。**天下谓在<u>桀</u>、**

荀子集解

纣则不然。○王引之曰：上"则不然"亦当作"则然"。亲有天下之籍则然，天下谓在桀、纣则不然者，言桀、纣虽亲有天下之籍，而天下之人心已去桀、纣而归汤、武也。今本"则然"作"则不然"，涉下句而误耳。下文云"有天下之后也，执籍之所在也"，则桀、纣固亲有天下之籍矣，何得云"不然"乎？杨曲为之说，非是。**古者天子千官，诸侯百官。**○郝懿行曰：明堂位云"有虞氏官五十，夏后氏官百，殷二百，周三百"，郑注："周之六卿，其属各六十，则周三百六十官也。"以夏、周推前后之差，有虞氏官宜六十，夏后氏宜百二十，殷宜二百四十，不得如此记也。然则依郑此说，参以记文，可知天子千官，古未有矣。**以是千官也，令行于诸夏之国，谓之王；**夏，大也。中原之大国。**以是百官也，令行于境内，国虽不安，不至于废易遂亡，谓之君。**仅存之君。○先谦案：遂读为坠，说见王制篇。**圣王之子也，**子，子孙也。**有天下之后也，执籍之所在也，**○先谦案：执籍犹执位，说见儒效篇。**天下之宗室也；然而不材不中，**不中，谓处事不当也。中，丁仲反。○王念孙曰：中，读"中正"之"中"。孟子离娄篇"中也养不中，材也养不材"是其证。杨说非。**内则百姓疾之，外则诸侯叛之，近者境内不一，遥者诸侯不听，令不行于境内，甚者诸侯侵削之，攻伐之，若是，则虽未亡，吾谓之无天下矣。圣王没，有执籍者罢不足以县天下，**圣王，禹、汤也。有执籍者，谓其子孙也。罢，谓弱不任事也。县，系也，音悬。○先谦案：注"弱不任事"，各本"任"误"在"，据宋台州本正。县天下，谓持天下之衡，说详强国篇。杨注非。**天下无君，**桀、纣不能治天下，是无君。**诸侯有能德明威积，海内之民莫不愿得以为君师，**师，长。**然而暴国独侈，安能诛之，**暴国，即桀、纣也。侈谓奢汰放纵。○先谦案：以上下文义求之，"能"字不当有。此以"安"代"则"字用，暴国独侈、安诛之者，暴国独侈则诛之也。此"能"字缘上下文"能"字而衍。**必不伤害无罪之民，诛暴**

国之君若诛独夫，天下皆去，无助之者，若一夫然。若是，则可谓能用天下矣。能用天下之谓王。汤、武非取天下也，非夺桀、纣之天下也。修其道，行其义，兴天下之同利，除天下之同害，而天下归之也。桀、纣非去天下也，非天下自去也。反禹、汤之德，乱礼义之分，禽兽之行，积其凶，全其恶，而天下去之也。天下归之之谓王，天下去之之谓亡。故桀、纣无天下而汤、武不弑君，由此效之也。天下皆去桀、纣，是无天下也。汤、武诛独夫耳，岂为弑君乎？由，用也。效，明也。用此论明之。○先谦案：注"岂"，各本误"其"，据宋台州本正。汤、武者，民之父母也；桀、纣者，民之怨贼也。今世俗之为说者，以桀、纣为君而以汤、武为弑，然则是诛民之父母而师民之怨贼也，师，长。不祥莫大焉。以天下之合为君，则天下未尝合于桀、纣也。然则以汤、武为弑，则天下未尝有说也，直堕之耳。自古论说，未尝有此，世俗之人堕损汤、武耳。○郝懿行曰：堕者，毁也。言以汤、武为弑，非有说也，直为妄言诋毁之耳。　王念孙曰："天下未尝有说"，"天下"二字涉上文而衍。据杨注云"自古论说，未尝有此"，则本无"天下"二字明矣。　先谦案：天下，王说是也，此缘上文"天下"字而衍。堕之，郝说是也。仲尼篇云"则堕之者众"，富国篇云"非将堕之也"，议兵篇云"辟之犹以锥刀堕太山也"，与此文皆当训为毁。注云"堕损"，其义未谛。故天子唯其人。天下者，至重也，非至强莫之能任；物之至强者乃能胜重任。至大也，非至辨莫之能分；至大则难详，故非小智所能分别也。至众也，非至明莫之能和。天下之人至众，非极知其情伪，不能和辑也。此三至者，非圣人莫之能尽。故非圣人莫之能王。重大如此三者，非圣人安能王乎？王，于况反。圣人备道全美者也，是县天下之权称也。悬天下如权称之悬，揔知轻重也。称，尺证反。桀、纣者，其知虑至险也，其至意至暗也，"至意"当为"志意"。○先谦案：荀书

“至”“志”通借，说见儒效篇。**其行之为至乱也；**〇王引之曰：“知虑”“志意”“行为”相对为文，则“行”下不当有“之”字。（荀子书“行为”字皆作“伪”，今作“为”者，后人以其所知改其所不知耳。）**亲者疏之，贤者贱之，生民怨之，禹、汤之后也，而不得一人之与；剖比干，囚箕子，身死国亡，为天下之大僇，后世之言恶者必稽焉；**言恶者必稽考桀、纣以为龟镜也。**是不容妻子之数也。**不能容有其妻子，是如此之人数也。犹言不能保妻子之徒也。列子梁王谓杨朱曰“先生有一妻一妾不能治”也。〇王念孙曰：杨未晓“数”字之意。数犹道也。（吕氏春秋壅塞篇“寡不胜众，数也”，高注：“数，道数也。”）言是不容妻子之道也。凡道有吉有凶。下文曰：“故至贤畴四海，汤、武是也；至罢不容妻子，桀、纣是也。”然则如汤、武者，是畴四海之道也，吉道也；如桀、纣者，是不容妻子之道也，凶道也。**故至贤畴四海，汤、武是也；至罢不容妻子，桀、纣是也。**畴四海，谓以四海为畴域。或曰：畴与筹同，谓计度也。〇卢文弨曰：古以“畴”为“俦”，杨注未是。　郝懿行曰：畴者，匹也。罢者，病也，言不能任事也。齐语云：“罢士无伍，罢女无家。”又云：“人与人相畴，家与家相畴。”　俞樾曰：畴者，保也。国语楚语“臣能自寿也”，韦注：“寿，保也。”晏子杂篇“赖君之赐，得以寿三族”，“寿三族”即“保三族”也。管子霸言篇“国在危亡而能寿者，明圣也”，“能寿”即“能保”也。此文作“畴”者，古字通耳。说文土部：“垹，保也。”凡作“畴”作“寿”，皆“垹”之假字。**今世俗之为说者，以桀、纣为有天下而臣汤、武，岂不过甚矣哉！**以桀、纣为君，以汤、武为臣而杀之，是过甚也。**譬之是犹伛巫、跛匡大自以为有知也。**匡读为尪，废疾之人。王霸篇曰“贱之如尪”，与此“匡”同。礼记曰：“吾欲暴尪而奚若？”言世俗此说犹巫尪大自以为神异也。〇俞樾曰：“大”乃“而”之讹，“而”“大”篆文相似，因而致误。注云“犹巫尪大自以为神异”，则曲为之说矣。**故可以有夺人**

国,不可以有夺人天下;○先谦案:以下"窃国""窃天下"例之,两
"人"字当衍。下文"有擅国,无擅天下"句例亦同。**可以有窃国,不**
可以有窃天下也。一国之人易服,故可以有窃者;天下之心难归,故
不可也。窃国,<u>田常</u>、六卿之属是也。**可以夺之者可以有国,而不**
可以有天下,○<u>王念孙</u>曰:"夺之"上不当有"可以"二字,此涉上下文
而衍。**窃可以得国,而不可以得天下。是何也? 曰:国,小具也,**
可以小人有也,可以小道得也,可以小力持也;天下者,大具也,
不可以小人有也,不可以小道得也,不可以小力持也。国者,小
人可以有之,然而未必不亡也,小人既可以有之,则易灭亡。明取
国与取天下殊也。**天下者,至大也,非圣人莫之能有也。**

　　世俗之为说者曰:"治古无肉刑而有象刑:治古,古之治世也。
肉刑,墨、劓、剕、宫也。象刑,异章服,耻辱其形象,故谓之象刑也。书
曰"<u>皋陶</u>方施,象刑惟明",<u>孔安国</u>云:"象,法也。"案书之象刑,亦非谓
形象也。**墨黥;**世俗以为古之重罪,以墨涅其面而已,更无劓、剕之刑
也。或曰:"墨黥"当为"墨幪",但以墨巾幪其头而已。○<u>卢文弨</u>曰:
注"幪",俗本作"幪",今从说文、玉篇改正,下同。**慅婴;**当为"澡
婴",谓澡濯其布为缨,<u>郑</u>云:"凶冠之饰,令罪人服之。"礼记曰"缌冠
澡缨",<u>郑</u>云:"有事其布以为缨也。"澡,或读为草,<u>慎子</u>作"草缨"也。
共,艾毕;共,未详,或衍字耳。艾,苍白色。毕与韠同,绂也,所以蔽
前,君以朱,大夫素,士爵韦。令罪人服之,故以苍白色为韠也。○<u>卢</u>
<u>文弨</u>曰:注"绂"当作"韨"。**菲,对屦;**菲,草屦也。"对"当为"绌",
传写误耳。绌,枲也,<u>慎子</u>作"绌"。言罪人或菲或枲为屦,故曰"菲绌
屦"。绌,方孔反。"对"或为"蒯"。礼有"疏屦",传曰:"藨蒯之菲
也。"**杀,赭衣而不纯。**以赤土染衣,故曰"赭衣"。纯,缘也。杀之,
所以异于常人之服也。纯音准。杀,所介反。<u>慎子</u>曰:"有虞氏之诛,
以画跪当黥,以草缨当劓,以履绌当剕,以艾毕当宫。此<u>有虞</u>之诛

也。"又尚书大传曰:"唐、虞之象刑,上刑赭衣不纯,中刑杂屦,下刑墨幪。"幪,巾也。○刘台拱曰:"共"当作"宫","菲"当作"剕","杀"当如字读。言犯墨黥之罪者以草缨代之,宫罪以艾毕代之,剕罪以绌屦代之,杀罪以赭衣不纯代之。注引尚书大传及慎子之言,正可参证。

郝懿行曰:此皆谓古有象刑也。墨,一名黥。此"墨黥",谓以墨画代黥,不加刻涅,慎子所谓"画跪当黥"也。(按,今本作"幪巾当墨"。)"慅婴",慎子作"草缨","草"与"慅",盖音同假借字耳。诗之"劳人草草",即"慅慅"矣。"共,艾毕"者,"共"当为"宫",亦假借字,慎子谓"以艾毕当宫"是也。(今本"毕"作"韠"。)艾,读当与刘同,盖斩艾其韠以代宫刑也。"对屦",慎子作"履绌"。(今作"菲履",盖误。绌,枲履也。"对"当为"绌"。"菲"当为"剕"。)"杀,赭衣而不纯",纯,缘也,杀,杀罪也。今慎子作"布衣无领当大辟","布衣"即"赭衣","无领"即"不缘"也,去其衣领以代死刑。慎子以为有虞氏之诛,尚书大传以为唐、虞之象刑,并与此义合。 王念孙曰:"墨黥"二字语意未完,当有脱文,以慎子言"画跪当黥"、书大传言"下刑墨幪"知之。"慅婴"上,盖脱"剕"字,以慎子言"草缨当剕"知之。**治古如是。**"世俗说以治古如是。**是不然。以为治邪?则人固莫触罪,非独不用肉刑,亦不用象刑矣。以为人或触罪矣,而直轻其刑,然则是杀人者不死,伤人者不刑也。罪至重而刑至轻,庸人不知恶矣,乱莫大焉。**恶,乌路反。**凡刑人之本,禁暴恶恶,且征其未也。**征读为惩。未谓将来。**杀人者不死而伤人者不刑,是谓惠暴而宽贼也,非恶恶也。故象刑殆非生于治古,并起于乱今也。**今之乱世妄为此说。**治古不然。凡爵列、官职、赏庆、刑罚,皆报也,以类相从者也。**报,谓报其善恶。各以类相从,谓善者得其善、恶者得其恶也。**一物失称,乱之端也。**失称,谓失其所称类,不相从也。称,尺证反。○先谦案:称,权称也。失称,谓失其平,杨注非。

夫德不称位,能不称官,赏不当功,罚不当罪,不祥莫大焉。昔者武王伐有商,诛纣,断其首,县之赤斾。史记"武王斩纣头,悬之太白旗",此云"赤斾",所传闻各异也。礼记明堂位说旗曰"殷之大白,周之大赤",即史记之说非也。○谢本从卢校作"赤旆"。王念孙曰:旦本作"赤旆"。钱本"旆"作"斾",(注"旆"字同。)元刻、世德堂本同。案解蔽篇云"纣县于赤斾",则作"斾"者是。先谦案:王说是。今依钱本改"赤斾"。虞、王本同。夫征暴诛悍,治之盛也。杀人者死,伤人者刑,是百王之所同也,未有知其所由来者也。刑称罪则治,不称罪则乱。故治则刑重,乱则刑轻,治世刑必行,则不敢犯,故重;乱世刑不行,则人易犯,故轻。李奇注汉书曰:"世所以治,乃刑重;所以乱,乃刑轻也。"犯治之罪固重,犯乱之罪固轻也。治世家给人足,犯法者少,有犯则众恶之,罪固当重也。乱世人迫于饥寒,犯法者多,不可尽用重典,当轻也。○郝懿行曰:治期无刑,故重;乱用哀矜,故轻。注两说,前义较长。书曰:"刑罚世轻世重。"此之谓也。书,甫刑。以言世有治乱,故法有轻重也。

世俗之为说者曰:"汤、武不能禁令,是何也?言不能施禁令,故有所不至者。曰:楚、越不受制。"是不然。汤、武者,至天下之善禁令者也。○先谦案:至犹极。汤居亳,武王居鄗,皆百里之地也,天下为一,诸侯为臣,通达之属莫不振动从服以化顺之,振与震同,恐也。曷为楚、越独不受制也?彼王者之制也,视形埶而制械用,即礼记所谓"广谷大川异制,民生其间者异俗,器械异制,衣服异宜"也。称远迩而等贡献,岂必齐哉!称,尺证反。等,差也。故鲁人以榶,卫人用柯,齐人用一革,未详。或曰:方言云:"盆谓之榶。盂谓之柯。"或曰:方言"榶,张也",郭云:"谓毂张也。"○卢文弨曰:案方言"盆谓之㰚",宋本荀子注正作"㰚",但与正文似不合。"盂",宋本作"或"字,今方言作"盂"。至"榶,张也"之"榶",

方言作"搪",从手。此注恐有傅会。　郝懿行曰:注引方言"盌谓之
搪,盂谓之柯",盖杨所见古本如是。今本"搪"作"欋",宋本荀子注已
作"欋",或唐以后人据方言改耳。"一革"二字,虽未能详,然考史记
货殖传"适齐,为鸱夷子皮",索隐引大颜云:"若盛酒者鸱夷也,用之
则多所容纳,不用则可卷而怀之。"据此,知鸱夷以革为之。吴语"盛
以鸱鶒而投之于江",韦注:"鸱鶒,革囊。"参以扬雄酒赋,则鸱夷乃酒
器。范蠡适齐而为鸱夷子皮,此正齐人所用,与鲁人以搪、卫人用柯,
文义正合。　先谦案:以、用同义,承上"贡献"言,各以其土物也。**土
地刑制不同者,械用备饰不可不异也。故诸夏之国同服同仪,**
仪谓风俗也。诸夏迫近京师,易一以教化,故同服同仪也。○郝懿行
曰:仪与义同。"义",古作"谊",谓行谊也。此言"同服同仪",犹中
庸言"同轨同伦"。　王念孙曰:风俗不得谓之仪。仪,谓制度也。下
文"蛮、夷、戎、狄之国同服不同制",正与此相反。**蛮、夷、戎、狄之国
同服不同制。**夷、狄邈远,又各在一方,虽同为要、荒之服,其制度不
同也。**封内甸服,**王畿之内也。禹贡"五百里甸服",孔安国曰:"为
天子服治田也。"○卢文弨曰:案周语"封"俱作"邦"。古封、邦通用。
封外侯服,畿外也。禹贡"五百里侯服",孔云:"甸服之外五百里也。
侯,候也。斥候而服事王也。"韦昭云:"侯服,侯圻也。"**侯卫宾服,**韦
昭注国语曰:"侯,侯圻。卫,卫圻。自侯圻至卫圻,其间五圻,圻五百
里,五五二千五百里,中国之界也,谓之宾服,常以服贡宾见于王。五
圻者,侯圻之外甸圻,甸圻之外男圻,男圻之外采圻,采圻之外卫圻。
康诰曰'侯、甸、男、采、卫'是也。"此据周官职方氏,与禹贡异制也。
蛮夷要服,职方氏云:"卫服之外五百里曰蛮服,又其外五百里曰夷
服。"孔安国云:"要,谓要束以文教。"要,一昭反。**戎狄荒服。**职方
氏所谓"镇服""蕃服"也。韦昭曰:"各相去五百里。九州之外,荒裔
之地,与戎、狄同俗,故谓之荒。荒忽无常之言也。"**甸服者祭,侯服**

者祀，宾服者享，要服者贡，荒服者终王。韦昭曰：“日祭，祭于祖考，上食也。近汉亦然。月祀于曾祖也，时享于二祧也，岁贡于坛墠也。终谓世终，朝嗣王也。”○卢文弨曰：“曾祖”，今韦注作“曾高”。

顾千里曰：“终”字疑不当有。观上文四句“祭”“祀”“享”“贡”，不言“日”“月”“时”“岁”，知此句“王”不言“终”明甚，涉下“终王之属也”及杨注而衍。日祭、月祀、时享、岁贡，此下当有“终王”二字，误脱耳。夫是之谓视形埶而制械用，称远近而等贡献，是王者之至也。“至”当为“志”。所以志识远近也。○王念孙曰：“至”当为“制”。上文云“彼王者之制也，视形埶而制械用，称远迩而等贡献”，下文云“则未足与及王者之制也”，皆其证。杨说非。彼楚、越者，且时享、岁贡、终王之属也，必齐之日祭、月祀之属然后曰受制邪？是规磨之说也，规磨之说，犹言差错之说也。规者正圆之器，磨久则偏尽而不圆，失于度程也。文子曰：“水虽平，必有波；衡虽正，必有差。”韩子曰：“规有磨而水有波，我欲更之，无奈之何。此通于权者言也。”○郝懿行曰：“磨”当作“摩”，古今字也。规摩，盖言规画揣摩，不必无失也。沟中之瘠也，谓行乞之人在沟壑中赢瘠者，以喻智虑浅也。则未足与及王者之制也。○俞樾曰：此文当在“东海之乐”下。荀子原文，盖云“语曰‘浅不足与测深，愚不足以谋知，坎井之鼃不可与语东海之乐，沟中之瘠未足与及王者之制’，此之谓也”。“坎井之鼃”二句，所谓“浅不足与测深”也；“沟中之瘠”二句，所谓“愚不足以谋知”也。传写误倒在上，又衍两“也”字、一“则”字。语曰：“浅不足与测深，愚不足与谋知，坎井之鼃不可与语东海之乐。”此之谓也。言小不知大也。司马彪曰：“坎井，坏井也。鼃，虾蟇类也。”事出庄子。“坎井”或作“坛井”。鼃，户娲反。○卢文弨曰：正文“浅不足”，宋本作“浅不可”。

世俗之为说者曰：“尧、舜擅让。”擅与禅同，墠亦同义。谓除地为墠,告天而传位也。后因谓之禅位。世俗以为尧、舜德厚,故禅让圣贤;后世德薄,故父子相继。荀卿言尧、舜相承,但传位于贤而已,与传子无异,非谓求名而禅让也。案书序曰"将逊于位,让于虞舜",是亦有让之说。此云非禅让,盖书序美尧之德,虽是传位,与逊让无异,非是先自有让意也。孟子亦云:"万章曰:'尧以天下与舜,有诸?'孟子曰:'天子不能以天下与人。'曰:'孰与之?'曰:'天与之。'"又曰"天与贤则与贤,天与子则与子"也。**是不然。天子者,埶位至尊,无敌于天下,夫有谁与让矣?** 让者,埶位敌之名,若上下相县,则无与让矣。有,读为又也。**道德纯备,智惠甚明,南面而听天下,生民之属莫不振动从服以化顺之,天下无隐士,无遗善,**无隐藏不用之士也。**同焉者是也,异焉者非也,夫有恶擅天下矣?** 夫自知不堪其事,则求贤而禅位。今以尧、舜之明圣,事无不理,又乌用禅位哉?**曰:"死而擅之。"** 或者既以生无禅让之事,因谓尧、舜预求圣贤,至死后而禅之。**是又不然。圣王在上,图德而定次,量能而授官,** ○卢文弨曰:旧校云:"一本作'决德而定次'。" 先谦案:作"决"者是,说见儒效篇。**皆使民载其事而各得其宜,不能以义制利,不能以伪饰性,则兼以为民。** 伪,谓矫其本性也。无能者则兼并之,令尽为民氓也。○先谦案:伪与为同,谓作为也。**圣王已没,天下无圣,则固莫足以擅天下矣。** 固无禅让。**天下有圣而在后者,则天下不离,** 有圣继其后者,则天下有所归,不离叛也。○俞樾曰:"后"下当有"子"字。下文云"圣不在后子而在三公,则天下如归",杨注曰:"后子,嗣子,谓丹朱、商均;三公,宰相,谓舜、禹。"此说是也。荀子之意,谓传贤与传子同。天下有圣而在后子,则传之子可也;圣不在后子而在三公,则传之贤可也。故两言"天下厌然与乡无以异也,以尧继尧,夫又何变之有矣",正见传贤、传子之不异也。自此文夺"子"字而其义不显,杨氏遂疑后三句为重出矣。**朝不易位,国不更制,天下**

厌然与乡无以异也，厌然，顺服貌，一涉反。乡音向。○先谦案："厌然"，谢本误"厌焉"，据宋台州本正。**以尧继尧，夫又何变之有矣？**言继位相承，与一尧无异，岂为禅让改变与他人乎？**圣不在后子而在三公，则天下如归，犹复而振之矣，**后子，嗣子，谓丹朱、商均也；三公，宰相，谓舜、禹。天下如归，言不归后子而归三公也。复而振之，谓犹如天下已去而衰息，今使之来复而振起也。**天下厌然与乡无以异也，以尧继尧，夫又何变之有矣？**疑此三句重也。**唯其徙朝改制为难。**谓殊徽号、异制度也。舜、禹相继，与父子无异，所难而不忍者，在徙朝改制也。后世见其改易，遂以为擅让也。**故天子生则天下一隆，致顺而治，论德而定次；**天下一隆，谓天下之人皆得其崇厚也。致，极也。○先谦案：一隆者，天下之人有专尊也，注非。"论"当为"决"，说见儒效篇。**死则能任天下者必有之矣。夫礼义之分尽矣，擅让恶用矣哉？**夫让者，礼义之名，今圣王但求其能任天下者传之，则是尽礼义之分矣，岂复更求禅让之名哉？**曰："老衰而擅。"是又不然。血气筋力则有衰，若夫智虑取舍则无衰。曰："老者不堪其劳而休也。"是又畏事者之议也。**或者自以畏惮劳苦，以为圣王亦然也。**天子者，埶至重而形至佚，心至愉而志无所诎，而形不为劳，尊无上矣。衣被则服五采，杂间色，**衣被，谓以衣被身。服五采，言备五色也。间色，红、碧之属。礼记曰"衣正色，裳间色"也。**重文绣，加饰之以珠玉；食饮则重大牢而备珍怪，期臭味，**重，多也。谓重多之以太牢也。珍怪，奇异之食也。"期"当为"綦"，极也。**曼而馈，**"曼"当为"万"。馈，进食也。列万舞而进食。○郝懿行曰：曼训长也。传簝进膳，列人持器，以次递传，故曰曼也。论语"咏而馈"，谓祭也。（论衡明雩篇。）此云"曼而馈"，谓食也。**代睪而食，**睪，未详，盖香草也。或曰：睪读为藁，即所谓兰茝本也。或曰：当为"泽"。泽，兰也。既夕礼："茵著用荼，实绥泽焉。"俗书"泽"字作

荀子
集解

"水"傍"睪",传写误遗其"水"耳。代睪而食,谓焚香气歇,即更以新者代之。○卢文弨曰:案正文"睪"本作"皋",故注一云"皋未详",再云"皋当薰,即所谓兰茝薰本也",三云"当为泽,俗书泽字作水旁皋,传写误遗其水耳"。史记天官书"其色大圜黄澤",即"黄泽",是其证。今本及宋本皆脱误。若"水"旁作"睪",乃"泽"字正体,不得云"俗书"也。　郝懿行曰:"睪"即"皋"字。下云"侧载睪芷",盖皆谓香草也。此云"代睪",盖进食人更迭佩带,助其馨香。　洪颐煊曰:淮南主术训"鼞鼓而食,奏雍而彻",与此上下文义同。"鼞""皋",古字通用。　刘台拱曰:"代睪"当为"伐皋"。主术训注引诗"鼓钟伐鼛",考工记辉人作"皋鼓"。　王念孙曰:周官大司乐:"王大食,三侑,皆令奏钟鼓。"又案:淮南亦本作"伐鼛而食",与"奏雍而彻"对文。淮南即本于荀子也。高注引诗"鼓钟伐鼛",正释"伐鼛"二字之义。今本正文作"鼞鼓"者,涉注文而误。玉海一百九引淮南正作"伐鼛而食"。

雍而彻乎雍,诗周颂乐章名。奏雍而彻馔。论语曰"三家者以雍彻",言其僭也。**五祀**,○刘台拱曰:此当以"雍而彻乎五祀"为句。彻乎五祀,谓彻于灶也。周礼膳夫职云:"王卒食,以乐彻于造。"淮南主术训云:"奏雍而彻,已饭而祭灶。"盖彻馔而设之于灶,若祭然,天子之礼也。"造""灶",古字通用。大祝"六祈","二曰造"。故书"造"作"灶"。吴语"系马舌,出火灶",吴越春秋作"出火于造"。(王念孙云:史记秦本纪"客卿灶",秦策作"造"。管子轻重己篇"燺灶泄井",禁藏篇作"造"。)专言之则曰灶,连言之则曰五祀,若谓丞相为三公、左冯翊为三辅也。杨氏失其句读,乃为是多方骈枝之说。此言天子奉养之盛,而以祭祀为言,何当乎?　**执荐者百人侍西房;**周礼宗伯"以血祭祭社稷、五祀",郑云"五祀,四时迎五行之气于四郊,而祭五德之帝"也。或曰:此五祀谓礿、祠、烝、尝及大袷也。或曰:国语展禽曰:"禘、郊、祖、宗、报,此五者,国之祀典也。"皆王者所亲临之祭,非谓户、灶、中霤、门、行之五祀也。荐,谓所荐陈之物,笾豆之属也。侍,侍立也。西房,西厢。"侍",或为"待"也。〇刘台拱曰:天子羞用百有二十品。执荐者百人,举成数。**居则设张容,负依而坐,诸侯趋走乎堂下**;居,安居也,听朝之时也。容,谓羽卫也。居则设张其容仪,负依而坐也。户牖之间谓之依,亦作"扆"。扆、依音同。或曰:尔雅云"容谓之防",郭璞云"如今床头小曲屏风,唱射者所以自防隐"也。言施此容于户牖间,负之而坐也。〇卢文弨曰:注"所以自防隐也",宋本作"所以隐见也",误,今考正。 郝懿行曰:张与帐同,古以"张"为"帐"也。容则杨注引尔雅郭注是也。张、容二物,与负依而为三。 王念孙曰:"坐"当为"立",说见儒效篇。**出户而巫觋有事**,出户,谓出内门也。女曰巫,男曰觋。有事,祓除不祥。**出门而宗祝有事**,出门,谓车驾出国门。宗者,主祭祀之官。"祀"当为"祝"。有事,谓祭行神也。国语曰:"使名姓之后能知四时之生,牺牲之物,玉帛之类,采服之仪,彝器之量,次主之度,屏摄之位,坛场之所,上下之神祇,氏姓之所出,而心帅旧典者,为之宗。"又曰:"使先圣之后能知山川之号,宗庙之事,昭穆之世,齐敬之勤,礼节之宜,威仪之则,容貌之崇,忠信之质,禋絜之服,而敬恭明神者,为之祝。"韦昭曰:"宗,大宗伯也,掌祭祀之礼。祝,大祝,掌祈福祥也。"〇卢文弨曰:注"上下之神祇,氏姓之所出",今国语无"祇"字"所"字,宋本有之,与周礼大宗伯注合。"宗,大宗伯也",韦注无"大"字。又"祝,大祝",旧本误作"礼记曰大祝",今皆考正。**乘大路、趋越席以养安**,大路,祭天车。礼记曰:"大路,繁缨一就。""趋",衍字耳。越席,结蒲为席。养安,言恐其不安,以此和养之。按,礼以大路、越席为质素,此云养安以为盛饰,未详其意。或曰:古人以质为重也。〇先谦案:史记礼书正义云:"蒲草为席,既洁且柔,洁可以祀神,柔可以养体也。"**侧载睪芷以养鼻**,睪芷,香草也,已解上。于车上傍侧载之,用以养鼻也。〇先谦案:史记作"侧载臭茝",索隐引刘氏云:"侧,特也。臭,香也。茝,香草也。言天子行，特得以香草自随也，其余则否。”今以侧为边侧。载者，置也。言天子之侧常置芳香于左右。**前有错衡以养目，**诗曰“约軧错衡”，毛云：“错衡，文衡。”**和鸾之声，步中武、象，骤中韶、谨以养耳，**和、鸾，皆车上铃也。**韩**诗外传云：“鸾在衡，和在轼前。”升车则马动，马动则鸾鸣，鸾鸣则和应，皆所以为行节也。**许慎**曰：“和取其敬，鸾以象鸟之声。”武、象、韶、谨，皆乐名。“骤”当为“趋”。步谓车缓行。趋谓车速行。**周礼**大驭云“凡驭路，行以肆夏，趋以采齐，以鸾和为节”，**郑**云：“行，谓大寝至路门；趋，谓路门至应门也。”**三公奉軶持纳，**軶，辕前也。纳与軜同。軜谓骖马内辔系轼前者。诗曰：“鋈以觼軜。”〇**卢文弨**曰：注“内辔”，旧作“内軜”。今据说文改正。**诸侯持轮挟舆先马，**挟舆，在车之左右也。先马，导马也。或持轮者，或挟舆者，或先马者。**大侯编后，大夫次之，**大侯，国稍大，在五等之列者。**小侯、元士次之，**小侯，僻远小国及附庸也。元士，上士也。礼记曰：“庶大、小侯，入天子之国，曰某人。”又曰“天子之元士视附庸”也。**庶士介而夹道，**庶士，军士也。介而夹道，被甲夹于道侧，以御非常也。〇**谢**本从卢校作“坐道”，注二“夹”字并作“坐”。 **王念孙**曰：宋吕本作“庶士介而夹道”。钱本及元刻“夹道”并误作“坐道”，而卢本从之。案作“坐道”者非也。上文云“天子出则三公奉軶持纳，诸侯持轮挟舆先马”，然则庶士岂得坐道乎？当从吕本作“夹道”。周官条狼氏“王出入则八人夹道”是也。**杨**注本云“介而夹道，被甲夹于道侧，以御非常也”，而今本注文两“夹”字亦误为“坐”矣。 **先谦**案：**王**说是，今从吕本改。**庶人隐窜，莫敢视望：居如大神，动如天帝，**言畏敬之甚也。**持老养衰，犹有善于是者与不？老者，休也，休犹有安乐恬愉如是者乎？**不老，老也，犹言不显，显也。或曰：“不”字衍耳。夫老者，休息之名，言岂更有休息安乐过此。〇**郝懿行**曰：不老者，不衰老也，犹诗之言“永锡难老”矣。故以“天子无老”申之。**杨**

注"不老,老也",又曰"不字衍",二说皆非。　王念孙曰:或说是。

俞樾曰:案此当作"犹有善于是者不与",不读为否,传写误倒在"与"下。杨注曰"不老,老也",或曰"衍不字",并非。**故曰:诸侯有老,天子无老**,诸侯供职贡朝聘,故有筋力衰竭求致仕者,与天子异也。**有擅国,无擅天下。古今一也**。让者,执位敌之名。一国事轻,则有请于天子而让贤,天下则不然也。**夫曰"尧、舜擅让",是虚言也,是浅者之传、陋者之说也,不知逆顺之理,小大、至不至之变者也**,小谓一国,大谓天下。至不至,犹言当不当也。**未可与及天下之大理者也。**

　　世俗之为说者曰:"尧、舜不能教化,是何也? 曰:朱、象不化。"是不然也。尧、舜,至天下之善教化者也,南面而听天下,生民之属莫不振动从服以化顺之;言天下无不化。**然而朱、象独不化,是非尧、舜之过,朱、象之罪也。**朱、象乃罪人之当诛戮者,岂尧、舜之过哉? 论语曰"上智与下愚不移"是也。**尧、舜者,天下之英也**;郑康成注礼记云:"英,谓俊选之尤者。"**朱、象者,天下之嵬、一时之琐也。**言嵬琐之人,虽被尧、舜之治,犹不可化。言教化所不及。嵬琐,已解在非十二子之篇。○先谦案:嵬琐犹委琐,说见前。儒效篇云"英杰化之,嵬琐逃之",亦以"英杰""嵬琐"对文。**今世俗之为说者不怪朱、象而非尧、舜,岂不过甚矣哉! 夫是之谓嵬说。**狂妄之说。**羿、蠭门者,天下之善射者也,不能以拨弓、曲矢中**;拨弓,不正之弓。中,丁仲反。○陈奂曰:案"中"下脱"微"字。拨弓、曲矢不能中微,与下文辟马、毁舆不能致远句法相同。儒效篇曰:"舆固马选矣,而不能以致远一日而千里,则非造父也;弓调矢直矣,而不能以射远中微,则非羿也。"王霸篇曰:"人主欲得善射,射远中微,则莫若羿、蠭门矣;欲得善驭,及速致远,则莫若王良、造父矣。"君道篇曰:"人主欲得善射,射远中微者;欲得善驭,及速致远者。"议兵篇曰:"弓矢不调则羿不能以中微,

荀子集解

六马不和则<u>造父</u>不能以致远。"皆"中微"与"致远"作对文,可证。小雅
毛传曰"燀,壹发而死,言能中微而制大也",语本荀子。**王梁、造父者,
天下之善驭者也,不能以辟马、毁舆致远**;辟与躄同,必亦反。**尧、
舜者,天下之善教化者也,不能使嵬琐化。何世而无嵬,何时而无
琐,自<u>太皞</u>、<u>燧人</u>莫不有也。**太皞,伏羲也。燧人,太皞前帝王,始作
火化者。**故作者不祥,学者受其殃,非者有庆。**作嵬琐者不祥也。
有庆,言必无刑戮也。○俞樾曰:此谓作世俗之说者不祥,学者从而传
述之,必受其殃,能非而辟之则有庆也。下文引诗曰"下民之孽,匪降自
天,噂沓背憎,职竞由人",可见荀子之意,深疾世俗之说,故为此言。杨
注未得其旨。**诗曰:"下民之孽,匪降自天,噂沓背憎,职竞由人。"
此之谓也。**诗,小雅十月之交篇。言下民相为妖孽,灾害非从天降,噂
噂沓沓然相对谈语,背则相憎,为此者,盖由人耳。

　　**世俗之为说者曰:"太古薄葬,棺厚三寸,衣衾三领,葬田不
妨田,故不掘也。**此盖言古之人君也。三领,三称也。礼记"君陈衣
于序东,西领南上",故以"领"言。葬田不妨田,言所葬之地不妨农耕
也。殷已前平葬,无丘垅之识也。**乱今厚葬饰棺,故抇也。"是不及
知治道,而不察于抇不抇者之所言也。**抇,穿也,谓发冢也,胡骨
反。**凡人之盗也,必以有为,**其意必有所云为也。**不以备不足,足
则以重有余也。**○卢文弨曰:下"足"字衍。**而圣王之生民也,皆
使当厚优犹不知足,而不得以有余过度。**当谓得中也,丁浪反。
优犹宽泰也。"不知足","不"字亦衍耳。言圣王之养民,轻赋薄敛,
皆使宽泰而知足也;又有禁限,不得以有余过度也。○王念孙曰:"当
厚"二字不词,杨说非也。"当厚"盖"富厚"之误。(秦策:"势位富
厚。")下"优犹知足",正承"富厚"言之。**故盗不窃,贼不刺,**盗贼,
通名。分而言之,则私窃谓之盗,劫杀谓之贼。○俞樾曰:杨盖以刺为
"刺杀"之刺,实非然也。汉书郊祀志"刺六经中作王制",师古注曰:

"刺,采取之也。"又丙吉传"至公车刺取",注曰:"刺,谓探候之也。"然则刺者,探取之义。"盗不窃,贼不刺",变文以成句耳,非有异义也。**狗彘吐菽粟,而农贾皆能以货财让**,农贾庶人犹让,则其余无不让也。○郝懿行曰:吐者,弃也。(仓颉篇。)此盖极言菽粟之多耳,非食而吐之也。孟子言"狗彘食人食",扬雄蜀都赋云"糷米肥腯",非圣世之事也。**风俗之美,男女自不取于涂而百姓羞拾遗。**○郝懿行曰:大略篇云"国法禁拾遗",盖必申、商之法有此禁令,故荀举以为言。**故孔子曰:"天下有道,盗其先变乎!"衣食足,知荣辱。虽珠玉满体,文绣充棺,黄金充椁,加之以丹矸,重之以曾青**,丹矸,丹砂也。曾青,铜之精,形如珠者,其色极青,故谓之曾青,加以丹矸,重以曾青,言以丹青采画也。**犀象以为树**,树之于圹中也。**琅玕、龙兹、华觐以为实**,琅玕似珠,昆仑山有琅玕树。龙兹,未详。"觐"当为"瑾"。华,谓有光华者也。或曰:龙兹,即今之龙须席。公羊传曰:"卫侯朔属负兹。"尔雅曰:"蓐谓之兹。"史记曰"卫叔封布兹",徐广曰:"兹者,藉席之名。"列女传无盐女谓齐宣王曰:"渐台五重,黄金、白玉,琅玕、龙疏、翡翠、珠玑,莫落连饰,万民疲极,此二殆也。"疑"龙兹"即"龙疏",疏、须音相近也。曹大家亦不解。实,谓实于棺椁中。或曰:兹与髭同。○郭庆藩曰:上言"以为树",下言"以为实",盖谓植树犀象而以珠玉为之实也。上言"琅玕",下言"华觐",则龙兹非席明矣。列女传之"龙疏",亦列于珠玉之间,不得为席。"龙疏"或即"龙兹",当为珠玉名,犹左昭二十九年传所称"龙辅"为玉名也。杨训实为实于棺椁,失之。**人犹且莫之扣也。是何也?则求利之诡缓,而犯分之羞大也。**诡,诈也。求利诡诈之心缓也。○郝懿行曰:诡者,责也。言扣人冢墓以求利,国法必加罪责也。诡训责,古义也。汉书赵充国、陈汤、京房、尹赏、王莽传及后汉孟尝、陈重传注皆以"诡"为"责"也。　俞樾曰:"诡",疑"说"字之误。言古者民生富厚,求利之说在所缓也。"诡""说"形似致误。<u>杨</u>注非。　　<u>先谦</u>案：<u>郝</u>说是。以犯分为羞，非畏罪责也。夫乱今然后反是：上以无法使，下以无度行，知者不得虑，能者不得治，贤者不得使。不得在位使人。若是，则上失天性，下失地利，中失人和，故百事废、财物诎而祸乱起。王公则病不足于上，庶人则冻馁羸瘠于下，于是焉<u>桀</u>、<u>纣</u>群居，而盗贼击夺以危上矣。言在上位者尽如<u>桀</u>、<u>纣</u>也。安禽兽行，虎狼贪，故脯巨人而炙婴儿矣。若是，则有何尤扣人之墓、抉人之口而求利矣哉？抉，挑也。抉人口，取其珠也。○<u>先谦</u>案：有读为又。虽此倮而薶之，犹且必扣也，安得葬薶哉？不可得葬薶而不发。彼乃将食其肉而龁其骨也。夫曰"太古薄葬，故不扣也；乱今厚葬，故扣也"，是特奸人之误于乱说，以欺愚者而潮陷之以偷取利焉，夫是之谓大奸。言是乃特奸人自误惑于乱说，因以欺愚者，犹于泥潮之中陷之。谓使陷于不仁不孝也。以偷取利，谓偕弃死者而苟取其利于生者也。是时<u>墨子</u>之徒说薄葬以惑当世，故以此讥之。○<u>卢文弨</u>曰："潮"当作"淖"。古"潮"字作"淖"，故"淖"误为"淖"，又误为"潮"。传曰："危人而自安，害人而自利。"此之谓也。危害死者以利生者，与此义同。

　　子<u>宋子</u>曰："明见侮之不辱，使人不斗。<u>宋子</u>，已解在<u>天论</u>篇。<u>宋子</u>言若能明侵侮而不以为辱之义，则可使人不斗也。<u>庄子</u>说<u>宋子</u>曰："见侮不辱，救民之斗。"<u>尹文子</u>曰："见侮不辱，见推不矜，禁暴息兵，救世之斗，此人君之德，可以为王矣。"<u>宋子</u>盖<u>尹文</u>弟子。<u>何休</u>注<u>公羊</u>曰："以子冠氏上者，著其师也。"言此者，盖以难<u>宋子</u>之徒也。人皆以见侮为辱，故斗也；知见侮之为不辱，则不斗矣。"应之曰：然则亦以人之情为不恶侮乎？曰："恶而不辱也。"虽恶其侮，而不以为辱。恶，乌路反，下同。曰：若是，则必不得所求焉。求不斗，必不得。凡人之斗也，必以其恶之为说，非以其辱之为故也。

凡斗，在于恶，不在于辱也。**今俳优、侏儒、狎徒詈侮而不斗者，是岂钜知见侮之为不辱哉？**狎，戏也。钜与遽同。言此倡优岂速遽知宋子有见侮不辱之论哉？〇谢本从卢校，注"岂"下无"速"字。王念孙曰：岂钜知者，岂知也。钜亦岂也，古人自有复语耳。或言"岂钜"，或言"岂遽"，或言"庸钜"，或言"何遽"，其义一而已矣。（说见汉书陆贾传。）杨读钜为遽，而云"岂速遽知"，失之。卢删注"速"字，各本皆有。　先谦案：王说是。今依各本增。**然而不斗者，不恶故也。今人或入其央渎，窃其猪彘，**央渎，中渎也，如今人家出水沟也。**则援剑戟而逐之，不避死伤，是岂以丧猪为辱也哉？然而不惮斗者，恶之故也。虽以见侮为辱也，**不恶则不斗；不知宋子之论者也。**虽知见侮为不辱，**恶之则必斗。知宋子之论也。**然则斗与不斗邪，亡于辱之与不辱也，乃在于恶之与不恶也。夫今子宋子不能解人之恶侮，而务说人以勿辱也，岂不过甚矣哉！**解，达也。不知人情恶侮，而使见侮不辱，是过甚也。解，如字。说读为税。**金舌弊口，犹将无益也。**金舌，以金为舌。金舌弊口，以喻不言也。虽子宋子见侵侮，金舌弊口而不对，欲以率先，犹无益于不斗也。扬子法言曰："金口而木舌。"金，或读为噤。〇卢文弨曰：上云"说人以勿辱"，此盖言舌弊犹不见听耳。一说：道人木铎，金口木舌，今即为之金舌，振之至于口弊，亦何益哉？　俞樾曰：金舌弊口，谓说人，非谓不言，杨注非也。此文当作"金口弊舌"。金读为唫。说文口部："唫，口急也。"弊读为敝。言虽说之至于口唫舌敝，犹无益也。战国策秦策"舌敝耳聋"，此可证敝舌之义。今作"金舌弊口"，义不可通。据杨注引法言"金口而木舌"，又似本作"金口"者，岂为后人改窜故欤？**不知其无益则不知；**不知此说无益，是不知也。**知其无益也，直以欺人则不仁。不仁不知，辱莫大焉。**发论而不仁不知，辱无过此也。**将以为有益于人，则与无益于人也，**与读为预。本谓有

荀子集解

益于人,反预于无益人之论也。○卢文弨曰:注"论",宋本作"谓"。

王念孙曰:杨说甚迂。余谓与读为举。("举",古通作"与",说见<u>经义述闻礼运</u>。)举,皆也。(见<u>左传宣</u>十七年注、<u>哀</u>六年注。)言其说皆无益于人也。**则得大辱而退耳。**说莫病是矣。本欲使人见侮不辱,反自得大辱耳。**子宋子曰:"见侮不辱。"应之曰:凡议,必将立隆正然后可也。**崇高正直,然后可也。○先谦案:隆正,犹中正。下文"大隆",即"大中"也,说见<u>致士篇</u>。**无隆正,则是非不分而辨讼不决。故所闻曰:"天下之大隆,是非之封界,分职名象之所起,王制是也。"**名谓指名。象谓法象。王制,谓王者之旧制。**故凡言议期命,是非以圣王为师,**期,物之所会也;命,名物也:皆以圣王为法也。○王引之曰:"是非"当作"莫非"。正文云"莫非以圣王为师",故<u>杨</u>注云"皆以圣王为师","皆"字正释"莫非"二字。(凡本书中言"莫非""莫不"者,注悉以"皆"字释之。)今本"莫非"作"是非",则义不可通,盖涉上文两"是非"字而误。**而圣王之分,荣辱是也。**圣王以荣辱为人之大分,岂如<u>宋子</u>以见侮为不辱哉? **是有两端矣:**荣辱各有二也。**有义荣者,有埶荣者;有义辱者,有埶辱者。志意修,德行厚,知虑明,是荣之由中出者也,夫是之谓义荣。爵列尊,贡禄厚,形埶胜,**贡,谓所受贡赋,谓天子诸侯也。禄,谓受君之禄,卿相士大夫也。形埶,谓埶位也。**上为天子诸侯,下为卿相士大夫,是荣之从外至者也,夫是之谓埶荣。流淫、污僈,**污,秽行也。"僈"当为"漫",已解在<u>荣辱篇</u>。**犯分、乱理,骄暴、贪利,是辱之由中出者也,夫是之谓义辱。詈侮捽搏,**捽,持头也。搏,手击也。**捶笞、膑脚,**捶、笞,皆杖击也。膑,膝骨也。"脚",古"胠"字。膑脚,谓刖其膝骨也。<u>邹阳</u>曰:"<u>司马喜</u>膑脚于<u>宋</u>,卒相<u>中山</u>。"**斩、断、枯、磔,**断,如字。枯,弃市暴尸也。磔,车裂也。<u>周礼</u>"以疈辜祭四方百物",注谓披磔牲体也。或者枯与疈辜义同欤? **韩子曰:"<u>楚</u>南之

地,丽水之中生金,民多窃采之。采金之禁,得而辄辜磔。所辜磔甚
众,而民窃金不止。"疑"辜"即"枯"也。又庄子有"辜人",谓犯罪应
死之人也。○王念孙曰:后说是也。周官掌戮"杀王之亲者辜之",郑
注曰:"辜之言枯也,谓磔之。"藉、靡、舌举,藉,见凌藉也,才夜反。
靡,系缚也,与縻义同,即谓胥靡也,谓刑徒之人以铁锁相连系也。舌
举,未详。或曰:庄子云"公孙龙口呿而不合,舌举而不下",谓辞穷,
亦耻辱也。是辱之由外至者也,夫是之谓埶辱。是荣辱之两端
也。故君子可以有埶辱,而不可以有义辱;小人可以有埶荣,而
不可以有义荣。有埶辱无害为尧,有埶荣无害为桀。义荣、埶
荣,唯君子然后兼有之;义辱、埶辱,唯小人然后兼有之。是荣
辱之分也。圣王以为法,士大夫以为道,官人以为守,百姓以为
成俗,万世不能易也。言上下皆以荣辱为治也。士大夫,主教化者。
官人,守职事之官也。○王念孙曰:第四句本作"百姓以成俗",与上
三句对文。晋语注曰:"为,成也。"(广雅同。)"以成俗",即"以为
俗"。今本"成"上有"为"字,乃涉上三"为"字而衍。旦本无"为"字。
礼论篇"官人以为守,百姓以成俗","成"上亦无"为"字。今子宋子
案不然,独诎容为己,虑一朝而改之,说必不行矣。言宋子不知
圣人以荣辱为大分,独欲屈容受辱为己之道,其谋虑乃欲一朝而改圣
王之法,说必不行矣。譬之是犹以博涂塞江海也,以焦侥而戴太
山也,博涂,以涂垒博也。焦侥,短人长三尺者。○卢文弨曰:"博",
俗字。荀书当本作"搏"。搏涂泥而塞江海,必无用矣。蹎跌碎折不
待顷矣。蹎与颠同,踬也。顷,少顷也。○郝懿行曰:蹎者,僵仆也。
经典俱假借作"颠",唯此是其本字。注云"蹎与颠同",盖不知"颠"
乃假借耳。二三子之善于子宋子者,殆不若止之,将恐得伤其体
也。二三子,慕宋子道者也。止,谓息其说也。伤其体,谓受大辱。
○卢文弨曰:得,未详。或云:古与"碍"通。梵书以"导"为"碍",亦

有所本。　俞樾曰："得"字无义，疑"复"字之误。复者，反也。犹曰"将恐反伤其体也"。言子宋子之说非徒无益于人，或反以伤其体耳。**子宋子曰："人之情欲寡，而皆以己之情为欲多，是过也。"**宋子以凡人之情，所欲在少，不在多也。庄子说宋子曰"以禁攻寝兵为外，以情欲寡少为内"也。○谢本从卢校作"欲为多"。　王念孙曰："人之情"三字连读，"欲寡"二字连读，非以"情欲"连读也。"而皆以己之情欲为多"，吕本作"而以己之情为欲多"，是也。（钱校亦云："监本作'情为欲多'。"）"己之情"三字连读，"欲多"二字连读。谓人皆以己之情为欲多不欲寡也。自钱本始误作"以己之情欲为多"，则似以"情欲"二字连读矣。（互见下条。）天论篇注引此正作"以己之情为欲多"。　先谦案：王说是，今从吕本改作"为欲多"。**故率其群徒，辨其谈说，明其譬称，将使人知情欲之寡也。**称，谓所宜也。称，尺证反。"情欲之寡"，或为"情之欲寡"也。○王念孙曰：案或本是也。此谓宋子将使人知情之欲寡不欲多也。下文云"古之人以人之情为欲多而不欲寡"，"今子宋子以人之情为欲寡而不欲多也"，（下"人之情"，各本作"是之情"。案"人之情"三字，上文凡七见，今据改。）是其证。杨本作"情欲之寡"，非。**应之曰：然则亦以人之情为欲。**○卢文弨曰：此"欲"字衍，句当连下。一说：当作"亦以人情为不欲乎"。　先谦案：前说是。**目不欲綦色，耳不欲綦声，口不欲綦味，鼻不欲綦臭，形不欲綦佚。此五綦者，亦以人之情为不欲乎？**曰："人之情欲是已。"○先谦案：欲是者，欲上五綦。**曰：若是，则说必不行矣。以人之情为欲此五綦者而不欲多，譬之是犹以人之情为欲富贵而不欲货也，好美而恶西施也。古之人为之不然。以人之情为欲多而不欲寡，故赏以富厚而罚以杀损也，**谓以富厚赏之，以杀损罚之。杀，减也，所介反。**是百王之所同也。故上贤禄天下，次贤禄一国，下贤禄田邑，愿悫之民完衣食。以人之**

情为欲多,故使德重者受厚禄,下至愿悫之民,犹得完衣食,皆所以报其功。**今子宋子以是之情为欲寡而不欲多也,然则先王以人之所不欲者赏而以人之所欲者罚邪？乱莫大焉。**如宋子之说,乃大乱之道。**今子宋子严然而好说,**严读为俨。好说,自喜其说也。好,呼报反。**聚人徒,立师学,成文曲,**文曲,文章也。○王念孙曰:成文曲义不可通,"曲"当为"典",字之误也。故杨注云:"文典,文章也。"(今本注文亦误作"文曲"。)成文典,谓作宋子十八篇也。(见艺文志。)非十二子篇云"终日言成文典",是其证。**然而说不免于以至治为至乱也,岂不过甚矣哉！**

荀子卷第十三

礼论篇第十九

旧目录第二十三，今升在论议之中，于文为比。

礼起于何也？曰：人生而有欲，欲而不得，则不能无求；求而无度量分界，则不能不争；量，力向反。○先谦案：宋台州本无此四字，有"分，扶问反"四字。争则乱，乱则穷。穷，谓计无所出也。先王恶其乱也，故制礼义以分之，以养人之欲，给人之求，有分，然后欲可养，求可给。使欲必不穷乎物，物必不屈于欲，两者相持而长，是礼之所起也。屈，竭也。先王为之立中道，故欲不尽于物，物不竭于欲，欲与物相扶持，故能长久，是礼所起之本意者也。故礼者，养也。刍豢稻粱，五味调香，所以养口也；○王念孙曰：香，臭也，非味也，与"五味调"三字义不相属。下文云"椒兰芬苾，所以养鼻"，是香以养鼻，非以养口也。"香"当为"盉"。说文："盉，调味也，从皿，禾声"。今通作"和"。昭廿年左传曰："和如羹焉。水火醯醢盐梅，以亨鱼肉，宰夫和之，齐之以味，济其不及，以泄其过，君子食之，以平其心。"故曰"五味调盉，所以养口也"。"盉"与"香"字相似，故

"盉"误为"香",而杨注不释"盉"字,则所见本已误为"香"矣。<u>说文</u>又曰:"鬻,(与羹同。)五味盉羹也。"<u>博古图</u>所载<u>商</u>、<u>周</u>器皆有盉,盖因其可以盉羹而名之,故其字从皿而以禾为声。今经传皆通用"和"字,而"盉"字遂废。此"盉"字若不误为"香",则后人亦必改为"和"矣。

椒兰芬苾,所以养鼻也;雕琢、刻镂、黼黻、文章,所以养目也;钟鼓、管磬、琴瑟、竽笙,所以养耳也;疏房、檖貌、越席、床笫、几筵,所以养体也。 疏,通也。疏房,通明之房也。貌,古"貌"字。檖貌,未详。或曰:檖读为邃。貌,庙也。庙者,宫室尊严之名。或曰:貌读为邈。言屋宇深邃绵邈也。笫,床栈也。越席,翦蒲席也,古人所重。<u>司马贞</u>曰:"疏,窗也。"○<u>先谦</u>案:<u>宋台州</u>本注"绵"作"缅"。**故礼者,养也。君子既得其养,又好其别。曷谓别?曰:** ○<u>先谦</u>案:<u>史记礼书</u>作"又好其辨也,所谓辨者"。**贵贱有等,长幼有差,贫富轻重皆有称者也。** 称,谓各当其宜,尺证反。**故天子大路越席,所以养体也;侧载睪芷,所以养鼻也;** ○<u>卢文弨</u>曰:睪芷,说在上篇。<u>史记礼书</u>作"臭茝","臭"亦"皋"之误。**前有错衡,所以养目也;和鸾之声,步中武、象,趋中韶、濩,所以养耳也;** 并解在<u>正论</u>篇。**龙旗九斿,所以养信也;** 龙旗,画龙旗。<u>尔雅</u>曰:"素升龙于縿,练斿九。"旗正幅为縿,斿所以属之者也。信,谓使万人见而信之,识至尊也。养犹奉也。○<u>卢文弨</u>曰:注"正幅为縿",<u>宋</u>本"縿"作"缁",<u>元</u>刻作"丝",皆误,今改正。<u>元</u>刻"练斿"作"练旒",与今<u>尔雅</u>同。 <u>郝懿行</u>曰:信与神同。画龙于旗,取其神变。此"信"盖"神"之假借。古多借"信"为"伸",此又借"信"为"神","神"与"伸"皆同声之字,故可相通。<u>杨氏</u>不知假借之义,故云"信谓使人见而信之",其望文生训,不顾所安,往往如此。**寝兕、** 谓武士寝处于甲冑者也。**持虎、** 谓以虎皮为弓衣,武士执持者也。诗曰:"虎韔镂膺。"<u>刘氏</u>云"画虎于铃竿及楯"也。○<u>卢文弨</u>曰:"持"当为"特",字之误也。寝兕、特虎,谓画轮为饰也。<u>刘昭注舆服志引古今注</u>:"<u>武帝天汉</u>四年,令诸侯王朱轮,特虎居前,左兕右麋;小国朱轮,画特熊居前,寝麋居左右。"<u>白虎通</u>亦曰:"朱轮特熊居前,寝麋居左右。"此谓朱轮每轮画一虎居前,兕麋在两旁,却后而相并,故虎称特。左右,谓每轮两旁也。寝,伏也。大国画特虎,兕麋不寝;小国则画特熊,二寝麋,无兕。天子乘舆,盖画二寝兕居轮左右,画特虎居前欤?此段若膺说。**蛟韅**、韅,马服之革,盖象蛟形。<u>徐广</u>曰:"以蛟鱼皮为之。"○<u>卢文弨</u>曰:<u>史记</u>"蛟"作"鲛",古字通用。注"马服"乃"马腹"之误。<u>徐</u>说本<u>说文</u>。<u>杨</u>云"象蛟形",与上下文"虎""兕""龙"一例,胜<u>徐</u>说。**丝末**、末与幭同。<u>礼记</u>曰"君羔幭虎犆",<u>郑</u>云:"覆苓也。"丝幭,盖织丝为幭,亡狄反。○<u>卢文弨</u>曰:"丝末",<u>史记</u>无。**弥龙,所以养威也**;弥,如字,又读为弭。弭,末也。谓金饰衡轭之末为龙首也。<u>徐广</u>曰:"乘舆车以金薄缪龙为舆倚较,文虎伏轼,龙首衔轭。"○<u>卢文弨</u>曰:"弥",即<u>说文</u>之"𪔀"。<u>广韵</u>引<u>说文</u>云:"𪔀,乘舆金耳也,读若洙水。一读若<u>月令</u>'靡草'之'靡'。"金耳谓车耳,即重较也。<u>徐广</u>说为得之。"缪龙",<u>史记</u>作"璆龙",<u>索隐</u>云:"璆然,龙貌。"<u>徐</u>又云"文虎伏轼,龙首衔轭",此引古类及之,非正释也。"衔轭",当从<u>史记</u>注作"衡轭"为是。 <u>郝懿行</u>曰:金耳者,金饰车耳也。于倚较上刻为交龙之形,饰之以金,以养威重。龙,取其威也。 <u>王念孙</u>曰:<u>卢</u>注亦<u>段</u>说也。今本<u>说文</u>作"乘舆金饰马耳也",经<u>段</u>氏校正。说见<u>段</u>氏<u>说文</u>注。**故大路之马必倍至教顺,然后乘之,所以养安也**。倍至,谓倍加精至也。或以"必倍"为句。倍谓反之,车在马前,令马熟识车也。至极教顺,然后乘之,备惊奔也。○<u>卢文弨</u>曰:<u>史记</u>"倍至"作"信至"。 <u>先谦</u>案:"倍",当依<u>史记</u>作"信"。"倍""信"形近而讹。据<u>杨</u>注,则所见本已误。信至,谓马调良之极。**孰知夫出死要节之所以养生也**!孰,甚也。出死,出身死寇难也。要节,自要约以节义,谓立节也。使其孰知出死要节,尽忠于君,是乃所

以受禄养生也。若不能然，则乱而不保其生也。要，一遥反。○卢文
弨曰：此注旧本有賸有脱，今订正。　先谦案：史记"出死"上多一
"士"字。**孰知夫出费用之所以养财也！**费，用财以成礼，谓问遗之
属，是乃所以求奉养其财，不相侵夺也。○郭嵩焘曰："用"上疑夺文。
或作"出费制用"，四句为一例。　先谦案：史记"出"作"轻"，文义大
异。**孰知夫恭敬辞让之所以养安也！**无恭敬辞让，则乱而不安也。
孰知夫礼义文理之所以养情也！无礼义文理，则纵情性，不知所归
也。**故人苟生之为见，若者必死；**言苟唯以生为所见，不能出死要
节，若此者必死也。**苟利之为见，若者必害；**苟唯以利为所见，不能
用财以成礼，若此者必遇害也。**苟怠惰偷懦之为安，若者必危；**懦
读为儒。言苟以怠惰为安居，不能恭敬辞让，若此者必危也。○卢文
弨曰："偷懦"，非十二子篇作"偷儒"，是也。此与劝学篇作"偷懦"，
皆非。　先谦案：宋台州本"安"下有"居"字。据注，似正文本有
"居"字。**苟情说之为乐，若者必灭。**说读为悦。言苟以情悦为乐，
不知礼义文理，恣其所欲，若此者必灭亡也。**故人一之于礼义，则两
得之矣；一之于情性，则两丧之矣。**专一于礼义，则礼义情性两得；
专一于情性，则礼义情性两丧也。**故儒者将使人两得之者也，墨者
将使人两丧之者也，是儒、墨之分也。**

　　礼有三本：天地者，生之本也；先祖者，类之本也；类，种。**君
师者，治之本也。无天地恶生？无先祖恶出？无君师恶治？三
者偏亡焉，无安人。**偏亡，谓阙一也。**故礼上事天，下事地，尊先
祖而隆君师，是礼之三本也。**所以奉其三本。**故王者天太祖，**谓
以配天也。太祖，若周之后稷。**诸侯不敢坏，**谓不祧其庙，若鲁周
公。史记作"不敢怀"，司马贞云"思也"，盖误耳。**大夫士有常宗，**
继别子之后，为族人所常宗，百世不迁之大宗也。别子，若鲁三桓也。
所以别贵始。贵始，得之本也。"得"当为"德"。言德之本在贵

始。榖梁传有此语。○卢文弨曰："得"，大戴礼作"德"，古二字通用。

先谦案：此上是贵始之义。史记作"所以别贵贱，贵贱治，德之本也"，传钞致误。**郊止乎天子，**○先谦案：史记作"郊畤乎天子"，索隐："畤，类也。天子类得郊天，余并不合祭。"**而社止于诸侯，**○先谦案：史记作"社至诸侯"，索隐："言天子已下至诸侯得立社。"说文："社，地主也。"孝经纬："社，土地之主也。土地阔，不可尽敬，故封土为社，以报功也。"案"止"字义不合，当作"至"，"至""止"形近而误。杨所见荀子本亦作"至于诸侯"。若作"止于诸侯"，不训为"自诸侯通及士大夫"矣。**道及士大夫，**道，通也。言社自诸侯通及士大夫也。或曰：道，行神也。祭法：大夫適士皆得祭门及行。史记"道"作"蹈"，亦作"啗"，司马贞曰："啗音含，苞也。"言士大夫皆得苞立社。倞谓当是"道"误为"蹈"，传写又误以"蹈"为"啗"耳。○卢文弨曰：史记集解本"道及"作"函及"。　郝懿行曰：案祭法云"大夫以下成群立社，曰置社"，郑注："群，众也。大夫以下，谓下至庶人也。大夫不得特立社，与民族居，百家以上则共立一社，今时里社是也。"此则社之礼下达庶人。道，谓通达也。　王念孙曰：杨注皆出于小司马。其说"道""啗"二字，皆非也。(杨以道为行神，亦非。)道及者，覃及也，说见史记礼书。　先谦案：史记作"函及士大夫"，集解："函音含。"索隐作"啗"，云："啗音含。含谓包容。邹诞生音徒滥反。大戴礼作导，导亦通也。今此为啗者，当以导与蹈同，后其字'足'失'止'，唯有'口'存，故使解者穿凿也。"钱氏大昕云："函及者，覃及也。说文：'马，嘾也，读若含。'函，从马得声，亦与嘾同义。古文导与禫同。士丧礼'中月而禫'，古文禫作导。说文，袩读若'三年导服'之导，亦谓禫服也。导与禫通，则亦与覃、嘾通，而啗又与嘾同音，是文异而实不异。小司马疑啗为蹈之讹，由不知古音之变易也。"王氏念孙云："钱谓导与覃通，导及即覃及，是也。大雅荡篇：'覃及鬼方。'尔雅：'覃，延也。'言社自诸侯延及士大夫也。函当为臽。(今作"陷"。)啗从臽得声，是臽与啗古同声,故邹本作啗,即臽之异文也。啗与覃,古亦同声,故邹本之‘啗及’,即诗之‘覃及’也。钱以函及为覃及,非也。函训为容,非覃及之义。函与啗亦不同声,若本是函字,无缘通作啗也。臽字本作臽,形与函相似,因讹为函。后人多见函,少见臽,故经史中臽字多讹为函。"(说详经义述闻"若合而函吾中"下。)**所以别尊者事尊,卑者事卑,宜大者巨,宜小者小也。**○先谦案:宋台州本有"也"字,各本无。以上下文例之,当有,今据补。**故有天下者事十世,**"十"当为"七"。穀梁传作"天子七庙"。○先谦案:大戴礼、史记皆作"七"。**有一国者事五世,有五乘之地者事三世,**古者十里为成,成出革车一乘。五乘之地,谓大夫有菜地者,得立三庙也。○卢文弨曰:注"菜",俗间本作"采",宋本、元刻皆作"菜"。案诸经正义中亦多作"菜"字。白虎通京师篇凡三见,皆作"菜"。后汉冯鲂传:"食菜冯城。"是以匡谬正俗云:"古之经史,采、菜相通。"**有三乘之地者事二世,**祭法所谓"適士立二庙"也。**持手而食者不得立宗庙,**持其手而食,谓农工食力也。○先谦案:"持手",大戴礼作"待年",史记作"有特牲"。礼记曰:"庶人祭于寝。"**所以别积厚,积厚者流泽广,积薄者流泽狭也。**积与绩同,功业也。穀梁传僖公十五年:"震夷伯之庙。"夷伯,鲁大夫,因此以见天子至于士皆有庙也。天子七庙,诸侯五,大夫三,士二。故德厚者流光,德薄者流卑。是以贵始,德之本也。○卢文弨曰:大戴及史记"积厚"二字不重。　王念孙曰:不重者是也。上文"所以别尊者事尊,卑者事卑"与此文同一例,则"积厚"二字不当重。**大飨,尚玄尊,俎生鱼,先大羹,贵食饮之本也。**大飨,祫祭先王也。尚,上也。玄酒,水也。大羹,肉汁无盐梅之味者也。本,谓造饮食之初。礼记曰"郊血,大飨腥"也。**飨,尚玄尊而用酒醴,先黍稷而饭稻粱;**飨与享同,四时享庙也。用,谓酌献也。以玄酒为上而献以酒醴,先陈黍稷而后饭以稻粱也。**祭,齐大羹而饱庶羞,贵**

本而亲用也。祭,月祭也。齐读为哜,至齿也。谓尸举大羹,但至齿而已矣,至庶羞而致饱也。用,谓可用食也。〇卢文弨曰:大戴礼"齐"作"哜",史记"哜"下有"先"字。　俞樾曰:杨注"齐读为哜",此因大戴记而误也。"齐"当为"跻",礼记乐记篇郑注曰"齐读为跻"是也。文二年左传"跻僖公",杜注曰:"跻,升也。"然则跻大羹者,升大羹也,正与上文"尚玄尊"、"先黍稷"一律。下文云"豆之先大羹也",是其义也。大戴记礼三本篇作"哜",疑即"跻"之坏字。史记礼书"哜"下有"先"字,疑史公原文作"先大羹",后人因大戴之文,妄增"哜"字耳。**贵本之谓文,亲用之谓理,**文谓修饰。理谓合宜。**两者合而成文,**〇郝懿行曰:文、理一耳。贵本则溯追上古,礼至备矣,兼备之谓文;亲用则曲尽人情,礼至察矣,密察之谓理。理统于文,故两者通谓之文也。**以归大一,夫是之谓大隆。**贵本、亲用,两者相合,然后备成文理。大读为太。太一,谓太古时也。礼记曰:"夫礼必本于太一。"言虽备成文理,然犹不忘本而归于太一,是谓大隆于礼。司马贞曰:"隆,盛也。得礼文理,归于太一,是礼之盛也。"**故尊之尚玄酒也,俎之尚生鱼也,俎之先大羹也,一也。**一,谓一于古也。此以象太古时,皆贵本之义,故云一也。〇先谦案:下"俎"字,大戴礼、史记作"豆"。大羹盛于登,俎、豆盖通言之。**利爵之不醮也,成事之不俎不尝也,三臭之不食也,一也。**醮,尽也。谓祭祀毕,告利成,利成之时,其爵不卒,奠于筵前也。史记作"不啐"。成事,谓尸既饱礼成,不尝其俎。仪礼:"尸又三饭,上〔一〕佐食,受尸牢肺、正脊加于肵。"是臭谓歆其气,谓食毕也,许又反。皆谓礼毕无文饰,复归于朴,亦象太古时也。史记作"三侑之不食",司马贞曰:"礼,祭必立侑以劝尸食,至三饭而止。每饭有侑一人,故曰三侑。既是劝尸,故不

〔一〕 "上",原本作"士",据仪礼少牢馈食礼改。

自食也。"〇俞樾曰:杨注利爵不醮未尽其义。利者谓佐食也。利爵
不醮,盖据大夫傧尸之礼。有司彻篇"利洗爵献于尸,尸酢献祝,祝受
祭酒,啐酒奠之",是其事也。利既献尸,尸卒爵酢利,利又献祝,祝受
奠之。不啐,示祭事毕也。　先谦案:索隐云"成事,卒哭之祭,故记
曰'卒哭曰成事',既是卒哭始从吉祭,故受爵而不尝俎",与杨注义
异。孔广森云:"一也,三者皆礼之终。"**大昏之未发齐也,大庙之未
入尸也,始卒之未小敛也,一也。** 皆谓未有威仪节文,象太古时也。
史记作"大昏之未废齐也",司马贞曰:"废齐,谓婚礼父亲醮子而迎,
故曲礼云:'齐戒以告鬼神。'""此三〔一〕者皆礼之初始,质而未备,故
云一也。"〇卢文弨曰:案古废、发音同通用。　俞樾曰:齐当读为醮。
发,犹致也。昏礼,父亲醮子而命之迎。未发醮者,未致醮也。　先谦
案:孔广森云"未入尸,谓若馈食,尸未入之前为阴厌"也。**大路之素
未集也,郊之麻绖也,丧服之先散麻也,一也。** 大路,殷祭天车,王
者所乘也。未集,不集丹漆也。礼记云:"大路素而越席。"又曰:"丹
漆雕几之美,素车之乘。"麻绖,缉麻为冕,所谓大裘而冕,不用衮龙之
属也。士丧礼:"始死,主人散带,垂长三尺。"史记作"大路之素帱",
司马贞曰:"帱音稠。谓车盖素帷,示质也。"〇卢文弨曰:注末,旧本
作"亦质者也"。　俞樾曰:杨注"未集,不集丹漆也",则但言"素"而
其义已足矣,不必言"未集"。且"未集"二字义亦未足,杨注非也。
"未"字当为"末"。素末一事,素集一事,盖一本作"末",一本作
"集",传写误合之,而因改"末"为"未",以曲成其义,非荀子原文也。
"末"者,"幭"之假字。上文"丝末",杨注曰:"末与幭同。礼记曰'君
羔幭虎犆',郑云:'覆笭〔二〕也。'"然则"大路之素末"亦即"素幭"
耳。大戴记礼三本篇作"素幭",幭与幭同。荀子作"末"之本,与大戴

344

〔一〕　"三",史记礼书索隐作"五"。
〔二〕　"笭",礼记玉藻郑注作"苓"。

合。"集"者,"帱"之假字,集音转而为就。诗小旻篇"是用不集",韩诗作"是用不就"是也。故得读为帱。尔雅释训"帱谓之帐",释文曰:"帱,本或作帽。"是"帱"字或从周声。山海经中山经"暴山,其兽多麋、鹿、麝、就",郭注曰:"就,雕也。"然则以"就"为"帽",犹以"就"为"雕"矣。史记礼书正作"素帱"。荀子作"集"之本,与史记合。 先谦案:大戴礼"散麻"作"散带",孔广森云:"带,要经也。"丧礼,小敛,主人始经,散垂之,既成服,乃绞。杂记曰:"大功以上散带。"三者皆从质,故云一也。

三年之丧,哭之不文也;清庙之歌,一倡而三叹也;县一钟,尚拊之膈,朱弦而通越也,一也。 不文,谓无曲折也。礼记曰:"斩衰之哭,若往而不反。"清庙之歌,谓工以乐歌清庙之篇也。一人倡,三人叹,言和之者寡也。县一钟,比于编钟为简略也。尚拊之膈,未详。或曰:尚谓上古也。拊,乐器名。膈,击也。即所谓"戛击鸣球,搏拊琴瑟"也。尚古乐,所以示质也。扬子云长杨赋曰"拮膈鸣球",韦昭曰:"古文膈为击。"或曰:"膈"当为"搏"。大戴礼作"搏拊",一名相。礼记曰:"治乱以相拊,所以辅乐。"相亦辅之义。书曰"搏拊琴瑟",孔安国曰:"搏拊,以韦为之,实之以穅,所以节乐也。"周礼:"大祭祀,登歌令奏击拊。"司马贞曰:"拊鬲,谓县钟格也。不击其钟而拊其格,不取其声,示质也。"朱弦疏越,郑玄云:"朱弦,练朱弦也。练则声浊。越,瑟底孔也,所以发越其声,故谓之越。疏通之,使声迟也。"史记作"洞越"。或曰:膈读为戛。〇卢文弨曰:"不文",大戴礼、史记皆作"不反"。观注意,此亦似本作"不反","文"字疑误。 郝懿行曰:乐论篇以"拊罩"与"鞉柷""椌楬"相俪,则皆乐器名也。拊者以韦为之,实以穅。"膈"彼作"罩",其字从革,窃疑亦拊之类,不得依此注以膈为击也。若长杨赋之"拮膈鸣球",则又借"拮膈"为"戛击",杨注为误引矣。以此互相订正,则此当"县之一钟"句,"尚拊膈"句,文误倒耳。尚者上也。钟声宏大,言不贵彼而上此声之近质者也。 先谦案:"不文"当作"不反",卢说是也。大戴礼"钟"作"磬",与"磬"同,"拊膈"作"拊搏",无"之"字,史记亦无,明此"之"字衍。尚书大传曰:"古者帝王升歌清庙之乐,大琴练弦达越,大瑟朱弦达越。"**凡礼,始乎梲,成乎文,终乎悦校。**史记作"始乎脱,成乎文,终乎梲"。言礼始于脱略,成于文饰,终于梲减。礼记曰:"礼主其减。"校,未详。大戴礼作"终于隆",隆,盛也。〇卢文弨曰:注"隆"字,旧本不重。案,大戴作"终于隆",史记索隐所引同,云:"隆谓盛也。"今据增。　郝懿行曰:"梲",史记作"脱"。疑此当作"梲",梲者敛也;"校"当作"恔",恔者快也。孟子"于人心独无恔乎",赵注"恔,快"是矣。此言礼始乎收敛,成乎文饰,终乎悦快。**故至备,情文俱尽;**情文俱尽,乃为礼之至备。情谓礼意,丧主哀、祭主敬之类。文谓礼物、威仪也。**其次,情文代胜;**不能至备,或文胜于情,情胜于文,是亦礼之次也。**其下,复情以归大一也。**虽无文饰,但复情以归质素,是亦礼也。若潢污行潦之水可荐于鬼神也。**天地以合,日月以明,四时以序,星辰以行,江河以流,万物以昌,好恶以节,喜怒以当,**言礼能上调天时,下节人情,若无礼以分别之,则天时人事皆乱也。昌,谓各遂其生也。**以为下则顺,以为上则明,万物变而不乱,贰之则丧也。礼岂不至矣哉!**礼在下位则使人顺,在上位则治万变而不乱。贰谓不一在礼。丧,亡也。〇顾千里曰:"物"字、"而"字,疑不当有。大戴记礼三本篇无此二字,可以为证。　先谦案:"贰"乃"忒"之误字,说见天论篇。大戴礼作"贷之则丧"。张参五经文字云:"贷,相承或借为贳。"吕览、管子、史记皆以"贳"为"忒"。**立隆以为极,而天下莫之能损益也。**立隆盛之礼以极尽人情,使天下不复更能损益也。**本末相顺,**司马贞曰:"礼之盛,文理合以归太一;礼之杀,复情以归太一:是本末相顺也。"〇俞樾曰:顺读为巡。礼记祭义篇"终始相巡",此云"本末相巡",其义正同。顺、巡并从川声,故得假用。**终始相应,**司马贞曰:"礼始于脱略,终于税,税亦杀也。杀亦〔一〕脱略,是终始相应也。"**至文以有别,至察以有说**。言礼之至文,以其有尊卑贵贱之别;至察,以其有是非分别之说。<u>司马贞</u>曰:"说音悦。言礼之至察,有以明隆杀委曲之情文,足以悦人心也。"○<u>王念孙</u>曰:以,犹而也。(说见<u>释词</u>。)言至文而有别、至察而有说也。<u>史记</u>"以有"二字皆倒转,误也。<u>杨</u>前说误解"以"字,后用<u>小司马</u>说,读说为悦,尤非。**天下从之者治,不从者乱;从之者安,不从者危;从之者存,不从者亡。小人不能测也**。○<u>先谦</u>案:"测",<u>史记</u>误"则"。**礼之理诚深矣,"坚白""同异"之察入焉而溺;其理诚大矣,擅作典制辟陋之说入焉而丧;其理诚高矣,暴慢、恣睢、轻俗以为高之属入焉而队**。"队",古"坠"字,堕也。以其深,故能使"坚白"者溺;以其大,故能使擅作者丧;以其高,故能使暴慢者坠。<u>司马贞</u>曰:"恣睢,毁訾也。"○<u>先谦</u>案:<u>史记</u>"理"并作"貌","丧"作"嗛"。**故绳墨诚陈矣,则不可欺以曲直;衡诚县矣,则不可欺以轻重;规矩诚设矣,则不可欺以方圆;君子审于礼,则不可欺以诈伪。故绳者,直之至;衡者,平之至;规矩者,方圆之至;礼者,人道之极也。然而不法礼,不足礼,谓之无方之民;法礼足礼,谓之有方之士**。足,谓无阙失。方犹道也。○<u>郝懿行</u>曰:方犹隅也。廉隅,谓有棱角。士知砥厉,故德有隅;民无廉耻,故丧其隅者也。　　<u>王念孙</u>曰:足礼,谓重礼也。不足礼,谓轻礼也。<u>儒效篇</u>云"纵性情而不足问学,则为小人矣",<u>乐论篇</u>云"百姓不安其处,不乐其乡,不足其上",与此言"不足礼"同。反是则足礼矣。上文云"礼者人道之极也",正足礼之谓也。<u>杨</u>注失之。又曰:"足"当为"是"。<u>尔雅</u>曰:"是,则也。"则亦法也。<u>非十二子篇</u>曰"不法先王,不是礼义",(<u>修身篇</u>曰:"不是师法而好自用。")犹此言"不法礼,不是礼"也。"是"与"足"字相似而误。　　<u>先谦</u>案:<u>王</u>前说是。**礼之**

―――――――――――

〔一〕"亦",<u>史记礼书索隐</u>作"与"。

中焉能思索,谓之能虑;礼之中焉能勿易,谓之能固。勿易,不变也。若不在礼之中,虽能思索、勿易,犹无益。**能虑能固,加好者焉**,○先谦案:史记"者"作"之"。此句当作"加好之者焉",史记引删"者"字,荀书夺"之"字也。无"之"字则语不圆足。王制篇云"为之、贯之、积重之、致好之者,君子之始也","致好"下有"之"字,是其例。**斯圣人矣。故天者,高之极也;地者,下之极也;无穷者,广之极也;**东西南北无穷。**圣人者,道之极也。故学者固学为圣人也,非特学为无方之民也。礼者,以财物为用,**以贡献问遗之类为行礼之用也。**以贵贱为文,**以车服旗章为贵贱文饰也。**以多少为异,**多少异制,所以别上下也。**以隆杀为要。**隆,丰厚;杀,减降也。要,当也。礼或厚或薄,唯其所当为贵也。**文理繁,情用省,是礼之隆也;**文理谓威仪;情用谓忠诚。若享献之礼,宾主百拜,情唯主敬,文过于情,是礼之隆盛也。○先谦案:史记"理"作"貌","用"作"欲",下同。**文理省,情用繁,是礼之杀也;**若尊之尚玄酒,本于质素,情过于文,虽减杀,是亦礼也。**文理、情用相为内外表里,并行而杂,是礼之中流也。**或丰或杀,情文代胜,并行相杂,是礼之中流。中流,言如水之清浊相混也。○王念孙曰:杂读为集。尔雅:"集,会也。"言文理、情用并行而相会也。"集""杂"古字通。(月令"四方来集",吕氏春秋仲秋纪"集"作"杂"。论衡别通篇"集糅非一",即"杂糅"。)杨未达假借之旨。 俞樾曰:杂读为币。古杂与币通。吕氏春秋圜道篇"圜周复杂",注曰:"杂,犹币也。"淮南子诠言篇"以数杂之寿,忧天下之乱",注曰:"杂,币也。人生子,从子至亥为一币。"然则并行而杂,言并行而周币也。杨注非。 先谦案:中流,犹中道。下有复句,可互证。杨注非。**故君子上致其隆,下尽其杀,而中处其中。**君子,知礼者。致,极也。言君子于大礼则极其隆厚,小礼则尽其降杀,中用得其中,皆不失礼也。**步骤、驰骋、厉骛不外是矣,是君子之坛宇、宫廷也。**厉骛,疾骛也。史记作"广骛"。言虽驰骋,不

出于隆杀之间。坛宇、宫廷,已解于上。**人有是,士君子也;外是,民**
也;是犹此也。民,民氓无所知者。〇**王念孙**曰:是谓礼也。有读为域。
孟子公孙丑篇注曰:"域,居也。"人域是,人居是也,故与"外是"对文。
商颂玄鸟篇"奄有九有",**韩诗**作"九域"。(见**文选册魏公九锡文**注。)
鲁语"共工氏之伯九有也",韦注曰:"有,域也。"**汉书律历志**引**祭典**曰:
"共工氏伯九域。"是域、有古通用。**史记礼书**正作"人域是"。(索隐:
"域,居也。")**于是其中焉,方皇周挟,曲得其次序,是圣人也。**方皇
读为仿偟,犹徘徊也。挟读为浃,币也。言于是礼之中,徘徊周币,委曲
皆得其次序而不乱,是圣人也。**故厚者,礼之积也;大者,礼之广也;**
高者,礼之隆也;明者,礼之尽也。圣人所以能厚重者,由积礼也;能
弘大者,由广礼也;崇高者,由隆礼也;明察者,由尽礼也。**司马贞**曰:
"言君子圣人有厚大之德,则为礼之所归积益弘广也。"**诗曰:"礼仪卒**
度,笑语卒获。"此之谓也。引此明有礼,动皆合宜也。

　　礼者,谨于治生死者也。谨,严。**生,人之始也;死,人之终也:**
终始俱善,人道毕矣。故君子敬始而慎终。终始如一,是君子之
道、礼义之文也。夫厚其生而薄其死,是敬其有知而慢其无知也,
是奸人之道而倍叛之心也。君子以倍叛之心接臧谷,犹且羞之,
而况以事其所隆亲乎! 臧,已解在**王霸篇**。**庄子**曰:"臧与谷相与牧
羊。"**音义**云:"孺子曰谷。"或曰:谷,读为"鬬穀於菟"之"穀"。穀,乳
也,谓哺乳小儿也。所隆亲,所厚之亲也。〇**王引之**曰:隆,尊也。(见
经解注。)"隆亲"二字平列。所隆谓君也。所亲谓父母也。下文曰"臣
之所以致重其君,子之所以致重其亲",是其证。**杨**注非。**故死之为道**
也,一而不可得再复也,臣之所以致重其君,子之所以致重其亲,
于是尽矣。以其一死不可再复,臣、子于极重之道不可不尽也。**故事**
生不忠厚、不敬文谓之野,忠厚,忠心笃厚。敬文,恭敬有文饰。野,
野人,不知礼者也。**送死不忠厚、不敬文谓之瘠。**瘠,薄。**君子贱野**

而羞瘠，故天子棺椁十重，诸侯五重，大夫三重，士再重， 礼记曰：
"天子之棺四重，水兕革棺被之，其厚三寸，杝棺一，梓棺二，四者皆周。
棺束，缩二，衡三，衽每束一。柏椁以端，长六尺。"又礼器曰"天子七月
而葬，五重八翣"，郑云："五重，谓抗木与茵也。"今十重，盖以棺椁与抗
木合为十重也。诸侯以下，与礼记多少不同，未详也。○郝懿行曰：
"十"当作"五"。古"五"作"乂"，与"十"形近易讹。上"有天下者事十
世"，"十"当为"七"。然天子七重，于古无文，作"五"或犹近之。而檀
弓云"天子之棺四重"，郑注"诸公三重，诸侯再重，大夫一重，士不重"，
与此复不同。若依郑义推之，此重数俱有加，亦当言"天子五重，诸侯三
重，大夫二重，士一重"矣。　　王引之曰："十"，疑当作"七"。（凡经传中
"七""十"二字多互讹，不可枚举。）礼自上以下，降杀以两，天子七重，故
诸侯减而为五，大夫减而为三也。杨注非。**然后皆有衣衾多少厚薄**
之数，皆有翣菨文章之等以敬饰之， 衣谓衣衾。礼记所谓"君陈衣于
庭，百称"之比者也。衾谓君锦衾，大夫缟衾，士缁衾也。食谓遣车所
苞。遣，莫也。"翣菨"当为"菨翣"，郑康成云"菨翣，棺之墙饰"也。翣，
以木为筐，衣以白布，画为云气，如今之摄也。周礼缝人"衣翣柳之材"，
郑云："必先缠衣其木，乃以张饰也。柳之言聚也，诸饰所聚。"柳以象宫
室也。刘熙释名云："舆棺之车，其盖曰柳。"文章之等，谓君龙帷，三池，
振容，黼荒，火三列，黻三列，素锦褚，加帷荒，缁纽六，齐，五采，五贝，黼
翣二，黻翣二，画翣二，皆戴圭，鱼跃拂池。君缁戴六，缁披六。大夫以下
各有差也。○卢文弨曰：正文"衣衾"，案注，当本作"衣食"。元刻于注
颇有删节，今悉依宋本。　　王念孙曰：卢说是也。正文本作"然后皆有
衣食多少厚薄之数"。（"衣"字统衣衾而言。）杨注本作"衣谓衣衾。
（此释正文"衣"字。）衣，礼记所谓'君陈衣于庭，百称'之比者也。衾谓
君锦衾，大夫缟衾，士缁衾也。（此是杨氏自释注内"衣衾"二字，非释正
文也。正文本无"衾"字。）食谓遣车所苞。遣，莫也。"（此释正文"食"
字。）宋本正文"食"字误而为"衾"，注文"礼记"上又脱一"衣"字，则义

不可通，而元刻遂妄加删节矣。**使生死终始若一，一足以为人愿，是先王之道、忠臣孝子之极也。**生死如一，则人愿皆足，忠孝之极在此也。**天子之丧动四海，属诸侯；诸侯之丧动通国，属大夫；大夫之丧动一国，属修士；修士之丧动一乡，属朋友，**属，谓付托之，使主丧也。通国，谓通好之国也。一国，谓同在朝之人也。修士，士之进修者，谓上士也。一乡，谓一乡内之姻族也。春秋传曰："天子七月而葬，同轨毕至；诸侯五月而葬，同盟至；大夫三月，同位至；士逾月，外姻至。"〇王念孙曰：属，合也。（四"属"字义并同。）下文云"庶人之丧合族党，动州里"是也。周官州长"各属其州之民而读法"，郑注曰："属，犹合也、聚也。"晋语"三属诸侯"，韦注："属，会也。"杨注失之。**庶人之丧合族党，动州里。刑余罪人之丧不得合族党，独属妻子，棺椁三寸，衣衾三领，不得饰棺，不得昼行，以昏殣，凡缘而往埋之，**刑余，遭刑之余死者。墨子曰："桐棺三寸，葛以为缄。"赵简子亦云。然则厚三寸，刑人之棺也。丧大记："士陈衣于序东，三十称。"今云"三领"，亦贬损之甚也。殣，道死人也。诗曰："行有死人，尚或殣之。"今昏殣，如掩道路之死人，恶之甚也。凡，常也。缘，因也。言其妻子如常日所服而埋之，不更加绖杖也。今犹谓无盛饰为缘身也。〇郝懿行曰：按"缘身"，今俗亦有此语。**反无哭泣之节，无衰麻之服，无亲疏月数之等，各反其平，各复其始，**〇王引之曰："平"字文义不明，"平"当为"本"，字之误也。本，亦始也。（吕氏春秋孝行篇注："本，始也。"晋语注："始，本根也。"）反其本，即复其始。复其始，谓若无丧时也。又曰："平"字不误。下文曰"久而平"，杨注"久则哀杀如平常也"，是其证。前谓"平当为本"，失之。**已葬埋，若无丧者而止，夫是之谓至辱。**此盖论墨子薄葬，是以至辱之道奉君父也。**礼者，谨于吉凶不相厌者也。**厌，掩也，乌甲反。谓不使相侵掩也。或曰不使相厌恶，非也。**往圹听息之时，则夫忠臣孝子亦知其闵已，**往读为注。"注圹"即"属圹"也。言此时知其必至于忧闵也。或曰:"纴"当为"绖"。绖,苦化反。以为"黇"字,非也。○俞樾曰:杨注文义迂曲,殆非也。尔雅释诂:"闵,病也。"诗柏舟篇"觏闵既多",鸱鸮篇"鬻子之闵斯",毛传并曰:"闵,病也。"亦知其闵已,犹言亦知其病已。病谓疾甚也。仪礼既夕记注曰:"疾甚曰病。"**然而殡敛之具未有求也;**所谓不相厌也。**垂涕恐惧,然而幸生之心未已、持生之事未辍也;卒矣,然后作、具之。**作之,具之。**故虽备家,必逾日然后能殡,三日而成服,**备,丰足也。○郝懿行曰:备,具也,皆也。物皆饶多凤具,故谓富家为备家。 郭嵩焘曰:"备家"不词,当即下"备物"。此时虽备物,不敢遽也。逾日而殡,三日而成服,而后所备之物毕作也。**然后告远者出矣,备物者作矣。故殡,久不过七十日,速不损五十日。**此皆据士丧礼首尾三月者也。损,减也。**是何也?曰:远者可以至矣,百求可以得矣,百事可以成矣,其忠至矣,其节大矣,其文备矣。**忠,诚也。节,人子之节也。文,器用仪制也。子思曰:"丧三日而殡,凡附于身者,必诚必信,勿之有悔焉耳。三月而葬,凡附于棺者,必诚必信,勿之有悔焉耳。"**然后月朝卜日,月夕卜宅,然后葬也。**月朝,月初也。月夕,月末也。先卜日知其期,然后卜宅,此大夫之礼也。士则筮宅。士丧礼先筮宅,后卜日。此云"月朝卜日,月夕卜宅",未详也。○郝懿行曰:"夕"与"昔",古字通。昔者旧也。旧已卜宅,月朝乃卜日也。 王引之曰:当作"月朝卜宅,月夕卜日"。今本"宅""日"二字上下互误耳,断无先卜日后卜宅之理。**当是时也,其义止,谁得行之?其义行,谁得止之?**圣人为之节制,使贤者抑情,不肖者企及。**故三月之葬,其貌以生设饰死者也,殆非直留死者以安生也,**貌,象也。言其象以生之所设器用饰死者,三月乃能备也。**是致隆思慕之义也。**

丧礼之凡:凡谓常道。○卢文弨曰:"丧礼",宋本作"卒礼",下同。**变而饰,**谓殡敛每加饰。**动而远,**礼记:"子游云:'饭于牖下,小敛于户内，大敛于阼，殡于客位，祖于庭，葬于墓，所以即远也。'"久而平。久则哀杀，如平常也。**故死之为道也，不饰则恶，恶则不哀，尒则玩，**尒与迩同。玩，戏狎也。**玩则厌，厌则忘，忘则不敬。一朝而丧其严亲，**○俞樾曰：礼记大传篇"收族故宗庙严"，郑注曰："严，犹尊也。"严亲即尊亲。严谓君，亲谓父母。**而所以送葬之者不哀不敬，则嫌于禽兽矣，君子耻之。故变而饰，所以灭恶也；动而远，所以遂敬也；**遂，成也。迩则惧敬不成也。**久而平，所以优生也。**优养生者，谓送死有已、复生有节也。**礼者断长续短，损有余，益不足，达爱敬之文，而滋成行义之美者也。**皆谓使贤不肖得中也。贤者则达爱敬之文而已，不至于灭性；不肖者用此成行义之美，不至于禽兽也。**故文饰、粗恶、声乐、哭泣、恬愉、忧戚，是反也，**是相反也。**然而礼兼而用之，时举而代御。**御，进用也。时吉则吉，时凶则凶也。○王念孙曰：此"时"字非谓天时，时者更（音庚。）也。谓文饰与粗恶、声乐与哭泣、恬愉与忧戚，皆更举而代御也。方言曰："莳，（郭音侍。）更也。"古无"莳"字，故借"时"为之。庄子徐无鬼篇云："菫也，桔梗也，鸡廱也，豕零也，是时为帝者也。"（尔雅："帝，君也。"）淮南齐俗篇云："见雨则裘不用，升堂则蓑不御，此代为帝者也。"（"帝"，今本误作"常"。）说林篇云："旱岁之土龙，疾疫之刍灵，是时为帝者也。"（今本脱"时"字，据高注补。）太平御览器物部十引冯衍诣邓禹笺云："见雨则裘不用，上堂则蓑不御，此更为适者也。"（適读"嫡子"之嫡。广雅："嫡，君也。"）或言"时为"，或言"代为"，或言"更为"，是时、代皆更也，（方言："更，代也。"说文："代，更也。"）故曰"时举而代御"。杨说"时"字之义未了。**故文饰、声乐、恬愉，所以持平奉吉也；粗衰、哭泣、忧戚，**○王念孙曰："粗衰"本作"粗恶"，此后人不晓文义而妄改之也。"粗恶"对"文饰"，"哭泣"对"声乐"，"忧戚"对"恬愉"，皆见上文。"粗恶"二字所包者广，不止粗衰一事，不得改"粗恶"为"粗衰"也。下注云"立粗衰以为居丧之饰"，则杨所见本已误。**所以持险奉凶也。**持,扶助也。险,谓不平之时。**故其立文饰也至于宛冶;**宛读为姚。姚冶,妖美也。**其立粗衰也,不至于瘠弃;**立粗衰以为居丧之饰,亦不使羸瘠自弃。**其立声乐恬愉也,不至于流淫惰慢;其立哭泣哀戚也,不至于隘慑伤生:是礼之中流也。**隘,穷也。慑犹戚也,之怯反。中流,礼之中道也。**故情貌之变足以别吉凶,明贵贱亲疏之节,期止矣,**"期"当为"斯"。**外是,奸也,虽难,君子贱之。故量食而食之,量要而带之。相高以毁瘠,是奸人之道也,非礼义之文也,非孝子之情也,将以有为者也。**非礼义之节文、孝子之真情,将有作为,以邀名求利,若演门也。○卢文弨曰:注"演门",未详。**故说豫娩泽,忧戚萃恶,是吉凶忧愉之情发于颜色者也。**说读为悦。豫,乐也。娩,媚也,音晚。泽,颜色润泽也。萃与悴同。恶,颜色恶也。发,见也。○王念孙曰:娩读若问。娩泽,颜色润泽也。"说豫"与"忧戚"对文,"娩泽"与"萃恶"对文,故曰"是忧愉之情发于颜色者也"。内则"免薧"郑注:"免,新生者。薧,乾也。"释文:"免音问。""娩""免"古字通。内则以"免"对"薧",犹此文之以"娩泽"对"恶萃"也。杨读为"婉娩"之娩,分"娩泽"为二义,与"萃恶"不对矣。**歌谣謸笑,哭泣谛号,是吉凶忧愉之情发于声音者也。**謸与傲同,戏谑也。说文云"謸,悲声",与此义不同。谛读为啼。管子曰:"豕人立而谛。"古字通用。号,胡刀反。○卢文弨曰:案春秋繁露执贽篇"羊杀之不谛",淮南精神训"病疵瘕者蹉局而谛",并以"谛"为"啼"。**刍豢、稻粱、酒醴、餰鬻,鱼肉、菽藿、酒浆,是吉凶忧愉之情发于食饮者也。**餰鬻、菽藿,丧者之食。○郝懿行曰:藿,豆叶也。说苑十一:"藿食者尚何与焉?"是菽、藿皆卑贱之所食也。 王念孙曰:"酒浆"当为"水浆"。刍豢、稻粱、酒醴、鱼肉,吉事之饮食也;餰鬻、菽藿、水浆,凶事之饮食也。今本"水浆"作"酒浆",则既与凶事不合,又与上文"酒醴"相复矣。此"酒"字即涉上"酒醴"而误。 俞樾曰:王说是也。"鱼肉"二字当在"餰鬻"二字之上。盖刍豢、稻粱、酒醴、鱼肉属吉,餰鬻、菽藿、水浆属凶,方与上下文一律。今"鱼肉"字误倒在"餰鬻"下,则吉凶不伦矣。**杨**注"餰鬻、菽藿,丧者之食",疑**杨**氏所见本尚未倒,故以"餰鬻、菽藿"连文也。当据以订正。**卑绖、黼黻、文织,资粗、衰绖、菲繐、菅屦,是吉凶忧愉之情发于衣服者也。**卑绖,与裨冕同,衣裨衣而服冕也。裨之言卑也。天子六服,大裘为上,其余为卑,以事尊卑服之,诸侯以下皆服焉。文织,染丝织为文章也。资与齍同,即齐衰也。粗,粗布也。今粗布亦谓之资。菲,草衣,盖如蓑然,或当时丧者有服此也。繐,繐衰也。**郑玄**云:"繐衰,小功之缕,四升半之衰。凡布细而疏者谓之繐,今南阳有邓繐布。"菅,茅也。**春秋传**曰"**晏子**杖菅屦"也。○**卢文弨**曰:注"邓繐布",今**仪礼**无"布"字。　　**王念孙**曰:案**富国篇**曰:"天子袾裷衣冕,诸侯玄裷衣冕,大夫裨冕,士皮弁。"**大略篇**曰:"天子山冕,诸侯玄冠,大夫裨冕,士韦弁。"其制上下不同,此不当独举"裨冕"言之。**杨**以卑绖为裨冕,未是也。"卑绖",疑当为"臮绖","臮"即今"弁"字。"弁绖、黼黻、文织",皆二字平列,且"弁绖"二字兼上下而言。此篇曰:"弁绖、黼黻、文织。"**君道篇**曰:"冠弁、衣裳、黼黻、文章。"**曾子问**曰:"天子赐诸侯大夫冕弁服。"**礼运**曰:"冕弁兵革。"昭元年**左传**曰:"吾与子弁冕端委。"九年传曰:"犹衣服之有冠冕。"宣元年**公羊传**曰:"已练可以弁冕。"僖八年**穀梁传**曰:"弁冕虽旧,必加于首。"或言"弁冕",或言"冕弁",或言"冠冕",或言"冠弁",皆二字平列,且兼上下而言,故知"卑绖"为"臮绖"之误。**说文**:"覍,冕也。"籀文作"臮",或作"弁"。今经传皆作"弁",而"覍""臮""弁"三字遂废。此"臮"字若不误为"卑",则后人亦必改为"弁"矣。**疏房、檖貌、越席、床笫、几筵、属茨、倚庐、席薪、枕块,是吉凶忧愉之情发于居处者也。**茨,盖屋草也。属茨,令茨相连属而已,至疏漏也。倚庐,**郑**云:"倚木为庐。"谓一边著地,如倚物者。既葬,柱楣涂庐也。**两情者,人生固有端焉。**两情,谓吉与凶、

355

忧与愉。言此两情固自有端绪,非出于礼也。**若夫断之继之,博之浅之,益之损之,类之尽之,盛之美之,使本末终始莫不顺比,足以为万世则。则是礼也**,人虽自有忧愉之情,必须礼以节制进退,然后终始合宜。类之,谓触类而长。比,附会也,毗至反。**非顺孰修为之君子莫之能知也**。顺,从也。孰,精也。修,治也。为,作也。**故曰:性者,本始材朴也;伪者,文理隆盛也。无性则伪之无所加,无伪则性不能自美**。之,往。○郝懿行曰:"朴"当为"樸"。樸者,素也。言性本质素,礼乃加之文饰,所谓"素以为绚"也。"伪"即"为"字。之不训往,注非。下云"性伪合,然后圣人之名一",言必性伪合一,斯乃圣人所以成名。性恶篇云"圣人化性而起伪,伪起于性而生礼义",即此所谓"性伪合"矣。**性伪合,然后圣人之名一,天下之功于是就也**。一,谓不分散。言性伪合,然后成圣人之名也。**故曰:天地合而万物生,阴阳接而变化起,性伪合而天下治。天能生物,不能辨物也;地能载人,不能治人也;宇中万物、生人之属,待圣人然后分也。诗曰:"怀柔百神,及河乔岳。"此之谓也**。引此喻圣人能并治之。诗,周颂时迈之篇。**丧礼者,以生者饰死者也,大象其生以送其死也。故如死如生,如亡如存,终始一也**。不以死异于生、亡异于存。○郝懿行曰:案檀弓云"之死而致生之,不知而不可为也",故言"如死"者,知之尽也。又云"之死而致死之,不仁而不可为也",故言"如生"者,仁之至也。中庸曰"事死如生,事亡如存",仁知备矣。 俞樾曰:"如死如生,如亡如存",义不可通,当作"事死如生,事亡如存",上两"如"字误也。篇末云"哀夫敬夫,事死如事生,事亡如事存",可知此文之讹,可据以订正。**始卒,沐浴、鬌体、饭唅,象生执也**。仪礼"鬌用组",郑云:"用组,组,束发也。古文鬌皆为括。"体,谓爪揃之属。士丧礼"主人左扱米,实于右三,实一贝,左、中亦如之,凡实米,唯盈",郑云:"于右,尸口之右。唯盈,取满而已。"是饭唅之礼也。象生执,谓象生时所执持之事。"执"或

荀子集解

为"持"。**不沐则濡栉三律而止，不浴则濡巾三式而止。**律，理发也。今秦俗犹以枇发为栗。濡，湿也。式与拭同。士丧礼尸无有不沐浴者，此云"不"，盖末世多不备礼也。〇卢文弨曰：注"枇发"，旧本"枇"作"批"，误。案魏志管辂传：箧十三物，"一一名之，惟以梳为枇耳"。古"枇"作"比"。汉书有"比疏"，盖梳疏而比密也。说文"栉"下云："梳、比之总名。" 郝懿行曰："枇"当作"比"。比者，梳之密者也。律犹类也。今齐俗亦以比去虮虱为律，言一类而尽除之也。律、栗音同，注内"栗"字，依正文作"律"亦可，不必别出"栗"字也。**充耳而设瑱，**士丧礼"瑱用白纩"，郑云："瑱，充耳。纩，新绵也。"**饭以生稻，唅以槁骨，反生术矣。**生稻，米也。槁，枯也。槁骨，贝也。术，法也。前说象其生也，此已下，说反于生之法也。**说亵衣，袭三称，缙绅而无钩带矣。**缙与搢同，扱也。绅，大带也。搢绅，谓扱于带。钩之所用弛张也，今不复解脱，故不设钩也。亵衣，亲身之衣也。士丧礼"饭唅后"乃袭三称，明衣不在算，设绔带，搢笏"。礼记曰"季康子之母死，陈亵衣"，郑玄云："亵衣非上服，陈之将以敛也。"〇卢文弨曰：正文"说"字，疑当作"设"。 王念孙曰：钱本"说"作"设"，与卢说合。 先谦案：宋台州本作"设"。**设掩面儇目，鬊而不冠笄矣。**士丧礼："掩用练帛，广终幅，长五尺。"儇与还同，绕也。士丧礼："幎目用缁，方尺二寸，赪里，著组系。"幎读如綦。綦与还义同。鬊而不笄，谓但鬊发而已，不加冠及笄也。士丧礼"笄用桑"，又云"鬊用组，乃笄"，此云"不笄"，或后世略也。**书其名，置于其重，则名不见而柩独明矣。**书其名于旌也。士丧礼："为铭各以其物，亡则以缁，长半幅，赪末长终幅，广三寸。书铭于末曰：'某氏某之柩。'"重，以木为之，长三尺。夏祝鬻余饭，用二鬲，县于重，幂用苇席。书其名，置于重，谓见所书置于重，则名已无，但知其柩也。士丧礼："祝取铭置于重。"案铭皆有名，此云"无"，盖后世礼变，今犹然。**荐器则冠有鍪而毋縰，**荐器，谓陈明器也。鍪，冠卷如兜鍪也。縰，韬发者也。士冠礼:"缁缅广终幅,长六尺。"谓明器之冠也,有如兜鍪加首之形,而无韬发之缕也。鍪之言蒙也,冒也,所以冒首,莫侯反。或音冒。

瓮、庑虚而不实,士丧礼:"瓮三,醯醢屑;庑二,醴酒。"皆有幂。盖丧礼陈鬼器、人器,鬼器虚,人器实也。礼记:"宋襄公葬其夫人,醯、醢百瓮。曾子曰:'既曰明器,而又实之。'"○卢文弨曰:此与下所引士丧礼,皆见既夕篇中。郑云:"古文瓮皆作庑。"**有簟席而无床笫,**此言棺中不施床笫,大敛小敛则皆有也。**木器不成斫,陶器不成物,薄器不成内,**木不成于雕琢,不加功也。瓦不成于器物,不可用也。薄器,竹苇之器。不成内,谓有其外形,内不可用也。"内",或为"用"。礼记曰"竹不成用,瓦不成味",郑云:"成,善也。竹不可善用,谓笾无縢也。味当作沬。沬,靧也。"○郝懿行曰:内与纳同,古皆以"内"为"纳"。内者,入也,入即纳也,非"内外"之内,注误。注云"内或为用","用"字于义较长。檀弓云:"竹不成用。" 王念孙曰:案作"用"者是,"内"即"用"之讹。注前说非。**笙竽具而不和,琴瑟张而不均,**郑云"无宫商之调"也。**舆藏而马反,告不用也。**舆,谓辁轴也,国君谓之辒。藏,谓埋之也。马,谓驾辁轴之马。告,示也,言也。士丧礼:"既启,迁于祖庙,用轴。"礼记"君葬用辒,四绰二碑,夫人葬用辒,二绰二碑,士葬用团车",皆至葬时埋之。**具生器以适墓,象徙道也。**生器,用器也,弓矢、盘盂之属。徙,迁改也。徙道,其生时之道。器当在家,今以适墓,以象人行,不从常行之道,更徙它道也。○郝懿行曰:徙者,移也。象徙道者,谓如将移居然耳,亦不忍死其亲之意。注似未了。**略而不尽,貌而不功,趋舆而藏之,金革辔靷而不入,明不用也。**略而不尽,谓简略而不尽备也。貌,形也。言但有形貌,不加功精好也。趋舆而藏之,谓以舆趋于墓而藏之。趋者,速藏之意。金,谓和鸾。革,车鞅也。说文云:"靷,所以引轴者也。"杜元凯云:"靷在马胸。"或曰:貌读如邈,像也。今谓画物为貌。下貌皆同义。○卢文弨曰:"趋者"下,俗间本有"速也"二字,宋本、

荀子集解

元刻皆无。"车輨",旧误作"车轶",今据尔雅改正。　　王念孙曰:金革,即小雅蓼萧所谓"鞗革"也。说文"鞗"作"鉴",云:"辔首铜也,从金,攸声。"(石鼓文及寅簋文作"鉴勒",焦山鼎作"攸勒",伯姬鼎作"攸勒",宰辟父敦作"攸革"。)尔雅曰:"辔首谓之革。"故曰"金革辔靷"。杨以金为和鸾,失之。又曰:"革,车鞅也",宋本"鞅"讹作"轶",今本讹作"轶",卢又改"轶"为"輨",皆与"金革"无涉。**象徙道,又明不用也,**以器适墓,象其改易生时之器,亦所以明不用。**是皆所以重哀也。**有异生时,皆所以重孝子之哀也。**故生器文而不功,明器貌而不用。**生器,生时所用之器,士丧礼曰"用器",弓矢、耒耜、两敦、两杅、盘匜之属。明器,鬼器,木不成斫、竹不成用、瓦不成沫之属。礼记曰"周人兼用之",以言不知死者有知无知,故杂用生器与明器也。**凡礼,事生,饰欢也;送死,饰哀也;祭祀,饰敬也;师旅,饰威也:是百王之所同、古今之所一也,未有知其所由来者也。故圹垄,其貌象室屋也;**圹,墓中。垄,冢也。礼记曰:"适墓不登垄。"貌,犹意也,言其意以象生时也,或音邈。**棺椁,其貌象版、盖、斯、象、拂也;**版,谓车上障蔽者。盖,车盖也。斯,未详。象,衍字。拂即茀也。尔雅释器云"舆革,前谓之鞎,后谓之茀",郭云:"以韦靶车轼及后户也。"○郝懿行曰:版盖者,棺椁所以象屋,旁为版,上为盖,非车之版盖也。斯,疑继之音讹。(继与继同。)象非衍字。拂与茀同。斯象拂者,盖如丧大记云"饰棺,君龙帷黼荒"、"大夫画帷画荒"、"士布帷布荒"之类,皆所以蒙茀棺上,因以为饰也。礼记问丧篇"鸡斯",当为"笄缅",声之误,此误正同。　　俞樾曰:版者,车辌也。汉书景帝纪"令长吏二千石车朱两辌,千石至六百石朱左辌",应劭曰:"车耳反。出所以为之藩屏,翳尘泥也。"广雅释器曰:"辌谓之轭。"版与轭通。杨注说"版"字未了。又云"斯,未详;象,衍字",既为衍字,则"斯拂"连文。杨云"拂即茀也",然则斯与拂必同类之物。尔雅释器云:"舆革,前谓之鞎,后谓之茀。""鞎"字从艮声,与斤声相近，故"垠"从艮声，或体作"圻"，从斤声，是其例也。"斯"，疑"靳"字之误。靳之本义当膺，而古或借为"鞎"。广雅释器："弸辕谓之靳。"王氏疏证亦云"未详"，不知弸辕之靳即"舆革，前谓之鞎"也。惟其在前，故系于辕也。此以"版、盖""靳、拂"并言，版即轭也，在车旁，盖者，车盖也，在车上，靳在前，拂在后，其所说至为详备矣。"靳"字本当作"鞎"，而借用"靳"，亦犹"齿"本字本当作"齗"，而太玄密"次八，琢齿依龈"，则借用"龈"。龈者，啮也，非齿本也。艮、斤声近，故字得通耳。乃"靳"又误作"斯"，则其义遂不可见矣。**无、帾、丝、觜、缕、翠，其貌以象菲、帷、帱、尉也**；无读为帗。帗，覆也，所以覆尸者也。士丧礼"帗用敛衾、夷衾"是也。帾与褚同。礼记曰"素锦褚"，又曰"褚幕丹质"，郑云"所以覆棺"也。丝、觜，未详，盖亦丧车之饰也。或曰：丝读为绥。礼记曰"画翠二，皆载绥"，郑云"以五采羽注于翠首"也。觜读为鱼。谓以铜鱼县于池下。礼记曰："鱼跃拂池。"缕读为柳，"蒌"字误为"缕"字耳。菲，谓编草为蔽，盖古人所用障蔽门户者，今贫者犹然。或曰："菲"当为"扉"，隐也，谓隐奥之处也。或曰：菲读为扉，户扇也。帱读为帐。尉读为熨。熨，网也。帷帐如网也。〇王念孙曰：帗者，柳车上覆，即礼所谓"荒"也。丧大记曰"饰棺，君龙帷，黼荒，素锦褚，加伪荒"，郑注曰："荒，蒙也。（鄘风君子偕老传曰："蒙，覆也。"）在旁曰帷，在上曰荒，皆所以衣柳也。""伪，当为帷。大夫以上，有褚以衬覆棺，乃加帷荒于其上。"（以上郑注。）荒、帗一声之转，皆谓覆也。故柳车上覆谓之荒，亦谓之帗。帾，即"素锦褚"之褚。帗、帾皆所以饰棺，帗在上，象幕，帾在下，象幄，故曰："其貌象菲、帷、帱、尉也。"周官缝人"掌缝棺饰"，郑注曰"若存时居于帷幕而加文绣"是也。若敛衾、夷衾，非所以饰棺，不得言"象菲、帷、帱、尉"矣。诗公刘传曰："荒，大也。"閟宫传曰："荒，有也。"尔雅曰："帗，大也，有也。"是帗与荒同义。帗从无声，荒从巟声，巟从亡声，荒之转为帗，犹亡之转为无。故诗"遂荒大东"，尔雅注引作"遂帗大东"；礼记"毋帗毋敖"，大戴作"无荒无慠"矣。**抗折，其貌以象槾茨、番、阏**

也。士丧礼"陈明器于乘车之西,折横覆之",郑云:"折如床,缩者三,横者五,无簀,空事毕,加之圹上,以承抗席。"抗,御也,所以御止土者。椁,扦也。茨,盖屋也。椁茨,犹墅茨也。椁,莫于反。番读为藩。藩,篱也。阏,谓门户雍阏风尘者。抗所以御土,折所以承抗,皆不使外物侵内,有象于椁茨、藩、阏也。○卢文弨曰:旧本注引士丧礼多脱误,今补正。**故丧礼者,无它焉,明死生之义,送以哀敬而终周藏也。故葬埋,敬藏其形也**;葬也者,藏也。所以为葬埋之礼,敬藏其形体也。**祭祀,敬事其神也;其铭、诔、系世,敬传其名也。**铭,谓书其功于器物,若孔悝之鼎铭者;诔,谓诔其行状以为谥也;系世,谓书其传袭,若今之谱谍也:皆所以敬传其名于后世也。○俞樾曰:周官小史职曰"奠世系,辨昭穆",郑司农云"系世,谓帝系、世本之属"是也。以帝系解"系"字,世本解"世"字,则系也、世也自是二事,与铭、诔相对。杨注未得。**事生,饰始也;送死,饰终也。终始具而孝子之事毕,圣人之道备矣。刻死而附生谓之墨,刻生而附死谓之惑**,刻,损减。附,增益也。墨,墨子之法。惑,谓惑乱过礼也。○王念孙曰:"墨"与"惑""贼"对文,则墨非墨子之谓。上文云"事生不忠厚、不敬文谓之野,送死不忠厚、不敬文谓之瘠",(杨注:"瘠,薄。")此云"刻死而附生谓之墨",乐论云"乱世之征,其养生无度,其送死瘠墨",又以"瘠墨"连文,则墨非墨子明矣。**杀生而送死谓之贼。**殉葬杀人,与贼同也。**大象其生以送其死,使死生终始莫不称宜而好善,是礼义之法式也**,儒者是矣。

三年之丧何也?曰:称情而立文,郑康成曰:"称人之情轻重而制其礼也。"**因以饰群别、亲疏、贵贱之节而不可益损也,故曰无适不易之术也。**群别,谓群而有别也。适,往也。无往不易,言所至皆不可易此术。或曰:適读为敌。谢本从卢校作"不是"。　郝懿行曰:依注,"是"当为"易",转写之讹。或曰"適读为敌",亦通。　先谦案:各本讹"是",据宋台州本正作"易"。**创巨者其日久,痛甚者其愈迟**,三年之丧，称情而立文，所以为至痛极也；创，伤也，楚良反。日久、愈迟，互言之也。皆言久乃能平，故重丧必待三年乃除，亦为至痛之极，不可期月而已。**齐衰、苴杖、居庐、食粥、席薪、枕块，所以为至痛饰也。**"齐衰"，礼记作"斩衰"。苴杖，谓以苴恶色竹为之杖。郑云："饰，谓章表也〔一〕。"**三年之丧，二十五月而毕，哀痛未尽，思慕未忘，然而礼以是断之者，岂不以送死有已、复生有节也哉！**断，决也，丁乱反。郑云："复生，谓除丧反生者之事也。"**凡生乎天地之间者，有血气之属必有知，有知之属莫不爱其类。今夫大鸟兽则失亡其群匹，○**

先谦案：则，犹若也，说见议兵篇。**越月逾时则必反铅过故乡，则必徘徊焉，鸣号焉，踯躅焉，踟蹰焉，然后能去之也。**铅与沿同，循也。礼记作"反巡过故乡"。徘徊，回旋飞翔之貌。踯躅，以足击地也。踟蹰，不能去之貌。**小者是燕爵，犹有啁噍之顷焉，然后能去之。**燕爵，与鷰雀同。**故有血气之属莫知于人，故人之于其亲也，至死无穷。**鸟兽犹知爱其群匹，良久乃去，况人有生之最智，则于亲丧，悲哀之情至死不穷已，故以三年节之也。**将由夫愚陋淫邪之人与？则彼朝死而夕忘之，然而纵之，则是曾鸟兽之不若也，彼安能相与群居而无乱乎？将由夫修饰之君子与？则三年之丧，二十五月而毕，若驷之过隙，然而遂之，则是无穷也。**隙，壁孔也。郑云："喻疾也。遂之，谓不时除也。"**故先王圣人安为之立中制节，一使足以成文理，则舍之矣。**礼记作"焉为之立中制节"，郑云："焉，犹然。立中制节，谓服之年月也。舍，除也。"王肃云："一，皆也。"○郝懿行曰：此云"安为之"，下云"案以此象之"，又云"案使倍之"、"案使不及"，此三"案"一"安"，礼记三年问俱作"焉"，皆语辞也。郑注"焉犹然"，亦语辞。**然则何以分之？**分，半也，半于三年矣。**曰：至亲以期断。**断，决也。郑

云:"言服之正,虽至亲,皆期而除也。"是何也? 郑云:"问服断于期之义也。"曰:天地则已易矣,四时则已遍矣,其在宇中者莫不更始矣,宇中者,谓万物。故先王案以此象之也。然则三年何也? 郑云:"法此变易,可以期,何乃三年为?"曰:加隆焉,案使倍之,故再期也。郑云:"言于父母加厚其恩,使倍期也。"由九月以下何也? 由,从也,从大功以下也。曰:案使不及也。郑云:"言使其恩不若父母。"故三年以为隆,缌、小功以为杀,期、九月以为间。隆,厚也。杀,减也,所介反。间,厕其间也,古苋反。情在隆杀之间也。上取象于天,下取象于地,中取则于人,人所以群居和一之理尽矣。郑云:"取象于天地,谓法其变易也。自三年以至缌,皆岁时之数。言既象天地,又足尽人聚居粹厚之恩也。"○卢文弨曰:注"恩"字,俗本在"聚居"上,宋本上下皆有。今案:上"恩"字衍,去之。下"恩"字,元刻作"理",即依本文,似未是。故三年之丧,人道之至文者也。夫是之谓至隆,至文饰人道,使成忠孝。郑云:"言三年之丧,丧礼之最盛也。"是百王之所同、古今之所一也。一,谓不变。君子丧所以取三年,何也? 问君之丧何取于三年之制。曰:君者,治辨之主也,文理之原也,情貌之尽也,相率而致隆之,不亦可乎! 治辨,谓能治人,使有辨别也。文理,法理条贯也。原,本也。情,忠诚也。貌,恭敬也。致,至也。言人所施忠敬,无尽于君者,则臣下相率服丧而至于三年,不亦可乎! ○郝懿行曰:率者,循也。循人子为父母丧三年推之,为君亦致隆三年也。 先谦案:辨,亦治也。杨注非。诗曰:"恺悌君子,民之父母。"彼君子者,固有为民父母之说焉。○俞樾曰:"子"字衍文。此本说君之丧所以三年之故,故引诗而释之曰"彼君者固有为民父母之说焉"。下文云"父能生之,不能养之;母能食之,不能教诲之;君者已能食之矣,又善教诲之者也"。下言"君者",则此文亦当作"君者",涉上"恺悌君子"之文而衍"子"字耳。父

能生之，不能养之，养，谓哺乳之也。养或谓食。○王念孙曰：作
"食"者是也。下文两"食"字，并承此"食"字而言。母能食之，不能
教诲之；食音嗣也。君者，已能食之矣，又善教诲之者也，食，谓禄
廪。教诲，谓制命也。三年毕矣哉！君者兼父母之恩，以三年报之，
犹未毕也。乳母，饮食之者也，而三月；慈母，衣被之者也，而九
月；君，曲备之者也，三年毕乎哉！曲备，谓兼饮食衣服。得之则
治，失之则乱，文之至也；文，谓法度也。治乱所系，是有法度之至
也。得之则安，失之则危，情之至也。情，谓忠厚。使人去危就安，
是忠厚之至也。两至者俱积焉，以三年事之犹未足也，直无由进
之耳。直，但也。故社，祭社也；稷，祭稷也；社，土神，以句龙配之；
稷，百谷之神，以弃配之，但各止祭一神而已。郊者，并百王于上天
而祭祀之也。百王，百神也，或"神"字误为"王"。言社稷唯祭一神，
至郊天则兼祭百神，以喻君兼父母者也。○郝懿行曰：上云"祭社"、
"祭稷"，配止一人；此言郊祭上天，配以百王，尊之至也。百王，百世
之王，皆前世之君也。杨注欲改"王"为"神"，则谬矣。　郭嵩焘曰：
"故社"以下数语，在此终为不类，疑当在下"尊尊亲亲之义至矣"下。
言社以报社，稷以报稷，郊者并百神而尽报之，皆志意思慕之积也。
三月之殡何也？此殡，谓葬也。○王引之曰：死三日而殡，三月而
葬，则殡非葬也。三月之殡，谓既殡之后，未葬之前，约有三月之久也。
上文曰"殡，久不过七十日，速不损五十日"，杨彼注云"此皆据士丧礼
首尾三月者也"，是其义矣。下文曰"将举错之，迁徙之，离宫室而归
邱陵也"，乃言葬事耳。曰：大之也，重之也，所致隆也，所致亲也，
将举错之，迁徙之，离宫室而归丘陵也，先王恐其不文也，是以
繇其期、足之日也。所至厚至亲，将徙而归丘陵，不可急遽无文饰，
故繇其期足之日，然后葬也。繇读为由，从也。○王引之曰：繇读为
遥。（凡从䚸之字，多并见于萧、尤二韵，故"徭役"之徭，汉书多作

364

"謠"。"歌谣"之谣，汉书李寻传作"謠"。首饰之步摇，周官追师注作"謠"。）遥其期，谓远其葬期也。足之日，谓足其日数也。杨误读謠为由，且误以"期足之日"连读。**故天子七月，诸侯五月，大夫三月，皆使其须足以容事，事足以容成，成足以容文，文足以容备，曲容备物之谓道矣。**须，待也。谓所待之期也。事，丧具也。道者，委曲容物备物者也。○王引之曰：须者，迟也。（论语樊须字迟。）谓迟其期，使足以容事也。杨训待，失之迂。**祭者，志意思慕之情也。**○王念孙曰：情与志意义相近，可言"思慕之情"，不可言"志意思慕之情"，"情"当为"积"，字之误也。（儒效篇"师法者所得乎情"，杨注："或曰：情当为积。"）志意思慕积于中而外见于祭，故曰"祭者，志意思慕之积也"。下文"唈僾"，注云"气不舒，愤郁之貌"，正所谓志意之积也。又下文"则其于志意之情者惆然不嗛"，"情"亦当为"积"，言志意之积于中者不慊也。杨云"忠臣孝子之情怅然不足"，则所见本已误。**惮诡、唈僾而不能无时至焉。**惮，变也；诡，异也：皆谓变异感动之貌。唈僾，气不舒，愤郁之貌。尔雅云"僾，唈也"，郭云："呜唈，短气也。"言人感动或愤郁不能无时而至，言有待而至也。惮音革。唈音邑。僾音爱。○卢文弨曰："唈"，宋本作"悒"，案尔雅作"唈"，陆德明释文作"邑"，乌合反。今从元刻作"唈"。　郝懿行曰：惮与革，恑与诡，并同。恑，变也。革，更也。此言祭者思慕之情。惮、恑，皆变动之貌；唈僾，气不舒之貌：四字俱以双声为义。**故人之欢欣和合之时，则夫忠臣孝子亦惮诡而有所至矣。**欢欣之时，忠臣孝子则感动而思君亲之不得同乐也。**彼其所至者甚大动也，**言所至之情甚大感动也。**案屈然已，则其于志意之情者惆然不嗛，其于礼节者阙然不具。**屈，竭也。屈然，空然也。惆然，怅然也。嗛，足也。言若无祭祀之礼，空然而已，则忠臣孝子之情怅然不足，礼节又阙然不具也。○先谦案："志"，各本作"至"。荀书"至""志"同字，然上下文皆作"志"。今依<u>宋台州</u>本改正。**故先王案为之立文,尊尊亲亲之义至矣。** 文,谓祭礼节文。**故曰:祭者,志意思慕之情也,忠信爱敬之至矣,礼节文貌之盛矣,苟非圣人,莫之能知也。圣人明知之,士君子安行之,官人以为守,百姓以成俗。其在君子,以为人道也;其在百姓,以为鬼事也。** 以为人道,则安而行之;以为鬼事,则畏而奉之。**故钟鼓、管磬、琴瑟、竽笙,韶、夏、濩、武、汋、桓、箾、简象,是君子之所以为愅诡其所喜乐之文也。** 因说祭,遂广言喜乐、哀痛、敦恶之意本皆因于感动而为之文饰也。喜乐不可无文饰,故制为钟鼓、韶、夏之属。箾音朔,<u>贾逵</u>曰:"舞曲名。"武、汋、桓,皆<u>周颂</u>篇名。简,未详。象,<u>周武王</u>伐<u>纣</u>之乐也。○<u>王念孙</u>曰:箾、象,即<u>左传</u>之象、箾也。自"钟鼓管磬"以下,皆四字为句,则"箾、象"之间不当有"简"字,疑即"箾"字之误而衍者。**齐衰、苴杖、居庐、食粥、席薪、枕块,是君子之所以为愅诡其所哀痛之文也。** 感动其所哀痛而不可无文饰,故制为齐衰、苴杖之属。言本皆因于感动也。**师旅有制,刑法有等,莫不称罪,是君子之所以为愅诡其所敦恶之文也。** 师旅,所以讨有罪。制,谓人数也。有等,轻重异也。敦,厚也。厚恶,深恶也。或曰:敦读为顿。顿,困踬也。本因感动敦恶,故制师旅刑法以为文饰。○<u>卢文弨</u>曰:案<u>方言</u>七:"谆憎,所疾也。<u>宋</u>、<u>鲁</u>凡相恶谓之谆憎。"敦与谆音义同。**卜筮视日,斋戒修涂,几筵、馈、荐、告祝,如或飨之;** 视日之吉凶。<u>史记</u>"<u>周文</u>为<u>项燕</u>视日修涂",谓修自宫至庙之道涂也。几筵,谓祝筵几于室中东面也。馈,献牲体也。荐,进黍稷也。告祝,谓尸命祝以嘏于主人曰"皇尸命工祝,承致多福无疆于女孝孙,来女孝孙,使女受禄于天,宜稼于田,眉寿万年,勿替引之",如或歆飨其祀然也。○<u>王念孙</u>曰:涂读为除。<u>周官</u>典祀"若以时祭祀,则帅其属而修除",<u>郑</u>注曰:"修除,芟埽之。""修除"二字,专指庙中而言,作"涂"者,借字耳,非谓"修自宫至庙之道涂"也。**物取而**

荀子集解

皆祭之，如或尝之；物取，每物皆取也。谓祝命授祭，尸取菹擩于醢，祭于豆间，佐食取黍稷肺授尸啐祭之，又取肝擩于盐，振祭啐之是也。如或尝之，谓以尸啐啐之，如神之亲尝然也。**毋利举爵**，当云"无举利爵"，即上文云"利爵之不醮也"。○俞樾曰：案特牲馈食礼，主人、主妇、宾长三献之后，长兄弟、众宾长又行加爵之礼，然后利洗，散献于尸。郑注谓"以利待尸，礼将终，宜一进酒"。然则利之献尸，非祭之正，故以祭礼将终，始行之也。此云"毋利举爵"，盖以主人为重，犹言不使利代举爵耳，故下云"主人有尊，如或觞之"。杨注"当云'无举利爵'"，则与下意不贯矣。**主人有尊，如或觞之**；谓主人设尊酌以献尸，尸饮之，如神饮其觞然。**宾出，主人拜送，反易服，即位而哭，如或去之。**此杂说丧祭也。易服，易祭服，反丧服也。宾出，祭事毕，即位而哭，如神之去然也。**哀夫敬夫！事死如事生，事亡如事存，状乎无形影，然而成文。**状，类也。言祭祀不见鬼神，有类乎无形影者，然而足以成人道之节文也。

荀子卷第十四 ○<u>卢文弨</u>曰:"<u>此卷各本皆无注。</u>"

乐论篇第二十

　　夫乐者,乐也,人情之所必不免也,故人不能无乐。乐则必
发于声音,形于动静,而人之道,声音、动静、性术之变尽是矣。
故人不能不乐,乐则不能无形,形而不为道,则不能无乱。先王
恶其乱也,故制雅、颂之声以道之,使其声足以乐而不流,使其
文足以辨而不谢,○<u>卢文弨</u>曰:礼记乐记作"论而不息",史记乐书作
"纶而不息"。此作"谢",乃"谍"字之讹。<u>庄子人间世</u>篇"气息茀
然",<u>向</u>本作"谍",<u>崔</u>本亦同。案诗"南有乔木,不可休息","息"亦是
"思"字,此二字形近易讹也。　<u>郝懿行</u>曰:"谍"乃别字,古止作
"息",乐记作"论而不息"是也。荀书多以"谍"为"蒠",此又以"谍"
为"息",皆假借也。使其曲直、繁省、廉肉、节奏足以感动人之善
心,○<u>卢文弨</u>曰:"繁省",史记同,礼记作"繁瘠"。使夫邪污之气无
由得接焉。是先王立乐之方也,而<u>墨子</u>非之,奈何!　○<u>卢文弨</u>
曰:墨子书有非乐篇。故乐在宗庙之中,君臣上下同听之,则莫不
和敬;闺门之内,父子兄弟同听之,则莫不和亲;乡里族长之中,
长少同听之,则莫不和顺。故乐者,审一以定和者也,比物以饰

节者也,合奏以成文者也,○卢文弨曰:礼记作"节奏合以成文",史记同。 郝懿行曰:节以分析言之,奏以合聚言之,语甚明晰。乐记作"节奏合以成文",则总统言之,而此于义较长。足以率一道,足以治万变。是先王立乐之术也,而墨子非之,奈何!故听其雅、颂之声,而志意得广焉;执其干戚,习其俯仰屈伸,而容貌得庄焉;行其缀兆,要其节奏,而行列得正焉,进退得齐焉。故乐者,出所以征诛也,入所以揖让也。征诛揖让,其义一也。出所以征诛,则莫不听从;入所以揖让,则莫不从服。故乐者,天下之大齐也,中和之纪也,人情之所必不免也。是先王立乐之术也,而墨子非之,奈何!且乐者,先王之所以饰喜也;军旅铁钺者,先王之所以饰怒也。先王喜怒皆得其齐焉。○卢文弨曰:礼记"齐"作"侪"。 郝懿行曰:齐,才细切,谓分齐也。乐记作"侪",假借字耳。 先谦案:史记乐书作"齐"。是故喜而天下和之,怒而暴乱畏之。先王之道,礼乐正其盛者也,而墨子非之。故曰:墨子之于道也,犹瞽之于白黑也,犹聋之于清浊也,犹欲之楚而北求之也。○先谦案:各本脱"欲"字,据宋台州本补正。夫声乐之入人也深,其化人也速,故先王谨为之文。乐中平则民和而不流,乐肃庄则民齐而不乱。民和齐则兵劲城固,敌国不敢婴也。如是,则百姓莫不安其处,乐其乡,以至足其上矣。然后名声于是白,光辉于是大,四海之民莫不愿得以为师。○先谦案:师,长也,说详儒效篇。是王者之始也。乐姚冶以险,则民流僈鄙贱矣。流僈则乱,鄙贱则争。乱争则兵弱城犯,敌国危之。如是,则百姓不安其处、不乐其乡、不足其上矣。故礼乐废而邪音起者,危削侮辱之本也。故先王贵礼乐而贱邪音。其在序官也,曰:"修宪命,审诛赏,禁淫声,以时顺修,使夷俗邪音不敢乱雅,太师之事也。"○先谦案:"序官"以下,语见王制篇。"审诛赏",当为"审诗商"之误,说详彼注。墨子曰:"乐者,圣王之所非也,而儒者为之,过也。"君子以为不然。乐者,圣人之所乐也,而可以善民心,其感人深,其移风易俗,○先谦案:史记作"其风移俗易",语皆未了。此二语相俪,当是"其感人深,其移风俗易",与富国篇"其道易,其塞固,其政令一,其防表明"句法一例。上文"声乐之入人也深,其化人也速",即是此意。读者据下文妄改耳。故先王导之以礼乐而民和睦。夫民有好恶之情而无喜怒之应则乱。先王恶其乱也,故修其行,正其乐,而天下顺焉。故齐衰之服,哭泣之声,使人之心悲;带甲婴軸,歌于行伍,使人之心伤;○俞樾曰:歌于行伍,何以使人心伤? 义不可通。"伤"当为"惕"。荀子书多用"惕"字。修身篇曰"加惕悍而不顺",注引韩侍郎云:"惕与荡同。字作心边易,谓放荡凶悍也。"又荣辱篇曰"惕悍憍暴",注亦云:"惕与荡同。"歌于行伍,则使人之心为之动荡,故曰"使人之心惕"。"惕""伤"形似,因致讹耳。 先谦案:说文"胄",司马法作"䩵",又见议兵篇。姚冶之容,郑、卫之音,使人之心淫;绅端章甫,舞韶歌武,使人之心庄。故君子耳不听淫声,目不视女色,口不出恶言。此三者,君子慎之。凡奸声感人而逆气应之,逆气成象而乱生焉;正声感人而顺气应之,顺气成象而治生焉。唱和有应,善恶相象,故君子慎其所去就也。君子以钟鼓道志,以琴瑟乐心,动以干戚,饰以羽旄,从以磬管。○卢文弨曰:元刻作"箫管",与礼记同。故其清明象天,其广大象地,其俯仰周旋有似于四时。○卢文弨曰:元刻"周旋"作"随还"。故乐行而志清,礼修而行成,耳目聪明,血气和平,移风易俗,天下皆宁,美善相乐。○谢本从卢校作"莫善于乐"。 卢文弨曰:宋本作"美善相乐"。 王念孙曰:元刻以上文言"移风易俗",又以孝经言"移风易俗,莫善于乐",故改为"莫善于乐"也。不知"美善相乐"正承上五句而言。唯其乐行志清,礼修行成,是以天下皆移风易俗而美善相乐。此"乐"字读"喜乐"之乐，下文"君子乐得其道，小人乐得其欲"云云，皆承此"乐"字而言。若改为"莫善于乐"，则仍读"礼乐"之乐，与上下文皆不相应矣。乐记亦云："故乐行而伦清，耳目聪明，血气和平，移风易俗，天下皆宁。"此下若继之曰"莫善于乐"，尚成文理乎？仍当依宋本作"美善相乐"为是。　先谦案：王说是，今改从宋本。故曰：乐者，乐也。君子乐得其道，小人乐得其欲。以道制欲，则乐而不乱；以欲忘道，则惑而不乐。故乐者，所以道乐也。金石丝竹，所以道德也。乐行而民乡方矣。故乐者，治人之盛者也，而墨子非之。且乐也者，和之不可变者也；礼也者，理之不可易者也。乐合同，礼别异。礼乐之统，管乎人心矣。穷本极变，乐之情也；著诚去伪，礼之经也。墨子非之，几遇刑也。明王已没，莫之正也。愚者学之，危其身也。君子明乐，乃其德也。乱世恶善，不此听也。○顾千里曰："德"字，疑当作"人"，与上下韵。此篇杨注亡，宋本与今本同，盖皆误。　俞樾曰：自"穷本极变，乐之情也"至"弟子勉学，无所营也"十八句，皆有韵之文，独"德"字不入韵，当必有误。荀子原文，疑作"乃斯听也"。"斯"与"此"文异义同。"乃斯听也"与"不此听也"，反复相明。古人用韵，不避重复。如采薇首章连用二"猃狁之故"句，正月一章连用二"自口"字，十月之交首章连用二"而微"字，车舝三章连用二"庶几"字，文王有声首章连用二"有声"字，召旻卒章连用二"百里"字，并其例也。后人疑两句不得叠用"听"字，因改上句为"乃其德也"，不特于韵不谐，而亦失其义矣。於乎哀哉！不得成也。弟子勉学，无所营也。○卢文弨曰："勉"，元刻作"免"，古通用。声乐之象：鼓大丽，○卢文弨曰：宋本作"天丽"。　先谦案：作"大"者是。鼓之为物大，音亦大也。丽者，方言三郭注："偶物为丽。"说文："周礼六鼓：靁鼓八面，灵鼓六面，路鼓四面，鼖鼓、皋鼓、晋鼓皆两面。"钟统实，○先谦案：统者，钟统众乐为君。乐叶图征曰："据钟以知君,钟声调则君道得。"实者,成实也。五经通义曰:"钟,秋分之音,万物至秋而成也。"**磬廉制,**○先谦案:广雅释诂:"廉,棱也。"磬有隅棱曰廉。礼记乐记疏:"制,谓裁断也。"磬以明贵贱、亲疏、长幼之节,是有制也。详白虎通礼乐篇。下文"莫不廉制",亦谓舞之容节莫不廉棱而有裁断也。**竽笙箫和,**○王引之曰:"箫"当为"肃"。言竽笙之声既肃且和也。汉书刘向传曰"杂遝众贤,罔不肃和"是也。"竽笙肃和,筦籥发猛,埙箎翁博",三句相对为文。今本"肃"作"箫"者,因"竽笙"二字相连而误加"竹"耳。又下文云"鼓似天,钟似地,磬似水,竽笙筦籥似星辰日月",今本"竽笙"下有"箫和"二字,亦因上文而衍。**筦籥发猛,**○先谦案:乐书集解引王肃曰:"猛起,发扬。"是发、猛同义。**埙箎翁博,**○俞樾曰:"翁"当为"滃"。文选江赋曰:"气滃渤以雾杳。"翁博,犹滃渤也。博与渤亦一声之转。**瑟易良,**○先谦案:非十二子篇云"其容良",注:"良,谓乐易也。"是易、良同义。**琴妇好,**○郝懿行曰:"鼓天丽"已下,盖古乐经之文,而荀子述之,故以终篇。　俞樾曰:赋篇蚕赋曰"此夫身女好而头马首者与",注云:"女好,柔婉也。"妇好当与女好同,亦柔婉之意。**歌清尽,**○先谦案:尽者,反复以尽之。**舞意天道兼。鼓,其乐之君邪!故鼓似天,钟似地,磬似水,竽笙、箫和、筦籥似星辰日月,鞉、柷、拊、鞷,椌、楬似万物。**○郝懿行曰:"拊鞷",礼论篇作"拊膈",其义当同。又"箫和"与"竽笙""筦籥"相俪,亦皆乐器名,所未闻。　先谦案:"箫和"二字衍,说见上。**曷以知舞之意?曰:目不自见,耳不自闻也,然而治俯仰、诎信、进退、迟速莫不廉制,尽筋骨之力以要钟鼓俯会之节,而靡有悖逆者,众积意讠谆讠谆乎!**○卢文弨曰:元刻无"意"字。"讠谆",说文作"𧥛",云:"语𧥛也,直离切。"元刻正同。　郝懿行曰:此论舞意与众音繁会而应节,如人告语之熟,讠谆讠谆然也。

　　吾观于乡,而知王道之易易也。○卢文弨曰:案礼记乡饮酒义，此为<u>孔子</u>之言，句首"<u>孔子</u>曰"三字似当有。**主人亲速宾及介，而众宾皆从之，至于门外，主人拜宾及介而众宾皆入，贵贱之义别矣。**○<u>卢文弨</u>曰：两"皆"字，<u>元</u>刻作"自"，与<u>礼记</u>同。**三揖至于阶，三让以宾升，拜至，献酬，辞让之节繁。及介省矣。至于众宾，升受，坐祭，立饮，不酢而降。隆杀之义辨矣。**○<u>谢</u>本从<u>卢</u>校，无"降"字。　<u>卢文弨</u>曰：<u>元</u>刻"而"字下有"降"字，与<u>礼记</u>同。　<u>王念孙</u>曰：<u>元</u>刻是。　先谦案：<u>宋</u>本夺"降"字，今从<u>元</u>刻。**工入，升歌三终，主人献之；笙入三终，主人献之；间歌三终，合乐三终，工告乐备，遂出。二人扬觯，乃立司正。焉知其能和乐而不流也。宾酬主人，主人酬介，介酬众宾，少长以齿，终于沃洗者焉。**○<u>谢</u>本从<u>卢</u>校，无"洗"字。　<u>卢文弨</u>曰：<u>元</u>刻"沃"下有"洗"字，与<u>礼记</u>同。　<u>王念孙</u>曰：<u>元</u>刻是。"焉"字下属为句，说见<u>刘氏经传小记</u>。先谦案：<u>宋</u>本夺"洗"字。今从<u>元</u>刻。**知其能弟长而无遗也。降，说屦，升坐，修爵无数。饮酒之节，朝不废朝，莫不废夕。宾出，主人拜送，节文终遂。焉知其能安燕而不乱也。贵贱明，隆杀辨，和乐而不流，弟长而无遗，安燕而不乱：此五行者，是足以正身安国矣。**○<u>卢文弨</u>曰：<u>元</u>刻无"是"字，与<u>礼记</u>同。**彼国安而天下安。故曰：吾观于乡，而知王道之易易也。**

　　乱世之征：○<u>卢文弨</u>曰：旧本不提行，今案当分段。**其服组，**○先谦案：<u>书禹贡马</u>注："组，文也。"服组，谓华侈。**其容妇，其俗淫，其志利，其行杂，其声乐险，**○先谦案：<u>广雅释诂</u>："险，衺也。"**其文章匿而采，**○先谦案：匿，读曰慝，邪也，说见<u>天论篇</u>。**其养生无度，其送死瘠墨，**○<u>郝懿行</u>曰：<u>礼论篇</u>云"送死不忠厚、不敬文谓之瘠"，"刻死而附生谓之墨"。墨者，<u>墨子</u>之教，以薄为道也。瘠，亦俭薄之意。**贱礼义而贵勇力，贫则为盗，富则为贼。治世反是也。**

荀子卷第十五

解蔽篇第二十一

蔽者,言不能通明,滞于一隅,如有物壅蔽之也。

凡人之患,蔽于一曲而暗于大理。一曲,一端之曲说。是时各蔽于异端曲说,故作此篇以解之。○先谦案:"是时"二句,当在"如有物壅蔽之也"下。**治则复经,两疑则惑矣。**言治世用礼义,则自复经常之正道。两疑,谓不知一于正道,而疑蔽者为是。一本作"两则疑惑矣"。○俞樾曰:两,读如"两政"之"两"。桓十八年左传:"并后、匹嫡、两政、耦国。"是两与匹、耦义同。疑,读如"疑妻""疑适"之"疑"。管子君臣篇:"内有疑妻之妾,此宫乱也。庶有疑适之子,此家乱也。朝有疑相之臣,此国乱也。字亦作"拟"。韩子说疑篇:"孽有拟适之子,配有拟妻之妾,廷有拟相之臣,臣有拟主之宠,此四者,国之所危也。"意与管子同。天下之道,一而已矣。有与之相敌者,是为两;有与之相乱者,是为疑。两焉、疑焉,惑从此起,故曰"两疑则惑矣"。如杨注,则疑即惑也,于义复矣。一本则不得其解而误乙其文也。**天下无二道,圣人无两心。今诸侯异政,百家异说,则必或是或非,或治或乱。**○卢文弨曰:宋本"或"皆作"惑"。元刻"治"作

"理"。**乱国之君,乱家之人,此其诚心莫不求正而以自为也,妒缪于道而人诱其所迨也。**迨,近也。近,谓所好也。言乱君、乱人本亦求理,以其嫉妒迷缪于道,故人因其所好而诱之,谓若好俭则墨氏诱之、好辩则惠氏诱之也。○郝懿行曰:迨者,及也。注训近,则借为"殆"字,殆,训近也,其义较长。**私其所积,唯恐闻其恶也;**积,习。**倚其所私,以观异术,唯恐闻其美也。**倚,任也。或曰:偏倚也,犹傍观也。言妒于异术也。○卢文弨曰;案"傍观",元刻作"倚观"。**是以与治虽走而是己不辍也,**走,并驰。治,谓正道也。既私其所习,妒缪于道,虽与治并驰,而自是不辍。"虽",或作"离"。○郝懿行曰:"虽",当依注作"离",此乃形讹。与治离走,谓离去正道而走,而自以为是,不辍止也。　王念孙曰:作"离"是也。言与治离走而自是不已也。作"虽"者,字之误耳。(隶书"离""虽"相似,说见淮南天文篇。)前说非。**岂不蔽于一曲而失正求也哉!心不使焉,则白黑在前而目不见,雷鼓在侧而耳不闻,况于使者乎!**雷鼓,大鼓声如雷者。使,役也。以论不役心于正道,则自无闻见矣,况乎役心于异术,岂复更闻正求哉!○俞樾曰:下"使"字乃"蔽"字之误。白黑之形,雷鼓之声,尚且不见不闻,况于蔽者乎!此承上文"蔽于一曲"而言,下文"欲为蔽,恶为蔽"诸句,又承此而极言之,故篇名解蔽也。因涉"心不使焉"句而误作"使"。既云"心不使焉",又云"况于使者乎",文不可通。杨曲为之说,非是。**德道之人,**有贤德也。○王念孙曰:"德道",即"得道"也。(剥"上九,君子得舆",释文:"得,京本作德。"论语泰伯篇"民无得而称焉",季氏篇作"德"。大戴记文王官人篇"小施而好大得",逸周书作"德"。)杨说失之。**乱国之君非之上,乱家之人非之下,岂不哀哉!**上下共非,故可哀也。

　　故为蔽:数为蔽之端也。○谢本从卢校作"数为蔽"。卢文弨曰:正文"数",宋本作"故"。郝懿行曰:案"数"当作"故"。故,语词也。此句为下十蔽总冒，作"数"于义为短。　王念孙曰：作"故"者是也。旦、钱本并如是。注言"数为蔽之端"者，数，所主反。下文言人之蔽有十，故先以"故为蔽"三字总冒下文，然后一一数之于下。注言"数为蔽之端"，亦是总冒下文之词，而正文自作"故"，不作"数"也。若云"数为蔽"，则不辞甚矣。元刻作"数"，即涉注文而误。　俞樾曰：故，犹胡也。墨子尚贤中篇"故不察尚贤为政之本也"，下文作"胡不察尚贤为政之本也"，是故与胡同。管子侈靡篇"公将有行，故不送公"，亦以"故"为"胡"。"故为蔽"，犹云"胡为蔽"。胡之言何也，乃设为问辞，下文"欲为蔽"云云，乃历数以应之也。元刻涉注文而误作"数为蔽"，卢氏从之，非。　先谦案：郝、王说是，今从宋本改正。故，训为胡，俞说是也。**欲为蔽，恶为蔽，始为蔽，终为蔽，远为蔽，近为蔽，博为蔽，浅为蔽，古为蔽，今为蔽。**此其所知、所好滞于一隅，故皆为蔽也。**凡万物异则莫不相为蔽，此心术之公患也。**公，共也。所好异则相为蔽。**昔人君之蔽者，夏桀、殷纣是也。桀蔽于末喜、斯观，**○郝懿行曰：斯观，无考。楚语云"启有五观"，谓之奸子。然则斯观岂其苗裔？**而不知关龙逢，以惑其心而乱其行；**末喜，桀妃。斯观，未闻。韩侍郎云："斯，或当为斟。斟观，夏同姓国，盖其君当时为桀佞臣也。"国语史苏曰："昔夏桀伐有施，有施人以末喜女焉。"贾侍中云："有施，喜姓国也。"**纣蔽于妲己、飞廉，而不知微子启，以惑其心而乱其行。**妲己，纣妃。飞廉，纣之佞臣，恶来之父，善走者，秦之祖也。微子，纣之庶兄。微国子爵，启，其名也。国语曰："殷纣伐有苏，有苏氏以妲己女焉。"贾侍中云："有苏，己姓国也。"**故群臣去忠而事私，百姓怨非而不用，**事，任也。不用，不为上用也。"非"，或为"诽"。**贤良退处而隐逃，此其所以丧九牧之地而虚宗庙之国也。**九牧，九州之牧。虚读为墟。**桀死于亭山，**亭山，南巢之山，或本作"鬲山"。案汉书地理志，庐江有灊

荀子集解

376

县。当是误以"灊"为"鬲",传写又误为"亭"。灊音潜。○王念孙曰:案作"鬲山"者是也。鬲读与歷同,字或作"厯"。太平御览皇王部七引尸子曰:"桀放于歷山。"淮南务修篇"汤整兵鸣条,困夏南巢,谯以其过,放之歷山",高注曰:"歷山,盖歷阳之山也。"(案汉歷阳故城为今和州治,其西有厯湖,即淮南俶真篇所谓"歷阳之都,一夕反而为湖"者也。)史记夏本纪正义引淮南子曰:"汤放桀于歷山,与末喜同舟浮江,奔南巢之山而死。"(此所引盖许注。)歷山,即鬲山也。史记滑稽传"铜歷为棺",索隐曰:"厯,即釜鬲也。"是"鬲""歷"古字通。杨以"鬲山"为"灊山"之误,非也。(鲁语"桀奔南巢",韦注曰:"南巢,杨州地,巢伯之国,今庐江居巢县是。"是南巢地在汉之居巢,不在灊县也。且庐江有灊县而无灊山,今以鬲山为灊山之误,则是以县名为山名矣,尤非。)纣县于赤旆,史记武王斩纣头,县于太白旗,此云"赤旆",所传闻异也。**身不先知,人又莫之谏,此蔽塞之祸也。成汤监于夏桀,故主其心而慎治之,**主其心,言不为邪佞所惑也。**是以能长用伊尹而身不失道,此其所以代夏王而受九有也。文王监于殷纣,故主其心而慎治之,是以能长用吕望而身不失道,此其所以代殷王而受九牧也。**九有、九牧,皆九州也。抚有其地则谓之九有,养其民则谓之九牧。**远方莫不致其珍,故目视备色,耳听备声,口食备味,形居备宫,名受备号,生则天下歌,死则四海哭,**○卢文弨曰:案元刻作"天下哭"。**夫是之谓至盛。诗曰:"凤凰秋秋,其翼若干,其声若箫。有凤有凰,乐帝之心。"此不蔽之福也。**逸诗也。尔雅:"鶠,凤,其雌凰。"秋秋,犹跄跄,谓舞也。干,楯也。此帝,盖谓尧也。尧时凤凰巢于阿阁。言尧能用贤不蔽,天下和平,故有凤凰来仪之福也。○王念孙曰:"有凤有凰",本作"有凰有凤"。"秋""箫"为韵,"凤""心"为韵。说文,凤从凡声,古音在侵部,故与"心"为韵。凤从凡声而与"心"为韵,犹风从凡声而与"心"为韵也。("凤"字古文作"朋",又作"鹏",而古音蒸、侵相近,则"朋""鹏"二字亦可与"心"为韵。秦风小戎篇以"膺""弓""縢""兴""音"为韵,大雅大明篇以"林""兴""心"为韵,生民篇以"登""升""歆""今"为韵,鲁颂閟宫篇以"乘""縢""弓""绥""增""膺""惩""承"为韵,皆其例也。)后人不知古音而改为"有凤有凰",则失其韵矣。王伯厚诗考引此已误。艺文类聚祥瑞部、太平御览人事部、羽族部引此并作"有皇有凤"。(先言"皇"而后言"凤"者,变文协韵耳。古书中若此者甚多,后人不达,每以妄改而失其韵。卫风竹竿篇"远兄弟父母",与"右"为韵,而今本作"远父母兄弟"。大雅皇矣篇"同尔弟兄",与"王""方"为韵,而今本作"同尔兄弟"。庄子秋水篇"无西无东",与"通"为韵,而今本作"无东无西"。逸周书周祝篇"恶姑柔刚",与"明""阳""长"为韵,而今本作"刚柔"。管子内业篇"能无卜筮而知凶吉乎",与"一"为韵,而今本作"吉凶"。淮南原道篇"与万物终始",与"右"为韵,而今本作"始终"。文选鵩鸟赋"或趋西东",与"同"为韵,而今本作"东西"。答客难"外有廪仓",与"享"为韵,而今本作"仓廪":皆其类也。)**昔人臣之蔽者,唐鞅、奚齐是也。**唐鞅,宋康王之臣。吕氏春秋曰:"宋康王染于唐鞅、田不禋。"奚齐,晋献公骊姬之子。论衡曰:"宋王问唐鞅曰:'吾杀戮甚众,而群臣愈不畏,何也?'对曰:'王之所罪,尽不善者也。罪不善者,善者胡为畏?王欲群臣之畏也,不若无辨其善与不善,一时罪之,则群臣畏矣。'宋王从之。"○卢文弨曰:宋本此注多脱字,从元刻补正。吕氏淫辞篇亦载此事,"一时罪之"作"而时罪之"。**唐鞅蔽于欲权而逐载子**,载,读为戴。戴不胜,使薛居州傅王者,见孟子。或曰:戴子,戴驩也。韩子曰:"戴驩为宋太宰,夜使人曰:'吾闻数夜有乘辒车至李史门者,谨为我司之。'使者报曰:'不见辒车,见有奉笥而与李史,史受笥。'"又戴驩谓齐王曰:"王大仁于薛公,大不忍人。"据其时代,当是戴驩也。盖为唐鞅所逐奔齐也。○卢文弨曰:案引韩子,前一段见内储说上,宋本字有错误，据本书订正。"辒车"，本书作"辌车"。后一段，本书作"成骕"。又内储说下云"戴骕、皇喜二人，争事相害，皇喜遂杀宋君而夺其政"，则非唐鞅所逐也。或说似牵合。**奚齐蔽于欲国而罪申生，**申生，晋献公之太子，奚齐之兄，为骊姬所谮，献公杀之。春秋穀梁传曰："晋里克杀其君之子奚齐。'其君之子'云者，国人不子也，不正其杀世子申生而立之也。"**唐鞅戮于宋，奚齐戮于晋。逐贤相而罪孝兄，身为刑戮，然而不知，此蔽塞之祸也。故以贪鄙、背叛、争权而不危辱灭亡者，自古及今，未尝有之也。鲍叔、宁戚、隰朋仁知且不蔽，故能持管仲而名利福禄与管仲齐；**持，扶翼也。**召公、吕望仁知且不蔽，故能持周公而名利福禄与周公齐。传曰："知贤之谓明，辅贤之谓能。**〇卢文弨曰：宋本"强"作"能"。案"强"字与上下韵叶。　王念孙曰：卢说非也。"知贤之谓明"，承上文"仁知且不蔽"而言；"辅贤之谓能"，承上文"能持管仲"、"能持周公"而言；"勉之强之，其福必长"，承上文"名利福禄与管仲齐"、"与周公齐"而言。此四句本不用韵，元刻"能"作"强"，乃涉下"勉之强之"而误。吕、钱本并作"能"。　先谦案：谢本从卢校作"强"。今依王说，从宋本改"能"。**勉之强之，其福必长。"此之谓也。此不蔽之福也。**勉之强之，言必勉强于知贤、辅贤，然后其福长也。强，直亮反。**昔宾孟之蔽者，乱家是也。**宾孟，周景王之佞臣，欲立王子朝者。乱家，谓乱周之家事，使庶孽争位也。〇俞樾曰：杨注误。下文历数墨子诸人之蔽，全与宾孟无涉。此二语上无所承，下无所应，殊为不伦。据上文云"昔人君之蔽者，夏桀、殷纣是也"，下乃极言桀、纣之蔽，而终以成汤、文王之不蔽者，明不蔽之福。又云"昔人臣之蔽者，唐鞅、奚齐是也"，下乃极言唐鞅、奚齐之蔽，而终以鲍叔、宁戚诸人之不蔽者，明不蔽之福。此文云"昔宾孟之蔽者，乱家是也"，下乃历举墨子诸人之蔽，而终以孔子之不蔽者，明不蔽之福。三段相对成文，则"宾孟之蔽"句正与上文"人君之蔽"、"人臣之蔽"相对。所云宾孟,殆非周之宾孟,且非人名也。孟,当读为萌,孟与明古音相近,故"孟"可为"萌",犹"孟豬"之为"明都"、"孟津"之为"盟津"也。吕氏春秋高义篇载墨子之言曰:"若越王听吾言,用吾道,翟度身而衣,量腹而食,比于宾萌,未敢求仕",高注曰:"宾,客也。萌,民也。"所谓"宾萌"者,盖当时有此称。战国时游士往来诸侯之国,谓之"宾萌",若下文墨子、宋子、慎子、申子、惠子、庄子,皆其人矣。然则上言"人君之蔽"、"人臣之蔽",此言"宾萌之蔽",文正相对。人君之蔽,人臣之蔽,止举两人,故可曰"夏桀、殷纣是也"、"唐鞅、奚齐是也";宾萌之蔽则所举人多,不可并列,故曰"乱家是也"。乱家包下文诸子而言。上文云"乱国之君,乱家之人",又曰"乱国之君非之上,乱家之人非之下",此"乱家"二字之证也。"宾萌"之称,它书罕见,而字又假"孟"为"萌",适与周宾孟之名同,其义益晦矣。**墨子蔽于用而不知文**,欲使上下勤力,股无胈,胫无毛,而不知贵贱等级之文饰也。**宋子蔽于欲而不知得**,宋子以人之情,欲寡而不欲多,但任其所欲则自治也,蔽于此说而不知得欲之道也。○俞樾曰:古"得""德"字通用。"蔽于欲而不知德",正与下句"慎子蔽于法而不知贤"一律,注失之。**慎子蔽于法而不知贤**,慎子本黄、老,归刑名,多明不尚贤、不使能之道,故其说曰"多贤不可以多君,无贤不可以无君"。其意但明得其法,虽无贤亦可以为治,而不知法待贤而后举也。**申子蔽于执而不知知**,申子,名不害,河南京县人,韩昭侯相也。其说但贤〔一〕得权执,以刑法驭下,而不知权执待才智然后治,亦与慎子意同。下知音智。**惠子蔽于辞而不知实**,惠子蔽于虚辞而不知实理。虚辞,谓若"山出口,丁子有尾"之类也。**庄子蔽于天而不知人。**天,谓无为自然之道。庄子但推治

〔一〕 "贤",似当为"贵",形近而误。

乱于天，而不知在人也。**故由用谓之道，尽利矣**；由，从也。若由于用，则天下之道无复仁义，皆尽于求利也。○先谦案：如注，"道"字下属，"谓之"二字无著。此言由用而谓之道，则人尽于求利也。下并同。数者，道之一隅，而墨、宋诸人自以为道，所以为蔽也。杨失其读。**由俗谓之道，尽嗛矣**；"俗"，当为"欲"。嗛与慊同，快也。言若从人所欲，不为节限，则天下之道尽于快意也。嗛，口簟反。○卢文弨曰："尽用矣"〔一〕，"尽嗛矣"，元刻两"矣"字俱作"也"，今从宋本。**由法谓之道，尽数矣**；由法而不由贤，则天下之道尽于术数也。**由埶谓之道，尽便矣**；便，便宜也。从埶而去智，则尽于逐便，无复修立。**由辞谓之道，尽论矣**；论，辨说也。**由天谓之道，尽因矣**：因，任其自然，无复治化也。**此数具者，皆道之一隅也。夫道者，体常而尽变。一隅不足以举之。**言道者体常尽变，犹天地常存，能尽万物之变化也。**曲知之人，观于道之一隅而未之能识也**，曲知，言不通于大道也。一隅犹昧，况大道乎！**故以为足而饰之**，谓其持之有故，其言之成理也。○先谦案："而"或作"五"，从宋台州本正。**内以自乱，外以惑人，上以蔽下，下以蔽上，此蔽塞之祸也。孔子仁知且不蔽，故学乱术，足以为先王者也。**乱，杂也。言其多才艺，足以及先王也。○郝懿行曰：乱者，治也。学治天下之术。"乱"之一字，包治、乱二义。注非。**一家得周道，举而用之，不蔽于成积也。**一家得，谓作春秋也。周道举，谓删诗、书，定礼、乐。成积，旧习也。言其所用不滞于众人旧习，故能功业如此。○郝懿行曰："一家得周道"句，"举而用之"句。此言孔子志在春秋，行在孝经，又曰"吾学周礼，今用之，吾从周"，盖能考论古今，成一家言，不蔽于诸子杂说也。　先谦案：郝读是也。言孔子为春秋一家之言，而得周之治道，可以举而用之，是

〔一〕　"尽用矣"，据正文，似当作"尽利矣"。

匹夫而有天子之道，由其不蔽于成积也。儒效篇云“并一而不二，所以成积也”，“并一而不二，则通于神明，参于天地”，“涂之人百姓，积善而全尽，谓之圣人”。道由积而成，故谓之成积。不蔽于成积者，犹言“不蔽于道之全体”也，正对上“道之一隅”言之。荣辱篇云“安知廉耻隅积”，亦以“隅积”对文，与此可互证。杨以成积为旧习，误甚。**故德与周公齐，名与三王并，此不蔽之福也。圣人知心术之患，见蔽塞之祸，故无欲无恶，无始无终，无近无远，无博无浅，无古无今，兼陈万物而中县衡焉。**不滞于一隅，但当其中而县衡，揣其轻重也。**是故众异不得相蔽以乱其伦也。**伦，理。**何谓衡？曰：道。**道，谓礼义。**故心不可以不知道。心不知道，则不可道而可非道。**心不知道，则不以道为可。可，谓合意也。**人孰欲得恣而守其所不可，以禁其所可？**人心谁欲得纵恣而肯守其不合意之事，以自禁其合意者？**以其不可道之心取人，则必合于不道人，而不知合于道人。**各求其类。○俞樾曰：“知”字衍。下文云“以其可道之心取人，则合于道人而不合于不道人”，正与此文相对。彼云“不合”，而不云“不知合”，则此文亦无“知”字明矣。**以其不可道之心，与不道人论道人，乱之本也。**必有妒贤害善。○卢文弨曰：宋本作“与不可道之人论道人”，元刻作“与不道人”，无“可”“之”“论道人”五字。今案：当作“与不道人论道”。两本有衍有脱，下一“人”字亦可去。　王念孙曰：卢说非也。与不道人论道人，（道人，见上。）谓与小人论君子，非谓与之论道也。上文云“得道之人，乱国之君非之上，乱家之人非之下，岂不哀哉”，正所谓“与不道人论道人”也。与不道人论道人，则道人退而不道人进，国之所以乱也，故曰“与不道人论道人，乱之本也”。故杨云“必有妒贤害善”。**夫何以知！**问何道以知道人也。○俞樾曰：“夫何以知”，与下文“何患不知”相对。盖言心不知道则将与不道人论道人，必至妒贤害善矣，夫何以知；心知道则与道

人论非道，必能惩奸去恶矣，何患不知。此两"知"字，与"知道"之知
不同，当读为智。夫何以知，犹言"夫何能智"也。<u>杨</u>注以为问辞，失
之甚矣。**曰：心知道，然后可道；**○<u>俞樾</u>曰："曰"字衍。"心知道然
后可道"，与上文"心不知道则不可道而可非道"相对成文，皆承"故心
不可以不知道"而言。因上句"夫何以知"，<u>杨</u>注误以为问辞，后人遂
以此数句为答辞，妄加"曰"字。**可道，然后能守道以禁非道。以**
其可道之心取人，则合于道人，而不合于不道之人矣。以其可
道之心，与道人论非道，治之要也。必能惩奸去恶。○<u>卢文弨</u>曰：
正文"非"字疑衍，注似曲为之说。　<u>王念孙</u>曰：<u>卢</u>说亦非也。与道人
论非道，谓与道人论非道之人，非谓与之论道也。与道人论非道人，则
非道人退而道人进，国之所以治也，故曰"与道人论非道，治之要也"。
<u>杨</u>云"必能惩奸去恶"，正释"治之要"三字，非曲为之说也。"非道"
二字，上文凡两见。**何患不知？**心苟知道，何患不知道人。**故治之**
要在于知道。人何以知道？既知道人在于知道，问知道之术如何
也。**曰：心。**在心无邪。**心何以知？曰：虚壹而静。**能然，则可以
知道也。○<u>郝懿行</u>曰：壹者，专壹也。转写者乱之，故此作"壹"，下俱
作"一"。**心未尝不臧也，然而有所谓虚；**臧，读为藏，古字通，下同。
言心未尝不苞藏，然有所谓虚也。**心未尝不满也，然而有所谓一；**
"满"，当为"两"。两，谓同时兼知。**心未尝不动也，然而有所谓**
静。虽动，不使害静也。**人生而有知，知而有志。志也者，臧也，**
在心为志。**然而有所谓虚，不以所已臧害所将受谓之虚。**见善则
迁，不滞于积习也。○<u>谢</u>本从<u>卢</u>校，作"已所臧"。　<u>卢文弨</u>曰："已所
臧"，元刻作"所已臧"。　<u>郝懿行</u>曰："臧"，古"藏"字。将者，送也；受
者，迎也。言不以己心有所藏而妨害于所将送、迎受者，则可谓中虚矣。
　<u>王念孙</u>曰："所已臧"与"所将受"对文，元刻是也。<u>杨</u>注"积习"二字，
正释"所已臧"三字。<u>钱</u>本、<u>世德堂</u>本并作"所已臧"。　**先谦案：**<u>王</u>说

是，今从元刻改。**心生而有知，知而有异，异也者，同时兼知之。同时兼知之，两也，然而有所谓一，不以夫一害此一谓之壹。** 既不滞于一隅，物虽辐凑而至，尽可以一待之也。〇先谦案：夫，犹彼也。知虽有两，不以彼一害此一。荀书用"夫"字，皆作"彼"字解，此尤其明证。杨注未晰。**心，卧则梦，偷则自行，使之则谋。** 卧，寝也。自行，放纵也。使，役也。言人心有所思，寝则必梦，偷则必放纵，役用则必谋虑。〇先谦案：梦、行、谋，皆心动之验。或以梦为梦然无知，非。**故心未尝不动也，然而有所谓静，不以梦剧乱知谓之静。** 梦，想象也。剧，嚣烦也。言处心有常，不蔽于想象、嚣烦，而介于胸中以乱其知，斯为静也。此皆明不蔽于一端，虚受之义也。**未得道而求道者，谓之虚壹而静。** 有求道之心，不滞于偏见曲说，则是虚壹而静。**作之，则将须道者之虚则人，将事道者之壹则尽，尽将思道者静则察。** 此义未详，或恐脱误耳。或曰：此皆论虚壹而静之功也。作，动也。须，待也。将，行也。当为"须道者，虚则将；事道者，壹则尽；思道者，静则察"，其余字皆衍也。作之则行，言人心有动作则自行也。以虚心须道，则万事无不行；以一心事道，则万物无不尽；以静心思道，则万变无不察。此皆言执其本而末随也。〇王引之曰：杨训将为行，而以"作之则将"绝句，又增删下文而强为之解，皆非也。此当以"作之"二字绝句。下文当作"则将须道者之虚，虚则入；将事道者之壹，壹则尽；将思道者之静，静则察"。此承上文"虚一而静"言之。将，语词也。道者，即上所谓"道人"也。言心有动作，则将须道者之虚，虚则能入；将事道者之壹，（事，如"请事斯语"之事。）壹则能尽；将思道者之静，静则能察也。虚则入者，入，纳也，犹言虚则能受也。故上文云"不以所已臧害所将受谓之虚"也。壹则尽者，言壹心于道，则道无不尽也。静则察者，言静则事无不察也。今本"入"误作"人"，其余又有脱文衍文耳。**知道察，知道行，体道者也。** 知道察，谓思道者静则察也。知道行，谓须道者虚则将也。体，谓不离道也。**虚壹而静，谓之大清明。**言无有壅蔽者。○卢文弨曰：元刻无"大"字。**万物莫形而不见，莫见而不论，莫论而失位。**既虚壹而静，则通于万物，故有形者无不见，见则无不能论说，论说则无不得其宜。○郝懿行曰：见，读为现。现者，示也。论，读为伦。伦者，理也。言万物莫有形而不显示于人，莫显示人而不有伦理，理无不宜而分位不失。**坐于室而见四海，处于今而论久远，**○卢文弨曰：元刻"论"作"闻"。**疏观万物而知其情，参稽治乱而通其度，**疏，通。参，验。稽，考。度，制也。**经纬天地而材官万物，制割大理，而宇宙里矣。**材，谓当其分。官，谓不失其任。"里"，当为"理"。"材"，或为"裁"也。**恢恢广广，孰知其极！罪罪广广，孰知其德！涫涫纷纷，孰知其形！明参日月，大满八极，夫是之谓大人。夫恶有蔽矣哉！**此皆明虚壹而静则通于神明，人莫能测也，又安能蔽哉？罪读为皞。皞皞，广大貌。涫涫，沸貌。纷纷，杂乱貌。涫音官，又音贯。○卢文弨曰：正文上"夫"字，宋本无。　顾千里曰：广广，疑当有误，与上文"恢恢广广"重出二字。以杨注"罪读为皞"例之，则此句广读为旷也。"孰知其形"，"形"字不入韵，疑当作"则"。**心者，形之君也，而神明之主也，出令而无所受令。**心出令以使百体，不为百体所使也。**自禁也，自使也，自夺也，自取也，自行也，自止也。**此六者，皆由心使之然，所以为形之君也。**故口可劫而使墨云，形可劫而使诎申，心不可劫而使易意，是之则受，非之则辞。**劫，迫也。云，言也。百体可劫，心不可劫，所以尤宜慎择所好，惧蔽塞之患也。○郝懿行曰：墨与默同。云者，言也。或默或语，皆可力劫而威使之。"申"，当作"信"，而读为申，荀书皆然。陈奂曰：案墨与默同。楚辞九章"孔静幽默"，史记屈原传作"墨"。商君传："殷纣墨墨以亡。"**故曰：心容其择也，无禁必自见，其物也杂博，**容，受也。言心能容受万物，若其选择无所禁止，则见杂博不精，所以贵夫虚壹而静也。○先谦案：此承上文"心者，形之君也"云云，而引古言以明之。心自禁使，自夺取，自行止，是容其自择也。正名篇亦云：“离道而内自择。”容，训如非十二子篇“容辨异”之“容”。无作受令，是无禁也。神明之主出令，是必自见也。物虽杂博，精至则不贰。“心容其择也”句，“无禁必自见”句。杨失其读。其情之至也不贰。其情之至极，在一而不贰，若杂博则惑。○卢文弨曰：元刻“情”作“精”，注同。

　　先谦案：元刻作“精”，是也。作“情”者，“精”之借字。修身篇“术顺墨而精杂污”，注：“精，当为情。”此荀书精、情互通之证。诗云：“采采卷耳，不盈顷筐。嗟我怀人，寘彼周行。”诗，周南卷耳之篇。毛公云：“采采，事采之也。卷耳，苓耳也。顷筐，畚属，易盈之器也。思君子置于周之列位也。”○卢文弨曰：注“卷耳，苓耳也”，宋本、元刻皆同。俗本依广雅改作“枲耳”，不知毛传自用尔雅为训耳。顷筐易满也，卷耳易得也，然而不可以贰周行。采易得之物，实易满之器，以怀人寘周行之心贰之，则不能满；况乎难得之正道，而可以它术贰之乎？○郝懿行曰：贰，谓贰之也。言所怀在于寘周行，意不在于事采，故虽易盈之器而不盈。毛传正用其师说。故曰：心枝则无知，倾则不精，贰则疑惑。以赞稽之，万物可兼知也。枝，旁引如树枝也。赞，助也。稽，考也。以一而不贰之道助考之，则可兼知万物；若博杂，则愈不知也。○郝懿行曰：案枝与岐同，古字通用。岐者，不一也。此申上文贰之之意。　郭嵩焘曰：荀意言心不贰而推类可以知万物，至以身尽道，惟无贰而已，类不可以两求也。杨注失之。　先谦案：王氏念孙云“贰是贰之误字”，说见天论篇。今案：此“贰”字与上下文紧相承，注不当作“贰”，王说非也。身尽其故则美，故，事也。尽不贰之事则身美矣。类不可两也，故知者择一而壹焉。凡事类皆不可两，故知者精于一道而专一焉，故异端不能蔽也。农精于田而不可以为田师，贾精于市而不可以为贾师，工精于器而不可以为器师。皆蔽于一技，故不可为师长也。○王念孙曰：吕、钱本

荀子集解

“贾师”作“市师”，是也。上文以两“田”字相承，下文以两“器”字相承，则此文亦当以两“市”字相承。旦本作“贾师”〔一〕者，涉上“贾精于市”而误。**有人也，不能此三技而可使治三官，曰：精于道者也**，精于一道，故可以理万事。**精于物者也**。○卢文弨曰：案此句当在“不可以为器师”之下，误脱在此。　王念孙曰：此汪说也，见丙申校本。　俞樾曰：“精于物”上，疑当有“非”字。言此人不能三技而可治三官者，精于道，非精于物也。精于物，若农精于田、贾精于市、工精于器是也。精于道，则君子是也。下文云“精于物者以物物，精于道者兼物物，故君子一于道而以赞稽物”，可证其义。今本夺“非”字，则“精于道者也，精于物者也”两语平列，而其义违矣。**精于物者以物物**，谓能各物其一物，若农贾之属也。○卢文弨曰：注“各”字，旧本皆作“名”，讹。今改正，下同。**精于道者兼物物**。谓能兼治，各物其一物者也。**故君子壹于道而以赞稽物**。一于道，所以助考物也。助考，谓兼治也。**壹于道则正，以赞稽物则察，以正志行察论，则万物官矣**。在心为志，发言为论。官，谓各当其任，无差错也。**昔者舜之治天下也，不以事诏而万物成**。舜能一于道，但委任众贤而已，未尝躬亲以事告人。**处一危之，其荣满侧；养一之微，荣矣而未知**。一，谓心一也。“危之”，当为“之危”。危，谓不自安，戒惧之谓也。侧，谓迫侧，亦充满之义。微，精妙也。处心之危，言能戒惧，兢兢业业，终使之安也。养心之微，谓养其未萌，不使异端乱之也。处心之危有形，故其荣满侧可知也。养心之微无形，故虽荣而未知。言舜之为治，养其未萌也。○王念孙曰：成相篇云：“思乃精，志之荣，好而壹之神以成。”赋篇云：“血气之精也，志意之荣也。”四“荣”字并同义。**故道经曰：“人心之危，道心之微。”**今虞书有此语，而云道经，盖有

〔一〕　“旦本作‘贾师’”，与“旦、钱本‘贾师’作‘市师’”前后矛盾，似有误。

道之经也。**孔安国**曰:"危则难安,微则难明,故戒以精一,信执其中。"引此以明**舜**之治在精一于道、不蔽于一隅也。○**郝懿行**曰:道经,盖古言道之书。今书**大禹谟**有此,乃**梅赜**所采窜也。唯"允执其中"一语,为**尧**授**舜**、**舜**授**禹**之辞耳。**危微之几,惟明君子而后能知之。**几,萌兆也,与机同。○**王念孙**曰:**阮氏元**曰:"此篇言知道者皆当专心壹志,虚静而清明,不为欲蔽,故曰'昔者**舜**之治天下也'云云。案后人在尚书内解此者姑弗论,今但就**荀子**言**荀子**,其意则曰:**舜**身行人事而处以专壹,且时加以戒惧之心,所谓危之也。惟其危之,所以满侧皆获安荣,此人所知也。**舜**心见道而养以专壹,在于几微,其心安荣,则他人未知也。如此解之,则引**道经**及'明君子'二句与前后各节皆相通矣。**杨**注谓'危之当作之危',非也。危之者,惧蔽于欲而虑危也;之危者,已蔽于欲而陷危也。谓荣为安荣者,**儒效**篇曰:'为君子则常安荣矣,为小人则常危辱矣。凡人莫不欲安荣而恶危辱。'据此,则**荀子**常以'安荣'与'危辱'相对为言。此篇言'处一危之,其荣满侧',若不以本书证之,则'危荣'二字难得其解矣。故解道经当以**荀子**此说为正,非所论于古文尚书也。"案此说是也。下文言"辟耳目之欲,远蚊虻之声","可谓危矣,未可谓微也",言人能如**舜**之危,不能如**舜**之微。然则所谓危者,非蔽于欲而陷于危之谓。**故人心譬如槃水,正错而勿动,则湛浊在下而清明在上,**湛,读为沈,泥滓也,下同。**则足以见鬒眉而察理矣。**理,肌肤之文理。○**郝懿行**曰:"鬒",古止作"须",今俗作"鬒"。"理"上当脱"肤"字。**荣辱**篇及**性恶**篇并云"骨体肤理",是矣。**微风过之,湛浊动乎下,清明乱于上,则不可以得大形之正也。**○**先谦**案:"大"字无义。上言槃水见须眉肤理,非能见身之全形也。"大形"疑当为"本形"。**富国**篇"天下之本利也","本"当为"大",明二字互误。**心亦如是矣。故导之以理,养之以清,物莫之倾,**清,谓冲和之气。**则足以定是非、决嫌疑**

矣。小物引之则其正外易，其心内倾，则不足以决庶理矣。言此者，以喻心不一于道，为异端所蔽，则惑也。○卢文弨曰："庶理"，宋本作"粗理"，今从元刻。故好书者众矣，而仓颉独传者，壹也；仓颉，黄帝史官。言古亦有好书者，不如仓颉一于其道，异术不能乱之，故独传也。○卢文弨曰：案宋本此注之末有"情箸古者仓颉之有天下守法授亲神农亦然也"十九字，文义不顺，今删去之。好稼者众矣，而后稷独传者，壹也；好乐者众矣，而夔独传者，壹也；好义者众矣，而舜独传者，壹也。倕作弓，浮游作矢，而羿精于射；倕，舜之共工。世本云"夷牟作矢"，宋衷注云："黄帝臣也。"此云"浮游"，未详。或者浮游，夷牟之别名，或声相近而误耳。言倕、游虽作弓矢，未必能射，而羿精之也。弓矢，舜已前有之，此云"倕作弓"，当是改制精巧，故亦言作也。奚仲作车，乘杜作乘马，而造父精于御。自古及今，未尝有两而能精者也。奚仲，夏禹时车正。黄帝时已有车服，故谓之轩辕，此云"奚仲"者，亦改制耳。世本云："相土作乘马。"杜与土同。乘马，四马也。四马驾车，起于相土，故曰"作乘马"。以其作乘马之法，故谓之乘杜。乘，并音剩。相土，契孙也。吕氏春秋曰："乘马作一驾。"○卢文弨曰：吕氏春秋勿躬篇作"乘雅作驾"，一本"乘雅"作"乘持"，疑"持"为"杜"字之讹。　王念孙曰：古无谓相土为乘杜者，"乘杜"盖"桑杜"之误。相、桑，古同声，故借"桑"为"相"。（尔雅释虫"诸虑，奚相"，释文："相，舍人本作桑。"）隶书"桑"或作"桒"，"乘"或作"乗"，（见汉安平相孙根碑。）二形相似，又因下文"乘马"而误为"乘"耳。（汉书王子侯表"桑邱节侯将夜"，今本"桑"误作"乘"。）杨云"以其作乘马之法，故谓之乘杜"，此则不得其解而曲为之说。曾子曰："是其庭可以搏鼠，恶能与我歌矣！""是"，盖当为"视"。曾子言有人视庭中可以搏击鼠，则安能与我成歌咏乎？言外物诱之，思不精，故不能成歌咏也。○卢文弨曰：正文"矣"字，元刻作

　　郝懿行曰：此言庭虚无人，至静矣，恐有潜修其中而深思者，我何可以歌咏乱之乎？荀义当然，注似失之。**空石之中有人焉，其名曰觙，**空石，石穴也。盖古有善射之人，处深山空石之中，名之曰觙。"觙"字及事并未详所出，或假设喻耳。**其为人也，善射以好思。**好，喜也。清静思其射之妙。〇俞樾曰：案凡射者必心手相得，方可求中，非徒思之而已。且其下文曰"耳目之欲接，则败其思；蚊虻之声闻，则挫其精"，无一字及射，然则杨注非也。此"射"字乃"射策""射覆"之射。汉书艺文志著龟家有"随曲射匿五十卷"。"射匿"，疑即"射覆"。覆而匿之，人所不知，以意县揣而期其中，此射之义也。吕氏春秋重言篇载成公贾说荆庄王曰："有鸟止于南方之阜，三年不动，不飞，不鸣，是何鸟也？"王射之曰："有鸟止于南方之阜，其三年不动，将以定志意也。其不飞，将以长羽翼也。其不鸣，将以览民则也。"然则古人设为廋辞隐语而使人意度之，皆谓之射。此云"善射以好思"，即谓此也，非真援弓而射之也。**耳目之欲接则败其思，蚊虻之声闻则挫其精，是以辟耳目之欲，而远蚊虻之声，闲居静思则通。**挫，损也。精，精诚也。辟，屏除也。言闲居静思，不接外物，故能通射之妙。**思仁若是，可谓微乎？**言静思仁，如空石之人思射，则可谓微乎？假设问之辞也。**孟子恶败而出妻，可谓能自强矣；**此已下，答之之辞。孟子恶其败德而出其妻，可谓能自强于修身也。**有子恶卧而淬掌，可谓能自忍矣，未及好也。**有子，盖有若也。淬，灼也。恶其寝卧而淬其掌，若刺股然也。"未及好也"，当为"未及好思也"，误分在下，更作一句耳。有子淬掌，可谓能自忍其身，则未及善射好思者也。若思道之至人，则自无寝，焉用淬掌乎？〇郝懿行曰：当依杨注作"未及好思也"。　　先谦案：杨、郝说皆非，当如郭说，见下。**辟耳目之欲，可谓能自强矣，未及思也。蚊虻之声闻则挫其精，可谓危矣，未可谓微也。**"可谓能自强矣，未及思也"十字，并衍耳。

可谓危矣,言能辟耳目之欲,则可谓能自危而戒惧,未可谓微也。微者,精妙之谓也。○郝懿行曰:此文错乱不可读,当作"辟耳目之欲,而远蚊虻之声,可谓能自危矣,未可为微也"。如此订正,方可读,余皆涉上文而误衍。　郭嵩焘曰:下两言"何强,何忍,何危",则此七句正作三项言之。疑此"可谓能自强矣"六字衍,"未及思也"句当在前"可谓能自强"下。忍坚于强,好甚于思。出妻,犹身外也,淬掌则及身矣。蚊虻之声,即系之耳目者,二句究属一义,不应分言,故知此段文句有误倒,亦有衍文。　先谦案:郭说是也。此承上躯之好思言之,不分二事。上言"可谓微乎",故此答以"未可谓微也"。杨、郝说并非。**夫微者,至人也。**惟精惟一如舜者。**至人也,何强,何忍,何危?** 既造于精妙之域,则冥与理会,不在作为,苟未臻极,虽在空石之中,犹未至也。**故浊明外景,清明内景。**景,光色也。浊谓混迹;清谓虚白。○俞樾曰:大戴记曾子天圆篇:"参尝闻之夫子曰:'天道曰圆,地道曰方。方曰幽而圆曰明。明者,吐气者也,是故外景;幽者,含气者也,是故内景。故火日外景而金水内景。'"荀子"浊明外景,清明内景"之说,即孔子之绪言也。杨注所说,未尽其旨。**圣人纵其欲,兼其情,而制焉者理矣。夫何强,何忍,何危?** 兼,犹尽也。圣人虽纵欲尽情而不过制者,由于暗与理会故也,何必如空石之徒乎? ○先谦案:"纵",当为"从"。圣人无纵欲之事。从其欲,犹言从心所欲。**故仁者之行道也,无为也;圣人之行道也,无强也。** 无为,谓知违理则不作,所谓造形而悟也。无强,谓全无违理强制之萌也。**仁者之思也恭,圣人之思也乐。此治心之道也。** 思,虑也。恭,谓乾乾夕惕也。乐,谓性与天道无所不适。○郝懿行曰:恭则虚壹而静,乐则何强、何忍、何危,结上之辞。杨注"乐,谓性与天道无所不适","道"当为"通"。杨本不误,俗人依论语妄改,故误耳。("性与天通",语出晋书。)

凡观物有疑，中心不定，则外物不清；清，明审也。吾虑不清，则未可定然否也。冥冥而行者，见寝石以为伏虎也，见植林以为后人也，○俞樾曰：上文"见寝石以为伏虎也"，"伏"与"寝"义相应，此云"后人"，则与"植林"不相应矣。植林岂必在后乎？疑荀子原文本作"立人"，"立"与"植"正相应。下文曰"俯见其影，以为伏鬼也；卬视其发，以为立魅也"，亦以"伏""立"对文，可证也。今作"后人"者，疑涉上文误"立"为"伏"，又误"伏"为"后"耳。冥冥蔽其明也。冥冥，暮夜也。醉者越百步之沟，以为蹞步之浍也，蹞与跬同。半步曰跬。浍，小沟也。俯而出城门，以为小之闺也，酒乱其神也。闺，小门也。○郭嵩焘曰：说文："闺，特立之户，上圜下方，似圭。"故以城门拟之。释宫："宫中之门谓之闱，其小者谓之闺。"闺为官门之小者，不得径谓之小门。杨注未晰。厌目而视者，视一以为两；掩耳而听者，听漠漠而以为哅哅：埶乱其官也。厌，指按也，一涉反。漠漠，无声也。哅哅，喧声也。官，司主也。言埶乱耳目之所主守。哅，许用反。故从山上望牛者若羊，而求羊者不下牵也，远蔽其大也；从山下望木者，十仞之木若箸，而求箸者不上折也，高蔽其长也。皆知为高远所蔽，故不往求。然则守道者亦宜知异术之蔽类此也。水动而景摇，人不以定美恶，水埶玄也。玄，幽深也，或读为眩。瞽者仰视而不见星，人不以定有无，用精惑也。精，目之明也。有人焉，以此时定物，则世之愚者也。彼愚者之定物，以疑决疑，决必不当。夫苟不当，安能无过乎？以疑决疑，犹慎、墨之属也。夏首之南有人焉，曰涓蜀梁，夏首，夏水之首。楚词云"过夏首而西浮，顾龙门而不见"，王逸曰："夏首，夏水口也。"涓蜀梁，未详何代人，姓涓，名蜀梁。列仙传有涓子，齐人，隐于宕山，饵朮，能致风雨者也。其为人也，愚而善畏。善，犹喜也。好有所畏。明月而宵行，俯见其影，以为伏鬼也，卬视其发，以为立魅也，卬与仰同。**背而走，比至其家，失气而死，岂不哀哉！** 背，弃去也。失气，谓困甚气绝也。○卢文弨曰：正文"比至其家"下，宋本有"者"字，今从元刻去之。**凡人之有鬼也，必以其感忽之间、疑玄之时正之。** 感，惊动也。感忽，犹慌惚也。玄，亦幽深难测也。必以此时定其有鬼也。○郝懿行曰：感，读为撼，解已见议兵篇。玄，读为眩，荀书皆然。　王念孙曰："正"，当为"定"，声之误也。（下文"正事"同。）必以其感忽之间、疑玄之时定之者，必以感忽之间、疑眩之时而定其有鬼也。据杨注云"必以此时定其有鬼"，则所见本是"定"字明矣。"定"字上文凡六见。**此人之所以无有而有无之时也，** 无有，谓以有为无也。有无，谓以无为有也。此皆人所疑惑之时也。**而己以正事。故伤于湿而击鼓鼓痹，则必有敝鼓丧豚之费矣，而未有俞疾之福也。** 己以正事，谓人以此定事也。痹，冷疾也。伤于湿则患痹，反击鼓烹豚以祷神，何益于愈疾乎？若以此定事，则与俗不殊也。俞，读为愈。○郝懿行曰：伤于湿而病痹，击鼓鼓之，无损于疾，徒取费耳。此言愚惑之蔽。　王念孙曰：自"鼓痹"以上，脱误不可读，似当作"故伤于湿而痹，痹而击鼓烹豚，则必有弊鼓丧豚之费矣，而未有俞疾之福也"。杨云"伤于湿则患痹，反击鼓烹豚以祷神，何益于愈疾乎"，是其证。**故虽不在夏首之南，则无以异矣。** 慎、墨之蔽，亦犹是也。

　　凡以知，人之性也；可以知，物之理也。 以知人之性推之，则可知物理也。**以可以知人之性，求可以知物之理而无所疑止之，则没世穷年不能遍也。** 疑止，谓有所不为。穷年，尽其年寿。"疑"，或为"凝"。○郝懿行曰：疑止，说已见王制篇。荀书多作"凝止"，皆俗人妄改之，惟此未改。杨注"疑，或为凝"，盖俗误久矣。俞樾曰：诗桑柔篇"靡所止疑"，传曰："疑，定也。"疑训定，故与止同义。此云"疑止"犹诗云"止疑"。荀子传诗，故用诗义耳。杨注"疑，或为凝",非是。**其所以贯理焉虽亿万,已不足以浃万物之变,与愚者若一。**贯,习也。浃,周也,子叶反,或当为"接"。○俞樾曰:已,犹终也。言终不足以浃万物之变也。诗葛藟篇"终远兄弟",传曰:"已相远矣。"笺云:"今已远弃族亲。"是传、笺并训终为已。僖二十四年左传"妇怨无终",杜注曰:"终,犹已也。"故已亦犹终也。 先谦案:荀书以"挟"代"浃"。此亦当为"挟",作"浃"者,后人所改。**学,**○郭嵩焘曰:"学"字当断句。学焉,至老而不免于愚,则执一之不足相通也。**老身长子而与愚者若一,犹不知错,夫是之谓妄人。**错,置也,谓废舍也。身已老矣,子已长矣,犹不知废舍无益之学,夫是之谓愚妄人也。**故学也者,固学止之也。恶乎止之?曰:止诸至足。曷谓至足?曰:圣也。**或曰:"圣"下更当有"王"字,误脱耳。言人所学当止于圣人之道及王道,不学异术也。圣王之道,是谓至足也。**圣也者,尽伦者也;王也者,尽制者也。**伦,物理也。制,法度也。**两尽者,足以为天下极矣。**所以为至足也。**故学者,以圣王为师,**案以圣王之制为法,**法其法,以求其统类,以务象效其人。**统类,法之大纲。○谢本从卢校重一"类"字。 卢文弨曰:"法其法",元刻作"治其法"。 王念孙曰:元刻无下"类"字。案元刻是也。"法其法,以求其统类,以务象效其人",三句一气贯注,若多一"类"字,则隔断上下语脉矣。宋本下"类"字即涉上"类"字而衍。 先谦案:王说是。今依元刻删。**向是而务,士也;类是而几,君子也;**几,近也。类圣人而近之,则为君子。士者,修饰之名。君子,有道德之称也。**知之,圣人也。**知圣王之道者。**故有知非以虑是,则谓之惧;**自知其非,以图虑于是,则谓之能戒惧也。**有勇非以持是,则谓之贼;**勇于为非,以持制是也。**察孰非以分是,则谓之篡;**孰,甚也。察甚其非,以分为是之心,此篡夺之人也。**多能非以修荡是,则谓之知;**修,饰也。荡,动也。多能知非,修饰荡动而为是,则谓之知。

言智者能变非为是也。**辩利非以言是，则谓之诎。**辩说利口而饰非，以言乱是，则谓之诎。诎，多言也。诗曰："无然诎诎。"〇王引之曰："惧"字义不可通，"惧"当为"擭"，字之误也。擭，谓擭取之也。<u>不苟篇</u>："小人知（与智同。）则擭盗而渐。"（渐，诈也。说见尚书述闻"民兴胥渐"下。）故曰"有知非以虑是，则谓之擭"。修，读为涤。（周官司尊彝"凡酒修酌"，郑注："修，读为'涤濯'之涤。"）谓涤荡使洁清也。此言智也、勇也、察也、多能也、辩利也，皆必用之于是而后可。（"是"字，指圣王之制而言，见上文。）若有智而不以虑是，则谓之擭；有勇而不以持是，则谓之贼；熟于察而不以分是，则谓之篡；多能而不以涤荡是，则谓之智；（智，谓智故也。淮南主术篇注曰："故，巧也。"<u>管子心术篇</u>曰"恬愉无为，去知与故"，<u>庄子胠箧篇</u>曰"知诈渐毒"，<u>荀子非十二子篇</u>曰"知而险，贼而神，为诈而巧"，淮南原道篇曰"偶𥅆智故，曲巧伪诈"：并与此"知"字同义。）辩利而不以言是，则谓之诎也。<u>杨</u>说皆失之。**传曰："天下有二：非察是，是察非。"**众以为是者而非之，以为非者而察之。**谓合王制与不合王制也。**所以非察是，是察非，观其合王制与否也。**天下有不以是为隆正也，然而犹有能分是非、治曲直者邪？**有不以合王制与不合为隆正者，而能分是非，治曲直乎？言必不能也。〇<u>先谦</u>案：隆正，犹中正。**若夫非分是非，非治曲直，非辨治乱，非治人道，虽能之无益于人，不能无损于人。案直将治怪说，玩奇辞，以相挠滑也；案强钳而利口，厚颜而忍诟，无正而恣睢，妄辨而几利；**滑，乱也，音骨。强，强服人。钳，钳人口也。诟，詈也。恣睢，矜夸也。几，近也。妄辨几利，谓妄为辨说，所近者惟利也。〇<u>王念孙</u>曰：方言："钳，恶也。（<u>广雅</u>同。）南楚凡人残骂谓之钳。"<u>郭璞</u>曰："残，犹恶也。"然则强钳者，既强且恶也，非钳人口之谓。诟，耻也。大戴礼曾子立事篇"君子见利思辱，见恶思诟"，定八年左传"公以晋诟语之"，<u>杜</u>、<u>卢</u>注并曰："诟，耻也。"字或

作"询"。<u>昭</u>二十年<u>左传</u>"余不忍其询",<u>杜</u>注曰:"询,耻也。"又作
"咺"。<u>大戴礼武王践阼篇</u>"口生咺",<u>卢</u>注曰:"咺,耻也。"又作"垢"。
<u>宣</u>十五年<u>左传</u>"国君含垢",<u>杜</u>注曰:"忍垢耻。"(<u>汉书路温舒传</u>作"国
君含诟"。)诟,训为耻,故曰"厚颜而忍诟",非谓忍詈也。<u>楚辞离骚</u>曰
"忍尤而攘诟",(<u>王</u>注:"诟,耻也。")<u>吕氏春秋离俗篇</u>曰"强力忍诟",
(<u>高</u>注:"诟,辱也。")<u>淮南氾论篇</u>曰"忍诟而轻辱",<u>史记伍子胥传</u>曰
"刚戾忍诟",皆其证也。<u>非十二子篇</u>"无廉耻而谋诟",即此所谓"厚
颜而忍诟"也。<u>说文</u>:"误,耻也。"或作"谋"。诟误,诟耻也。或作
"询"。(<u>广雅</u>作"谋诟"。)杨注以谋诟为晋辱,亦失之。　俞樾曰:<u>大</u>
<u>玄玄莹篇</u>"箝知休咎",<u>范望</u>注曰:"箝,求也。"<u>鬼谷子</u>有<u>飞箝篇</u>,其文
曰:"以飞箝之辞,钩其所好,以箝求之。"此<u>范望</u>注所本。钳,犹箝也。
强钳,谓强求也。杨注以"钳人口"释之,非是。**不好辞让,不敬礼
节,而好相推挤:此乱世奸人之说也,则天下之治说者方多然
矣。**<u>慎</u>、<u>墨</u>、<u>宋</u>、<u>惠</u>之属。传曰:"析辞而为察,言物而为辨,君子贱
之;博闻强志,不合王制,君子贱之。"此之谓也。所谓析言破律、
乱名改作者也。**为之无益于成也,求之无益于得也,忧戚之无益
于几也,**言役心无益,复忧戚,亦不能近道也。○<u>俞樾</u>曰:几者,事之
微也。无益于几,即无益于事。忧戚之而仍于事无益,则为君子所不
取矣。杨注谓"忧戚亦不能近道",是训几为近,又增出"道"字,非其
旨也。**则广焉能弃之矣。不以自妨也,不少顷干之胸中。**广,读
为旷,远也。不以自妨,谓不以无益害有益也。○<u>王念孙</u>曰:按能,读
为而。旷焉而弃之,谓远弃之也。(<u>杨</u>注:"广,读为旷,远也。")古多
以"能"为"而",说见<u>释词</u>。**不慕往,不闵来,无邑怜之心,**不慕往,
谓不悦慕无益之事而往从之也。不闵来,谓不忧闵无益之事而来正之
也。或曰:往,古昔也。来,将来也。不慕往古,不闵将来,言惟义所
在,无所系滞也。邑怜,未详。或曰:邑与悒同。悒,快也。怜,读为

<u>荀子集解</u>

396

吝,惜也。言弃无益之事,更无悒怏吝惜之心。此皆明不为异端所蔽也。**当时则动,物至而应,事起而辨,治乱可否,昭然明矣。**

周而成,泄而败,明君无之有也;以周密为成,以漏泄为败,明君无此事也。明君日月之照临,安用周密也?**宣而成,隐而败,暗君无之有也。**以宣露为成,以隐蔽为败,暗君亦无此事也。暗君务在隐蔽而不知昭明之功也。○先谦案:注中四"为"字皆当作"而"。**故君人者周则谗言至矣,直言反矣,小人迩而君子远矣。诗云:"墨以为明,狐狸而苍。"此言上幽而下险也。**逸诗。墨,谓蔽塞也。狐狸而苍,言狐狸之色,居然有异。若以蔽塞为明,则臣下诳君,言其色苍然无别,犹指鹿为马者也。幽,暗也。险,倾侧也。○卢文弨曰:正文"墨以为明",元刻"明"作"朗"。"狐狸而苍",宋本"而"作"其"。王伯厚诗考引作"而",今从之。又注"倾侧也",元刻作"诈也"。　郝懿行曰:墨者,幽暗之意。诗言以暗为明,以黄为苍,所谓"玄黄改色,马鹿易形"也。(二语见后汉文苑传。)赵高欲为乱,以青为黑,以黑为黄,民言从之,(语见礼器注。)此正上幽下险之事。**君人者宣则直言至矣,而谗言反矣,君子迩而小人远矣。**反,还也。谗言复归而不敢出矣。或曰:反,倍也。言与谗人相倍反也。○先谦案:"谗言"上"而"字衍。或说非。**诗曰:"明明在下,赫赫在上。"此言上明而下化也。**诗,大雅大明之篇。言文王之德明明在下,故赫赫然著见于天也。

荀子卷第十六

正名篇第二十二

是时<u>公孙龙</u>、<u>惠施</u>之徒乱名改作，以是为非，故作<u>正名篇</u>。<u>尹文子</u>曰："形以定名，名以定事，事以验名。察其所以然，则形名之与事物无所隐其理矣。名有三科：一曰命物之名，方圆白黑是也。二曰毁誉之名，善恶贵贱是也。三曰况谓之名，贤愚爱憎是也。"○<u>卢文弨</u>曰："事以验名"，案本书作"检名"。

后王之成名：后之王者有素定成就之名。谓旧名可法效者也。**刑名从商，爵名从周，文名从礼。**商之刑法未闻。<u>康诰</u>曰"<u>殷</u>罚有伦"，是亦言<u>殷</u>刑之允当也。爵名从<u>周</u>，谓五等诸侯及三百六十官也。文名，谓节文、威仪。礼，即<u>周</u>之仪礼也。○<u>郝懿行</u>曰：文名谓节文、威仪，礼即<u>周</u>之<u>仪礼</u>，其说是也。古无<u>仪礼</u>之名，直谓之<u>礼</u>，或谓之<u>礼经</u>。**散名之加于万物者，则从诸夏之成俗曲期**，成俗，旧俗方言也。期，会也。曲期，谓委曲期会物之名者也。○<u>郝懿行</u>曰：曲期，谓曲折期会之地，犹言委巷也。此与"远方异俗"相俪。<u>杨</u>注断"曲期"上属，似未安。　　**先谦案**：<u>郝</u>云"曲期”二字下属，是也，而解为委巷，非也。下文云“命不喻然后期，期不喻然后说”，注：“期，会也。物之稍难名，命之不喻者，则以形状大小会之。若是事多，会亦不喻者，则说其所以然。”是曲期者，乃委曲以会之。万物之散名，从诸夏之成俗，以委曲期会于远方异俗之乡，而因之以为通，所谓“名从中国”是也。**远方异俗之乡则因之而为通**。远方异俗，名之乖异者，则因其所名，遂以为通，而不改作也。**散名之在人者**：举名之分散在人者。**生之所以然者谓之性**。人生善恶，故有必然之理，是所受于天之性也。**性之和所生，精合感应，不事而自然谓之性**。和，阴阳冲和气也。事，任使也。言人之性，和气所生，精合感应，不使而自然。言其天性如此也。精合，谓若耳目之精灵与见闻之物合也。感应，谓外物感心而来应也。〇先谦案：“性之和所生”，当作“生之和所生”。此“生”字与上“生之”同，亦谓人生也。两“谓之性”相俪，生之所以然者谓之性，生之不事而自然者谓之性，文义甚明。若云“性之不事而自然者谓之性”，则不词矣。此传写者缘下文“性之”而误。注“人之性”，“性”当为“生”，亦后人以意改之。**性之好、恶、喜、怒、哀、乐谓之情**。人性感物之后，分为此六者，谓之情。**情然而心为之择谓之虑**。情虽无极，心择可否而行，谓之虑也。**心虑而能为之动谓之伪**。伪，矫也。心有选择，能动而行之，则为矫拂其本性也。〇郝懿行曰：荀书多以“伪”为“为”。杨注训伪为矫，不知古字通耳。下云“正利而为谓之事，正义而为谓之行”，与此“能为”之“为”俱可作“伪”。**虑积焉、能习焉而后成谓之伪**。心虽能动，亦在积久习学，然后能矫其本性也。〇卢文弨曰：此“伪”字，元刻作“为”，非也。观荀此篇及礼论等篇，“伪”即今“为”字。故曰“桀、纣性也，尧、舜伪也”，谓尧、舜不能无待于人为耳。后儒但知有“真伪”字，昧古六书之法而訾之者众矣。下两"而为",承上文,亦必本是"而讹"〔一〕。**正利而为谓之事**。为正道之事利,则谓之事业。谓商农工贾者也。**正义而为谓之行**。苟非正义,则谓之奸邪。行,下孟反。○俞樾曰:广韵:"正,正当也。"正利而为,正义而为,犹文四年左传曰"当官而行"也。杨注以正道释之,非是。**所以知之在人者谓之知。知有所合谓之智**。知之在人者,谓在人之心有所知者。知有所合,谓所知能合于物也。○卢文弨曰:"谓之智",亦当同上作"谓之知",而皆读为智耳。下"能"字亦可不分两音。 先谦案:在人者,明藏于心。有合者,遇物而形。下两"谓之能"同。**智所以能之在人者谓之能**。智有所能,在人之心者,谓之能。能,才能也。○卢文弨曰:句首"智"字衍。注当云"在人有所能谓之能"。此似有舛误。**能有所合谓之能**。"能"当为"耐",古字通也。耐,谓堪任其事。耐,乃来、乃代二反。○郝懿行曰:案杨注能、耐古通,此语非是。杨既知为古字通矣,何必上为"能",下为"耐",强生分别?即如上文二"知"、二"智",亦是强生分别,古本必皆作"知",如"伪""为"之例也。若依杨注,则上文"谓之性",此两"性"字不知当何分别?戴记礼运、乐记二篇并用"耐"字,郑康成注:"耐,古能字也。"此盖杨注所本。然郑此说,未见所出。既云"古字时有存者",又云"亦有今误",(礼运注。)然则郑意亦不以为定论也。且以荀书订之,仲尼篇云"能耐任之",又云"能而不耐任",杨注:"耐,忍也。"此则一句之中"耐""能"兼用,其不以为一字明矣。又考说文:"能,熊属"也,"能兽坚中,故称贤能,而强壮偁能杰也"。又云"耐,或畊字",不言为古"能"字。然则经典用"能",不用"耐",当依许叔重书。康成之说,与许不同,疑未可据。 先谦案:二"伪"、二"知"、二"能",并有虚实动静之分。知,皆读智。能,皆如字,不分两读。杨说

〔一〕 "而讹",似当作"而伪"。

非也。**性伤谓之病**。伤于天性，不得其所。**节遇谓之命**。节，时也。当时所遇，谓之命。命者，如天所命然。○先谦案：节，犹适也，说详天论篇。**是散名之在人者也，是后王之成名也**。略举此上事，是散名之在人者，而后王可因袭成就素定之名也。而或者乃为"坚白"之说，以是为非，斯乱名之尤也。**故王者之制名，名定而实辨，道行而志通，则慎率民而一焉**。道，谓制名之道。志通，言可晓也。礼记曰："黄帝正名百物以明民。"慎率民而一焉，言不敢以异端改作也。**故析辞擅作名以乱正名，使民疑惑，人多辨讼，则谓之大奸，其罪犹为符节、度量之罪也**。新序曰："子产决邓析教民之难，约大狱袍衣，小狱襦袴。民之献袍衣、襦袴者不可胜数，以非为是，以是为非，郑国大乱，民口谨哗。子产患之，于是讨邓析而僇之，民乃服，是非乃定。"是其类也。○卢文弨曰：今本新序缺此文。　王念孙曰："析辞擅作"下本无"名"字，有"名"字则成累句矣。此"名"字涉下"正名"而衍。下文"离正道而擅作"，"作"下无"名"字，即其证。　先谦案：为与伪同。**故其民莫敢托为奇辞以乱正名。故其民悫，悫则易使，易使则公**。○顾千里曰："公"，疑当作"功"，荀子屡言"功"，可以为证。下文"则其迹长矣。迹长功成，治之极也"，承此"功"言之，不作"公"明甚。宋本与今本同，盖皆误。**其民莫敢托为奇辞以乱正名，故壹于道法而谨于循令矣。如是，则其迹长矣**。迹，王者所立之迹也。下不敢乱其名，畏服于上，故迹长也。长，丁丈反。**迹长功成，治之极也，是谨于守名约之功也**。谨，严也。约，要约。**今圣王没，名守慢，奇辞起，名实乱，是非之形不明，则虽守法之吏、诵数之儒，亦皆乱也**。奇辞乱实，故法吏迷其所守，偏儒疑其所习。○先谦案：诵数犹诵说，说见劝学篇。**若有王者起，必将有循于旧名，有作于新名**。名之善者循之，不善者作之。故孔子曰："必也正名乎。"○先谦案：旧名，上所云"成名"也。新名，上所云"托奇辞

401

以乱正名”也。既循旧名，必变新名，以反其旧。作者，变也。礼记哀公问郑注：“作，犹变也。”杨注未晰。**然则所为有名，与所缘以同异，与制名之枢要，不可不察也。**缘，因也。枢要，大要总名也。物无名则不可分辨，故因而有名也。名不可一贯，故因耳目鼻口而制同异又不可常别，虽万物万殊，有时欲举其大纲，故制为名之枢要。谓若谓之禽，知其二足而羽；谓之兽，知其四足而毛。既为治在正名，则此三者不可不察而知其意也。○谢本从卢校作“有同异”。　王念孙曰：元刻“有”作“以”。（宋龚本同。）案作“以”者是也。下文云“然则何缘而以同异”，又云“此所缘而以同异也”，三“以”字前后相应。宋本作“有”者，涉上句“有名”而误。　先谦案：王说是，今改从元刻。**异形离心**万物之形各异，则分离人之心。言人心知其不同也。此已下覆明有名之意。**交喻，异物名实玄纽，**玄，深隐也。纽，结也。若不为分别立名，使物物而交相譬喻之，则名实深隐，纷结难知也。○郝懿行曰：“玄”即“眩”字。纽，系也，结也。言名实眩乱，连系交结而难晓也。　王念孙曰：名实互纽，即上文所谓“名实乱”也。今本“互”字上下皆误加点。杨所见本已然，故误读为胡涓切，而所说皆非。　先谦案：杨注之非，由失其读。“异形离心交喻”句，“异物名实玄纽”句。离心交喻，谓人心不同，使之共喻，下文所云“名闻而实喻”也。异形者离心交喻，异物者名实眩纽，此所以有名也。**贵贱不明，同异不别，如是则志必有不喻之患，而事必有困废之祸。故知者为之分别，制名以指实，**无名则物杂乱，故智者为之分界制名，所以指明实事也。**上以明贵贱，下以辨同异。**贵贱明，同异别，如是则志无不喻之患，事无困废之祸，此所为有名也。有名之意在此。**然则何缘而以同异？**设问，覆明同异之意也。**曰：缘天官。**天官，耳目鼻口心体也。谓之官，言各有所司主也。缘天官，言天官谓之同则同，谓之异则异也。**凡同类、同情者，其天官之意物也同，故比方**

之疑似而通，是所以共其约名以相期也。 同类同情，谓若天下之马虽白黑大小不同，天官意想其同类，所以共其省约之名，以相期会而命之名也。○卢文弨曰：注末"名也"上，宋本有"各为制"三字，衍。

王念孙曰：约，非省约之谓。约名，犹言名约。上文云"是谨于守名约之功也"，杨彼注云"约，要约"是也。下文云"名无固宜，约之以命，约定俗成谓之宜"；"名无固实，约之以命，（今本"命"下有"实"字，辩见下。）约定俗成谓之实名"，又其一证也。**形体、色、理以目异，** 形体，形状也。色，五色也。理，文理也。言万物形体色理，以目别异之而制名。○王引之曰：色理，肤理也。荣辱、性恶二篇并云："骨体肤理。"彼言"骨体肤理"，此言"形体色理"。形体，犹骨体也。色理，犹肤理也。杨云"色，五色也"，失之。**声音清浊、调竽奇声以耳异，** 清浊，宫、徵之属。调竽，谓调和笙竽之声也。竽，笙类，所以导众乐者也。不言革木之属而言竽者，或曰：竽，八音之首。故黄帝使泠伦取竹作管，是竹为声音之始。庄子"天籁""地籁"，亦其义也。奇，奇异也。奇声，万物众声之异者也。○卢文弨曰："调竽"二字，上下必有脱误，不必从为之辞。　俞樾曰：笙竽之声而独言竽，义不可通。杨又引或说，谓"竽，八音之首"，斯曲说也。"调竽"，疑当为"调笑"，字之误也。孟子告子篇曰："则己谈笑而道之。""调笑"与"谈笑"，文异而谊同。玉篇、广韵并曰："谈，戏调也。"盖谈与调，一声之转耳。"笑""竽"形似，因而致误。　先谦案："调竽"当为"调节"。"竽""节"字皆从竹，故"节"误为"竽"。礼记仲尼燕居篇"乐也者，节也"，孔疏："节，制也。"檀弓篇"品节斯"，疏："节，制断也。"是节为制也。调者，说文："和也。"声音之道，调以和合之，节以制断之，故曰"调节"，与"清浊"同为对文，"奇声"与下"奇味""奇臭"对文。杨、俞说皆非。
甘、苦、咸、淡、辛、酸、奇味以口异， 奇味，众味之异者也。**香、臭、芬、郁、腥、臊、洒、酸、奇臭以鼻异，** 芬，花草之香气也。郁，腐臭也。

礼记曰:"鸟鸇色而沙鸣。"郁、洒,未详。酸,暑湆之酸气也。奇臭,众臭之异者。气之应鼻者为臭,故香亦谓之臭。礼记曰:"皆佩容臭。"或曰:"洒"当为"漏",篆文稍相似,因误耳。礼记曰"马黑脊而般臂,漏",郑音"蝼,蝼蛄臭"者也。○卢文弨曰:洒,从水,西声,古音与辛相同。洒酸犹辛酸,辣气之触鼻者。　王念孙曰:辛、酸,皆味也,非臭也。宋玉高唐赋"孤子寡妇,寒心酸鼻",阮籍咏怀诗"感慨怀辛酸,怨毒常苦多",皆非辣气触鼻之谓。西,古读若先。"先"字古在谆部,"辛"字古在真部,不得言西、辛古音相同,卢说非也。杨以"洒"为"漏"之误,是也。余谓"酸"乃"庮"字之误,庮从酉声,与"酸"字左畔相同,又涉上文"辛酸"而误也。周官内饔及内则并云"牛夜鸣则庮",先郑司农云:"庮,朽木臭也。"(说文:"庮,久屋朽木。周礼曰:'牛夜鸣则庮。'臭如朽木。")内则注曰:"庮,恶臭也。"春秋传曰:"一薰一庮。"(僖四年。今左传作"莸",杜注:"莸,臭草。")郁、腥、臊、漏、庮,并见周官、礼记,则"洒酸"必"漏庮"之误也。酸亦味也,非臭也。杨以为暑湆之酸气,亦失之。**疾、养、沧、热、滑、铍、轻、重以形体异,**疾,痛也。养与痒同。沧,寒也。滑与汩同,铍与披同,皆坏乱之名。或曰:滑如字。"铍"当为"鈹",传写误耳,与涩同。轻重,谓分铢与钧石也。此皆在人形体别异之而立名也。沧,初亮反,又楚陵反。**说、故、喜、怒、哀、乐、爱、恶、欲以心异。**说,读为脱,误也。脱、故,犹律文之"故""误"也。○先谦案:说者,心诚悦之。故者,作而致其情也,与性恶篇"习伪故"之"故"同义。二字对文。杨注非。**心有征知。**征,召也。言心能召万物而知之。**征知则缘耳而知声可也,缘目而知形可也,**缘,因也。以心能召万物,故可以因耳而知声,因目而知形。为之立名,心虽有知,不因耳目,亦不可也。**然而征知必将待天官之当簿其类然后可也。**天官,耳目也。当,主也,丁浪反。簿,簿书也。当簿,谓如各主当其簿书,不杂乱也。类,谓可闻之物,耳之类;可见之物,目之类。言心虽能召所知,必将任使耳目,令各主掌其类,然后可也。言心亦不能自主之也。○俞樾曰:杨注曰"天官,耳目也",疑此文及注并有夺误。上文云"然则何缘而以同异,曰缘天官",注曰:"天官,耳目鼻口心体也"。是天官本兼此六者而言,此何以独言耳目乎?疑"天官"乃"五官"之误。上云"心有征知",此当云"然而征知必将待五官之当簿其类",注当云"五官,耳目鼻口体也"。所以不数心者,征知即心也。下文云"五官簿之而不知,心征之而无说",即承此文而言,可知"天官"为"五官"之讹。因"五官"讹为"天官",而注又有阙文,遂不可读。**五官簿之而不知,心征之而无说,则人莫不然谓之不知,此所缘而以同异也。**五官,耳目鼻口心也。五官能主之,而不能知,心能召而知之,若又无说,则人皆谓之不知也。以其如此,故圣人分别,因立同异之名,使人晓之也。○王念孙曰:"莫不然谓之不知","然"字涉上下文而衍。五官者,耳目鼻口与形体也。(见上文。)言五官能簿之而不能知,心能征之而又无说,则人皆谓之不智也。杨注亦当作"五官,耳目鼻口体也",今本"体"作"心",乃后人不知其义而妄改之。上注云"天官,耳目鼻口心体也",足正此注之误。(天论篇以耳目鼻口形能为五官,"能"即"态"字。此篇以耳目鼻口形体为五官,"形体"即"形态"。) 郭嵩焘曰:王说非也。簿,犹记录也。心征于耳目而后有知,所闻所见,心征而知之,由耳目之记籍其名也。与耳目相接而终不知其名,心亦能征之耳目而莫能言其名,则终不知而已。"莫不然谓之不知","然"亦语词,不必为衍文。

然后随而命之:既分同异之后,然后随所名而命之。此已下覆明制名枢要之意也。**同则同之,异则异之,**同类则同名,异类则异名。**单足以喻则单,单不足以喻则兼,**单,物之单名也。兼,复名也。喻,晓也。谓若止喻其物,则谓之马;喻其毛色,则谓之白马、黄马之比也。○卢文弨曰:注"復名",宋本作"複名"。案复亦与複通用。**单**

与兼无所相避则共，虽共，不为害矣。谓单名、复名有不可相避者，则虽共同其名，谓若单名谓之马，虽万马同名，复名谓之白马亦然，虽共，不害于分别也。**知异实者之异名也，故使异实者莫不异名也，不可乱也，**知，谓人心知之。异实者异名，则不乱也。谓若牛与马为异实也。**犹使异实者莫不同名也。**恐异实、异名卒不可遍举，故犹使异实者有时而同一名也。或曰："异实"当为"同实"。言使异实者异名，其不可相乱，犹如使同实者莫不同名也。〇王念孙曰：或说是也。上文"同则同之，异则异之"是其证。前说非。**故万物虽众，有时而欲遍举之，故谓之物。物也者，大共名也。推而共之，共则有共，至于无共然后止。**推此共名之理，则有共至于无共。言自同至于异也。起于总，谓之物，散为万名，是异名者本生于别同名者也。〇王念孙曰："共则有共"之"有"，读为又。谓共而又共，至于无共然后止也。杨说失之。**有时而欲遍举之，故谓之鸟兽。鸟兽也者，大别名也。推而别之，别则有别，至于无别然后止。**言自异至于同也。谓总其万名，复谓之物，是同名者生于欲都举异名也。言此者，所以别异名、同名之意。〇王念孙曰：案此"遍"字当作"别"，与上条不同。上条以同为主，故曰"遍举之"，此条以异为主，故曰"别举之"。（下文皆作"别"。）鸟兽不同类，而鸟兽之中又各不同类，推而至于一类之中，又有不同，（若雉有五雉，雇有九雇，牛马毛色不同，其名亦异之类。）故曰"鸟兽也者，大别名也。推而别之，别则有别，（有读为又，见上条。）至于无别然后止"也。今本作"遍举"，则义不可通，盖涉上条"遍举"而误。杨说皆失之。　俞樾曰：此"遍"字乃"偏"字之误。上云"遍举之"，乃普遍之义，故曰"大共名也"。此云"偏举之"，乃一偏之义，故曰"大别名也"。"偏"与"遍"形似，因而致误。　先谦案：俞说是。**名无固宜，约之以命。约定俗成谓之宜，异于约则谓之不宜。**名无固宜，言名本无定也。约之以命，谓立其约而命之，若约为天，则人皆谓之天也。○先谦案：注"固宜"，各本误"故宜"，今正。**名无固实，约之以命实，约定俗成谓之实名。**实名，谓以名实各使成言语文辞。谓若天地日月之比也。○王念孙曰："约之以命实"，"实"字涉上下文而衍。上文"名无固宜，约之以命"，<u>杨</u>注云"约之以命，谓立其约而命之"，则此言"约之以命"，义亦与上同。若"命"下有"实"字，则义不可通，且<u>杨</u>必当有注矣。**名有固善，径易而不拂，谓之善名。**径疾平易而不违拂，谓易晓之名也。即谓呼其名遂晓其意，不待训解者。拂音佛。**物有同状而异所者，**谓若两马同状，各在一处之类也。**有异状而同所者，**谓若老幼异状，同是一身也。蚕、蛾之类亦是也。**可别也。状同而为异所者，虽可合，谓之二实。**即谓两马之类，名虽可合，同谓之马，其实二也。**状变而实无别而为异者，谓之化。有化而无别，谓之一实。**状虽变而实不别为异所，则谓之化。化者，改旧形之名，若田鼠化为鴽之类，虽有化而无别异，故谓之一实，言其实一也。**此事之所以稽实定数也，**稽考其实而定一二之数也。**此制名之枢要也。**此皆明制名之大意，是其枢要也。**后王之成名，不可不察也。**此三者，制名之实，后王可因其成名而名之，故不可不察也。

"见侮不辱"，"圣人不爱己"，"杀盗非杀人也"，此惑于用名以乱名者也。"见侮不辱"，<u>宋子</u>之言也。"圣人不爱己"，未闻其说，似<u>庄子</u>之意。"杀盗非杀人"，亦见<u>庄子</u>。<u>宋子</u>言"见侮不辱则使人不斗"，或言"圣人不爱己而爱人"，<u>庄子</u>又云"杀盗贼不为杀人"，言此三者，徒取其名，不究其实，是惑于用名以乱正名也。**验之所以为有名而观其孰行，则能禁之矣。**验其所为有名，本由不喻之患、困废之祸，因观"见侮不辱"之说精孰可行与否，则能禁也。言必不可行也。○<u>王引之</u>曰："验之所"下"以"字，及下文"验之所缘"下"无"字，皆后人所增。据注云"验其所为有名"、"验其所缘同异"，则上无

"以"字、下无"无"字明甚。上文云"所为有名,("为",即"以"也,说见释词。)与所缘以同异,不可不察也",故此承上文而言之。又案:孰者,何也。(说见释词。)观其孰行者,观何所行也。观其孰调者,观其何所调也。杨读孰为熟,而训为精熟,则义不可通。**"山渊平","情欲寡","刍豢不加甘,大钟不加乐",此惑于用实以乱名者也。**山渊平,即庄子云"山与泽平"也。情欲寡,即宋子云"人之情,欲寡"也。刍豢不加甘,大钟不加乐,墨子之说也。古人以山为高,以泉为下,原其实,亦无定,但在当时所命耳,后世遂从而不改。乱名之人既以高下是古人之一言,未必物之实也,则我以山泉为平,奚为不可哉?古人言情欲多,我以为寡,刍豢甘,大钟乐,我尽以为不然,亦可也。此惑于用实本无定,以乱古人之旧名也。**验之所缘无以同异而观其孰调,则能禁之矣。**验其所缘同异,本由物一贯,则不可分别,故定其名而别之。今"山渊平"之说,以高为下,以下为高,若观其精孰,得调理与否,则能禁惑于实而乱名者也。○郭嵩焘曰:此三惑,仍承上言之。用名以乱名,则验其所以为名而观其行;用实以乱名,则验其所缘以为同异而调使平;用名以乱实,则验其制名之原而观其所以为辞受。苟用此三者,以明诸家立言之旨,所以为正名也。此文"验之所缘无以同异",与前文不合,明"无"字衍文。**"非而谒楹有牛,马非马也",此惑于用名以乱实者也。**非而谒楹有牛,未详所出。马非马,是公孙龙白马之说也。白马论曰:"言白,所以命色也;马,所以命形也。色非形,形非色,故曰白马非马也。"是惑于形色之名而乱白马之实也。**验之名约,以其所受悖其所辞,则能禁之矣。**名约,即名之枢要也。以,用也。悖,违也。所受,心之所是。所辞,心之所非。验其名之大要,本以稽实定数,今马非马之说则不然。若用其心之所受者,违其所辞者,则能禁之也。**凡邪说辟言之离正道而擅作者,无不类于三惑者矣。**辟,读为僻。**故明君知其分而不与辨**

也。明君守圣人之名分，不必乱名辨说是非也。**夫民易一以道而不可与共故，**故，事也。言圣人谨守名器，以道一民，不与之共事，共则民以它事乱之。故老子曰"国之利器，不可以示人"也。○郝懿行曰：故，谓所以然也。夫民愚而难晓，故但可偕之大道，而不可与共明其所以然，所谓"民可使由之，不可使知之"。**故明君临之以埶，道之以道，**道达之以正道。**申之以命，章之以论，禁之以刑。故其民之化道也如神，辨埶恶用矣哉！**申，重也。章，明也。论，谓先圣格言。但用此道驭之，不必更用辨埶也。辨埶，谓说其所以然也。○卢文弨曰：以注末释"辨说"观之，则正文"辨埶"乃"辨说"之讹，注"埶"字亦当作"说"。下文屡云"辨说"，则此之为误显然，盖因上有"临之以埶"语而误涉耳。　先谦案：据卢说，注皆作"辨埶"。今翻谢本者并作"辨说"，误，据虞、王本改正。**今圣王没，天下乱，奸言起，君子无埶以临之，无刑以禁之，故辨说也。**荀卿自述正名及辨说之意也。**实不喻然后命，命不喻然后期，期不喻然后说，说不喻然后辨。**命，谓以名命之也。期，会也。言物之稍难名，命之不喻者，则以形状大小会之，使人易晓也。谓若白马，但言马则未喻，故更以白会之。若是事多，会亦不喻者，则说其所以然。若说亦不喻者，则反覆辨明之也。**故期、命、辨、说也者，用之大文也，而王业之始也。**无期、命、辨、说，则万事不行，故为用之大文饰。王业之始，在于正名，故曰"王业之始也"。**名闻而实喻，名之用也。**名之用，本在于易知也。**累而成文，名之丽也。**累名而成文辞，所以为名之华丽，诗、书之言皆是也。或曰：丽与俪同，配偶也。○卢文弨曰：注"丽与俪同"，旧本脱"与俪"二字，今补。**用、丽俱得，谓之知名。**浅与深，俱不失其所，则为知名。**名也者，所以期累实也。**名者，期于累数其实，以成言语。或曰："累实"当为"异实"。言名者所以期于使实各异也。**辞也者，兼异实之名以论一意也。**辞者，说事之言辞。兼异实之名,谓兼数异实之名,以成言辞。犹若"元年春,王正月,公即位",兼说亡实之名,以论公即位之一意也。○王念孙曰:"论"当为"谕",字之误也。(淮南齐俗篇"不足以谕之",今本"谕"误作"论"。)谕,明也。言兼说异实之名以明之也。字或作"喻"。下文曰"辩说也者,不异实名以喻动静之道也"是其证。上下文言"喻"者甚多,此不应独作"论"也。杨说以春秋,云"论公即位之一意",则所见本已误。**辩说也者,不异实名以喻动静之道也。**动静,是非也。言辩说者不唯兼异常实之名,所以喻是非之理。辞者论一意,辨者明两端也。**期命也者,辩说之用也。**期,谓委曲为名以会物也。期与命,所以为辩说之用。**辩说也者,心之象道也。**辩说所以为心想象之道,故心有所明则辩说也。**心也者,道之工宰也。**工能成物,宰能主物,心之于道亦然也。○陈奂曰:工宰者,工,官也。官宰,犹言主宰。(广雅:"官,主君也。")解蔽篇曰"心者,形之君也,而神明之主也,出令而无所受令",是其义。旧注失之。**道也者,治之经理也。**经,常也。理,条贯也。言道为理国之常法条贯也。**心合于道,说合于心,辞合于说,**言经为说,成文为辞。谓心能知道,说能合心,辞能成言也。**正名而期,质请而喻。辨异而不过,推类而不悖,听则合文,辨则尽故。以正道而辨奸,犹引绳以持曲直,是故邪说不能乱,百家无所窜。**正名而期,谓正其名以会物,使人不惑也。质,物之形质。质请而喻,谓若形质自请其名然,因而喻知其实也。辨异而不过,谓足以别异物,则已不过说也。推类而不悖,谓推同类之物,使共其名,不使乖悖也。听则合文,辨则尽故,谓听它人之说则取其合文理者,自辨说则尽其事实也。正道,谓正名之道。持,制也。窜,匿也。百家无所隐窜,言皆知其奸诈也。○王念孙曰:杨说"质请",甚迂。质,本也。(系辞传"原始要终,以为质也",曲礼"礼之质也",郑、虞注并曰:"质,本也。")请读为情。情,实也。言本其实而晓喻之也。上文云

410

"名闻而实喻",是其证也。正名而期,质情而喻,情即是实,实与名正相对也。古者情、请同声而通用。(成相篇"明其请",杨注:"请,当为情。"礼论篇"情文俱尽",史记礼书"情"作"请",徐广曰:"古情字或假借作请,诸子中多有此比。"列子说符篇"发于此而应于外者唯请",张湛曰:"请,当作情。"又墨子尚同、明鬼、非命诸篇,皆以"请"为"情"。)**有兼听之明而无奋矜之容,有兼覆之厚而无伐德之色。说行则天下正,说不行则白道而冥穷,是圣人之辨说也。**是时百家曲说,皆竞自矜伐,故述圣人辨说虽兼听兼覆,而无奋矜伐德之色也。白道,明道也。冥,幽隐也。冥穷,谓退而穷处也。〇俞樾曰:杨说冥穷之义,甚为迂曲。穷,当读为躬。白道而冥躬者,明白其道而幽隐其身也。古穷与躬通用。论语乡党篇"鞠躬如也",聘礼郑注作"鞠穷",是其证。**诗曰:"颙颙卬卬,如圭如璋,令闻令望。岂弟君子,四方为纲。"此之谓也。**诗,大雅卷阿之篇。颙颙,体貌敬顺也。卬卬,志气高朗也。

　　辞让之节得矣,长少之理顺矣,忌讳不称,袄辞不出,以仁心说,以学心听,以公心辨。以仁心说,谓务于开导,不骋辞辨也。以学心听,谓悚敬而听它人之说,不争辨也。以公心辨,谓以至公辨它人之说是非也。**不动乎众人之非誉,**不以众人是非而为之动,但自正其辞说也。**不治观者之耳目,**其所辨说,不求夸眩于众人。〇王念孙曰:"治"字义不可通。"治"当为"冶",字之误也。不冶观者之耳目,谓不为袄辞以惑众人之耳目也。(袄辞,见上文。)"冶"与"蛊",古字通。集韵上声三十五马:"蛊,以者切,媚也。"文选南都赋"侍者蛊媚",五臣本蛊音冶。刘良曰:"蛊媚,美容仪也。"舞赋"貌嫽妙以妖蛊",五臣作"妖冶"。后汉书张衡传"咸姣丽以蛊媚",注曰:"蛊音野。谓妖丽也。"是"冶"即"蛊惑"之"蛊"也。"不冶观者之耳目,不赂贵者之权势",二句一意相承。据杨注云"其所辩说,不求夸眩于众人"，则所见本当是"冶"字。若是"治"字，则不得言"夸眩于众"矣，以是明之。**不赂贵者之权埶**，不为货赂而移贵者之权埶也。**不利传辟者之辞**，利，谓说爱之也。辟，读为僻。**故能处道而不贰，吐而不夺，利而不流，贵公正而贱鄙争，是士君子之辨说也。**吐而不夺，谓吐论而人不能夺。"利"，或为"和"。○俞樾曰：杨说非也。"吐"当为"咄"，形似而误。从土从出之字，隶书每相乱，若"敱"从出而今讹为"敖"，"賣"从出而今讹为"卖"是也。"咄"者，"诎"之假字。从口从言之字，古或相通，若"詠"之为"咏"、"諎"之为"唶"、"唫"之为"诊"、"讀"之为"读"是也。"诎而不夺，利而不流"，二句相对，言虽困诎而不可劫夺，虽通利而不至流荡也。上文于圣人之辨说曰"说行则天下正，说不行则白道而冥躬"；此于士君子之辨说曰"诎而不夺，利而不流"：诎谓说不行，利谓说行，其文正相配也。**诗曰："长夜漫兮，永思骞兮。大古之不慢兮，礼义之不愆兮，何恤人之言兮！"此之谓也。**逸诗也。漫，谓漫漫，长夜貌。骞，谷也。引此以明辨说得其正，何忧人之言也？

　　君子之言，涉然而精，俛然而类，差差然而齐。彼正其名，当其辞，以务白其志义者也。涉然，深入之貌。俛然，俯就貌。俛然而类，谓俯近于人，皆有统类，不虚诞也。差差，不齐貌。谓论列是非，似若不齐，然终归于齐一也。当，丁浪反。**彼名辞也者，志义之使也，足以相通则舍之矣；苟之，奸也。**通，谓得其理。使，所吏反。**故名足以指实，辞足以见极，则舍之矣。**极，中也，本也。见，贤遍反。**外是者谓之切，是君子之所弃，而愚者拾以为己宝。**切，难也。过于志义相通之外，则是务为难说耳，君子不用也。**故愚者之言，芴然而粗，啧然而不类，诶诶然而沸。**芴与忽同。忽然，无根本貌。粗，疏略也。啧，争言也，助革反。或曰：与赜同，深也。诶诶，多言也。谓愚者言浅则疏略，深则无统类，又诶诶然沸腾也。**彼**

诱其名，眩其辞，而无深于其志义者也。 诱，诳也。但欺诳其名而不正，眩惑其辞而不实，又不深明于志义相通之理也。**故穷藉而无极，甚劳而无功，贪而无名。** 藉，践履也，才夜反。谓践履于无极之地。贪而无名，谓贪于立名而实无名也。**故知者之言也，** 知，读为智。**虑之易知也，行之易安也，持之易立也，成则必得其所好而不遇其所恶焉。而愚者反是。诗曰："为鬼为蜮，则不可得，有腼面目，视人罔极。作此好歌，以极反侧。"此之谓也。** 诗，小雅何人斯之篇。毛云："蜮，短狐也。腼，姡也。"郑云："使女为鬼为蜮也，则女诚不可得见也。姡然有面目，女乃人也，人相视无有极时，终必与女相见。作此歌，求女之情，女之情展转极于是也。"

　　凡语治而待去欲者，无以道欲而困于有欲者也。 凡言治待使人尽去欲，然后为治，则是无道欲之术，而反为有欲者所困也。**凡语治而待寡欲者，无以节欲而困于多欲者也。** 若待人之寡欲然后治之，则是无节欲之术，而反为多欲者所困。故能导欲则欲自去矣，能节欲则欲自寡矣。**有欲无欲，异类也，生死也，非治乱也。** 二者异类，如生死之殊，非治乱所系。在于导欲则治，不导欲则乱也。○王念孙曰："生死也"三字，与上下文义不相属，杨曲为之说，非也。"生死也"，当作"性之具也"。（"生""性"字相近，又因下文有"生死"字而误。）下文"性之具也"，即此句之衍文。有欲无欲，是生而然者也，故曰"性之具也"。"性之具也"，"情之数也"，二句相对为文。下文"虽为守门，欲不可去"，"虽为天子，欲不可尽"，四句亦相对为文，若阑入"性之具也"一句，则隔断上下语气。杨曲为之说，亦非也。**欲之多寡，异类也，情之数也，非治乱也。** 情之数，言人情必然之数也。治乱所系，在节欲则治，不节欲则乱，不在欲之多寡也。**欲不待可得，而求者从所可。** 凡人之情欲，虽未可得，以有欲之意求之，则从其所可得者也。○卢文弨曰：宋本注多媵字，今删正。　　俞樾曰："待"字衍,当作"欲不可得,而求者从所可"。杨注不释"待"字,故知为衍文。

郭嵩焘曰:"待"字不可少。人生而有欲,不待其可得而后欲之,此根于性者也。若无"待"字,则文不成义。俞说非,下同。**欲不待可得,所受乎天也;求者从所可,受乎心也。** 天性有欲,心为之节制。○俞樾曰:"待"字亦衍文也。"受乎心也"上,当有"所"字。"所受乎心",与"所受乎天"正相对。下文亦以"所受乎天""所受乎心"并言,则此文有"所"字明矣,当据补。**所受乎天之一欲,制于所受乎心之多,固难类所受乎天也。** 此一节未详,或恐脱误耳。或曰:当为"所受乎天之一欲,制于所受乎心之计",其余皆衍字也。一欲,大凡人之情欲也。言所受乎天之大欲,皆制节于所受乎心之计度,心之计度亦受于天,故曰"所受"。○俞樾曰:或说甚晦,义不可通。此文当云"所受乎天之一,所受乎心之多,固难类也"。所受乎天,所受乎心,即承上文而言,"一"与"多"正相对。所受乎天之一,言天之与人有定也。所受乎心之多,言人之心无穷也。固难类也,犹言固不可同耳。

郭嵩焘曰:生之有欲,一而已矣。制于所受乎心之多者,以有欲之性听命于心,而欲遂多纷驰,而日失其故,漓其真,则与所受于天之一欲,又不可以类求也。文义显然。杨、俞说皆非。**人之所欲,生甚矣,人之所恶,死甚矣,然而人有从生成死者,非不欲生而欲死也,不可以生而可以死也。** 此明心制欲之义。**故欲过之而动不及,心止之也。** 动,谓作为也。言欲过多,而所作为不及其欲,由心制止之也。○先谦案:此文即以上生死明之。所欲有过于生,而动不及于求生者,心之中理止之也,故欲虽多,不伤于治;所欲不及于死,而动过之,自取死者,如斗很亡身之类,心之失理使之也,故欲虽寡,无止于乱:此在心不在欲也。杨注似未全通。**心之所可中理,则欲虽多,奚伤于治!** 所可,谓心以为可也。言若心止之而中理,欲虽多,无害于治也。**欲不及而动过之,心使之也。心之所可失理,则欲虽寡,奚止于**

乱！心使之失理，则欲虽寡，亦不能止乱。**故治乱在于心之所可，亡于情之所欲。**明在心不在欲。**不求之其所在，而求之其所亡，虽曰我得之，失之矣。**所在，心也。所亡，欲也。**性者，天之就也；情者，性之质也；欲者，情之应也。以所欲为可得而求之，情之所必不免也；**性者成于天之自然，情者性之质体，欲又情之所应，所以人必不免于有欲也。〇谢本从卢校无"所"字。　卢文弨曰："以欲为可得"，宋本作"以所欲以为可得"。今从元刻。　王念孙曰：宋钱、吕本、世德堂本并作"以所欲以为可得而求之"，卢从元刻删"所"字及下"以"字。案"所"字不当删，下文曰"所欲虽不可尽，求者犹近尽"是其证。　先谦案：王说是。今依宋本存"所"字。**以为可而道之，知所必出也。**心以欲为可得而道达之，智虑必出于此也。**故虽为守门，欲不可去，**夫人各有心，故虽至贱，亦不能去欲也。**性之具也。虽为天子，欲不可尽。**具，全也。若全其性之所欲，虽为天子，亦不能尽，秦皇、汉武之比也。**欲虽不可尽，可以近尽也；**以，用也。近尽，近于尽欲也。言天子虽不可尽欲，若知道，则用可近尽而止之，不使故肆之也。**欲虽不可去，求可节也。**虽至贱，亦不可去欲，若知道，则求节欲之道而为之也。**所欲虽不可尽，求者犹近尽；欲虽不可去，所求不得，虑者欲节求也。**为贱者之谋虑，皆在节其所求之欲也。〇卢文弨曰：注"贱者"，旧本作"贵贱"，讹，今改正。**道者，进则近尽，退则节求，天下莫之若也。**道，谓中和之道，儒者之所守也。进退，亦谓贵贱也。道者，贵则可以知近尽，贱则可以知节求，天下莫及之也。**凡人莫不从其所可，而去其所不可。知道之莫之若也，而不从道者，无之有也。**知节欲无过于道，则皆从道也。**假之有人而欲南无多，而恶北无寡，岂为夫南者之不可尽也，离南行而北走也哉？**有人欲往南而恶往北也。欲南无多，谓南虽至多，犹欲之也。恶北无寡，谓北虽至寡，犹恶之也。言此人既欲南而恶北，岂为夫南之不可得尽，因肯舍南而走北乎？**今人所欲无多，所恶无寡，岂为夫所欲之不可尽也，离得欲之道而取所恶也哉？**今夫人情，欲虽至多，犹欲之，恶虽至寡，犹恶之，岂为欲之不可得尽，因肯取所恶哉？圣人以道节欲，则各安其分矣。而宋、墨之徒不喻斯理，而强令去欲寡欲，此何异使之离南而北走，舍欲而取恶？必不可得也。**故可道而从之，奚以损之而乱！**可道，合道也。损，减也。言若合道则从之，奚以损乱而过此也。**不可道而离之，奚以益之而治！**不合道则离之，奚以益治而过此。此明上合道，虽为有欲之说，亦可从之；不合道，虽为去欲之说，亦可离之也。**故知者论道而已矣，小家珍说之所愿皆衰矣。**知治乱者，论合道与不合道而已矣，不在于有欲无欲也。能知此者，则宋、墨之家自珍贵其说，愿人之去欲、寡欲者皆衰矣。**凡人之取也，所欲未尝粹而来也；其去也，所恶未尝粹而往也。故人无动而不可以不与权俱。**粹，全也。凡人意有所取，其欲未尝全来，意有所去，其恶未尝全去，皆所不适意也。权者，称之权，所以知轻重者也，能权变适时，故以喻道也。言人之欲恶常难适意，故其所举动而不可不与道俱，不与道俱则惑于欲恶矣。故达道者不戚戚于贫贱，不汲汲于富贵，故能遣夫得丧，欲恶不以介怀而欲自节矣。○王念孙曰：上"不"字衍。此言人之举动不可不与权俱。（权，谓道也。）不与权俱，则必为欲恶所惑，故曰"人无动而可以不与权俱"。今本"可"上有"不"字者，涉注文"不可不与道俱"而衍。**衡不正，则重县于仰而人以为轻，轻县于俛而人以为重，此人所以惑于轻重也。**衡，称之衡也。不正，谓偏举也。衡若均举之，则轻重等而平矣。若偏举之，则重县于仰、轻县于俛而犹未平也，遂以此定轻重，是惑也。**权不正，则祸托于欲而人以为福，福托于恶而人以为祸，此亦人所以惑于祸福也。**权不正，谓不知道而偏见，如称之权不正者也。祸托于欲，谓无德而禄，因以为福，不知祸不旋踵也。福托于恶，谓若有才未偶，因以为祸，不知先号后笑也。言不知道则惑于倚伏之理也。**道者，古今之正权也，离道而内自择，则不知祸福之所托。**道能知祸福之正，如权之知轻重之正。离权则不知轻重，离道则不知祸福也。**易者以一易一，人曰无得亦无丧也；**易，谓以物相易。**以一易两，人曰无丧而有得也；以两易一，人曰无得而有丧也。计者取所多，谋者从所可。以两易一，人莫之为，明其数也。从道而出，犹以一易两也，奚丧！**从道则无所丧，儒术是也。**离道而内自择，是犹以两易一也，奚得！**离道则无所得，宋、墨是也。**其累百年之欲，易一时之嫌，然且为之，不明其数也。**累，积也。嫌，恶也。此谓不以道求富贵，终遇祸也。**有尝试深观其隐而难其察者，**有，读为又。虽隐而难察，以下四事观之，则可知也。○王念孙曰："隐而难其察"，"其"字涉上文而衍。据杨注云"隐而难察"，则无"其"字明矣。**志轻理而不重物者，无之有也；**理为道之精微。○顾千里曰：案"不"下疑当有"外"字。下文"外重物而不内忧者，无之有也；行离理而不外危者，无之有也；外危而不内恐者，无之有也"，一气承接，"外重物"与"外危"二句为同例也。**外重物而不内忧者，无之有也；行离理而不外危者，无之有也；外危而不内恐者，无之有也。心忧恐则口衔刍豢而不知其味，耳听钟鼓而不知其声，目视黼黻而不知其状，轻暖平簟而体不知其安。故向万物之美而不能嗛也，**向，读为享，献也，谓受其献也。嗛，足也，快也。史记乐毅曰："先王以为嗛于志。"嗛，口簟反。○俞樾曰：平乃席名，故与"簟"并言。说文艸部："萍，蒲子，可以为平席。"释名释床帐曰："蒲平，以蒲作之，其体平也。"并可为证。**假而得问而嗛之，则不能离也。**假或有人问之，蹔以为足其意，终亦不能离于不足也。○王念孙曰："得问"二字，义不可通，杨曲为之说，非也。"得问"当为"得间"，（古苋反。）字之误也。言忧恐在心，则虽享万物之美而心不慊，即使暂时得间而慊之，而其不慊者仍在也。**故向万物之美而盛忧，兼万物之利而盛害。如此者，其求物也？养生也？粥寿也？**"也"，皆当为"邪"，问之辞。**故欲养其欲而纵其情，**纵其情，则欲终不可养也。**欲养其性而危其形，欲养其乐而攻其心，欲养其名而乱其行。**皆外重物之所致也。**如此者，虽封侯称君，其与夫盗无以异；乘轩戴绲，其与无足无以异。**绲与冕同。○卢文弨曰："夫盗"，元刻无"夫"字，"乘轩"上有"虽"字。无足，当谓贫人之本不足者。　俞樾曰：无足，谓刖者也。乘轩戴绲而行，荣之至矣，然实与无足者之趵卓而行无以异也。"无足"与"乘轩"相应。卢未得其义。**夫是之谓以己为物役矣。**己为物之役使。**心平愉，则色不及佣而可以养目，**所视之物不及佣作之人，亦可养目。**声不及佣而可以养耳，蔬食菜羹而可以养口，粗布之衣、粗纠之履而可以养体，**粗纠之履，粗麻屦也。○卢文弨曰："蔬食"，当作"疏食"。**屋室、庐庾、葭稾蓐、尚机筵而可以养形。**庐，草屋也。庾，屋如廪庾者。葭，芦也。以庐庾为屋室，葭稾为席蓐，皆贫贱人之居也。尚机筵，未详。或曰：尚，言尚古，犹若称"尚书"之"尚"也。尚机筵，质朴之机筵也。○王念孙曰：以庐庾为屋室，而云"屋室庐庾"，则文义不明，且与"葭稾蓐"文非一律。初学记器物部引作"局室、芦帘、稾蓐"，于义为长。说文："局，促也。"局室，谓促狭之室。芦帘、稾蓐，谓以芦为帘、以稾为蓐也。"屋室"盖"局室"之误，"庐庾"盖"芦廉"之误。（"帘""廉"古字通。）"稾蓐"与"芦廉"对文，则"稾"上不当有"葭"字，且葭即芦也，又与"芦"相复。**故无万物之美而可以养乐，无埶列之位而可以养名。**埶列，班列也。名，美名也。**如是而加天下焉，其为天下多，其和乐少矣，**以是无贪利之心，加以天下之权，则为天下必多，为己之私和乐少矣。○王念孙曰："和"，当为"私"，字之误也。（管子法禁篇"修上下之交，以私亲于民"，今本"私"误作"和"。）言以是不贪之心治天下,则其为天下必多,而为己之私乐必少也。私乐对天下之乐而言。若云"和乐少",则义不可通。<u>杨</u>云"为己之私和乐少",则未知"和"即"私"之误也。　　<u>先谦</u>案:<u>王</u>说是。注中"和"字,乃后人因正文误"私"为"和"而羼入之,<u>杨</u>所见本盖不误。**夫是之谓重己役物**。知道则心平愉,心平愉则欲恶有节,不能动,故能重己而役物。自"有尝试"已下,皆论知道不知道也。**无稽之言,不见之行,不闻之谋,君子慎之**。无稽之言,言无考验者也。不见之行,不闻之谋,谓在幽隐,人所不闻见者,君子尤当戒慎,不可忽也。<u>中庸</u>曰:"戒慎乎其所不睹,恐惧乎其所不闻,莫见乎隐,莫显乎微,故君子慎其独也。"<u>说苑</u>作"无类之说,不戒之行,不赞之辞,君子慎之"。此三句不似此篇之意,恐误在此耳。○<u>卢文弨</u>曰:案此篇由<u>孔子</u>"必也正名"之恉推演之,极言人不能无欲,必贵乎导欲以合乎道,而不贵乎绝欲。此<u>荀子</u>之辟小家珍说,而与<u>孔</u>、<u>孟</u>所言治己治人之恉相合。后儒专言遏制净尽者,几何不以雍而溃矣。

荀子卷第十七

性恶篇第二十三

当战国时,竞为贪乱,不修仁义,而荀卿明于治道,知其可化,无势位以临之,故激愤而著此论。书曰"惟天生民,有欲无主,乃乱,惟聪明时乂",亦与此义同也。旧第二十六,今以是荀卿论议之语,故亦升在上。○卢文弨曰:书作"惟天生聪明时乂",此无"天生"二字,似误脱。

人之性恶,其善者伪也。伪,为也,矫也,矫其本性也。凡非天性而人作为之者,皆谓之伪。故为字"人"傍"为",亦会意字也。○郝懿行曰:性,自然也。伪,作为也。"伪"与"为",古字通。杨氏不了,而训为矫,全书皆然,是其蔽也。　先谦案:郝说是。荀书伪,皆读为。下文"器生于工人之伪"尤其明证。**今人之性,生而有好利焉,顺是,故争夺生而辞让亡焉;**天生性也。顺是,谓顺其性也。**生而有疾恶焉,顺是,故残贼生而忠信亡焉;**疾与嫉同。恶,乌路反。**生而有耳目之欲,有好声色焉,**○先谦案:下"有"字疑衍。**顺是,故淫乱生而礼义文理亡焉。**文理,谓节文、条理也。**然则从人之性,**○先谦案:论语八佾篇集解:"从,读曰纵。"下同。**顺人之情,必出于**

420

争夺,合于犯分乱理而归于暴。○俞樾曰:"犯分",当作"犯文"。此本以"文""理"相对。上文曰"顺是,故淫乱生而礼义文理亡焉",下文曰"合于文理,而归于治",并其证也。"合于犯文乱理",与"合于文理"正相对成义。今作"犯分",则与下文不合矣。当由后人习闻"犯分"、罕闻"犯文"而误改之耳。**故必将有师法之化、礼义之道,**道与导同。**然后出于辞让,合于文理,而归于治。用此观之,然则人之性恶明矣,其善者伪也。故枸木必将待檃栝、烝、矫然后直,**枸,读为钩,曲也,下皆同。檃栝,正曲木之木也。烝,谓烝之使柔。矫,谓矫之使直也。**钝金必将待砻、厉然后利。**砻、厉,皆磨也。厉与砺同。○卢文弨曰:注"砺",旧作"励",误。**今人之性恶,必将待师法然后正,得礼义然后治。今人无师法则偏险而不正,**○王念孙曰:广雅:"险,衺也。"成相篇曰:"险陂倾侧。"大戴记卫将军文子篇曰:"如商也,其可谓不险矣。"**无礼义则悖乱而不治。古者圣王以人之性恶,以为偏险而不正,悖乱而不治,是以为之起礼义,制法度,以矫饰人之情性而正之,以扰化人之情性而导之也。始皆出于治、合于道者也。**矫,强抑也。扰,驯也。**今之人,化师法、积文学、道礼义者为君子;纵性情、安恣睢、而违礼义者为小人。用此观之,然则人之性恶明矣,其善者伪也。孟子曰:"人之学者,其性善。"**孟子言人之有学,适所以成其天性之善,非矫也。与告子所论者是也。**曰:是不然。是不及知人之性,而不察乎人之性、伪之分者也。**不及知,谓智虑浅近,不能及于知,犹言不到也。书曰"予冲人,不及知"也。**凡性者,天之就也,不可学,不可事;礼义者,圣人之所生也,人之所学而能、所事而成者也。**圣人之所生,明非天性也。事,为也,任也。周礼太宰职"六曰事典,以富邦国,以任百官",郑云:"任,事也。"○卢文弨曰:郑注本云"任,犹傅也"。玩杨意,却只作"事"。**不可学、不可事而在人者谓之性,可学而能、可事而成之在人者谓之伪。是性、伪之分也。不可学、不可事,谓不学而能、不事而成也。○顾千里曰:"而在人者","而",疑当作"之","人",疑当作"天",与"可学而能、可事而成之在人者谓之伪"为对文也。上文"凡性者,天之就也,不可学,不可事"亦其明证。今人之性,目可以见,耳可以听。夫可以见之明不离目,可以听之聪不离耳,可见之明常不离于目,可听之聪常不离于耳也。目明而耳聪,不可学明矣。如目明耳聪之不假于学,是乃天性也。孟子曰:"今人之性善,将皆失丧其性故也〔一〕。"孟子言失丧本性,故恶也。曰:若是,则过矣。今人之性,生而离其朴,离其资,必失而丧之。朴,质也。资,材也。言人若生而任其性,则离其质朴而偷薄,离其资材而愚恶,其失丧必也。○郝懿行曰:"朴",当为"樸"。樸者,素也。言人性生而已离其质樸与其资材,其失丧必矣,非本善而后恶。用此观之,然则人之性恶明矣。○王念孙曰:此下亦当有"其善者伪也"句。"人之性恶,其善者伪也"二句,前后凡九见,则此亦当然。所谓性善者,不离其朴而美之,不离其资而利之也。不离质朴资材,自得美利,不假饰而善,此则为天性。使夫资朴之于美,心意之于善,若夫可以见之明不离目,可以听之聪不离耳,使质朴资材自善,如闻见之聪明常不离于耳目,此乃天性也。故曰目明而耳聪也。故曰如目明耳聪,此乃是其性,不然,则是矫伪使之也。今人之性,饥而欲饱,寒而欲暖,劳而欲休,此人之情性也。今人饥,见长而不敢先食者,将有所让也;○俞樾曰:注不释"长"字,盖以为尊长也。然下文云"劳而不敢求息者,将有所代也",无为尊长任劳之文,则此句"长"字亦非谓尊长也。长,读为粻。尔雅释言:"粻,粮也。"诗崧高篇"以峙其粻",郑笺曰:"粻,

---

〔一〕 "故也",据杨注,似当作"故恶也"。

"粮也。""见粻而不敢先食",与下文劳而不敢求息"意正相配,若作"见长",则转与下意不伦矣。**劳而不敢求息者,将有所代也。**所以代尊长也。**夫子之让乎父,弟之让乎兄,子之代乎父,弟之代乎兄,此二行者,皆反于性而悖于情也。**悖,违。**然而孝子之道,礼义之文理也。故顺情性则不辞让矣,辞让则悖于情性矣。用此观之,然则人之性恶明矣,其善者伪也。**

　　问者曰:"人之性恶,则礼义恶生?"礼义从何而生?恶音乌。**应之曰:凡礼义者,是生于圣人之伪,非故生于人之性也。**故,犹本也。言礼义生于圣人矫伪抑制,非本生于人性。**故陶人埏埴而为器,**陶人,瓦工也。埏,击也。埴,埴黏土也。击黏土而成器。埏音羶。**然则器生于工人之伪,非故生于人之性也。**言陶器自是生于工人学而为之,非本生于人性自能为之也。或曰:"工人"当为"陶人"。故,犹本也。○王念孙曰:杨后说以此"工人"为"陶人"之误,是也。此文本作"故陶人埏埴而为器,然则器生于陶人之伪,非故生于陶人之性也。故工人斫木而成器,然则器生于工人之伪,非故生于工人之性也"。今本"陶人之性"、"工人之性",皆作"人之性",此涉上下文"人之性"而误。下文云"瓦埴岂陶人之性"、"器木岂工人之性",是其明证矣。**故工人斫木而成器,然则器生于工人之伪,非故生于人之性也。圣人积思虑,习伪故,以生礼义而起法度,然则礼义法度者,是生于圣人之伪,非故生于人之性也。**自是圣人矫人性而为之,如陶人、工人然也。**若夫目好色,耳好声,口好味,心好利,骨体肤理好愉佚,是皆生于人之情性者也,**肤理,皮肤文理也。佚与逸同。人劳苦则皮肤枯槁也。**感而自然,不待事而后生之者也。**受性自尔,不待学而知也。**夫感而不能然,必且待事而后然者,谓之生于伪。**○王引之曰:伪音为。"谓之伪"三字中不当有"生于"二字,此涉上"生于"而衍也。上文曰"可学而能、可事而成之在人者谓之伪",正名篇曰"虑积焉、能习焉而后成谓之伪",皆其证。**是性、伪之所生,其不同之征也。**征,验。**故圣人化性而起伪,**言圣人能变化本性而兴起矫伪也。**伪起而生礼义,**老子曰"智惠出,有大伪",庄子亦云"仁相伪也,义相亏也",皆言非其本性也。○谢本从卢校作"伪起于性"。　王念孙曰:宋钱佃校本云:"'伪起于性而生礼义',诸本作'伪起而生礼义',无'于性'二字。"案诸本是也。上文云"凡礼义者,是生于圣人之伪,非故生于人之性也",则不得言"伪起于性而生礼义"明矣。宋本有"于性"二字者,不晓荀子之意而妄加之也。礼义生于圣人之伪,故曰"伪起而生礼义"。下文云"能化性,能起伪,伪起而生礼义",是其明证矣。　先谦案:王说是。今从诸本删"于性"二字。**礼义生而制法度。然则礼义法度者,是圣人之所生也。故圣人之所以同于众,其不异于众者,性也;**○俞樾曰:同于众,即不异于众也,于文复矣。据下文云"所以异而过众者,伪也",疑此文亦当作"所以同于众而不过于众者,性也"。"而"讹作"其","过"讹作"异",而词意俱不可通矣。**所以异而过众者,伪也。**圣人过众,在能起伪。**夫好利而欲得者,此人之情性也。假之人有弟兄资财而分者,且顺情性,好利而欲得,若是,则兄弟相拂夺矣;**拂,违戾也。或曰:"拂"字从"木"旁"弗",击也。方言云:"自关而西谓之柫。"今之农器连枷也。且,发辞也。○卢文弨曰:"拂夺",宋本作"佛夺",注同。　俞樾曰:杨注"违戾"之训既得之矣,读拂为柫,义转迂曲。说文:"拂,过击也。"拂自可训击,何必改为"柫"乎?柫者,农器也,施之于此,非所安矣。又案:说文色部愇艴怒色也。此"拂"字,疑"艴"之假音。言兄弟必艴然争夺也。　先谦案:据下文言"让乎国人",则非兄弟分财之谓,明"弟兄"二字衍文也。有资财而分,顺情性则兄弟相夺,化礼义则让乎国人,文义正相对待,若兄弟分财而让及国人，非情理所有矣。"弟兄"二字，乃浅人缘下文"兄弟相拂夺"妄加之。**且化礼义之文理，若是则让乎国人矣。故顺情性则弟兄争矣，化礼义则让乎国人矣。凡人之欲为善者，为性恶也。**为其性恶，所以欲为善也。**夫薄愿厚，恶愿美，狭愿广，贫愿富，贱愿贵，苟无之中者，必求于外；故富而不愿财，贵而不愿埶，苟有之中者，必不及于外。**既有富贵于中，故不及财埶于外也。**用此观之，人之欲为善者，为性恶也。**无于中，故求于外，亦犹贫愿富之比。**今人之性，固无礼义，故强学而求有之也；性不知礼义，故思虑而求知之也。然则生而已，则人无礼义，不知礼义。**生而已，谓不矫伪者。○卢文弨曰："生而已"，元刻作"性而已"，下同。**人无礼义则乱，不知礼义则悖。然则生而已，则悖乱在己。用此观之，人之性恶明矣，其善者伪也。**不矫而为之，则悖乱在己，以此知其性恶也。

　　孟子曰："人之性善。"曰：是不然。凡古今天下之所谓善者，正理平治也；所谓恶者，偏险悖乱也。是善恶之分也已。善恶之分，在此二者。分，扶问反。**今诚以人之性固正理平治邪？则有恶用圣王、恶用礼义矣哉！**有，读为又。恶音乌。**虽有圣王礼义，将曷加于正理平治也哉！今不然，人之性恶。**今以性善为不然者，谓人之性恶也。**故古者圣人以人之性恶，以为偏险而不正，悖乱而不治，故为之立君上之埶以临之，明礼义以化之，起法正以治之，重刑罚以禁之，使天下皆出于治、合于善也。是圣王之治，而礼义之化也。今当试去君上之埶，**○先谦案："当"，是"尝"之借字。当试，犹尝试，说见君子篇。**无礼义之化，去法正之治，无刑罚之禁，倚而观天下民人之相与也，**倚，任也。或曰：倚，偏倚。犹傍观也。○王念孙曰：杨说非也。倚者，立也。言立而观之。说卦

传"参天两地而倚数",虞翻曰:"倚,立也。"(广雅同。)楚辞九辩"澹
容与而独倚兮",谓独立也。招隐士"白鹿麀麌兮,或腾或倚",谓或腾
或立也。列子黄帝篇曰"有七尺之骸,手足之异,戴发含齿,倚而趣
者,谓之人",谓立而趣也。淮南氾论篇曰:"立之于本朝之上,倚之于
三公之位。"**若是,则夫强者害弱而夺之,众者暴寡而哗之**,众者陵
暴于寡而喧哗之,不使得发言也。○俞樾曰:如杨注"哗"与"夺"义不
伦。礼记曲礼篇"为国君华之",郑注曰:"华,中裂之。"此文"哗"字,
当读为华,而从"中裂"之训。陵暴于寡而分裂之,与害弱而夺之者无
异也。**天下之悖乱而相亡不待顷矣。**顷,少顷也。本或为"须",须
臾也。**用此观之,然则人之性恶明矣,其善者伪也。故善言古者
必有节于今,善言天者必有征于人。**节,准。征,验。○郝懿行曰:
节者,信也。言论古必以今事为符信。四语,董子书偶之。　王引之
曰:诸书无训节为准者。节,亦验也。礼器注云:"节,犹验也。"下文
曰"凡论者,贵其有辨合,有符验","符验"即"符节"。(哀六年公羊
传注:"节,信也。"齐策注:"验,信也。"或言"符节",或言"符验",或
言"符信",一也。)汉书董仲舒传作"善言古者必有验于今",是"节"
即"验"也。**凡论者,贵其有辨合,有符验**,辨,别也。周礼小宰"听
称责以傅别",郑司农云:"别之为两,两家各执其一。"符,以竹为之,
亦相合之物。言论议如别之合,如符之验,然可施行也。**故坐而言
之,起而可设,张而可施行。今孟子曰"人之性善",无辨合符
验,坐而言之,起而不可设,张而不可施行,岂不过甚矣哉! 故
性善则去圣王、息礼义矣**;性善则不假圣王礼义也。**性恶则与圣
王、贵礼义矣。**○谢本从卢校"与"作"兴"。　王念孙曰:旦、钱本
"兴"皆作"与"。案齐语"桓公知天下诸侯多与己也",韦注曰:"与,
从也。"与圣王,从圣王也。"与"与"去"正相反,则作"与"者是,从元
刻作"兴"非。　先谦案:王说是。今改正。**故檃栝之生,为枸木**

也；绳墨之起，为不直也；立君上，明礼义，为性恶也。用此观之，然则人之性恶明矣，其善者伪也。直木不待檃栝而直者，其性直也；枸木必将待檃栝、烝、矫然后直者，以其性不直也。今人之性恶，必将待圣王之治、礼义之化，然后皆出于治、合于善也。用此观之，然则人之性恶明矣，其善者伪也。

问者曰："礼义积伪者，是人之性，故圣人能生之也。"<small>言礼义虽是积伪所为，亦皆人之天性自有，圣人能生之，众人但不能生耳。○先谦案：礼义积伪者，积作为而起礼义也。杨注非。</small>应之曰：是不然。夫陶人埏埴而生瓦，然则瓦埴岂陶人之性也哉？<small>岂陶人亦性而能瓦埴哉？亦积伪然后成也。</small>工人斫木而生器，然则器木岂工人之性也哉？夫圣人之于礼义也，辟则陶埏而生之也，<small>辟，读为譬。</small>然则礼义积伪者，岂人之本性也哉？凡人之性者，尧、舜之与桀、跖，其性一也；君子之与小人，其性一也。<small>言皆恶也。</small>今将以礼义积伪为人之性邪？然则有曷贵尧、禹，曷贵君子矣哉？<small>所以贵尧、禹者，以其能化性、异于众也。有，读为又。</small>凡所贵尧、禹、君子者，能化性，能起伪，伪起而生礼义。然则圣人之于礼义积伪也，亦犹陶埏而生之也。<small>圣人化性于礼义，犹陶人埏埴而生瓦。○王念孙曰：吕、钱本"亦"下皆有"犹"字。案上文云"夫圣人之于礼义也，辟亦陶埏而生之也"，则此句内当有"犹"字。故杨注亦云："圣人化性于礼义，犹陶人埏埴而生瓦。" 先谦案：谢本从卢校无"犹"字。今依王说，从吕、钱本增。</small>用此观之，然则礼义积伪者，岂人之性也哉？<small>即类陶埏而生，明非本性也。</small>所贱于桀、跖、小人者，从其性，顺其情，安恣睢，以出乎贪利争夺。故人之性恶明矣，其善者伪也。<small>桀、跖、小人，是人之本性也。</small>天非私曾、骞、孝已而外众人也，<small>曾、骞，曾参、闵子骞也；孝已，殷高宗</small>

卷十七　性恶篇第二十三

之太子：皆有至孝之行也。**然而曾、骞、孝已独厚于孝之实而全于孝之名者，何也？以綦于礼义故也。**三人能矫其性，极为礼义故也。**天非私齐、鲁之民而外秦人也，然而于父子之义、夫妇之别，不如齐、鲁之孝具敬父者，何也？**孝具，能具孝道。"敬父"，当为"敬文"，传写误耳。敬而有文，谓夫妇有别也。○王念孙曰：敬文，见劝学、礼论二篇。"于父子之义、夫妇之别"上，当有"秦人"二字，而今本脱之。"孝具"二字不词，且与"敬文"不对，"具"当为"共"，字之误也。"孝共"，即"孝恭"，（"令德孝恭"，见周语。）正与"敬文"对。杨云"孝具，能具孝道"，此望文生义而非其本旨。**以秦人之从情性、安恣睢、慢于礼义故也。岂其性异矣哉？**綦礼义则为曾、闵，慢礼义则为秦人，明性同于恶，唯在所化耳。若以为性善，则曾、闵不当与众人殊，齐、鲁不当与秦人异也。

"涂之人可以为禹"，曷谓也？涂，道路也。旧有此语，今引以自难。言若性恶，何故涂之人皆可以为禹也。**曰：凡禹之所以为禹者，以其为仁义法正也。然则仁义法正有可知可能之理，**人皆有之。**然而涂之人也，皆有可以知仁义法正之质，皆有可以能仁义法正之具，然则其可以为禹明矣。今以仁义法正为固无可知可能之理邪？然则唯禹不知仁义法正，不能仁义法正也。**唯，读为虽。**将使涂之人固无可以知仁义法正之质，而固无可以能仁义法正之具邪？然则涂之人也，且内不可以知父子之义，外不可以知君臣之正。不然。**以涂之人无可知可能之论为不然也。○俞樾曰："不然"二字当在"今"字之下，"今不然"三字为句。上文云"今不然，人之性恶"是其例也。**今涂之人者，皆内可以知父子之义，外可以知君臣之正，然则其可以知之质、可以能之具，其在涂之人明矣。今使涂之人者以其可以知之质、可以能之具，本夫仁**

荀子集解

428

义之可知之理、可能之具,然则其可以为禹明矣。今使涂之人伏术为学,专心一志,思索孰察,加日县久,积善而不息,则通于神明、参于天地矣。伏术,伏膺于术。孰察,精孰而察。加日,累日也。县久,县系以久长。○郝懿行曰:"伏"与"服",古字通。服者,事也。古书"服事"亦作"伏事","服膺"亦作"伏膺"。 王念孙曰:术者,道也。(见大传注、乐记注、鲁语、晋语注。)服术,犹言事道。故圣人者,人之所积而致矣。虽性恶,若积习,则可为圣人。书曰:"惟狂克念作圣。"曰:"圣可积而致,然而皆不可积,何也?"曰:可以而不可使也。可以为而不可使为,以其性恶。故小人可以为君子而不肯为君子,君子可以为小人而不肯为小人。小人、君子者,未尝不可以相为也,然而不相为者,可以而不可使也。故涂之人可以为禹则然,涂之人能为禹未必然也。○卢文弨曰:"故涂之人可以为禹"下,元刻有"未必然也,涂之人可以为禹"十一字,宋本无。虽不能为禹,无害可以为禹。足可以遍行天下,然而未尝有能遍行天下者也。夫工匠、农、贾,未尝不可以相为事也,事,业。然而未尝能相为事也。用此观之,然则可以为,未必能也;虽不能,无害可以为。然则能不能之与可不可,其不同远矣,其不可以相为明矣。工、贾可以相为而不能相为,是可与能不同也。可与能既不同,则终不可以相为也。此明禹亦性恶,以能积伪为圣人,非禹性本善也。圣人异于众者,在化性也。尧问于舜曰:"人情何如?"舜对曰:"人情甚不美,又何问焉? 妻子具而孝衰于亲,嗜欲得而信衰于友,爵禄盈而忠衰于君。人之情乎! 人之情乎! 甚不美,又何问焉?"唯贤者为不然。引此亦以明性之恶。韩侍郎作性原〔一〕曰:"性也者,与生俱生也;情也者,接于物而生也。性之品有

〔一〕 "性原",似当作"原性"。

三,而其所以为性五;情之品有三,而其所以为情七。曰:何也? 曰:性之品有上、中、下三。上焉者,善而已矣;中焉者,可道而上下也;下焉者,恶焉而已矣。其所以为性者五:曰仁,曰礼,曰信,曰义,曰智。上焉者之于五也,主于一而行于四;中焉者之于五也,一不少有焉,则少反焉,其于四也混;下焉者之于五也,反于一而悖于四。性之于情,视其品。情之品有上、中、下三,其所以为情者七:曰喜,曰怒,曰哀,曰惧,曰爱,曰恶,曰欲。上焉者之于七也,动而处其中;中焉者之于七也,有所甚,有所亡,然而求合其中者也;下焉者之于七也,亡与甚,直情而行者也。情之于性,视其品。<u>孟子</u>之言性曰:‘人之性善。’<u>荀子</u>之言性曰:‘人之性恶。’<u>扬子</u>之言性曰:‘人之性,善恶混。’夫始善而进恶,与始恶而进善,与始也混而今也善恶,皆举其中而遗其上下者也,得其一而失其二者也。<u>叔鱼</u>之生也,其母视之,知其必以贿死。<u>杨食我</u>之生也,<u>叔向</u>之母闻其号也,知必灭其宗。<u>越椒</u>之生也,<u>子文</u>以为大戚,知<u>若敖氏</u>之鬼不食也。人之性果善乎? <u>后稷</u>之生也,其母无灾;其始匍匐也,则岐岐然,嶷嶷然。<u>文王</u>之在母也,母不忧;既生也,傅不勤;既学也,师不烦。人之性果恶乎? <u>尧之朱</u>,<u>舜之均</u>,<u>文王</u>之<u>管</u>、<u>蔡</u>,习非不善也,而卒为奸。<u>瞽叟</u>之<u>舜</u>,<u>鲧</u>之<u>禹</u>,习非不恶也,而卒为圣。人之性,善恶果混乎? 故曰:三子之言性也,举其中而遗其上下者也,得其一而失其二者也。曰:然则性之上下者,其终不可移乎? 曰:上之性,就学而愈明;下之性,畏威而寡罪。是故上者可学而下者可制也,其品则<u>孔子</u>谓‘不移’也。曰:今之言性者异于此,何也? 曰:今之言者,杂<u>老</u>、<u>佛</u>而言也。杂<u>老</u>、<u>佛</u>而言之也者,奚言而不异?”**有圣人之知者,有士君子之知者,有小人之知者,有役夫之知者:多言则文而类,终日议其所以,言之千举万变,其统类一也,是圣人之知也。**文,谓言不鄙陋也。类,谓其统类不乖谬也。虽终日议其所以然,其言千举万变,终始条贯如一,是圣人之知也。**少言则径而省,**

论而法,若佚之以绳,是士君子之知也。径,易也。省,谓辞寡。论而法,谓论议皆有法,不放纵也。"论"或为"伦"。佚,犹引也。佚以绳,言其直也。圣人经营事广,故曰"多言";君子止恭其所守,故曰"少言"也。○郝懿行曰:径者,直也。论,犹伦也。古"论""伦"字亦通。佚者,隐也。言若暗合于绳墨,不邪曲也。杨注非。 俞樾曰:杨注"佚,犹引也",然佚无引义,恐不可从。佚,当读为秩。秩之言次也、序也。僖三十一年公羊传"天子秩而祭之",何休注曰:"秩者,随其大小、尊卑、高下所宜。"故字亦通作"程"。尚书尧典"平秩东作"、"平秩南讹"、"平秩西成",史记五帝本纪"秩"皆作"程"。段玉裁以说文"戠""𧺆"字皆读若诗"秩秩大猷"为证。是程与秩,声义俱相近。秩之以绳,犹程之以绳也。致仕篇曰"程者,物之准也"是其义也。**其言也谄,其行也悖,其举事多悔,是小人之知也。**言谄、行悖,谓言行相违也。○卢文弨曰:宋本"谄"作"诣","悔"作"侮",今从元刻。 俞樾曰:"多悔"义不可通,卢从元刻作"悔",是也。诗生民篇"庶无罪悔",郑笺曰:"无有罪过。"是过谓之悔也。襄二十九年公羊传"尚速有悔于予身",何休解诂曰:"悔,咎。"是咎谓之悔也。多悔,犹云"多过""多咎"耳。其本字当作"痗","悔"乃假借字。诗十月之交篇"亦孔之痗",释文曰:"痗,本作悔。"**齐给、便敏而无类,杂能、旁魄而无用,**齐,疾也。给,谓应之速,如供给者也。便,谓轻巧。敏,速也。无类,首尾乖戾。杂能,多异术也。旁魄,广博也。无用,不应于用。便,匹延反。魄音薄。○卢文弨曰:"无用",宋本、元刻俱作"毋用",注同。 郝懿行曰:类者,善也。"旁魄"即"旁薄",皆谓大也。**析速、粹孰而不急,**析,谓析辞,若"坚白"之论者也。速,谓发辞捷速。粹孰,所著论甚精孰也。不急,言不急于用也。○谢本从卢校"析"作"折",注同。 郝懿行曰:折速者,言转折疾速也。粹与萃同,聚也。萃孰,言论荟萃而练孰也。此皆以言语争胜,故下遂云:"不恤是非，不论曲直，以期胜人为意，是役夫之知也。" 王念孙曰：吕、钱本皆作"析速"。案杨注云"析，谓析辞，（今本注文亦讹作"折"。案析辞见解蔽、正名二篇。）若'坚白'之论者也"，则本作"析"明矣。卢从元刻作"折"，非。 先谦案：王说是，今从吕、钱本并注文改正。郝说非。**不恤是非，不论曲直，以期胜人为意，是役夫之知也。**期于必胜人，惠施之论也。徒自劳苦争胜而不知礼义，故曰"役夫之知也"。**有上勇者，有中勇者，有下勇者：天下有中，敢直其身**；中，谓中道。敢，果决也。直其身，谓中立而不倚，无回邪也。**先王有道，敢行其意**；言不疑也。**上不循于乱世之君，下不俗于乱世之民**；循，顺从也。俗，谓从其俗也。〇俞樾曰：杨注以从其俗为俗，义不可通。"俗"乃"铅"字之误。荀子书屡用"铅"字。荣辱篇曰"铅之重之"，又曰"反铅察之而俞可好也"，礼论篇曰"则必反铅过故乡"，注并曰："铅与沿同，循也。"是铅、循同谊。"上不循于乱世之君，下不铅于乱世之民"，两句一律。"铅""俗"字形相似，传写者因而致误耳。 先谦案：王念孙云"不俗，不习也"，说见荣辱篇。王不改字，义较长。俞说亦通。**仁之所在无贫穷，仁之所亡无富贵**；唯仁所在，谓富贵。礼记曰："不祈多积多文以为富也。"〇卢文弨曰：案此言仁之所在，虽贫穷甘之；仁之所亡，虽富贵去之。注非。 王念孙曰：此汪中说也，见丙申校本。**天下知之，则欲与天下同苦乐之**，得权位则与天下之人同休戚。"苦"，或为"共"也。〇王念孙曰：作"共"者是也。此本作"欲与天下共乐之"。上言"仁之所在无贫穷，仁之所亡无富贵"，则此言"与天下共乐之"者，谓共乐此仁也，"乐"上不当有"苦"字。今本作"同苦乐之"者，"共乐"误为"苦乐"，后人又于"苦乐"上加"同"字耳。杨云"与天下同休戚"，此望文生义而为之说耳。太平御览人事部七十六引作"欲与天下共乐之"，无"同"字，则宋初本尚有不误者。**天下不知之，则傀然独立天地之间而不畏：是上勇也。**傀，傀伟，大貌也，公回反。或曰：傀与块同，独居之貌也。〇王念孙曰：后说是也。君道篇云："块然独坐。"礼恭而意俭，大齐信焉而轻货财，大，重也。齐信，谓整齐于信也。〇王念孙曰：尔雅："齐，中也。"言大中信而轻货财也。康王之诰〔一〕"底至齐信"，传以"齐信"为"中信"，是其证。"齐信"与"货财"对文。非十二子篇"大俭约而僈差等"，与此文同一例，则齐信非"整齐于信"之谓。贤者敢推而尚之，不肖者敢援而废之，是中勇也。尚，上也。援，牵引也。轻身而重货，恬祸而广解，恬，安也。谓安于祸难也。而广自解说，言以辞胜人也。解，佳买反。苟免，不恤是非、然不然之情，以期胜人为意，是下勇也。〇卢文弨曰："苟免"上当脱三字，以上二句例之自明。

王念孙曰：此亦汪氏中说也。汪又云："'苟免'，或是注文混入。"　先谦案："不然"，"然"字衍，说见儒效篇。繁弱、钜黍，古之良弓也，繁弱，封父之弓。左传曰："封父之繁弱。"钜与拒同。"黍"当为"来"。史记苏秦说韩王曰"谿子、少府时力、距来"，司马贞云："言弓弩埶劲，足以拒于来敌也。"〇郝懿行曰：性恶篇末自"繁弱、钜黍"以下，皆言身有美质，亦须师友渐靡而成，然则性质本恶，必资师友切劘而善，其意自明矣。然亦可知性善、性恶皆执一偏而言，若就浑全而论，自当善恶并存。所以孔子语性，惟言"相近"，可知善恶存焉尔；又言"相远"，可知善恶分焉尔。故曰"群言淆乱衷诸圣"也。　王念孙曰：案作"钜黍"者是，说见史记苏秦传。然而不得排檠则不能自正。排檠，辅正弓弩之器。檠，巨京反。桓公之葱，大公之阙，文王之禄，庄君之曶，阖闾之干将、莫邪、钜阙、辟闾，此皆古之良剑也，葱、阙、录、曶，齐桓公、齐太公、周文王、楚庄王之剑名，皆未详所出。葱，青色也，录与绿同，二剑以色为名。曹植七启说剑云"雕以翠绿"，亦其类也。曶，剑光采慌忽难视，以形为名也。阙，未详。或曰：阙，缺也。剑至利则喜缺，因

〔一〕　"康王之诰"，原本作"顾命"，据尚书改。

以为名,钜阙亦是也。干将、莫邪、巨阙,皆吴王阖闾剑名。辟闾,未详。新序闾丘卬谓齐宣王曰:"辟闾、巨阙,天下之良剑也。"或曰:辟闾,即湛卢也。闾、卢声相近。卢,黑色也。湛卢,言湛然如水而黑也。又张景阳七发〔一〕说剑曰"舒辟不常〔二〕",李善云:"辟,卷也。言神剑柔,可卷而怀之,舒则可用。"辟闾或此义欤?○卢文弨曰:"智",旧本作"肎",讹,今改正,注同。**然而不加砥厉则不能利,不得人力则不能断。骅骝、骐、骥、纤离、绿耳,此皆古之良马也,**皆周穆王八骏名。骐读为骐,谓青骊,文如博棋。列子作"赤骥",与此不同。纤离,即列子"盗骊"也。○王念孙曰:"骐骥"之为"骐骥",犹"耄期"之为"耄勤"也。(凡之部之字,或与谆部相转,说见致士篇"隐忌"下。)杨云"骐读为骐"是也,而云"谓青骊,文如博棋"则非。**然而前必有衔辔之制,后有鞭策之威,**○王念孙曰:"前必有"本作"必前有"。"前有""后有"皆承"必"字而言,若作"前必有",则与下句不贯矣。群书治要及初学记人部中、太平御览人事部四十五并引作"必前有"。**加之以造父之驭,然后一日而致千里也。夫人虽有性质美而心辩知,必将求贤师而事之,择良友而友之。得贤师而事之,则所闻者尧、舜、禹、汤之道也;得良友而友之,则所见者忠信敬让之行也。身日进于仁义而不自知也者,靡使然也。**靡,谓相顺从也。或曰:靡,磨切也。**今与不善人处,则所闻者欺诬诈伪也,所见者污漫、淫邪、贪利之行也,**污,秽行也。漫,诞漫欺诳也。庄子北人无择曰"舜以其辱行漫我"也。**身且加于刑戮而不自知者,靡使然也。传曰:"不知其子视其友,不知其君视其左右。"靡而已矣,靡而已矣。**

〔一〕 七发乃枚乘作,此当为"七命"。
〔二〕 "舒辟不常",七命作"舒辟无方",未见李善注。

君子篇第二十四

凡篇名多用初发之语名之，此篇皆论人君之事，即"君子"
当为"天子"，恐传写误也。旧第三十一，今升在上。

天子无妻，告人无匹也。告，言也。妻者，齐也。天子尊无与
二，故无匹也。**四海之内无客礼，告无適也。**適，读为敌。礼记曰：
"天子无客礼，莫敢为主焉。君適其臣，升自阼阶，不敢有其室也。"**足
能行，待相者然后进；口能言，待官人然后诏。**官人，掌喉舌之官
也。**不视而见，不听而聪，不言而信，不虑而知，不动而功，告至
备也。**尽委于群下，故能至备也。**天子也者，执至重，形至佚，心
至愈，**愈，读为愉。**志无所诎，形无所劳，尊无上矣。诗曰："普天
之下，莫非王土；率土之滨，莫非王臣。"此之谓也。**诗，小雅北山
之篇。率，循也。滨，涯也。**圣王在上，分义行乎下，则士大夫无
流淫之行，**○先谦案：群书治要"流"作"沈"，二字通用，说见劝学篇。
**百吏官人无怠慢之事，众庶百姓无奸怪之俗，无盗贼之罪，莫
敢[一]犯大上之禁。**大，读为太。太上，至尊之号。○俞樾曰：杨说
非也。此当作"莫敢犯上之大禁"，传写倒之耳。下文云"皆知夫犯上
之禁不可以为安也"，不言"犯太上之禁"，可知此文之误矣。　先谦

———————————

〔一〕 "敢"，原本作"取"，形近而误，据注文改。

案：群书治要正作"莫敢犯上之禁"，无"大"字。**天下晓然皆知夫盗窃之人不可以为富也，皆知夫贼害之人不可以为寿也。**○王念孙曰："盗窃之"、"贼害之"下，皆本无"人"字，后人加两"人"字，而以"盗窃之人"、"贼害之人"与"犯上之禁"对文，谬矣。盗窃不可以为富，贼害不可以为寿，皆指其事而言，非指其人而言，不得加入两"人"字也。群书治要无"人"字。　先谦案：寿，谓年命短长。人自贼害者，非其寿命本如此也。**皆知夫犯上之禁不可以为安也。由其道，则人得其所好焉；不由其道，则必遇其所恶焉：**道，谓政令。**是故刑罚綦省而威行如流。世晓然皆知夫为奸则虽隐窜逃亡之由不足以免也，故莫不服罪而请。**自请刑戮。○谢本从卢校"世"上有"治"字。　卢文弨曰："治世"，元刻无"治"字。由、犹通。"故莫不"，宋本无"故"字。　王念孙曰：无"治"字者是也。世晓然，犹上文言"天下晓然"，则"世"上不当有"治"字。自"圣王在上"以下至此，皆治世之事，则无庸更言"治世"，"治"字即上"流"字之误而衍者。宋钱佃校本亦云："诸本无治字。"　俞樾曰：请，当读为情。成相篇"明其请"，注曰："请，当为情。"礼论篇"情文俱尽"，史记礼书"情"作"请"，徐广曰："古情字或假借作请。"是其证也。情，实也。莫不服罪而情，犹莫不服罪而实也。言服罪而不敢虚诞也。论语所谓"则民莫敢不用情"也。杨注以本字释之，误矣。成相篇曰"下不欺上，皆以情言明若日"，即此"情"字之义。　先谦案：王说无"治"字，是也。今从诸本删正。**书曰："凡人自得罪。"此之谓也。**言人人自得其罪，不敢隐也。与今康诰义不同，或断章取义与？**故刑当罪则威，不当罪则侮；爵当贤则贵，不当贤则贱。**不当则为下所侮贱。**古者刑不过罪，爵不逾德，故杀其父而臣其子，杀其兄而臣其弟。**言当罪而用贤，归于至公也。谓若殛鲧兴禹，杀管叔、封康叔之比也。**刑罚不怒罪，爵赏不逾德，**○郝懿行曰：怒，盖盈溢之意，与逾义近。杨氏无注，或以悲怒为说，则非。　王念孙曰：怒、逾，皆过也。（淮南主术篇注："逾犹过也。"）方言曰："凡人语而过，东齐谓之弩。"又曰："弩，犹怒也。"是"怒"即"过"也。上言"刑不过罪"，此言"刑罚不怒罪"，其义一而已矣。**分然各以其诚通。** 善恶分然，其忠诚皆得通达，无屈滞。○先谦案：分然，又说见儒效篇。**是以为善者劝，为不善者沮，刑罚綦省而威行如流，政令致明而化易如神。**○俞樾曰：易，当读为施。诗皇矣篇"施于孙子"，郑笺曰："施，犹易也。"故"施""易"二字古通用。何人斯篇"我心易也"，释文曰："易，韩诗作施。"是其证也。化易如神者，化施如神也，正与上句"威行如流"一律。**传曰："一人有庆，兆民赖之。"此之谓也。** 尚书甫刑之辞。**乱世则不然：刑罚怒罪，爵赏逾德，以族论罪，以世举贤。** 泰誓所谓"罪人以族，官人以世"。公羊亦云："尹氏卒，曷为贬？讥世卿也。"**故一人有罪而三族皆夷，德虽如舜，不免刑均，是以族论罪也。** 三族，父、母、妻族也。夷，灭也。均，同也。谓同被其刑也。○卢文弨曰：案士昏礼记"惟是三族之不虞"，郑注："三族，谓父昆弟、己昆弟、子昆弟也。"又注周礼小宗伯、礼记仲尼燕居，皆云："三族，父、子、孙。"**先祖当贤，后子孙必显，行虽如桀、纣，列从必尊，此以世举贤也。** 当贤，谓身当贤人之号也。列从，谓行列相从。"当"，或为"尝"也。○王念孙曰：元刻无"后"字，群书治要同。案"先祖当贤"，即"先祖尝贤"，作"当"者，借字耳。正名篇曰"尝试深观其隐而难察者"，性恶篇曰"当试去君上之势"，"当试"即"尝试"也。杨谓"身当贤人之号"，失之。古多以"当"为"尝"，说见墨子天志下篇注。**以族论罪，以世举贤，虽欲无乱，得乎哉！诗曰："百川沸腾，山冢崒崩；高岸为谷，深谷为陵。哀今之人，胡憯莫惩！"此之谓也。** 诗，小雅十月之交之篇。毛云："沸，出也。腾，乘也。山顶曰冢。崒者，崔嵬。'高岸为谷，深谷为陵'，言易位也。"郑云："憯，曾也。惩，止也。变异如此,祸乱方至,哀哉! 今在位之人,何曾无以道德止之!"**论法圣王,则知所贵矣**;论议法,效圣王。**以义制事,则知所利矣**。以义制事则利博。**论知所贵,则知所养矣;事知所利,则动知所出矣**。养,谓自奉养。所出,谓所从也。○陈奂曰:案养,取也。知所养,知所取法也。周颂毛传云:"养,取也。"是养有取义。注"养,谓自奉养",失之。 俞樾曰:四句相对成文,下句不应多"动"字。注亦不及"动"字之谊,则"动"字衍文也。**二者,是非之本、得失之原也。故成王之于周公也,无所往而不听,知所贵也。桓公之于管仲也,国事无所往而不用,知所利也。吴有伍子胥而不能用,国至于亡,倍道失贤也。故尊圣者王,贵贤者霸,敬贤者存,慢贤者亡,古今一也。故尚贤使能,等贵贱,分亲疏,序长幼,此先王之道也。故尚贤、使能,则主尊下安;贵贱有等,则令行而不流**;流,邪移也。各知其分,故无违令。○王念孙曰:流,读为留。各安其分,则上令而下从,故令行而不留也。君道篇曰"兼听齐明而百事不留"是也。群书治要正作"令行而不留",作"流"者,借字耳。(系辞传"旁行而不流",释文:"流,京作留。"荀子王制篇"无有滞留",韩诗外传作"无有流滞"。)杨以流为邪移,失之。**亲疏有分,则施行而不悖**,施,谓恩惠。亲疏有分,则恩惠各亲其亲,故不乖悖。施,式豉反。分,扶问反。**长幼有序,则事业捷成而有所休**。捷,速也。长幼各任其力,故事业速成,而亦有所休息之时也。○郝懿行曰:捷者,接也。夫少长有礼,晋人知其可用;洙、泗无断,鲁俗觇其尤美。故知长幼循其序,而后事业有所归。捷与接同。言相接续而成,故人得休息也。捷不训速,杨注恐非。**故仁者,仁此者也**;仁,谓爱说也。此,谓尚贤、使能、等贵贱、分亲疏、序长幼五者也。爱说此五者,则为仁也。**义者,分此者也**;分别此五者,使合宜,则为义也。**节者,死生此者也**;能为此五者死生,则为名节也。**忠者,惇慎此者也**。慎,读如顺。人臣能厚顺此五者,则为忠也。○郝懿行曰:慎者,诚也。言能惇厚诚信于此五者,谓之忠也。(说见不苟篇。) 俞樾曰:"厚"与"顺"谊不伦,杨说非是。"敦慎",当作"敦慕"。儒效篇曰"敦慕焉,君子也",王氏引之云:"敦、慕,皆勉也。"尔雅曰:"敦,勉也。"又曰:"懋懋,勉也。"释文:"懋,亦作慕。"是敦、慕并为勉。此文疑本作"忠者敦慕此者也","敦慕"与"敦慕",文异而义同,言人臣能勉此则为忠也。说文心部:"懋,勉也。"是"懋"其本字,"慕"其假字。此用本字作"懋",因讹为"慎"矣。 先谦案:群书治要"惇慎"下有"于"字。**兼此而能之,备矣。**兼此仁、义、忠、节而能之,则为德备。**备而不矜,一自善也,谓之圣。**一,皆也。德备而不矜伐于人,皆所以自善,则谓之圣人。夫众人之心,有一善则扬扬如也。圣人包容万物,与天地同功,何所矜伐为也?○郝懿行曰:上言兼此仁、义、忠、节而能之,备矣,德备而不矜伐于人,一一自然尽善,非圣人不能也。 先谦案:杨注未顺。郝说增文成义,即言"备",又言"一一尽善",于文为复矣。自,犹己也。德备而不以己之一善自矜,非圣人不能也。**不矜矣,夫故天下不与争能而致善用其功。**不矜而推众力,故天下不敢争能,而极善用于众功。矜则有敌,故不尊也。**有而不有也,夫故为天下贵矣。**有能而不自有。**诗曰:"淑人君子,其仪不忒。其仪不忒,正是四国。"此之谓也。**诗,曹风尸鸠之篇。言善人君子,其仪不忒,故能正四方之国。以喻正身待物则四国皆化,恃才矜能则所得者小也。

荀子卷第十八

成相篇第二十五

以初发语名篇，杂论君臣治乱之事，以自见其意，故下云"托于成相以喻意"。汉书艺文志谓之成相杂辞，盖亦赋之流也。或曰：成功在相，故作成相三章。旧第八，今以是荀卿杂语，故降在下。〇卢文弨曰：成相之义，非谓"成功在相"也，篇内但以国君之愚暗为戒耳。礼记"治乱以相"，相乃乐器，所谓舂牍。又古者瞽必有相。审此篇音节，即后世弹词之祖。篇首即称"如瞽无相何伥伥"，义已明矣。首句"请成相"，言请奏此曲也。汉艺文志"成相杂辞十一篇"，惜不传，大约托于瞽蒙讽诵之词，亦古诗之流也。逸周书周祝解亦此体。　王引之曰：杨、卢二说皆非也。杨谓"汉书艺文志谓之成相杂辞"，案志所载成相杂辞在汉人杂赋之末，非谓荀子之成相篇也。杨又云"成功在相"，稍为近之，然亦非荀子所谓"成相"也。卢以相为乐器之舂牍，斯为谬矣。以相为乐器，则"成相"二字义不可通，且乐器多矣，何独举舂牍言之乎？若篇首称"如瞽无相"，乃指相瞽之人而言，非乐器，亦非乐曲也。窃谓相者，治也。（昭九年左传

440

"楚所相也",二十五年传"相其室",杜注并曰:"相,治也。"
小尔雅同。)成相者,成此治也。成相者,请言成治之方也。
自"世之殃"以下,乃先言今之不治,然后言成治之方也。
(下文"请布基"、"请牧基",皆言成治之方也,与"请成相"
同义。)下文云"凡成相,辨法方",又云"请成相,道圣王",
又云"请成相,言治方",是"成相"即"成治"也。(又云"治
之经,礼与刑"、"治之志,后势富"、"治之道,美不老"。)后
言"托于成相以喻意"者,成相为此篇之总名,谓托此一篇
之词以喻意,非谓托于蒙瞽讽诵之词也。　俞樾曰:卢说是
也。惟引"治乱以相"及"瞽必有相"以释"相"字,则皆失
之。乐器多矣,何独举舂牍为言?既以为乐器,又以为瞽必
有相,义又两歧矣。此"相"字,即"舂不相"之相。礼记曲
礼篇"邻有丧,舂不相",郑注曰:"相,谓送杵声。"盖古人于
劳役之事,必为歌讴以相劝勉,亦举大木者呼邪许之比,其
乐曲即谓之相。请成相者,请成此曲也。汉志有成相杂辞,
足征古有此体。王氏必以卢说为谬,何也?　先谦案:俞说
近是。王以成相为成治,于汉书之成相杂辞及本篇云"托于
成相以喻意"义未洽。郝氏读相为平声,尤非。

请成相,请言成相之辞。**世之殃,愚暗愚暗堕贤良。**世之殃,
由于愚暗,此愚暗以重堕贤良也。堕,许规反。〇卢文弨曰:案"愚
暗"重言之者,即下文"愚以重愚,暗以重暗"之意。注似尚有脱误。
又"堕"字即"陊"字之俗。说文于"陸"下作"许规切",下有"隓",注
为"篆文"。又载"陊"字注"今俗作堕,徒果切",则此字当从徒果切。
广韵亦然。且绎尚书"元首丛脞"之韵可见。　王念孙曰:大戴记曾
子制言篇"是以惑暗惑暗终其世而已矣",亦重言"惑暗"。**人主无
贤,如瞽无相何伥伥!** 伥伥,无所往貌。相,息亮反。伥,丑羊反。

请布基,慎圣人,慎,读为顺。请说陈布基业,在乎顺圣人也。○郝
懿行曰:基者,设也。慎者,诚也。言请布陈设施,必在诚用圣人也。
诗云"考慎其相",慎训诚,相训质也。"诚"与"成",古字通。是即成
相名篇,篇中"相"字,俱读平声。释言云:"基,设也。"篇内皆同。注
云"基业",失之。　顾千里曰:"人"字,疑当有误,不入韵。本篇
"人"字,下文两见:一、"平""倾""人""天"韵,一、"精""荣""成"
"人"韵。此上韵"基",下韵"治""灾",互为歧异,非原文耳。　俞樾
曰:"人"字不入韵,疑当作"慎听之"。圣与听,音近而讹。尚书无逸
篇"此厥不听",汉石经作"不圣";秦泰山碑"皇帝躬听",史记作"躬
圣",并其证也。"听"讹作"圣",则"圣之"二字不成义,后人因改为
"圣人"矣。请布基,慎听之,欲人慎听其言,下文云"请牧基,贤者
思",欲贤者思其言,义正同也。"慎听之"三字,本礼记仲尼燕居篇。
愚而自专事不治。主忌苟胜,群臣莫谏必逢灾。主既猜忌,又苟
欲胜人也。**论臣过,反其施,**言论人臣之过,在乎不行施惠。施,式
豉反。○先谦案:言论人臣之过,当反其所施行,即下所云"拒谏饰
非,愚而上同"也。杨以施为施惠,非。**尊主安国尚贤义。**○郝懿行
曰:施,古读如莎。义,古读如俄。此皆古韵,余可类推。　俞樾曰:
义,读为仪。仪亦贤也。尚书大诰篇"民献有十夫",枚传训献为贤,
大传作"民仪有十夫"。广雅释言曰:"仪,贤也。"尚贤仪,言崇尚贤者
也。作"义"者,古字通用。**拒谏饰非,愚而上同国必祸。**所以尊主
安国,在崇尚贤义。若拒谏饰非,以愚暗之性苟合于上,则必祸也。
曷谓罢? 国多私,假设问答以明其义。罢,读曰疲,谓弱不任事者
也。所以弱者,由于多私。国语曰"罢士无伍",韦昭曰:"罢,病也。
无行曰病。"**比周还主党与施。**还,绕。○王念孙曰:还,读为营。比
周营主,谓朋党比周以营惑其主也。施,张也。杨训还为绕,失之,说
见君道篇"不还秩"下。**远贤近谗,忠臣蔽塞主执移。曷谓贤? 明**

君臣，明君臣之道则为贤。**上能尊主爱下民。**〇王念孙曰："爱下民"，当作"下爱民"，与"上能尊主"对文。不苟、臣道二篇并云"上则能尊君，下则能爱民"，是其证。**主诚听之，天下为一海内宾。主之孽，谗人达，贤能遁逃国乃蹶。**孽，灾也。蹶，颠覆也。**愚以重愚、暗以重暗成为桀。**久而愚暗愈甚，遂至于桀也。**世之灾，妒贤能，飞廉知政任恶来。**恶来，飞廉之子，秦之先也。史记曰"恶来有力，飞廉善走，父子俱以材力事纣"也。**卑其志意，大其园囿高其台。**卑其志意，言无远虑，不慕往古。〇卢文弨曰："台"下，宋本有"榭"字，元刻无。以韵读之，元刻是也，今从之。　郝懿行曰：能，读如泥；来，读如黎；台，读如题，皆古韵。**武王怒师牧野，纣卒易乡启乃下。**易乡，回面也。谓前徒倒戈攻于后。启，微子名。下，降也。乡，读为向。**武王善之，封之于宋立其祖。**立其祖，使祭祀不绝也。左传曰："宋祖帝乙。"〇俞樾曰：杨注未得"祖"字之义。说文示部："祖，始庙也。"盖祖之本义为庙。故尚书甘誓曰"用命赏于祖，弗用命戮于社"，考工记匠人曰"左祖右社"，并以"祖""社"对文，犹言"庙""社"也。郑康成注考工记曰"祖，宗庙"，得其义矣。封之于宋立其祖，言封之于宋而立其宗庙也。今人但知有尔雅"祖，王父也"之训，而说文"祖，始庙也"之训遂为所夺，古谊之湮久矣。**世之衰，谗人归，比干见刳箕子累。**累，读为缧。书曰："释箕子之囚。"**武王诛之，吕尚招麾殷民怀。**招麾，指挥也。**世之祸，恶贤士，子胥见杀百里徙。**子胥，吴大夫伍员字也，为夫差所杀。百里奚，虞公之臣。徙，迁也。谋不见用，虞灭系虏，迁徙于秦。**穆公任之，强配五伯六卿施。**穆公，秦穆公任好也。伯，读曰霸。六卿，天子之制。春秋时，大国亦僭置六卿。六卿施，言施六卿也。**世之愚，恶大儒，逆斥不通孔子拘。**逆拒斥逐大儒，不使通也。拘，谓畏匡厄陈也。**展禽三绌，春申道缀基毕输。**展禽，鲁大夫无骇之后，名获，字子禽，谥曰惠,居于柳下。三绌,为士师,三见绌也。春申,楚相黄歇,封为春申君。缀,止也,与辍同。毕,尽也。输,倾委也。言春申为李园所杀,其儒术、政治、道德、基业尽倾覆委地也。○卢文弨曰:此“春申”句有误,必非指黄歇,注非。 郝懿行曰:此荀卿自道。荀本受知春申,为兰陵令,盖将借以行道,迨春申亡而道亦连缀俱亡,基亦输矣。输者,堕也。言己布陈设施毕堕坏也。 王念孙曰:杨说“输”字之义甚迂。输者,堕也。言基业尽堕坏也。公羊春秋隐六年“郑人来输平”,传曰:“输平者何? 输平,犹堕成也。何言乎堕成? 败其成也。”穀梁传亦曰:“输者,堕也。”小雅正月篇“载输尔载”,郑笺曰:“输,堕也。”卢说本汪氏,见丙申校本。 先谦案:注“三绌”下,宋台州本有“谓”字。

请牧基,贤者思,牧,治。**尧在万世如见之。谗人罔极,险陂倾侧此之疑。**陂与诐同。言当疑此谗人倾险也。○王念孙曰:疑,恐也,畏也。(既济象传:“终日戒,有所疑也。”杂记“五十不致毁,六十不毁,七十饮酒食肉,皆为疑死”,郑注:“疑,犹恐也。”宥坐篇“其赴百仞之谷不惧”,大戴记劝学篇“惧”作“疑”。)此之疑,此是畏也。言此险陂倾侧之谗人甚可畏也。皋陶谟曰“何畏乎巧言令色孔壬”是也。杨未喻“疑”字之义。 俞樾曰:尔雅释言:“疑,戾也。”郭注曰:“戾,止也。疑者亦止。”仪礼乡射礼“宾升西阶上疑立”,郑注曰:“疑,止也。”是疑有止义。其字盖“毕”之假借。说文匕部:“毕,定也。”定,故为止。今说文讹作“未定”,而疑之训止,遂不可晓矣。谗人罔极,险陂倾侧此之疑,承上文“尧在万世如见之”而言。此之疑者,此之止也。言尧明见万世,虽险陂倾侧之徒,莫不由此而止也。杨注“言当疑此谗人陂险”,则与上意不贯矣。**基必施,辨贤、罢,**罢,读曰疲。○王念孙曰:施,张也。言必欲张大其基业,当先辨贤、罢也。下文曰“道古贤圣基必张”,上文曰“请布基”,布与张亦同义。**文、武之道同伏戲。**文、武,周文王、武王。伏戲,古三皇太昊氏,始画八卦、造书契者。戲与羲同。**由之者治，不由者乱何疑为？**○郝懿行曰：为，古读如讹〔一〕，与"施""罢""戲"皆韵。**凡成相，辨法方，至治之极复后王。**后王，当时之王。言欲为至治，在归复后王。谓随时设教，必〔二〕拘于古法。○先谦案：浙局本注"法"为"大"字，依各本改。**复慎、墨、季、惠，百家之说诚不详。**慎到、墨翟、惠施。或曰：季，即庄子曰"季真之莫为"者也。又曰"季子闻而笑之"。据此，则是梁惠王、犀首、惠施同时人也。韩侍郎云："或曰季梁也。"列子曰："季梁，杨朱之友。"言四子及百家好为异说，故不用心详明之。"详"，或为"祥"。○王念孙曰："祥""详"，古字通。不祥，不善也。杨说失之。**治复一，修之吉，君子执之心如结。**言坚固不解也。**众人贰之，谗夫弃之形是诘。**众人则不能复一，谗夫则兼弃之，但诘问治之形状。言侮嫚也。或曰："形"当为"刑"。无德化，唯刑戮是诘。言苛暴也。○郝懿行曰："形"与"刑"，古字通。诘者，治也。书云："度作刑以诘四方。"**水至平，端不倾，心术如此象圣人。**圣人心平如水。**而有执，直而用抴必参天。**"而有执"之上，疑脱一字。言既得权执，则度己以绳，接人用抴，功业必参天也。○郝懿行曰："而有执"句之上，疑脱"人"字，盖与"圣人""人"字相涉而误脱也。此以"平""倾""人""天"相韵，古读平如偏也。**世无王，穷贤良，**无王者兴，贤良穷困。**暴人刍豢仁人糟糠。**○郝懿行曰：二句当为七字一句。王引之曰：下"人"字涉上"人"字而衍。上已言"暴人"，则下"人"字可蒙上而省。此篇之例，两三字句下皆用七字句，以是明之。**礼乐灭息，圣人隐伏墨术行。治之经，礼与刑，君子以修百姓宁。明德慎罚，国家既治四海平。治之志，后执富，**为治之意，后权执与富者，

〔一〕　"讹"属歌韵，似当作"伪"。
〔二〕　"必"，似当作"不"。或"必"上脱"不"字。

则公道行而货赂息也。**君子诚之好以待。**君子必诚此意,好以待用。**处之敦固,有深藏之能远思。**敦,厚也。有,读为又。既处之厚固,又能深藏远虑。**思乃精,志之荣,好而壹之神以成。**好而不二,则通于神明也。**精神相反,一而不贰为圣人。**相反,谓反覆不离散也。○王引之曰:"反",当为"及",字之误也。精神相及,故一而不贰。杨说失之。**治之道,美不老,**老,休息也。庄子曰:"佚我以老。"为治当日新,为美无休息也。**君子由之佼以好。**佼,亦好也,音绞。**下以教诲子弟,上以事祖考。**接下以仁,事亲以孝也。**成相竭辞不蹶,**竭,尽也。论成相之事,虽终篇,无颠蹶之辞。蹶音厥。**君子道之顺以达。**道,言说也。辞既不蹶,君子言之必弘顺而通达。○王念孙曰:道,行也。言君子能行此言,则顺以达也。杨说失之。**宗其贤良,辨其殃孽。**君子寻成相之辞,必能宗其贤良以致治,辨其殃孽之为害也。○顾千里曰:此句以前后例之,应十一字,今存八字,疑尚少三字,无可补也。(下文"道古贤圣基必张"亦应十一字,今存七字,尚少四字。)又下文"托于成相以喻意",案此句例之,应十一字,亦疑尚少四字。本篇之例,两三字句、一七字句、一十一字句为一章,每章凡四句,每句有韵。其十一字句,或上八下三,或上四下七,各见本篇。上八下三者,如"愚以重愚、暗以重暗成为桀"之属是也。上四下七者,如"主诚听之,天下为一海内宾"之属是也。唯"下以教诲子弟,上以事祖考",又"埶(杨注:"埶或为郭。")公长父之难,厉王流于彘"两处,则上六下五,虽变例,正可推知其十一字句矣。卢校语定上四下七为两句,言五句为一章,以前后例之,不合。

　　请成相,道圣王,道亦言说。前章意未尽,故再论之也。○王念孙曰:道圣王,从圣王也。(古谓从为道,说见史记淮南衡山传。)下文"道古贤圣基必张",义与此同。杨说失之。又案:"道古贤圣基必张"上,当有一四字句,而今本脱之。(此篇之例,两三字句,一七字句,一四字句,又一七字句,共五句为一章,今少一四字句。)此指当时之君而言,与上**成汤**异事,故知有脱文。**尧、舜尚贤身辞让。许由、善卷,重义轻利行显明。**庄子曰:"尧让天下于许由,许由不受。又让于**子州支父**,子州支父曰:'予适有幽忧之病,方且治之,未暇治天下也。'"遂不受。"**舜**让天下于**善卷,善卷**不受,遂入深山,不知其处"也。**尧让贤,以为民,**为万民求明君,所以不私其子。**泛利兼爱德施均。辨治上下,贵贱有等明君臣。尧授能,舜遇时,尚贤推德天下治。虽有贤圣,适不遇世孰知之?** 盖以自叹。**尧不德,舜不辞,**皆归至公。**妻以二女任以事。大人哉舜! 南面而立万物备。**委任群下,无为而理。**舜授禹,以天下,**舜所以授**禹**,亦以天下之故也。○**王念孙**曰:此不言"**舜**以天下授**禹**",而言"**舜**授**禹**以天下"者,倒文以合韵耳,("**禹**""**下**"为韵。)非有深意也。**杨**反以过求而失之。**尚得推贤不失序。**"得",当为"德"。**外不避仇,内不阿亲贤者予。**谓殛**鲧**兴**禹**,又不私其子。予,读为与。○**郝懿行**曰:予者,相推予也。"予""与",古今字。**禹劳心力,尧有德,干戈不用三苗服。**○**王引之**曰:"力"上本无"心"字,后人以**左传**言"君子劳心,小人劳力",故以意加"心"字耳。不知**禹**抑洪水,本是劳力于民,故**淮南氾论篇**、**论衡祭意篇**并言"**禹**劳力天下",非"小人劳力"之谓也。且此篇之例,凡首二句皆三字,加一"心"字,则与全篇之例不符矣。**举舜甽亩,任之天下身休息。**甽与畎同。**得后稷,五谷殖,夔为乐正鸟兽服。**谓"击石拊石,百兽率舞"、"笙镛以间,鸟兽跄跄"也。**契为司徒,民知孝弟尊有德。禹有功,抑下鸿,**抑,遏也。下,谓治水使归下也。鸿,即洪水也。**书**曰"**禹**,降水警予"也。**辟除民害逐共工。**今**尚书舜**"流**共工**于**幽州**",此云"**禹**",未详。**北决九河,通十二渚疏三江。**案**禹**贡道**弱**、**黑**、**漾**、**沇**、**淮**、**渭**、**洛**七水,又有"**潍**、**淄**其道"、"**伊**、**洛**、**瀍**、**涧**既入于**河**"数则,不止于十二。此云"十二"者,未详其说也。○郝懿行曰：共工，盖主水土之官，禹抑鸿水，故假言逐去之，非实事也。通十二渚，即肇十二州也。小州曰渚，故假"渚"言之。注皆未了。**禹傅土，平天下，**傅，读为敷。孔安国云"洪水泛溢，禹分布治九州之土"也。**躬亲为民行劳苦。**行，读如字。谓所行之事也。**得益、皋陶、横革、直成为辅。**横革、直成，未闻。韩侍郎云："此论益、皋陶之功，横而不顺理者革之，直者成之也。"○卢文弨曰：困学纪闻曰："吕氏春秋：'得陶、化益、真窥、横革、之交五人佐禹，故功绩铭乎金石，著于盘盂。'陶即皋陶也，化益即伯益也，真窥即直成也，并横革、之交二人，皆禹辅佐之名。"案"窥"与"成"音同，与"窥"形似，吕氏春秋盖本作"窥"，传写误为"窥"耳。"直"与"真"亦形似。吕氏语见求人篇。　　王念孙曰：卢说是也。"横革、直成为辅"，此句例当用七字，今本脱一字，或在"为"上，或在"为"下，俱未可知。**契玄王，生昭明，**诗曰"天命玄鸟，降而生商"，又曰"玄王桓拨"，皆谓契也。史记曰"契为尧司徒，封于商，赐姓子氏"，"契卒，子昭明立"也。**居于砥石迁于商。**砥石，地名，未详所在。或曰：即砥柱也。左氏传曰："阏伯居商丘，相土因之。"相土，昭明子也。言契初居砥石，至孙相土，乃迁商丘也。**十有四世，乃有天乙是成汤。**史记曰"契卒，子昭明立。昭明卒，子相土立。相土卒，子昌若立。昌若卒，子曹圉立。曹圉卒，子冥立"，为夏司空，勤其官，死于水，殷人郊之。"冥卒，子振立。振卒，子微立。微卒，子报丁立。报丁卒，子报乙立。报乙卒，子报丙立。报丙卒，子主壬立。主壬卒，子主癸立。主癸卒，子乙立。"是十四世也。**天乙汤，论举当，身让卞随举牟光。**庄子曰汤让天下于卞随、务光二人，不受，皆投水死。牟与务同也。○俞樾曰：举，当读为与，古"举""与"字通。周官师氏职曰"王举则从"，郑注曰："故书举为与。"史记吕后纪"苍天举直"，徐广曰："举，一作与。"是其证也。

此文本云"身让卞随与牟光",作"举"者,假字耳。**道古贤圣基**
必张。道,说。古之贤圣,基业必张大也。

　　愿陈辞,世乱恶善不此治。不知治此世乱恶善之弊。○王引
之曰:"愿陈辞"下,脱一三字句。**隐讳疾贤,良由奸诈鲜无灾**。隐
讳过恶,疾害贤良,长用奸诈,少无灾也。○郝懿行曰:"讳疾"二字误
倒,当作"隐疾贤良,讳由奸诈鲜无灾",亦四字、七字句。　王念孙
曰:"良",当为"长",杨注"长用奸诈",是其证。今本"长"作"良"者,
涉注文"疾害贤良"而误。(注言"疾害贤良"者,加一"良"字,以申明
其义耳。若正文则以"隐讳疾贤"为句,"长由奸诈鲜无灾"为句,无
"良"字。)　先谦案:王说是。宋台州本、谢本并作"由",浙局本作
"用",盖臆改。但依注,作"用"为是,盖"由""用"形相似而误。**患难**
哉! 阪为先,圣阪与反同。反先圣之所为。○卢文弨曰:"患难哉!
阪为先"二句,句三字,"圣知不用愚者谋"七字句,与"辞""治""灾"
"哉""时"韵。"阪为先"三字未详,杨注不得其句。盖此篇通例,两
三字句,一七字句,一四字句,又一七字句,如此五句为一章也。　郝
懿行曰:卢断"圣知"二字属下为句,是也。阪为先者,阪犹反也,所行
反侧颇僻为先。先,古音西,亦与下韵。　王念孙曰:"阪为先",
"先",疑当作"之"。此言为治者当进圣知而退愚,今不用圣知而用
愚,是反为之也。杨谓"阪与反同",是也,但误以"先圣"连读耳。
"之"字本作"㞷"。说文"光"字从儿、㞷,(儿与人同。)此文"之"字,
盖本从古作"㞷",写者误加"儿"耳。"㞷"字正与"辞""治""灾"
"哉""谋""时"为韵。**知不用愚者谋。前车已覆,后未知更何觉**
时! 前车已覆,犹不知戒,更何有觉悟之时也。○卢文弨曰:"前车已
覆"四字句。更,改也。**不觉悟,不知苦,迷惑失指易上下。中不**
上达,蒙揜耳目塞门户。不能辟四门也。○卢文弨曰:"中",元刻
作"忠",古通用。　俞樾曰:中,读为忠。言忠诚之士不能上达也。

汉张迁碑"中謇于朝",魏横海将军吕君碑"君以中勇",并假"中"为"忠"。国语周语曰"考中度衷为忠",盖以"中""衷""忠"三字义并通耳。**门户塞,大迷惑,悖乱昏莫不终极。**莫,冥寞,言暗也。不终极,无已时也。**是非反易,比周欺上恶正直。**恶,乌路反,下同。**正直恶,心无度,邪枉辟回失道途。**辟,读为僻。**己无邮人,我独自美岂独无故!**故,事也。不可尤责于人,自美其身,己岂无事,己亦有事而不知其过也。或曰:下无"独"字。○卢文弨曰:无"独"字则与全篇句法合。**不知戒,后必有,恨**恨,悔。○卢文弨曰:"后必有"三字为句。有,读曰又,所谓贰过也,古音戒。又"悔""态"为韵。　王念孙曰:卢说是矣,而未尽也。"恨后遂过"四字,义不相属。恨与很同。(尔雅:"阋,恨也。"孙炎本作"很"。)"后",当为"复",字之误也。("复""后"形相近,又因上文"后必有"而误。)复与愎同。(韩子十过篇"夫知伯之为人也,好利而鸷愎",赵策"愎"作"复",亦通作"覆"。管子五辅篇"下愈覆鸷而不听从"是也。又通作蝮。史记酷吏传赞"京兆无忌、冯翊殷周蝮鸷"是也。)言很愎不从谏,以遂其过也。庄子渔父篇曰:"见过不更,闻谏愈甚,谓之很。"逸周书谥法篇曰:"愎很遂过曰刺。"**后遂过不肯悔。**不肯悔前之非。**谗夫多进,反覆言语生诈态。**○王念孙曰:态,读为"奸慝"之慝。(下"人之态"同。)言言语反覆,则诈慝从此生也。(襄四年左传:"树之诈慝,以取其国家。")以"态"为"慝"者,古声不分去、入也。秦策曰"科条既备,民多伪态",又曰"上畏大后之严,下惑奸臣之态";淮南齐俗篇曰"礼义饰,则生伪态之本";汉书李寻传曰"贺良等反道惑众,奸态当穷竟":皆借"态"为"慝",非"姿态"之态也。**人之态,不如备,**"如",当为"知"。言人为诈态,上不知为备。**争宠嫉贤利恶忌。**利在恶忌贤者。○王念孙曰:"利恶忌"三字,义不相属,杨曲为之说,非也。"利",当为"相",字之误也。"相恶忌",正承"争宠嫉贤"言之。**妒功毁贤,下敛党与**

上蔽匿。敛,聚也。下聚党与则上蔽匿也。**上壅蔽,失辅埶,**失辅弼之臣,则埶不在上。**任用谗夫不能制。埶公长父之难,**埶公、长父,皆厉王之嬖臣,未详其姓名。墨子曰"厉王染于虢公长父、荣夷终","虢公"与"埶公"不同,未知孰是。或曰:埶公长父,即诗所云"皇父"也。"埶",或为"郭"。○卢文弨曰:案古"郭""虢"字通,郭公长父即吕氏春秋当染篇之虢公长父也,作"郭"字为是。"之难"二字,当属下为七字句。注"虢公",宋本从立,元刻从糸,字书皆无考。墨子所染篇作"厉公"。 王念孙曰:"之"者,"是"也。言难厉王者是此人也。楚语云"秦征衔实难桓、景","实难"即"是难"。 俞樾曰:"之难厉王流于彘"七字为句,义终未安。此篇之例,虽以两三字句、一七字句、一四字句、一七字句为一节,然古人之文变动不居,如云"治之道,美不老,君子由之佼以好,下以教诲子弟,上以事祖考",此节词意明白,无夺文讹字,其弟四句六字,其弟七句五字,岂能以"子弟"二字属下为七字句乎? 然则此文以"郭公长父之难"六字为句,"厉王流于彘"五字为句,于义较安,不必拘泥字数,转致不通也。

先谦案:俞说是。**厉王流于彘。**彘,地名,在河东。左传晋大夫有彘子。言埶公长父奸邪,遂使难作,厉王流窜于彘。**周幽、厉,所以败,不听规谏忠是害。嗟我何人,独不遇时当乱世!** 言自古忠良多有遇害,何独我哉! 自慰勉之辞也。**欲衷对,言不从,**衷,诚也。欲诚意以对时君,恐言不从而遇祸也。○郝懿行曰:"对"字失韵,疑"封"字之形讹。衷封者,言中衣内怀藏封事也。 王念孙曰:此篇之例,凡首句必入韵,唯此处"对"字与下文之"从""凶""江"不协。"衷对"当为"剖衷"。言欲剖衷以谏,而无如言之不见听也。(史记蔡泽传"披腹心,示情素",即"剖衷"之谓。)欲剖衷,言不从,即上文所谓"中不上达"也。"中"与"衷",古字同耳。"衷"字正与"从""凶""江"为韵。今本作"欲衷对"者,"剖"误为"对",又误在"衷"字之下耳。杨说失之。　俞樾曰：王氏改"欲衷对"为"欲剖衷"，此臆说也。"对"字实不误，但当在"衷"字上。对，读为遂。尔雅释言："对，遂也。"诗皇矣篇"以对于天下"，江汉篇"对扬王休"，荡篇"流言以对"，毛传并曰："对，遂也。"又礼记祭义篇"对扬以辟之"，郑注亦曰："对，遂也。"盖对、遂音近，以声相训耳。欲对衷者，欲遂衷也。言欲遂其衷忱，而无如言之不从也。今本作"欲衷对"者，因浅人不知"对"之为"遂"，而疑"对衷"二字无义，因倒其文。杨氏即据以为说，曰"欲诚意以对"，失之矣。　先谦案：俞说是。**恐为子胥身离凶。进谏不听，到而独鹿弃之江。**独鹿，与属镂同。本亦或作"属镂"，吴王夫差赐子胥之剑名。属，之欲反。镂，力朱反。国语里革曰："鸟兽成，水虫孕，水虞于是禁罝、罜麗。"此当是自到之后，盛以罜麗，弃之江也。贾逵云："罜麗，小罟也。"○卢文弨曰：案杨云"本或作属镂"，则训剑不可易，"国语"以下，必后人采它说附益之。罝，韦昭云："当为罡。"此衍"罝"字，而又讹"罡"作"罜"。宋本亦同，又无"水虞"二字。　郝懿行曰：黄县蓬莱间人，皆以独鹿为酒器名。此言"独鹿"，盖为革囊盛尸，所谓鸱夷者也。"独鹿"与鲁语之"罜麗"音义相近，而与属镂义远。若作"到而属镂"，语复不词。　王念孙曰：后人读独鹿为罜麗者，盖未解"而"字之义故也。其意谓独鹿果为剑名，则不当言"到而独鹿"，故读为罜麗，谓是"既到之后，盛以罜麗而弃之江也"。今案：而，犹以也。谓到以独鹿也。古者"而"与"以"同义。顾命曰"眇眇予末小子，其能而乱四方"，言其能以治四方也。（某氏传"能如父祖治四方"，非是。）墨子尚贤篇曰"使天下之为善者可而劝也，为暴者可而沮也"，言可以劝、可以沮也。吕氏春秋去私篇曰"晋平公问于祁黄羊曰'南阳无令，其谁可而为之'"，言谁可以为之也。（高注"而，能也"，非是，辩见吕氏春秋。）"而"与"以"同义，故二字可以互用。同人彖传曰"文明以健，中正而应"，系辞传曰"蓍之德圆而神，卦之德方以知"，宣十五左传曰"易子而食，析骸以爨"，皆以二字互用。"而"与

"以"同义，故又可以通用。系辞传"上古结绳而治"，论衡齐世篇引此"而"作"以"。昭元年左传"橐甲以见子南"，考工记函人郑司农注引此"以"作"而"。**观往事，以自戒，治乱是非亦可识。托于成相以喻意。**识，如字，亦读为志也。○顾千里曰：案此句例之，应十一字，亦疑尚少四字。

　　请成相，言治方，言为治之方术。**君论有五约以明。君谨守之，下皆平正国乃昌。**论为君之道有五，甚简约明白。谓"臣下职"，一也；"君法明"，二也；"刑称陈"，三也；"言有节"，四也；"上通利"至"莫敢恣"，五也。**臣下职，莫游食，**游食，谓不勤于事，素飡游手也。**务本节用财无极。事业听上，莫得相使一民力。**所兴事业皆听于上，群下不得擅相役使，则民力一也。礼记曰"用民之力，岁不过三日"也。**守其职，足衣食，**民不失职，则衣食足矣。**厚薄有等明爵服。**贵贱有别。**利往卬上，莫得擅与孰私得？**利之所往，皆卬于上，莫得擅为赐与，则谁敢私得于人乎？擅相赐与，若齐田氏然。卬与仰同，宜亮反。○王引之曰："往"字文义不顺，杨说非也。"往"，当为"佳"。"佳"，古"唯"字也。（"唯"，或作"惟""维"。古钟鼎文"唯"字作"佳"，石鼓文亦然。）言臣民之利，唯仰于上，莫得擅有所与也。凡隶书从彳从亻之字多相乱，故"往"字或作"住"，与"佳"相似而误。**君法明，论有常，**君法所以明，在言论有常，不二三也。**表仪既设民知方。进退有律，莫得贵贱孰私王？**进人退人，皆以法律，贵贱各以其才，孰有私佞于王乎？**君法仪，禁不为，**为君之法仪，在自禁止，不为恶。○俞樾曰：禁不为恶，而止曰"禁不为"，则辞不达，注义非也。"君法仪"之"仪"，当读为俄。说文人部："俄，行顷也。"诗宾之初筵篇"侧弁之俄"，郑笺曰："俄，顷貌。"广雅释诂曰："俄，衺也。"是俄有顷邪之义。管子书或假"义"为之。明法解曰："虽有大义，主无从知之。故明法曰：'佼众誉多，外内朋党，虽有大奸，其蔽主多矣。'"以"大奸"为"大义",是其证也。义、仪,古通用,"义"可为"俄",故"仪"亦可为"俄"。"君法仪",与上文"君法明"相对。上云"君法明,论有常",此云"君法仪,禁不为",言君法明盛则其论有常,君法倾邪则当禁之使不为也。盖此皆蒙上文"臣下职"而言,所陈皆臣道也。杨注因上文"君论有五约以明"之句,妄举五节以当之,而以"君法明"为其一,所举又不相连属,更有它文以间之,殆不足据也。**莫不说教名不移。**既能正己,则民皆悦上之教,而名器不移也。说读为悦。**修之者荣、离之者辱孰它师?**孰敢以它为师?言皆归王道,不敢离贰也。○郝懿行曰:"它师"二字误倒,当作"师它",则与"仪""为""移"皆韵矣。**刑称陈,守其银,**称,谓当罪。当罪之法施陈,则各守其分限。称,尺证反。银与垠同。○王念孙曰:杨说"称陈"二字未安。余谓陈者,道也。文登毕氏恬谿说尚书曰:"李斐注汉书哀帝纪曰:'陈,道也。'是古谓道为陈。微子云'我祖底遂陈于上',谓致成道于上也。君奭云'率惟兹有陈',谓有道也。"念孙案:大戴记卫将军文子篇"君陈则进,不陈则行而退",亦谓道与不道也。言刑之轻重皆称乎道,而各守其限也。**下不得用轻私门。**下不得专用刑法,则私门自轻。**罪祸有律,莫得轻重威不分。**祸,亦罪也。**请牧祺,明有基,**祺,祥也。请牧治吉祥之事,在明其所有之基业也。○俞樾曰:上文云"请牧基,贤者思",此文亦当作"请牧基,明有祺",传写者误倒"基""祺"两字耳。据杨注,所见本已倒。**主好论议必善谋。**

五听修领,莫不理续主执持。五听,折狱之五听也。修领,谓修之使得纲领。莫不有文理相续,主自执持此道,不使权归于下。○卢文弨曰:"修领",宋本作"循领"。今从元刻,注同。　王念孙曰:领,犹治也、理也。乐记"领父子君臣之节",郑注:"领,犹理治也。"仲尼燕居"领恶而全好",注:"领,犹治也。"淮南本经篇"神明弗能领也",高注:"领,理也。"言五听皆修理也。"续",当为"绩"。"主执持",当为

“埶主持”。莫不理绩埶主持者，尔雅曰“绩，事也”，言百官莫不各理其事，夫埶得而主持之也。上文曰“莫得轻重威不分”，正所谓“埶主持”也。又曰“莫得擅与埶私得”，又曰“莫得贵贱埶私王”，并与此文同一例。今本“绩”误作“续”，“埶”误作“执”，“执”字又误在“主”字下，则义不可通。<u>杨</u>说皆失之。　<u>顾千里</u>曰：五听，疑即上文“君论有五约以明”也。弟一章“臣下职”云云，弟二章“守其职”云云，弟三章“君法明”云云，弟四章“君法仪”云云，弟五章“刑称陈”云云，下文接以“五听修领”，谓五章为五听明甚。下文又接以“听之经”，谓听为五听亦明甚。本属一气相承，而<u>杨</u>注别以“折狱之五听”解之，非也。又于后注“耳目既显，吏敬法令莫敢恣”，始云“此已上，论君有五之事也”，亦非也。**听之经，明其请**，“请”，当为“情”。听狱之经，在明其情。○<u>卢文弨</u>曰：案请，古与情通用。列子说符篇杨朱曰：“发于此而应于彼者唯请。”释文引<u>徐广</u>曰：“古情字或假借作请。”又墨子书多以“请”为“情”。　<u>先谦</u>案：经，道也，说详劝学篇。下文兼“赏刑”言，则听非听狱之谓，谓听政也。王制篇“听政之大分，以善至者待之以礼，以不善至者待之以刑”，即“参伍明谨施赏刑”也。“贤不肖不杂，是非不乱”，“信、诞分”也。“无遗善，无隐谋”，“隐远至”也。明其请者，彼云“凡听，威严猛厉，则下不亲”、“和解调通，则尝试锋起”，故非明其情不可。**参伍明谨施赏刑**。参伍，犹错杂也。谓或往参之，或往伍之，皆使明谨，施其赏刑。言精研，不使僭滥也。**显者必得，隐者复显民反诚**。幽隐皆通，则民不诈伪也。**言有节，稽其实**，节，谓法度。欲使民言有法及不欺诳，在稽考行实也。**信、诞以分赏罚必。下不欺上，皆以情言明若日。上通利，隐远至**，上通利不壅蔽，则幽隐退远者皆至也。**观法不法见不视**。所观之法非法，则虽见不视也。○<u>郝懿行</u>曰：此言观法于法不及之地，见视于视不到之乡，所以谓之“隐远至”、“耳目显”也。注似未了。**耳目既显，吏敬法令莫敢**

恣。此已上，论君有五之事也。**君教出，行有律**，五论之教既出，则民所行有法。言知方也。**吏谨将之无铍、滑**。将，持也。诗曰："无将大车。"铍与披同，滑与汩同。言不使纷披汩乱也。○<u>郝懿行</u>曰：正名篇有"滑、铍"，此言"铍、滑"，其义同，皆谓觖骸、滑乱之意。汉书淮南厉王传"觖天下正法"，<u>颜</u>注："觖，古委字，谓曲也。"枚乘传"其文觖骸"，骸与铍同，谓曲戾也。滑盖与猾同，谓搅乱也。**下不私请，各以宜舍巧拙**。请，谒。舍，止也。群下不私谒，各以所宜，不苟求也。如此则以道事君，巧拙之事亦皆止。○<u>卢文弨</u>曰："各以宜舍巧拙"句中脱一字，或当作"各以所宜舍巧拙"。**臣谨修，君制变**，臣职在谨修，君职在制变。○<u>王念孙</u>曰："修"，当为"循"，字之误也。（隶书"循""修"相乱，说见<u>管子形势</u>篇。）此言臣当谨循旧法而不变其制，变则在君也。"循"与"变""乱""贯"为韵。（此以谆、元二部通用。凡谆、元二部之字，古声皆不分平、上、去。）此篇之例，首句无不入韵者。今本"循"作"修"，则既失其义，而又失其韵矣。**公察善思论不乱**。<u>先谦</u>案："伦""论"，古字通。谓君臣之伦不乱也。说见<u>儒效</u>篇。**以治天下，后世法之成律贯**。律贯，法之为条贯也。○<u>卢文弨</u>曰：案全篇与<u>诗</u>三百篇中韵同。

赋篇第二十六

所赋之事，皆生人所切，而时多不知，故特明之。或曰：荀卿所赋甚多，今存者唯此言也。旧第二十二，今亦降在下。

爰有大物，爰，于也。言于此有大物。夫人之大者莫过于礼，故谓之大物也。**非丝非帛，文理成章。**丝帛能成黼黻文章，礼亦然也。**非日非月，为天下明。生者以寿，死者以葬，城郭以固，三军以强。粹而王，驳而伯，无一焉而亡。臣愚不识，敢请之王。**言礼之功用甚大，时人莫知，故荀卿假为隐语，问于先王云"臣但见其功，亦不识其名，唯先王能知，敢请解之"。先王因重演其义而告之。**王曰：此夫文而不采者与？**先王为解说曰："此乃有文饰而不至华采者与？"**简然易知而致有理者与？君子所敬而小人所不者与？性不得则若禽兽，性得之则甚雅似者与？**雅，正也。似，谓似续古人。诗曰："维其有之，是以似之。"**匹夫隆之则为圣人，诸侯隆之则一四海者与？致明而约，甚顺而体，请归之礼。**极明而简约，言易知也。甚顺而有体，言易行也。先王言唯归于礼，乃合此义也。**礼。**○卢文弨曰：此目上事也。如礼记文王世子子贡问乐之比，下放此。

皇天隆物，以示下民，隆，犹备也。物，万物也。○王念孙曰：隆与降同。（古字或以"隆"为"降"，说见墨子尚贤中篇。）"示"，本作"施"，俗音之误也。广雅曰："施，予也。"**或厚或薄，帝不齐均。**言

457

人虽同见,方所知或多厚,或寡薄,天帝或不能齐均也。○王念孙曰:"帝",本作"常"字之误也。"物"字,即指智而言。言皇天降智,以予下民,厚薄常不齐均,故有桀、纣、汤、武之异也。今本"施"作"示","常"作"帝",则义不可通。艺文类聚人部五引此正作"皇天隆物,以施下民,或厚或薄,常不齐均"。杨说皆失之。**桀、纣以乱,汤、武以贤。浯浯淑淑,皇皇穆穆**,浯浯,思虑昏乱也。淑淑,未详,或曰:美也。皇皇穆穆,言绪之美也。言或愚或智也。○俞樾曰:淑淑训美,则与"浯浯"不伦矣。淑,当读为踧。文选长笛赋"踧踧攒仄",注曰:"踧踧,迫蹙皃。"海赋"葩华踧汩",注曰:"踧汩,蹴聚也。"踧踧之谊,亦犹是耳。**周流四海,曾不崇日**。崇,充也。言智虑周流四海,曾不充满一日而遍也。**君子以修,跖以穿室**。跖,柳下惠之弟,太山之盗也。君子用智以修身,跖用智以穿室,皆"帝不齐均"之意也。**大参乎天,精微而无形**。言智虑大则参天,小则精微无形也。**行义以正,事业以成**。皆在智也。行,下孟反。**可以禁暴足穷,百姓待之而后宁泰**。足穷,谓使穷者足也。百姓待君上之智而后安。"宁泰",当为"泰宁"也。**臣愚不识,愿问其名。曰:此夫安宽平而危险隘者邪?**言智常欲见利远害。**修洁之为亲而杂污之为狄者邪?**智修洁则可相亲,若杂乱秽污,则与夷狄无异。言险诈难近也。○王念孙曰:亲,近也。狄,读为逖。逖,远也。大雅瞻卬篇"舍尔介狄",毛传曰:"狄,远也。"是狄与逖同。此言智之为德,近于修洁而远于杂污也。杨说皆失之。**甚深藏而外胜敌者邪?法禹、舜而能弇迹者邪?**弇,袭。**行为动静,待之而后适者邪?血气之精也,志意之荣也**。精,灵。荣,华。**百姓待之而后宁也,天下待之而后平也。明达纯粹而无疵也,夫是之谓君子之知**。此论君子之智,明小人之智不然也。○王引之曰:"疵""知"为韵。"疵"下"也"字,涉上文而衍,艺文类聚无。**知**。

有物于此，居则周静致下，动则綦高以钜。居，谓云物发在地时。周，密也。钜，大也。**圆者中规，方者中矩。**言满天地之圆方也。**大参天地，德厚尧、禹。**参，谓天地相似。云所以致雨，生成万物，其德厚于尧、禹者矣。〇卢文弨曰：艺文类聚"大参"作"大齐"。注"天地相似"上似脱一"与"字。**精微乎毫毛，而大盈乎大寓。**寓与宇同。言细微之时则如毫毛，其广大时则盈于大宇之内。宇，覆也，谓天所覆。三苍云："四方上下为宇。"上"大参天地"，此又云"大盈大宇"，言说云之变化或大或小，故重言之也。〇王念孙曰：宋钱佃校本云："诸本作'充盈乎大寓'，非。"案作"充盈"者是也。下文"充盈大宇而不窕"，即其证。"充盈"与"精微"对。监本作"大盈"，则既与下"大"字复，又与"精微"不对矣。杨云"其广大时则盈于大宇之内"，则所见本已作"大盈"。艺文类聚天部上引作"充盈乎天宇"。又曰：吕、钱本作"盈大乎寓宙"，盖本作"充盈乎大寓"，后脱"充"字，"乎大"又讹作"大乎"，后人又因注内两言"宇宙"而增"宙"字。案，"盈大"文不成义，"寓"与上文"下""钜""矩""禹"为韵，"寓"下不得有"宙"字，杨注释"宇"字而不释"宙"字，则本无"宙"字明甚。**忽兮其极之远也，攡兮其相逐而反也，**攡与劙同。攡兮，分判貌。言云或慌忽之极而远举，或分散相逐而还于山也。攡音戾。〇王念孙曰：忽，远貌。楚辞九歌曰"平原忽兮路超远"，九章曰"道远忽兮"，是忽为远貌。极，至也。言忽兮其所至之远也。攡者，云气旋转之貌。（考工记凫氏："钟县谓之旋。"程氏易畴通艺录曰："旋，所以县钟者，设于甬上。孟子谓之'追蠡'，言追出于甬上者乃蠡也。蠡与螺通。文子所谓'圣人法蠡蚌而闭户'是也。螺小者谓之蝼蜗。郭璞江赋所谓'鹦螺蝼蜗'是也。曰旋，曰蠡，其义不殊，盖为金柄于甬上，以贯于县之者之凿中，形如螺然，如此，则宛转流动，不为声病矣。"水经睢水注云："睢阳城内有高台，谓之蠡台。"续述征记曰："回道如蠡，故谓之蠡

459

台。”是凡言蠡者，皆取旋转之义。）反，亦旋也。故曰“攡兮其相逐而反也”。<u>杨</u>说皆失之。**卬卬兮天下之咸蹇也。**卬卬，高貌。云高而不雨，则天下皆蹇难也。〇<u>俞樾</u>曰：杨注非是。蹇，当读为攐。<u>方言</u>：“攐，取也。”云行雨施，泽被天下，天下皆有取也，故曰“卬卬兮天下之咸攐也”。下文“德厚而不捐”，即承此而言。若如<u>杨</u>注，则与下意不贯矣。**德厚而不捐，五采备而成文。**捐，弃也。万物或美或恶，覆被之，皆无捐弃也。**往来惛惫，通于大神，**惛惫，犹晦暝也。通于大神，言变化不测也。惫，困也。人困，目亦昏暗，故惛惫为晦暝也。**出入甚极，莫知其门。**极，读为亟，急也。门，谓所出者也。**天下失之则灭，得之则存。**云所以成雨也。**弟子不敏，此之愿陈，君子设辞，请测意之。**弟子，<u>荀卿</u>自谓。言弟子不敏，愿陈此事，不知何名，欲君子设辞，请测其意。亦言云之功德，唯君子乃明知之也。〇<u>王引之</u>曰：杨以意为“志意”之“意”，非也。意者，度也。言请测度之也。<u>礼运</u>曰：“圣人耐以天下为一家、以中国为一人者，非意之也。”<u>管子小问篇</u>东郭邮曰：“君子善谋而小人善意，臣意之也。”是意为度也。（意之言亿也。<u>韩子解老篇</u>：“先物行、先理动之谓前识。前识者，无缘而忘意度也。”忘与妄同。<u>庄子胠箧篇</u>云“妄意室中之藏”是也。<u>王褒四子讲德论</u>“今子执分寸而罔亿度”，“罔亿度”即“妄意度”。<u>郑注少仪</u>曰：“测，意度也。”“意”，本又作“亿”。<u>论语先进篇</u>“亿则屡中”，<u>汉书货殖传</u>“亿”作“意”。）**曰：此夫大而不塞者与？**云气无实，故曰“不塞”。**充盈大宇而不窕，入郄穴而不偪者与？**窕，读为窱，深貌也。言充盈则满大宇，幽深则入郄穴，而曾无偪侧不容也。窱，它吊反。〇<u>王念孙</u>曰：杨训窕为深貌，又以“窕”字连下句解之，皆非也。“充盈大宇而不窕”为句，窕者，间隙之称，言充盈大宇而无间隙也。偪，不容也。偪与窕义正相反。<u>广雅</u>曰：“窕，宽也。”昭二十一年<u>左传</u>“钟小者不窕，大者不摦，窕则不咸，摦则不容”，<u>杜</u>注曰：“窕，细不满也。摦，横大不入也。不咸，不充满人心也。不容，心不堪容也。"大戴礼王言篇曰："布诸天下而不窕，内诸寻常之室而不塞。"管子宙合篇曰："其处大也不窕，其入小也不塞。"墨子尚贤篇曰："大用之天下则不窕，小用之则不困。"吕氏春秋适音篇曰："音大钜则志荡，以荡听钜则耳不容，不容则横塞，横塞则振大；小则志嫌，以嫌听小则耳不充，不充则不詹，不詹则窕。"高注曰："窕，不满密也。"义并与此同。**行远疾速而不可托讯者与？** 讯，书问也。行远疾速，宜于托讯，今云者虚无，故不可。本或作"托训"。或曰：与似续同也。言云行远疾速，不可依托继续也。○卢文弨曰："讯"不与前后韵协，疑是"讯托"误倒耳。注"或作托训"，亦似误。　王念孙曰："讯"下"者与"二字，盖因上下文而衍。"讯"字不入韵，上文"充盈大宇而不窕"，"窕"字亦不入韵也。卢云"讯不与前后韵协，疑是讯托误倒"，非是。（"托"字于古音属铎部，"塞""偪"等字于古音属职部，改"托讯"为"讯托"，仍不合韵。）**往来惽惫而不可为固塞者与？** 虽往来晦暝，掩蔽万物，若使牢固蔽塞，则不可。**暴至杀伤而不亿忌者与？** 亿，谓以意度之。论语曰："亿则屡中。"或曰：与抑同。谓雷霆震怒，杀伤万物，曾不亿度疑忌。言果决不测也。○王念孙曰：亿，读为意。（"意""亿"古字通，说见前"测意之"下。）意，疑也。言暴至杀伤，而曾无所疑忌也。广雅曰："意，疑也。"汉书文三王传"于是天子意梁"，颜师古注与广雅同。韩子说疑篇"上无意，下无怪"，无意，无疑也。史记陈丞相世家"项王为人，意忌信谗"，平津侯传"弘为人意忌，外宽内深"，酷吏传"汤虽文深意忌"，皆谓疑忌也。杨以亿为亿度，则分亿与忌为二义，失之矣。**功被天下而不私置者与？** 天下同被其功，曾无所私置。又言无偏颇。○王念孙曰：置，读为德。言功被天下而无私德也。系辞传"有功而不德"，"德"，郑、陆、蜀才并作"置"。郑云："置，当为德。"逸周书官人篇"有施而弗德"，大戴礼文王官人篇作"有施而不置"。荀子哀公篇"言忠信而心不德",大戴礼哀公问五义篇作"躬行忠信而心不置"。是"置"为"德"之借字也。此段以"塞""偪""塞""忌""置"为韵。忌,读如极。(左传"费无极",史记作"费无忌"。)置与德同。**托地而游宇,友风而子雨。**风与云并行,故曰"友"。雨因云而生,故曰"子"。**冬日作寒,夏日作暑。**在冬而凝寒,在夏而蒸暑也。**广大精神,请归之云。**至精至神,通于变化,唯云乃可当此说也。**云。**云所以润万物,人莫之知,故于此具明也。

　　有物于此,儵儵兮其状,屡化如神。儵,读如"其虫保"之倮。儵儵,无毛羽之貌。变化,即谓三俯三起,成蛾蛹之类也。**功被天下,为万世文。**文,饰。**礼乐以成,贵贱以分。养老长幼,待之而后存。名号不美,与暴为邻。**侵暴者亦取名于蚕食,故曰"与暴为邻"也。○王引之曰:如杨说,则"蚕"下必加"食"字,而其义始明。窃谓方言:"惨,杀也。"说文:"惨,毒也。"字或作"憯"。庄子庚桑楚篇曰:"兵莫憯于志,镆铘为下。"惨、蚕、憯声相近,故曰"与暴为邻"。**功立而身废,事成而家败。**茧成而见杀,是身废;丝穷而茧尽,是家败。**弃其耆老,收其后世。**耆老,蛾也。后世,种也。**人属所利,飞鸟所害。**人属则保而用之,飞鸟则害而食之。**臣愚而不识,请占之五泰。**占,验也。五泰,五帝也。五帝,少昊、颛顼、高辛、唐、虞。理皆务本,深知蚕之功大,故请验之也。○卢文弨曰:此与下文"五泰",宋本皆作"五帝",无"五泰,五帝也"五字注。今从元刻,与困学纪闻所引合。古音"帝"字不与"败""世""害"韵,五支、六脂之别也。　王念孙曰:"败""世""害""泰",古音并属祭部,非惟不与五支之去声通,并不与六脂之去声通。此卢用段说而误也。说见戴先生声韵考。**五泰占之曰:此夫身女好而头马首者与?**女好,柔婉也。其头又类马首。周礼马质"禁原蚕者",郑玄云:"天文辰为马。故蚕书曰:'蚕为龙精,月值大火,则浴其种。'是蚕与马同气也。"**屡化而不寿者**

与？善壮而拙老者与？壮得其养，老而见杀。有父母而无牝牡者与？为蚕之时，未有牝牡也。冬伏而夏游，食桑而吐丝，游，谓化而出也。○俞樾曰："食桑而吐丝，前乱而后治"，此文"游"字独不入韵，疑"滋"字之误。吕氏春秋明理篇曰"草木庳小不滋"，注曰："滋，亦长也。"冬伏而夏滋，言冬伏而夏长也。杨以"化而出"释"游"字，谊亦迂曲，非独于韵不协也。前乱而后治，茧乱而丝治也。夏生而恶暑，生长于夏，先暑而化。喜湿而恶雨。湿，谓浴其种。既生之后，则恶雨也。○王念孙曰：蚕性恶湿，不得言"喜湿"，太平御览资产部五引作"疾湿而恶雨"是也。恶雨与疾湿同意。杨云"湿，谓浴其种"，乃曲为之说耳。俞樾曰：杨说甚得。荀子之意，盖此句与上文"夏生而恶暑"相对。生于夏，宜不恶暑矣，而蚕则恶暑。其种必浴，有似喜湿者，宜不恶雨矣，而蚕则恶雨。此两"而"字，正明其性之异也。太平御览资产部引作"疾湿而恶雨"，盖人疑蚕性恶湿，不得言"喜湿"，故妄改之。言"疾湿"，又言"恶雨"，辞复而意浅，非荀子原文也。王氏反据御览以订正荀子，误矣。蛹以为母，蛾以为父。互言之也。三俯三起，事乃大已。俯，谓卧而不食。事乃大已，言三起之后，事乃毕也。谓化而成茧也。夫是之谓蚕理。五帝言此乃蚕之义理也。○郝懿行曰：理者，条理也。夫含生赋形，各有条理，条者似智，理者似礼。蚕、针为物，条理尤深，莫精于蚕，莫密于针，所以二赋语已，皆言其理者也。蚕。蚕之功至大，时人鲜知其本。诗曰："妇无公事，休其蚕织。"战国时此俗尤甚，故荀卿感而赋之。

有物于此，生于山阜，处于室堂。山阜，铁所生也。无知无巧，善治衣裳。知，读为智。不盗不窃，穿窬而行。日夜合离，以成文章。合离，谓使离者相合。文章亦待其连缀而成也。以能合从，又善连衡。从，竖也，子容反。衡，横也。言箴亦能如战国合从、连横之人。南北为从，东西为衡也。**下覆百姓，上饰帝王。功业甚博，不见贤良。**见，犹显也。不自显其功伐。见，贤遍反。**时用则存，不用则亡。**顺时行藏。**臣愚不识，敢请之王。王曰：此夫始生钜，其成功小者邪？**为铁则巨，为箴则小。**长其尾而锐其剽者邪？**长其尾，谓线也。剽，末也，谓箴之锋也。庄子曰："有实而无乎处者，宇也；有长而无本剽者，宙也。"剽，杪末之意，匹小反。**头铦达而尾赵缭者邪？**重说长其尾而锐其剽。赵，读为掉。掉缭，长貌。言箴尾掉而缭也。掉，徒吊反。○郝懿行曰：赵之为言超也。穆天子传"天子北征赵行"，郭注"赵犹超腾"是也。"赵缭""摇掉"，叠韵之字，今时俗语犹以"摇掉"为"赵缭"也。**一往一来，结尾以为事。**结其尾线，然后行箴。**无羽无翼，反覆甚极。**极，读为亟，急也。**尾生而事起，尾遭而事已。**尾遭回盘结，则箴功毕也。**簪以为父，管以为母。**簪形似箴而大，故曰"为父"。言此者，欲状其形也。管所以盛箴，故曰"为母"。礼记曰"箴、管、线、纩"也。○卢文弨曰："簪"，当为"钻"，子贯反。谓所以琢箴之线孔者也。箴赖以成形，故曰"为父"。　郝懿行曰：古之簪，形若大箴耳。箴肖簪，故父之；管韬箴，故母之。　俞樾曰："簪"，当为"镨"。礼记丧大记"用杂金镨"，正义曰："镨，钉也。"钉与箴，形质皆同，磨之琢之而后成箴。方其未成箴之时，则箴亦一镨而已矣，故曰"镨以为父"。作"簪"者，假字耳。若是首笄之簪，则与箴全不相涉。杨注谓"言此者，欲状其形"，失之迂矣。卢氏谓"簪，当为钻，所以琢箴之线孔者也。箴赖以成形，故曰为父"，此尤曲说。箴所赖以成形者，岂特一钻之功乎？王氏载之读书杂志，误矣。**既以缝表，又以连里。夫是之谓箴理。**理，义理也。**箴。**古者贵贱皆有事，故王后亲织玄紞，公侯夫人加之以纮綖，大夫妻成祭服，士妻衣其夫。末世皆不修妇功，故托辞于箴，明其为物微而用至重，以讥当世也。

天下不治,请陈㑊诗:荀卿请陈㑊异激切之诗,言天下不治之意也。**天地易位,四时易乡**。皆言贤愚易位也。乡,犹方也。春夏秋冬皆不当其方,言错乱也。乡,如字。**列星殒坠,旦暮晦盲**。列星,二十八宿有行列者。殒坠,以喻百官弛废。旦暮晦盲,言无暂明时也。或曰:当时星辰殒坠,旦暮昏雾也。**幽晦登昭,日月下藏**。言幽暗之人,登昭明之位,君子明如日月,反下藏也。"昭",或为"照"。○王念孙曰:"幽晦",元刻作"幽阇",(宋龚本同。)是也。杨注"幽阇之人"是其证。宋本"阇"作"晦"者,涉上文"旦暮晦盲"而误。艺文类聚人部八引作"幽暗登照",暗与阇同。**公正无私,反见从横**,言公正无私之人,反见谓从横反覆之志也。○郝懿行曰:"藏",古作"臧",荀书皆然。"横",古作"衡",上言"连衡"亦然。此皆俗人所改。王念孙曰:"反见从横"四字文不成义。此本作"见谓从横",言公正无私之人反以从横见谓于世也。杨注内"见谓"二字即其证。凡见誉于人,曰"见谓",若王霸篇曰"齐桓公闺门之内,县乐奢泰游抏之脩,于天下不见谓修",贾子修政语篇曰"故言之者见谓智,学之者见谓贤,守之者见谓信,乐之者见谓仁,行之者见谓圣",皆是也。见毁于人,亦曰"见谓",若庄子达生篇曰"居乡不见谓不修,临难不见谓不勇",汉书兒宽传曰"张汤为廷尉,尽用文史法律之吏,而宽以儒生在其间见谓不习事",邶风谷风笺曰"泾水以有渭,故见谓浊",(今本"谓"讹作"渭",据正义改。)及此言"见谓纵横",皆是也。后人不晓"见谓"二字之义,又以杨注云"反见谓从横",遂改正文"见谓"为"反见",不知杨注特加"反"字以申明其义,非正文所有也。艺文类聚人部八引此正作"见谓从横"。**志爱公利,重楼疏堂**,欲在上位,行至公以利百姓,非谓重楼疏堂之荣贵也。**无私罪人,憼革贰兵**。憼与儆同,备也。贰,副也。谓无私罪人,言果于去恶也。言去邪嫉恶,乃以儆备增益兵革之道。言强盛也。○王念孙曰:"贰兵"二字文义不明,"贰"当为"戒",字之误也。(隶书"戒"字作"裁",与"贰"相似。)戒兵与憨革同义。杨云"贰,副也",未安。**道德纯备,谗口将将。**将,去也。言以谗言相退送。或曰:将将,读为锵锵,进貌。○郝懿行曰:将者,大也。逸诗云:"如霜雪之将将。"此言道德纯备之人,谗口方张,不能用也。　王念孙曰:杨后说读将将为锵锵是也,而云"进貌",则古无此训。余谓将将,集聚之貌也。周颂执竞篇"磬筦将将",毛传曰:"将将,集也。"然则谗口将将,亦谓谗言之交集也。小雅十月篇"谗口嚣嚣",笺云:"嚣嚣,众多貌。"义亦与将将同。**仁人绌约,敖暴擅强,**绌退穷约。**天下幽险,恐失世英。**天下幽暗凶险如此,必恐时贤不见用也。**螭龙为蝘蜓,鸱枭为凤皇。**说文云:"螭,如龙而黄,北方谓之地蝼。"蝘蜓,守宫。言世俗不知善恶,螭龙之圣,反谓之蝘蜓;鸱枭之恶,反以为凤皇也。**比干见刳,孔子拘匡。昭昭乎其知之明也,郁郁乎其遇时之不祥也。拂乎其欲礼义之大行也,暗乎天下之晦盲也。**郁郁,有文章貌。拂,违也。此盖误耳,当为"拂乎其遇时之不祥也,郁郁乎其欲礼义之大行"。晦盲,言人莫之识也。**皓天不复,忧无疆也。千岁必反,古之常也。**皓与昊同。昊天,元气昊大也。呼昊天而诉之,云世乱不复,忧不可竟也。复自解释云乱久必反于治,亦古之常道。"千",或为"卒"。**弟子勉学,天不忘也。**言天道福善,故曰"不忘"。恐弟子疑为善无益而解惰,故以此勉之也。**圣人共手,时几将矣。**共,读为拱。圣人拱手,言不得用也。几,辞也。将,送也,去也。言战国之时,世事已去,不可复治也。○俞樾曰:如杨注,与上意不贯。上文曰"千岁必反,古之常也。弟子勉学,天不忘也",是荀子之意,谓乱极必反,非谓世事已去,不可复治也。此二句乃望之之辞,言圣人于此,亦拱手而待之耳,所谓"千岁必反"者,此时殆将然矣。杨注非。**与愚以疑,愿闻反辞。**反辞,反覆叙说之辞,犹楚词"乱曰"。弟子言当时政事既与愚反疑惑之人,故更愿以乱辞叙之也。**其小歌曰：**此下一章，即其反辞，故谓之**小歌**，总论前意也。〇卢文弨曰："曰"，各本多作"也"。有一本作"曰"，今从之。**念彼远方，何其塞矣！**远方，犹大道也。〇俞樾曰：杨注以远方为大道，其义未安。此章盖亦遗春申君者。下文"仁人绌约，暴人衍矣"诸句，其意实讥楚也。不敢斥言楚国，故姑托远方言之，若谓彼远方之国有如此耳。此荀卿之危行言孙也。**仁人绌约，暴人衍矣。**衍，饶也。〇卢文弨曰："衍"不与"塞""服"为韵，"服"字本有作"般"者，则"塞"或"寨"字之误。**忠臣危殆，谗人服矣。**服，用也。本或作"谗人般矣"。般，乐也，音盘。

  琁、玉、瑶、珠，不知佩也。说文云："琁，赤玉。""瑶，美玉也。"孔安国曰："瑶，美石。"言不知以此四宝为佩。说文云："琁音琼。"〇卢文弨曰：瑶，说文本训美石，杨所据乃误本也。如孔安国曰"美石"，而今本禹贡注亦皆误为"美玉"。又曰：此章在遗春申君书后。此书但载其赋，而不载其书。今以楚策之文具录于此，以备考焉。客说春申君曰："汤以亳，武王以鄗，（吴师道曰："鄗通。"）皆不过百里，以有天下。今孙子，天下贤人也，君藉之以百里之势，臣窃以为不便，于君何如？"春申君曰："善。"于是使人谢孙子。孙子去之赵，（鲍彪曰："史言孙子，春申君死而贫困，家兰陵，不言之赵。然卿书有与赵孝成王论兵，而史不言，失之。）赵以为上卿。（后语作"上客"。）客又说春申君曰："昔伊尹去夏入殷，殷王而夏亡；管仲去鲁入齐，鲁弱而齐强。夫贤者之所在，其君未尝不尊，国未尝不荣也。今孙子，天下贤人也，君何辞之？"春申君又曰："善。"于是使人请孙子于赵，孙子为书谢曰："'疠人怜王'，（韩诗外传四作"鄙语曰'疠人怜王'"。）此不恭之语也。虽然，（吴师道曰："一本此下有'古无虚谚'四字。"）不可不审察也，此为劫弑死亡之主言也。夫人主年少而矜材，无法术以知奸，则大臣主断图〔一〕私，以禁诛于己也，故弑贤长而立幼弱，废正適而立不义。春秋戒之曰：(外传作"春秋之志曰"。)'楚王子围聘于郑，未出竟，闻王病，反问疾，遂以冠缨绞王杀之，因自立也。''齐崔杼之妻美，庄公通之，崔杼帅其君党而攻庄公。庄公请与分国，崔杼不许；欲自刃于庙，崔杼不许。庄公走出，逾于外墙，射中其股，遂杀之，而立其弟景公。'近代所见，李兑用赵，饿主父于沙丘，百日而杀之；淖齿用齐，擢闵王之筋，县于其庙梁，宿夕而死。夫疠虽痈肿胞疾，上比前世，未至绞缨射股；下比近代，未至擢筋而饿死也。夫劫弑死亡之主也，心之忧劳，形之困苦，必甚于疠矣。由此观之，疠虽怜王可也。因为赋曰：宝珍隋珠，不知佩兮。袆衣与丝，不知异兮。闾姝、子奢，莫知媒兮。嫫母求之，又甚喜之兮。以瞽为明，以聋为聪，以是为非，以吉为凶。呜呼上天，曷惟其同！诗曰：'上天甚神，无自瘵也。'"(外传所载赋，与荀书略同。"嘉"字，依两书皆作"喜"。外传末引诗作"上帝甚慆，无自瘵焉"。) 郝懿行曰："琁"即"琼"字，韩诗外传四作"璇"，非。**杂布与锦，不知异也**。杂布，粗布。○王念孙曰：此谓布与锦杂陈于前而不知别异。(说文："布，枲织也。")言美恶不分也。杨以"杂布"二字连读，而训为粗布，失之。**闾姝、子奢，莫之媒也**。闾姝，古之美女，后语作"明㛪"。楚词七谏谓闾姝为丑恶，盖一名明㛪。汉书音义韦昭曰："闾姝，梁王魏婴之美女。""子奢"，当为"子都"，郑之美人。诗曰："不见子都。"盖"都"字误为"奢"耳。后语作"子都"。莫之媒，言无人为之媒也。姝，子于反。○卢文弨曰："明"是"闾"字之误，杨未省照耳。 汪中曰：都、奢，古本一音，不必改字。**嫫母、力父，是之喜也**。嫫母，丑女，黄帝时人。力父，未详。喜，悦也。○卢文弨曰："力父"，俗本作"刁父"。今从元刻，与韩诗外传四同。**以瞽为**

〔一〕 "图"，原本作"国"，据韩诗外传四改。

明，以聋为聪，以危为安，以吉为凶。○<u>郝懿行</u>曰："以危为安"，<u>韩诗外传</u>四作"以是为非"。**呜呼上天，曷维其同！** 言或乱如此，故叹而告上天。曷维其同，言何可与之同也。<u>后语</u>作"曷其与同"。此章即遗<u>春申君</u>之赋也。

荀子卷第十九

大略篇第二十七

此篇盖弟子杂录荀卿之语，皆略举其要，不可以一事名篇，故总谓之大略也。旧第二十七。〇卢文弨曰：此卷旧不分段，今案其意义之不相联属者，间一格以识别之。

大略。举为标首，所以起下文也。**君人者，隆礼尊贤而王，重法爱民而霸，好利多诈而危。**

欲近四旁，莫如中央，故王者必居天下之中，礼也。此明都邑居土中之意，不近偏旁，居中央，取其朝贡道里均。礼也，言其礼制如此。

天子外屏，诸侯内屏，礼也。外屏，不欲见外也；内屏，不欲见内也。屏，犹蔽也。屏谓之树。郑康成云："若今浮思也。"何休注公羊云："礼，天子、诸侯台门。天子外阙两观，诸侯内阙一观。""礼，天子外屏，诸侯内屏，大夫以帘，士以帷。"惊谓不欲见内外、不察泉中鱼之义也。〇郝懿行曰：释宫但云"屏谓之树"，不言内外。郭璞注谓"小墙，当门中"，此说是也。盖屏之制如今之照壁。释名云："屏，自障屏也。"苍颉篇云："屏，墙也。"尔雅舍人注云："以垣当门蔽为树。"

然则屏取屏蔽之义，但令门必有屏，天子、诸侯似不必琐琐分别外内也。荀书每援<u>礼</u>文，此云"外屏""内屏"，而云"礼也"，必是<u>礼</u>家旧说。<u>何休公羊</u>注亦称之。<u>淮南主术篇</u>云"天子外屏，所以自障"，<u>高诱</u>注谓"屏，树，垣也"，引<u>尔雅</u>曰："门内之垣谓之树。"据<u>高</u>所引，非即<u>尔雅</u>本文，盖已不主外屏之说矣。近<u>浙</u>人<u>全鹗</u>氏箸论，深是<u>高</u>说，以为"天子外屏"，此言出于<u>礼</u>纬，<u>郑</u>注<u>礼记</u>引其说，未可信也。太微垣有屏四星，在端门内，此天子内屏之象也。又云："凡门皆有屏，惟<u>皋</u>门无之。<u>应</u>门内有屏，故宁在门、屏之间，门即<u>应</u>门也。"其言甚辨，见所箸<u>求古录</u>，今采其说存之。

诸侯召其臣，臣不俟驾，颠倒衣裳而走，礼也。<u>诗</u>曰："颠之倒之，自公召之。"**天子召诸侯，诸侯辇舆就马，礼也。**辇，谓人挽车。言不暇待马至，故辇舆就马也。**诗曰："我出我舆，于彼牧矣。自天子所，谓我来矣。"**诗，<u>小雅出车</u>之篇。<u>毛</u>云："出车就马于牧地。"<u>郑</u>云："有人自天子所，谓我来矣，谓以王命召己也。"此明诸侯奉上之礼也。

天子山冕，诸侯玄冠，大夫裨冕，士韦弁，礼也。山冕，谓画山于衣而服冕，即衮也。盖取其龙则谓之衮冕，取其山则谓之山冕。<u>郑</u>注<u>周礼司服</u>云："古冕服十二章。""衣五章：初一曰龙，次二曰山，次三曰华虫，次四曰火，次五曰宗彝，皆画。裳四章：次六曰藻，次七曰粉米，次八曰黼，次九曰黻，皆绣。"<u>郑</u>注<u>觐礼</u>云："裨之言卑也。天子六服，大裘为上，其余为裨，以事尊卑服之。诸侯亦服焉。""上公衮无升龙，侯伯鷩，子男毳，孤絺，卿大夫玄。"<u>郑</u>云"大夫裨冕"，盖亦言裨冕止于大夫，士已下不得服也。韦弁，谓以爵韦为韝而载弁也。<u>玉藻</u>曰"韝，君朱，大夫素，士爵韦"也。

天子御珽，诸侯御荼，大夫服笏，礼也。御、服，皆器用之名，尊者谓之御，卑者谓之服。御者，言臣下所进御也。珽，大珪，长三尺，杼上终葵首,谓剡上,至其首而方也。"荼",古"舒"字,玉之上圆下方者也。郑康成云:"珽,挺然无所屈也。"荼,读如"舒迟"之"舒"。舒儒者所畏在前也。

天子雕弓,诸侯彤弓,大夫黑弓,礼也。雕,谓雕画为文饰。彤弓,朱弓。此明贵贱服御之礼也。

诸侯相见,卿为介,相见,谓于郊地为会。介,副也。聘义:"卿为上摈,大夫为承摈,君亲礼宾。"言主君见聘使则以卿为上摈,出会则以卿为上介也。**以其教出毕行,**教,谓戒令。毕行,谓群臣尽行从君也。○王念孙曰:"教出",当为"教士",谓常所教习之士也。大戴礼虞戴德篇云"诸侯相见,卿为介,以其教士毕行",文与此同也。下文"君子听律习容而后士","士"当为"出",言必听律习容而后出也。(杨云:"听律,谓听佩声,使中音律也。")玉藻云"习容观玉声乃出",(郑注曰:"玉,佩也。")是其证也。隶书"士""出"二字相似,传写往往讹溷。(隶书"出"字或省作"士",若"敖"省作"敖","卖"省作"卖","款"省作"款",皆是也。故诸书中"士""出"二字传写多误。僖二十五年左传"谍出曰'原将降矣'",吕氏春秋为欲篇"谍出"讹作"谋士"。管子大匡篇"士欲通,吏不通",今本"士"讹作"出"。史记吕后本纪"齐内史士",徐广曰:"一作出。"夏本纪"称以出",大戴礼五帝德篇作"称以上士",皆其证也。)杨说皆失之。**使仁居守。**使仁厚者主后事。春秋传:"一子守,二子从。"此明诸侯出疆之礼。又穀梁传曰:"智者虑,义者行,仁者守,然后可以会矣。"

聘人以珪,问士以璧,召人以瑗,绝人以玦,反绝以环。聘人以珪,谓使人聘他国以珪璋也。问,谓访其国事,因遗之也。卫侯使工尹襄问子贡以弓,是其类也。说文云:"瑗者,大孔璧也。"尔雅:"好倍肉,谓之瑗。肉倍好谓之璧。"礼记曰:"君召臣以三节。"周礼"珍圭以征守",郑云:"以征召守国之诸侯,若今征郡守以竹使符也。"然则天子以珍圭召诸侯,诸侯召臣以瑗欤?玦,如环而缺。肉、好若一谓之环。古者臣有罪,待放于境,三年不敢去,与之环则还,与之玦则绝,皆所以见意也。反绝,谓反其将绝者。此明诸侯以玉接人臣之礼也。○郝懿行曰:"士",即"事"也,古字通用。杨注不误,而语未明晰。问士者,谓问人以事,则以璧为挚,如鲁哀公执挚于周丰也。

人主仁心设焉,知其役也,礼其尽也。故王者先仁而后礼,天施然也。人主根本所施设在仁,其役用则在智,尽善则在礼。天施,天道之所施设也。此明为国以仁为先也。

聘礼志曰:"币厚则伤德,财侈则殄礼。"礼云礼云,玉帛云乎哉! 志,记也。言玉帛,礼之末也。礼记曰"不以美没礼"也。○卢文弨曰:案聘礼记曰:"多货则伤于德,币美则没礼。"**诗曰:"物其指矣,唯其偕矣。"不时宜,不敬交,不骘欣,虽指,非礼也。**诗,小雅鱼丽之篇。指与旨同,美也。偕,齐等也。时,谓得时;宜,谓合宜。此明聘好轻财重礼之义也。○俞樾曰:案上句"不时宜",注"时""宜"二字平列,下句"不骘欣",亦二字平列,则此文"不敬交"疑"不敬文"之误。劝学篇曰"礼之敬文也",注曰:"礼有周旋揖让之敬、车服等级之文也。"礼论篇曰"事生不忠厚、不敬文谓之野,送死不忠厚、不敬文谓之瘠",注曰:"敬文,恭敬有文饰。"是荀子书屡言"敬文"。性恶篇曰"不如齐、鲁之孝具敬父者,何也",注曰:"敬父当为敬文。"此"敬文"误为"敬交",犹彼"敬文"误为"敬父"。杨氏于此无注,其所据本必未误,"敬文"二字本书屡见,故不说也。

水行者表深,使人无陷;治民者表乱,使人无失。礼者,其表也,先王以礼表天下之乱。今废礼者,是去表也。故民迷惑而陷祸患,此刑罚之所以繁也。表,标志也。此明为国当以礼示人也。○郝懿行曰:天论篇云:"水行者表深,表不明则陷;治民者表道,表不明则乱。"此云"表乱",谓表明其为乱而后人不犯也。

舜曰:"维予从欲而治。"虞书舜美皋陶之辞。言皋陶明五刑,故舜得从欲而治。引之以喻礼能成圣,亦犹舜赖皋陶也。○郝懿行曰:此语今书以入大禹谟,"维"字作"俾",荀所偶则未知出何书也。又解蔽篇偶道经曰"人心之危,道心之微",今亦在大禹谟,二"之"字作"惟"矣。此引"舜曰",彼援道经,皆不偶书。　俞樾曰:此即所谓"不思而得,不勉而中,从容中道,圣人也"。孔子七十而从心所欲不逾矩,可释此文"从欲"之义。故下文曰:"礼之生,为贤人以下至庶民也,非为成圣也。"杨氏误据古文尚书为说,乃曰"引之以喻礼能成圣,亦犹舜赖皋陶也",失之矣。故礼之生,为贤人以下至庶民也,非为成圣也,然而亦所以成圣也。不学不成:礼本为中人设,然圣人不学亦不成也。尧学于君畴,舜学于务成昭,禹学于西王国。"君畴",汉书古今人表作"尹寿"。又汉艺文志小说家有务成子十一篇,昭,其名也。尸子曰:"务成昭之教舜曰:'避天下之逆,从天下之顺,天下不足取也。避天下之顺,从天下之逆,天下不足失也。'"西王国,未详所说。或曰:大禹生于西羌,西王国,西羌之贤人也。新序子夏对哀公曰:"黄帝学于太填,颛顼学于录图,帝喾学于赤松子,尧学于尹寿,舜学于务成跗,禹学于西王国,汤学于成子伯,文王学于时子思,武王学于郭叔。"此明圣人亦资于教也。○卢文弨曰:案新序五"太填"作"大真",古今人表作"大填";"录图"作"绿图",表同。"尹寿",元刻作"君寿",宋本新序同,吴祕注法言引新序作"君畴"。"成子伯",新序作"威子伯";"时子思"作"铰时子思"。

五十不成丧,七十唯衰存。不成丧,不备哭踊之节。衰存,但服缞麻而已。其礼皆可略也。礼记曰"七十唯衰麻在身"也。○郭嵩焘曰:五十不成丧,即檀弓"五十不致毁"也。

亲迎之礼,父南乡而立,子北面而跪,醮而命之:"往迎尔相,成我宗事,郑云:"相,助也。宗事,宗庙之事也。"隆率以敬先妣之嗣,若则有常。"仪礼作"勖率",郑云:"勖,勉也。若,汝也。勉率妇道以敬其为先妣之嗣也。汝之行则当有常,深戒之。诗云:'大姒嗣徽音。'"**子曰:"诺。唯恐不能,敢忘命矣!"**子言唯恐不能勉率以嗣先妣,不敢忘父命也。

夫行也者,行礼之谓也。所以称行者,在礼也。**礼也者,贵者敬焉,老者孝焉,长者弟焉,幼者慈焉,贱者惠焉。**惠,亦赐也。言行礼如此五者,则可为人之行也。

赐予其宫室,犹用庆赏于国家也;忿怒其臣妾,犹用刑罚于万民也。宫室,妻子也。此明能治家则以治国也。○郭嵩焘曰:"宫室"与"国家"对文,"臣妾"与"万民"对文。宫室者,门梱之内,庭户之间,尽一家之人言之。杨注误。

君子之于子,爱之而勿面,使之而勿貌,导之以道而勿强。面、貌,谓以颜色慰悦之,不欲施小惠也。故易家人曰:"有严君焉。"勿强,不欲使其愧也。此语出曾子。○郝懿行曰:此出曾子立事篇,苟称之也。勿面,谓不形见于面。勿貌,谓不优以辞色。勿强,谓匪怒伊教,使自得之。注谓"不欲使其愧",非。

礼以顺人心为本,故亡于礼经而顺人心者,皆礼也。礼记曰:"礼也者,义之实也。协诸义而协,则礼虽先王未之有,可以义起也。"○卢文弨曰:"皆礼也",各本作"背礼者也",误。

礼之大凡:事生,饰驩也;送死,饰哀也;军旅,饰威也。不可太质,故为之饰。

亲亲、故故、庸庸、劳劳,仁之杀也。庸,功也。庸庸、劳劳,谓称其功劳,以报有功劳者。杀,差等也。皆仁恩之差也。杀,所介反。**贵贵、尊尊、贤贤、老老、长长,义之伦也。**伦,理也。此五者,非仁恩,皆出于义之理也。**行之得其节,礼之序也。**行仁义得其节,则是礼有次序。**仁,爱也,故亲。义,理也,故行。礼,节也,故成。**

非仁不亲,非义不行,虽有仁义,无礼以节之,亦不成。**仁有里,义有门。**里与门,皆谓礼也。里所以安居,门所以出入也。**仁非其里而虚之,非礼也。义非其门而由之,非义也。**虚,读为居,声之误也。仁非其里,义非其门,皆谓有仁义而无礼也。○卢文弨曰:"非义也",亦当为"非礼也"。　郝懿行曰:虚,读为墟。墟里,人所居,因借为"居"字,非居声之误也。　王念孙曰:"虚",当为"处",字之误也。下文云"君子处仁以义"是其证。(陈说同,又引论语"里仁为美"、"择不处仁"。)又案:杨云"仁非其里,义非其门,皆谓有仁义而无礼也",卢云"'非义也',亦当为'非礼也'",杨、卢之说皆非也。"非礼也"当作"非仁也",(刘说同。)"非义也","义"字不误。此文云"仁,非其里而处之,非仁也;义,非其门而由之,非义也",下文云"君子处仁以义,然后仁也;行义以礼,然后义也",前后正相呼应,以是明之。**推恩而不理,不成仁;**仁虽在推恩,而不得其理则不成仁。谓若有父子之恩,而无严敬之义。**遂理而不敢,不成义;**虽得其理,而不敢行则不成义。义在果断,故曰"非知之艰,行之惟艰"。**审节而不知,不成礼;**虽能明审节制,而不知其意也。"知",或为"和"。○王念孙曰:作"和"者是也。礼以和为贵,故审节而不和则不成礼。下文"和而不发"正承此"和"字言之。今本"和"作"知",字之误耳。(隶书"和"字或作"知",与"知"相似,见汉白石神君碑。)既能审于礼节,则不得谓之"不知"。杨于"不知"下加"其意"二字,失之。**和而不发,不成乐。**虽和顺积中,而英华不发于外,无以播于八音,则不成乐。**故曰:仁、义、礼、乐,其致一也。**言四者虽殊,同归于得中,故曰"其致一也"。**君子处仁以义,然后仁也;**仁而能断。**行义以礼,然后义也;**虽能断而不违礼,然后为义也。**制礼反本成末,然后礼也。**反,复也。本,谓仁义;末,谓礼节。谓以仁义为本,终成于礼节也。**三者皆通,然后道也。**通明三者,然后为道。

货财曰赙，舆马曰赗，衣服曰襚，玩好曰赠，玉贝曰唅。此与公羊、穀梁之说同。玩好，谓明器琴瑟笙竽之属。何休曰："此皆春秋之制也。赙，犹覆也；赗，犹助也：皆助生送死之礼。襚，犹遗也，遗是助死者之礼也。知生则赗、赙，知死则襚、唅。"○卢文弨曰：今公羊注作"知死者赠襚"。赙、赗所以佐生也，赠、襚所以送死也。送死不及柩尸，吊生不及悲哀，非礼也。皆谓葬时。故吉行五十，犇丧百里，赗、赠及事，礼之大也。既说吊赙赠及事，因明奔丧亦宜行远也。礼记奔丧曰："日行百里，不以夜行。"

礼者，政之挽也。如挽车然。为政不以礼，政不行矣。

天子即位，上卿进曰："如之何忧之长也！能除患则为福，不能除患则为贼。"授天子一策。上卿，于周若冢宰也。皆谓书于策，读之而授天子，深戒之也。言天下安危所系，其忧甚远长，问何以治之。能为天下除患则百福归之，不能则反为贼害。策，编竹为之，后易之以玉焉。中卿进曰："配天而有下土者，先事虑事，先患虑患。先事虑事谓之接，接，读为捷，速也。中卿，若宗伯也。接则事优成；先患虑患谓之豫，豫则祸不生。事至而后虑者谓之后，后则事不举；患至而后虑者谓之困，困则祸不可御。"授天子二策。御，禁。二策，弟二策也。下卿进曰："敬戒无怠。庆者在堂，吊者在闾。下卿，若司寇也。庆者虽在堂，吊者已在门，言相袭之速。闾，门也。祸与福邻，莫知其门。言同一门出入也。贾谊曰："忧喜聚门。"豫哉！豫哉！万民望之！"授天子三策。豫哉，言可戒备也。三策，弟三策。○先谦案：群书治要作"务哉，务哉"。

禹见耕者耦立而式，过十室之邑必下。两人共耕曰耦。论语曰："长沮、桀溺耦而耕。"十室之邑，必有忠信，故下之也。

杀大蚤，朝大晚，非礼也。杀，谓田猎禽兽也。礼记曰："天子杀则下大绥，诸侯杀则下小绥，大夫杀则止佐车。"蚤，谓下先上也。

又曰:"朝,辨色始入。"杀太蚤,为陵犯也。朝太晚,为懈弛也。或曰:礼记曰"獭祭鱼,然后虞人入泽梁;豺祭兽,然后田猎",先于此,为蚤也。又曰:"田不以礼,是暴天物也。"〇王念孙曰:或说是也,前说非。**治民不以礼,动斯陷矣。**

平衡曰拜,下衡曰稽首,至地曰稽颡。平衡,谓磬折,头与腰如衡之平。礼记"平衡"与此义殊。〇郝懿行曰:拜者必跪。拜手,头至手也,不至地,故曰"平衡"。稽首,亦头至手,而手至地,故曰"下衡"。稽颡则头触地,故直曰"至地"矣。**大夫之臣拜不稽首,非尊家臣也,所以辟君也。**辟,读为避。

一命齿于乡,再命齿于族,三命,族人虽七十,不敢先。一命,公侯之士;再命,大夫;三命,卿也。郑注礼记曰:"此皆乡饮酒时。齿,谓以年次坐若立也。"礼记曰:"三命不齿,族人虽七十者不敢先。"言不唯不与少者齿,老者亦不敢先也。**上大夫,中大夫,下大夫。**此覆一命、再命、三命也。一命虽公侯之士,子男之大夫也,故曰"下大夫"也。

吉事尚尊,丧事尚亲。吉事,朝廷列位也。丧事,以亲者为主。礼记曰"以服之精粗为序"也。

君臣不得不尊,父子不得不亲,兄弟不得不顺,夫妇不得不骥。少者以长,老者以养。不得,谓不得圣人之礼法。骥与欢同。**故天地生之,圣人成之。**〇汪中曰:"君臣"以下四十一字错简,当在后"国家无礼不宁"之下。此因上"尚尊""尚亲"之文而误。

聘,问也。享,献也。私觐,私见也。使大夫出,以圭璋。聘,所以相问也。聘、享,奉束帛加璧。享,所以有献也。享毕,宾奉束锦以请。觐,所以私见也。聘、享以宾礼见,私觐以臣礼见,故曰"私见"。郑注仪礼云:"享,献也。既聘又献,所以厚恩意也。"

言语之美,穆穆皇皇。尔雅曰:"穆穆,敬也。""皇皇,正也。"郭璞云:"皇皇,自修正貌。""穆穆,容仪谨敬也。"皆由言语之美,所以威

仪修饰。或曰：穆穆，美也。皇皇，有光仪也。诗曰："皇皇者华。"**朝**
廷之美，济济锵锵。锵与跄同。济济，多士貌。跄跄，有行列貌。

　　为人臣下者，有谏而无讪，有亡而无疾，有怨而无怒。谤上
曰讪。亡，去也。疾与嫉同，恶也。怨，谓若公弟<u>叔肸</u>、<u>卫</u>侯之弟<u>鱄</u>。
怒，谓若<u>庆郑</u>也。

　　君于大夫，三问其疾，三临其丧；于士，一问一临。诸侯非
问疾吊丧，不之臣之家。之，往也。礼记曰"诸侯非问疾吊丧，而入
诸臣之家，是谓君臣为谑"也。

　　既葬，君若父之友，食之则食矣，不辟粱肉，有酒醴则辞。郑
云："尊者之前可以食美，变于颜色亦不可也。"

　　寝不逾庙，设衣不逾祭服，礼也。谓制度精粗。设，宴也。○
<u>王念孙</u>曰："设"当为"谦"，字之误也。故<u>杨</u>注云："谦，宴也。"（今注
文"谦"字亦误作"设"。）"寝"对"庙"而言，"谦衣"对"祭服"而言。
<u>王制</u>"燕衣不逾祭服，寝不逾庙"是其证。

　　易之咸，见夫妇。易咸卦，艮下兑上。艮为少男，兑为少女，故
曰"见夫妇"。**夫妇之道，不可不正也，君臣父子之本也**。易
序〔一〕卦曰"有天地然后有男女，有男女然后有夫妇，有夫妇然后有父
子，有父子然后有君臣"，故以夫妇为本。**咸，感也，以高下下，以男**
下女，柔上而刚下。阳唱阴和，然后相成也。

　　聘士之义，亲迎之道，重始也。聘士，谓若安车束帛，重其礼
也。迎，鱼敬反。

　　礼者，人之所履也，失所履，必颠蹶陷溺。所失微而其为乱
大者，礼也。

　　礼之于正国家也，如权衡之于轻重也，如绳墨之于曲直也。

　　〔一〕　"序"，原本误为"说"，今改。

故人无礼不生，事无礼不成，国家无礼不宁。

和乐之声，此言珩佩之声和乐人心。**步中武、象，趋中韶、濩。**佩玉之声，缓则中武、象，速则中韶、濩。礼记曰"古之君子必佩玉，右徵、角，左宫、羽，趋以采茨，行以肆夏"，是其类也。或曰：此"和乐"，谓在车和鸾之声、步骤之节也。○顾千里曰：案，疑或说是也。正论篇、礼论篇"乐"皆作"鸾"，可以为证。**君子听律习容而后士。**君子，在位者之通称。礼记曰："既服，习容，观玉声。"听律，谓听佩声，使中音律也。言威仪如此，乃可为士。士者，修立之名也。○先谦案："士"当为"出"，说见上。

霜降逆女，冰泮杀内。十日一御。此盖误耳，当为"冰泮逆女，霜降杀内"。故诗曰："士如归妻，迨冰未泮。"杀，减也。内，谓妾御也。十日一御，即杀内之义。冰泮逆女，谓发生之时合男女也。霜降杀内，谓闭藏之时禁嗜欲也。月令在十一月，此云"霜降"，荀卿与吕氏所传闻异也。郑云："归妻，谓请期也。冰未泮，正月中以前，二月可以成婚矣。"故云："冰泮逆女。"杀，所介反。○卢文弨曰：诗陈风东门之杨毛传云："言男女失时，不待秋冬。"正义引荀卿语，并云："毛公亲事荀卿，故亦以秋冬为婚期。"家语所说亦同。匏有苦叶所云"迨冰未泮"，周官媒氏"仲春会男女"，皆是。要其终，言不过是耳。杨注非。十日一御，君子之谨游于房也，不必连"冰泮"言。　郝懿行曰：东门之杨传："男女失时，不逮秋冬。"正义引"荀卿书云：'霜降逆女，冰泮杀止。'霜降，九月也。冰泮，二月也。荀卿之意，自九月至于正月，于礼皆可为昏。荀在焚书之前，必当有所凭据。毛公亲事荀卿，故亦以为秋冬。家语云：'群生闭藏为阴，而为化育之始，故圣人以合男女、穷天数也。霜降而妇功成，嫁娶者行焉。冰泮而农桑起，昏礼杀于此。'"又引董仲舒云："圣人以男女阴阳，其道同类。观天道，向秋冬而阴气来，向春夏而阴气去，故古人霜降始逆女，冰泮而杀止，与阴俱近而阳远也。"孔疏发明毛义，与荀卿之说合。杨注偶未省照，乃云

“此误”而改其文，谬矣。十日一御，节于内也。今礼言五日御，此言十者，或古文“五”如侧“十”之形，因转写致误欤？（“五”，古文作“×”。）　王引之曰：此文本作“霜降逆女，冰泮杀止”，谓霜降始逆女，至冰泮而杀止也。召南摽有梅及陈风东门之杨正义两引此文，皆作“冰泮杀止”。周官媒氏疏载王肃论引此文及韩诗传，亦皆作“冰泮杀止”。又春秋繁露循天之道篇亦云：“古之人霜降而逆女，冰泮而杀止。”（东门之杨正义所引如是，今本作“杀内”，乃后人依误本荀子改之。）自杨所见本“杀”下始脱“止”字，而杨遂以“杀内”二字连读，误矣。冰泮杀止，指嫁娶而言，“内”字下属为句。内十日一御，别是一事，非承“冰泮”而言。

坐视膝，立视足，应对言语视面。仪礼士相见云“子视父则游目，无上于面，无下于带，若不言，立则视足，坐则视膝”，郑云：“不言，则伺其行起而已。”**立视前六尺而大之，六六三十六，三丈六尺。**盖臣于君前视也。近视六尺，自此而广之，虽远视，不过三丈六尺。曲礼曰：“立视五巂。”彼在车上，故与此不同也。○王引之曰：“大之”，当为“六之”。言以六尺而六之，则为三丈六尺也。杨以广释大，则所见本已误。

文貌情用，相为内外表里，文，谓礼物；貌，谓威仪。情，谓中诚；用，谓语言。质文相成，不可偏用也。○王念孙曰：文貌在外，情用在内，故曰“相为内外表里”。礼论篇曰：“文理繁，情用省，是礼之隆也。文理省，情用繁，是礼之杀也。文理情用相为内外表里，并行而杂，是礼之中流也。”彼言“文理”，犹此言“文貌”。杨彼注云“文理谓威仪，情用谓忠诚”，是也。此注失之。　先谦案：王谓文貌犹文理，是也。礼论篇“文理”，史记并引作“文貌”，是其证。**礼之中焉。能思索谓之能虑。**

礼者，本末相顺，终始相应。

礼者,以财物为用,以贵贱为文,以多少为异。并解于礼论篇。下臣事君以货,中臣事君以身,上臣事君以人。货,谓聚敛及珍异献君。身,谓死卫社稷。人,谓举贤也。

易曰:"复自道,何其咎?"易,小畜卦初九之辞。复,返也。自,从也。本虽有失,返而从道,何其咎过也?春秋贤穆公,以为能变也。公羊传曰:"秦伯使遂来聘。遂者何?秦大夫也。秦无大夫。此何以书?贤穆公也。何贤乎穆公?以为能变也。"谓前不用蹇叔、百里之言,败于殽、函,而自变悔,作秦誓,询兹黄发是也。

士有妒友,则贤交不亲;君有妒臣,则贤人不至。蔽公者谓之昧,隐良者谓之妒,掩蔽公道,谓之暗昧。奉妒昧者谓之交谲。交通于谲诈之人,相成为恶也。○俞樾曰:交,读为狡。礼记乐记篇"血气狡愤",释文曰:"狡,本作交。"是"交""狡"古通用。狡与谲同义。下文曰"交谲之人,妒昧之臣",是"交谲"与"妒昧"皆两字平列。杨注曰"交通于谲诈之人",失之矣。交谲之人,妒昧之臣,国之蔽孽也。蔽与秽同。孽,妖孽。言终为国之灾害也。

口能言之,身能行之,国宝也;口不能言,身能行之,国器也。如器物虽不言而有行也。口能言之,身不能行,国用也。国赖其言而用也。口言善,身行恶,国妖也。治国者敬其宝,爱其器,任其用,除其妖。

不富无以养民情,衣食足,知荣辱。不教无以理民性。人性恶,故须教。故家五亩宅,百亩田,务其业而勿夺其时,所以富之也。宅,居处也。百亩,一夫田也。务,谓劝勉之。孟子曰:"五亩之宅,树之以桑,五十者可以衣帛矣。百亩之田,无失其时,八口之家可以无饥矣。"立大学,设庠序,修六礼,明十教,所以道之也。诗曰:"饮之食之,教之诲之。"王事具矣。礼记曰:"六礼,冠、昏、丧、祭、乡、相见。"十教,即十义也。礼记曰:"父慈、子孝,兄良、弟悌,夫义、妇听，长惠、幼顺，君仁、臣忠，十者谓之人义。"道，谓教道之也。"十"或为"七"也。○王念孙曰：王制曰："司徒修六礼以节民性，明七教以兴民德。"六礼：冠、昏、丧、祭、乡、相见。七教：父子、兄弟、夫妇、君臣、长幼、朋友、宾客。则作"七教"者是也。凡经传中"七""十"二字，互误者多矣。杨前注以礼运之十义为十教，失之。

武王始入殷，表商容之间，释箕子之囚，哭比干之墓，天下乡善矣。表，筑旌之。言武王好善，天下乡之。孔安国曰："商容，殷之贤人，纣所贬退也。"

天下、国有俊士，世有贤人。天下之国皆有俊士，每世皆有贤人。**迷者不问路，溺者不问遂，亡人好独。**以喻虽有贤俊，不能用也。所以迷，由于不问路；溺，由于不问遂；亡，由于好独。遂谓径隧，水中可涉之径也。独，谓自用其计。○洪颐煊曰："遂"，当作"坠"，晏子春秋内篇杂上作"溺者不问坠"。 郝懿行曰："坠"，当作"队"。"队""坠"，古今字。 先谦案：诗载驰篇"大夫跋涉"，释文引韩诗曰："不由蹊遂而涉曰跋涉。"淮南修务训高注："不从蹊遂曰跋涉。"二"遂"字与此义同。晏子作"坠"，乃误文。洪据以为说，非。**诗曰："我言维服，勿用为笑。先民有言，询于刍荛。"**言博问也。诗，大雅板之篇。毛云："刍荛，薪者也。"郑云："服，事也。我之所言，乃今之急事，汝无笑也。"

有法者以法行，无法者以类举。皆类于法而举之也。○郝懿行曰：类，犹比也，古谓之决事。比，今之所谓例也。下云"庆赏刑罚通类"，亦然。杨注未明晰，卢分段并非。二句又见王制篇。 俞樾曰：古所谓类，即今所谓例。史记屈原贾生传"吾将以为类"，正义曰："类，例也。"**以其本，知其末，以其左，知其右，凡百事异理而相守也。**其事虽异，其守则一。谓若为善不同，同归于理之类也。

庆赏刑罚，通类而后应。通明于类，然后百姓应之。谓赏必赏功，罚必罚罪，不失其类。**政教习俗，相顺而后行。**顺人心，然后可行也。

八十者一子不事，九十者举家不事，废疾非人不养者一人不事。父母之丧，三年不事。齐衰大功，三月不事。从诸侯不"不"当为"来"。谓从他国来，或君之人入采地。**与新有昏，期不事。**古者有丧、昏皆不事，所以重其哀戚与嗣续也。事，谓力役。

子谓子家驹续然大夫，不如晏子；子，孔子。谓，言也。子家驹，鲁公子庆之孙，公孙归父之后，名羁，驹其字也。续，言补续君之过。不能兴功用，故不如晏子也。〇卢文弨曰："续然大夫"四字未详。　郝懿行曰："续"，古作"赓"，赓之为言庚也。庚然，刚强不屈之貌，言不阿谀也。**晏子，功用之臣也，不如子产；**虽有功用，不如子产之恩惠也。**子产，惠人也，不如管仲。**虽有恩惠，不如管仲之才略也。**管仲之为人，力功不力义，力知不力仁，**虽九合诸侯，一匡天下，而不全用仁义也。**野人也，不可以为天子大夫。**言四子皆类郊野之人，未浸渍于仁义，故不可为王者佐。〇郝懿行曰：此谓管仲尚功力而不修仁义，不可为王者之佐。注以"四子"言，恐非是。

孟子三见宣王不言事。门人曰："曷为三遇齐王而不言事？"孟子曰："我先攻其邪心。"以正色攻去邪心，乃可与言也。

公行子之之燕，孟子曰"公行子有子之丧，右师往吊"，赵岐云："齐大夫也。"子之，盖其先也。**遇曾元于涂，曰："燕君何如？"曾元曰："志卑。**言不求远大也。曾元，曾参之子。**志卑者轻物，**物，事。**轻物者不求助。**不求贤以自辅。**苟不求助，何能举？**既无辅助，必不胜任矣。**氐、羌之虏也。**谓见俘掠。**不忧其系垒也，而忧其不焚也。**垒，读为累。氐、羌之俗，死则焚其尸。今不忧虏获而忧不焚，是愚也。吕氏春秋曰："忧其死而不焚。"**利夫秋豪，害靡国家，然且为之，几为知计哉！**靡，披靡也。利夫秋豪之细，其害遂披靡而来，及于国家。言不恤其大而忧其小，与氐、羌之虏何异？几，辞也。

或曰：几，读为岂。〇陈奂曰：案靡，累也。言所利在秋豪，而其害累及国家也。诗周颂传曰"靡，累也"，是其义。　王念孙曰：靡者，灭也。言利不过秋豪，而害乃至于灭国家也。方言"靡，灭也"，郭璞曰："或作'摩灭'字，音糜。"汉书贾山传："万钧之所压，无不糜灭者。"司马迁传："富贵而名摩灭。"摩与糜、靡，古同声而通用。（说见唐韵正。）

今夫亡箴者，终日求之而不得，其得之，非目益明也，眣而见之也。心之于虑亦然。眣，谓以眣子审视之也。言心于思虑，亦当反覆尽其精妙，如眣子之求箴也。〇俞樾曰：杨说未安。以眣子审视，岂可但谓之"眣"乎？眣，当读为瞑。说文目部："瞑，低目视也，从目，冒声。"与牟声相近。释名释首饰曰："牟，冒也。"眣之与瞑，犹牟之与冒矣。说文又有"瞀"篆，曰："低目谨视也，从目，敄声。"亦与牟声相近。荀子成相篇"身让卞〔一〕随举牟光"，即庄子大宗师篇之务光也，是其例矣。

义与利者，人之所两有也。虽尧、舜不能去民之欲利，然而能使其欲利不克其好义也。克，亦胜也。虽桀、纣亦不能去民之好义，然而能使其好义不胜其欲利也。故义胜利者为治世，利克义者为乱世。上重义则义克利，上重利则利克义。故天子不言多少，诸侯不言利害，大夫不言得丧，皆谓言货财也。士不通货财，士贱，虽得言之，亦不得贸迁如商贾也。有国之君不息牛羊，息，繁育也。错质之臣不息鸡豚，错，置也。质，读为贽。孟子曰："出疆必载质。"盖古字通耳。置贽，谓执贽而置于君。士相见礼曰："士大夫莫贽于君，再拜稽首。"礼记曰："畜乘马者，不察于鸡豚。"或曰：置质，犹言委质也。言凡委质为人臣，则不得与下争利。冢卿不修币，大夫不为场园，冢卿，上卿。不修币，谓不修财币贩息之也。

〔一〕　"卞"，原本误作"十"，据成相篇改。

治稼穑曰场,树菜蔬曰园。谓若<u>公仪子</u>不夺园夫、工女之利也。〇<u>王念孙</u>曰:"场园",当为"场圃",字之误也。<u>韩诗外传</u>作"不为场圃"。玩<u>杨</u>注,亦是"圃"字。<u>论语子路篇马</u>注及<u>射义郑</u>注,并云"树菜蔬曰圃",即<u>杨</u>注所本。 <u>俞樾</u>曰:上云"士不通财货",<u>杨</u>注"不得贸迁如商贾也";此云"冢卿不修币",注谓"不修财币贩息之也";然则与士之不通货财何以异乎?据<u>韩诗外传</u>作"冢卿不修币施",疑此文夺"施"字。"币"乃"敝"字之误。"施"当为"杝",古同声假借字也。"杝",即今"篱"字。<u>一切经音义</u>十四云"篱、杝同,力支反",引<u>通俗文</u>云:"柴垣曰杝,木垣曰栅。"<u>说文木</u>部:"杝,落也。"冢卿不修敝杝,谓篱落敝坏,不修葺之也,与下文"大夫不为场园"正同一意,皆不与民争利之义。**从士以上皆羞利而不与民争业,乐分施而耻积臧。然故民不困财,**〇<u>王念孙</u>曰:<u>群书治要</u>"财"作"则",则以"民不困"为句,"则"字下属为句。然故,犹是故也。<u>尧问篇</u>"然故士至"同,说见<u>释词</u>"然"字下。 <u>先谦</u>案:<u>群书治要</u>作"然后民不困财",上方注云:"后作故,则作财。"是校者以作"则"者为非,当从今本。**贫窭者有所窜其手。**窜,容也。谓容集其手而力作也。〇<u>先谦</u>案:有所窜其手,犹言有所措手也。<u>杨</u>注失之泥。<u>群书治要</u>作"有所窜其中矣",疑以意改之。

文王诛四,武王诛二,周公卒业,至成、康则案无诛已。并解在<u>仲尼篇</u>。言<u>周公</u>终王业,犹不得无诛伐,至<u>成</u>、<u>康</u>然后刑措也。重引此者,明不与民争利则刑罚省也。

多积财而羞无有,羞贫。**重民任而诛不能,**使民不能胜任而复诛之。〇<u>先谦</u>案:重民任,谓虐使之。**此邪行之所以起,刑罚之所以多也。**

上好羞,则民暗饰矣;好羞贫而事奢侈,则民暗自修饰也。〇<u>王念孙</u>曰:<u>杨</u>说迂曲而不可通。"羞",当为"义"。"羞"字上半与

"义"同，又涉上文两"羞"字而误也。上好义则民暗饰者，言上好义则民虽处隐暗之中，亦自修饰，不敢放于利而行也。（吕氏春秋具备篇载宓子贱治亶父，使民暗行，若有严刑于旁，即所谓"民暗饰"也。贾子大政篇曰："圣明则士暗饰矣。"）"上好义"与"上好富"对文，故下文又云"欲富乎"、"与义分背矣"。上好义则民暗饰，上好富则民死利，即上文所云"上重义则义克利，上重利则利克义"也。（盐铁论错币篇"上好礼则民暗饰，上好货则下死利"，即用荀子而小变其文。）**上好富，则民死利矣。二者，乱之衢也。** 衢，道。○刘台拱曰："二者"二字，承上两句而言，则"乱"上当有"治"字。**民语曰："欲富乎？忍耻矣，倾绝矣，绝故旧矣，与义分背矣。"** 忍耻，不顾廉耻。倾绝，谓倾身绝命而求也。分背，如人分背而行。**上好富，则人民之行如此，安得不乱？**

　　汤旱而祷曰："政不节与？ ○先谦案：节，犹适也。谓不调适。说见天论篇。**使民疾与？何以不雨至斯极也！** 疾，苦。**宫室荣与？妇谒盛与？何以不雨至斯极也！** 荣，盛。谒，请也。妇谒盛，谓妇言是用也。**苞苴行与？谗夫兴与？何以不雨至斯极也！"** 货贿必以物苞裹，故总谓之苞苴。兴，起也。郑注礼记云"苞苴裹鱼肉者，或以苇，或以茅"也。

　　天之生民，非为君也。天之立君，以为民也。故古者列地建国，非以贵诸侯而已；列官职，差爵禄，非以尊大夫而已。 差，谓制等级也。

　　主道知人，臣道知事。 人谓贤良，事谓职守。**故舜之治天下，不以事诏而万物成。** 不以事诏告，但委任而已。谓若使禹治水，不告治水之方略。**农精于田而不可以为田师，工贾亦然。**

　　以贤易不肖，不待卜而后知吉。以治伐乱，不待战而后知克。 无人御敌，故知必克。

齐人欲伐鲁，忌卞庄子，不敢过卞。卞，鲁邑。庄子，卞邑大夫，有勇者。晋人欲伐卫，畏子路，不敢过蒲。蒲，卫邑。子路，蒲宰。杜元凯云："蒲邑在长垣县西南。"

不知而问尧、舜，好问则无不知，故可比圣人也。无有而求天府。知无而求之，是有天府之富。○俞樾曰：案杨读"不知而问"、"无有而求"绝句，故其解如此，实非荀子意也。不知而问之尧、舜，无有而求之天府，语意本连属。下文"先王之道则尧、舜已，六贰之博则天府已"，乃自解"尧、舜""天府"之义也。使谓不知而问即是尧、舜，无有而求即是天府，下文赘矣，故知杨注非也。"六贰"，当从卢说为"六艺"之误。何谓尧、舜？先王之道是也。问者，问此而已，非必真起尧、舜而问之也。何谓天府？六艺之博是也。求者，求此而已，非必真入天府而求之也。曰：先王之道，则尧、舜已；问先王之道，则可为尧、舜。六贰之博，则天府已。求财于六贰之博，得之不穷，故曰"天府"。天府，天之府藏。言六贰之博，可以得货财；先王之道，可以为尧、舜，故以喻焉。六贰之博，即六博也。王逸注楚辞云："投六箸，行六棋，故曰六博。"今之博局，亦二六相对也。○卢文弨曰："贰"，当作"艺"，声之误也。即六经也。

君子之学如蜕，幡然迁之。如蝉蜕也。幡与翻同。故其行效，其立效，其坐效，其置颜色、出辞气效。效，放也。置，措也。言造次皆学而不舍也。无留善，有善即行，无留滞。无宿问。当时即问，不俟经宿。

善学者尽其理，善行者究其难。非知之艰，行之惟艰，故善行之者，是究其难。

君子立志如穷，似不能通变。虽天子三公问，正以是非对。至尊至贵，对之唯一，故曰"如穷"也。○先谦案：君子不以穷达易心，故立志常如穷时，虽君相问，必以正对。杨说非。

君子隘穷而不失，不失道而陨获。○卢文弨曰："隘穷"，即"厄穷"。**劳倦而不苟**，不苟免也。**临患难而不忘细席之言**。尸子："子夏曰：'君子渐于饥寒而志不僻，侉于五兵而辞不慑，临大事不忘昔席之言。'"昔席，盖昔所践履之言。此"细"，亦当读为昔。或曰：细席，讲论之席。临难不忘素所讲习忠义之言。汉书王吉谏昌邑王曰："广厦之下，细旃之上。"○卢文弨曰：案广韵："侉，痛呼也，安贺切。"宋本作"铹"，字书无考。今从元刻。　郝懿行曰："细席"，恐"茵席"之形讹。盖"茵"假借为"絪"，"絪"又讹为"细"耳。　王念孙曰：郝说是也。汉书霍光传"加画绣絪冯"，如淳曰"絪亦茵"，是其证。茵席之言，谓昔日之言，即论语所谓"平生之言"也。故尸子云："临大事不忘昔席之言。"　俞樾曰：郝、王之说塙矣。杨注引尸子"临大事不忘昔席之言"，"昔"亦"茵"之讹。荀子作"细席"者，其原文是"絪席"也；尸子作"昔席"者，其原文是"茵席"也：两文虽异而实同。**岁不寒无以知松柏，事不难无以知君子无日不在是**。无有一日不怀道，所谓"造次必于是"也。

　　雨小，汉故潜。未详。或曰：尔雅云"汉为潜"，李巡曰："汉水溢流为潜。"今云"雨小，汉故潜"，言汉者本因雨小，水溢觞而成，至其盛也，乃溢为潜矣。言自小至大者也。○郝懿行曰：此语讹误不可读。杨氏曲为之解，似违盖阙之义。　俞樾曰："汉"字疑衍文。雨小故潜者，尔雅释言曰："潜，深也。"言雨小，故入地深也。下文云"夫尽小者大，积微者箸"，是其义矣。**夫尽小者大，积微者著，德至者色泽洽，行尽而声问远**。色泽洽，谓德润身。行，下孟反。○先谦案："而"，盖"者"之误，四句一例。**小人不诚于内而求之于外**。

　　言而不称师谓之畔，畔者，倍之半也。**教而不称师谓之倍**。教人不称师，其罪重，故谓之倍。倍者，反逆之名也。○郝懿行曰：倍者，反也。畔与叛同。叛者，反之半也。不称师同，而罪异者，言谓自言,教谓传授。夫民生于三,事之如一,师、儒得民,九两攸系,而乃居肽坐大,背弃师门,名教罪人,故以反叛坐之。檀弓记曾子怒子夏曰:"使西河之民疑女于夫子,尔罪一也。"郑注:"言其不称师也。"然则荀子斯言,盖有因于古矣。**倍畔之人,明君不内,朝士大夫遇诸涂不与言。**

　　不足于行者说过,言说大过,故行不能副也。**不足于信者诚言。**数欲诚实其言,故信不能副,君子所以贵行不贵言也。○郝懿行曰:说过者,大言不怍;诚言者,貌言若诚。**故春秋善胥命,而诗非屡盟,其心一也。**春秋鲁桓公三年"齐侯、卫侯胥命于蒲",公羊传曰:"相命也。何言乎相命? 近正也。古者不盟,结言而退。"又诗曰:"君子屡盟,乱是用长。"言其一心而相信,则不在盟誓也。**善为诗者不说,善为易者不占,善为礼者不相,其心同也。**皆言与理冥会者,至于无言说者也。相,谓为人赞相也。

　　曾子曰:"孝子言为可闻,行为可见。发言使人可闻,不诈妄也;立行使人可见,不苟为:斯为孝子也。**言为可闻,所以说远也;行为可见,所以说近也。近者说则亲,远者说则附。亲近而附远,孝子之道也。"**说,皆读为悦。近亲远附,则毁辱无由及亲也。

　　曾子行,晏子从于郊,曰:"婴闻之,君子赠人以言,庶人赠人以财。婴贫无财,请假于君子,赠吾子以言:假于君子,谦辞也。晏子先于孔子,曾子之父犹为孔子弟子,此云送曾子,岂好事者为之欤? **乘舆之轮,太山之木也,示诸檃栝,三月五月,为帱菜敝而不反其常。**此皆言车之材也。示,读为寘。檃栝,矫煣木之器也。言寘诸檃栝,或三月,或五月也。帱菜,未详。或曰:菜,读为蕃。谓毂与辐也。言矫煣直木为牙,至于毂辐皆敝,而规曲不反其初,所谓三材不失职也。周礼考工记曰"望其毂,欲其眼也;进而眡之,欲其帱之廉也",

郑云："帻，冒毂之革也。革急则裹〔一〕木廉隅见。"考工记又曰"察其菑蚤不齵，则轮虽敝不匡"，郑云："菑，谓辐入毂中者。蚤，读为爪，谓辐入牙中者也。匡，刺也。"晏子春秋曰："今夫车轮，山之直木，良匠燥之，其员中规，虽有槁暴，不复赢矣。"**君子之檃栝不可不谨也。慎之！**为移其性，故不可慢。**兰茝、稾本，渐于蜜醴，一佩易之。**虽皆香草，然以浸于甘醴，一玉佩方可易买之。言所渐者美而加贵也。"佩"或为"倍"，谓其一倍也。渐，浸也，子廉反。此语与晏子春秋不同也。○卢文弨曰：晏子作"今夫兰本，三年而成，湛之苦酒，则君子不近，庶人不佩，湛之縻醢而贾匹马矣"。说苑、家语略同，"縻醢"作"鹿醢"。案渐于蜜醴，与渐于酒、渐之滫中，皆谓其不可久，故一佩即易之。各书俱一意，注非。**正君渐于香酒，可谗而得也。**虽正直之君，其所渐染，如香之于酒，则谗邪可得而入。言甘醴变香草之性，甘言变正君之性，或为美，或为恶，皆在其所渐染也。○郝懿行曰：正君者，好是正直之君。谗言甘而易入，如饮醇醪，令人自醉，故以渐于香酒譬况之。**君子之所渐不可不慎也。"**

人之于文学也，犹玉之于琢磨也。诗曰："如切如磋，如琢如磨。"谓学问也。和之璧，井里之厥也，玉人琢之，为天子宝。和之璧，楚人卞和所得之璧也。井里，里名。厥也，未详。或曰：厥，石也。晏子春秋作"井里之困"也。○卢文弨曰：案厥同橛。说文："橛，门梱也。""梱，门橛也。"荀子以"厥"为"橛"，晏子以"困"为"梱"，皆谓门限。意林不解，乃改为"璞"矣。郝懿行曰：晏子春秋杂上篇作"井里之困"。据卢说，则厥与困一物，皆谓得石如门限木耳。王念孙曰：卢本段说，见钟山札记。文选刘琨答卢谌诗序"天下之宝，当与天下共之"，注引此"和"下有"氏"字，（晏子春秋杂篇同。）"为天子

〔一〕"裹"，原本无，据周礼考工记轮人郑注补。

宝"作"为天下宝",（又引史记蔺相如传："和氏璧,天下所共传宝也。"）于义为长。下文亦云子赣、季路,"为天下列士"。**子赣、季路,故鄙人也,被文学,服礼义,为天下列士。**

学问不厌,好士不倦,是天府也。言所得多。

君子疑则不言,未问则不立,道远日益矣。未曾学问,不敢立为论议,所谓"不知为不知"也。为道久远,自日有所益,不必道听涂说也。此语出曾子。○王念孙曰："立"字义不可通。"立",亦当为"言"。（下文"未问则不立"同。）疑则不言、未问则不言,皆谓君子之不易（以豉反。）其言也。大戴记曾子立事篇"君子疑则不言,未问则不言",此篇之文,多与曾子同也。隶书"言"字或作"音",（若"章"作"奋"、"詹"作"詹"、"善"作"善"之类皆是。）因脱其半而为"立"。秦策"秦王爱公孙衍,与之间,有所言",今本"言"讹作"立"。杨曲为之说,非。

多知而无亲、博学而无方、好多而无定者,君子不与。无亲,不亲师也。方,法也。此皆谓虽广博而无师法也。

少不讽,壮不论议,虽可,未成也。讽,谓就学讽诗、书也。言不学,虽有善质,未为成人也。○王念孙曰："少不讽",当从大戴记作"少不讽诵"。"讽诵"与"论议"对文,少一"诵"字,则文不足意矣。杨云"讽,谓就学讽诗、书",则所见本已脱"诵"字。

君子壹教,弟子壹学,亟成。壹,专壹也。亟,急也,己力反。

君子进则能益上之誉而损下之忧。进,仕。损,减。**不能而居之,诬也;无益而厚受之,窃也。**诬君,窃位。**学者非必为仕,而仕者必如学。**如,往。○郝懿行曰:如,肖似也。此言仕必不负所学。注云"如,往",非也。

子贡问于孔子曰:"赐倦于学矣,愿息事君。"息,休息。**孔子曰:"诗云:'温恭朝夕,执事有恪。'事君难,事君焉可息哉!"**诗,商颂那之篇。"**然则赐愿息事亲。**"**孔子**曰:"诗云:'孝子不匮,永锡尔类。'事亲难,事亲焉可息哉!"诗,大雅既醉之篇。毛云:"匮,竭也。类,善也。"言孝子之养,无有匮竭之时,故天长赐以善也。"**然则赐愿息于妻子。**"**孔子**曰:"**诗云:'刑于寡妻,至于兄弟,以御于家邦。'妻子难,妻子焉可息哉!**"诗,大雅思齐之篇。刑,法也。寡有之妻,言贤也。御,治也。言文王先立礼法于其妻,以至于兄弟,然后治于家邦。言自家刑国也。"**然则赐愿息于朋友。**"**孔子**曰:"**诗云:'朋友攸摄,摄以威仪。'朋友难,朋友焉可息哉!**"亦既醉之篇。毛云:"言相摄佐者以威仪也。""**然则赐愿息耕。**"**孔子**曰:"**诗云:'昼尔于茅,宵尔索绹,亟其乘屋,其始播百谷。'耕难,耕焉可息哉!**"诗,豳风七月之篇。于茅,往取茅也。绹,绞也。亟,急也。乘屋,升屋,治其散漏也。"**然则赐无息者乎?**"**孔子**曰:"**望其圹,皋如也,颠如也,鬲如也,此则知所息矣。**"圹,丘垄。"皋",当为"宰"。宰,冢也。宰如,高貌。颠与填同,谓土填塞也。鬲,谓隔绝于上。列子作"宰如"、"坟如",张湛注云:"见其坟壤鬲异,则知息之有所也。"○卢文弨曰:公羊僖卅三年传"宰上之木拱矣",是宰训冢也。冢,大也。如大山也。颠,读为颠,山顶也。鬲如,形如实五榖之器也。山有似甂者矣。列子"颠如"作"坟如",如大防也。 郝懿行曰:皋,犹高也。言皋韬在上也。"颠",即"颠"字。"颠",俗作"巅",因又作"颠"耳。鬲,鼎属也,圆而弇上。此皆言丘垄之形状,故以"如"字写貌之。皋如,盖若覆夏屋者。颠如,盖若防者露标颠也。列子天瑞篇作"坟如"。坟,大防也。鬲如,盖若覆釜之形,上小下大,今所见亦多有之。注并非。 刘台拱曰:今列子作"睪如也,宰如也","睪"即"皋",岂杨氏所见本异邪?"睪如""宰如"二句叠出,则不得破"皋"为"宰"矣。 王念孙曰:家语困誓篇亦作"睪如也",王肃曰:"睪,高貌。"**子贡**曰:"**大哉死乎!君子息焉,小人休焉。**"○郝懿行曰:休、息一耳,此别之者,亦犹檀弓记言君子曰终、小人曰死之意。子贡始言愿得休息,孔子四〔一〕言"焉可息哉",必须死而后已。于是子贡悚然警悟,始知大块劳我以生,逸我以死,作而叹曰:"大哉死乎!君子息焉,小人休焉。"言人不可苟生,亦不可徒死也。

国风之好色也,传曰:"盈其欲而不愆其止。好色,谓关雎乐得淑女也。盈其欲,谓好仇,寤寐思服也。止,礼也。欲虽盈满而不敢过礼求之。此言好色人所不免,美其不过礼也。故诗序云:"关雎乐得淑女以配君子,忧在进贤,不淫其色,哀窈窕,思贤才,而无伤善之心焉。是关雎之义也。"**其诚可比于金石,其声可内于宗庙。"**其诚,以礼自防之诚也。比于金石,言不变也。其声可内于宗庙,谓以其乐章播八音,奏于宗庙。乡饮酒礼:"合乐,周南关雎、葛覃。"诗序云:"关雎,后妃之德,风之始也。所以风化天下,故用之乡人焉,用之邦国焉。"既云"用之邦国",是其声可内于宗庙者也。**小雅不以于污上,自引而居下,**以,用也。污上,骄君也。言作小雅之人,不为骄君所用,自引而疏远也。**疾今之政,以思往者,其言有文焉,其声有哀焉。**小雅多刺幽、厉而思文、武。言有文,谓不鄙陋;声有哀,谓哀以思也。

国将兴,必贵师而重傅,贵师而重傅则法度存。○俞樾曰:下文云"贱师而轻傅则人有快,人有快则法度坏"。据此,则"贵师而重傅"下疑有阙文。**国将衰,必贱师而轻傅,贱师而轻傅则人有快,**人有肆意。**人有快则法度坏。**

古者匹夫五十而士。礼四十而士,五十而后爵,此云"五十而士",恐误。或曰:为卿士。○郝懿行曰:士者,事也。五十曰艾,服官政,然后可以任事也。　俞樾曰:二说皆非也。下文云"天子、诸侯子

─────────────

〔一〕　"四",据正文似当作"五"。

十九而冠"，注曰："先于臣下一年也。"然则四十而士，犹二十而冠，皆是论其常；五十而士，犹十九而冠，皆是言其异也。礼所谓"四十始仕，五十命为大夫"者，盖指卿大夫、元士之適子而言。此明言"匹夫"，则殆谓卿之俊士、选士矣。礼记王制篇正义曰："乡人既卑，节级升之，故为选士、俊士。至于造士，若王子与公卿之子，本位既尊，不须积渐，学业既成，即为造士。"以是言之，古人于世族子弟及民间秀士，自有区别，故其始仕有十年之差也。荀子不直曰"古者五十而士"，必加"匹夫"二字，明与下文"天子、诸侯子"相对。知十九而冠为天子、诸侯子之制，则知五十而士为匹夫之制，不必疑其与礼经不合矣。

天子、诸侯子十九而冠，冠而听治，其教至也。 十九而冠，先于臣下一年也。虽人君之子，犹年长而冠，冠而后听其政治，以明教至然后治事，不敢轻易。○郝懿行曰：天子、诸侯子十九而冠者，异于常人，由其生质本异，其教又至，故能尔也。传谓"国君十五生子，冠而生子，礼也"。于时鲁侯年才十二，则太早矣。荀子所言，当是古法。

君子也者而好之，其人； 有君子之质，而所好得其人，谓得贤师也。**其人也而不教，不祥。** 祥，善。○王念孙曰："其人也而不教"，"也"字当在上句"其人"下。（汪说同。）下文"非君子而好之，非其人也；非其人而教之，赍盗粮，借贼兵也"，上"非其人"下有"也"字，下"非其人"下无"也"字，是其证。　先谦案：人有好善之诚，我不以善告之，是不祥也。**非君子而好之，非其人也；** 既无君子之质，又所好非其人也。**非其人而教之，赍盗粮，借贼兵也。** 若使不善人教非君子，是犹资借盗贼之兵粮，为害滋甚，不如不教也。赍与资同。兵，五兵也。○卢文弨曰：此条言所好者君子，是为得其人；非君子而好之，则所好非其人也。人可与言而不教，是为不祥；不可与言而教之，则又资盗粮、借贼兵也。杨注不了。　王念孙曰：此言能好君子则为可教之人，可教而不教之，是为不祥；若所好非君子，则为不可教之人，不可教而教之，则是赍盗粮、借贼兵也。卢说亦未了。

不自嗛其行者，言滥过。嗛，足也。谓行不足也。所以不足其行者，由于言辞泛滥过度也。○郝懿行曰：嗛，不足也。言人不知自歉其行者，其言易于滥过而难副。杨注失之。"嗛"与"歉"，古字通，荀书多以"嗛"为"歉"，杨氏不了。此注支离妄说，亦由训嗛为足，遂不顾文义之难通耳。**古之贤人，贱为布衣，贫为匹夫，食则饘粥不足，衣则竖褐不完，然而非礼不进，非义不受，安取此？**竖褐，僮竖之褐，亦短褐也。言贤人虽贫穷，义不苟进，安取此言过而行不副之事乎？

子夏贫，衣若县鹑。人曰："子何不仕？"曰："诸侯之骄我者，吾不为臣；大夫之骄我者，吾不复见。柳下惠与后门者同衣而不见疑，非一日之闻也。柳下惠，鲁贤人公子展之后，名获，字禽，居于柳下，谥惠；季，其伯仲也。后门者，君之守后门，至贱者。子夏言"昔柳下惠衣之敝恶与后门者同，时人尚无疑怪者"，言安于贫贱，浑迹而人不知也。非一日之闻，言闻之久矣。○卢文弨曰：案"柳下惠"一条，不当蒙上文。与后门同衣而不见疑，盖即毛诗巷伯篇故训传所云"妪不逮门之女，而国人不称其乱"也。非一日之闻，言素行为人所信。　王念孙曰：案钟山札记又引吕氏春秋长利篇云"戎夷违齐如鲁，天大寒而后门"，高诱注："后门，日夕，门已闭也。"韩非子外储说左下云："暮而后门。"**争利如蚤甲而丧其掌。"**蚤与爪同。言仕乱世骄君，纵得小利，终丧其身。○卢文弨曰："蚤"者，"叉"字之假借。叉、甲同义，爪训覆手，不与蚤同。此亦当别为一条。　郝懿行曰：此章言子夏贫无衣而不仕者，以时君、大夫皆骄慢，故衣虽县鹑而自甘。又引柳下惠与后门同衣，意可见矣。又言得利如叉甲而丧其手掌，言仕之利小而害大也。杨注甚明，卢氏欲分段，似失之。

君人者不可以不慎取臣，匹夫不可以不慎取友。○谢本从卢校，作"匹夫者"。　王念孙曰："匹夫"下不当有"者"字，此涉上"君人者"而衍。旦、钱本"匹夫"下皆无"者"字。　先谦案：王说是。今从旦、钱本删。**友者，所以相有也。**友与有同义。相有，谓不使丧亡。〇郝懿行曰：有者，相保有也。诗云："亦莫我有。"友、有声义同，古亦通用。如云"有朋自远方来"，"有"即"友"矣。**道不同，何以相有也？均薪施火，火就燥；平地注水，水流湿。夫类之相从也，如此之著也，以友观人，焉所疑？**察其友，则可以知人之善恶不疑也。**取友善人，不可不慎，是德之基也。**取友求善人，不可不慎，是德之基本。言所以成德也。〇卢文弨曰：俗本正文亦作"取友求善人"，宋本、元刻皆无"求"字。若有，注可不费辞矣。　先谦案：善人，使人善也。杨注非。**诗曰："无将大车，维尘冥冥。"言无与小人处也。**诗，小雅无将大车之篇。将，犹扶进也。将车，贱者之事。尘冥冥蔽人目明，令无所见，与小人处亦然也。

　　蓝苴路作，似知而非。未详其义。或曰：苴，读为姐，慢也。赵蕤注长短经知人篇曰："姐者，类智而非智。"或读为狙，伺也。姐，子野反。**偄弱易夺，似仁而非。**仁者不争而与物，故偄弱易夺者似之。易夺，无执守之谓也。〇卢文弨曰：偄与懦同，从宋本。**悍戆好斗，似勇而非。**悍，凶戾也。戆，愚也，丁绛反。

　　仁义礼善之于人也，辟之若货财粟米之于家也，多有之者富，少有之者贫，至无有者穷。故大者不能，小者不为，是弃国捐身之道也。〇卢文弨曰："捐"，宋本作"损"。今从元刻。

　　凡物有乘而来，乘其出者，是其反者也。反，复也。出，去也。凡乘执而来、乘执而去者，皆是物之还反也。言善恶皆所自取也。〇王念孙曰：下"乘"字，疑涉上"乘"字而衍。凡物有乘而来者，乘，因也，（文选谢朓始出尚书省诗注引如淳汉书注。）言凡物必有所因而

　卷十九　大略篇第二十七

来。反乎我者，即出乎我者也，故曰"其出者，是其反者也"。今本"来"下又有"乘"字，则义反晦矣。杨说失之。

流言灭之，货色远之。祸之所由生也，生自纤纤也，是故君子蚤绝之。流言，谓流转之言，不定者也。灭，亦绝也。凡祸之所由生，自纤纤微细，故君子早绝其萌。此语亦出曾子。○卢文弨曰：元刻作"祸之所由生，自纤纤也"，与大戴曾子立事篇同。　王念孙曰：宋龚本同元刻，汪从之。

言之信者，在乎区盖之间。区，藏物处。盖，所以覆物者。凡言之可信者，如物在器皿之间。言有分限，不流溢也。器名区者，与丘同义。汉书儒林传"唐生、褚生应博士弟子选，试诵说，有法，疑者丘盖不言"，丘与区同也。**疑则不言，未问则不立。**重引此两句以明之。○郝懿行曰：此二句已见上。疑"立"皆当为"言"，形近之讹。杨注说"立"，非也。区盖者，古读区若丘，注引汉儒林传"疑者丘盖不言"，此说是也。论语记孔子言"盖"，皆疑而未定之词。如云"君子于其所不知，盖阙如也"；"盖有不知而作之者，我无是也"；"盖有之矣，我未之见也"。"盖"皆疑词，故谓疑者曰"丘盖"，以音同借为"区盖"耳。杨注非是。汉书注："苏林曰：'丘盖不言，不知之意也。'如淳曰：'齐俗以不知为丘。'"二说皆得其意，但语未明晰耳。颜师古注以盖为发语之辞，亦非。

知者明于事，达于数，不可以不诚事也。诚，忠诚。言不可以虚妄事智者。○卢文弨曰："事智者"，元刻作"了知也"。**故曰："君子难说，说之不以道，不说也。"**说，并音悦。

语曰："流丸止于瓯、臾，流言止于知者。"瓯、臾，皆瓦器也。扬子云方言云："陈、魏、楚、宋之间，谓罃为臾。"瓯臾，谓地之坳坎如瓯臾者也。或曰：瓯臾，窳下之地。史记曰"瓯窭满沟，污邪满车"，裴骃

荀子集解

云:"瓯窭,倾侧之地。污邪,下地〔一〕也。"邪与衺,声相近,盖同也。窭,力侯反。污,乌瓜反。**此家言邪学之所以恶儒者也。**家言,谓偏见,自成一家之言,若宋、墨者。**是非疑则度之以远事,验之以近物,参之以平心,流言止焉,恶言死焉。**参验之至,则流言息。死,犹尽也。郑康成曰:"死之言澌。"澌,犹消尽也。

    曾子食鱼有余,曰:"泔之。"门人曰:"泔之伤人,不若奥之。"泔与奥,皆烹和之名,未详其说。○卢文弨曰:案非烹和也,曾子以鱼多欲藏之耳。泔,米汁也。泔之,谓以米汁浸渍之。门人以易致腐烂,食之不宜于人,或致有腹疾之患,故以为伤人。说文:"奥,宛也。""宛,奥也。"奥与宛,皆与"郁"音义同。今人藏鱼之法,醉鱼则用酒,腌鱼则用盐,置之甄中以郁之,可以经久,且味美。奥,如"郁韭"、"郁麴"之"郁",("郁韭"见说文"醠"字下,"郁麴"见释名。)皆谓治之,藏于幽隐之处。今鱼经盐酒者,于老者病者极相宜,正与伤人相反。(此条见龙城札记。)   王念孙曰:米泔不可以渍鱼,卢谓"以米汁浸渍之",非也。"泔",当为"洎"。周官士师"洎镬水",郑注曰:"洎,谓增其沃汁。"襄二十八年左传"去其肉而以其洎馈",正义曰:"添水以为肉汁,遂名肉汁为洎。"然则添水以为鱼汁,亦得谓之洎。洎之,谓添水以渍之也。吕氏春秋应言篇"多洎之则淡而不可食,少洎之则焦而不熟",高注曰:"肉汁为洎。"彼言"多洎之"、"少洎之",即此所谓"洎之"矣。以洎渍鱼,则恐致腐烂而不宜于食,故曰"洎之伤人"也。隶书"甘"字或作"目",与"自"字极相似,故"洎"误为"泔"耳。(汉西岳华山亭碑"甘澍弗布","甘"字作"目",见汉隶字原。)奥,亦非烹和之名,卢训奥为郁,是也。释名曰:"腜,奥也。藏物于奥内,稍出用之也。"彼所谓"腜",即此所谓"奥之"矣。然卢谓奥与宛、郁同

〔一〕 史记滑稽列传裴骃集解"下地"下有"田"字。

音,则非也。奥与宛、郁同义而不同音,故诸书中"郁"字有通作"宛"者,而"宛""郁"二字无通作"奥"者。以宛、郁释奥则可,读奥为宛、郁则不可。**曾子泣涕曰:"有异心乎哉!"伤其闻之晚也。**曾子自伤不知以食余之伤人,故泣涕,深自引过,谢门人曰:"吾岂有异心故欲伤人哉? 乃所不知也。"言此者,以讥时人饰非自是,耻言不知,与曾子异也。○先谦案:曾子养亲至孝,当时或进此鱼而未知其伤人,亲没后始闻此语,故触念自伤。杨注未得其义。

　　无用吾之所短遇人之所长,遇,当也。言己才艺有所短,宜自审其分,不可强欲当人所长而辨争也。**故塞而避所短,移而从所仕。疏知而不法,察辨而操僻,勇果而亡礼,君子之所憎恶也。**塞,掩也。移,就也。仕与事同,事所能也。言掩其不善,务其所能也。疏,通也。察辨而操僻,谓聪察其辨,所操之事邪僻也。操,七刀反。○俞樾曰:"仕",疑"任"字之误。庄子秋水篇"任士之所劳",释文引李注曰:"任,能也。"然则移而从所任者,移而从所能也,于义较捷矣。

　　多言而类,圣人也。应万变,故多类。谓皆当其类而无乖越,此圣人也。**少言而法,君子也。多言无法而流喆然,虽辩,小人也。**"喆",当为"湎"。非十二子篇有此语,此当同。或曰:当为"湝"也。○先谦案:而,当训为如,通用字。

　　国法禁拾遗,恶民之串以无分得也。串,习也,工患反。**有夫分义则容天下而治,**○先谦案:容,受也。**无分义则一妻一妾而乱。**

　　天下之人,唯各特意哉,然而有所共予也。特意,谓人人殊意。予,读为与。○卢文弨曰:"唯",元刻作"虽"。　王念孙曰:"唯",即"虽"字,说见经义述闻桓十四年穀梁传。**言味者予易牙,言音者予师旷,言治者予三王。**易牙,齐桓公宰夫,知味者。师旷,晋平公乐师,知音者。三王既已定法度、制礼乐而传之,有不用而

改自作,何以异于变易牙之和、更师旷之律? 无三王之法,天下
不待亡,国不待死。言不暇有所待而死亡,速之甚也。更,工衡反。
○谢本从卢校,作"无三王之治"。　王念孙曰:吕、钱本"治"皆作
"法",是也。此承上"三王既已定法度"而言。　先谦案:王说是。今
从吕、钱本改。饮而不食者,蝉也;不饮不食者,浮蝣也。浮蝣,渠
略,朝生夕死虫也。言此者,以喻人既饮且食,必须求先王法略为治,
不得苟且如浮蝣辈也。○郝懿行曰:二句义似未足,文无所蒙,容有缺
脱。　汪中曰:此二语别是一义,与上文不相蒙,注非。

虞舜、孝己孝而亲不爱,比干、子胥忠而君不用,仲尼、颜渊
知而穷于世。劫迫于暴国而无所辟之,辟,读为避。圣贤者不遇
时,危行言逊。则崇其善,扬其美,言其所长而不称其所短也。
惟惟而亡者,诽也;惟,读为唯,以癸反。唯唯,听从貌。常听从人而
不免亡者,由于退后即诽谤也。博而穷者,訾也;清之而俞浊者,口
也。已解于荣辱篇。

君子能为可贵,不能使人必贵己;能为可用,不能使人必用
己。修德在己,所遇在命。

诰誓不及五帝,诰誓,以言辞相诚约也。礼记曰:"约信曰誓。"
又曰:"殷人作誓而民始畔。"盟诅不及三王,涖牲曰盟。谓杀牲歃
血,告神以盟约也。交质子不及五伯。此言后世德义不足,虽要约
转深,犹不能固也。伯,读曰霸。穀梁传亦有此语。

荀子卷第二十

宥坐篇第二十八

此以下皆荀卿及弟子所引记传杂事，故总推之于末。

孔子观于鲁桓公之庙，有欹器焉。春秋哀公三年“桓宫、僖宫灾”，公羊传曰：“此皆毁庙也。其言灾何？复立也。”或曰：三桓之祖庙欹器倾。欹，易覆之器。孔子问于守庙者曰：“此为何器？”守庙者曰：“此盖为宥坐之器。”宥与右同。言人君可置于坐右，以为戒也。说苑作“坐右”。或曰：宥与侑同，劝也。文子曰“三王、五帝有劝戒之器，名侑卮”，注云：“欹器也。”○卢文弨曰：今说苑作“右坐”，见敬慎篇。孔子曰：“吾闻宥坐之器者，虚则欹，中则正，满则覆。”孔子顾谓弟子曰：“注水焉！”弟子挹水而注之，挹，酌。中而正，满而覆，虚而欹。孔子喟然而叹曰：“吁！恶有满而不覆者哉！”子路曰：“敢问持满有道乎？”孔子曰：“聪明圣知，守之以愚；功被天下，守之以让；勇力抚世，守之以怯；抚，掩也。犹言盖世矣。○卢文弨曰：据注，则“抚”乃“怃”字之误。家语三恕篇作“振世”。富有四海，守之以谦。此所谓挹而损之之道也。”挹，亦退也。挹而损之，犹言损之又损。

孔子为鲁摄相，朝七日而诛少正卯。为司寇而摄相也。朝，谓听朝也。**门人进问曰：“夫少正卯，鲁之闻人也，夫子为政而始诛之，得无失乎？”**闻人，谓有名，为人所闻知者也。始诛，先诛之也。**孔子曰：“居！吾语女其故。人有恶者五，而盗窃不与焉：一曰心达而险，二曰行辟而坚，三曰言伪而辩，四曰记丑而博，五曰顺非而泽。**心达而险，谓心通达于事而凶险也。辟，读曰僻。丑，谓怪异之事。泽，有润泽也。**此五者有一于人，则不得免于君子之诛，而少正卯兼有之。故居处足以聚徒成群，言谈足以饰邪营众，强足以反是独立，此小人之桀雄也，不可不诛也。**营，读为荧。荧众，惑众也。强，刚愎也。反是，以非为是也。独立，人不能倾之也。**是以汤诛尹谐，文王诛潘止，周公诛管叔，太公诛华仕，管仲诛付里乙，子产诛邓析、史付，**韩子曰：“太公封于齐，东海上有居士狂矞、华仕昆弟二人立议曰：‘吾不臣天子，不友诸侯，耕而食之，掘而饮之。吾无求于人，无上之名，无君之禄，不仕而事力。’太公使执而杀之，以为首诛。周公从鲁闻，急传而问之曰：‘二子，贤者也，今日飨国杀之，何也？’太公曰：‘是昆弟立议曰“不臣天子”，是望不得而臣也。“不友诸侯”，是望不得而使也。“耕而食之，掘而饮之，无求于人”，是望不得以赏罚劝禁也。且先王之所以使其臣民者，非爵禄则刑罚也。今四者不足以使之，则望谁为君乎？是以诛之。’”尹谐、潘止、付里乙、史付，事迹并未闻也。〇卢文弨曰：家语作“管仲诛付乙，子产诛史何”。注“先王”，宋本作“夫王”，无下“民”字，今据韩子外储说右上增正。**此七子者，皆异世同心，不可不诛也。诗曰：‘忧心悄悄，愠于群小。’小人成群，斯足忧矣。”**诗，邶风柏舟之篇。悄悄，忧貌。愠，怒也。

孔子为鲁司寇，有父子讼者，孔子拘之，三月不别。别，犹决也。谓不辨别其子之罪。**其父请止,孔子舍之。季孙闻之不说,**曰:"**是老也欺予,**老,大夫之尊称。春秋传曰"使围将不得为寡君老"也。**语予曰:'为国家必以孝。'今杀一人以戮不孝,又舍之。"冉子以告。孔子慨然叹曰:"呜呼!上失之,下杀之,其可乎!不教其民而听其狱,杀不辜也。三军大败,不可斩也;狱犴不治,不可刑也,罪不在民故也。**狱犴不治,谓法令不当也。犴,亦狱也。诗曰:"宜犴宜狱。""狱"字从二"犬",象所以守者。犴,胡地野犬,亦善守,故狱谓之犴也。**嫚令谨诛,贼也;**嫚与慢同。谨,严也。贼,贼害人也。**今生也有时,敛也无时,暴也;**言生物有时,而赋敛无时,是陵暴也。○卢文弨曰:"生也"二字,各本皆脱,今案注增。　王念孙曰:"今"字当在"嫚令谨诛"上,总下三事言之,文义方顺。家语始诛篇作"夫嫚令谨诛","夫"字亦总下之词。**不教而责成功,虐也。已此三者,然后刑可即也。**已,止。即,就。**书曰:'义刑义杀,勿庸以即,予维曰未有顺事。'言先教也。"**书,康诰。言周公命康叔,使以义刑义杀,勿用以就汝之心,不使任其喜怒也。维刑杀皆以义,犹自谓未有使人可顺守之事,故有抵犯者。自责其教之不至也。**故先王既陈之以道,上先服之;**服,行也。谓先自行之,然后教之。**若不可,尚贤以綦之;若不可,废不能以单之;**綦,极也,谓优宠也。单,尽也。尽,谓黜削。"单",或为"殚"。○卢文弨曰:家语始诛篇作"尚贤以劝之,又不可,而后以威惮之"。此注"单,或为殚",元刻作"或为惮",与家语同。**綦三年而百姓往矣。**百姓从化,极不过三年也。○卢文弨曰:"往"乃"从"之误,下注同。　王念孙曰:案"从"下当有"风"字。今本无"风"字者,"从"误为"往",则"往风"二字义不可通,后人因删"风"字耳。据杨注云"百姓从化","化"字正释"风"字。太平御览治道部五引此正作"百姓从风",韩诗外传及说苑政理篇并同。**邪民不从,然后俟之以刑,则民知罪矣。**百姓既

荀子集解

504

往，然后诛其奸邪也。○王念孙曰：案"邪民"本作"躬行"。上文云"上先服之"，"三年而百姓从风"，服者，行也，即此所谓"躬行"也，故云"躬行不从，然后俟之以刑"。隶书"躬"与"邪"相似，故"躬"误为"邪"。（见隶辨。案"躬行"作"邪行"，"邪"字误而"行"字不误。外传亦误作"邪行"，唯说苑不误。今本荀子"邪行"作"邪民"，乃后人所改，辩见下。）家语始诛篇作"其有邪民不从化者，然后待之以刑"。案荀子之"躬行不从"误作"邪行不从"，则义不可通。王肃不知"邪"为"躬"之误，故改"邪行不从"为"邪民不从化"，以曲通其义，而今本荀子亦作"邪民"，则又后人以家语改之也。杨注云"百姓既从，然后诛其奸邪"，则所见本已同今本。说苑正作"躬行不从，而后俟之以刑"。**诗曰："尹氏大师，维周之氐，秉国之均，四方是维，天子是庳，卑民不迷。"**诗，小雅节南山之篇。氐，本也。庳，读为毗，辅也。卑，读为俾。**是以威厉而不试，刑错而不用，此之谓也。**厉，抗也。试，亦用也。但抗其威而不用也。错，置也。如置物于地不动也。**今之世则不然：乱其教，繁其刑，其民迷惑而堕焉，则从而制之，是以刑弥繁而邪不胜。三尺之岸而虚车不能登也，百仞之山任负车登焉，何则？陵迟故也。**岸，崖也。负，重也。任负车，任重之车也。迟，慢也。陵迟，言丘陵之势渐慢也。王肃云："陵迟，陂池〔一〕也。"○卢文弨曰：案淮南子泰族篇："山以陵迟，故能高。"陵迟，犹地迤、陂陀之谓。此注与匡谬正俗俱训陵为丘陵，似泥。 王念孙曰：古无训负为重者。负，亦任也。鲁语注曰："任，负荷也。"楚辞九章注曰："任，负也。"连言"任负"者，古人自有复语耳。倒言之，则曰"负任"，齐语"负任担荷"是也。陵迟，卢说是也。说文："夌，夌徲也。"其字本作"夌"，则非谓丘陵明矣。详见汉书杂志末卷。**数仞之墙而民**

〔一〕 "陂池"，似当作"陂陀"或"陂陁"。

不逾也，百仞之山而竖子冯而游焉，陵迟故也。○王念孙曰：冯者，登也。周官冯相氏注曰："冯，乘也。相，视也。世登高台以视天文之次序。"广雅曰："冯，登也。"故外传作"童子登而游焉"。（说苑作"童子升而游焉"。升，亦登也。）今夫世之陵迟亦久矣，而能使民勿逾乎！诗曰："周道如砥，其直如矢。君子所履，小人所视。眷焉顾之，潸焉出涕！"岂不哀哉！诗，小雅大东之篇。言失其砥矢之道，所以陵迟，哀其法度堕坏。

诗曰："瞻彼日月，悠悠我思。道之云远，曷云能来！"诗，邶风雄雉之篇。○卢文弨曰：旧本连上文，今案当分段。子曰："伊稽首，不其有来乎？"稽首，恭敬之至。有所不来者，为上失其道而人散也。若施德化，使下人稽首归向，虽道远，能无来乎？○俞樾曰：如杨注义，则"伊稽首"三字甚为不词，殆非也。首，当读为道。周书芮良夫篇"予小臣良夫稽道"，群书治要作"稽首"，是首、道古通用。彼文"稽道"当为"稽首"，此文"稽首"当为"稽道"，皆古文假借字也。尚书尧典曰"若稽古"，正义引郑注曰："稽，同也。"礼记儒行篇"古人与稽"，郑注曰："稽，犹合也。"合，亦同也。稽道，犹同道也。伊者，语词，犹维也。诗言"道之云远，曷云能来"，孔子言道苟同，则虽远而亦来，故曰"伊稽道，不其有来乎"。盖借诗言而反之，若唐棣之诗矣。

孔子观于东流之水，子贡问于孔子曰："君子之所以见大水必观焉者是何？"孔子曰："夫水，大遍与诸生而无为也，似德。遍与诸生谓水能遍生万物。为其不有其功，似上德不德者。说苑作"遍予而无私"。○王念孙曰：案"遍与"上不当有"大"字，盖涉上文"大水"而衍。据杨注云"遍与诸生，谓水能遍生万物"，则无"大"字明矣。初学记地部中引此无"大"字，大戴记劝学篇、说苑杂言篇、家语三恕篇并同。其流也埤下，裾拘必循其理，似义。埤，读为卑。裾与倨同，方也。拘，读为钩，曲也。其流必就卑下，或方或曲，必循卑下之理,似义者无不循理也。说苑作"其流卑下,句倨皆循其理,似义"。○卢文弨曰:案宋本引说苑作"其流也卑下,句倨之也,情义分然者也",文义舛讹,今案本书杂言篇订正。**其洸洸乎不淈尽,似道**。洸,读为滉。滉,水至之貌。淈,读为屈,竭也。似道之无穷也。家语作"浩浩无屈尽之期,似道"也。○王念孙曰:杨读洸为滉,滉滉,水至之貌,古无此训。"洸洸",当从家语作"浩浩",字之误也。(俗书"淼"字作"洸",与"浩"略相似。)王制曰:"有余曰浩。"故曰"浩浩乎不屈尽"。初学记引荀子正作"浩浩",则所见本尚未误。太平御览地部二十三同。　　先谦案:说文:"洸,水涌光也。"作"洸洸"义通,似不必改作"浩浩"。**若有决行之,其应佚若声响,其赴百仞之谷不惧,似勇**。决行,决之使行也。佚与逸同,奔逸也。若声响,言若响之应声也。似勇者,果于赴难也。○王念孙曰:"奔逸"与"声响"义不相属,杨说非也。佚,读为呹。(音逸。)呹,疾貌也。言其相应之疾,若响之应声也。汉书杨雄传甘泉赋"萐呹肸以掍根兮,声骈隐而历钟",师古曰:"言风之动树,声响振起,众根合同骈隐而盛,历入殿上之钟也。"萐,读与响同。呹,音丑乙反。文选李善注曰"呹,疾貌也,余日切",正与"佚"字同音。古无"呹"字,故借"佚"为之耳。**主量必平,似法**。主,读为注。量,谓坑受水之处也。言所经坑坎,注必平之然后过,似有法度者均平也。**盈不求概,似正**。概,平斗斛之木也。考工记曰:"概而不税。"言水盈满则不待概而自平,如正者不假于刑法之禁也。**淖约微达,似察**。淖,当为绰。约,弱也。绰约,柔弱也。虽至柔弱,而侵淫通达于物,似察之见细微也。说苑作"绰弱微达"。**以出以入,以就鲜絜,似善化**。言万物出入于水,则必鲜絜,似善化者之使人去恶就美也。说苑作"不清以入,鲜絜以出"也。**其万折也必东,似志**。折,萦曲也。虽东西南北,千万萦折不常,然而必归于东,似有志不可夺者。说苑作"其折必东"也。**是故君子见大水必**

观焉。"

孔子曰："吾有耻也，吾有鄙也，吾有殆也：幼不能强学，老无以教之，吾耻之。<small>无才艺以教人也。</small>去其故乡，事君而达，卒遇故人，曾无旧言，吾鄙之。<small>旧言，平生之言。卒，仓忽反。</small>与小人处者，吾殆之也。"

孔子曰："如垤而进，吾与之；如丘而止，吾已矣。"<small>今学曾未如疣赘，则具然欲为人师。疣赘，结肉。庄子曰："以生为负赘悬疣。"疣音尤。具然，自满足之貌也。○卢文弨曰：此条旧不提行，今案当分段。下两条同。</small>

孔子南适楚，厄于陈、蔡之间，七日不火食，藜羹不糁，<small>糁与糂同，苏览反。</small>弟子皆有饥色。子路进问之曰："由闻之：为善者天报之以福，为不善者天报之以祸。今夫子累德、积义、怀美，行之日久矣，奚居之隐也？"<small>隐，谓穷约。</small>孔子曰："由不识，○卢文弨曰：家语在厄篇作"由未之识也"。吾语女。女以知者为必用邪？王子比干不见剖心乎！女以忠者为必用邪？关龙逢不见刑乎！○卢文弨曰："逢"字从元刻，与家语同。宋本作"逄"，误。女以谏者为必用邪？吴子胥不磔姑苏东门外乎！<small>磔，车裂也。姑苏，吴都名也。○俞樾曰：案子胥不被车裂之刑，杨注非是。汉书景帝纪"改磔曰弃市"，师古注曰："磔，谓张其尸也。"当从此训。</small>夫遇不遇者，时也；贤不肖者，材也。君子博学深谋不遇时者多矣。由是观之，不遇世者众矣，○俞樾曰："由是观之"四字，当在"君子博学深谋"句上。何独丘也哉！"且夫芷兰生于深林，非以无人而不芳。君子之学，非为通也；<small>不为求通。</small>为穷而不困，忧而意不衰也，知祸福终始而心不惑也。<small>皆为乐天知命。</small>夫贤不肖者，材也；为不为者，人也；为善、不为善，在人也。遇不遇者，时也；死生

<small>荀子集解</small>

<small>508</small>

者，命也。今有其人不遇其时，虽贤，其能行乎？苟遇其时，何难之有？故君子博学、深谋、修身、端行以俟其时。**孔子曰：**"**由，居！吾语女。昔晋公子重耳霸心生于曹，**重耳，晋文公名，亡过曹，曹共公闻其骈胁，使其裸浴，薄而观之。公因此激怒，而霸心生也。**越王句践霸心生于会稽，**谓以甲盾五千栖于会稽也。**齐桓公小白霸心生于莒。**小白，齐桓公名，齐乱奔莒，盖亦为所不礼。**故居不隐者思不远，身不佚者志不广。**佚与逸同，谓奔窜也。家语作"常逸者"。**女庸安知吾不得之桑落之下！**"桑落，九月时也。夫子当时盖暴露居此树之下。○卢文弨曰：正文"桑落之下"下，宋本有"乎哉"二字，今案可省。　郝懿行曰：桑落，"索郎"反语也。索，言萧索；郎，言郎当：皆谓困穷之貌。时孔子当阨，子路愠恚，故作隐语发其志意。杨注说固可通，而与上言曹、莒、会稽等义差远。

　　子贡观于鲁庙之北堂，○卢文弨曰：旧本不提行，今案当分段。

　　郝懿行曰：诗云："焉得谖草，言树之背！"背，北堂也。北堂，人所居，庙有北堂，亦所以居主。**出而问于孔子曰："乡者赐观于太庙之北堂，吾亦未辍，还复瞻被九盖皆继，被有说邪？匠过绝邪？"**北堂，神主所在也。辍，止也。"九"，当为"北"，传写误耳。"被"，皆当为"彼"。盖音盍，户扇也。皆继，谓其材木断绝，相接继也。子贡问：北盍皆继续，彼有说邪？匠过误而遂绝之邪？家语作"北盖皆断"，王肃云："观北面之盖，皆断绝也。"○王念孙曰："继"与"辍""说""绝"，韵不相协，"继"当为"𦂳"，字之误也。说文"𦂳，古文绝"，正与"辍""说""绝"为韵。"𦂳"为古文"绝"，而此文以"𦂳""绝"并用者，古人之文不嫌于复。凡经传中同一字而上下异形者，不可枚举，即用韵之文亦有之。皋陶谟曰"天聪明自我民聪明，天明畏自我民明威"，释文："畏，马本作威。"周官乡大夫注引作"天明威自我民明威"。是"畏"即"威"也。小雅正月篇云"燎之方扬，宁或灭之，赫赫宗周，褒

姒威之",释文:"威,本或作灭。"昭元年左传引作"襃姒灭之"。是
"威"即"灭"也。越语云"死生因天地之刑,天地形之,圣人因而成
之",管子势篇作"死死生生,因天地之形"。是"刑"即"形"也。皆与
此文之"劅""绝"并用同例。今本"劅"作"继",则既失其韵,而又失
其义矣。杨云"皆继,谓材木断绝,相接继",非也。接继与断绝正相
反。下文云"匠过绝邪",则此文之不作"继"甚明。家语作"北盖皆
断",断亦绝也。**孔子曰:"太庙之堂,亦尝有说。**言旧曾说,今则
无也。○王念孙曰:尝,读为当。("当""尝",古字通。孟子万章篇
"是时孔子当院",说苑至公篇"当"作"尝"。)言太庙之堂所以北盖皆
断绝者,亦当有说也。下文"盖曰贵文也",正申明亦当有说之意。杨
训尝为曾,失之。**官致良工,因丽节文,**致,极也。官致良工,谓初造
太庙之时,官极其良工,工则因随其木之美丽节文而裁制之,所以断
绝。家语作"官致良工之匠,匠致良材,尽其功巧,盖贵文也"。○王
念孙曰:丽,非美丽之谓,丽者,施也。(见广雅及多方、顾命、吕刑传,
士丧礼注。)言因良材而施之以节文也。(良材,见下文。)家语作"匠
致良材,尽其功巧",正谓施之以节文也。**非无良材也,盖曰贵文
也。**"非无良材大木,不断绝者,盖所以贵文饰也。此盖明夫子之博
识也。

子道篇第二十九

入孝出弟，人之小行也；弟与悌同。谓自卑如弟也。上顺下笃，人之中行也；上顺从于君父，下笃爱于卑幼。从道不从君，从义不从父，人之大行也。若夫志以礼安，言以类使，则儒道毕矣，志安于礼，不妄动也；言发以类，不怪说也。如此，则儒者之道毕矣。〇卢文弨曰："言以类使"，元刻作"言以类接"。虽舜，不能加毫末于是矣。孝子所以不从命有三：从命则亲危，不从命则亲安，孝子不从命乃衷；衷，善也。谓善发于衷心矣。〇郝懿行曰：衷者，善也。从义不从命，乃为善也。　俞樾曰：衷与忠通。言孝子之不从命，乃其忠也。下文"乃义""乃敬"，"忠"与"义""敬"正一律，作"衷"者，假字耳。国语楚语"又能齐肃衷正"，周礼春官序官郑注引作"中正"。孝经"中心藏之"，释文："中，本亦作忠。"盖"衷""中""忠"三字同声而通用，杨注未得假借之旨。从命则亲辱，不从命则亲荣，孝子不从命乃义；从命则禽兽，不从命则修饰，孝子不从命乃敬。从命则陷身于禽兽之行，不从命则使亲为修饰，君子不从命，是乃敬亲。〇先谦案："乃衷""乃义""乃敬"下，群书治要皆有"也"字。故可以从而不从，是不子也；未可以从而从，是不衷也。明于从不从之义，而能致恭敬、忠信、端悫以慎行之，则可谓大孝矣。传曰："从道不从君，从义不从父。"此之谓也。故劳苦雕萃而能无失

511

其敬，雕，伤也。萃与悴同。虽劳苦雕萃，不敢解惰失敬也。**灾祸患难而能无失其义**，则**不幸不顺见恶而能无失其爱**，不幸以不顺于亲而见恶也。○王念孙曰：则与即同，说见释词。**非仁人莫能行。诗曰："孝子不匮。"此之谓也。**

　　鲁哀公问于孔子曰："子从父命，孝乎？臣从君命，贞乎？"三问，孔子不对。不敢违哀公之意，故不对。○卢文弨曰：旧本皆连上，今案当分段。篇内并同。**孔子趋出，以语子贡曰："乡者君问丘也，曰：'子从父命，孝乎？臣从君命，贞乎？'三问而丘不对，赐以为何如？"子贡曰："子从父命，孝矣；臣从君命，贞矣。夫子有奚对焉？"**○卢文弨曰：有，读为又。**孔子曰："小人哉！赐不识也。昔万乘之国有争臣四人，则封疆不削；千乘之国有争臣三人，则社稷不危；百乘之家有争臣二人，则宗庙不毁。父有争子，不行无礼；士有争友，不为不义。故子从父，奚子孝？臣从君，奚臣贞？审其所以从之之谓孝、之谓贞也。"**审其可从则从，不可从则不从也。○卢文弨曰：家语三恕篇"四人"作"七人"，"三人"作"五人"，"二人"作"三人"，末句作"夫能审其所从之谓孝、之谓贞"也。

　　子路问于孔子曰："有人于此，夙兴夜寐，耕耘树艺，手足胼胝，以养其亲，然而无孝之名，何也？"树，栽植。艺，播种。胼，谓手足劳。骈，并也。胝，皮厚也，丁皮反。**孔子曰："意者身不敬与？辞不逊与？色不顺与？古之人有言曰：'衣与，缪与，不女聊。'**缪，纰缪也。与，读为欤。聊，赖也。言虽与之衣而纰缪不精，则不聊赖于汝也。或曰：缪，绸缪也。言虽衣服我，绸缪我，而不敬不顺，则不赖汝也。韩诗外传作"衣予教予"，家语云"人与己不顺欺也"，王肃云"人与己事实相通，不相欺也"，皆与此不同。○卢文弨曰：案今外传九作"衣敓，食敓，曾不尔即"，"即"疑"聊"之讹。此云"教予"，疑是

"饮予"之讹。今家语困誓篇作"人与,己与,不汝欺与",此所引亦不同。**今夙兴夜寐,耕耘树艺,手足胼胝,以养其亲,无此三者,则何以为而无孝之名也?**"○王念孙曰:"以"字衍。韩诗外传无"以"字,下文"何为而无孝之名也"亦无"以"字。又案:外传此句下有"意者所友非仁人邪"一句。玩本书亦似当有此句,下文"虽有国士之力"四句,正承此句而言。又下文"入而行不修,身之罪也",承上"身不敬"三句而言;"出而名不章,友之过也",则承此句而言,若无此句,则与下文不相应矣。**孔子曰:"由志之,吾语女。虽有国士之力,不能自举其身,非无力也,势不可也。**国士,一国勇力之士。**故入而行不修,身之罪也;出而名不章,友之过也。故君子入则笃行,出则友贤,何为而无孝之名也?"**

　　子路问于孔子曰:"鲁大夫练而床,礼邪?"孔子曰:"吾不知也。"练,小祥也。礼记曰"期而小祥,居垩室,寝有席;又期而大祥,居复寝,中月而禫,禫而床"也。**子路出,谓子贡曰:"吾以夫子为无所不知,夫子徒有所不知。"**○先谦案:华严经音义下引刘熙云:"徒,犹独也。"**子贡曰:"女何问哉?"子路曰:"由问鲁大夫练而床,礼邪? 夫子曰:'吾不知也。'"子贡曰:"吾将为女问之。"子贡问曰:"练而床,礼邪?"孔子曰:"非礼也。"子贡出,谓子路曰:"女谓夫子为有所不知乎? 夫子徒无所不知,女问非也。礼,居是邑,不非其大夫。"**惧于讪上。

　　子路盛服见孔子,孔子曰:"由,是裾裾何也?裾裾,衣服盛貌。说苑作"襜襜"也。○卢文弨曰:见说苑杂言篇。又案:韩诗外传三作"疏疏",家语三恕篇作"倨倨"。　郝懿行曰:"裾裾",说苑杂言篇作"襜襜"。裾与襜,皆衣服之名,因其盛服,即以其名呼之。韩诗外传三作"疏疏",家语又作"倨倨",则其义别。**昔者江出于岷山,其始出也,其源可以滥觞,及其至江之津也,不放舟、不避风则**

513

不可涉也，放，读为方。国语曰"方舟设泭"，韦昭曰："方，并也。编木为泭。"说苑作"方舟，方泭"也。诗曰："方之舟之。"○卢文弨曰：注"设泭"，旧本作"投柎"，今据齐语改正。**非维下流水多邪？**维与唯同。言岂不以下流水多，故人畏之邪？言盛服色厉亦然也。说苑作"非下众水之多乎"。○卢文弨曰：今说苑作"非唯下流众川之多乎"。**今女衣服既盛，颜色充盈，天下且孰肯谏女矣？**充盈，猛厉。**由！**告之毕，又呼其名，丁宁之也。○俞樾曰：杨注非是。下文"孔子曰'志之，吾语女'"，此"由"字当在"孔子曰"之下，"由志之"三字连文。上文"孔子曰'由志之，吾语女，虽有国士之力，不能自举其身'"，亦以"由志之"三字连文，可证"孔子曰"下必当有"由"字也。韩诗外传正作"孔子曰'由志之，吾语汝'"。**子路趋而出，改服而入，盖犹若也。**犹若，舒和之貌。礼记曰"君子盖犹犹尔"也。○郝懿行曰：犹若，说见哀公篇"犹然"下。**孔子曰："志之，吾语女。奋于言者华，奋于行者伐，色知而有能者，小人也。**奋，振矜也；色知，谓所知见于颜色；有能，自有其能：皆矜伐之意。○俞樾曰：韩诗外传作"慎于言者不哗，慎于行者不伐"，当从之。"华"，即"哗"之省文。两"奋"字，皆"昚"字之误，乃古文"慎"字也。"昚"误为"奋"，则奋于言行，不能谓之不华不伐矣，于是又删去两"不"字耳。杨氏据误本作注，非也。**故君子知之曰知之，不知曰不知，言之要也；能之曰能之，不能曰不能，行之至也。**皆在不隐其情。言要则知，行至则仁。**既知且仁，夫恶有不足矣哉！"**

　　子路入，子曰："由，知者若何？仁者若何？"子路对曰："知者使人知己，仁者使人爱己。"子曰："可谓士矣。"士者，修立之称。子贡入，子曰："赐，知者若何？仁者若何？"子贡对曰："知者知人，仁者爱人。"子曰："可谓士君子矣。"颜渊入，子曰："回，知者若何？仁者若何？"知者，皆读为智。颜渊对曰："知者自知，仁者自爱。"子曰:"可谓明君子矣。"

子路问于孔子曰:"君子亦有忧乎?"孔子曰:"君子,其未得也,则乐其意,乐其为治之意。○先谦案:得,谓得位也。乐其意,自有所乐也。杨注非。既已得之,又乐其治,○先谦案:治,谓所事皆治。是以有终身之乐,无一日之忧。小人者,其未得也,则忧不得,既已得之,又恐失之,是以有终身之忧,无一日之乐也。"

法行篇第三十

礼义谓之法,所以行之谓之行。行,下孟反。〇卢文弨曰:
此篇旧本皆不提行,今各案其文义分之。

公输不能加于绳,圣人莫能加于礼。公输,鲁巧人,名班。虽
至巧,绳墨之外亦不能加也。〇顾千里曰:案正文"绳"字下,据注,疑
亦当有"墨"字,宋本同。今本盖皆误。**礼者,众人法而不知,圣人**
法而知之。众人皆知礼可以为法,而不知其义者也。

曾子曰:"**无内人之疏而外人之亲,**无,禁辞也。内人之疏,外
人之亲,谓以疏为内,以亲为外。家语曰:"不比于亲而比于疏者,不
亦远乎!"韩诗外传作"无内疏而无外亲"也。〇卢文弨曰:今家语贤
君篇作"不比于数而比于疏,不亦远乎"。说苑亦作"数"字。**无身不**
善而怨人,无刑已至而呼天。内人之疏而外人之亲,不亦远乎!
谓失之远矣。**身不善而怨人,不亦反乎!** 反,谓乖悖。〇王念孙
曰:"远"当为"反","反"当为"远"。内人亲而外人疏,今疏内而亲
外,是反也,故曰"不亦反乎"。身不善而怨人,是舍近而求远也,故曰
"不亦远乎"。下文曰"失之己而反诸人,岂不亦迂哉",迂即远也,是
其证。今本"反"与"远"互误,则非其旨矣。韩诗外传正作"内疏而外
亲,不亦反乎! 身不善而怨他人,不亦远乎"。杨说皆失之。**刑已至**

而呼天,不亦晚乎！诗曰:‘涓涓源水,不雝不塞。毂已破碎,乃大其辐。事已败矣,乃重大息。’其云益乎！”源水,水之泉源也。雝,读为壅。大其辐,谓壮大其辐也。重大息,嗟叹之甚也。三者皆言不慎其初,追悔无及也。○卢文弨曰:此所引诗,逸诗也。　先谦案:云益,有益也,说见儒效篇。

　　曾子病,曾元持足。曾子曰:“元志之！吾语汝。曾元,曾子之子也。○卢文弨曰:大戴礼作“曾元抑首,曾华抱足”。夫鱼鳖鼋鼍犹以渊为浅而堀其中,堀与窟同。○俞樾曰:“堀”下当有“穴”字。“堀穴其中”,“增巢其上”,相对为文。晏子春秋谏篇“古者尝有处橧巢窟穴”,亦以“窟穴”对“橧巢”,是其证也。大戴记曾子疾病篇作“鹰鸇以山为卑,而曾巢其上;鱼鳖鼋鼍以渊为浅,而蹶穴其中”。“蹶穴”,即“堀穴”也。春秋文十年“次于厥貉”,公羊作“屈貉”。然则以“蹶”为“堀”,犹以“厥”为“屈”也。荀子此文本于曾子,彼作“蹶穴”,此作“堀穴”,乃古书以声音假借之常例。若无“穴”字,则文为不备矣。鹰鸢犹以山为卑而增巢其上,及其得也,必以饵。故君子苟能无以利害义,则耻辱亦无由至矣。”

　　子贡问于孔子曰:“君子之所以贵玉而贱珉者,何也？珉,石之似玉者。为夫玉之少而珉之多邪？”孔子曰:“恶！赐,是何言也？恶音乌。犹言乌谓此义也。夫君子岂多而贱之、少而贵之哉！夫玉者,君子比德焉。温润而泽,仁也;郑康成云:“色柔温润似仁。”栗而理,知也;郑云“栗,坚貌”也。理,有文理也。似智者处事坚固,又有文理。○谢本从卢校,“栗”上有“缜”字。　王引之曰:旦本作“栗而理,知也”,钱本及元刻依聘义于“栗”上增“缜”字,而卢本从之,误也。杨注但释“栗理”二字而不释“缜”字,则正文之无“缜”字甚明。说苑杂言篇说玉曰“望之温润,近之栗理;望之温润者,君子比德焉,近之栗理者,君子比智焉”,亦言“栗理”而不言“缜”。栗者,秩然有条理之谓,故有似于智。杨依聘义注,训栗为坚貌,亦非,说详经义述闻聘义。　先谦案:王说是。今从吕本删。**坚刚而不屈,义也**;似义者刚直不回也。**廉而不刿,行也**;刿,伤也。虽有廉棱而不伤物,似有德行者不伤害人。**折而不挠,勇也**;虽摧折而不挠屈,似勇者。**瑕适并见,情也**;瑕,玉之病也。适,玉之美泽调适之处也。瑕适并见,似不匿其情者也。礼记曰:"瑕不掩瑜,瑜不掩瑕,忠也。"○郝懿行曰:瑕者,玉之病也。适者,善也。凡物调适谓之适,得意便安亦谓之适,皆善之意。故广韵云:"适,善也。"管子水地篇说玉九德,大意与此略同,此句作"瑕适皆见,精也",精亦情耳。古"精""情"二字多通用。　王念孙曰:適,读为谪。(经传通以"適"为"谪"。)谪,亦瑕也。老子曰:"善言无瑕谪"是也。管子水地篇"瑕適皆见,精也",(精与情同,说见管子。)尹知章曰:"瑕適,玉病也。"(吕氏春秋举难篇:"寸之玉,必有瑕適。")说苑曰:"玉有瑕,必见之于外,故君子比情焉。"此言"瑕適",而说苑但言"瑕",是"適"即"瑕"也。情之言诚也。玉不自掩其瑕適,故曰情。春秋繁露仁义法篇云"自称其恶谓之情",义与此同。杨读適为"调适"之适,失之。**扣之,其声清扬而远闻,其止辍然,辞也**。扣与叩同。似有辞辨,言发言则人乐听之,言毕更无繁辞也。礼记作"叩之,其声清越以长,其终屈然,乐也"。**故虽有珉之雕雕,不若玉之章章**。雕雕,谓雕饰文采也。章章,素质明著也。○郝懿行曰:雕雕、章章,皆文采宣著之貌。语意犹云星之昭昭,不如月之明明也。**诗曰:'言念君子,温其如玉。'此之谓也。**"诗,秦风小戎之篇。引之喻君子比德。

　曾子曰:"**同游而不见爱者,吾必不仁也**;仁者必能使人爱。**交而不见敬者,吾必不长也**;不长厚,故为人所轻。○郝懿行曰:长,谓敬长,非谓"不长厚"也,杨注失之。　俞樾曰:不长者,无所长也。子道篇"色知而有能者,小人也",韩诗外传"能"作"长",是不长

犹不能也。吾无所能，宜其不见敬矣。**临财而不见信者，吾必不信**
也。廉洁不闻于人。○郝懿行曰：临财之信，如鲍叔之与管仲。**三者**
在身，曷怨人？当反诸己。**怨人者穷，怨天者无识。**无识，不知天
命也。**失之己而反诸人，岂不亦迂哉！"**

　　南郭惠子问于**子贡曰："夫子之门，何其杂也？"**南郭惠子，未
详其姓名，盖居南郭，因以为号。庄子有南郭子綦。夫子，孔子也。
杂，谓贤不肖相杂而至。○卢文弨曰：尚书大传略说作"东郭子思"，
说苑杂言篇作"东郭子惠"。**子贡曰："君子正身以俟，欲来者不**
距，欲去者不止。且夫良医之门多病人，檃栝之侧多枉木，是以
杂也。"○郝懿行曰：尚书大传略说及说苑杂言篇并有"砥厉之旁多顽
钝"句。

　　孔子曰："君子有三恕。○顾千里曰：卢文弨刻本无"孔子曰"
三字，与世德堂刻本合，与宋本不合，疑非也。先谦案：谢本从卢校，无
"孔子曰"三字。今依顾说从宋本增。**有君不能事，有臣而求其使，**
非恕也；有亲不能报，有子而求其孝，非恕也；报，孝养也。诗曰：
"欲报之德。"**有兄不能敬，有弟而求其听令，非恕也。士明于此**
三恕，则可以端身矣。"

　　孔子曰："君子有三思，而不可不思也。少而不学，长无能
也；老而不教，死无思也；无门人思其德。**有而不施，穷无与也。**
穷乏之时，无所往托。**是故君子少思长则学，老思死则教，有思穷**
则施也。"

哀公篇第三十一

鲁哀公问于孔子曰："吾欲论吾国之士，与之治国，敢问何如取之邪？"○卢文弨曰：旧本脱"取"字，今据大戴礼哀公问五义、家语五仪解增。孔子对曰："生今之世，志古之道，居今之俗，服古之服，志，记识也。服古之服，犹若夫子服逢掖之衣、章甫之冠也。舍此而为非者，不亦鲜乎！"舍，去。此谓古也。哀公曰："然则夫章甫、绚屦、绅而搢笏者，此贤乎？"章甫，殷冠。王肃云："绚，谓屦头有拘饰也。"郑康成云："绚之言拘也。以为行戒，状如刀衣鼻，在屦头。"绅，大带也。搢笏于绅者也。○王念孙曰：大戴记哀公问五义篇、家语五仪篇"绅"下有"带"字，"贤"上有"皆"字，并于义为长。俞樾曰："此"，当作"比"。说文白部："皆，俱词也，从比，从白。"徐锴系传曰："比，皆也。"是比有皆义。比贤乎，犹言皆贤乎。大戴礼保傅篇"于是比选天下端士"，汉书贾谊传"比"作"皆"，是其证矣。此文亦见大戴记哀公问五义篇，作"此皆贤乎"，盖"比"误为"此"，后人又增"皆"字耳。孔子对曰："不必然。夫端衣、玄裳、绂而乘路者，志不在于食荤；端衣、玄裳，即朝玄端也。绂与冕同。郑云："端者，取其正也。"士之衣袂，皆二尺二寸而广幅，是广袤等也。其袪尺二寸，大夫以上侈之。侈之者，盖半而益一焉，则袂三尺三寸，袪尺八寸。路，王者之车，亦车之通名。舍人注尔雅云："辂，车之大者。"荤，葱、薉之属也。○先谦案：端衣、玄裳、绖而乘路，所以祭也，故志不在于食荤。此下文"黼衣、黻裳者不茹荤，资衰、苴杖者不听乐"，二喻正同。**斩衰、菅屦、杖而啜粥者，志不在于酒肉。**仪礼丧服曰："斩者何？不缉也。"衰长六尺，博四寸，三升布为之。郑注丧服云："上曰衰，下曰裳。"当心前有衰，后有负板，左右有辟领，孝子哀戚，无不在也。菅，菲也。此言服被于外，亦所以制其心也。**生今之世，志古之道，居今之俗，服古之服，舍此而为非者，虽有，不亦鲜乎！"哀公曰："善！"孔子曰："人有五仪：**言人之贤愚，观其仪法有五也。○郝懿行曰：仪者，匹也。匹者，犹俦类也。大戴记哀公问五义即"五仪"也，古"仪"字正作"义"。杨注"仪法"，非是。　先谦案：仪，犹等也，说见王制篇。**有庸人，有士，有君子，有贤人，有大圣。"哀公曰："敢问何如斯可谓庸人矣？"孔子对曰："所谓庸人者，口不能道善言，必不知色色；**色色，谓以己色观彼之色，知其好恶也。论语曰："色斯举矣。"○卢文弨曰：大戴礼作"志不邑邑"。　郝懿行曰："色"，当为"邑"，字形之误。大戴记作"志不邑邑"。杨注甚谬。邑邑与悒悒同。悒悒，忧逆短气貌也。曾子立事篇云："终身守此悒悒。"**不知选贤人善士托其身焉以为己忧，**不知托贤，但自忧而已。○俞樾曰：此十五字为一句。广雅释诂："为，瘉也。"为有瘉义，故左传有"疾不可为"之文。为己忧者，瘉己忧也。得贤人善士以托其身，则可瘉己之忧，而庸人不知也，故曰"不知选贤人善士托其身焉以为己忧"。杨注失其义。**勤行不知所务，止交不知所定；**交，谓接待于物。皆言不能辨是非，伥伥失据也。○卢文弨曰："止交"，大戴礼、韩诗外传四皆作"止立"。　郝懿行曰：大戴记"勤"作"动"，"交"作"立"，韩诗外传四同。"动行"与"止立"对，疑此皆形误。　王引之曰：作"止立"者是。"止交"二字文不成义，杨注非也。"勤行"亦当依大戴作"动行"，皆字之误也。外传作"动作"。**日选择于物，不知**

所贵；不知可贵重者。**从物如流，不知所归**；为外物所诱荡而不返
也。○郝懿行曰："如"，大戴记、韩诗外传俱作"而"，而、如古通用。
五凿为正，心从而坏：如此，则可谓庸人矣。"凿，窍也。五凿，谓耳
目鼻口及心之窍也。言五凿虽似于正，而其心已从外物所诱而坏矣，
是庸愚之人也。一曰：五凿，五情也。庄子曰"六凿相攘"，司马彪曰：
"六情相攘夺。"韩诗外传作"五藏为正"也。○卢文弨曰：大戴礼作
"五凿为政"，此"正"字义当与"政"同，古通用，注似非。　郝懿行
曰：杨注"五凿，五情"是也。庄子"六凿相攘"，谓六情，可证。　王念
孙曰：杨后说以五凿为五情，颇胜前说。**哀公曰："善！敢问何如斯**
可谓士矣？"孔子对曰："所谓士者，虽不能尽道术，必有率也；虽
不能遍美善，必有处也。率，循也。虽不能尽遍，必循处其一隅。言
有所执守也。○郝懿行曰：美、善义同，而有浅深。大戴记作"虽不能
尽善尽美"，韩诗外传一作"虽不能尽乎美著"，家语五仪解作"备百善
之美"，三书皆本此而各异。韩诗外传此下多有缺略。**是故知不务**
多，务审其所知；论语曰："子路有闻，未之能行，唯恐有闻。"言不务
多，务审其所谓；止于辨明事而已矣。○郝懿行曰：谓，犹言也。审
其所当言，则言不谬妄。注非。**行不务多，务审其所由。**由，从也。
谓不从不正之道。○郝懿行曰：由，道也。道，行也。谓务审其所常
由，行不差忒也。注亦非。**故知既已知之矣，言既已谓之矣，行既**
已由之矣，则若性命肌肤之不可易也。言固守所见，如爱其性命
肌肤之不可以他物移易者也。**故富贵不足以益也，卑贱不足以损**
也，皆谓志不可夺。**如此，则可谓士矣。"**士者，修立之称。一曰：
士，事也。言其善于任事，可以入官也。**哀公曰："善！敢问何如斯**
可谓之君子矣？"孔子对曰："所谓君子者，言忠信而心不德，不
自以为有德。仁义在身而色不伐，思虑明通而辞不争，故犹然如
将可及者，君子也。"犹然，舒迟之貌。所谓"瞻之在前，忽然在后"。

家语作"油然"，王肃曰："不进貌也。"○郝懿行曰：犹然，即油然。家
语作"油"，是也。孟子："油油然与之偕。"言无以异于凡人也。注失
之。**哀公**曰："善！敢问何如斯可谓贤人矣？"**孔子**对曰："所谓
贤人者，行中规绳而不伤于本，言足法于天下而不伤于身，本，亦
身也。言虽广大而不伤其身也。所谓"言满天下无口过，行满天下无
怨恶"。○郝懿行曰：杨注非是。本，犹质也。谓性之本质如木之有
根干。此言行中规矩准绳，然皆暗与理会，不假斫削而丧失其本真，所
谓"渐近自然"也。**富有天下而无怨财**，富有天下，谓王者之佐也。
怨，读为蕴。言虽富有天下，而无蕴畜私财也。家语作"无宛"。礼记
曰："事大积焉而不苑。"古蕴、苑通，此因误为"怨"字耳。**布施天下**
而不病贫，言广施德泽，子惠困穷，使家给人足而上不忧贫乏。所谓
"百姓与足，君孰不足"。○卢文弨曰：注末二句，与富国篇同。宋本
乃从今论语本，当出后人所改。　郝懿行曰：杨注得之，而义犹未尽。
怨、宛皆从夗声，此同声假借也。音转而为菀，又转而为蕴，此双声假
借也。不知假借之义，故谓为字误耳。考工记云"眂其钻空，欲其惌
也"，（音于阮反。）郑司农注："惌，读为'宛彼北林'之'宛'。"（音郁。）
此即"惌""宛"相借之例也。韩诗外传二"子路与巫马期薪于韫丘之
下"，"韫丘"即"宛丘"。此即"苑""蕴"相借之例也。蕴与韫，音义
同。大戴记作"躬为匹夫而愿富，（句。）贵为诸侯而无财"，义与此别。
如此，则可谓贤人矣。"贤者，亚圣之名。说文云："贤，多才。"**哀公**
曰："善！敢问何如斯可谓大圣矣？"**孔子**对曰："所谓大圣者，知
通乎大道，应变而不穷，辨乎万物之情性者也。辨别万物之情性
也。**大道者，所以变化遂成万物也；情性者，所以理然不、取舍**
也。辨情性，乃能理是非之取舍而不惑。○先谦案：然不，犹然否，与
"取舍"对文。注中"之"字衍。**是故其事大辨乎天地，**其事，谓圣人
所理化之事。言辨别万事，如天地之别万物，各使区分。○郝懿行曰：

辨与辩同。辩者,治辩也。"辩"与"平",古字通,荀书多假"辨"为"辩"耳。此上言"辨乎万物之情性",义亦同,似不宜训辨别。　王念孙曰:辨,读为遍。言其事大则遍乎天地,明则察乎日月也,与上"辨乎万物之情性"不同。杨以辨为辨别,则与"大"字义不相属矣。"遍"、"辨",古字通,说见日知录。　俞樾曰:"大"字绝句,"是故其事大"与上文"大道者"相应。下"明"字衍文。"辨乎天地,察乎日月",二语相对。说详群经平议大戴记。**明察乎日月**,圣人之明察如日月。**总要万物于风雨**,总要,犹统领也。风以动之,雨以润之。言统领万物,如风雨之生成也。**缪缪肫肫,其事不可循**,"缪",当为"胶",相加之貌。庄子云:"胶胶扰扰。"肫与纯同,杂乱之貌。尔雅云:"纯纯,乱也。"言圣人治万物错杂,胶胶纯纯,然而众人不能循其事。纯,之旬反。○郝懿行曰:大戴记作"穆穆纯纯,其莫之能循"。穆穆,和而美也。纯纯,精而密也。"穆""缪",古字通;"纯""肫",声相借耳。注并失之。**若天之嗣,其事不可识**,嗣,继也。言圣人如天之继嗣,众人不能识其意。○郝懿行曰:嗣者,续也。言如天之纯穆气化,绵绵相续而不可测识也。大戴记作"若天之司,莫之能识"。"司"与"嗣","职"与"识",盖亦声借字耳,其义则司、职皆训主也。　王念孙曰:嗣,读为司。郑风羔裘传曰:"司,主也。"言若天之主司万化,其事不可得而知也。"司""嗣",古字通。大戴记正作"若天之司"。(高宗肜日"王司敬民",史记殷本纪"司"作"嗣"。)杨注失之。**百姓浅然不识其邻**,邻,近也。百姓浅见,不能识其所近,况能识其深乎!所谓"日用而不知"者也。○卢文弨曰:"浅然",大戴作"淡然"。郝懿行曰:"浅然",当依大戴记作"淡然"。此言百姓不识、不知,谓帝力于我何有耳。**若此,则可谓大圣矣。"哀公曰:"善!"**

　　鲁哀公问舜冠于孔子,孔子不对。哀公不问舜德,徒问其冠,故不对也。**三问,不对。哀公曰:"寡人问舜冠于子,何以不言**

也?"孔子对曰:"古之王者,有务而拘领者矣,其政好生而恶杀焉,务,读为冒。拘与句同,曲领也。言虽冠衣拙朴,而行仁政也。尚书大传曰"古之人,衣上有冒而句领者",郑康成注云:"言在德不在服也。古之人,三皇时也。冒,覆项也。句领,绕颈也。"礼,正服方领也。○郝懿行曰:尚书大传作"冒而句领"。古读冒、务音同,拘读若句,(音钩。)若其字通。郑注:"冒,覆项也。句领,绕颈也。"按句者,曲也。韩诗外传三云"舜麛衣而鳌领",鳌之训为曲,即此"句领"矣。是以凤在列树,麟在郊野,乌鹊之巢可附而窥也。君不此问而问舜冠,所以不对也。"

鲁哀公问于孔子曰:"寡人生于深宫之中,长于妇人之手,寡人未尝知哀也,未尝知忧也,未尝知劳也,未尝知惧也,未尝知危也。"孔子曰:"君之所问,圣君之问也。丘,小人也,何足以知之?"美大其问,故谦不敢对也。曰:"非吾子无所闻之也。"孔子曰:"君入庙门而右,登自阼阶,仰视榱栋,俯见几筵,其器存,其人亡,君以此思哀,则哀将焉而不至矣!谓祭祀时也。阼与阼同。榱,亦椽也。哀将焉不至,言必至也。○卢文弨曰:正文"将焉"下,元刻有"而"字,下四句并同。而,当训为能,若以为衍,不应五句皆误。杨注王霸篇云:"而、为,皆语助也。"又齐策:"管燕谓其左右曰:'子孰而与我赴诸侯乎?'"鲍彪注:"而,辞也。"以"而"字作语辞亦可,然训能,语更顺。高诱注吕氏春秋去私篇"南阳无令,其谁可而为之",又注士容篇"柔而坚,虚而实",皆训而为能。其注淮南也亦然。易屯象"宜建侯而不宁",释文:"而,辞也。郑读而为能。"然则此"焉而"正当读为焉能,不可易矣。 王念孙曰:卢说是也。文选王文宪集序注引此有"而"字;其引此无"而"字者,皆后人不知古训而删之也。古书多以"而"为"能",详见淮南人间篇。君昧爽而栉冠,昧,暗。爽,明也。谓初晓尚暗之时。平明而听朝,一物不应,乱之端也,君以此

思忧,则忧将焉而不至矣!**君平明而听朝,日昃而退,诸侯之子**
孙必有在君之末庭者,君以思劳,则劳将焉而不至矣!诸侯之子
孙,谓奔亡至**鲁**而仕者。自平明至日昃,在末庭而修臣礼,君若思其
劳,则劳可知也。以喻**哀公**亦诸侯之子孙,不戒慎修德,亦将有此奔亡
之劳也。**君出鲁之四门以望鲁四郊,亡国之虚则必有数盖焉,**
虚,读为墟。有数盖焉,犹言盖有数焉,倒言之耳。**新序**作"亡国之虚
列必有数矣"。○**卢文弨**曰:数盖,犹言数区也。**鲁有少皞氏之虚、大
庭氏之库也。** **郝懿行**曰:"虚""墟",古今字。**新序**四作"虚列",此
"虚则"即"虚列"之讹。盖者,苫也。言故虚罗列其间,必有聚庐而居
者焉。观此易兴亡国之感。**君以此思惧,则惧将焉而不至矣!且**
丘闻之:君者舟也,庶人者水也。水则载舟,水则覆舟;君以此
思危,则危将焉而不至矣!"

　　鲁哀公问于孔子曰:"绅、委、章甫,有益于仁乎?"绅,大带
也。委,委貌,**周**之冠也。章甫,**殷**冠也。郑注**仪礼**云:"委,安也。所
以安正容貌。章,表明也。殷质,言所以表明丈夫也。"**孔子蹴然曰:**
"君号然也!"庄子音义:"崔撰云:'蹴然,变色貌。'"号,读为胡,声相
近,字遂误耳。**家语**作"君胡然也"。**资衰、苴杖者不听乐,非耳不**
能闻也,服使然也。资与齐同。苴杖,竹也。苴,谓苍白色自死之竹
也。**黼衣、黻裳者不茹荤,非口不能味也,服使然也。**黼衣、黻裳,
祭服也。白与黑为黼,黑与青为黻。礼,祭致齐,不茹荤。非不能味,
谓非不能知味也。郑注**周礼司服**云:"玄冕者,衣无文,裳刺黻而已。"
且丘闻之:好肆不守折,长者不为市。窃其有益与其无益,君其
知之矣。"好,喜也。言喜于市肆之人,不使所守货财折耗,而长者亦不
能为此市井盗窃之事,长者不为市,而贩者不为非。**家语王肃**注云:"言市
肆弗能为廉,好肆则不折也。人为市估之行则不守折,人为长者之行则亦
不为市买之事。窃,宜为察。"察其有益与其无益,以"窃"字属下句。

鲁哀公问于孔子曰："请问取人?"问取人之术也。孔子对曰："无取健,健羡之人。无取诈,未详。家语作"无取钳",王肃云:"谓妄对不谨诚者。"或曰:捷给钳人之口者。〇卢文弨曰:案家语五仪解作"无取钳","钳"下作"无取哼哼"。无取口哼。哼与谆同。方言云:"齐、鲁凡相疾恶谓之谆憎。"谆,之闰反。王肃云:"哼哼,多言。"或曰:诗云:"诲尔谆谆。"口谆,谓口教诲、心无诚实者。谆,之伦反。〇卢文弨曰:注末旧作"谆谆,伦也",讹,今订正。　郝懿行曰:"诈"盖讹字,说苑尊贤篇作"拑",是也。拑训胁持。家语五仪解作"钳",亦假借字耳。"口哼",家语作"哼哼",王肃注:"多言也。"韩诗外传四"诈"作"佞","口哼"作"口谗",恐亦讹字,当作"口镵"。镵者,锐也。今说苑正作"锐",是矣。杨注引作"口睿",睿、锐,盖以音近,故讹耳。其引说苑,"无取拑"下脱去数字,遂不可读。健,贪也;诈,乱也;口哼,诞也。健羡之人多贪欲,诈忌之人多悖乱,谗疾之人多妄诞。说苑曰:"哀公问于孔子曰:'人何若为可取也?'孔子曰:'无取拑,捷者必兼人,不可为法也。口睿者多诞而寡信,后恐不验也。'"韩诗外传云:"无取健,无取佞,无取口谗。健,骄也;佞,谄也;口谗,诞也。"皆大同小异也。〇卢文弨曰:"口睿",今说苑尊贤篇作"口锐"。　郝懿行曰:健无贪义,不知何字之讹。杨注甚谬。韩诗外传作"健,骄也",说苑"健者必欲兼人,不可以为法",以此参证,可知作"贪"必讹字矣。拑者利口捷给,变乱是非,故云"乱也"。诞者夸大,故说苑云"口锐者多诞而寡信,后恐不验也"。故弓调而后求劲焉,马服而后求良焉,士信慤而后求知能焉。士不信慤而有多知能,譬之其豺狼也,不可以身尒也。有,读为又。尒与迩同。语曰:'桓公用其贼,文公用其盗。'谓管仲、寺人勃鞮也。盗亦贼也。以喻士信慤则仇雠可用,不信慤则亲戚可疏。故明主任计不信怒,暗主信怒不任计。信,亦任也。〇郝懿行曰:此蒙"桓公用

527

贼，文公用盗"而言。贼谓管仲，盗谓里凫须，故云"任计不信怒"也。"信"，古以为"伸"字，不读本音。新序杂事五"信"作"任"。

计胜怒则强，怒胜计则亡。"定公问于颜渊曰:"东野子之善驭乎?"东野，氏也。驭与御同。〇卢文弨曰:案家语颜回篇作"子亦闻东野毕之善御乎"，此脱"子亦闻"三字。又"子之"当作"之子"。

王念孙曰:"东野子"亦当作"东野毕"，下文皆作"东野毕"是其证。韩诗外传作"善哉东野毕之御也"，新序杂事篇同。 先谦案:"善驭"当为"驭善"，倒文。注"氏"，各本误"民"，从虞、王本改正。

荀子集解

颜渊对曰:"善则善矣。虽然，其马将失。"失，读为逸，奔也，下同。家语作"马将佚"也。**定公不悦，入谓左右曰:"君子固谗人乎!"三日而校来谒，曰:"东野毕之马失。**校人，掌养马之官也。**两骖列，两服入厩。"**两服马在中。两骖，两服之外马。列与裂同。谓外马擘裂，中马牵引而入厩。〇俞樾曰:杨注以七字作一句，非也。两骖裂者，两骖断鞅而去也。两骖在外，故得自绝而去，于是止存两服马还入厩中矣。故曰"两骖列，(句。)两服入厩"。**定公越席而起曰:"趋驾召颜渊!"颜渊至，**趋，读为促，速也。**定公曰:"前日寡人问吾子，吾子曰:'东野毕之驭，善则善矣。虽然，其马将失。'不识吾子何以知之?"颜渊对曰:"臣以政知之。昔舜巧于使民而造父巧于使马。舜不穷其民，造父不穷其马，是舜无失民、造父无失马也。**〇卢文弨曰:新序、家语"是"下皆有"以"字。 王念孙曰:案太平御览工艺部三引此亦有"以"字，韩诗外传同，当据补。**今东野毕之驭，上车执辔，衔体正矣;步骤驰骋，朝礼毕矣;**衔体，衔与马体也。步骤驰骋，朝礼毕矣，谓调习其马，或步骤驰骋，尽朝廷之礼也。〇郝懿行曰:杨注非。此读宜断"体正""礼毕"相属，上句言驭之习，下句言马之习也。"朝"与"调"，古字通。毛诗言"调饥"，即"朝饥"。此言马之驰骤皆调习也。**历险致远，马力尽矣。然犹求马不已，是以知之也。"定**

公曰:"善! 可得少进乎?"定公更请少进其说。颜渊对曰:"臣闻之:鸟穷则啄,兽穷则攫,人穷则诈。自古及今,未有穷其下而能无危者也。"

尧问篇第三十二

荀子集解

○卢文弨曰：旧本唯末一段提行，今各案其文义分之。

尧问于舜曰："我欲致天下，为之奈何？"恐天下未归，故欲致而取之也。对曰："执一无失，行微无怠，忠信无勌，而天下自来。执一，专意也。行微，行细微之事也。言精专不怠而天下自归，不必致也。○郝懿行曰：微者，隐也。劝学篇云："行无隐而不形。"隐微，人所不见，而行之无怠心。下云："行微如日月。"盖日月之行，人之所不见也。执一如天地，如天地无变易时也。行微如日月，日月之行，人所不见，似于细微安徐，然而无怠止之时也。○卢文弨曰：元刻作"安徐而出"，无"然"字。忠诚盛于内，贲于外，形于四海。贲，饰也。形，见也。礼记曰"富润屋，德润身，心广体胖，故君子必诚其意"也。○郝懿行曰：贲，当音符分切，义与坟同。坟者，大也。盛于内则大于外，而形箸于四海矣。天下其在一隅邪！夫有何足致也？"夫物在一隅者，则可举而致之，今有道，天下尽归，不在于一隅，焉用致也？有读为又。

魏武侯谋事而当，群臣莫能逮，退朝而有喜色。武侯，晋大夫毕万之后、文侯之子也。吴起进曰："亦尝有以楚庄王之语闻于左右者乎？"武侯曰："楚庄王之语何如？"吴起对曰："楚庄王谋事而当，群臣莫逮，退朝而有忧色。申公巫臣进问曰：'王朝而有忧色，何也？'巫臣，楚申邑大夫也。庄王曰：'不榖谋事而当，群臣莫能逮，是以忧也。其在中茞之言也，中茞，与仲虺同，汤左相也。○郝懿行曰：茞，音丘追切。此读诇鬼切，即仲虺也，如"魂"字，从鬼声而音为溃。韩非说林下篇"虫有魂者"，颜氏家训勉学篇据古今字诂，谓"魂"亦古之"虺"字，即其例也。曰："诸侯自为得师者王，得友者霸，得疑者存，自为谋而莫己若者亡。"疑，谓博闻达识、可决疑惑者。○郝懿行曰：韩诗外传六作"能自取师者王，能自取友者霸，而与居不若其身者亡"，新序一作"足己而群臣莫之若者亡"，"取师""取友"，"取"皆作"择"，而俱无"得疑者存"一句。疑，即"师保疑丞"之"疑"，疑谓可以决疑者也。今书仲虺之诰亦缺此句，可知梅氏无识，不知此句不可缺也。今以不榖之不肖而群臣莫吾逮，吾国几于亡乎！是以忧也。'楚庄王以忧，而君以憙。"武侯逡巡再拜曰："天使夫子振寡人之过也。"振，举。○王念孙曰：振，救也。（说文："振，举救也。"月令、哀公问注，昭十四年左传注，周语鲁语、吴语注，吕氏春秋季春篇注，淮南时则篇注，并云："振，救也。"）史记蒙恬传曰："过可振而谏可觉。"故曰"振寡人之过"。杨注于义未该。

伯禽将归于鲁，伯禽，周公子，成王封为鲁侯。将归，谓初之国也。周公谓伯禽之傅曰："汝将行，盍志而子美德乎？"将行，何不志记汝所傅之子美德以言我？对曰："其为人宽，好自用，以慎。宽，宽弘也。自用，好自务其用也。慎，谨密也。○先谦案：好自用者，盖遇事以身先人，故其傅以为美德，而周公以为争。杨云"好自务其用"，语未晰。此三者，其美德已。"周公曰："呜呼！以人恶为美德乎！君子好以道德，故其民归道。君子好以道德教人，故其民归道者众，非谓宽弘也。彼其宽也，出无辨矣，女又美之。彼伯禽既无道德，但务宽容，此乃出于善恶无别，汝何以为美也？孔子曰"宽则得众"，亦谓人爱悦归之也。彼其好自用也，是所以窭小也。窭，无

531

礼也。彼伯禽好自用而不谘询，是乃无礼骄人而器局小也。书曰："自用则小。"尚书大传曰："是其好自用也，以敛益之也。"〇郝懿行曰：窭者，贫也，窭之为言局也。释名云："窭数，犹局缩，皆小意也。"杨恽传谓"窭数"不容鼠穴，其为局小可知。滑稽传云"瓯窭满篝"，瓯窭，亦狭小之言耳。 王念孙曰：杨分窭小为二义，非也。窭，亦小也。言其好自用也，是其器局之所以窭小也。韩子诡使篇"悼悫纯信、用心一者，则谓之窭"，言世人皆尚诈伪，故见悼悫纯信、用心专一者，则谓之窭小也。释名曰："窭数，犹局缩，皆小意也。"（汉书东方朔传："乃覆树上寄生，令朔射之。朔曰：'是窭数也。'"师古曰："窭数，戴器也。以盆盛物，戴于头者，则以窭数荐之。寄生者，芝菌之类，淋潦之日，著树而生，形有周圜象窭数者。故朔云'著树为寄生，盆下为窭数'。"案物在盆下谓之窭数，亦局缩之意也。）蔡邕短人赋"劣厥偻窭"，亦是短小之意。诗传以窭为无礼，谓贫者不能备礼，非谓"无礼骄人"也。**君子力如牛，不与牛争力；走如马，不与马争走；知如士，不与士争知。**士，谓臣下掌事者。不争，言委任。**彼争者，均者之气也，女又美之。**好自用，则必不委任而与之争事；争事乃均敌者尚气之事，非大君之量也。**彼其慎也，是其所以浅也。**彼伯禽之慎密，不广接士，适所以自使知识浅近也。**闻之曰：无越逾不见士。**周公闻之古也。越逾，谓过一日也。〇卢文弨曰："曰"，宋本作"日"。注"过一日"，语疑有误。观下所云，则士皆有等，勿因下士与己逾等而不见也。周公于下士厚为之貌，故人人皆以为越逾，则越逾者，过士所应得之分云耳。 俞樾曰：杨注"周公闻之古也。越逾，谓过一日也"，然则荀子原文当作"闻之，无越日不见士"，杨注原文当作"越日，谓过一日也"。今衍"逾"字者，涉下文杨注有"越逾"字而误衍也。既衍"逾"字，则"越逾日"之文甚为不辞，乃以"日"字为"曰"字之误，而移置"闻之"二字之下，遂成今本之误。卢校云宋本"曰"作"日"，此则其旧迹之犹未尽泯者也。**见士问曰:'无乃不察乎?'**惧其壅蔽,故问无乃有不察之事乎。**不闻,即物少至,少至则浅。**物,事也。不见士则无所闻,无所闻则所知之事亦少,少则意自浅矣。"闻",或为"问"也。○王念孙曰:"闻",即"问"字也。(说见经义述闻旅象传及王风。)言不问则所知之事少也。"问"字正承上文"见士问曰"而言。**彼浅者,贱人之道也,女又美之。吾语女:我,文王之为子,**为文王之子也。**武王之为弟,成王之为叔父。**周公先成王薨,未宜知成王之谥,此云成王,乃后人所加耳。**吾于天下不贱矣,然而吾所执贽而见者十人,**周公自执贽而见者十人。礼,见其所尊敬者,虽君亦执贽,故哀公执贽请见周丰。郑注尚书大传云:"十人,公卿之中也。三十人,群大夫之中也。百人,群士之中也。"○卢文弨曰:"群大夫"、"群士",旧本互易,误。今大传本亦讹。**还贽而相见者三十人,**礼,臣见君则不还贽,敌者不敢当则还之,礼尚往来也。士相见礼曰:"主人复见之以其贽,曰:'鄙者吾子辱使某见,请还贽于将命者。'"郑康成云:"贽者,所执以至也。君子见于所尊敬,必执贽以将其厚意。"**貌执之士者百有余人,**执,犹待也。以礼貌接待之士百余人也。○先谦案:文义不当有"者"字,此缘上下文"者"字而误衍。**欲言而请毕事者千有余人,**谓卑贱之士,恐其言之不尽,周公先请其毕辞也。说苑曰"周公践天子之位七年,布衣之士,所执贽而师见者十人,所见者十二人。穷巷白屋,所先见者四十九人,时进善者百人,教士千人,朝者万人"也。○卢文弨曰:注衍"十人所见者"五字,说苑敬慎篇无。**于是吾仅得三士焉,以正吾身,以定天下。**于是千百人之中,仅乃得三士,正身治国。**吾所以得三士者,亡于十人与三十人中,乃在百人与千人之中。**十人与三十人,虽尊敬,犹未得贤,至百人千人,然后乃得三人。以明接士不广,无由得贤也。**故上士吾薄为之貌,下士吾厚为之貌。**上士,中诚重之,故可薄为之貌;下士既无执贽之礼,惧失贤士之心,故厚为之貌,尤加谨敬也。**人人皆以我为越逾好士,然故士至,**人不知则以为越逾,然士亦以礼貌之故而至也。○俞樾曰:"逾"字亦衍文也。人人皆以我为越好士者,越之言过也,人人皆以我为过于好士也。然故士至者,"然故"即"是故"也,说见王氏经传释词。大略篇曰"然故民不困财",亦以"然故"连文,是其证也。杨不达然故之义,故为抑扬其辞。至"越逾"连文,则以"逾"字释"越"字,注家往往有此例,非以正文有"逾"字也。而正文"逾"字之衍,即因此矣。**士至而后见物,**物,事也。**见物然后知其是非之所在。戒之哉! 女以鲁国骄人,几矣!** 几,危也。周公言我以天下之贵,犹不敢骄士,汝今以鲁国之小而遂骄人,危矣!**夫仰禄之士犹可骄也,**仰,鱼亮反。**正身之士不可骄也。彼正身之士,舍贵而为贱,舍富而为贫,舍佚而为劳,颜色黎黑而不失其所,**黎,读为梨。谓面如冻梨之色也。**是以天下之纪不息,文章不废也。"**赖守道之士不苟徇人,故得纲纪文章常存也。○卢文弨曰:尚书大传作"是以文不灭而章不败也"。

　　语曰:"缯丘之封人缯与鄫同。**鄫丘,**故国。封人,掌疆界者。汉书地理志缯县属东海也。○郝懿行曰:缯,即鄫国,姒姓,在东海,汉志缯县属东海郡是也。"缯丘封人",列子说符篇作"狐丘丈人",韩诗外传七及淮南道应训并与说符同。孙叔敖曰"吾爵益高,吾志益下,吾官益大,吾心益小,吾禄益厚,吾施益博,以是免于三怨,可乎",与此大意虽同而文字异,此当别有依据。(发首偁"语曰",知必述成文。)**见楚相孙叔敖曰:'吾闻之也:处官久者士妒之,禄厚者民怨之,位尊者君恨之。今相国有此三者而不得罪楚之士民,何也?'孙叔敖曰:'吾三相楚而心瘉卑,每益禄而施瘉博,位滋尊而礼瘉恭,**○卢文弨曰:瘉与愈同,元刻即作"愈"。**是以不得罪于楚之士民也。'"**

子贡问于孔子曰：“赐为人下而未知也。”下，谦下也。子贡问欲为人下，未知其益也。孔子曰：“为人下者乎？其犹土也？深抇之而得甘泉焉，抇，掘也，故没反。树之而五谷蕃焉，草木殖焉，禽兽育焉，生则立焉，死则入焉，多其功而不息。〇刘台拱曰：“不息”，韩诗外传、春秋繁露山川颂、说苑臣术篇并作“不言”。 王引之曰：言与息，形声皆不相近，若本是“言”字，无缘误为“息”。“息”，当为“悳”。“悳”，古“德”字。系辞传曰“有功而不德”是也。韩诗外传、春秋繁露、说苑作“不言”，意与“不德”同。俗书“悳”字作“惪”，形与“息”相似而误。大戴礼公冠篇“靡不蒙悳”，今本误作“靡不息”，是其证也。家语困誓篇作“多其功而不意”，王肃曰“功虽多而无所意也”，两“意”字，亦“悳”字之误。家语本于荀子，则荀子之本作“悳”明矣。太平御览地部二正引作“多其功而不德”。为人下者，其犹土也。”

昔虞不用宫之奇而晋并之，莱不用子马而齐并之，宫之奇，虞贤臣，谏不从，以其族行。子马，未详其姓名。左氏传曰：“襄二年，齐侯伐莱，莱人使正舆子赂夙沙卫，以索马牛，皆百匹。”又六年：“齐侯伐莱，莱人使王湫帅师及正舆子军齐师，齐师大败之，遂灭莱。”或曰：正舆子字子马，其不用未闻。说苑诸御己谏楚庄王曰：“曹不用僖负羁而宋并之，莱不用子猛而齐并之。”据年代，齐灭莱在楚庄王后，未详诸御己之谏也。〇卢文弨曰：“诸御己”，旧本讹作“诸卿己”，今据说苑正谏篇改正。 郝懿行曰：说苑正谏篇“子马”作“子猛”，猛、马双声，疑即一人。而据说苑，此人年代在前，杨注云云是也。或说以左传闵子马，据世族谱，闵子马即闵马父，系鲁杂人，岂莱不用而去之鲁邪？然此子马见昭十八年传，上距襄六年齐人灭莱之岁四十余年矣，世代在后差远，又非莱人，无庸牵合。纣刳王子比干而武王得之。不亲贤用知，故身死国亡也。

为说者曰："孙卿不及孔子。"是不然。孙卿迫于乱世，鳍于严刑，上无贤主，下遇暴秦，礼义不行，教化不成，仁者绌约，天下冥冥，行全刺之，诸侯大倾。当是时也，知者不得虑，能者不得治，贤者不得使，故君上蔽而无睹，贤人距而不受。然则孙卿怀将圣之心，〇*卢文弨曰*："怀将圣"，宋本作"将怀圣"，误。今订正。蒙佯狂之色，视天下以愚。诗曰："既明且哲，以保其身。"此之谓也。是其所以名声不白、徒与不众、光辉不博也。今之学者，得孙卿之遗言余教，足以为天下法式表仪，所存者神，所过者化。〇*卢文弨曰*："所过"，宋本作"所遇"，误。古音"存""神"一韵，"过""化"一韵，此句中之韵也。观其善行，孔子弗过，世不详察，云非圣人，奈何！天下不治，孙卿不遇时也。德若尧、禹，世少知之。方术不用，为人所疑。其知至明，循道正行，足以为纪纲。〇*卢文弨曰*："纪纲"，旧本误倒，与上下韵不协。呜呼，贤哉！宜为帝王。天地不知，善桀、纣，杀贤良。比干剖心，孔子拘匡；接舆避世，箕子佯狂；田常为乱，阖闾擅强。为恶得福，善者有殃。今为说者又不察其实，乃信其名。时世不同，誉何由生？不得为政，功安能成？志修德厚，孰谓不贤乎！ *自"为说者"已下，荀卿弟子之辞。*

荀卿新书三十二篇

〇卢文弨曰：案宋本"新书"下有"十二卷"三字，或疑是"二十卷"，皆非也，但作"三十二篇"为是。今本汉书艺文志作"三十三篇"，误也。

荀子集解

538

　　护左都水使者、光禄大夫臣向言：所校雠中孙卿书凡三百二十二篇，以相校除复重二百九十篇，定著三十二篇，皆以定杀青简，书可缮写。孙卿，赵人，名况。方齐宣王、威王之时，○卢文弨曰：案史记，威王在宣王之前，风俗通穷通篇作“齐威、宣王之时”是也。聚天下贤士于稷下，尊宠之。若邹衍、田骈、淳于髡之属甚众，号曰列大夫，皆世所称，咸作书刺世。是时，孙卿有秀才，年五十，始来游学。○卢文弨曰：案史记亦作“年五十”，误。当从风俗通作"年十五"。晁公武读书志所引亦同。诸子之事,皆以为非先王之法也。孙卿善为诗、礼、易、春秋。至齐襄王时,孙卿最为老师,齐尚修列大夫之缺,而孙卿三为祭酒焉。齐人或谗孙卿,孙卿○卢文弨曰:宋本不重,今据史记补。乃适楚,楚相春申君以为兰陵令。人或谓春申君曰:"汤以七十里,文王以百里。孙卿,贤者也,今与之百里地,楚其危乎!"春申君谢之,孙卿去之赵。后客或谓春申君曰:"伊尹去夏入殷,殷王而夏亡;管仲去鲁入齐,鲁弱而齐强。故贤者所在,君尊国安。今孙卿,天下贤人,所去之国,其不安乎!"春申君使人聘孙卿,○卢文弨曰:案楚策四、韩诗外传四,"聘"俱作"请"。孙卿遗春申君书,刺楚国,因为歌、赋,以遗春申君。春申君恨,复固谢孙卿,孙卿乃行,复为兰陵令。春申君死而孙卿废,因家兰陵。李斯尝为弟子,已而相秦。○卢文弨曰:宋本脱"已"字,今据史记补。及韩非号韩子,又浮丘伯,皆受业,为名儒。孙卿之应聘于诸侯,见秦昭王,昭王方喜战伐,而孙卿以三王之法说之,及秦相应侯,皆不能用也。至赵,与孙膑议兵赵孝成王前。孙膑为变诈之兵,孙卿以王兵难之,不能对也。卒不能用。孙卿道守礼义,行应绳墨,安贫贱。孟子者,亦大儒,以人之性善,孙卿后孟子百余年。孙卿以为人性恶,故作性恶一篇,以非孟子。苏秦、张仪以邪道说诸侯,以大贵显。孙卿退而笑之曰:"夫不以其道进者,必不以其道亡。"至汉兴,江都相董仲舒亦大儒,作书美孙卿。○卢文弨曰:"至汉兴"以下十七字,似不当在此,应在下文"盖以法孙卿也"句下。孙卿卒不用于世,老于兰陵。疾浊世之政,亡国乱君相属,不遂大道而营乎巫祝,信机祥,鄙儒小拘如庄周等又滑稽乱俗,○卢文弨曰:宋本无"乱俗"二字,从史记增。于是推儒、墨、道德之行事,兴坏序列,著数万言而卒,葬兰陵。而赵亦有公孙龙为"坚白""同异"之辞、处子之言;○卢文弨曰:案史记作"剧子之言",徐广曰:"应劭氏姓注直云'处子'。"魏有李悝,尽地力之教;楚有尸子、长卢子、芊子,皆著书,○卢文弨曰:案宋本"卢"作"庐",古可通用。今从史记,取易晓耳。史记"芊子"作"吁子",索隐曰:"吁,音芊〔一〕。别录作'芊〔二〕子',今吁亦如字也。"又案:汉书艺文志有芊子十八篇,云"名婴,齐人",师古云"芊音弭",与此又不同。然非先王之法也,皆不循孔氏之术,惟孟轲、孙卿为能尊仲尼。兰陵多善为学,盖以孙卿也。长老至今称之曰:"兰陵人喜字为卿,盖以法孙卿也。"孟子、孙卿、董先生皆小五伯,以为仲尼之门,五尺童子皆羞称五伯。如人君能用孙卿,庶几于王,然世终莫能用,而六国之君残灭,秦国大乱,卒以亡。观孙卿之书,其陈王道甚易行,疾世莫能用。其言凄怆,甚可痛也!呜呼!使斯人卒终于闾巷,而功业不得见于世,哀哉!可为贾涕。其书比于记传,可以为法。谨第录。臣向昧死上言。

护左都水使者、光禄大夫臣向言,所校雠中孙卿书录。

将仕郎、守秘书省著作佐郎、充御史台主簿臣王子韶同校。

朝奉郎、尚书兵部员外郎、知制诰、上骑都尉、赐紫、金鱼袋臣吕夏卿重校。

〔一〕〔二〕 "芊",史记孟子荀卿列传索隐并作"芈"。